Goldene Weihnachtszeit

Goldene Weihnachtszeit

Geschichten und Lieder zur Advents- und Weihnachtszeit

Gondrom

Ausgewählt und herausgegeben von Roland W. Pinson

Mit 210 Kupferstichen, Holzschnitten, Zeichnungen und Bildern von P. Amling, Hugo Becker, Bertall, Hugo Bürckner, Daniel Chodowiecki, Albrecht Dürer, Lorenz Frölich, Oscar Gräf, A. Greil, Hans B. Grien, Ludwig E. Grimm, Vincenz R. Grüner, David Herrliberger, Heinrich Hoffmann, Theodor Hosemann, Eduard von Ille, Wilhelm von Kaulbach, Gottlob Knapp, Rolf Keller, Hermann Lüders, Theodor Mintrop, Anton Muttenthaler, Julius Nisle, Franz Graf von Pocci, R. Püttner, Franz X. von Paumgarten, Ludwig Richter, Bernhard Schmelzer, A. Schmidhammer, Martin Schongauer, Josef D. Schubart, Carl A. Schwerdgeburth, Moritz von Schwind, Johann M. Usteri und vielen anderen Künstlern

ISBN 3-8112-1377-6

Vorwort

Die Weihnachtszeit im deutschen Volksleben

Zu den ältesten Kulturgütern deutschen Geistes gehören die Feste und Gebräuche unseres Volkes. Sie hängen mit der Volksseele zusammen und bilden einen wesentlichen Bestandteil unseres Volkstums. Die Geschichte der deutschen Feste und der damit verbundenen Bräuche und Sitten reicht bis in das graue Altertum zurück. Als die Römer die deutschen Gaue betraten, hatten sich bereits eine Reihe Feste und Bräuche bei den germanischen Volksstämmen eingebürgert, die teilweise noch heute weiterleben. Die gewaltigen Stürme der Jahrhunderte, der Übergang vom Heiden- zum Christentum, die vielen Religionskämpfe des Mittelalters und auch die modernsten Weltanschauungsbewegungen vermochten es nicht, die Volkssitten und -gebräuche auszurotten oder im wesentlichen umzugestalten. Sie sind zu stark in der Wurzel der Volksseele verankert. Daher kommt es auch, daß in den Volkssitten und -bräuchen noch so viele Merkmale ihres heidnischen Ursprungs zu finden sind. In richtiger Erkenntnis des Wesens und der Bedeutung dieses Teils des deutschen Volkslebens hat sich selbst die Kirche damit begnügt, die heidnischen Sitten nur nach christlicher Anschauung umzugestalten; selten aber hat sie versucht, diese zu bekämpfen.

An der Spitze der deutschen Volksfeste steht das Weihnachtsfest, das sowohl in der Stadt, als auch auf dem Lande besonders feierlich begangen wird. Um keine andere Zeit des Jahres haben sich im Volke so zahlreiche Sitten und Gebräuche gebildet, als um die Weihnachtszeit.

Wir wollen nun versuchen, im nachfolgenden Abschnitt die bedeutendsten Weihnachtsbräuche und -sitten des deutschen Volkes, soweit diese da oder dort noch vorkommen, kurz zu beschreiben, ohne jedoch ihre Herkunft näher zu untersuchen und ihre religiöse oder mythische Bedeutung zu betrachten.

Wenn man die deutschen Weihnachtssitten und -bräuche beschreiben will, so muß zunächst mit den vielen Gestalten, die dem Weihnachtsfest unmittelbar vorangehen und mit diesem aufs engste verknüpft sind, begonnen werden.

Zwischen dem Andreastag (30. November) und der Christnacht erscheinen im Volksleben eine Reihe sonderbarer Gestalten, die alle aufs engste mit dem Weihnachtsfest verknüpft sind und teilweise auch in Begleitung des Christkinds noch am Weihnachtsabend erscheinen. Es sind: der Schimmelreiter, Knecht Ruprecht, St. Nikolaus oder St. Niklas, der Klapperbock, Hanstrapp, Pelzmärtel, Gestalten, die in den verschiedensten Gegenden auch unter den verschiedensten Namen erscheinen. Diese Gestalten, die als lebende Personen auftreten und alle große Ähnlichkeit miteinander haben, sind entschieden heidnischen Ursprungs.

Der Schimmelreiter, der an den Ritt Wotans mit seinem weißen Schimmel erinnert, erscheint vor allem bei den Wenden der Lausitz, in verschiedenen Gegenden von Preußen, in Schlesien und Pommern. Er besucht mit Vorliebe die Spinnstuben. Ein oder mehrere Burschen zusammen bilden die Gestalt eines Pferdes, das allein, manchmal auch in Begleitung von Führern umgeht. Mancherorts ist es üblich, daß der Schimmelreiter über einen an die Tür gestellten Stuhl springt und eines der im Zimmer versammelten Mädchen zum Tanz ergreift. In Begleitung des Schimmelreiters tritt auch oft der »Erbsbär« auf. Ein Bursche, der in Erbstroh gehüllt wird, spielt den gefesselten Bär. Andere Gestalten, die sich da und dort dem Schimmelreiter anschließen, sind der »Haferbräutigam« oder »Hafersack« (ein in Haferstroh eingehüllter Knecht), auf der Insel Usedom der »Klapperbock« (ein Bursche mit einem Ziegenkopf, dessen untere Kinnlade beweglich ist, so daß mit Hilfe eines Fadens mit den Kinnladen geklappert werden kann) und in der Mark die »Feien« (junge Leute mit geschwärztem Gesicht in Weiberkleidern).

Die vertrautesten Gestalten der Weihnachtszeit sind aber Knecht Ruprecht und St. Nikolaus.

Knecht Ruprecht kommt hauptsächlich im Norden Deutsch-

lands vor, während in Süddeutschland St. Nikolaus der Bekanntere ist. Beide Gestalten werden ähnlich dargestellt. Das Gesicht mit langem weißem Bart bedeckt, den Körper in einen umgewendeten Pelz dicht eingehüllt und auf dem Kopf die Pelzmütze, macht Knecht Ruprecht den Eindruck eines ehrwürdigen Greises. In der einen Hand hält er die Rute oder mancherorts auch einen langen Besen, mit dem er die bösen Kinder bestraft, während aus dem Sack oder Korb, den Ruprecht auf dem Rücken trägt, die guten Kinder beschenkt werden. Beim Eintritt in die Wohnungen erkundigt sich Knecht Ruprecht zunächst über das Verhalten der Kinder, läßt diese beten oder Sprüche hersagen und läßt danach Äpfel, Nüsse, Birnen und Backwerk aus seinem Sack rollen, das die Kinder behende zusammensuchen.

Manchmal führt sich Knecht Ruprecht auch mit einem besonderen Spruch ein, wie z.B. im Erzgebirge mit:

»Ich komme geschritten,
Hätt' ich ein Pferdlein, käm' ich geritten,
Ich hab' wohl eins im Stalle stehn,
Aber es kann nicht über die Schwelle gehn.«

Ähnlich wie im Norden Knecht Ruprecht, so tritt im Süden von Deutschland St. Nikolaus auf. Sein Tag ist der 6. Dezember. Wie Ruprecht, so tritt auch St. Nikolaus in der Gestalt eines gutmütig aussehenden, mit langem weißem Bart bedeckten alten Mannes auf und trägt in der Hand die Rute und auf dem Rücken den Stab. In vielen Gegenden trägt er die Bischofsmütze und führt einen langen Stab mit sich. Meist geht St. Nikolaus zu Fuß. Im Elsaß reitet er auf einem Esel und kündigt mit einer angebundenen Schelle sein Kommen an. Sehr oft wird St. Nikolaus von einem Diener begleitet, der im Elsaß den Namen »Hanstrapp« oder »Biggesel«, in Bayern »Klaubauf«, weil er den Kindern zuruft: »Klaub auf« (hebe auf), in anderen Gegenden wieder anders, z. B. »Putenmantel«, »Krampus«, »Bartel«, »Hans Hinderführ« usw. führt. Dieser Diener wird im Gegensatz zu seinem Herrn, der einen ehrwürdigen Eindruck macht und den Kindern gut gesinnt ist, wegen seiner wenig Vertrauen erweckenden Erscheinung der »böse Klaus« genannt.

Wie Knecht Ruprecht, so erkundigt sich auch St. Nikolaus nach den Kindern, läßt sie Gebete hersagen und beschenkt die Guten, aber bestraft die Bösen mit seiner Rute. In Süddeutschland kennen die Kinder die verschiedensten Nikolaus-Sprüchlein, die am Vorabend des Nikolaustages in den Straßen gesungen werden. Eines der bekanntesten ist:

»St. Nikolaus, leg' mir ein,
Was dein guter Will' mag sein:
Äpfel, Birnen, Nuß und Kern
Essen die kleinen Kinder gern.«

Oder auch:

»Sante Kloos, um Gott's Wille,
tue m'r au mein Säckle fülle.«

Am Bodensee singen die Kinder:

»Kloos, Kloos, Butterfidle,
Laß mer au en Apfel liege,
Aber au en gute
Und dazu e Rute.«

In Württemberg kennt man mancherorts auch noch den sogenannten Klosenzug, der von 15–20 Burschen, halb oder auch ganz vermummt, gebildet wird.

In Süddeutschland weit verbreitet ist der Brauch, vor dem Nikolaustag Klausehölzle zu machen. Auf hölzerne Stäbchen machen die Kinder Einkerbungen, so oft sie ein Vaterunser zum Nikolaus beten. St. Nikolaus zählt an den Hölzchen die Gebete und bemißt danach die Geschenke.

Am Dienstag nach dem Nikolaustag wird in verschiedenen württembergischen Ortschaften der »Klos gejagt«. Einem Burschen werden Kuhschellen angelegt und dann wird dieser als sogenannter »Schandenklos« durch den Ort gejagt. Mit mitgeführten Kohlen berußt der Schandenklos alle Mädchen, die ihm begegnen.

Große Bedeutung im Volksleben Süddeutschlands haben die drei Donnerstage vor Weihnachten erreicht. Sie heißen: »Klöpfles – oder Knöpfles (in) Nächte«, »Anklopfet« oder »Bochselnächte«. Die Dorfjugend zieht in diesen Nächten in den Dörfern herum, klopft an Fenster und Türen und erbittet sich durch Singen von Liedern oder Hersagen von Sprüchen Gaben.

Am bekanntesten sind die Sprüche:

»Holla, holla, Klopfertag,
Schüttlet Äpfel und Bira (Birnen) rab!«

oder:

»Gut Heila, gut heila,
Gent (gebt) m'r mein Teil a.«

In der Gegend von Augsburg rufen die Kinder:

»I klopf, i klopf in des Haus,
Gibt ma mir a Kuechle 'raus!
D' Kuechlen tuet man bacha (backen),
D' Pfanne hör i kracha!
Kuechlen 'raus, Kuechlen 'raus:
Oder i schlach a Loch ins Haus!«

Erhalten die Bettelbuben nichts, so singen sie:

»Es steht a Häfele unterm Herd,
Ist Herr und Frau kein' Kreuzer wert.«

Einen ähnlichen Bittbrauch kennt man in Holstein. Dort heißt er: »Rumpelpott‹. Rumpelpott ist ein länglicher, mit festem Leder bedeckter Tonkrug, den maskierte Kinder, Gaben heischend, von Haus zu Haus tragen.

Vielerorts ist es auch noch üblich, sich an den Klöpflestagen gegenseitig zu beschenken. Die Mädchen schenken ihren Liebhabern den sogenannten »Klöpflisscheit«. Der heiratslustige Bursche fertigt in einer Klöpflisnacht ein käfigartiges Häuschen aus dünnen Holzstäben, die in Erbsen oder Teig gesteckt werden und so zusammenhalten, an und bringt dies an einem der drei Donnerstage seiner Auserwählten. Nimmt diese das Geschenk an, so bedeutet dies die Zusage.

An diesen drei Donnerstagen spielt auch der Aberglaube im Volk eine große Rolle. Geister gehen um und werden durch lärmende Umzüge verscheucht. Da Erbsen und Bohnen nach altem Glauben eine Geisterspeise sind, darf man z. B. in Schlesien vor der Advents-

zeit keine Erbsen essen. Wer es trotzdem tut, bekommt Beulen und Geschwüre.

Diesen in verschiedenen Gegenden Deutschlands noch heute hochgehaltenen Volksfesten der Weihnachtszeit folgt das eigentliche Weihnachtsfest am 25. Dezember.

Nicht immer war der 25. Dezember der Weihnachtstag. Es gab Zeiten, wo man den 25. Dezember gar nicht, dafür aber den 6. Januar als den Geburtstag Christi feierte. Da die christliche Kirche in allerältesten Zeiten noch nichts von einer Feier der Geburt Christi wußte, andererseits es aber von vornherein naheliegen muß, daß ein so volkstümliches Fest mit all seinem Brauch eben wohl aus uralter griechischer, römischer und germanischer Volksreligion herstammen wird, ist anzunehmen, daß das Weihnachtsfest erst nach und nach ein christliches Fest geworden ist.

Hieraus erklärt sich einerseits, daß die Feste und Bräuche der Weihnachtszeit sich alle sehr gleichen und daß wir die gleichen Sitten und Bräuche oft an verschiedenen Tagen vor und nach dem 25. Dezember finden, und andererseits, daß viele Weihnachtssitten und -bräuche noch heute deutliche Spuren ihres heidnischen Ursprunges aufweisen.

Der am weitesten verbreitete Weihnachtsbrauch ist das Aufstellen des Weihnachts- oder Christbaums, der mancherorts auch noch Lebensbaum genannt wird. Meist ist es ein Tannenbaum, oft aber auch eine Stechpalme, ein Wacholderbäumchen, eine Birke, ein Kirschbäumchen oder sonst ein Laubbaum, den man einige Wochen vor dem Fest in einen Topf setzt und im Zimmer zum Blühen bringt. Den Weihnachtsbaum in einer der genannten Formen kennen wir ja alle. Wir alle sind schon einmal in unseren Kinderjahren vor diesem Erzeugnis deutschen Volksglaubens gestanden, haben in den hellen Lichterglanz der Christbaumkerzen geschaut, die bunte Christbaumverzierung bewundert und froh und glücklich Weihnachtslieder gesungen.

In vielen deutschen Familien ist es auch üblich, unter dem Weihnachtsbaum eine Krippe aufzustellen und mit entsprechenden Figuren die Geburt Christi mit allen ihren christlichen Begleiterscheinungen, wie die drei Weisen aus dem Morgenland und die frohlokkenden Hirten, darzustellen.

In ganz Deutschland, besonders im Erzgebirge, kannte man früher, aber auch noch heute, als Gegenstück zur süddeutschen Krippenlandschaft, die Weihnachtspyramide, das hölzerne Räuchermännlein, die Nußknacker, Engelchen, Kurrendesänger, Spanbäumchen, Adventskalender und Spieluhren.

Den Mittelpunkt der Weihnachtsfeier bildet in vielen Familien das Christkind, das oft als Lebewesen erscheint. Das Christkind wird von einem Mädchen dargestellt, das sein Kommen mit einer Klingel anmeldet. Mit Gesängen und Versen erfreut es die Kinder und teilt aus dem mitgebrachten Körbchen Früchte und Backwerk

Erzgebirgische Weihnachtspyramide

aus. Oft befinden sich in Begleitung des Christkindes noch andere Gestalten, wie St. Nikolaus, Knecht Ruprecht u. a. Treten mehrere Gestalten auf, so führen diese gewöhnlich dramatische Szenen auf. In verschiedenen badischen Ortschaften ritt das Christkind auf einem Esel von Haus zu Haus. Die Kinder legen Heu vor das Haus, damit der Esel etwas zu futtern hat, während das Christkind seine Besuche macht. Die Kinder singen dann:

»Christkind, komm in mein Haus,
Leer die goldenen Körbchen aus,
Stell den Esel auf den Mist,
Daß er Heu und Haber frißt.«

Neben dem Weihnachtsbaum steht in jeder deutschen Familie, selbst in den ärmsten Hütten, der Gabentisch. Ist die Christbaumfeier beendet, wendet sich alles dem Gabentisch zu. Nun beginnt das gegenseitige Beschenken.

Hierauf folgt das Weihnachtsessen, das an die alten Julgelage der Germanen, die zu Ehren Wotans gehalten wurden, erinnert. War bei den Julschmäusen der Alten der Eber das hauptsächlichste Opferessen, so ist es auch heute noch in vielen Gegenden Deutschlands Sitte, am Weihnachtsabend Schweinskopf mit grünem Kohl zu essen.

Das sogenannte »schlesische Himmelreich«, das in Schlesien am Weihnachtsabend aufgetragen wird, besteht aus geräuchertem Schweinefleisch und Backobst. In manchen Gegenden heißt der Weihnachtsabend noch heute »Vullbuks-Abend« (Voller-Bauch-Abend), weil an diesem Abend der Hausherr dem Gesinde ganz besonders reichliches Essen zukommen läßt.

Das Essen spielt im Volksleben während der Weihnachtszeit überhaupt eine wichtige Rolle. Wenn in einzelnen Gegenden Thüringens am Heiligen Abend oder bei Jahresschluß nicht weiße Klöße und Heringe auf den Tisch kommen, schneidet Berchta den Bauch auf und füllt ihn mit Häckerling. In Sachsen und Thüringen wird am Weihnachts- und Silvesterabend Heringssalat gegessen, damit man das Jahr über Geld hat. In Schwaben wird den Gelberüben an diesen Abenden die gleiche Wirkung zugeschrieben.

In vielen Häusern ist es noch üblich, in der Christnacht den Tisch gedeckt zu lassen, damit die Engel kommen und davon speisen sollen. Oder man stellt auf dem Küchentisch für die Perchtel (Berchta) etwas Gutes auf. Kostet sie davon, so wird das Jahr gut.

Auch das Vieh in den Ställen bekommt am Weihnachtsabend besseres und reichlicheres Futter. Damit es von Geistern unberührt bleibt, stellt man am Christabend vor dem Stall ein Licht auf. Auf dem Land werden manchmal selbst die hungernden Vöglein nicht vergessen. Der Bauer steckt an seinem Vorratshaus eine lange Stange aus, an welcher eine volle Getreidegarbe befestigt ist.

Zu den Weihnachtsspeisen gehört auch das Weihnachtsgebäck, das in Deutschland in den verschiedensten Arten und Formen bekannt ist. In Sachsen hat man den Christstollen, der in der Form das Christkind darstellt, in Schwaben die Springerle, ein festes Backwerk, das in Holzformen mit verschiedenen Bildern eingedruckt wird, in Württemberg und Baden das Hutzelbrot, in Bayern das Kletzenbrot usw.

In Bayern herrscht die Sitte, daß am Christabend die Mädchen ihre Liebhaber mit einem Kletzenherz beschenken.

Während dieser Mahlzeiten spielen auch die sogenanten »heiligen Zahlen« eine Rolle, indem es üblich ist, sieben- oder neunerlei Speisearten zu essen. Den Weihnachtsschmäusen wird auch sonst große Bedeutung zugemessen. Reiche und gut zusammengestellte Essen bringen neben körperlicher Gesundheit noch manchen andern Segen.

Wie bereits erwähnt, wird am Weihnachtsabend auch der Tiere gedacht und diesen reichlicheres Futter, in verschiedenen Gegenden Grünkohl, gereicht. Aber nicht nur Menschen und Tiere, sondern auch Bäume und Pflanzen sollen am Weihnachtsfest teilnehmen. In die Zweige der Bäume hängt man Kuchen und Obst, legt Geld in die Rinden, düngt sie oder schüttet die Überreste des Essens unter die Bäume. Vielfach ist es auch üblich, die Fruchtbäume am Weihnachtsabend mit Strohseilen zu umbinden, wodurch eine Erhöhung der Fruchtbarkeit erreicht werden soll.

Am Weihnachtsabend kann man auch seine Zukunft erforschen. Heiratslustige Mädchen kehren am Christabend die Stuben aus, tragen den Kehricht in den Hof und warten, auf diesem sitzend, den ersten Hahnenruf am Morgen ab. Aus der Richtung, aus welcher das Krähen kommt, soll dann auch der zukünftige Mann kommen. Oder die Mädchen gehen während der Nacht vor den Hühnerstall, klopfen dort und sagen:

»Gackert der Hahn, so krieg ich einen Mann,
Gackert die Henn', so krieg ich noch ken.«

Die Zukunft wird auch erforscht damit, daß man am Weihnachtsabend Wasser gefrieren läßt und dann die Eisgebilde zu allerlei Wahrsagungen benützt.

Hat man einen Wunsch, den man niemandem gerne anvertraut, den man aber gerne erfüllt sehen möchte, so geht man am Weihnachtsabend vor die anderen Häuser und horcht vor der Tür oder den Fenstern. Ist das erste erlauschte Wort ein ›Ja‹, so geht der Wunsch in Erfüllung. An Weihnachten glaubt man auch auf die Witterung des neuen Jahres schließen zu können. Ist das Weihnachtswetter gut, so ist das Wetter das ganze Jahr hindurch gut. Blüht am Weihnachtsabend der Kirschbaumzweig, den man am Nikolaustag ins Wasser gestellt hat, so wird das Wetter im kommenden Jahre gut. So gibt es noch eine lange Reihe ähnlicher Wahrsagebräuche, die allerdings heute allmählich aussterben.

Am Weihnachtsabend halten sich in den Häusern und Ställen auch die verschiedensten Geister auf, gute und böse. Die Geister, die in den Stubenecken sitzen, werden beim Ausfegen der Zimmer herausgekehrt. Setzt man sich dann auf den Kehricht, so kann man mit den Geistern Zwiesprache halten, kann sie beschwören und viel Geld bekommen. Um Mitternacht beginnt das Vieh in den Ställen zu reden und Wasser wird in Wein verwandelt. Wer keine Todsünde auf dem Gewissen hat, kann die Tiere reden hören. Um das Vieh vor den bösen Geistern zu schützen, legt man Messer und Waffen in die Krippen, stellt Licht in den Stall oder umstellt die Stallung mit Besen. Um die Geister vom Haus abzulenken, zündet man den Weihnachtsklotz, ein großes Stück Holz, das vor dem Haus verbrannt wird, an. Ferner werden Lärmumzüge veranstaltet oder durch Schießen und Peitschenknall die bösen Geister verscheucht. In katholischen Gegenden besprengt man das ganze Haus mit Weihwasser.

Um reich zu werden, heißt es in Oberbayern, muß man am Christabend eine Bahre dreimal um die Kirche tragen, was innerhalb einer halben Stunde vollbracht sein soll. Da sich die armen Seelen auf die Bahre setzen, ist diese sehr schwer, obwohl ein besonderer Mann mitgeht, der mit einem Besen die armen Seelen herunterwischt. Wer zur vorgeschriebenen Zeit am Ziel anlangt, bekommt einen Haufen Geld; gelingt es aber nicht, so kann man unter Umständen dabei sein Leben verwirken.

Dem Weihnachtsfest folgen nun die sogenannten Zwölf Nächte, d. i. die Zeit zwischen dem Christabend und dem Dreikönigstag.

In dieser Zeit zwischen dem alten und neuen Jahre ist der Volksglaube besonders lebendig.

Die Zwölf Nächte galten bei den alten Germanen als die Zeit des Gerichtsfriedens. Alles soll sich der festlichen Freude hingeben, denn die Gottheit wacht über diese heilige Zeit. Diese Anschauung hat sich zum Teil bis in die heutigen Tage hinein erhalten. So sind noch in jetziger Zeit in verschiedenen Gegenden während dieser Zeit gewisse Arbeiten verboten, so z. B. das Spinnen. Mägde, welche in dieser Zeit spinnen, werden von der Berchta bestraft, ebenso die Mägde, deren Spinnrocken in diesen Tagen nicht abgesponnen sind. Faule Dirnen werden in den Zwölf Nächten ebenfalls bestraft. In der Untersteiermark heißt es, daß aus einem Haus, das zur Weihnachtszeit und in den Zwölf Nächten nicht sauber sei, die Kinder verschwinden.

An Stelle der heidnischen Göttin Berchta tritt hauptsächlich in katholischen Gegenden die Mutter Gottes. Knistert ein Tisch, so heißt es, die Mutter Gottes sei darüber hinweggegangen. Sooft ein Tisch während der Zwölf Nächte von der Stelle gerückt wird, so oft blitzt es im folgenden Jahr. Wer in dieser Zeit die Türen laut zuschlägt, hat zu gewärtigen, daß ihn im Sommer der Blitz trifft. Die Mutter Gottes schaut nach, ob überall Ordnung herrscht, und läßt dort, wo Unordnung ist, das Unglück einziehen.

Wegen ihrer Geisterhaftigkeit heißen die Zwölf Nächte in den bayerischen und salzburgischen Alpen »Rumpel- oder Rauchnächte«. Die Höfe und Häuser werden mit Weihrauch ausgeräuchert.

In Tirol ist es üblich, während der Zwölf Nächte den Kindern den Mann im Mond, der zur ewigen Arbeit verurteilt ist, weil er am Weihnachtsabend noch Tannenäste kleinhackte, zu zeigen.

An Silvester finden wir wieder verschiedene Bräuche und Sitten, die wir schon früher getroffen haben, so vor allem das Erforschen der Zukunft. Hierher gehört in erster Linie das Bleigießen, das zur Unterhaltung am Silvesterabend auch in den Städten üblich ist. Man gießt Blei in kaltes Wasser und versucht aus den sich im Wasser gebildeten Bleigestalten zu ersehen, was das Jahr bringt. Eine ebenfalls weitverbreitete Neujahrssitte ist auch das Wettervorhersagen durch den Zwiebelkalender. Man zerteilt die Zwiebel in 12 Teile, auf welche gleichmäßig viel Salz gestreut wird. Je nachdem, ob die Stücke naß werden oder trocken bleiben, gibt es nasse oder trockene Monate.

In der Silvester- und Neujahrsnacht spukt es wieder viel. Allerlei

Perchtenlaufen im Salzburger Land

Geister treiben ihr Wesen und werden durch Lärmumzüge, Schießen, Peitschenknallen usw. verscheucht. Mancherorts treten in diesen Nächten auch vermummte Gestalten auf, wie z. B. in Norddeutschland der Neujahrsbock oder Neujahrsschimmel. Großer Wert wird in diesen Nächten wieder auf gutes und reichliches Essen und Trinken gelegt. In Baden ist es teilweise üblich, am Neujahr Erbsensuppe zu essen. Von den Silvesterspeisen soll man etwas für den Neujahrstag stehen lassen, damit im neuen Jahr nie Mangel am Tisch herrscht.

Am Neujahrstag beglückwünscht man sich gegenseitig, gleichgültig, ob man sich kennt oder nicht, zum neuen Jahr.

Wer sich am Neujahrsmorgen in einer Schüssel wäscht, in der Geldstücke liegen, erhält sich die Gesundheit.

Den Abschluß der Zwölf Nächte bildet das Fest der Heiligen Drei Könige, am 6. Januar. Auch an diesem Tage ist der Volksglaube stark ausgeprägt. Die Geister der Zwölf Nächte führen ihren Schlußtanz auf. Mit Licht und Feuer, Lärm und Weihrauch sucht man den Geistern zu begegnen. Um sie gut zu stimmen, gibt man ihnen auch Speisen.

In den meisten Familien ist es üblich, am Dreikönigstag zum letzten Male die Kerzen am Weihnachtsbaum anzuzünden und denselben danach abzurüsten.

Da und dort veranstalten junge Burschen in den Straßen Umzüge und erbitten sich von Haus zu Haus Gaben. Daher heißt der Spruch: »Die Heiligen Drei Könige mit ihrem Stern, sie essen und trinken und bezahlen nicht gern.«

In manchen Gegenden ist es auch Sitte, am Dreikönigstag Salz und Kreide weihen zu lassen. Ist das Vieh gefährdet, so gibt man ihm von diesem geweihten Salz. Auch bei drohenden Gewittern soll das Salz heilbringend sein. Man schüttet in diesen Fällen das Salz zum Fenster hinaus. Mit der geweihten Kreide schreibt man die Namen der Heiligen Drei Könige, Kaspar, Melchior und Balthasar, über die Türen, damit während des Jahres keine Übel über die Schwelle kommen.

Mit dem Fest der Heiligen Drei Könige hat auch die Weihnachtszeit ihr Ende erreicht. Mit guter Zuversicht sieht das Volk nun dem angefangenen neuen Jahr entgegen.

S. Wangart

Es weihnachtet sehr

Albrecht Dürer
»Die Verkündigung«

Der Engel Gabriel ward gesandt von Gott in ain stat in Galilea/die da haisst Nazareth/zu ainer Junckfrawen/die wermaehlet war ainem Mann mit namen Joseph von dem hauß David/unnd der Junckfrawen name war Maria: unnd der Engel kam zu jhr hinein/unnd sprach: Gegruesset seystu vol genaden/der Herr ist mit dir/du bist gebenedeit unter den weibern.

Unnd da sie das hoeret/erschrack sie in sainer red/unnd gedacht/was doch das fuer ain gruß wär. Unnd der Engel sprach zu jhr: Fürcht dich nit Maria/dann du hast genad funden bei Gotte. Sihe du wirst empfahen in dir unnd geberen ain sun/des namen wirst du haissen JHESUS. Dieser wirdt groß/und ain sun des hoechsten genennt werden. Und Gott der Herr wirdt jhm geben den stul David seins vatters.

Unnd er wirdt ain Kůnig sein ůber das
Hauß Jakob ewigklich / unnd seins Kue-
nigreichs wirdt kain end sein.
Da sprach Maria zu dem Engel / wie wirdt
das geschehen / dieweil ich kain man erken.
Der Engel antwurt / unnd sprach zu jhr:
der hailige Gaist wirdt kummen ueber dich
die krafft des hoechsten wird dich umbschat-
ten / darumb auch das hailig / das auß dir
geboren / wirdt Gottes sun genennt wer-
den. Unnd sihe / Elisabeth dein gefreundte
gehet auch mit ainem sun in jhrem alter /
unnd ist disser der sechste monat deren / so
da unfruchtbar genennt wirdt / dann bey
Gotte ist kain wort unmuegelich. Maria
aber sprach: Sihe ich bin ain Dienerin des
Herren / mir geschehe nach deinem wort.
Unnd der Engel schid von jhr abe.

Luk. 1, 26-39.

Aus dem Jahre 1558.

Herr Winter

Wie der gestrenge Herr Winter sein Regiment antritt, die Eisdecke bei stiller Nacht über den Strom spannt und mit emsigem Fleiße ebnet und glättet.

Wie Herr Winter am anderen Morgen bei dem Bauer einkehrt und für seine Arbeit ein warmes Morgensüpplein begehrt. »Was, den Winter auch noch füttern?« schreit der Bauer. »Hinaus, du kalter Gesell, aus meinem Hause, hier ist deines Bleibens nicht!«

Da trollt sich der Herr Winter gar traurig hinaus und breitet eifrig den weißen Schnee über Weg und Steg. Doch auch hier gibt's für ihn keine Rast, mit Schaufel und Besen zerstört der Straßenkehrer sein mühsames Werk und verjagt den silberbärtigen Alten.

»Geht's nicht auf dem Lande, so geht's in der Stadt«, meint da Herr Winter. Doch wehe ihm, schon im ersten Bürgerhaus, wo er einkehrt, bindet eine rasche Dirne den Greis an den warmen Ofen und peinigt ihn mit der Hitze, bis er, wütend vor Schmerz, seine Bande zerreißt und ins Freie stürmt.

Die Christnacht ist gekommen. Aus allen Fenstern erglänzt heller, festlicher Schein, und das Jubeln der fröhlichen Kinder schallt hinaus bis auf die schneebedeckten einsamen Straßen. Da trippelt ein Männlein gar eifrig einher und späht von Tür zu Tür, ob nicht jemand ihm öffne und den geschmückten Weihnachtsbaum annehme als willkommene Spende. – Vergeblich! – Keine Pforte geht auf, den einzulassen, der ja das Christfest unter seiner Herrschaft begehen läßt von groß und klein.

Da entschließt sich Herr Winter, auf den Ball zu gehen und bei dem Klang der rauschenden Musik und im raschen Tanze sein Leid zu vergessen. Doch schon an der Stiege des festlich geschmückten Hauses fliehen schaudernd die fröhlichen Gäste aus seiner Nähe, und mit groben Worten weist der bärtige Türhüter den eisigen Gast hinaus in die düstere Nacht.

So geht's dem Winter während seines ganzen Regimentes. Niemand gestattet ihm gastliche Einkehr. Wenn aber die Eisdecke bricht und die warmen Sonnenstrahlen den Schnee von Berg und Tal verbannen, da sucht der Alte das erste Schneeglöcklein; das legt er dem Frühling auf die schmucke Wiege und kehrt unter Sturm und Wetter in die eisige Heimat zurück, bis wieder seine Zeit gekommen.

Moritz von Schwind

Aus der Kinderstube

Aus der Kinderstub' ein Märchen.
Zu Weihnachten kam ein Pärchen
Zuckerwerk gesandt vom Bäschen
War's ein Jäger und ein Häschen,
War's ein Schäfer und ein Lämmchen
Neben einem Tannenstämmchen?
Nicht mehr weiß ich's, kurz: ein Männchen
Und ein Tierchen bei 'nem Tännchen.
Und die Mutter sprach dem Ernste,
Ihrem jüngsten, zu mit Ernste:
Dieses sollst du nur betrachten,
Aber nicht zu essen trachten.

Doch, ihn erst zu prüfen eben,
Ward ihm nur das Tier gegeben
Sie behielt den Mann zurücke,
Das gereichte dem zum Glücke.
Denn sein Tierchen nahm das Bübchen,
Sperrt' es in sein Spielzeugschiebchen,
Kam dann stündlich zu der Mutter:
Gib mir für mein Tierchen Futter!
Äpfel gab sie ihm und Semmeln,
Was nicht Hasen taugt noch Hämmeln,
Doch der Füttrer selber aß es,
Meinte stets, sein Tierchen fraß es.
Als nun lang der arme Schlucker
So geweidet seinen Zucker,
Und sein Auge dran geweidet,
War ihm diese Luft verleidet.
Er begann es zu belecken,
Und es mochte süß ihm schmecken,
Und mit einmal war das Köpfchen
Ab dem zuckernen Geschöpfchen.
Und wie's mit dem Haupt gelungen,
War das Ganze bald bezwungen.
Als er nun nicht mehr um Futter
Kam zu betteln bei der Mutter,
Merkte sie, daß was geschehen,
Sprach: Laß mich dein Tierchen sehen!
Und der Sünder stand betroffen.
Mutter sprach: Ich will nicht hoffen,
Daß du's habest aufgegessen?
»Mutter, nein! Doch aufgefressen.«
Wie? Gleich wilden Raubtierhorden?
»Ja, ich war der Wolf geworden;
Weil du von dem Wolf doch immer
Abends uns erzählt im Zimmer.«
Und du hast es ganz gegessen?
»Nur soviel der Wolf kann fressen,
Nur das Tierchen, nicht das Tännchen.
Aber gibt mir nun das Männchen,
Das will ich bewahren besser.«
Mutter sprach: Ein Menschenfresser

Willst du werden ungeheuer?
Und das Kind ward rot wie Feuer.
Doch sie sprach: Das wir's verbessern,
Weil ich doch von Menschenfressern
Abends auch dir vorgetragen,
Will ich's Männchen dir versagen,
Daß nicht etwa gar, mein Kindchen,
Du's verschlingest samt dem Flintchen.
Oder ob gesagt sie habe,
Statt der Flinte: mit dem Stabe;
Das kommt darauf an, ob Jäger
Es gewesen oder Schäfer.

Friedrich Rückert

Weihnachtsglocken

O Winterwaldnacht, stumm und hehr,
Mit deinen eisumglänzten Zweigen,
Lautlos und pfadlos, schneelastschwer,
Wie ist das groß, dein stolzes Schweigen!

Es blinkt der Vollmond klar und kalt;
In tausend funkelharten Ketten
Sind festgeschmiedet Berg und Wald,
Nichts kann von diesem Bann erretten.

Der Vogel fällt, das Wild bricht ein,
Der Quell erstarrt, die Fichten beben;
So ringt den großen Kampf ums Sein
Ein tausendfaches banges Leben.

Doch in den Dörfern traut und sacht,
Da läuten heut' zur Welt hienieden
Die Weihnachtsglocken durch die Nacht
Ihr Wunderlied – vom ew'gen Frieden.

Karl Stieler

Im Winter

Schlaf ein, mein süßes Kind,
Da draußen singt der Wind.
Er singt die ganze Welt in Ruh',
Deckt sie mit weißen Betten zu.
Und bläst er ihr auch ins Gesicht,
Sie rührt sich nicht und regt sich nicht.
Tut auch kein Händlein strecken
Aus ihren weichen Decken.

Schlaf ein, mein süßes Kind,
Da draußen geht der Wind.
Pocht an die Fenster und schaut hinein,
Und hört er wo ein Kind noch schrein,
Da schilt und brummt und summt er sehr,
Holt gleich sein Bett voll Schnee daher
Und deckt es auf die Wiegen.
Wenn 's Kind nicht still will liegen.

Schlaf ein, mein süßes Kind,
Da draußen weht der Wind.
Er rüttelt an dem Tannenbaum,
Da fliegt heraus ein schöner Traum,
Der fliegt durch Schnee und Nacht und Wind
Geschwind, geschwind zum lieben Kind
Und singt von lust'gen Dingen,
Die 's Christkind ihm wird bringen.

Schlaf ein, mein süßes Kind,
Da draußen bläst der Wind.
Doch ruft die Sonne: »Grüß euch Gott!«,
Bläst er dem Kind die Backen rot.
Und sagt der Frühling: »Guten Tag!«,
Bläst er die ganze Erde wach,
Und was fein still gelegen,
Das freut sich allerwegen,
Drum schlaf, mein süßes Kind,
Bläst draußen auch der Wind!

Robert Reinick

Eine Frage

Sag, hast du wohl bedacht, du liebe Seel',
Und weißt du, was das Weihnachtskindlein ist?
Ich will dir's sagen und ich freu mich drauf:
Es ist ein Engel aus dem Paradies
Mit sanften Augen und mit zartem Herzen.
Aus seinem reinen Himmel hat ihn Gott
Den Kindern hergeschickt zum Trost und Segen,
Er hütet sie am Bettchen Tag und Nacht,
Er deckt sie mit dem weichen Flügel zu.
Und weht er sie mit reinem Odem an,
Wird hell ihr Aug', ihr Bäckchen rund und rot.
Er trägt sie in Gefahr auf seinen Händen,
Läßt Blumen für sie wachsen auf der Flur,
Und kommt die Weihnacht dann in Schnee und Regen,
Dann hängt er einen schönen Frühling leise
Im Weihnachtsbaum in Stub' und Kammer auf
Und lächelt still und hat so große Freud,
Und Mutterliebe heißt sein schöner Name.

Johann Peter Hebel

Hansl heiß ich

»Hansl heiß ich,
Nüsse beiß ich,
Hab' ich aber mich beflissen,
Euch ein Dutzend aufgebissen,
Gebt mir zum Lohn
Ein paar davon!«

Franz Graf von Pocci

Fern im Osten

Fern im Osten wird es helle,
Graue Zeiten werden jung;
Aus der lichten Farbenquelle
Einen langen tiefen Trunk!
Alter Sehnsucht heilige Gewährung,
Süße Lieb' in göttlicher Verklärung.

Endlich kommt zur Erde nieder
Aller Himmel sel'ges Kind;
Schaffend im Gesang weht wieder
Um die Erde Lebenswind,
Weht zu neuen ewig lichten Flammen
Längst verstiebte Funken hier zusammen.

Überall entspringt aus Grüften
Neues Leben, neues Blut;
Ew'gen Frieden uns zu stiften
Taucht Er in die Lebensflut;
Steht mit vollen Händen in der Mitte,
Liebevoll gewärtig jeder Bitte.

Lasse seine milden Blicke
Tief in deine Seele gehn,
Und von seinem ew'gen Glücke

Sollst du dich ergriffen sehn.
Alle Herzen, Geister und die Sinnen
Werden einen neuen Tag beginnen.

Greife dreist nach seinen Händen,
Präge dir sein Antlitz ein,
Mußt dich immer nach Ihm wenden,
Blüte nach dem Sonnenschein;
Wirst du nur dein ganzes Herz Ihm zeigen,
Bleibt Er wie ein treues Weib dir eigen.

Unser ist sie nun geworden
Gottheit, die uns oft erschreckt,
Hat im Süden und im Norden
Himmelskeime rasch geweckt,
Und so laß im vollen Gottesgarten
Treu uns jede Knosp' und Blüte warten.

Novalis

Sagt ihr Töchter Zion mir

Sagt ihr Töchter Zion mir:
Habt ihr nicht gesehen
Meinen Liebsten gehen?
Geh ich da recht oder irr?
Sagt ihr Töchter Zion mir!
Von den Bergen will er kommen,
Hab's aus seinem Wort vernommen;
Ohne Ruh,
Ohne Ruh
Gehe ich den Bergen zu.

Vielleicht im Zypressenwald
Am Berg Zion warten
Will er mein im Garten,
Daß ich sollte kommen bald?
Vielleicht im Zypressenwald?
Will mich also nicht verweilen
Und ihm dort alsbald nacheilen!
Aber nein,
's kann nicht sein!
Hier befind' ich mich allein.

Etwa am Berg Libano
Unter Zederbäumen
Wird er schlafend träumen?
Werd' ich ihn doch finden? Wo?
Etwa am Berg Libano?
Will mich auch dahin begeben,
Um zu suchen dort mein Leben;
Doch aufs neu
Find anbei,
Daß ich hier betrogen sei.

Eine Stimm' mir redet zu,
Daß er noch verschlossen
Unter Liliensprossen
In Mariens Garten ruh:
Eine Stimm' mir redet zu,

Dort kann ich mein' Liebsten finden,
Und mich meiner Qual entwinden!
Liebster, ach wann
Kommst du dann,
Daß ich dich umfangen kann?

Volkslied aus dem Salzkammergut

Adventlied

Dein König kommt in nieder'n Hüllen,
Ihn trägt der lastbar'n Es'lin Füllen,
Empfang ihn froh, Jerusalem!
Trag ihm entgegen Friedenspalmen,
Bestreu' den Pfad mit grünen Halmen!
So ist's dem Herren angenehm.

O mächt'ger Herrscher ohne Heere,
Gewalt'ger Kämpfer ohne Speere,
O Friedensfürst von großer Macht!
Es wollen dir der Erde Herren

Den Weg zu deinem Throne sperren,
Doch du gewinnst ihn ohne Schlacht.

Dein Reich ist nicht von dieser Erden,
Doch aller Erde Reiche werden
Dem, was du gründest, untertan.
Bewaffnet mit des Glaubens Worten,
Zieht deine Schar nach den vier Orten
Der Welt hinaus und macht dir Bahn.

Und wo du kommest hergezogen,
Da ebnen sich des Meeres Wogen,
Es schweigt der Sturm, von dir bedroht.
Du kommst, auf den empörten Triften
Des Lebens neuen Bund zu stiften,
Und schlägst in Fessel Sünd und Tod.

O Herr von großer Huld und Treue,
O komme du auch jetzt aufs neue
Zu uns, die wir sind schwer verstört.
Not ist es, daß du selbst hienieden
Kommst zu erneuen deinen Frieden,
Dagegen ist die Welt empört.

O laß dein Licht auf Erden siegen,
Die Macht der Finsternis erliegen
Und lösch der Zwietracht Stimmen aus;
Daß wir, die Völker und die Thronen,
Vereint als Brüder wieder wohnen
In deines großen Vaters Haus!

Friedrich Rückert

Die Weihnachtsbäume

Nun kommen die vielen Weihnachtsbäume
Aus dem Wald in die Stadt herein.
Träumen sie ihre Waldesträume
Weiter beim Laternenschein?

Könnten sie sprechen! Die holden Geschichten
Von der Waldfrau, die Märchen webt,
Was wir uns alle erst erdichten,
Sie haben das alles wirklich erlebt.

Da stehn sie nun an den Straßen und schauen
Wunderlich und fremd darein,
Als ob sie der Zukunft nicht recht trauen;
Es muß doch was im Werke sein.

Aber, wenn sie dann in den Stuben
Im Schmuck der hellen Kerzen stehn

Und den kleinen Mädchen und Buben
In die glänzenden Augen sehn.

Dann ist ihnen auf einmal, als hätte
Ihnen das alles schon einmal geträumt,
Als sie noch im Wurzelbette
Den stillen Waldweg eingesäumt.

Dann stehen sie da, so still und selig,
Als wäre ihr heimlichstes Wünschen erfüllt,
Als hätte sich ihnen doch allmählich
Ihres Lebens Sinn enthüllt.

Als wären sie für Konfekt und Lichter
Vorherbestimmt, und es müßte so sein,
Und ihre spitzen Nadelgesichter
Sehen ganz verklärt darein.

Gustav Falke

Advent

Wenn Onkel Dagobert wieder die Trompeten vertauscht
und wir katalytisches Jericho mit Bauklötzen spielen,
weil das Patt der Eltern
oder das Auseinanderrücken im Krisenfall
den begrenzten Krieg,
also die Schwelle vom Schlafzimmer zur Eskalation,
weil Weihnachten vor der Tür steht,
nicht überschreiten will,
  wenn Onkel Dagobert wieder was Neues,
  die Knusper-Kneißchen-Maschine
  und ähnliche Mehrzweckwaffen Peng! auf den Markt wirft,
  bis eine Stunde später Rickeracke ... Puff ... Plops!
  der konventionelle, im Kinderzimmer lokalisierte Krieg
  sich unorthodox hochschaukelt,
  und die Eltern,
  weil die Weihnachtseinkäufe

nur begrenzte Entspannung erlauben,
und Tick, Track und Trick, –
das sind Donald Ducks Neffen, –
wegen nichts Schild und Schwert vertauscht haben,
ihre gegenseitige, zweite und abgestufte,
ihre erweiterte Abschreckung aufgeben,
nur noch minimal flüstern, Bitteschön sagen,
wenn Onkel Dagobert wieder mal mit den Panzerknackern
und uns, wenn wir brav sind, doomsday spielt,
weil wir alles vom Teller wegessen müssen,
weil die Kinder in Indien Hunger haben
und weniger Spielzeug und ABC-Waffen,
die unsere tägliche Vorwärtsverteidigung
vom Wohnzimmer bis in die Hausbar tragen,
in die unsere Eltern das schöne Kindergeld stecken,
bis sie über dreckige Sachen lachen,
kontrolliert explodieren
und sich eigenhändig,
wie wir unseren zerlegbaren Heuler,
zusammensetzen können,
wenn ich mal groß und nur halb so reich
wie Onkel Dagobert bin,
werde ich alle Eltern, die überall rumstehen
und vom Kinder anschaffen und Kinder abschaffen reden,
mit einem richtigen spasmischen Krieg überziehen
und mit Trick, Track und Tick, –
das sind die Neffen von Donald Duck, –
eine Familie planen,
wo bös lieb und lieb bös ist
und wir mit Vierradantrieb in einem Land-Rover
voller doll absoluter Lenkwaffen
zur Schule dürfen,
damit wir den ersten Schlag führen können;
denn Onkel Dagobert sagt immer wieder:
Die minimale Abschreckung hat uns bis heute, –
und Heiligabend rückt immer näher, –
keinen Entenschritt weiter gebracht.

Günter Grass

Christbaum

Der Winter ist ein karger Mann,
Er hat von Schnee ein Röcklein an;
Zwei Schuh von Eis
Sind nicht zu heiß;
Von rauhem Reif eine Mütze
Macht auch nur wenig Hitze.

Er klagt: »Verarmt ist Feld und Flur!«
Den grünen Christbaum hat er nur;
Den trägt er aus
In jedes Haus,
In Hütten und Königshallen:
Den schönsten Strauß von allen!

Friedrich Wilhelm Weber

Benz am Weihnachtsdonnstag 1825

»Will Benz heute nichts z'Morge?« fragte eine stattliche Frau, eine stattliche Kaffeekanne in der Hand, mit der sie über den Tisch wegfuhr, den braunen Segen in die Kacheli gießend mit festem Arm. Einer hinter dem Tisch, der eben den Löffel am Tischtuch abwischte, sagte, Benz hätte nicht aufwollen, sondern gesagt, er wolle auch einmal sehen, wie Langliegen einem tue. Er hätte sich manchmal verflucht, sagte ein anderer, er wolle am Weihnachtsdonnstag auch einmal erfahren, wie es die Bauren hätten. Wenn man das ganze Jahr durch Hung sein müsse, so sei einem doch erlaubt, es an einem Tag zu machen und zu haben wie ein anderer Mensch. »Benz ist immer der gleiche, er wird es noch einmal erfahren, wies kommt dä Weg, aber säge hilft da nicht«, sagte gelassen die stattliche Frau. Endlich erschien Benz unter der Tür und fragte: »Ist der Meister füre?« – »Komm und nimm!« sagte die Frau, »unterdessen wird er wohl kommen.« – »Ho, öppe es Kacheli Kaffee ist mir gleich«, sagte er, »aber fresse wott ih nüt, ruchs Brot und Erdöpfelbitzli wott ih hüt nadisch nit.« – »Mach, wie du willst!« sagte die Frau, »aber du wärest noch einmal froh, wenn du immer genug der Gattig hättest.« »Du brauchst für mich nicht Kummer zu haben«, sagte Benz, »einmal dir werde ich nicht heischen, wenn ich zu wenig habe.« – »Wer weiß!« sagte die Frau.

Kaum hatte er den letzten Schluck im Hals, so rief Benz: »Seh dr Meister söll cho, ich habe nicht der Zeit, auf ihn zu warten! Sövli strub als man den Lohn verdienen muß, will man ihn dann, wenn die Zeit ume ist.« Die Frau hielt es unter ihrer Würde, Benz Kampf zu geben, aber Benz räsonierte fort, bis der Meister kam. Diesem erklärte er alsobald: »Meister, ich will mit dir rechnen, ich habe schon ds Tüfels Längi gwartet und habe heute nicht Zeit, den Tag mit Warten z'vrtrybe.« – »Du wirst wohl warten, bis ich z'Morgen gehabt!« sagte der Meister. »Ne, Meister, ih bi pressierte, und es wär mir anständig, wenn ich mein Geld bald hätte. Ich möchte es neue nit zweumal vrdiene, einist mit Werche und das andere Mal mit Warte.« – »So, Benz, bist du auf diesem Roß obe? Dann bin ich selbst froh, wenn du bald gehst, und kurzi Haar sind bald bürstet.« – »Sie sind mir ebenrecht läng«, sagte Benz. »Mach du nur, daß du nicht verschießest!« Und seine Pfeife stopfend, sah er dem Meister zu, wie der aus dem Kalender zusammenrechnete.

»Siebenzig Batzen bleiben dir noch von den fünfundzwanzig

Kronen, welche ich dir versprochen habe.« – »He, wenn du recht luegst, su wird es wohl mehr sein«, sagte Benz. »Rechne selbst«, sagte der Meister, »und vergiß nicht, daß ich dir noch Tuch für ein Hemd anrechnen könnte, das man dir zu viel hat machen lassen!« Er möge nicht branzen, sagte Benz, nahm die zwei Fünfunddreißiger und brummte im Herausgehen: »Emel um ene Duble het mih dä . . . bschisse, aber was soll ich mit ihm anfangen?« Benz hatte nie gewußt, daß dreimal acht vierundzwanzig machen, und ganz vergessen, wie manchmal er Geld eingezogen, und aufmachen hätte er es auch nicht können.

Im Gaden zäumte er sich vollends auf; dann kam er herunter, stellte sich unter die Küchentür und sagte zur Meisterfrau: »Adie wohl u zürn nüt!« – »Benz, du kommst doch wieder und neujahrest mit uns«, sagte diese, »wie es öppe drBruuch ist?« – »Chum«, sagte Benz. »Ich weiß neue afe, wie viel Eier und welcher Gattig Mehl Ihr in die Neujahrringe nehmet, es nimmt mich wunder, wie sie sie an einem andern Orte machen.« – »So gang!« sagte die Meisterfrau. »Es wird dir an einem andern Ort gehen wie hier.« – »Das ist zerfahre«, sagte Benz und marschierte Burgdorf zu, den Hut auf der Seite, den Kopf vorgestreckt wie ein Stier, der durch einen Krishaufen will, die Hände verwerfend, daß sie ihm zu beiden Seiten in den Dornhägen hängen blieben.

Als er auf die große Straße kam, hatte er Platz für seine Hände, aber erst jetzt kam ihm die Täubi so recht an. Benz marschierte zmitts auf der Straße wie ein Preuß und meinte, heute könne er gehen, wo er wolle, es hätte ihm kein . . . etwas zu befehlen. Da kamen allgemach die Künge angefahren mit ihren raschen Rossen, und die Rosse merkten nicht, daß Benz siebzig Batzen im Sack hatte und heute den Herrn machen wollte; sie fuhren wie gewohnt zmitts durch drauflos, und wann sie endlich Benz mit der Nase an den Rücken stüpften, so mußte er um seines Lebens willen auf die Seite. Aber gräßliche Stöcke tröhlte er ab, daß man nicht einmal heute auf der Straße sicher sei vor denen Knechtlischindern. Denen Dorfmunine wolle er nicht Platz machen bis ga Burdlef abe, er wolle es denen aber noch einmal eintreiben, er sei dann auch noch da. Er schwenkte in die Burgergasse ein, da plagten ihn keine Rosse. Bäurinnen mit Ankenkörblene gingen vor ihm her, an denen ließ er seinen Zorn aus. Er plötschte durch sie hindurch wie eine Stückkugel, müpfte hier eine, dort eine, daß sie sich des Gräbleins kaum erwehren konnten, und wenn ihm eine »Donner!« oder ein »Lümmel!«

nachkam, so sah er zurück und hängte ihnen einen Schlemperlig an. Als er auf den Viehmarkt kam, sah er in der Nähe des Waschhauses Weiber, die Wecken feilhatten und Lebkuchen, und vielleicht fehlte es ihnen auch an einem Trunk nicht, wenn die Rechten nach ihm fragten und die Lätzen es nicht sahen. Dort stellte sich Benz mitts in den Weg, stützte sein Hinter auf den Stecken und schaute sich die Herrlichkeiten in der Weiber Körbe an. Er werweisete mit ihm, ob er hier zugreifen wolle oder warten bis ins Rütschelngäßli, wo er einst für fünfzehn Batzen Küchli versorget hatte. Die waren gut gewesen, er hatte die Chust noch immer im Maul. Endlich konnte er nicht widerstehn, griff mit beiden Händen in einen Korb hinein, faßte mit der einen einen batzigen Lebkuchen, mit der andern einen batzigen Wecken und biß nun, mit dem Hintern auf dem Stecken, allen Leuten im Wege, kehrum und tapfer bald in den Lebkuchen, bald in den Wecken. Das sei ein anderes Fressen, als die Burenhüng eim darstelle, wo längs Stück nicht einmal der Hung es fressen möge, sondern es mit dem Bauer und der Bäurin im Hinterstübli hätte. Als er fertig war, griff er stillschweigend und zweihändig noch einmal in den Korb, biß wiederum herzhaft von einer Hand zur andern, bis er zum dritten Male die dritte Portion herausholte.

Unterdessen war er allen, welche die Burgergasse herunterkamen, im Wege, und Bauer und Bäurin mußten um ihn herum durch den Kot, taten es auch stillschweigend, übersahen sein boshaft Zäpfeln, denn es war unter ihrer Würde, mit einem Knechtlein Händel anzufangen. Eine Herrenmagd aber mit einem Korb am Arm mochte dies nicht ertragen, besaß die erhabene Ruhe nicht, die über einen solchen Lümmel sich wegsetzt; sie stüpfte Benz den Stecken unterm Hintern weg und reckte ihm noch eins mit dem Ellbogen. Benz verlor das Gleichgewicht, wäre bald im Dreck gesessen, ließ den Lebkuchen hineinfallen, als er nach dem Stecken griff, um fluchend auf die Täterin loszufahren. Diese aber war längst im Gedränge entschwunden, und Lachen und Hohn war rings um ihn herum, besonders aus einer mutwilligen Bubenschar, die schon lange über Benz gespottet hatte.

Benz verlor den Kopf, schlug mit dem Stecken nach den Buben und wollte der Täterin nach. Aber so verstund das die Weckenfrau nicht, faßte Benz beim Kuttenfecken und forderte sechs Batzen. Benz wollte sich losreißen, wollte schlagen, aber die Frau war nicht erschrocken. Die Buben brüllten laut auf in wilder Lust. Da zeigte sich ein Landjäger und ließ seine martialische Stimme erschallen. Da sah Benz, das er nicht entrinnen könne, und warf der Weckenfrau vier Batzen hin. Die aber wollte sechs Batzen, und die Buben brüllten, emel für zehn hätte er gefressen, mit einem solchen Maul fresse man nicht bloß für sechs Batzen in einer Stunde, er hätte ja Lebkuchen und Wecken zusammen abegwauschtet wie die Oberländer magern und feiste Käs. Der Landjäger sagte kuraschiert: »Seh, zahl und mach, daß es Platz gibt, sonst mußt du ins Schloß!«

Da warf Benz voll Täube zwei Batzen der Frau dar und schoß wie ein junges Muneli davon, mit dem Stecken nach den jubelnden Buben schlagend, und hoch auf von seinen zornigen Füßen spritzte ihm am Rücken der Kot.

So lief er fluchend, schlagend, spritzend das Rütschelengäßlein auf und hatte gute Lust, mit Küchlene es noch einmal zu probieren, wie viel er möge. Da faßte ihn plötzlich nahe beim Schloßgäßlein eine Hand am Gilet, und eine Stimme rief: »Seh du, chast nit umeluege, we me dr brüllet! Ih wott jetzt einist my Chram ha, wo du mir schon mängist versproche hest.« Aber Benz war nicht in der Laune zum Chramen. »Hürmehi (gegenwärtig) kramen die Mädchen und Buben«, sagte er, »und wenn du mir einen Lumpen kramest, ich mangle einen, so will ich dir eine Halbe zahlen dort in Schläflisstübli.« Das geschah also. Das Mädchen kramete, und Hand in Hand wanderten sie in Schläflisstübli.

Dort war es voll wie üblich. Aber Benz genierte sich nicht, setzte sich unten auf eine Bank, drückte und schob die Leute zusammen, bis sein Meitschi neben ihm Platz hatte; je mehr die andern brummten, desto mehr lächerte es ihn, das war so seine Höflichkeit. Er befahl eine Halbe Roten, aber vom bessern. Als die kam, fragte er sein Meitschi: »Mast Tee?« Es sei ihm gleich, meinte dieses. Benz fühlte sich da herrenwohl, und Roten und Tee vor sich kam er sich vor wie Hans oben im Dorf. Wenn ein Bekannter und besonders ein vornehmer Bauer oder eine vornehme Bäurin hereinkam, so brachte er es ihnen. »Seh, Anne Bäbi, seh, Hans, es gilt dr!« Hans oder Anne Bäbi sagten: »Bis ume rühyig! Es chunnt mr o.« – »Du wirst doch öppe nit z'fürnehm sy, mr Bscheid z'tue, du wirst doch öppe o e Mönsch sy wien e angere.« Die meisten, um des Zankes los zu sein, taten ein klein Schlücklein und stellten das Glas wieder hin. Das nahm Benz übel und schrie: »Mach es früsches! Du meinst ume, ih vrmög nit, e Halbi, z'zahle. Wohl, bim ..., ih vermag's so gut als mänge Buresohn, bim ...!«

So tat Benz, als ob ihm die Dublone Jung hätten im Sack, borgete dem Wein nicht, werchete sich aber nach und nach in den alten Ärger über die ... Burehüng, so daß, als sein Mädchen sagte, es duechs, es möchte neuis essen, Benz sagte: »Nei nadisch, es isch mr da erleidet, und e ganze Tag a eim Plätz hocke wott ih hüt nit, ih wott wyters. Seh, Meitschi, was sy mr schuldi?« – »He, vier Halbene Zwölfbatzigen und zwei Kännli Tee. Das macht zusammen neunundzwanzig Batzen.« – »Was, bim ..., nume zwo hey mr gha!« – »Nein, Benz«, sagte sein Mädchen, »besinne dich! Viermal haben sie uns gebracht.« – »So kannst du zwei zahle, wenn du es doch witt ghebt ha, du hest so vil gsoffe als ih. Seh, mach füre!« – »Oh, öppe eine Halbe ist mir gleich«, sagte das Mädchen kleinlaut. »Was, eine Halbi! Zwei mußt zahle, hest ghört!« – »Du hast mich geheißen, Benz, zum Wein zu kommen.« – »Heig ih dih gheiße oder nit, su chast du helfe zahle, und bsungerbar weil dus o mit em Stubemeitli hest und mih witt helfe bschyße. Wottst füremache oder nit, hest ghört!« Das Meitschi weinte fast: einen Lumpen gezahlt, jetzt noch zwei Halbene und dazu noch zu Gast zu sein! Indessen ein Benz an der Seite ist auch was wert! Als sie hinausgingen, sagte das Stubenmädchen:

»Chömmit bald meh!« – »Blas du mir is Füdle, du Zyberligränne!« antwortete Benz.

Draußen fragte das Meitschi: »Wo wey mir hi, zum ›Bäre‹ oder zur ›Krone‹? Si tanze a beide Orte.« – »Blas mr is Füdle und ghey du, wo du witt! Ih gange, wo ih will«, sagte Benz und schob sich weiter. Verblüfft sah das Meitschi ihm nach wie ein Bub dem Vogel, den er in der Hand hatte, und der nun entronnen übers Dach fliegt.

Mit unerkanntem Ellbogen drückte sich Benz unter dem Zeitglocken durch, überrannte vor dem »Bären« beinahe einen vierschrötigen Garnhändler, polterte durch den Gang die Treppe auf und stampfte in die Gaststube. In Schläflisstübli hatte er es allen gebracht, hier sollten es ihm alle bringen, so meinte er. Er trappte langsam den Tischen nach, fand aber niemand schnitzig. Aber Benz war nich schüch, vor jedem bekannten Gesicht stund er still und ging nicht fort, bis man es ihm gebracht hatte. Dann machte er ohne Komplimente ein frisches. Es sei nicht mehr dr wert, abzusetzen, sagte er, die ... Schelme von Wirte hätten immer kleinere Gläser und kleinere Guttern. So stopfete er herum, bis der Wirt ihm sagte, entweder solle er an einem Orte sich zuchela oder fort; so sei er dr Wirtschaft immer vor den Füßen, sie könne seinetwegen nicht durch. »Blas mir is Füdle!« sagte Benz. »Du hast mir nichts zu befehlen; stopfe ich oder stopfe ich nicht, es geht dich nichts an!«

Da sah er, wo die Leute am dicksten saßen, einen Bekannten, der Wein und Fleisch vor sich hatte. Hier drückte er sein linkes Bein über den Stuhl hinein, zwängte das rechte nach, drückte mit dem Ellenbogen ein Loch, steckte den Stecken zwischen die Beine, sagte zu seinem Bekannten: »Seh, was hesch?«, griff mit blanker Faust von dessen Teller ein Stück Fleisch, stieß es ins Maul und sagte, er däich, er wells grad acheschwäiche, und trank ihm sein Glas aus. »Seh, willst du auch war?« fragte das Stubenmeitli. »Das geht dich nichts an, blas mir is Füdle!« antwortete Benz. »Wohl, das geht mich an!« antwortete dieses. »Wenn du nichts willst, so kannst du draußen auf der Gasse auch sein und brauchst nicht andern Leuten den Platz zu verschlagen.« – »Blas mir!« sagte Benz. »So rufe ich den Wirt.« – »So bring mr neuis!« – »Was bringe?« fragte das Stubenmeitli. »Emel nit Dreck, du Kuh!« antwortete Benz. »Wy und öppis z'fresse!«

Es kam dünner Wein, ledernes Fleisch samt Brot; wer nicht manierlich ist mit den Stubenmeitlene, der muß es immer büßen. Benz sagte, er saufe heute nicht weißen Wein und fresse nicht Brot, er wolle roten und Wecken. »Du hättest drWyl gehabt, das gleich zu sagen«, sagte das Stubenmeitli, »wegen einem solchen Fülli lauft man heute nicht manchmal zweimal.«– »Blas mr is Füdli!« antwortete Benz. Während er aß, sah er über den Tisch weg Voressen, Braten, Schweinigs, Salat, Kuchen etc. Was seine Augen sahen, begehrte der Mund, und alle Augenblicke rief er: »Seh du, ghörst aber nüt, du Heustüffel, seh, bring mr o vo äym and vo der Rustig, wo dise het!«, alles durcheinander, ärger als e Weltsch.

Als nach und nach der Mund nicht mehr mochte, trieb er ein frevelhaft Spiel mit den Speisen. Er rührte mit den Fingern darin herum, warf nach den Hunden, warf Tisch auf, Tisch ab den Leuten auf die Teller, ja nach Bekannten an anderen Tischen, kurz, er machte den Lümmel auf die ekelhafteste Weise, so daß er den Leuten erleidete und sie dem Wirte verdeuteten, sie hätten genug von ihm.

»Los, Bürschli, schaff du jetzt afange ab!« sagte der Wirt, »du bist den Leuten nicht mehr anständig.« – »Blas mr!« sagte Benz, »es ist mir noch lange wohl da.« – »Sygs oder sygs nit, so schaff du jetzt ab und mache andern auch Platz!« – »Blas mr!« sagte Benz. »Nein, das will ich nicht«, sagte der Wirt, »aber du wirst kein Geld haben und gehen wollen, wenn es niemand sieht.« – »Was, kein Geld, einmal mehr als du, du Lumpewirtli du!« – »He, wann du Geld hast, warum zahlst du dann nicht?« – »Du hast mir ja noch gar nicht gesagt, was ich dir schuldig bin, du Wymuni du!« – »Gib afange dreiundzwanzig Batzen, so wird es viel daran machen.« – »Was, du ... Schelm, was, dreiundzwanzig Batzen? Nicht zehn geb ich dir.« – »Mach, was du willst!« sagte der Wirt, »entweder zahlst du, oder ich lasse den Landjäger kommen, ich will dir dann den Schelm eintreiben.« Unter gräßlichen Flüchen, er hätte ja nichts gehabt als um einen Batzen ghaarigs Fleisch und ein Schoppen Wein, den er den Rossen unterm Stiel gfasset hätte, zahlte Benz. Als der Wirt den letzten Batzen hatte, sagte er: »Jetzt streich dich, sonst kömmst du unsauber weg! Wenn man mit jedem so viel zu tun hätte, so möchte man des Tages kein Dutzend gferggen, und die andern müßten warten.«

Endlich verließ Benz seinen Platz, aber zur Tür aus konnte er nicht, stopfete in der Gaststube herum, fluchte vor jeder Üerti über das Schelmenhaus, hockte verkehrt auf einen Stuhl, streckte Stekken und Bein in die Stube hinaus und wollte ein Meitschi karisieren, das ein anderer zu Gast hielt. Der Bursche sah mit scheelen Augen ihn an, langsam stieg des Zornes Flamme auf, ein Stubenmädchen stolperte über seine Füße, schrie laut auf, da brannte das Feuer im Wirte auf, und Benz flog zur Stube aus die Stege runter, als ob er nie gestanden wäre.

Unten fluchte er mörderlich, man hätte ihm Kappe und Stecken gestohlen, und er hole sie dr ... nicht. Sie wurden ihm hinuntergeworfen. Da verfluchte er sich noch ärger, er hebe sie nicht auf, die Kappe habe ihm ab dem Kopf geschlagen, jetzt könne man sie ihm wieder auflegen. Da kam Mädi, das Meitschi, mit dem er in Schläflisstübli getrunken, und das ihm geduldig gewartet hatte, legte ihm die Kappe auf, gab ihm den Stecken in die Hand und sagte: »Chumm, Benz! Es sy wüste Leut da.« – »Blas mr!« sagte Benz, tröhlte noch einige ab, stolperte doch endlich breitbeinig und fluchend zum Hause hinaus. Draußen fragte ihn Mädi: »Wo wollen wir jetzt hin?« – »Blas mr is Füdle«, sagte Benz, »und ghey du, wo du witt!« Mädi nahm's nicht übel, trappete Benz nach, half ihm schimpfen, erzählte, wie es ihm bei der »Krone« fast nicht besser ergangen, und wie man in dem Burdlef des Lebens fast nicht mehr sicher sei.

So zottelten sie zusammen durch Dicks und Dünns bis zum nächsten Wirtshaus, wo Geigen und Brüllen ihnen entgegentönten. Benz dagegen zu, Mädi ungeheißen ihm nach. Droben tanzten sie im Schein zweier magerer Kerzen, schräg auf dem Kopf die Hüte, die Pfeife im Maul, munter ging's über den höckerichten Boden weg, und fleißig kratzten zwei magere Geiger auf zwei verrosteten Geigen, daß es in allen Ecken und an allen Wänden girte und garte. Da riß es Benz hinein in das Tanzes Wirbel: er schleift Mädi bei der Hand, schwenkt den Arm, krümmt die Bein, schlengget die Achseln und setzt endlich mit mächtigem Schwung zum Tanze an. Da macht Benzes Absatz mit einem Hoger am Boden zärtliche Bekanntschaft, will nicht weiter. Benz will an Mädi sich halten, und beide kugelten dahin, daß man lange nicht mehr weiß, was oben und was unten ist. Hoch auf stob der Staub, wildes Gelächter krachte an den Wänden, und Benz las mit Mühe sich Pfeife und Hut zusammen, fluchte über den Boden und Mädi, das nichts könne, hinkte zum Schenktisch und Mädi getreulich ihm nach.

Benz forderte eine Halbe Roten, und Mädi half ihm trinken, als ob sich das von selbst verstünde, aß die zwei aufgestellten Wecken unvermerkt weg und nahm auch von der zweiten Halbe so viel, als Benz ihm geben wollte. Bei allem Trinken wohlete es Benz nicht, das immerwährende Auslachen ärgerte ihn, und Mädi sagte, es werde wohl finster, und es sei noch ein Plätz bis heim. »So schaff ab!« sagte Benz, »und mir wey furt.« – »Das wäre mir lustig«, sagte das resolute Stubenmädchen, »wenn afange die Meitscheni den Buben Wein zahlen sollten! Du hast den Wein kommen heißen, und du zahlst! Bis nit e Uflat!« Er begehrte auf, und Mädi sagte nicht viel dazu, bis Benz endlich zahlte, aber in Grimm und Zorn und unter Blitz und Donner.

So, voll Tücke im Herzen, den Hut auf dem Ohr, die Pfeife im Maul, protzte Benz auf, konnte sich aber nicht enthalten, im Herausgehen einem Tänzer den Fuß vorzuhalten. Dieser stürzte samt seiner Tänzerin, und Benz war dumm genug, stehenzubleiben und zu lachen. Im Satz sprang der Gefallene auf, auf Benz los, schlug ihn an die Wand, daß Hut und Pfeife dahinflogen, dann mit ihm zur Tür aus, die Stiege ab zum Haus hinaus auf die Straße. Alles im Hui, und Benz lag blutend im Schnee, ehe er sich besinnen konnte, was es gebe. Dort lag er fluchend, blutend, trunken im Schnee, bis Mädi nachkam mit Hut, Pfeife, Stecken, ihn aufstellte, abwusch und endlich auf den Weg und in Gang brachte.

Nun erst war Benz recht unwirsch, schlug mit dem Stecken rechts und links, speute Gift und Galle über alle Wirte, über die ganze Welt, und endlich kehrte sich sein Zorn gegen Mädi, verwünschte es, wollte es schlagen, sagte ihm, es solle ihm is Füdle blasen, ihn ruhig lassen, keinen Tritt mehr den gleichen Weg kommen. Da begann Zorn und Wein auch in Mädi zu sprechen. Es wollte, es hätte ihn nie gesehen, son e wüste Hung, wie er sei, gebe es nicht. Es sei wohl ein Göhl, daß es so ein gutes Herz hätte, und wenn es nicht ein Göhl wäre, so säße es jetzt in der »Krone« neben einem Bauernsohn. Aber es wolle ein andermal nicht ein Narr sein, mit so einem wüsten Hung gehe es sein Lebtag nicht mehr heim. »Wer het dih gheiße, du Täsche?« sagte Benz. »Hock du meinethalben, neben wen du willst, aber e selligi mangle ich nicht bei mir, ich kann alleine gehen.« – »Mr ist nume e Narr«, sagte Mädi, »we me es guts Herz het.« – »Ih schyße uf dys Herz«, sagte Benz, »es isch ey . . . wie die ander.« – »Du lügst!« sagte Mädi. »Oder hat dir auch schon eine so viel angehängt und so manches Hemd gewaschen, wenn es Tanzsonntag gewesen ist und du kein sauberes gehabt hast? Sag's, wenn du darfst! Hat dir auch schon eine so viel getan wie ich und dir aufgetan, wenn du gekommen bist?« – »Blas mr is Füdle!« sagte Benz und steuerte gegen eine erleuchtete Fensterreihe zu, woher Lärm und Licht ihnen entgegenströmten. »Gang nit da hinein!« sagte Mädi. »Komm jetzt, wir wollen heim!« – »Blas mr is Füdle und gang, wennd witt, aber ungesse wott ih hüt nit hey!« – »Du mußt auch etwas haben, wenn du mit mir kommst«, sagte Mädi. »Ich habe noch sieben oder acht Habküchli unter meinem Dackbett, die ich gestern beim Küchlen erwitscht habe.« – »Ih schyße dr druf!« sagte Benz, ging die Stege auf und Mädi nach. Wenn alles müsse vrfresse sein, dachte es, so wolle es auch etwas davon. Warmes hatte es heute noch nichts gehabt, war allenthalben nebefürcho, und Geld hatte es keinen Kreuzer mehr im Sack. Den letzten hatte es vergänggelet; auch ließ es Benz nicht gerne aus den Augen, bis es ihn hatte, wo es ihn haben wollte.

Droben stotzete Benz unter der Tür, sah mit gläsernen Augen, ob es ihm niemand bringen wolle, und wo er am besten abhocken könne. Niemand achtete sich seiner, es waren alles gesessene Leute, die sich wohlsein ließen. Endlich hieß sie der Wirt von der Tür weggehen und zeigte ihnen Platz zum Sitzen. »Blas mr is Füdle!« sagte Benz. »Ih ha dWehli, z'stah, wo ih will.« Indessen setzte er sich endlich und Mädi neben ihm. »Das ist mir doch e . . . Lumpewirtschaft!« sagte Benz. »Da hocken ih scho e halbe Tag, und niemer bringt nüt.« – »Du mußt doch zuerst befehlen!« sagte der Wirt. »Was willst!« – »Öppis Warms, und e Schoppe!« Man brachte eine Halbe, zwei Gläser, zwei Teller etc. »Was mangle ich da für zwei?« sagte Benz. »Und de han ih nume e Schoppe bifohle.« – »He, du wirst doch das Meitschi, das du mitgebracht hast, nicht wollen zusehen lassen, wie du issest?« sagte der Wirt und ging. »Das ist afe e Bruuch«, sagte Benz, »ih zahl bim . . . nume für mih.« Unterdessen griff Mädi handlich zu, und man sah es ihm von weitem an, wie das warme Essen ihm wohltat.

Benz begehrte schrecklich auf über seine Geschichte auf dem Tanzboden und erzählte, wie er es dem Wirt und dene . . . Burensöhnchen machen wolle. Unglücklicherweise saßen Leute um ihn herum, die ihre Freude an ihm hatten, er solle ihr Narr sein. Die einen hielten es mit ihm, die andern widerredeten ihm, so redete Benz sich in immer größeren Zorn, begann wieder das Essen zu verwüsten, Glas zu zerbrechen und zu werfen, einzelne und die ganze Gesellschaft zu schelten, daß vermahnt wurde und Denkwein gebracht. Und wenn Mädi abwehren wollte, so zog Benz auf und sagte: ›Wottsche . . . uf dys Redloch, daß du meinst, mi schieß dr e Kilchturm dry?« Es ward immer völler, und wenn er nicht mit Wekken und Lebkuchen einen so guten Grund gelegt hätte, so hätte er längst kein Glied mehr machen können, und tat immer wüster.

Endlich hieß ihn der Wirt zahlen und gehen. Da begann Benz seinen alten Spektakel und wollte nicht. Mädi sollte zahlen, und als der Wirt sagte, er nehme von Meitschene kein Geld und nur von denen, die befohlen, sagte Benz ihm die anzüglichste Schande. Erst als er hörte, daß seine ganze Schuld, Üerti, Glas, Teller, die er verschlagen, und Denkwein sich auf sechzig Batzen belaufe, da fluchte er, daß das Haus zitterte, schlug den Rest der wenigen Batzen auf den Tisch und sagte oberarm drein, er geben keinen Kreuzer mehr, er hätte nicht mehr, und wollte fort. Aber jetzt ließ man ihn nicht, niemand wollte für ihn gutsprechen. Alles hatte seine Freude am Spektakel, und mit der größten Burgerlust zog man ihm endlich die Kutte aus zum Einsatz. Mädi wollte mit Reden für Benz in Riß stehen, aber es trug nichts ab. »Schweig oder zahl!« sagte man ihm. Indessen belferte Mädi treulich fort, gleichsam das kleine Geschütz zu Benzens grobem, wollte ihm helfen, als man ihn ohne Kutte zum Haus hinaus die Treppe hinunterschob. Drunten waren sie nun, ohne Geld, ohne Kutte, Benz halb besinnungslos in gräßlichstem Zustand, gemischt aus Zorn und Jammer und Trunkenheit, nichts hatte er mehr als ein halbvolles Meitli neben sich. Das half ihm, wohin er wollte.

Ohne Geld, ohne Kutte konnte Benz am folgenden Morgen beim neuen Meister anstehen, und was ihm noch wartete, wußte er nicht. Das war der Weihnachtsdonnstag 1825.

Der Weihnachtsdonnstag 1841

Ein kleines Häuschen stand in einer Waldecke fast wie ein Dieb, ehe er ans Einbrechen geht, in einer Hausecke. Finster war es drin und drum, und ihrer zwei traten aus dem Walde dagegen zu, einen Schlitten hinter sich. »Sie doch«, sagte der größere, »die . . . Blättere hat noch nicht gefeuert, ist nicht einmal auf, wohl, dere will ich ds Mayeli singe!« Ins Geißenställi unters Laub bargen sie den Schlitten, machten sich ins Stübchen, und plötzlich war es da lebendig. Ein Walken begann, ein Gebrüll erscholl. »Herr Jeses, Herr Jeses, my Gring, wottsch mih la sy, wottsch mih la goh, wottsch höre! Uy, uy, du Unflat!« Wie ein Echo brüllte es in allen Ecken, und Köpfe tauchten aus Hudeln auf, und ringsum ward's lebendig. Und wie in Regen und Sturm der Donner, so brüllte in das Gekreisch hinein eine wilde Stimme: »Wottsch uf, du fuli Moore, und ga zMorge mache, ih will dr zeigen, ob du bis zMittag lige sollst, wenn ih zMittinacht ufmuß! Wottsch höre brülle, oder ih vrschla dr dsMul, daß es dyr Lebtig nimme ufbringst!« – »Wottsch mih la goh, wottsch mih la sy! Mürder! Mürder! Mürder!« – »Wottsch ds Müetti la sy, la gah!« kreischte hier eine Stimme, dort eine. Während sich Benz gegen diese wandte, rutschte Mädi aus dem Bett, kroch heulend und fluchend, es wolle noch heute zum Statthalter und ihm anzeigen, wie Benz mit ihm umgehe, in die Kleider. »Geh du nur!« brüllte Benz, »das ist mir gerade recht, ich will ihm dann sagen, wie du hingerrücks geyst ga Schulde mache, du . . . Täsche!« und streckte Mädi noch einige tüchtige ab. Da kreischte Mädi aufs neue auf: »Hör! Du bist doch dr wüstest Hung! Das ist doch noch nie erlebt worde, daß e Ma dFrau prügelt vor Tag, und weißt doch, wien i zweg bi.« – »Warum gehst und machst Schulden!« brüllte Benz. – »Das ist erheyt und erloge!« brüllte Mädi. – »Wottsch du noch leugnen?« brüllte Benz und streckte wieder einige ab. »Wottsch höre, du Mürder, du Lügner, du Schelm!« So schrie Mädi. ›Wottsch bikenne! Wottsch schwyge, soll dr dnGring abschriße?« schrie Benz. Nach diesen Präliminarien kam man endlich zum Feuern, zum Essen von weißen Erdäpfelbitzli, zum Trinken von blauem Kaffee und zu Erklärungen.

Der Bärtler im Graben hatte nämlich bei Benz ein Schindeltannli bestellt gehabt und Benz es diese Nacht geliefert. Benz hatte zwar keinen Wald, aber der Bärtler ein böses Dach. Schindeln zu kaufen, reute ihn das Geld, und ein Tannli selbst zu stehlen, war ihm das Bärtli im Weg. Benz hatte kein Bärtchen und übernahm die Lieferung gerne um ein Löhnli, öppe wie recht und billig. Als aber nun der Bärtler dem Dieb das Löhnli geben sollte, da hatte er allerlei Ausreden: das Tannli war ihm zu schlecht, er hatte abzurechnen für Kaffee, den Mädi bereits daraufhin genommen haben sollte. Was sollte Benz machen? Das Tannli konnte er nicht wieder nehmen, es war bald Tag; mit dem Bärtler vor den Richter zu gehen, schickte sich auch nicht wohl. Er mußte sich in Grimm und Zorn mit dem begnügen, was der andere ihm geben wollte. Grimm und Zorn ließ er nun daheim aus an Frau und Kindern, aber, gäb wie er schlug und fluchte, niemand wollte etwas dings beim Bärtler genommen haben.

Und nach und nach änderte sich die Sachlage, als Mädis Maul sich erholt hatte und in Gang gekommen war. Er sei der wüsteste Unflat, er sorge nicht für die Haushaltung, sei der fäulste Hung. Niemand wolle ihn mehr zum Arbeiten, sei der dümmste Hung, er hätte sonst das Tannli heimgebracht und nicht dem Bärtler, er hätte sinnen können, wie der es ihm machen werde. Gäb wie Benz sagte: »Schwyg, oder ih schryße dr drGring ab!«, so fuhr Mädi fort und sagte: »Su schryß! Aber schyge tue ih doch nit, ih surre de bim . . . no mit drRöhre.« Es sei dr ungfelligist Hung gsi, daß es son es Fülli übercho heyg, aber wenn eim e Dreck uf dNase söll, so ghey er eim nit uf dFüß. Benz kam nicht mehr zum Wort, er konnte höchstens noch sagen: »Schwyg, du . . .! Ih wett, dr Tüfel hätt mih läbig gno, gäb ih dih einist agrührt ha, aber we me am eine Dreck schmöckt, su muß me ne zletsch no fresse, mi ma welle oder nit.«

So lauteten die Tischgespräche dieses Ehepaares und machten zugleich die Gebete vor und nach dem Essen aus, die Voressen und den Dessert, während dem Mädi selbst aß und einem kleinen Kinde etwas Essen einschlarggete. Als nichts mehr zu essen da war, lief alles davon, und Mädi mußte sein Geschütz gegen die Kinder kehren, daß sie abraumten und abwuschen. Jedes hatte sein eigen Geschäft im Kopf, wollte, sobald möglich, dem nach, die allgemeinen Geschäfte hätte jedes dem andern zuschanzen mögen. Benz und sein ältester Bub und Diebsgeselle wollten firmen gehn im Wald herum. Sie hatten Holz nötig. Zugleich stieß ihnen vielleicht ein paßlich Stück Wagnerholz auf; Mädi hatte den Weihnachtsdonnstig im Kopf, und zwei Mädchen wollten betteln gehn. Was die drei jüngsten im Kopf hatten, das frug man nicht, die mußten daheim bleiben, gäb wie sie schrien und wüst taten; ein fünfjähiges, ein dreijähriges Kind sollten zu einem jährigen sitzen einen lieben langen Tag lang. Benz wollte dem Mädi das Daheimbleiben gebieten; als aber ein Kartätschenhagel von Schimpfwörtern ihm an den Kopf fuhr samt einem Verzeichnis, was die Kinder alles nötig hätten, was er anschaffen sollte, für was aber es sorgen müsse, weil er der nütnutzigste Fötzel sei, da war er froh, Mädi gehen zu lassen und zwar je eher je lieber. Benz meinte, wenn er abgehendes Holz heimmache, so komme es niemand in Sinn, daß er das Tannli gestohlen. Dieses Holz war nicht in seinem Wald, er hatte nicht darum gefragt. Denen ... Bauern tat er nicht die Ehre an, aber wegen ein paar ... Ästen werde keiner was sagen und heute die meisten zMärti sein.

Ehe er ging, haarete er die zwei ältern zurückbleibenden Kinder, weil das jüngste schrie, und als er ging, da schrien alle drei.

Benz und sein Bub schafften gut, sie fanden viel Abgändes, fanden Häge zu plündern, fanden ein schlank, schön Öschli, wie ein Wagner es nur wünschen konnte. Das eine ward versteckt mit Vorsicht, anderes mußte der Bub heimschaffen am heiterhellen Tag im Trotz der heutigen Zeit, wo der Dieb das Recht zu haben meint zum Stehlen, der Bestohlene aber ein Unflat und wüster Hung geheißen wird, wenn er den Diebstahl rügt, dem Kläger das Bein vorgehalten, dem Dieb das Loch zum Einschlüpfen gezeigt wird. Gegen Mittag sagte Benz dem Buben, er soll heim, dr Burst ga choche, er müsse no neuehi. Benz ging nicht mehr zMärit, rechte Leute und rechte Orte floh er, aber Weihnachtdonnstag wollte er doch haben. Er strich daher einer Seite nach, kam bald zu einem einsamen Häuschen und ohne Umstände ins düstere Stübchen, wo zwei Dirnen spannen, ein Mann auf dem Ofen lag, im Nebengaden eine Alte hustete. »Kömmt doch endlich jemand!« sagte der auf dem Ofen. »Ich glaubte, es sei heute alles zMärit.« – »Ih schyß uf e Märit!« sagte Benz. »Seit ich meine Blättere dort aufgelesen, gehe ich nicht mehr hin, es ist an einem Mal genug gewesen.« – »Du hättest doch vielleicht noch Geschäfte dort«, sagte eine der Dirnen. »Was wollte üser Gattig sür Gschäft ha?« – »He, du hättest villicht no dKutte usezlöse.« – »Du . . . Hex, wottsch schwyge, oder . . .!« sagte Benz. »Chumm ume, ih förchte dih nüt!« sagte lachend das Mensch. Er hatte allerdings nichts zu fürchten, und was Mädi, der Frau, ein Fuder Schläge eingetragen hätte, das brachte diesem anderes ein.

Es fanden sich noch mehrere ein nach und nach, es wurde gespielt, Brönz getrunken unter Fluchen und Scherzen, unter Erzählung alter Diebereien und Abrede von neuen. Was da abgeredet wurde, ward man oft stundenweit inne. Es dunkelte, und Tabaksqualm lag im Stübchen, daß man ihn mit Messern hätte hauen und aufs Brot streichen können. Da ward Benz heimgeschickt, er war am nächsten bei Hause, und für die Nacht hatte man Werkzeug nötig. Unterdessen war Mädi nach Burgdorf gepfoselt. Es hatte sich aufgesträußt nach Möglichkeit, die größten Fetzen an den Strümpfen niedergenäht, das beste Säcklein in der Hand, ein leidlich Fürtuch an und schlenggete alert den Kopf hin und her, damit man die Hudeln nicht merke, welche ihm sanft um die Füße wädelten. Und es war nicht, daß das alles nichts half. Ein alter Hühnerträger hätte Mädi schon in der ersten Pinte zu Oberburg beinahe für einen halben Batzen Brönz gezahlt, wenn nicht eine muntere Eierfrau ihm Mädi abgestochen hätte und zum Brönz gekommen wäre. Taubs wanderte Mädi bis auf den Vehmärit, dort stellte es sich bei den Weckenweibern, fingerte in jedem Korbe herum, aber was es wollte, gelang ihm nicht, die Weiber da haben zu gute Augen; wenn es einen Wecken haben wollte, so mußte es ihn bezahlen. Im Rütschelngäßli war das Gestånd größer, die Leute an den Krämerständen dichter, und wo sie am dichtesten waren, stellte Mädi sich in eine Ecke, nahm auf, legte ab, ging und stand, bis plötzlich ein junger Krämer unter seinem Stande hervorschoß wie ein Hund unterm Müllerwagen hervor, und rasch wollte Mädi im Gedränge verschwinden; aber die verlöcherten Roßhaarspitzen verrieten ihre Trägerin, in einer Stündelikappe wäre Mädi gerettet gewesen. Ehe Mädi die gestohlenen Strümpfe verschlenggen konnte, hatte der Krämer es beim Fecken, traktierte es mit Kläpfen und Tritten und ließ es laufen. »Aber warum lässest du die Diebin laufen und nicht ins Schloß führen?« fragte ihn ein anderer Krämer. »Es wäre auch von wegen den andern.« – »Was frage ich den andern nach!« antwortete der Krämer. »Ich habe meine Strümpfe wieder und bin draus und dänne; wollte ich vor den Richter, so müßte ich noch erwarten, wem es besser ginge, dem Dieb oder mir, müßte vielleicht gar noch eidigen, daß es meine Strümpfe wären, wenn der

Diebin unter den Fuß gegeben würde, mein Eigentumsrecht in Abrede zu stellen.« Mädi hätte gute Lust gehabt, den Krämer zu verklagen, sagte ihm wüst, solange er es hören konnte, dann schob es sich hochmütig dem Garnmärit zu, denn, je öfter ein Dieb ungestraft daraus kömmt, um so hochmütiger wird er, um so mehr glaubt er, nicht nur das Recht zum Stehlen zu haben, sondern auch das Recht, ehrlichen Leuten wüst zu sagen. Es trieb sich lange in Burgdorf herum, nicht nur auf dem Garnmärit, sondern auch auf dem Schweinemärit, man wußte nicht, warum, kam zu Schuhen und Strümpfen, man wußte nicht, wie, pfoselte gegen Abend heim, zwar nicht den Schachen auf wie im Sommer, aber doch pfoselte ein alter Bauer ihm nach, der alle Donnstag auf gut Schick ausgeht und doch nichts heimbringt als jeweilen einen Rausch. Dieser wurde Mädi nicht abgestochen wie diesen Morgen der Hühnerträger, er zahlte ihm, man wußte nicht, wofür, mehr als genug, und als nachts Mädi heimblampete, lief es ihm oben über.

Als es am trübsten um ihns aussah, huschten zwei Schatten an ihm vorbei fast wie große Fledermäuse, aber Mädis Augen waren doch so trübe nicht, daß es nicht seine beiden bleichen, magern Meitscheni erkannte, welche gerne inkognito neben der Mutter durchpassiert wären. »Seh, ihr Trücher«, gurgelte es, »syt dr no nit hei? Es söll mr eis mis Säckli näh!« Als die Mädchen das Inkognito nicht gleich aufgeben wollten, raffte Mädi die letzte Kraft zusammen und schoß auf sie los, verlor aber das Gleichgewicht und lag im Hag. Da ward es doch den Mädchen angst; wenn sie schon heute entrinnen konnten, so war doch morgen wieder ein Tag. Sie nahten sich der Mutter, zerrten und rissen an ihr, bis sie wieder auf den Beinen war, und saumeten sie mühselig und zankend heimwärts.

Daheim sah es strub aus. Den Morgen hatten die drei zurückgelassenen Kinder größtenteils verpläret. Das kleinste wollte nicht schweigen; bald prügelten, bald flattierten ihm die andern, bald zaaggeten sie es herum, bald ließen sie es liegen, liefen von ihm, ließen es ab dem Ofentritt fallen, und als sie es daraufhin gar nicht besänftigen konnten, da schrien sie aus Angst und Hunger mit ihm.

So fand sie der älteste Bube, unwillig, daß er heim mußte und nicht mit dem Vater konnte. Der machte nun den Tyrann, prügelte sie erst, daß sie brüllten, prügelte sie dann, weil sie ihm nicht schnell genug an die Hand gingen, prügelte sie nach dem Essen wieder, daß sie stille sein sollten, während er fort sei. Denn sobald er mit einigen schlechten, halbgekochten Erdäpfeln sie abgespiesen, strich er sich wieder. Er wollte nicht allein daheim sein, während alle andern auf gut Schick aus waren und keines, wie er wohl wußte, an die dachte, die daheim geblieben waren. »Selber fresse macht feiß!« galt hier als Wahlspruch. Zudem hatte er das Beil vermißt, vielleicht hatte es der Vater verloren, aber hier war nicht lange untersucht, der Stärkere hatte immer recht, und für jegliches Ungeschick ward der Schwächere geprügelt. Der Bub wollte das alte Beil suchen oder ein neues kriegen und etwas für sich schaffen.

Dämmerung war's, als er heimstrich, und niemand fand er daheim als die drei Kleinen, von denen die zwei ältern sich jämmerlich fürchteten, das kleinste aber heiser war und nur noch winseln und gruchseln konnte. Er war hungrig, hatte auf das Bettlerbrot der Schwestern gehofft und auf ihre Kreuzer für Milch. Jetzt mußte er wieder bloße Erdäpfel kochen, mußte die andern Geschäfte verrichten und weinte fast aus Zorn und Ärger. Da kam der Vater heim, wollte seine Sachen nehmen und wieder fort, aber der Bub verfluchte sich, allein bleibe er nicht, und wenn der Vater gehe, so laufe er auch fort. Dann fluchten beide über die Täsche, die noch nicht heim wären, und es sei doch schon lange Nacht, und rateten ab, wie sie es denen reisen wollten.

Da klopfte es draußen, und herein kamen zwei Männer und ein Landjäger und sagten Benz, sie hätten etwas weniges bei ihm zu suchen, er solle ein wenig zünden. Er hätte ihnen nichts zu zünden, sie sollten ihm blasen und sich fortmachen, sie hätten hier nichts zu tun, nichts zu suchen. Wenn er nicht wolle, so mußten sie es selbst tun, sagte ein Bauer. Da sei er auch noch da, und hier soll ihm kein Mensch einen Tritt versetzen, sagte Benz, sonst komme es nicht gut. Damit wollte er nach dem Beil greifen, das an der Wand stund, aber der eine kam ihm zuvor, und kaum fühlte er den Halm in der Hand, so rief er: »Was ..., das ist ja mein Beil!« – »Du lügst wien e angere Donners Schelm!« rief Benz. »He, chumm lueg!« sagte der andere. »Das ist mein Zeichen auf dem Halm und auf dem Beil, und du wirst kaum deine Sachen gleich zeichnen wie ich.« Er hätte es vom Schmied gekauft schon vor einem Jahr, er wolle es beweisen, sagte Benz. Und er wolle es beweisen, daß er es diesen Morgen noch gebraucht. »So hast du es mitgebracht und gebeizt, du Donners Schelm!« rief Benz, diesmal im Glauben, er habe recht, denn der Bub hatte nicht Zeit gehabt, von seinem Fund zu erzählen, und jetzt fand er es nicht rätlich.

Die andern aber kümmerten sich um ihn wenig, wie er auch

fluchte, und weiter als bis zum Fluchen durfte er nicht gehen, denn der Landjäger hatte ihm gesagt, er solle nicht machen, daß er ihn fassen müsse; wenn er ihn einmal hätte, so wüßte Benz wohl, daß es eine Weile ging, ehe er wieder loskäme. Das fesselte Benzen Hände, aber nicht sein Maul, aus dem das Wüsteste kam, was in seiner Seele war. Sie fanden allerlei Verdächtiges, das sie auf sich beruhen ließen, aber das Trämeli nicht, wohl aber den Schlitten unter dem Laub, fanden frische Tannenrinde am Schlitten, Erde und Eis. Sie wußten nun, daß das Schlittli zum Raube gebraucht worden war, wußten, daß sie eine Schlittenspur vom Stock weg zu suchen hätten, und gingen fußwarm mit der Laterne hin, nachdem sie das Maß von den Schlittläufen genommen hatten.

Benz brüllte ihnen Flüche nach; der Landjäger aber sagte, so ein wüstes Nest hätte er nicht bald gesehen, die Gemeinde sollte die Haushaltung aufheben und die Kinder zu braven Leuten verdingen, daß sie auch arbeiten lernten; so gebe es lauter Schelme. Der Alte sei einer, die Mutter auch eine, und die ältern Kinder kenn er schon lange. Ehemals, antwortete ihm einer, hätte man das wohl getan, und an der letzten Gemeinde hätte man ebenfalls davon geredet. Aber da hätte einer gesagt, das wäre dumm. Jetzt brauche man, wenn es bös gehe, bloß den Hauszins zu bezahlen, komme mit zwölf oder fünfzehn Kronen daraus, und, was sie stehlen, das täten sie meist in andern Gemeinden stehlen oder den Hintersäßen, und zuletzt kämen alle an meiner gnädig Herren Mus und Brot, dann sei man ihnen ja ganz ab. Hebe man aber die Haushaltung auf, so koste jedes Kind durchschnittlich wenigstens zehn Kronen. Den Alten und die Alte müsse man noch obendrein haben, und wenn man einmal einem Buben etwas anrechnen wolle, so könne man zuerst hundert Kronen verprozedieren und dann noch den Stecken am dreckigen Ort nehmen. Wenn man heutzutage einer Gemeinde eine Täsche geben könne, so spare man es nicht. Mit Pinten und Stubenwirtschaften mache man den Gemeinden die Leute schlecht, ziehe hunderttausend Franken Patentgebühren und lasse die Gemeinden die arm gemachten Leute erhalten, und wenn sie etwas dazu sagen wollten, »so gibt man ihnen an dem einen Ort keine Antwort, am andern ein scharfes Urteil, das sie in die Kosten verfällt. So möchte der Teufel dabei sein!«

So hat der geredet, und seine Meinung ward einhellig angenommen.

»Es ist doch lätz«, sagte der Landjäger. »Sygs oder sygs nit«, sagte der andere, »es ist afe Zyt, daß dGmeinde zu ne selber luege, wenn niemer angers zu ne luege will.«

Während die Männer das Haus untersuchten, und gerade als Benz am lautesten brüllte, war Mädi heimgekommen, und es kam ihm wohl. In seinem Zorn vergaß Benz, Mädi zu prügeln, und dessen Zustand, der sich freilich etwas gebessert hatte auf dem Wege, bemerkte er nicht. Bloß der Bub fluchte mit ihm, daß er nicht aller Hung sei und alles machen wolle, ein ander Mol könne es früher heigheye, er rühre sy Seel kes Schyt meh a.

Übler kommen die Kinder weg. Zuerst die kleinen, weil das kleinste so stürmte und heiser winselte, sie kriegten Schläge dafür und konnten doch nichts dafür. Waren nicht die schuld, die ihnen das Kleine anvertrauten und ihren Lüsten nachliefen? Am übelsten aber kamen die beiden Mädchen weg, als sie ihre Bettlerbeute abliefern sollten, damit die ganze Haushaltung daran sich erlabe. Sie brachten nichts als Brot und meistens nur hartes, schwarzes Brot und noch wenig dazu.

Sie sollten mit den Kreuzern hervor, sie hatten keine; sie sollten mit dem Gemauseten hervor, sie brachten nichts; sie wurden erlesen um und um, sie hatten nichts. Sie hatten wohl Kreuzer erhalten, und während eins vor den Häusern bettelte, schmausete das andere hinter den Häusern und nicht ohne Erfolg; aber warum sollten sie alleine nicht an sich denken? Sie hatten die Kreuzer vertan für Lebkuchen und Haselnüsse, sie hatten einer Krämerin, welche alles Erschnausete gerne kaufte, weil sie es wohlfeil kriegte, was sie gemauset, verkauft und dort sich gleich gütlich getan mit angemachtem Brönz und einem Stücklein Brägelwurst. Warum sollten sie allein sich nichts Gutes tun und für die andern einsammeln? Sie hatten noch einige Kreuzer im Sack, als sie heimgingen, da kam es dem kleinern, einem verwegenen Ding, in Sinn, sie wollten dieselben verbergen für ein ander Mal, sie könnten ja sagen, die Meisterleute seien allerwärts zMärit gewesen, daher alles abweg geräumt und nirgends Kreuzer gegeben worden. Dem ältern schien dieses einleuchtend, und gesagt, getan. Nun schrien sie die Gründe ihren Drängern zu, unter denen der Bube der hitzigste war, denn er hatte am meisten getan, am wenigsten gehabt. Aber an diesen Gründen wurde niemand satt, sie entrannen daher ihren Heiligen nicht und suchten heulend ihre Hudeln auf dem Ofen. Benz wollte fort, Mädi ihn nicht lassen, der Bube aber mit, und erst als er beiden wüst gesagt und mit Schlägen gedroht, kam er los, kehrte seinem Elend den

Rücken und ging neuem entgegen. Mädi grunzte, der Bub ließ an den Kleinern seinen Zorn aus, bis auch über diese der Schlaf kam, Schnarchen hier ertönte, dort ertönte und zwischen alles hindurch das heisere Gewimmer des armen Kindes, welches allein sein unverschuldet Elend, um das sich niemand kümmerte, ein gebrochenes Schlüsselbein, das niemand merkte, nicht verschlafen konnte.

So ging dieser Tag zu Ende, die schreckliche Frucht einer verschwendeten, der Sünde geopferten Jugend.

Und welches die schrecklichen Folgen einer unverständigen Humanität und mißverstandenen Liberalität sein werden, das wird man in einigen Jahren in den Protokollen der Gerichte lesen können.

Jeremias Gotthelf

Draußen, vom Walde komm' ich her

Knecht Ruprecht

Von drauß' vom Walde komm' ich her;
Ich muß euch sagen, es weihnachtet sehr!
Allüberall auf den Tannenspitzen
Sah ich goldene Lichtlein sitzen;
Und droben aus dem Himmelstor
Sah mit großen Augen das Christkind hervor.
Und wie ich so strolcht' durch den finstern Tann,
Da rief's mich mit heller Stimme an:
»Knecht Ruprecht«, rief es, »alter Gesell,
Hebe die Beine und spute dich schnell!
Die Kerzen fangen zu brennen an,
Das Himmelstor ist aufgetan,
Alt' und Junge sollen nun
Von der Jagd des Lebens einmal ruhn;
Und morgen flieg' ich hinab zur Erden,
Denn es soll wieder Weihnachten werden!«
Ich sprach: »O lieber Herre Christ,
Meine Reise fast zu Ende ist;
Ich soll nur noch in diese Stadt,
Wo's eitel gute Kinder hat.«
– »Hast denn das Säcklein auch bei dir?«
Ich sprach: »Das Säcklein, das ist hier;
Denn Äpfel, Nuß und Mandelkern
Essen fromme Kinder gern.«
– »Hast denn die Rute auch bei dir?«

Ich sprach: »Die Rute, die ist hier;
Doch für die Kinder nur, die schlechten,
Die trifft sie auf den Teil, den rechten.«
Christkindlein sprach: »So ist es recht;
So geh mit Gott, mein treuer Knecht!«
Von drauß' vom Walde komm' ich her;
Ich muß euch sagen, es weihnachtet sehr!
Nun sprecht, wie ich's hierinnen find'!
Sind's gute Kind', sind's böse Kind?

Theodor Storm

St. Niklas

Vater:

Es wird aus den Zeitungen vernommen,
Daß der heilige Sankt Niklaus werde kommen
Aus Moskau, wo er gehalten wert
Und als ein Heil'ger wird geehrt;
Er ist bereits schon auf der Fahrt,
Zu besuchen die Schuljugend zart,
Zu sehn, was die kleinen Mägdlein und Knaben
In diesem Jahre gelernet haben
In Beten, Schreiben, Singen und Lesen,
Auch ob sie hübsch fromm gewesen.
Er hat auch in seinen Sack verschlossen
Schöne Puppen, aus Zucker gegossen,
Den Kindern, welche hübsch fromm wären,
Will er solche schöne Sachen verehren.

Kind:

Ich bitte dich, Sankt Niklaus, sehr,
In meinem Hause auch einkehr,
Bring Bücher, Kleider und auch Schuh,
Und noch viel schöne, gute Sachen dazu,
So will ich lernen wohl,
Und fromm sein, wie ich soll.

Sankt Niklas:

Gott grüß euch, liebe Kinderlein,
Ihr sollt Vater und Mutter gehorsam sein,
So soll euch was Schönes bescheret sein.
Wenn ihr aber dasselbige nicht tut,
So bringe ich euch den Stecken und die Rut.

aus: »Des Knaben Wunderhorn«

Ruprecht, Ruprecht, guter Gast,
Hast du mir was mitgebracht?
Hast du was, dann setz dich nieder,
Hast du nichs, dann geh nur wieder.

Volkstümlich

Zürcher Familienweihnacht
Kupferstich, Ende 18. Jahrhundert

St. Niklas' Auszug

St. Niklas zieht den Schlafrock aus,
Klopft seine lange Pfeife aus
Und sagt zur heiligen Kathrein:
Öl mir die Wasserstiefel ein,
Bitte hol auch den Knotenstock
Vom Boden und den Fuchspelzrock;
Die Mütze lege obendrauf,
Und schütt den Esel tüchtig auf,
Halt auch sein Sattelzeug bereit;
Wir reisen, es ist Weihnachtszeit.
Und daß ich's nicht vergeß, ein Loch
Ist vorn im Sack, das stopfe noch!
Ich geh' derweil zu Gottes Sohn
Und hol' mir meine Instruktion.

Die heil'ge Käthe, sanft und still,
Tut alles, was St. Niklas will.
Der klopft indes beim Herrgott an;
St. Peter hat ihm aufgetan
Und sagt: »Grüß Gott! Wie schaut's denn aus?«
Und führt ihn ins himmlische Werkstättenhaus.
Da sitzen die Englein an langen Tischen,
Ab und zu Feen dazwischen,
Die den Kleinsten zeigen, wie's zu machen,
Und weben und kleben die niedlichsten Sachen,
Hämmern und häkeln, schnitzen und schneidern,
Fälteln die Stoffe zu niedlichen Kleidern,
Packen die Schachteln, binden sie zu
Und haben so glühende Bäckchen wie du!

Herr Jesus sitzt an seinem Pult
Und schreibt mit Liebe und Geduld
Eine lange List. Potz Element,
Wieviel artige Kinder Herr Jesus kennt!
Die sollen die schönen Engelsgaben
Zu Weihnachten haben.
Was fertig ist, wird eingepackt
Und auf das Eselchen gepackt.

David Herrliberger (1697–1777)
Zürcher Kupferstich

St. Niklas zieht sich recht warm an –
Kinder, er ist ein alter Mann,
Und es fängt tüchtig an zu schnein,
Da muß er schon vorsichtig sein!

So geht es durch die Wälder im Schritt,
Manch Tannenbäumchen nimmt er mit,
Und wo er wandert, bleibt im Schnee
Manch Futterkörnchen für Hase und Reh.
Leise macht er die Türen auf,
Jubelnd umdrängt ihn der kleine Hauf:
»St. Niklas, St. Niklas,
Was hast du gebracht?
Was haben die Englein
Für uns gemacht?«

»Schön Ding! Gut Ding! Aus dem himmlischen Haus!
Langt in den Sack! Holt euch was 'raus.«

Paula Dehmel

Der Pelzmärtel

Die Winde sausen um das Haus,
Es stürmt daher der Winter.
Nun schaut Pelzmärtel Nikolaus
Nach euch sich um, ihr Kinder.
Da will ich sehen, was er sagt,
Wenn er nun Vater und Mutter fragt,
Ob ihr auch brav gewesen.

Horch! Kommt er nicht die Trepp' herauf?
Hört ihr nicht poltern und schnaufen?
Ihr braucht nicht fortzulaufen
Und dürft auch nicht erschrecken
Vor Ruten und vor Stecken,
Sieht er auch gleich zum Fürchten aus!

Nun schaut er rings die Kleinen an
Und spricht: Ihr frommen Kinder,
Ihr sollt mir alles Gute haben!
Ich bring euch für den Winter
Hier Äpfel und Birnen und Mandelkern,
Lebkuchen und Nüsse und Zuckerstern;
Da füllt euch Kappen und Taschen!

Die Kinder klauben und freuen sich sehr;
Doch finster brummt der Alte:
Nun gebt mir die bösen Buben her,
Die trag ich mit fort zum Walde!
Der Vater spricht: Sie sind alle brav
Und brauchen weder Zank noch Straf;
Sie folgen und lernen mit Freuden.

Da sagt der Märtel: 's freut mich doch,
Daß wir euch Freude machten.
Seid nur recht brav, dann gibt's auch noch
Recht fröhliche Weihnachten!
Ade, ihr Kinder! Bleibt nur hier! –
Nun schlurft er wieder hinaus zur Tür
Und stolpert die Stiege hinunter.

Doch horch, wie schrein im Nachbarhaus
Die bösen Knaben und Mädchen!
Da sieh! Der Niklaus kommt heraus,
Im Sack den Fritz und das Gretchen.
Nun hilft kein gutes, kein böses Wort;
Der Pelzemärtel trägt sie fort
Zu den Wölfen und Bären im Walde.

Franz Graf von Pocci

Marsch der Weihnachtspuppen in St. Nikolaus' Reich

Die Nüsseknacker-Kompanie
Marschiert vorüber stolz;
Ihr folgt das Korps der Musizi
Von Gummi, Zinn und Holz,
Mit Trommel und Harmonika,
Trompete und Fagott:
Bumbum, klingklang, trara, trara!
Bringt es das Ständchen flott.

Mit lust'gen Sprüngen naht das Korps
Der Hampelmänner fix,
Der große Puppendamenflor
Mit tiefstem Galaknicks;
Die Ehrenwache im Galopp,

Dragoner und Husar:
Bumbum, trara, klingkling, hopphopp!
Bringt ihre Huld'gung dar.

Die Arche Noah kommt zum Schluß:
Lamm, Löwe, Maus und Hahn
Aus Schokolade, Zuckerguß,
Tragant und Marzipan:
Chinese, Türke, Mohr und Schah
Ruft voller Jubel aus:
Bumbum, klingkling, trara, trara!
Hoch, Vater Nikolaus!

Julius Lohmeyer

Knecht Ruprecht

Sankt Nikolaus und sein Knecht,
Die kommen oft gerade recht;
Denn, wenn die bösen Buben schrein,
Steckt der sie in den Sack hinein;
Die guten Mädeln oder Knaben
Die sollen Nüss' und Äpfel haben;
Zu sehen ist auf diesem Bild,
Wie man bestraft die Buben wild.

Franz Graf von Pocci

Die Rute als Nikolausbescherung

Nun höret einmal, doch fürchtet euch nicht, vom Pelzemärtel die ganze Geschicht'

Es wird schon finster um und um.
Der Pelzemärtel geht herum.
Und sucht nun auf die Kinder.
Da will ich sehen, wie's euch geht,
Wenn er vor unsrer Türe steht
Und schaut ins Eck so hinter!

Doch seid nicht bang und nicht besorgt;
Ihr habt ja immer gern gehorcht,
Das soll euch nicht gereuen.
Stellt euch nur um den Vater her;
Und brummt er wie ein alter Bär,
Es wird euch doch erfreuen.

Doch horcht, was schlarft denn vor dem Haus?
Ich meine gar, jetzt ist er drauß
Und streift sich ab die Füße.
Da hör ich so ein Knick und Knack;
Das ist gewiß der weite Sack
Voll großer weißer Nüsse.

Es schellt und gellt, das Haus geht auf.
Er geht die Stiege schon herauf
Mit seinen großen Socken.
Das kollert
Und bollert,
Das holpert
Und stolpert;
Doch seid nur nicht erschrocken!

Die Kinder schauen
Voll Angst und Grauen
Und wagen keinen Schnauf.
Pelzmärtel trappt,
Die Klinke klappt,
Die Stubentür geht auf.

Da steht er denn im Zottelrock
Mit einem ungeheuren Stock
Und hat von fürchterlicher Art
Gar einen langen, langen Bart,
Schleppt auch zwei Säcke mit sich her,
Den einen voll, den andern leer,
Der ist geschnallt in seinen Gurt;
Jetzt aber murmelt er und schnurrt:

»Weil in die Stuben
Ich zu dir komm,
Sag, sind die Buben
Auch brav und fromm?« –
»Kann sie loben!« –
»Sitzen sie am Schreibetisch
Immer fleißig, immer frisch?
Sitzen sie in ihrer Schul'
Oben auf dem ersten Stuhl?« –
»Alle droben!«
»Führen die Mädchen
Nadel und Fädchen?

Stricken sie?
Flicken sie?
Sind sie zu der Arbeit flink
Auf der Mutter ersten Wink?
Hören sie in einem fort
Auf des Vaters erstes Wort?« –

»Sie hören gern und gehorchen
Und machen uns wenig Sorgen.«

Plumps –
Da tut's einen Fall;
Pumps –
Da tut's einen Knall!
Offen ist der große Sack,
Und da geht es: Knick, knack, knack!
Und die Nüsse
Kriegen Füße,
Rudeln
Und hudeln
Da hinaus
Und dort hinaus
Und wackeln die ganze Stube aus.
Und die Kinder
Springen hinter
Und packen
Und sacken
Und haschen
Und klauben

In Taschen
Und Hauben.
Das freut den Pelzemärtel sehr;
Er sagt: »Nun geb' ich euch noch mehr.«

Und wirft auch noch in jedes Eck
Einen großen, großen Märtelsweck,
Bestreut mit Zucker und Mohn,
Und spricht mit freundlichem Ton:
»Fürchtet euch nicht
Vor meinem Gesicht,
Bin jedem Kinde gut,
Das nichts Böses tut.
Gebt mir einen Patsch!
Platsch,
Das freut mich heut',
Ihr kleinen Leut'.

Nun, Kinder, seid mir ja recht fromm;
Dann bring' ich, wenn ich wiederkomm',
Daß ihr euch verwundert,
Nüsse, mehr als hundert,

Und einen Weck, so groß wie ich.
Ade, ihr Kinder, denkt an mich!«

Nun rollt es
Und trollt es
Die Stiegen hinunter;
Wollt' einer erschrecken
Und sich verstecken,
Es wär' kein Wunder.

Wer aber brav ist ohn' Unterlaß,
Dem ist das alles nur ein Spaß;
Der fürchtet nicht den Zottelrock
Und nicht den ungeheuren Stock;
Der zappelt nicht
Als wie ein Fisch
Und krabbelt nicht
Gleich unter den Tisch;
Der kann sich auf den Märtel freuen,
Den alle bösen Kinder scheuen.

Friedrich Güll

Knecht Ruprecht

Der Esel, der Esel,
Wo kommt er her?
Von Wesel, von Wesel,
Er will ans Schwarze Meer.

Wer hat denn, wer hat denn
Den Esel so bepackt?
Knecht Ruprecht, Knecht Ruprecht
Mit seinem Klappersack.

Mit Nüssen, mit Äpfeln,
Mit Spielzeug allerlei,
Und Kuchen, ja Kuchen
Aus feiner Bäckerei.

Wo bäckt denn, wo bäckt denn
Knecht Ruprecht feine Speis?
In Island, in Island,
Drum ist sein Bart so weiß.

Die Rute, die Rute,
Die ist dabei verbrannt;
Heut sind die Kinder artig
Im ganzen deutschen Land.

Ach Ruprecht, ach Ruprecht,
Du lieber Weihnachtsmann:
Komm auch zu mir
Mit deinem Sack heran.

Paula Dehmel

Fragt der Nicola:

Wie sich die Kinder das ganze Jahr hindurch verhalten haben?
Ob sie gerne beten?
Denen Eltern und Praeceptoribus gehorsam sein?
Ob zum Exempel der Hanserl und der Paul nicht zu faul?
Ob der Fränzerl und Ignazerl kein schlimmes Fratzerl?
Ob der Michel und der Six vielleicht gelernt nix?
Ob die Cätherl gern bei dem Räderl?
Ob die Sabindl gern bei der Spindl?
Ob die Lieserl und Thereserl nicht etwan zwei junge Eserl?

Abraham a Sancta Clara

Holler, boller, Rumpelsack

Holler, boller, Rumpelsack,
Niklas trug sein Huckepack,
Weihnachtsnüsse, gelb und braun,
Runzlich, punzlich anzuschaun.

Knackt die Schale, springt der Kern,
Weihnachtsnüsse eß ich gern.
Komm bald wieder in mein Haus,
Alter guter Nikolaus.

Kinderlied aus dem Hunsrück

Der Weihnachtsaufzug

Bald kommt die liebe Weihnachtszeit,
Worauf die ganze Welt sich freut;
Das Land, so weit man sehen kann,
Sein Winterkleid hat angetan.
Schlaf überall; es hat die Nacht
Die laute Welt zur Ruh gebracht, –
Kein Sternenlicht, kein grünes Reis,
Der Himmel schwarz, die Erde weiß.

Da blinkt von fern ein heller Schein. –
Was mag das für ein Schimmer sein?
Weit übers Feld zieht es daher,
Als ob's ein Kranz von Lichtern wär',
Und näher rückt es hin zur Stadt,
Obgleich verschneit ist jeder Pfad.

Ei seht, ei seht! Es kommt heran!
Oh, schauet doch den Aufzug an!
Zu Roß ein wunderlicher Mann
Mit langem Bart und spitzem Hute,
In seinen Händen Sack und Rute.
Sein Gaul hat gar ein bunt Geschirr,

Von Schellen dran ein blank Gewirr;
Am Kopf des Gauls, statt Federzier,
Ein Tannenbaum voll Lichter hier;
Der Schnee erglänzt in ihrem Schein,
Als wär's ein Meer voll Edelstein. –

Wer aber hält den Tannenzweig?
Ein Knabe, schön und wonnereich;
's ist nicht ein Kind von unsrer Art,
Hat Flügel an dem Rücken zart. –
Das kann fürwahr nichts anders sein,
Als wie vom Himmel ein Engelein!
Nun sagt mir Kinder, was bedeut't
Ein solcher Zug in solcher Zeit?

Was das bedeut't? Ei, seht doch an
Da frag ich grad beim Rechten an!
Ihr schelmischen Gesichterchen,
Ich merk's, ihr kennt die Lichterchen,
Kennt schon den Mann mit spitzem Hute,
Kennt auch den Baum, den Sack, die Rute.

Der alte bärt'ge Ruprecht hier
Er pocht schon oft an eure Tür;
Droht mit der Rute bösen Buben;
Warf Nüß und Äpfel in die Stuben
Für Kinder, die da gut gesinnt. –
Doch kennt ihr auch das Himmelskind?
Oft bracht es ohne euer Wissen,
Wenn ihr noch schlieft in weichen Kissen,
Den Weihnachtsbaum zu euch ins Haus,
Putzt wunderherrlich ihn heraus;
Geschenke hing es bunt daran
Und steckt die vielen Lichter an;
Flog himmelwärts und schaute wieder
Von dort auf euren Jubel nieder.

O Weihnachtszeit, du schöne Zeit,
So überreich an Lust und Freud!
Hör doch der Kinder Wünsche an

Und komme bald, recht bald heran
Und schick uns doch, wir bitten sehr,
Mit vollem Sack den Ruprecht her.
Wir fürchten seine Rute nicht,
Wir taten allzeit unsre Pflicht.
Drum schick uns auch den Engel gleich
Mit seinem Baum, an Gaben reich.
O Weihnachtszeit, du schöne Zeit,
Worauf die ganze Welt sich freut!

Robert Reinick

Weihnachtssperlinge

Vor meinem Fenster die kahlen Buchen
Sind über und über mit Schnee behangen.
Die Vögel, die da im Sommer sangen,
Wo die wohl jetzt ihr Futter suchen?
Im fernen Süden sitzen sie warm
Und wissen nichts von Hunger und Harm.

Ihre ärmlichen Vettern, die Spatzen und Krähen,
Müssen sich durch den Winter schlagen,
Müssen oft mit leerem Magen
Vergebens nach einem Frühstück spähen.
Da kommen sie an mein Fensterbrett:
Gesegnete Mahlzeit, wie sitzt du im Fett!

Eine unverschämte Bemerkung!
Aber was will man von Spatzen verlangen,
Sind nie in die Anstandsstunde gegangen,
Und Not gibt ihrer Frechheit Stärkung.
Und schließlich, hungern ist nicht gesund
Und für manches ein Milderungsgrund.

Da laß ich's dann gelten und kann mich gar freuen,
Wenn meine beiden Mädels leise
– leise ist sonst nicht ihre Weise –
Den kleinen Bettlern Brotbröcklein streuen.
Ich belausch sie da gern, es ist ihnen mehr
Als ein Spaß, es kommt vom Herzen her.

Ja, sie geben beide gerne,
Gütige Hände sind ihnen eigen,
Doch will ich mich nicht im Lob versteigen,
Und daß ich mich nicht von der Wahrheit entferne:
Untereinander gönnt oft keins
Dem andern ein größeres Stück als seins.

Oft sind sie auch selbst wie die Spatzen und Raben,
Das Brüderchen ist dann im Bunde der Dritte,
Da zwischern sie auch ihr bitte, bitte!

Reißen den Hals auf und wollen was haben.
Sommers und Winters, Winters zumeist
Und gar im Advent herum werden sie dreist.

Dann fangen sie an zu bitten und betteln:
Papa, zu Weihnacht, du hast mir's versprochen,
Ich möcht einen Herd, so richtig zum Kochen.
Und ich ein Zweirad. Auf Weihnachtswunschzetteln
Wachsen die stolzesten Träume sich aus.
Knecht Ruprecht schleppt das schon alles ins Haus.

Und morgens, da steht von den zierlichsten Schuhen
Je einer, ganz heimlich hingestellt,
An dem allersichtbarsten Platz der Welt.
Die Schelme können des Nachts kaum ruhen:
Ob wohl der Weihnachtsmann sie entdeckt?
Ob er wohl was in den Schuh uns steckt?

Der Weihnachtsmann! Er muß ja bald kommen.
Schon stapft er durch die beschneiten Felder,
Hat vom Rande der weißen Wälder
Ein grünes Tännlein mitgenommen.
Von unseren Buchen die Spatzen und Kräh'n
Können ihn sicher schon erspähn.

Gewiß, sie haben den guten Alten
Schon gesehn. Sie lärmen und kreischen,
Als wollten sie doppelte Brocken erheischen.
Und hätten sie Schühlein vom Herrgott erhalten,
Ich fände sie morgens alle, ich wett',
Eine zierliche Reih' auf dem Fensterbrett.

Das wär' eine Wonne für meine Kleinen!
Die gütigen Hände würden sich regen
Und jedem was in sein Schühlein legen,
Ein Bröckchen, ein Krümchen, vergäßen nicht einen.
Und ihr rosiges Kindergesicht
Strahlte dabei wie ein Weihnachtslicht.

Ich aber will doch morgen sehen,
– wir haben ja schon Advent geschrieben –
Ob es beim alten Brauch geblieben
Und wohl irgendwo Schühlein stehen.
Rechte Spatzenpantoffel mögen es sein,
Und geht gewiß nicht viel hinein.

Gustav Falke

Der Bartl und der Niklo

Sankt Nikolaus war ein Bischof, wie es deren wenige gibt.

Da ist er in den Winterabenden durch die finsteren Gassen gegangen und hat den Leuten zu den Fenstern hineingeguckt, was sie machen und was sie haben.

Und wo die Armut und die Tugend daheim, da warf er ein Goldstück durch das Fenster.

Dank der Humanität, Sankt Nikolaus wandelt noch heute durch die Welt, er wirft manches Goldstück in die Wohnungen der Armen; und wer noch klein ist und im Bergland der Steiermark wohnt, der kann ihn wohl auch einmal sehen, den heiligen Mann im Ornat, mit Stab und Bischofsmütze, denn der »Niklo«, wie ihn die Städter aus Gebäck und Tannenzapfen haben, zieht draußen auf dem Land wahrhaftig herum in Fleisch und Blut! Mit den Großen macht er sich nicht viel zu schaffen, er ist ganz Kinderfreund. Gleichwohl ist aus der schönen Sitte ein Zerrbild geworden.

Am Nikolausabend (6. Dezember), da wird der Niklo sichtbar und geht in die Häuser und fragt nach den Kindern, ob sie brav sind, fleißig beten und etwas lernen. Diese haben den Besuch wohl erwartet und sind schon seit einigen Tagen her bestrebt gewesen, ihre Tugenden in das günstigste Licht zu stellen; besonders kommen in der Nikolauswoche unter den Kleinen auffällig wenig Händel vor, und Kleider und Bücher oder Geräte werden verhältnismäßig sehr geschont. Es geschieht das aus wichtigen Gründen, denn der Niklo, wenn er kommt, hat nicht bloß rote Äpfel, goldene Nüsse, verzuckerte Zwetschgen bei sich, sondern auch einen schwarzen, sehr verdächtigen Begleiter: den »Bartl«, der wie der Teufel aussieht, und von dem man nicht weiß, wie er mit dem heiligen Bischof so freundschaftlich ist.

So kommen sie beide am Abend, wenn der Span schon angezündet. Der Niklo, der ein ehrwürdiger Mann mit schneeweißen Haaren und Bart ist, geht voran und sagt:

»Da Niklo, da Niklo und da Bartl is do.
Und mir schaun, wo de Kina recht brav sein und wos kinna;
Die Bravn, die kriagn roti Äpfelein,
Die Schlimmen, de soßn mar in die Butten ein!«

Und siehe, da tritt auch schon der Bartl hervor. Der hat einen Pelz

an und ist kohlschwarz im Gesicht, bis auf die rote Zunge, die heraushängt. Hörner trägt er auch und auf dem Rücken hat er die Butte und eine klirrende Kette!

Da müssen nun die Kinder laut beten oder etwas Gelerntes aufsagen. Der Bartl muß gewöhnlich unverrichteter Dinge abziehen, denn fängt die Situation auch wirklich an, bedenklich zu werden, so führt stets die Mutter ausgleichende Einsprache und die Sache ist geschlichtet. Aber des Bachbauers Hanserl hatte keine Mutter gehabt, die für ihn ein gutes Wort eingelegt hätte, er war ein Waisenknabe, und als der Bartl an dem armen Knaben seinen Mutwillen ausübte, entsetzte sich dieser so sehr, daß er Krämpfe bekam, und noch heute, nachdem er alt geworden, trägt er die Frucht des Nikolausabends mit sich herum – die fallende Sucht!

Da ist's dem Lechner-Buben glücklicher geraten, der hat den unheimlichen Gesellen, welcher mit dem Niklo gekommen, bei den Hörnern gepackt und ihm dieselben mitsamt der Maske herabgerissen, daß nichts übrig geblieben, als das gutmütige Antlitz des alten Großknechtes.

Wenn nun der Niklo und der Bartl wieder fort sind, ist den Kleinen ein Stein vom Herzen und sie wagen wohl gar im geheimen die Bemerkung zu machen, daß der Niklo gerade so eine Warze auf der Nase gehabt wie der Ochsenknecht. Doch gibt dies keinen Anlaß zu irgendeinem Zweifel an der Heiligkeit des Niklo, und es wird im Laufe des ganzen übrigen Abends noch die strengste Sittsamkeit beobachtet.

Unmittelbar vor dem Schlafengehen werden von jedem die kleinen Schuhe oder eine Kopfbedeckung an das Fenster gestellt, denn der Niklo geht nun in der Nacht zu allen Häusern, und weil er es den Schuhen oder Hüten ansieht, ob die betreffenden Eigentümer brav oder schlimm sind – füllt er dieselben je im Verhältnis mit Obst, Lebzelten oder wohl auch mit Steinen und Tannenzapfen und legt letzteren obendrein noch eine zierlich geflochtene Birkenrute bei.

Das geht nun für die Kleinen, so lange sie daran glauben, was nicht selten über das Kindesalter hinaus geschieht. Ich habe in meinem zehnten Jahr noch die Schuhe an das Fenster gestellt und war stets voll des frommen Preises für den heiligen Bischof Nikolaus, wenn ich meine Schuhe vollgepfropft fand mit Süßigkeiten.

Heute wird in Steiermark der Niklo mehr und mehr durch den Christbaum verdrängt.

Peter Rosegger

Ein Gang über den Weihnachtsmarkt

Ein Gang über den Weihnachtsmarkt

Weihnachten! – Welch prächtiges Wort! – Immer höher türmt sich der Schnee in den Straßen; immer länger werden die Eiszapfen an den Dachtraufen; immer schwerer tauen am Morgen die gefrorenen Fensterscheiben auf! Ach, in vielen armen Wohnungen tun sie es gar nicht mehr. – Hinter den meisten Fenstern lugen erwartungsvolle Kindergesichter hervor; da und dort liegt auf der weißen Decke des Pflasters ein verlorener Tannenzweig. Es wird viel Goldschaum verkauft, und bedeckte Platten von Eisenblech, die vorbeigetragen werden, verbreiten einen wundervollen Duft.

»Was ist ein echter Hamburger Seelöwe?« fragte Strobel, der bei mir eintrat und beim Abnehmen des Hutes ein Miniaturschneegestöber hervorbrachte.

»Ein Hamburger Seelöwe?« fragte ich verwundert. »Doch nicht etwa ein Mitglied des Rats der Oberalten?«

»Beinahe!« lachte der Zeichner. »Ein Hamburger Seelöwe ist eine Hasenpfote, auf die oben ein menschenähnliches Gesicht geleimt ist. Ein solches Individuum versteht an einem Tischrand gar anmutige Bewegungen zu machen. Sehen Sie hier!«

Dabei zog er den Gegenstand unseres Gesprächs hervor, hing ihn an meinen Schreibtisch und brachte ihn durch eine Art Pendel in Bewegung.

»Ist das nicht eine wundervolle Erfindung?«

»Prächtig«, sagte ich, »in meiner Jugend brachte man aber denselben Effekt durch den abgenagten Brustknochen eines Gänsebratens, in welchen man eine Gabel steckte, hervor; aber die Kultur muß ja fortschreiten.«

»Ja, die Kultur schreitet fort!« seufzte der Zeichner. »Sogar die einfachen Tannen machen allmählich diesen Pyramiden von bunten Papierschnitzeln Platz. Papier, Papier überall! Aber was ich sagen wollte: Wäre es nicht die Pflicht zweier Mitarbeiter der *Welken Blätter*, jetzt auf die Weihnachtswanderung zu gehen?«

»Auch ich wollte Sie eben dazu auffordern«, sagte ich.

»Vorwärts!« rief Strobel und stülpte seinen Filz wieder auf, während ich meinen Mantel und roten baumwollenen Regenschirm hervorsuchte.

Wir gingen. Den Hamburger Seelöwen ließen wir ruhig am Tisch fortbaumeln, nachdem ihm Strobel noch einen letzten Stoß gegeben hatte. Zur Weihnachtszeit habe ich gern ein solches Spielzeug in der Nähe; erfreute sich doch auch der alt und grau gewordene Jean Paul zu solcher Zeit gern an dem Farbenduft einer hölzernen Kindertrompete.

Welch ein Gang war das, den ich mit dem tollen Karikaturzeichner in der Dämmerung des Abends machte! In wieviel Keller- und andere Fenster mußte der Mensch gucken; in wieviel kleine frostgerötete Hände, die sich an den Ecken und aus den Torwegen uns entgegenstreckten, ließ er seine Viergroschenstücke gleiten! Welch ein Gang war das! Die Geister, die den alten Scrooge des Meisters Boz über die Weihnachtswelt führten, hätten mich nicht besser leiten können als Herr Ulrich Strobel. Jetzt betrachteten wir die phantastische Ausstellung eines Ladens, jetzt die staunenden, verlangenden Gesichter davor; jetzt entdeckte Strobel eine neue Idee in der Anfertigung eines Spielzeugs; jetzt ich; es war wundervoll!

An der Ecke des Weihnachtsmarktes blieben wir stehen, in das fröhliche Getümmel, welches sich dort umhertrieb, hineinblikkend. In ununterbrochenem Zuge strömte das Volk an uns vorbei: Väter, auf jedem Arme und an jedem Rockschoß ein Kind; Handwerksgesellen mit dem Schatz, den sie aus der Küche der »Gnädigen« weggestohlen hatten; ehrliche, unbeschreiblich gutmütig und dumm lächelnde Infanteristen, feine, schmucke Gardeschützen, schwere Dragoner und »klobige« Artillerie. – Hier und da wanden sich junge Mädchen zierlich durch das Getümmel; jedes Alter, jeder Stand war vertreten, ja sogar die vornehmste Welt überschritt einmal ihre närrischen Grenzen und zeigte ihren Kindern die –

Freude des Volkes. Der Zeichner war auf einmal sehr ernst geworden. »Sehen Sie«, sagte er, »da strömt die Quelle, aus welcher die Kinderwelt ihr erstes Christentum schöpft. Nicht dadurch, daß man ihnen von Gott und so weiter Unverständliches vorräsoniert, sie Bibel- und Gesangbuchverse auswendig lernen läßt; nicht dadurch, daß man sie – womöglich in den Windeln – in die Kirche schleppt, legt man den Keim der wunderbaren Religion in ihre Herzen. An das Gewühl vor den Buden, an den grünen funkelnden Tannenbaum knüpft das junge Gemüt seine ersten, wahren – und was mehr sagen will, wahrhaft kindlichen Begriffe davon!«

Ich wollte eben darauf etwas erwidern, als plötzlich eine Gestalt, in einen dunklen Mantel gehüllt, ein Kind auf dem Arme tragend, an uns vorbeischlüpfen wollte.

Ein Strahl der nächsten Gaslaterne fiel auf ihr Gesicht, es war die kleine Tänzerin aus der Sperlingsgasse. Ich freute mich über die Begegnung und rief sie an:

»Das ist prächtig, Fräulein Rosalie, daß wir Sie treffen. Vielleicht werden Sie uns erlauben, daß wir Sie begleiten; denn um die Mysterien eines Weihnachtsmarktes zu durchdringen, ist es jedenfalls nötig, ein Kind bei sich zu haben.«

Die Tänzerin knickste und sagte: »Oh, Sie sind zu gütig, meine Herren; Alfred hat mir den ganzen Tag keine Ruhe gelassen, und da kein Theater ist, so mußte ich ihm doch die Herrlichkeit zeigen.«

»Ja Mann« – sagte Alfred, unter einer dicken Pudelmütze gar verwegen hervorschauend – »mitgehen!«

Ich stellte der Tänzerin den Nachbar Zeichner vor, und das vierblättrige Kleeblatt war bald in der Stimmung, die ein Weihnachtsmarkt erfordert. Was für ein Talent, Kinder vor Entzücken außer sich zu bringen, entwickelte jetzt der Karikaturzeichner. Er hatte der Mutter den dicken Bengel sogleich abgenommen, ließ ihn nun gar nicht aus dem Aufkreischen herauskommen und schleppte ihn hoch auf der Schulter durch das Gewühl voran. »Oh, ich bin Ihnen so dankbar, so dankbar, Herr Wacholder«, flüsterte die kleine Tänzerin, zu deren Beschützer ich mich sehr gravitätisch aufwarf.

»Liebes Kind«, sagte ich, »ein paar solcher Junggesellen wie ich und mein Freund würden solche Abende wie diesen sehr übel zubringen, wenn nicht dann ausdrücklich eine Vorsehung über sie wachte. Sie sollen einmal sehen, wie prächtig wir heute abend noch Weihnachten feiern werden; – hören Sie nur, wie Alfred jubelt; se-

X.A.v.R.Brend'amour., Ddf.

hen Sie, wie stolz und glücklich er unter der Pickelhaube vorguckt, die ihm eben der Herr Strobel übergestülpt hat!«

Der Karikaturzeichner hätte sich in diesem Augenblick sehr gut selbst abkonterfeien können – er tat es auch, aber später. Wundervoll sah er aus.

Im Knopfloch baumelte ein gewaltiger Hampelmann, in der rechten Hand hatte er eine große Knarre, die er energisch schwenkte; während auf seinem linken Arm Alfred mit aller Macht auf eine Trommel paukte.

»Kleine Dame«, sagte der Zeichner jetzt zu unserer Begleiterin, »stecken Sie mir doch einmal jene Tüte in die Rocktasche, ich komme nicht dazu! Heda, alter Wacholder«, schrie er dann mich an, »gleiche ich nicht aufs Haar einer Kammerverhandlung? Rechts Geknarre, links Getrommel, und für das Fassen und Einsakken der begehrten Süßigkeiten weder Kraft noch Platz!«

»Mama, *der* Onkel aber mal rechter Onkel!« rief der Kleine entzückt von seiner Höhe herab, als Rosalie der Aufforderung Strobels nachkam und ich ebenfalls die Tasche mit allerlei füllte.

So ging es weiter, bis uns endlich die Kälte zu heftig wurde. Der Zeichner löste sich auf – wie er's nannte – und überlieferte mir die spielzeugbehangene Linke, behielt jedoch die Knarre in der Rechten, und nun ging's durch die menschen- und lichterfüllten Straßen nach Hause. Wie glänzte heute abend die alte dunkle Sperlingsgasse! Von den Kellern bis zum sechsten Stock, bis in die kleinste Dachstube war die Weichnachtszeit eingekehrt; freilich nicht allenthalben auf gleich »fröhliche, selige, gnadenbringende« Weise. Welch einen Abend feierten wir nun! Wir ließen unsere kleine Begleiterin natürlich nicht zu ihrem kaltgewordenen Stübchen hinaufsteigen. War ich nicht schon auf der Universität meines famosen Punschmachens wegen berühmt gewesen? (Eine Kunst, die mir mein Vater mit auf den Lebensweg gegeben hatte.) Der Karikaturzeichner holte einen Tannenzweig, den er auf der Straße gefunden hatte, hervor und hielt ihn ins Licht. »Das ist der wahre Weihnachtsduft«, sagte er, »und in Ermangelung eines besseren muß man sich zu helfen wissen«. Horch! Was trappelt da draußen auf einmal auf der Treppe? Ein leises Kichern erschallt auf dem Vorsaal und scheint noch eine Treppe höher steigen zu wollen. »Zu mir?« sagt Rosalie und springt verwundert nach der Tür.

»Ach, da ist sie!« schallt es draußen, und auch ich stecke meinen Kopf heraus.

»Guten Abend, alter Herr! Guten Abend, Rosalie! Guten Abend, Röschen!« erschallt ein Chor heller, lustiger Stimmen.

»Wo ist Alfred, wir bringen ihm einen Weihnachtsbaum!«

»Hurra, das ist's, was wir eben brauchen!« schreit der Zeichner, seine Knarre schwingend. »Schönen guten Abend, meine Damen, und fröhliche Weihnachten!«

Aus dunkeln Mänteln und Schals und Pelzkragen entwickelt sich jetzt ein halbes Dutzend kleiner Theaterfeen, die alle jubelnd und lachend meine Stube füllen, und – auf einmal alle ein verschiedenes Musikinstrument hervorholen, welches sie auf dem Weihnachtsmarkt erstanden haben. Ein Heidenlärm bricht los; das knarrt und quiekt und plärrt und klappert, daß die Wände widerhallen und Rosalie, welche beschwörend von einer der kleinen Ratten zur anderen läuft, zuletzt die Ohren zuhaltend in dem fernsten Winkel sich verkriecht.

Endlich legt sich der Skandal mit dem ausgehenden Atem und der ausgehenden Kraft des Karikaturzeichners, der vor Wonne über das Pandämonium kaum noch seine Knarre schwingen kann.

Welch ein Punsch war das! Welche Gesundheiten wurden ausgebracht! Welche Geschichten wurden erzählt! Vom Souffleur Flüstervogel bis zum Ballettmeister Spolpato, ja bis zu seiner Exzellenz dem Herrn Intendanten hinauf.

Heute abend malte Strobel keine Karikaturen, aber sich selbst machte er oft genug zu einer. Beim Versuch, sich auf einer mit dem Hals auf der Erde stehenden Flasche sitzend zu drehen, beim Zukkerreiben, beim Versuch, den glimmenden Docht eines ausgeputzten Wachslichtes wieder anzublasen, und bei anderen Kunststükken.

Alfred, der durch Unterlegung von Pufendorfs und Bayles schweinslederner Gelehrsamkeit und durch Auftürmung verschiedener dickbäuchiger Erziehungstheorien dazu gebracht war, neben seiner kleinen Mutter sitzend über den Tisch blicken zu können, jubelte mit, bis ihm die Augen zufielen und er auf meinem Sofa ein- und weiterschlief bis elf Uhr, wo das Fest endete, die kleinen Gäste wieder in ihre Mäntel krochen, mich für einen »gottvollen alten Herrn« erklärten, Röschen küßten und nach einem vielstimmigen »gute Nacht« die Treppe hinabtrippelten. Darauf trug Strobel den schlafenden Alfred eine Treppe höher (wozu ich leuchtete) und – auch dieser Weihnachtsabend der Sperlingsgasse war vorbei.

Wilhelm Raabe

Weihnachtsmarkt

Vor Weihnachten ist das ganze Berlin mit seinen stundenlangen, gasstrahlenden Straßen ein einziger ungeheurer Bazar. – Zwischen all dieser neuen Pracht liegt der Weihnachtsmarkt, wie die gute alte Zeit. So war es damals, als meine Eltern mich das erste Mal mitnahmen, und so ist es geblieben bis auf den heutigen Tag. Das sind dieselben schmalen, langen Budenreihen, dieselben Spielsachen liegen aus, die Verkäufer haben ebenso rotgefrorene Nasen und eben solche warme Kappen auf wie damals, und die Kinder mit den Dreierschäfken, den Sagenmännern, Waldteufeln, Hampelmännern und womit sie sonst ihr kleines Handelsgeschäftchen betreiben, haben noch eben solch dünne Stimmen wie damals. Und wie balsamisch duften die dunklen Tannenbäume, von denen ganze Wälder umherstehen, dazu die maigrünen Pergamiten, aufgeputzt mit buntem Flitter und besteckt mit Lichtern. Und wie anheimelnd riecht es nach frischen Pfannkuchen und Schmalzgebackenem! Und die vielen Menschen, groß und klein, ergötzen sich, als hätten sie solche Herrlichkeiten nie zuvor gesehen, und bewundern aufs neue, was sie eigentlich doch schon kennen sollten. Die Spaßvögel

kommen noch immer aus demselben Nest, sie sind rot und gelb und grün gemalt, mit einer Feder auf dem Kopf, und wenn an der Strippe gezogen wird, klappen sie ebenso zusammen wie in all' den Jahren. Dazu wird immer noch gerufen: Vorne nickt er, hinten pickt er, nur einen Groschen der schöne Spaßvogel. Kaufen Sie, Madameken, es ist der letzte! Das klingt so vertraut, wie aus der fernen Jugendzeit. – Mein alter lieber Weihnachtsmarkt. – Was von jeher einen unbeschreiblichen Eindruck auf mich machte, das ist das ernste, schweigende Königsschloß, welches wie ein Riese die Zwerggezelte des Marktes überragt.

Julius Stinde

Hans Hexelmann

Der Drechselmann Hans Hexelmann
Hat seinen Laden aufgetan.
Nun kommt, ihr Kinder, groß und klein,
Und kauft die schönen Sachen ein!
Hier eine Peitsche, hier ein Pferd,
Da einen Helm und dort ein Schwert;
Hier eine Puppe, hier ein Bett,
Und dorten Küch' und Kabinett;
Hanswurstel auch und Hutzelmann,
Kurz – was ein Herz nur wünschen kann.
Drum kommt, ihr Kinder, groß und klein,
Und kauft die schönen Sachen ein!

Friedrich Güll

Welch lustiger Wald um das graue Schloß

Welch lustiger Wald um das graue Schloß
Hat sich zusammengefunden,
Ein grünes bewegliches Nadelgehölz,
Von keiner Wurzel gebunden!

Anstatt der warmen Sonne scheint
Das Rauschgold durch die Wipfel;
Hier backt man Kuchen, dort brät man Wurst,
Das Räuchlein zieht an die Gipfel.

Es ist ein fröhliches Leben im Wald,
Das Volk erfüllet die Räume;
Die nie mit Tränen ein Reis gepflanzt,
Die fällen am frohsten die Bäume.

Der eine kauft ein bescheidnes Gewächs
Zu überreichen Geschenken,
Der andre einen gewaltigen Strauch,
Drei Nüsse daran zu henken.

Dort feilscht um ein verkrüppeltes Reis
Ein Weib mit scharfen Waffen;
Der dünne Silberling soll zugleich
Den Baum und die Früchte verschaffen!

Mit glühender Nase schleppt der Lakai
Die schwere Tanne von hinnen.
Das Zöfchen trägt ein Leiterchen nach,
Zu ersteigen die grünen Zinnen.

Und kommt die Nacht, so singt der Wald
Und wiegt sich im Gaslichtscheine.

Bang führt die arme Mutter ihr Kind
Vorüber dem Zauberhaine.

Einst sah ich einen Weihnachtsbaum;
Im düstern Bergesbanne,
Stand eisbezuckert auf dem Granit
Die alte Wettertanne.

Und zwischen den Ästen waren schön
Die Sterne aufgegangen,
Am untersten Ast sah ich entsetzt
Die alte Schmidtin hangen.

Hell schien der Mond ihr ins Gesicht,
Das festlich still verkläret;
Weil sie auf der Welt sonst nichts besaß,
Hatte sie sich selbst bescheret.

Gottfried Keller

Der Weihnachtsmarkt

Hörst du
Die Waldteufel summen
Und die muntren
Knaben schrein?
Liebchen,
Weihnachtsmarkt ist heute,
Zu dem Feste
Kauft man ein.

Adolf Glaßbrenner

Heißa, bald ist Weihnachtstag!

Der Weihnachtsfund

Im Roten Löwen, einem ansehnlichen, an einer vielbefahrenen Straße einsam gelegenen Gasthaus, ging es am Abend vor Weihnachten lebhaft zu, wiewohl nicht von Gästen; denn die schweren und leichten Fuhrwerke der Reisenden, welchen das Wirtshaus zur Einkehr bequem lag, waren heute ausgeblieben, weil religiöse Scheu, Sitte und Aberglaube das Reisen in der heiligen Zeit verboten, und auch von den Spaziergängern der benachbarten Stadt, die sich sonst reichlich einfanden und den Löwenwein jedem anderen vorzogen, war niemand gekommen, da die einen dem Herkommen der Weihnachtsfeier im häuslichen Kreise huldigten, und die andern sich scheuten, durch Wirtshausbesuch an einem solchen Tage ihren Mitbürgern Ärgernis zu geben. Familie und Gesinde des Hauses waren es also selbst, welche, diese seltenen Stunden der Freiheit von allen Verrichtungen für sich zur Weihnachtsruhe und Weihnachtsfreude anwendend, das Haus mit fröhlichem Geräusch erfüllten. Auf einem Tisch der geräumigen Wirtsstube waren die Bescherungen für die Kinder, auf einem anderen für die Knechte und Mägde aufgestellt. Die Kinder jauchzten über ihre Süßigkeiten, bliesen in ihre Trompeten und polterten mit allem, was von ihren Geschenken einen Lärm zu machen geeignet war. Auch am anderen Tisch machte sich die Freude laut, denn während die Knechte ihre Gaben erst auf wiederholtes Zureden und mit verlegenem Lachen in Empfang nahmen, machten die Mägde dafür, mit Ausnahme einer einzigen, um so mehr Geschrei und Aufheben von den ihrigen.

Es kam heute noch ein besonderer Anlaß zu dem häuslichen Fest, der es zugleich zu einer Abschiedsfeier machte. Zwei von den Knechten wollten den Dienst verlassen, und ihre Wanderzeit war, dem Herkommen der Gegend gemäß, das in diesem Punkt seltsam von der sonstigen Heilighaltung der Festzeit abwich, mit Weihnachten eingetreten. Der eine, Sohn einer vermögenden Witwe im nahen Städtchen, hatte seinen Dienst als Freiwilliger versehen, um in Feld und Haus das Nötige zu erlernen. Wenn man aber dem Zeugnis der anderen glauben durfte, hatte er, als verweichlichtes Muttersöhnchen, dem nichts an der Arbeit gelegen war, bei dem Unterricht wenig gewonnen. Auch auf seinen Charakter waren sie nicht gut zu sprechen: obwohl seinen freundlichen Redensarten nach zu urteilen, sein Herz von Nächstenliebe überzufließen schien und seine gefälligen Manieren im Anfang alle gewonnen hatten, so stimmten sie doch allmählich mit dem alten Philipp, dem Oberknecht, überein, der von ihm zu sagen pflegte: »Hilft alles nichts, der Alex ist eben ein Schleicher, ein Fuchsschwänzer, und wenn er mich übergolden wollt'; zwar das wird er bleiben lassen, denn er ist ein wüster Geizkrag'.« Dagegen ließen sie den andern sehr ungern ziehen: vom Betragen her nichts weniger als einschmeichelnd, war er doch allgemein geachtet und geliebt, denn, pflegte der alte Philipp zu sagen: »Die Katz zu streicheln, ist er nicht der Mann, der Erhard, aber reell ist er, wo ihn die Haut anrührt«. Seine Dienstaufkündigung hatte eine wahre Trauer im Hause verbreitet, alles hatte ihm zugesprochen, sie zurückzunehmen, und der Löwenwirt selbst, der große Stücke auf ihn hielt, hatte ihn vergebens zum Bleiben zu bewegen gesucht; der Knecht aber hatte auf alle Zureden hartnäckig erwidert, es treibe ihn fort, daß ihn nicht tausend Pferde halten könnten, und er fühlte den unüberwindlichen Drang, sein Glück in der Fremde zu versuchen. Man munkelte jedoch, was ihn forttreibe, sei nicht sowohl Wanderschaft als vielmehr Liebe zu der Magd Justine, neben der er es nicht aushalten könne, hoffnungslos fortzuleben, obgleich niemand zweifelte, daß sie ihm gerne die Hand reichen würde, wenn sie nur ein wenig Vermögen miteinander besäßen: denn daß die Justine den Erhard aus irgendeinem anderen Grund der Welt ausschlagen könnte, das hätte keiner von allen geglaubt. Anders stand es zwischen ihr und dem Alex. Als dieser mit dem Frühjahr in den Dienst trat, konnte man eine Weile glauben, sein glattes Gesicht sei ihr nicht gerade zuwider, und man hatte sie seinen unterhaltenden Reden mitunter nicht unbeifällig lächeln sehen. Doch dauerte es nicht allzu lange, so bemerkte man noch viel deutlicher, daß sie sich mit unverhehlter Geringschätzung von ihm zurückzog; er versuchte zuweilen noch mit einem Scherzwort bei ihr anzukommen, wurde aber jedesmal mit bitterer Verachtung abgestoßen, was um so erklärlicher war, als ein Gerücht verlautete, das sich auch bald als begründet erwies, daß er eine reiche Frauensperson im Städtchen heiraten wolle, die jedoch mit all ihrem Geld den verächtlichen Ursprung dieses Reichtums nicht zudecken konnte. Diese Handlungsweise, als deren einzigen Beweggrund man bei den bekannten, sonst nicht eben verführerischen Eigenschaften der Braut den Geiz ansehen konnte, raubte ihm vollends den letzten Rest der Achtung, die er im Hause genossen hatte. Allein nicht bloß die vornehme Welt, auch die ländliche hat ihre Rücksichten und zurückhaltenden Gesellschaftsformen: Alex gehörte einer Familie an, die man nicht ohne weiteres vor den Kopf stoßen durfte, und in seine Heiratsangelegenheiten war niemand berechtigt sich zu mischen; man begnügte sich daher, ihm über seinen Abgang keinerlei Betrübnis zu bezeigen; er erhielt sein Weihnachtsgeschenk so gut wie die andern, nur hatte man dabei keine besonders liebevolle Auswahl und keine überflüssige Verschwendung beobachtet, auch obendrein einen sehr fühlbaren Unterschied gemacht, während Erhards Bescherung, außer einem Reisebeutelchen mit etlichen neugeprägten Reichstalern, dreimal so reich ausgefallen war als die seinige. Alex tat jedoch, als merke er nichts davon.

Auch Justine war in einer Weise bedacht worden, woran der Vorzug, den man ihr vor den andern Mädchen gab, sich erkennen ließ. Sie war der Liebling der Frau vom Hause, die sich nicht glücklich genug preisen konnte, in der unruhigen Wirtschaft ihre Kinder einem so zuverlässigen Wesen anvertrauen zu können. Die Löwenwirtin konnte ganz warm werden, wenn sie bei Gelegenheit die Tugenden des Mädchens herausstrich, ihre gute Art, mit den Kindern umzugehen, die sie stets bei freundlicher Laune zu erhalten wisse, die unverdrossene, liebevolle Sorgfalt, die sie ihnen widme, daneben ihre Anstelligkeit in Küche und Haushalt und endlich über alles ihr bescheidenes, verständiges, gesetztes Wesen, womit sie ihrer Herkunft als eine Waise armer, aber rechtschaffener Eltern Ehre mache, da sie nicht, wie andere ihres Alters, den jungen Burschen nachgucke und zudringliche Gäste, ohne Ungeschick und Grobheit, in geziemender Entfernung zu halten wisse. Diesem Lob entsprach das Aussehen der Magd vollkommen. Ein stillfreundlicher, verständiger Ausdruck lag in ihrem Gesicht, das eine angeborene gesunde Blässe deckte, und ihre gedrungene Gestalt, die freilich ein verzärtelter Geschmack schlanker wünschen mochte, hatte dessenungeachtet nichts Unedles, vielmehr war die derbe Tüchtigkeit, die in solchen, wie man sie auf dem Lande zu nennen pflegt, etwas auseinandergegangenen Gestalten sich ausspricht, durch Sanftheit der Haltung und anspruchslosen Anstand gemildert. Dieses gedämpfte Wesen, wodurch das junge Mädchen zu einer unter ihresgleichen nicht gewöhnlichen Erscheinung wurde, hatte jedoch eine Färbung angenommen, die allen auffallen mußte. Sie war stiller als je, und eine Niedergeschlagenheit, die man sie schon einige Zeit her mühsam verbergen sah, wollte sich heute nicht mehr bezwingen lassen. Ihre Gaben hatte sie nicht mit der lärmenden Freude in Empfang genommen wie die andern Mädchen, und man hätte sie für unzufrieden halten können, wenn man sich nicht so gut wie die Löwenwirtin auf den dankbaren Blick ihres Auges verstand und den Ton ihrer Stimme auszulegen wußte. Sie stand demütig niedergebeugt am Tisch und sah trüb auf die Bescherung, als wäre dieselbe viel zu gut für sie und nicht von ihr verdient. Unverkennbar war es, daß ein schweres Seelenleiden auf ihr lastete. Alles blickte sie mit stiller Teilnahme an, ohne sie zu fragen; denn man war einig darin, daß nichts anderes als Erhards Abschied die Ursache ihrer Traurigkeit sei. Mochte auch ein schwermütiges Brüten, das ihr vielleicht von Natur aus eigen war, schon früher zuweilen an dem stillen Mädchen wahrzunehmen gewesen sein, so war ja doch die völlige Niedergeschlagenheit, so wie sie sich jetzt im täglichen Wachsen bemerklich machte, erst seit seiner Aufkündigung hervorgetreten.

Auch Erhard konnte in seinem ernsten Gesicht den Schmerz nicht ganz verbergen, sosehr er ihn durch männliche Zurückhaltung zu mäßigen wußte. Doch gab er sich alle mögliche Mühe, an der allgemeinen Freude teilzunehmen, die sich durch den Gedanken des Abschiedes zwar auf Augenblicke trüben, aber nicht aus ihrem Recht verdrängen ließ. Die Krone des Abends war der »Schantiklas«, das nie fehlende, junge und alte Kinder scheuchende heilige Gespenst St. Niklas', in all seiner plump phantastischen Herrlichkeit von dem alten Philipp gespielt. Dieser hatte sich insgeheim in einen weiten braunen Schafpelz gesteckt und diesen mit Stroh ausgestopft, das an den Händen und am Halse in ganzen Büscheln hervorstarrte, und unter die Füße hatte er Melkstühlchen gebunden, so daß er zu einer riesigen Größe und Dicke angewachsen war. Das Gesicht hatte er mit Ruß geschwärzt. Auf dem Kopf trug er einen Kübel, über dem ein Tannenwipfel schwankte, in der Linken einen hohen krummgebogenen Stecken, in der Rechten eine tüchtige Rute und auf dem Rücken einen Sack, aus dem er zur Abwechslung Nüsse unter die Leute warf, wenn er wieder eine Weile in der Stube herumgerutscht war, um die sündige Menschheit groß und klein mit der Rute zu streichen und die Kinder und Mädchen in den Sack zu stecken. In dem kleinen Kreis war es zwar ein öffentliches Geheimnis, daß hinter der fürchterlichen Erscheinung nichts als der alte Philipp stecke, aber dennoch verursachte sie entsetzlichen Lärm. Die Kinder verkrochen sich hinter den Erwachsenen, die Mägde stießen die ihnen eigenen grellen scharfen Schreckenstöne aus, denn, obgleich mit dem inwendigen Menschen des heiligen Butzenmannes wohl vertraut, ertrug ihre ungeübte Einbildungskraft doch das übernatürliche Äußere desselben nicht, und das schrillende Gelächter, wenn sich eine in Sicherheit sah, wechselte mit wildem Kreischen ab, wenn das Ungetüm wieder nahe kam; denn ungeachtet seiner unbeholfenen Bewegungen entging ihm niemand, da, durch eine geheime Verschwörung aller gegen alle, jedes wenigstens einmal im Gedränge eingekeilt und seiner Rute entgegengeschoben wurde. Löwenwirt und Löwenwirtin bekamen so gut wie die andern ihr Teil ab, denn der Weihnachtsscherz kannte keine Grenze, und für den Schantiklas gab es weder Herrschaft noch Gesinde.

Doch ließen sich wohl auch in dieser gröberen Art von Weihnachtsbescherungen merkliche Unterschiede empfinden, wobei es freilich den Betroffenen überlassen war, ob sie den Grad der austeilenden Liebe an dem Mehr oder Weniger erkennen wollten. So erhielt zum Beispiel Justine, welche sich dem Gedränge nicht entziehen konnte, zwei Streiche, die sanft aufgetragen waren, so daß sie nur ein wenig lächelte, während Alex eine einzige Berührung des Strafwerkzeuges durch einen Gesichtsausdruck bescheinigte, der einen empfindlichen Hauteindruck zu bekennen schien, bald jedoch jener Miene Platz machte, mit der unter ähnlichen Umständen gescheite wie dumme Leute die Anerkennung auszusprechen pflegen, daß man bei Lustbarkeiten fünfe müsse grad sein lassen. Wer aber bei dem Mummenschanz am schlimmsten wegkam, das war Erhard, der sonst immer der Augapfel des alten Philipp gewesen war. »Dich soll –!« brummte der Butzenmann, als ihm dieser in den Wurf kam, und begann alsbald dieses in Worten nicht weiter ausgedrückte Soll mit der Rute in ein unveräußerliches Haben zu verwandeln. Der Löwenwirt, der eben in der Nähe stand, rief ihm zu: »Wisch ihm nur tüchtig aus, er verdient's nicht anders, der Landläufer, der uns im Stich lassen will!« Der Schantiklas ließ sich das nicht zweimal sagen und handhabte seine Rute mit Kraft. Erhard ließ sich diesen rauhen, aber aufrichtigen Ausdruck des Trennungsschmerzes eine Weile gefallen, bis er des Guten genug zu haben glaubte und sich den Streichen des unbeholfenen Riesen entzog.

Der Löwenwirt hatte unterdessen mit seiner Frau gesprochen, und nachdem diese seinen Worten mehrmals Beifall genickt, kam er zurück, nahm den liebgewonnenen Knecht am Arm und führte ihn aus dem Getümmel in eine Ecke der Stube. Er führte ihn absichtlich dorthin, wo Justine saß, blieb nicht weit von ihr mit ihm stehen und redete ihn in einer Weise an, daß nur sie ihn hören konnte, zugleich aber so, daß sie jedes Wort verstehen mußte.

»Was meinst, Erhard?« fragte er, den Blick dazwischen auf das Mädchen heftend. »Was meinst? Ich will dir einen Vorschlag machen, den du aber keinem Menschen verraten darfst, denn sonst würd' ich zerrissen, und ich kann doch nicht jedem aushelfen. Ich seh wohl, Erhard, du hast das Dienen satt – sei still«, fuhr er fort, da der Knecht eine abwehrende Gebärde machte, »ich hab's längst gemerkt, du möchtest dein eigener Herr sein und dein Wesen auf selbständigem Fuß treiben. Das ist für manchen ein gefährlich Ding, und manchem tät's besser, er wär' ein Taglöhner sein Leben lang, aber du hast das Zeug dazu, und zu dir hab ich alles Vertrauen. Ich weiß dir ein Gütle, das seinen Mann nährt, wenn er umtriebig und sparsam ist und – eine brave Haushälterin zur Frau hat, und das Gut ist grad jetzt sehr billig zu haben. Ich will dir das Geld dazu leihen. Mit dem Abzahlen kannst's nach Umständen halten, ganz wie dir's geschickt ist. Ich seh ja in deine Wirtschaft hinein, weiß, wann du zahlen kannst und wann nicht, und kann mich auf dich verlassen; papierene Termine hast bei mir nicht einzuhalten, du machst's, wie du kannst, und weißt ja, ich drück dich nicht. Bist so lang bei mir gewesen, und wir haben dich immer so gern gehabt, mein Weib und ich. Auf die Art könnten wir doch beieinander bleiben, als gute Nachbarn wenigstens. Was meinst?«

Der arme Erhard war bei diesem unerwarteten Anerbieten wie

vernichtet von Glück und Unglück zugleich. Wenn ein König ihm die Hälfte seines Thrones angeboten hätte, der Besitz würde ihm nicht halb so lachend gewinkt haben als jetzt, wo ihm, dem Aussichtslosen, die unmittelbare Möglichkeit geboten war, mit dem Mädchen, auf das er seine Gedanken gesetzt, ein eigen Haus zu errichten. Aber ein Schimmer, der ihm wie ein Blitz in das Bild einer holdseligen Zukunft hineinleuchtete, verschwand auch so schnell wieder wie ein Blitz, und er sah nichts mehr als die graue Hoffnungslosigkeit. Auch er hatte, wie der gütige Freund, der ihm zu freiem Eigentum verhelfen wollte, während der Rede desselben unwillkürlich und unverwandt sein Auge auf Justine ruhen lassen, denn an sie war ja die eine Hälfte des Anerbietens gerichtet, ohne deren Annahme die andere Hälfte für ihn nicht zu verwirklichen war; doch Justine gab kein Zeichen der Zustimmung; auf ihrem Gesicht drückte sich eine Empfindung aus, als ob jedes der menschenfreundlichen Worte ein Stich für sie wäre, sie senkte den Kopf immer tiefer, um ihr Gesicht zu verbergen, und auf die letzte Aufforderung: »Was meinst?«, die, wie sie wohl fühlte, nur ihr selbst gelten konnte, erhob sie sich zur Antwort langsam von der Bank, wie niedergedrückt durch eine schwere Bürde, und flüchtete sich, ohne aufzusehen, in das Gedränge des lärmendes Kreises.

Die beiden Männer wechselten einen Blick des Einverständnisses, dann sagte Erhard traurig: »Meister, Ihr seid seelengut, Ihr seid der beste Mann von der Welt. Gott woll's Euch lohnen, wie Ihr an mir tut und wie Ihr's mit mir vorhabt. Aber es scheint, mir will's nicht blühen. Damit's nicht undankbar und leichtfertig aussieht, so bitt ich mir Bedenkzeit bis morgen aus und will Eure große Gutheit jetzt nicht gleich von der Hand weisen. Ihr seid ja nicht schuld, wenn nichts draus wird. Aber, nicht wahr, Meister, wenn ich morgen beim Abschied nichts mehr davon red', dann lasset Ihr's auch ruhen, denn ich möcht' fortgehen wie ein Mann und nicht wie ein Kind. Da, in meinem Herzen, will ich Euch festbehalten und wollt nur, daß ich's Euch einmal vergelten könnt.«

Er schüttelte ihm kräftig die Hand und trat ans Fenster.

Der Löwenwirt ging zu seiner Frau zurück und sagte: »Sie will nicht. Ich kann sie eigentlich doch nicht recht begreifen. So eine Gelegenheit kommt nicht so leicht wieder. Will sie denn eine alte Jungfer werden?«

Die Löwenwirtin blickte in ihrer ruhigen Art eine Weile vor sich hin und versetze hierauf: »Sie läßt eben den Verstand walten und will nicht mit Schulden anfangen. Wiewohl, es wundert mich selber, ich hätt sie für weicher gehalten; denn ich bin gewiß, es bricht ihr schier das Herz.«

»Sprich du ihr zu«, sagte er.

»Nein, Mann, das tu ich nicht«, erwiderte sie, »ich will die Verantwortung nicht auf mich laden; sie muß am besten wissen, was sie zu tun hat. Im Anfang ist's freilich lustig hausen, aber wenn Unglück und Fehljahr' und Krankheiten kommen und jedes Jahr ein Kind, und man hat nichts vor sich gebracht und soll noch Schulden zahlen, dann hat man die Hölle auf Erden und hätt' sich lieber zehnmal bedacht, als daß man mit ebenen Füßen ins Eh'bett gesprungen wär'. Der ledige Stand ist auch nicht zu verachten. Ich laß der Justine nichts geschehen, wenn sie auch den Kopf fragt und nicht bloß das Herz. Aber ich muß es noch einmal sagen: es nimmt mich doch ein wenig wunder, und ich will nur sehen, ob's ihr bis morgen nicht anders kommt.«

Das eheliche Zwiegespräch wurde durch ein wildes Getöse unterbrochen. Nach dem Vorbild des Weltlaufes, der eine Tyrannei gerne durch eine Empörung ablöst, nahm auch die Zuchtherrschaft des Schantiklas ein Ende. Die Opfer seiner Rute, des langen Duldens müde, kehrten sich endlich einmütig gegen ihn, trieben ihn, was bei seinem hölzernen Gehwerk keine Kunst war, kläglich in die Enge, versetzten ihm Stöße und Püffe, und wie er einmal recht mit der Rute ausholen wollte, um seine rebellischen Untertanen zu Paaren zu treiben, stürzte er auf einmal, von irgendeinem unbekannten Stoß an seinen unzuverlässigen Unterstock getroffen, mit einem hauserschütternden Gepolter der Länge nach zu Boden. Er hätte freilich bei diesem Scherz bösen Schaden nehmen können, aber ein kräftiger ländlicher Weihnachtsschwank hat sich niemals viel um solche Kleinigkeiten gekümmert. Der Heilige warf übrigens, hilflos am Boden liegend, schlimme Blicke aus den rußigen Augenrändern auf Alex, der allerdings im Augenblick seines Sturzes nahe genug bei ihm gewesen war. Die anderen richteten ihn vorsichtig auf, aber nur, um die wilde Jagd von neuem zu beginnen. Sie pufften ihn mit dem Geschrei: »Hinaus mit dem Schantiklas!« gegen die Tür, durch die er endlich unter allgemeinem hellem Jubel brummend und um sich schlagend verschwand.

Nach diesem Spaß trat einige Ruhe ein. Die Hausfrau forderte Justine auf, ihr die Kinder in der Kammer zu Bett bringen zu helfen, was bei der Aufgeregtheit derselben keine geringe Mühe kostete.

Als sie in Schlaf gebracht waren, sagte die Frau: »Ich laß dir die Wahl, Justine, wer von uns heut nacht in die Kirche gehen soll, ich oder du; beide können wir nicht, denn ich mag die Kinder nicht ganz allein lassen.«

»Ich bin ja vorm Jahr drin gewesen«, erwiderte Justine.

»Ja, aber ich gönn's dir heuer wieder«, versetzte die Löwenwirtin gutmütig. »Es ist so gar war Schönes drum. Das ganze Jahr sieht man in der Kirche nichts als leere weiße Wände und den Pfarrer auf der Kanzel, und die Sonne scheint durch die unbemalten Fenster herein, daß mir's oft, verzeih mir's Gott, ganz werktäglich vorkommt. Wenn man eben, wie ich, in einer katholischen Stadt aufgewachsen ist, so möcht' man in der Kirche manchmal auch etwas mehr haben. Drum hab' ich nichts lieber als so einen Gottesdienst um Mitternacht, wo die Kirche von Lichtern flimmert und der Altar mit Tannenzweigen verziert ist, daß er wie ein grüner Wald aussieht, und mittendrin das Christkindlein in der Krippe und seine Mutter und sein Pflegevater dabei und die Hirten auf den Knien umher, und alles das mit kleinen Lampen von unten her beleuchtet, so daß die Farben, rot und blau und gold, wie im Feuer glänzen; und der Geistliche steht daneben und verliest die heilige Geschichte, und die Orgel tönt ganz anders als sonst; und die vielen Menschen sehen in dem Zwielicht so feierlich aus. Da wacht einem die Seel' auf. Es ist nur schad', daß man so was bloß einmal im Jahre haben kann.«

»Man hört's wohl, Frau, daß Ihr ungern wegbliebet«, sagte Justine. »Ich gönn's Euch auch.«

»Du brauchst mir nicht viel gute Worte zu geben«, sagte die Frau.

»Ich bleib recht gern daheim«, versicherte Justine.

»Kannst dich ja in den alten Großvaterstuhl da setzen und ein wenig nicken, damit du gleich bei der Hand bist, wenn die jüngsten unruhig werden. Nur schlaf mir nicht zu fest.« – Sie gab ihr noch einige Anweisungen, und Justine verließ die Kammer.

»Jetzt glaub' ich doch, daß sie Meister drüber wird«, lachte die Löwenwirtin zu ihrem Manne, der in die Kammer trat. »Sie will nicht einmal in die Nachtkirche, vermutlich fürchtet sie, der Erhard könnt sich auf dem Weg an sie machen und ihr mit Bitten zusetzen. Mir ist's übrigens auch recht, dann gehen wir miteinander.«

»Ja«, sagte der Löwenwirt gähnend und streckte sich in dem Lehnstuhl aus, um bis Mitternacht noch ein wenig zu schlafen.

Das Gesinde hatte sich inzwischen in der Stube um einen Tisch gesetzt, wo es, von der Herrschaft mit einem mürben Kuchen und einem Krug Wein versehen, die Zeit des mitternächtlichen Gottesdienstes, vor welchem noch besondere Dinge zu verrichten waren, heranwachen wollte. Der alte Philipp, der sich das Gesicht gewaschen und die verstauchten Glieder wieder etwas in Ordnung gebracht hatte, führte den Vorsitz in der Gesellschaft. Auch Erhard durfte bei dem Schmause nicht fehlen, und Justine wurde, als sie aus der Schlafkammer kam, gleichfalls herbeigerufen, obgleich es ihr sehr sauer zu werden schien, mit den Fröhlichen fröhlich zu sein.

Als der Kuchen verzehrt war, seufzte eine kleine wuselige Magd, die noch Appetit hatte: »Wenn nur der Schantiklas noch einmal käm' und brächt' seinen Sack, statt der Nüsse, voll Kuchen mit. Soll ich nicht die Hand zur Tür hinaustrecken?«

»Laß du den Fürwitz«, sagte der alte Philipp verweisend, »jetzt ist's nicht geheuer. Gib acht, es kommt einer, der dir eine Fledermaus in die Hand gibt, dann wird's dich nach keinem Kuchen mehr gelüsten.«

Die Magd stieß einen Schrei aus, wie wenn ihr das kleine Ungeheuer bereits zwischen den Fingern krabbelte, und wurde von den andern ausgelacht.

»Ja«, sagte eine von den Mägden, »um die Zeit darf man keinen Spaß machen. So hat einmal eine Mutter in der Christnacht ihr Kind zur Tür hinausgeboten, daß ihm das Schreien vergehen soll, und hat dazu gesagt: »Da, Schantiklas, hast den unartigen Buben!« Auf einmal ist etwas dahergesaust wie ein Sturmwind, hat ihr das Kind aus der Hand gerissen und fort mit ihm. Sie hat's nie mehr gesehen und ist vor Schreck und Jammer ihr Lebtag krank gewesen.«

»Das ist schrecklich!« riefen die andern, und die Mädchen rückten näher zusammen.

»Wie kommt's denn«, fragte einer der Knechte, »daß just in der heiligen Zeit das böse Wesen soviel Gewalt hat?«

»O das ist eine alte Sach«, rief eine der Mägde. »In der Zeit gehen alle Herren und Geister um, mehr als sonst im ganzen Jahr.«

»Woher es kommt, weiß ich nicht«, versetzte der Senior der Knechte, das Wort nehmend, »aber richtig ist's, in den Zwölften geht alles böse und unholde Wesen um, und am ärgsten treiben sie's in der heutigen Nacht. Da reitet der wilde Jäger auf seinem Schimmel durch dick und dünn, und wenn er an einem vorbei kommt, so kann er ganz höflich den Kopf abnehmen, wie man den Hut abzieht und untern Arm steckt; aber er tut auch dem Wanderer, der sich zu einer so schlimmen Zeit hinausgewagt hat, allen möglichen Schabernack an, jagt plötzlich auf ihn los, als wenn er ihn überreiten wollt', und ist im nächsten Augenblick wieder weit weg; oder er reitet ihm beständig zur Seiten und treibt ihn aus dem Weg hinaus in Busch und Dorn, daß er sich nicht mehr zurechtfinden kann, bis er ihn zuletzt gar in einen Sumpf verführt hat. Und hinter dem Jäger kommt oft das Muotisheer dahergefahren, mit Jagdgeschrei und Hundegebell in den Lüften, manchmal auch mit Musik, aus der man Kinderstimmen heraushört, aber es kommt immer ein Sturmwind hinterdrein. Sie fahren ihre eigene Straße, von einem Kreuzweg zum andern, und wer der Jagd begegnet und sich nicht gleich mit dem Gesicht auf den Boden wirft, dem geht's schlimm; aber auch das hilft nicht immer, denn sie haben einmal einen, der sich hingelegt hat, im Darüberhinziehen mit der Axt in den Arm gehauen.«

»Hu!« riefen die Mägde. »Ja«, sagte eine, »sie fahren sogar mitten durch Städte und Dörfer hindurch, immer den kürzesten Weg, und wer um die Zeit zum Fenster 'naussieht, der darf sich in achtnehmen. Ich weiß eine, die sie für ihren Fürwitz angehaucht und blind gemacht haben.«

»Das treiben sie aber nur so lang, bis es zur Nachtkirch' läutet«, fuhr der Erzähler fort. »Mit dem ersten Anschlagen der Glocke verlieren sie ihre Gewalt, wie euch ja selber bewußt ist, daß der Mensch dann allerhand nutzbringende Verrichtungen in Haus und Feld vornehmen kann. Und nicht nur das, sondern dann hat er Gewalt über sie und kann sie zu seinem Willen zwingen, wenn er Courage hat und das Ding versteht. Wißt ihr, woher der alte Kastenpfleger in der Stadt seinen Reichtum hat?«

»An einem Herrschaftskasten ist gut reich werden«, bemerkte Erhard lachend.

»Nein, nein«, rief ein anderer Knecht, »das weiß ich besser. Man sagt, er hab' sich vom Teufel Farrensamen geben lassen in der Johannisnacht, und damit kann man alles ausrichten, was man will.«

»Oho«, sagte der alte Philipp mit dem ganzen Übergewicht verborgener Weisheit, »in der Johannisnacht braucht man den Teufel nicht dazu, da kann man den Farrensamen selber gewinnen, wenn man mit dem Ding umzugehen weiß. Aber es wissen's wenige. In der Christnacht aber kann man seiner auch habhaft werden, wenn man auf einem Kreuzweg wartet; dann kommt ein schwarzer Mann und bringt ihn; oder man kann sich auch gleich Geld dafür geben lassen; aber Farrensamen ist besser, denn der macht unsichtbar und verleiht Glück in allen Dingen.«

»Das wär'!« rief Alex, etwas ungläubig, aber mit gierig lauernden Blicken, die jedoch dazwischen unruhig nach dem Fenster flogen, wo das Licht seltsame Schatten bildete.

»Kann's ja einer probieren«, versetzte der alte Philipp. »Heut ist die rechte Nacht dazu. Wie man's aber angreifen muß, kann ich nicht sagen, möcht's auch nicht. Nur so viel ist gewiß, daß man kein Wort dabei reden darf. Einmal hat sich einer bedankt und ist gleich dafür in tausend Stück' zerrissen worden; denn der Teufel will keinen Dank, braucht auch keinen, weil er sich allemal seinen Lohn holt, wenn's Zeit ist.«

»Ja«, sagte eine Magd, »eine solche Bescherung hat noch niemals Segen gebracht. Ich weiß auch einen, dem man nachgesagt hat, daß er auf die Art zu seinem Reichtum gekommen sei, aber in seiner Familie ist kein Glück und kein Stern gewesen, seine Kinder sind gestorben und verdorben, und er selber hat sich noch in seinem hohen Alter in der Scheuer gehenkt. Andere haben gesagt, der Teufel hab' ihm den Hals umgedreht und hab' ihn nachher hingehenkt.«

Ein Gemurmel des Entsetzens lief durch das Häuflein der Mägde, welche immer näher zusammenrückten und doch wieder dazwischen kicherten.

»Wenn aber die Geister in der Nachmitternacht keine Gewalt mehr über die Menschen haben«, hub Alex an, welcher sichtbar mit einem Gedanken kämpfte, »so sollt' man ja doch – wie drück' ich mich aus? – um einen billigeren Preis etwas von ihnen gewinnen können.«

Der alte Philipp sah ihn mit langen, stechenden Blicken an. »Das ist auch der Fall«, erwiderte er endlich. »Der Boden beherbergt viel Geld und Gut, das man ohne Teufelswerk heben mag.«

»Und wie?« rief Alex mit weit aufgerissenen Augen.

»Da muß einer 'n Schatzgräber fragen, ich hab' das Ding nicht studiert. Übrigens weiß ich ein Nest ganz in der Nähe, das man wahrscheinlich ohne Müh' ausnehmen könnt'.«

»Wie? Was?« schrien alle zusammen, womöglich noch schärfer aufmerkend als bisher.

»Wohl, wohl!« fuhr der alte Knecht mit geheimnisvollem Ton fort, indem er den Alex beobachtend im Auge behielt. »Zwei Jahr' sind's jetzt, da hab' ich in der heutigen Nacht in die Bachmühle gehen müssen, weil kein Mehl mehr dagewesen ist; der Müller hat solang warten lassen, – warum? Weil's ihm an Wasser gefehlt hat. Nun, im Hinweg ist mir nichts begegnet, hab' auch nicht rechts und nicht links gesehen. Wie ich aber zurück komm und komm auf den Kreuzweg draußen im Forchenholz, was seh ich? In der Höhlung am Steinkreuz, wo vor vielen hundert Jahren einmal ein Mord geschehen sein soll, ist ein blauer Schein gewesen, ganz schwach und tief unten, wie von einem Licht.«

»Und da habt Ihr den Schatz gesehen?« fragte Alex. Er wagte nicht, wie die anderen Knechte, du zu ihm zu sagen.

»Ich hab' gedacht: was mich nicht brennt, blas' ich nicht, und bin meiner Weg' gangen«, erwiderte der Oberknecht. »Aber vorm Jahr, wieder um die gleiche Zeit, was geschieht? Ihr werdet's noch wissen, wie die scheckige Kuh gekalbt hat und wie sie's so hart ankommen ist, daß man gemeint hat, sie werde draufgehen. Man hat in der Nacht zum krummen Schäfer auf dem Kilianshof schicken müssen, und weil Verstand dazu gehört hat, vielleicht auch ein Gang in die Stadt nötig hat werden können, um gleich etwas aus der Apotheke mitzubringen, so hab' ich mich selber auf den Weg gemacht, nach dem Läuten natürlich, denn anders hätt' mir's der Meister nicht zugemutet. Wie ich wieder auf den Kreuzweg komm, denn der Weg führt ja durchs Forchenholz, was meinet ihr? Richtig, da ist mein Schatz wieder und blüht, blüht stärker als das Jahr zuvor. An der Vertiefung am steinernen Kreuz hat eine blaue Flamme gebrannt, ihre Spitze hat ganz leicht gezittert und fast bis zur Höhe des Randes herauf gereicht; und wie ich vom Kilianshof zurück bin, denn ich hab' nicht in die Stadt zu gehen gebraucht, ist die Flamme immer noch dagewesen. Daran, daß sie sich nicht über die Höhlung erhoben hat, hab' ich erkannt, daß der Schatz noch nicht ganz zeitig gewesen ist. Aber ich steh dafür, heuer ist er vollends ganz heraufgerückt, und wer danach sucht, der wird eine handhohe blaue Flamme über der Öffnung schauen. Bei der muß er stehenbleiben von Nachmitternacht, so früh es sein mag, bis zum ersten Hahnenkrähn, ohne umzusehen, was um ihn vorgeht, und sowie er den ersten Hahn in der Nachbarschaft krähen hört, keinen Augenblick früher und keinen Augenblick später, muß er Erde von seinem Fußtritt oder ein Kleidungsstück von seinem Leib auf das Licht werfen, dann hat er den Schatz. Versäumt er's aber oder macht's nicht recht, so versinkt der Schatz wieder in die Tiefe, und dann kann's hundert Jahr' dauern, bis er wieder zum Vorschein kommt; denn nach seinem letzten Aussehen zu schließen, muß er heuer verblühen.«

»Wenn man aber keine Flamme sieht«, bemerkte Erhard mit Lachen.

»Tut nichts«, erwiderte der alte Philipp und stieß ihn, da er neben ihm saß, kräftig mit dem Fuß: »Der Schatz ist deswegen doch da, das Licht sieht nicht ein jedes Menschenkind.«

»Da werdet Ihr's Euch heut nacht gesagt sein lassen, hinauszugehen und den Schatz zu heben«, sagte Alex mit mutloser Stimme zu ihm.

»Ich nicht«, erwiderte der Alte. »Was meines Amtes nicht ist, da laß ich meinen Fürwitz, und zu was sollt' ich in meinen alten Tagen noch reich werden? Ich hab's ja gut beim Löwenwirt, bei dem bleib' ich und leb' ich und sterb' ich. Aber für unseren Erhard wär' so ein Kesselein mit funkelnden Talern kein übler Fund auf die Wanderschaft.«

»Ich will nichts von solchem Zeug«, erwiderte dieser: »Ich will mein Geld aufrecht bei Leuten von Fleisch und Blut verdienen, und nicht bei hohlen Leibern in der Nimmerwelt.«

»Ich geh auch nicht hinaus«, sagte ein anderer. »Ich auch nicht! Ich auch nicht!« riefen alle hinterdrein.

»Ich möcht' auch nicht dazu raten«, sagte Alex zuletzt und zögernd. »An dem blauen Licht kann man sich die Finger verbrennen.«

»Oder am blauen Dunst«, sagte Erhard dem Oberknecht ins Ohr. Philipp zwinkerte mit den Augen gegen ihn. »Jedenfalls«, sagte er, »muß sich einer vorsehen, daß er sich nicht das Maul verbrennt, denn reden darf er kein Wort und keinen Laut von sich geben, sonst geht der Schatz zum Teufel, und er kann noch Gott danken, wenn das alles ist. So hat einmal einer gemeint, er hab' den Schatz schon gefangen, und wie er die Pelzmütz' auf ihn wirft, schreit er dazu: »Mein mußt sein!« Aber im Augenblick ist ein Wind aus dem Boden gefahren, hat den Schatzgräber in die Höhe genommen und weit fortgeführt. Zwischen Laub und Ästen hat's ihn niedergesetzt, so daß er gar nicht gewußt hat, wo er ist, nur das hat er gespürt, daß er nicht in seinem Bett liegt, und hat sich die Nacht durch in Todesangst angeklammert, bis der Morgen kommen ist; dann ist er inn' worden, daß er im hohen Bergwald auf der höchsten Eiche sitzt, hat mit Müh und Not ab dem Baum klettern müssen und ist schier nimmer 'runter kommen. Zwei Stunden weit hat er gehen müssen, bis er sich wieder in seine Heimat gefunden hat, und wie er dann am Tag seine Pelzmütz' geholt hat, so ist kein Schatz drunter gewesen, sondern ein großer wüster Pilz. Danach ist ihm das Schatzgraben vergangen.«

Einige lachten, andere drückten durch Worte und Gebärden ihr Grausen aus.

»Ich mein' übrigens, es sollt' nicht so schwer sein, dem Schatz da draußen beizukommen«, hob nach einer Weile der beharrliche alte Erzähler wieder an. »Sonst ist gewöhnlich ein schwarzer Pudel oder so etwas dabei, aber ich hab' die beidemal nichts der Art wahrgenommen, und da wär's ja fast ein Kinderspiel. Freilich, wenn so ein schwarzer Hund dabei liegt, so muß man sich's gefallen lassen, daß er einen mit feurigen Rollaugen, so groß wie Pflugräder, immerfort anglotzt. Aber wem das Glück vergönnt ist, der muß eben das Herz in die Faust nehmen und muß denken: ›Glotz du, solang du willst‹; nur darf er's nicht sagen, dann kann ihm der Pudel nichts tun. Möglich wär's auch, daß eine schwarze Krot' dabei hockt, denn das kommt auch manchmal vor, ich hab's natürlich nicht so scharf in acht genommen. Aber man muß sich eben nichts aus ihr machen, wenn sie auch faucht oder einem zwischen den Füßen durchspringt.«

»Ich glaub', der Justine wird's übel!« rief eine der Mägde. Das Mädchen, das mit starren Augen und unter sichtbaren Beklemmungen an dem Mund des Erzählers gehangen hatte, ohne die Zwischenreden der anderen zu beachten, war bei den letzten Worten wie von einer Ohnmacht befallen worden. Ihre Augen schlossen sich, und der Kopf sank ihr auf die Brust. Ehe man ihr aber zu Hilfe kommen konnte, hob sie den Kopf wieder, öffnete die Augen und fragte, sich gewaltsam zusammennehmend: »Bei solchen Reden ist's kein Wunder, wenn man eine Anwandlung bekommt.«

»Ei, du mußt ja heut nacht nicht auf den Kreuzweg hinaus«, bemerkte der alte Philipp.

»Ja, und wer vor Gott wandelt und betet fleißig«, sagte die Magd, »dem können die Unheimlichen nichts anhaben. Bleib nur, Justine«, setzte sie hinzu, da diese aufstehen wollte, »es soll jetzt von anderen Dinge gesprochen werden. Übrigens schickt sich's nicht für eine Person deines Schlags, so hasenfüßig zu sein; das taugt bloß für die vornehmen Fräulein.«

Justine blieb sitzen und sah stumm vor sich hin.

Erhard beobachtete sie gedankenvoll, sprach aber kein Wort mit ihr.

»Wir wollen ein Spiel anstellen«, sagte die kleine wuselige Magd, die noch mehr Kuchen verlangt hatte, »wollen die Zukunft erforschen.«

»Blei oder Eier gießen?« fragte eine andere. »Dann dürfen aber die Mannsnamen nicht dabei sein.«

»Das kannst du allein versehen. Oder du brauchst nur heut nacht den Bettstollen zu treten und dein Sprüchle zu sagen, dann erfährst am leichtesten, wer dein künftiger Liebhaber ist.«

»Oh, du guckst gewiß heut nacht im Dunkeln in den Spiegel.«

»Nein, das tu' ich nicht, da guckt so gern der Teufel 'raus. Lieber schlag ich im Dunkeln das Gesangbuch auf und seh morgen früh nach, was mir's prophezeit.«

»Wir wollen das Spiel mit der schwarzen Henne machen, damit wir sehen, wer von uns zuerst heiratet.«

»Nun, das weiß man ja, der Alex.«

»Ei, da kann noch viel dazwischenkommen, ist ja noch nicht aller Tag' Abend und lauft noch manch's Wässerle den Bach 'nunter, trüb oder hell.«

Der Vorschlag fand allgemeinen Beifall, und die kleine Wuselige wurde beauftragt, die zu dem Schwanke taugliche Henne zu holen. Sie weigerte sich aber, nach so grauslichen Geschichten, die selbst die Justine in Angst gesetzt, vor dem Läuten allein hinauszugehen, worauf beschlossen wurde, ihr zwei Knechte zur Begleitung mitzugeben. Bald kamen die Abgesandten mit dem schwarzen Vogel zurück, den die Kleine sorgfältig mit beiden Händen hielt und zärtlich an die Brust drückte. Aber ein schallendes Gelächter entstand, als man gewahr wurde, daß ihre Begleiter, schwerlich ohne Absicht, statt der Henne ihr den Gockelhahn unterschoben hatten, der zufällig auch von schwarzer Farbe war. Sie wurde nicht aufs feinste geneckt, und man wollte sie noch einmal fortschicken, um ihr Versehen gutzumachen. »Ach was!« sagte sie, »der Gockel ist so gut wie eine Henne, macht nur voran. Wer kann ihn einschläfern?« – Der alte Philipp zeigte sich bereit, er ließ ein Stück Kreide bringen, und es wurde sogleich zur Ausführung geschritten. Man legte den Hahn auf den Boden, wobei er so gehalten wurde, daß Kopf und Schnabel fest am Boden anlagen, und nun zog der alte Zaubermeister dicht vom Schnabel aus, gleichsam denselben verlängernd, einen starken langen Kreidestrich über den Boden hin, worauf sie

langsam und leise die Hände von dem Hahn zurückzogen, so daß er jetzt frei am Boden lag. Wundersam war es da zu sehen, wie sich das grillenhafte Tier in dieser Lage benahm. Zuerst hatte es sich heftig gesträubt, dann das Verfahren mit einer ängstlich ungewissen Verlegenheit, die von Fluchtgedanken zeugte, über sich ergehen lassen; jetzt aber, obgleich von Zwang und Hast befreit, lag es völlig ruhig da, wie wenn es mit dem Kopf am Boden befestigt wäre und sich nicht von der Stelle rühren könnte. Es schien, falls man einem Hahn so viel Nachdenken zutrauen darf, als ob er den Kreidestrich für einen wunderbar aus ihm herausgetretenen Teil seines Selbst oder wenigstens für einen Faden hielt, woran sein Schnabel angebunden sei; genug, er befand sich wie in einem verzauberten Zustand, den man übrigens keinen Schlaf nennen konnte, denn er hatte die Augen offen, sie sahen jedoch unverwandt und unbeweglich den Strich entlang. Nachdem man diese Art der Verzauberung eine geraume Weile hatte fortdauern lassen, bildeten alle geräuschlos einen Kreis um den daliegenden Hahn. Justine, die sich entziehen wollte, wurde mit Gewalt, aber ohne einen Laut in den Kreis gezogen. Ganz leise und behutsam, denn der Zauber schien bei alledem nicht so stark, um jede Probe zu bestehen, wurde nun der Kreidestrich allmählich ausgelöscht. Kaum war dies geschehen, so erhob der Hahn den Kopf und sah sich gleichsam verwundert um; dann stand er auf und ging zuerst etwas taumelnd, nach und nach aber schneller, und mit unruhigem Gurren in dem Kreis umher, immer entschiedener auf das Entkommen aus der verdrießlichen Gefangenschaft bedacht. Damit wuchs auch die Spannung der Spielenden immer mehr, denn die Person, bei der er den Kreis verließ, war die bezeichnete, und brach er gar zwischen einem Paar durch, so war nicht der geringste Zweifel, daß diese beiden einander im nächsten Jahre heiraten würden. Hierauf hatte man auch bei der Bildung des Kreises nach Möglichkeit Bedacht genommen, und dem armen Erhard war ein letztes Glück zuteil geworden, indem er sich, ohne eigenes Zutun, aber vielleicht auf Veranlassung des Mädchens, das die Widerwillige in den Kreis gezogen hatte, neben Justine befand. Alex dagegen war ungepaart, denn die Mädchen hatten unter beständigem Hin- und Herschieben, in nicht sehr schmeichelhafter Weise, seine Genossenschaft von sich abzuwenden gewußt, so daß ihm endlich zur Rechten der alte Philipp und zur Linken ein anderer Knecht zu stehen gekommen war. Aber gerade deshalb war man um so begieriger darauf, ob der Hahn etwa ihn als den ersten Hochzeiter in dem Kreise bezeichnen würde, weil insgeheim noch über die Dauerhaftigkeit seines Verlöbnisses gestritten wurde und manche glaubten, er werde sich durch die unaufhörlichen, schwach verblümten Anspiegelungen und Spottreden noch bewegen lassen, die schmähliche Heirat wieder aufzugeben. Der Zaubergockel schien es jedoch auf jemand ganz anderes abgesehen zu haben, denn er ging plötzlich mit einem entschlossenen Anlauf gerade auf Justine los. »Aha!« rief es von allen Seiten. Justine aber streckte abwehrend die Hände aus und rief mit gepreßter Stimme: »Nicht zu mir, nicht zu mir! Ich will nicht heiraten!« Das verschüchterte Tier, wenn es auch die Worte nicht verstand, ließ sich durch die Gebärde abschrecken, kehrte sich wie ein Kreisel um und rannte, mit dem nächsten besten zufrieden, zu dem alten Philipp hinüber. Diese übel angebrachte Ehre tat solche Wirkung, daß die Mädchen sich vor Lachen schüttelten und kaum mehr im Kreis auszuhalten vermochten. Philipp aber, der, gleichfalls zur Abwehr, den

Fuß vorgeschoben hatte, hob unbemerkt die Spitze seines schweren Stiefels und trat dem aufs äußerste gebrachten Tier, das, eine Öffnung suchend, vor ihm trippelte, ein wenig auf den Fuß. Der Hahn stieß einen Laut des Schmerzes aus, das Spiel war ihm jetzt offenbar ganz und völlig verleidet, und er schwang die Flügel zu einem verzweifelten, aber gelungenen Fluchtversuch; da er unten bis jetzt vergebens einen Ausweg gesucht hatte, so wirbelte er sich, wie er ging und stand, auf einmal mit einem Ruck und mit zwei, drei schmetternden Trompetentönen vom Boden in die Höhe und fuhr in kühnem Schwung dem Alex gerade über den Kopf hinaus, von lautem Geschrei begleitet, das er im Herunterschweben durch lang nachhallendes Krähen noch übertönte. In dem Gemisch von Angst und Kühnheit aber, womit er seine Flucht aus dem lachenden Kreis bewerkstelligt hatte, war ihm, wenn man so sagen darf, etwas Menschliches begegnet und zum guten Teil über Alex ergangen, ein Fall, der bei diesem Spiel nicht zu den seltensten gehört und eben darum auch in der Auslegung des Orakels vorgesehen ist, die ihn für eine Vorbedeutung der höchsten Unehre nimmt. Es läßt sich denken, welchen Eindruck dieses alle Berechnung übertreffende Ereignis unter den derzeitigen Verhältnissen und Gesinnungen bei den handgreiflichen Gemütern, die hier versammelt waren, machte; allein schwer wäre es, das unbändige Gelächter, das bei dem Anblick ausbrach, zu beschreiben. Der Kreis löste sich alsbald, indem sich das eine dahin, das andere dorthin warf, um ganz den krampfhaften Erschütterungen des Zwerchfells zu gehorchen. Selbst Erhard, dem es doch nicht besonders heiter zumute war, ließ sich von dem allgemeinen Sturm mit fortreißen, und nicht einmal Justine war imstande, ihren Ernst ganz beizubehalten. Vergebens schrie Alex mit einem wütenden Blick auf Justine, von der der Hahn auf seine Seite herübergekommen war:

»Es gilt nicht, man hat ihn auf mich gehetzt!« Er konnte nicht zu Wort kommen vor dem Gelächter, welches die Fenster zittern machte und aus welchem man nur die stärksten Posaunenstöße des Gockels hie und da vernahm, der, noch immer vergebens seine Freiheit suchend und durch den Lärm vollends ganz unsinnig gemacht, toll und blind gegen die Wände und Fenster flog.

Als sie sich endlich müde gelacht hatten, ließ sich ein Klopfen an der Wand vernehmen. Es kam aus der Kammer, wo sich der Löwenwirt und seine Frau befanden, und man hätte es mit gutem Fug für eine Mahnung halten können, die Kinder nicht durch das heillose

Getöse aufzuwecken; aber es bedeutete etwas anderes. »Horch!« rief der alte Philipp, als es still geworden war. »Horch, man läutet schon den Schrecken!« Und wie sie einen Augenblick lauschend stehenblieben, hörten sie von fern her den dumpfen Ton der Glokke, der das erste Zeichen zum mitternächtlichen Gottesdienst im Städtchen gab und plötzlich, wie man glaubte, den Mächten der Finsternis Schrecken einjagte, so daß sie den Menschen zu schaden unmächtig wurden.

»Es läutet! Es läutet!« schrien alle zusammen, und nun ging es an ein eifriges Rennen, so daß sich im Nu der ganze Schwarm dahin und dorthin zerstreut hatte. Die kleine Wuselige faßte Justine am Arm und rief: »Komm geschwind, hilf mir im Stall, oder streu den Hühnern das Futter.«

Justine besann sich einen Augenblick, dann sagte sie: »Laß mich, ich hab' meinen Flachs noch nicht ganz abgesponnen.«

»Was?« schrie die andere mit einer Gebärde, als ob das Heil der Seele auf dem Spiel stände: »Was? Und es ist schier Mitternacht!«

»Weißt, ich hab' vorhin müssen den Baum für die Kinder rüsten und anzünden helfen«, antwortete Justine, »da hab' ich's nicht ganz zu End bringen können. Aber ich bin gleich fertig, es gibt nur noch ein paar Fäden.«

»Mach, mach«, schrie die andere, »sonst fault dir der Finger ab, oder wenn's noch gut geht, so bringst wenigstens ein ganz Jahr die Spindel nicht leer.«

Sie rannte den übrigen nach. Justine aber befand sich, als die Löwenwirtin in die Stube trat, nicht an ihrer Spindel, sie war ein wenig in ihr Kämmerlein gegangen, das sie abgesondert von den Mägden bewohnen durfte, teils weil man ein unbedingtes Vertrauen in sie setzte, teils weil sie manchmal eines oder das andere von den Kindern, das seine Geschwister in der Ruhe zu stören drohte, zum Schlafgenossen erhielt. Doch kam sie bald wieder zum Vorschein, um die Obhut über die Kinder während der Abwesenheit der Mutter zu übernehmen.

Unterdessen herrschte in Haus und Hof die größte Geschäftigkeit. Mägde und Knechte wetteiferten, dem verschiedenen Vieh an seinen Krippen und Trögen Futter zu geben. Andere eilten, im angrenzenden schneehellen Feld die Obstbäume mit Stroh zu umbinden und aus Leibeskräften zu schütteln, so daß der auf sie herabfallende Schnee viel leises Gelächter erregte, denn anders durfte nicht gelacht werden, da diese sämtlichen Handlungen ohne ein Wort oder sonst einen Laut vorgenommen wurden. Erhard, in Verrichtung seines letzten Dienstes, tummelte die Pferde in einer Koppel durch den Hof im Kreis umher, wobei ihm der kleine Roßjunge half. Auch der Herrschaft war ihr Anteil an diesen Obliegenheiten zugefallen; der Löwenwirt hatte sich in den Keller begeben, um in rascher Folge an die Fässer zu klopfen, während seine Frau in der Stube am Ofen auf einem Stuhl stand und das große, steinerne Essigfäßchen rüttelte, das dort auf dem hohen Aufsatz lag. Niemand dachte bei diesen Dingen viel: Es waren altherkömmliche Bräuche, von den Ureltern überliefert; man wiederholte sie jedes Jahr, ohne ihr alte Bedeutung, daß sie nämlich Segen und Gedeihen für das nächste Jahr bringen sollten, genau abzuwägen; aber fehlen durften sie nicht, wenn nicht ein Blatt vom Baum des jährlichen Lebens abgebrochen werden sollte. Auch hatte man zum Nachdenken wenig Zeit, denn da alles geschehen sein mußte, ehe der Schall der Glocke verstummt war, so waren alle Hände so voll beschäftigt, daß sie den Gedanken keinen Spielraum lassen konnten. Ein Fremder, der einst um diese Zeit im Hause über Nacht herbergte und das wunderliche Treiben mit ansah, fragte den Löwenwirt, wie er nur solche abergläubische Torheiten dulden könne, worauf dieser antwortete, es seien eben alte Gewohnheiten, die er seinen Leuten nicht verbieten möge. Er tat, als wäre es ihm ein gleichgültiger Brauch, dessen Ausübung er seinem Gesinde zulasse; in Wahrheit aber half er selber mit. Damals zwar hatte er sich vor dem Gast geschämt und seinen Kellerbesuch unterlassen, während seine Frau gleichwohl einen gelegenen Augenblick zu erwischen wußte, um hinter dem Rücken des Fremden ihren Essig zu rütteln. Da ihm aber im folgenden Jahre der Unfall widerfuhr, daß bei einer Küferarbeit der Spund aus einem Faß flog und wohl über ein Imi* vom Besten in den Keller lief, so sagte er in der nächsten Christnacht zu der Löwenwirtin, indem er nach dem Kellerschlüssel langte: »Nutzt's nichts, so schadet's nichts«; und seitdem hatte er nie mehr verfehlt, unter dem Schreckenläuten in den Keller zu gehen und eilends von einem Faß ans andere zu klopfen.

Die Tiere hatten ihr Futter, das gewiß bei ihnen anschlagen mußte, da sie es ja gleich mit dem Läuten zu fressen begonnen hatten, die Bäume waren umbunden und geschüttelt und hatten keine Ent-

* *Imi: früheres württembergisches Flüssigkeitsmaß, wobei ein Imi gleich 1/16 Eimer oder 10 Maß ist. Einem Imi entsprechen nach Hell-Eichmaß 18,37 l.*

schuldigung, wenn sie nicht aufs Jahr reichlich trugen, die Pferde waren umhergeritten und allem Schaden entnommen, dem Wein und dem Essig konnte kein Leid geschehen, auch war Justines Spindel hoffentlich vollends leer gesponnen, wo nicht, so mußte sie's eben tragen – da versammelte sich alles in der großen Stube, um sich zum Abgehen fertig zu halten. Ein halber Sonntagsstaat, für eine hälftige Beleuchtung von obenher berechnet, war in der Eile angetan worden, und dem alten Philipp wurden die Kleider, die zum Teil bei der Mummerei ein wenig mitgenommen sein mochten, geschwind noch etwas sorgfältiger abgestäubt. Nun hörte man die Glocke zum zweitenmal anschlagen, und der Zug brach auf, um mit dem dritten Läuten das Städtchen zu erreichen.

Hermann Kurz

Ein Brief vom Christkindlein

Der Vater spricht:

Wie ihr geschlafen habt heut' nacht,
War's mir, als hätt's getropft
Ans Fenster; aber da hat sacht
Ein Engelein geklopft.

Oh, das war eine feine Stimm',
Wie's mich beim Namen rief:
»Da, Vater, komm herbei und nimm;
Da hab' ich einen Brief!

Den lies deinen Kindern vor;
Er ist vom heiligen Geist.« –
Drum horcht und lauscht mit leisem Ohr,
Wie er geschrieben ist:

»Ihr lieben, lieben Kinderlein!
Oh, seid mir ja recht fromm!
Dann leg' ich euch was Schönes ein,
Wenn ich herniederkomm'.

Ihr lieben, lieben Kinderlein!
Oh, seid mir ja recht brav!
Dann leg' ich euch was Schönes ein,
Wenn ihr noch liegt im Schlaf.

Und schlummern sie im weichen Flaum,
Dann, Vater, mach mir auf;
Dann bring ich einen großen Baum
Mit vielen Lichtern drauf.

Dem Engelein von purem Gold
Hab' ich sein Kleid gemacht;
Wie wird das flimmern wunderhold
In der stockfinstern Nacht!

Und an den Zweigen hängen rings
Von Zucker Stern an Stern
Und goldne Nüsse rechts und links,
Süß wie ein Mandelkern.

Und in dem Gärtchen untendran,
Da sitzen Schaf und Lamm
Und Küchlein, Hennen und der Hahn
Mit seinem roten Kamm.

Doch folgen dir die Kinder nicht,
Und mußt du zanken oft,
So komm ich diesen Winter nicht;
Denn ich seh's unverhofft.

Dann laß ich meinen Baum im Wald
Und heb' die Sachen auf
Und bringe – einen Stecken halt
Und eine Rute drauf.«

Friedrich Güll

An demselben Tag

An demselben Tag, es war der Sonntag vor Weihnachten, kam er abends zu Lotten und fand sie allein. Sie beschäftigte sich, einige Spielwerke in Ordnung zu bringen, die sie ihren kleinen Geschwistern zum Christgeschenk zurecht gemacht hatte. Er redete von dem Vergnügen, das die Kleinen haben würden, und von den Zeiten, da einen die unerwartete Öffnung der Tür und die Erscheinung eines aufgeputzen Baumes mit Wachslichtern, Zuckerwerk und Äpfeln in paradiesische Entzückung setzte. – Sie sollen, sagte Lotte, indem sie ihre Verlegenheit unter ein liebes Lächeln verbarg, Sie sollen auch beschert kriegen, wenn Sie recht geschickt sind; ein Wachsstöckchen und noch was. – Und was heißen Sie geschickt sein? rief er aus; wie soll ich sein? wie kann ich sein? beste Lotte! – Donnerstagabend, sagte sie, ist Weihnachtsabend, da kommen die Kinder, mein Vater auch, da kriegt jedes das Seinige, da kommen Sie auch.

Johann Wolfgang von Goethe

Das Weihnachtsfest war nahe

Das Weihnachtsfest war nahe, wir konnten die Tage bis zum 24. Dezember schon an den Fingern abzählen, als sich etwas begab, das uns in die größte Aufregung versetzte. Vor unsern Nasen gleichsam verschwanden unsere Puppen. Auf einmal waren alle fort.

Eine vollständige Puppenauswanderung hatte stattgefunden.

Das Bett, in das Fritzi gestern noch ihre älteste Tochter, die große Christine, schlafen gelegt hatte – leer. Die Angehörigen Chistinens hinweggefegt, als ob sie nie dagewesen wären. Meine blonde Fanchette, die freilich von der Blondheit nur noch den Ruf besaß – denn keine geduldige Friseurin war ich –, ebenfalls unauffindbar. Wir kramten vergeblich nach ihr in unseren Laden, durchforschten alle Schränke und Winkel. Wir liefen ins Kinderzimmer und klagten die armen kleinen Brüder des Raubes unserer Puppen an. Daß wir auch im vorigen Jahr kurze Zeit vor Weihnachten den selben Jammer erlebt und dann unter dem Christbaum ebenso viele Puppen, als wir vermißt hatten, mit glänzend lackierten Gesichtern, reichem Gelock und schön gekleidet sitzen sahen, fiel uns nicht ein. O wir waren dumme Kinder! Ich glaube nicht, daß es heutzutage noch so dumme Kinder gibt.

Marie von Ebner-Eschenbach

Das Heiratsorakel

Das Forsthaus ist das einzige bewohnte Gebäude im ganzen stundenlangen Tal, das so weitab von der großen, vielbefahrenen Heerstraße liegt und so schwer zugänglich ist, daß dort heut noch die herrlichsten Tannenwälder stehen, in denen fast jeder einzige Stamm wert wäre, als stolzer Mastbaum ins Weltmeer hinaus zu segeln; aber, Gott sei Dank, ist es ganz unmöglich, einen von diesen Riesen unzerschnitten herauszuschaffen, und eine Sägemühle gibt's nicht an dem brausenden Bach, der sich im Lauf der Jahrtausende sein Bett tief in den felsigen Untergrund hineingewaschen hat.

In schneereichen Wintern dringt oft wochenlang keine Kunde von außen her in tiefe Einsamkeit: so war's auch im vorigen Jahr, denn die beiden Hohlwege, durch die man das Tal verlassen konnte, waren völlig verweht, und über die Berge konnte man nicht gehen, weil es keine Brücke über die Bachschlucht gab; wenn also draußen ein allgemeiner Weltkrieg entbrannt wäre, so hätte das den Frieden des Forsthauses nicht gestört, denn Zeitungen und Briefe kamen nicht an. Wie immer in solchen Zeiten, schlossen sich die Mitglieder der Familie, ja des ganzen Hausstandes eng aneinander an, ein großer Unterschied zwischen Herrschaft und Untergebenen bestand sowieso nicht, denn der Forstgehilfe wurde wie ein Sohn des Hauses angesehen, und die alte Magd hatte dem Förster die Wirtschaft schon vor seiner Verheiratung geführt, so daß sie sich häufig mehr herauszunehmen traute als die Frau Försterin selbst. Mit den Töchtern des Hauses, es waren Zwillinge, stand der Forstgehilfe auf jenem harmlos neckenden Fuß, auf den junge Leute leicht kommen, wenn sie einander lange kennen und dabei doch im Grunde des Herzens gleichgültig geblieben sind, nur mit der Mena konnte er sich gar nicht stellen, das heißt, er war die Aufmerksamkeit und Verträglichkeit selbst, aber sie gab ihm immer kurze, fast unfreundliche Antworten, wich ihm aus und bezeugte ihm, wo es nur anging, ihr Mißfallen. Sie hieß eigentlich Filomena, war eine verwaiste Anverwandte aus Südtirol, welche seit drei Jahren im Forsthaus lebte und sich dadurch nützlich machte, daß sie der »Frau Tant'« in der Wirtschaft zur Hand ging; sie war neunzehn Jahre alt, eine schöne »rassige« Erscheinung mit dunklen Augen und schwarzen, welligen Haaren – die Zwillinge, blond und braunäugig, waren im Winter sechzehn geworden. Der Förster hatte auch einen Sohn, der ein Jahr jünger als die Zwillinge war und in München das Gymnasium besuchte; er sollte sich selbstverständlich auch dem Forstfach widmen, aber erst etwas Tüchtiges lernen, damit er es weiterbringen konnte als der Vater und die anderen Vorfahren, die ausnahmslos Förster gewesen waren.

Am Thomastag, dem einundzwanzigsten Dezember, hatten die Frauen im Forsthaus alle Hände voll zu tun, das Kletzenbrot wurde gebacken, für jeden Hausgenossen ein Laib, und die Zwillinge durften helfen, dasselbe, ehe es in den Backofen geschoben wurde, mit ganzen und geschnittenen Mandeln zu bestecken. Sie hatten den Kopf immer voll Tollheiten, und heute mußte ihnen etwas ganz Besonderes eingefallen sein, denn sie wisperten und kicherten fortwährend bei der Arbeit, und als die alte Magd, die Babi, dazu kam und sah, was es gab, da mußte sie auch lachen – sie hatten das Kletzenbrot für den Forstgehilfen mit zwei flammenden Herzen geschmückt und das für die Mena gerade so, weil die beiden sich doch gar nicht ausstehen konnten.

Als die Försterin dann, nachdem alles bestens geraten war, mit hochgerötetem Gesicht aus der Backstube kam, stand ihr Mann, von seinen beiden Dackeln umtanzt, in der offenen Haustür und spähte mit dem Fernrohr den Talweg hinauf; er wechselte allerdings schnell die Richtung des Glases, aber sie wußte ja ganz genau, daß er nach dem Lutzl ausgeschaut hatte. Wenn er auch das Gegenteil sagte, im stillen dachte er doch, daß der Bub, dessen Vakanzen am Tag vorher begonnen hatten, sich durch den Schnee durcharbeiten würde, aber er mochte nicht davon reden, um seiner Frau das Herz nicht schwer zu machen.

»Jetzt könnt er schon da sein, wenn der elendige Schnee net wär'«, sagte sie, »'s verdirbt mir's ganze Christfest, daß i den Buben net hab.«

»'s wird das letzte Mal net sein«, entgegnete der Förster, ärgerlich darüber, daß sie ihn ertappt hatte.

»Aber 's ist das erste Mal«, meinte sie seufzend.

»Nun, einmal muß so 'was doch anfangen. I bin mit zwölf Jahr aus dem Haus kommen unter ganz fremde Leut' und 's hat mir nix 'tan.«

Die Försterin antwortete nichts, sondern ging still in die Küche und der Wirschaft nach; freilich horchte sie dabei von Zeit zu Zeit doch noch immer hinaus, es war mit ihrer Resignation nicht weit her. Und wirklich ertönte, als die Sonne eben verschwunden war, ein gellender Jubelschrei vor dem Hause, und nach ein paar Sekunden lag der Lutzl in ihren Armen, hoch aufgeschossen, fast größer als der Vater, mit lachenden Augen und Backen, die der eisige Wind gerötet hatte. Er war oft bis an die Schultern in den Schnee eingebrochen, hatte sich aber tapfer gehalten; seine Kleider waren halb durchnäßt und dann gefroren, so daß sie ordentlich starrten.

Die Mutter war glücklich, die Tränen standen ihr in den Augen, und doch fing sie gleich zu schelten an.

»Du leichtsinniger Bub, du, aber freilich an deine alten Eltern daheim denkst net, wie leicht, daß du im Schnee hätt'st verunglücken können, so ganz allein.« Der hübsche blonde Bursche ließ sie jedoch nicht weiterreden, er nahm sie um die Taille und drehte sie mit einem Juchzer in der Stube herum, daß ihr der Atem und die Luft zu Vorwürfen vergingen. Der Vater, der lächelnd dabei gestanden war, hielt ihn schließlich an den Schultern fest.

»Zieh dir erst trockene Sachen an«, sagte er, »der Karl leiht dir schon 'was, gelt?« wandte er sich zu dem Forstgehilfen um.

»Natürlich.«

»Hast uns auch 'was mitgebracht?« fragte Walburg, indem sie ihm den ebenfalls gefrorenen Rucksack abnahm.

»Nu freilich, dir einen Wurstel und der Lisi eine neue Puppe«, meinte der Übermütige lachend.

»Oh, geh, dummer Bub, bist noch allweil so vorlaut.«

»Kaum zu Haus, und das Gestreite geht schon wieder an«, fuhr die Mutter dazwischen, »jetzt marsch fort und zieh dich trocken an.«

»Du, Vater, im Rucksack ist die Post und ein ganzer Packen Zeitungen. Komm, Karl, brrr!« rief er, sich schüttelnd. »Jetzt merk ich's erst, daß ich ganz naß bin!«

Das war ein lustiger Abend im einsamen Forsthaus; der Förster hatte einen Punsch gebraut, und da Lutz diesen wie die Männer ungewässert bekommen hatte, war der Bub in eine ziemlich fröhliche Stimmung geraten. Endlich aber wurde es doch etwas ruhiger, der Vater und der Forstgehilfe lasen, denn sie hatten die Zeitungen von drei Wochen nachzuholen, die Mutter stopfte Wäsche, die drei Mädchen strickten; die alte Babi aber saß in ihrer Ecke am riesigen Kachelofen und spann.

Lutz neckte die Schwestern, nahm ihnen die Wolle weg oder trieb sonst allerhand Schabernack, bis Walburg ärgerlich aufstand und sich zur Magd auf die Ofenbank setzte, und da die Zwillinge immer daselbe zu tun pflegten kam ihr Lisi bald nach.

»Du, Babi, erzähl 'was«, bat Walburg und hielt der Alten das schnurrende Spinnrad an.

»I weiß nix mehr«, meinte diese, den Kopf schüttelnd.

»Oh, ja, vom Sankt Thomas weißt du genug.«

»Das ist halt ein ungläubiger Apostel gewe'n.«

»Ach, das ist eine alte Geschichte; geh, Babi, sei gescheit. Ist's wahr, was im Kalender steht, daß man in der Thomasnacht um sein Schicksal fragen kann?«

»Das will i meinen.«

»Oh, geh, erzähl, erzähl!« Die beiden Zwillinge drängten sich eng an die Alte an, und diese ließ sich nicht lange nötigen, sondern erzählte, was sie wußte, daß mit der Thomasnacht die Rauchnächte beginnen, die bis »Heilig Drei Könige« dauern, daß das die schauerlichsten sind im ganzen Jahr, denn da ist's nicht geheuer draußen, und das wilde Gejaid zieht in ihnen am liebsten umher.

»Das ist fein gruselig«, meinte Walburg, sich zusammenkauernd mit jenem Gemisch von Lust und Grauen.

Lutz wurde dadurch aufmerksam und horchte auf, er hörte aber nichts, stand darum auf und setzte sich auf die Bank an der andern Seite des Ofens, wo er alles verstehen konnte, und das machte ihm riesiges Vergnügen, denn er lachte immer leise in sich hinein, während Babi weitererzählte, wie die Mädchen ihr Schicksal befragen könnten, das heißt, ob sie im kommenden Jahr heiraten würden, vom Orakel mit den Holzscheiten und dem Schlappschuh und schließlich von dem allerwichtigsten mit dem Backofen.

Die Mädchen saßen da mit weit aufgerissenen Augen und verloren kein Wort, da stand Lutz plötzlich laut lachend vor ihnen – er war leise aufgestanden, hatte in seinem Rucksack, der an der Tür hing, gekramt und ein in Zeitungspapier gewickeltes Paketchen in die Rocktasche gesteckt.

»Ich glaub' gar, ihr wollt schon ans Heiraten denken«, sagte er, »du, Burgel, ich bin auch ein Orakel, soll ich dir mal prophezeien, wen du heirat'st? – Also, sag's Versel her, das dich die Babi g'lernt hat vom heiligen Thomas mit dem ›Backofen‹. Da, schau her, da ist er schon, dein Herzallerliebster.« Dabei hatte er das Paketchen aufgewickelt und ließ einen bunten Hanswurst zappeln, daß die kleinen Schellen an der Mütze und den Ärmeln nur so klingelten.

Die Eltern, der Forstgehilfe, ja sogar die sonst ernste Mena, alle lachten laut auf bei diesem Anblick; Walburg aber riß ihm die Puppe wütend aus der Hand und schleuderte sie in die nächste Ecke.

»›Das ist boshaft, niederträchtig von dir!« schrie sie und war dem Weinen nah'.

»Was gibt's denn da wieder?« fragte die Mutter.

»Ach, der Lutzl!« klagte Lisi, die sich mit gekränkt fühlte.

»Der Vater sollt' ihm einmal eine Rechte 'runterhauen«, rief die resolutere Walburg.

»Na, wart nur«, meinte Lutz bloß, und in Gedanken setzte er hinzu: »Das werd' ich dir schon eintränken.«

Die Zwillinge kehrten sehr beleidigt an den Familientisch zurück, und Lutz setzte sich neben den Forstgehilfen.

»Was hat's denn gegeben?« fragte dieser.

»Nachher!« entgegnete der Bub mit verschmitztem Lächeln.

Bald darauf stand die Babi auf, und die drei Mädchen wünschten ebenfalls allerseits »Gute Nacht«.

»Du sollst di auch hinlegen«, meinte die Mutter, über ihre Brille, die sie nur zum Arbeiten und Lesen trug, wegsehend.

»Ach, ich hab' noch keinen Schlaf«, entgegnete Lutz, aber nach ein paar Minuten fing er doch an zu gähnen.

»Gehst mit, Karl?« fragte er.

»Ja, gleich.« Der Forstgehilfe las noch seine Zeitung fertig, dann gingen die beiden.

»Du, komm mit«, flüsterte Lutz draußen auf dem dunklen Hausflur und schlich auf den Fußspitzen voraus zur Tür der Backstube, die ganz hinten im Erdgeschoß lag; der Gehilfe folgte, so geräuschlos dies bei seinen Nagelschuhen möglich war.

»Du mußt, Mena«, rief in der Backstube eine helle Stimme; es war Walburga, die das sagte.

»I sag euch, i mag net«, tönte es gereizt zurück.

»Sei doch g'scheit, Mena«, bat Lisi, während sich Schritte der Tür näherten, aber andere, eiligere Schritte folgten.

»I laß di net aus, du mußt«, rief Walburg, und gleich darauf wurde in der Backstube etwas umgeworfen, ein Tisch oder ein Stuhl.

»Ich glaub' gar, die Madeln raufen«, flüsterte Lutz und schlich sich ganz nahe an die Tür und versuchte sie zu öffnen, aber es ging nicht; er hätte zu gerne hineingeschaut, aber die Tür hatte keinen Spalt, und ein Schlüsselloch gab's auch nicht, weil außer dem Drükker ein großer hölzerner Riegel genügte, den aber mußten die Mädchen vorgeschoben haben.

»Ihr werd'ts den Vater wecken«, mahnte Lisi, »geh, Mena, probier's doch.«

»Meinetwegen«, gab Filomena endlich nach.

»Nein, so her mußt du dich stellen«, sagte Walburg.

»Wie?«

»Mit dem Rücken gegen die Tür – so ist's schon gut. Jetzt!«

Gleich darauf fiel in der Backstube dicht bei der Tür irgend etwas klatschend auf die Diele.

»Was treiben sie denn eigentlich?« fragte Karl.

»Pst, sei stad – das ist Nummer zwei, Heiratsorakel mit dem Schlappschuh.«

»Was hat sie denn damit getan?«

»Sie muß ihn mit dem Fuß über den Kopf hinauswerfen – pst!«

»Die kann's!« tönte Walburgas Stimme vergnügt. »Nein, da schaut her, genau mit der Spitze gegen die Tür.«

»Paß auf, du heirat'st übers Jahr«, erklärte Walburg, und der Forstgehilfe neigte sich vor, um Menas Antwort ja nicht zu überhören, aber es blieb noch immer still. Dem lauschenden Burschen begann das Herz zu klopfen.

»Du, nu aber die ander' Probe«, drängte Walburg.

»Ja, die ander' Probe.«

»Tut ihr's doch«, sagte Mena unwillig, »i mag gar net heirat'n!«

»War' net übel«, rief Walburg und lachte dabei so laut, daß es nur so durch das nachtstille Forsthaus schallte.

Gleich darauf wurde die Schlafzimmertür der Eltern heftig aufgerissen und der Förster erschien halb ausgekleidet im Hausflur.

»Walburg, Lisi!« dröhnte des Alten Stimme durchs Haus, das Lachen in der Backstube erstarb plötzlich und die beiden Burschen duckten sich in den dunklen Winkel hinter dem Rauchfang. Dann ging die Tür der Backstube auf und Lisi kam erschrocken heraus.

»Vater!« rief sie ängstlich.

»Kruzitürken, was treibt ihr denn da noch die ganze Nacht?«

»Oh, mei, Vater!« stotterte Lisi.

»Wir haben das Backgeschirr gerichtet«, antwortete Walburg, schnell heraustretend, »morgen wird Brot gemacht.«

»Jetzt schaut, daß ihr ins Bett kommt, sonst schaff' i Ruh«, rief der Vater noch und warf die Tür zu, Karl aber beugte sich ein wenig aus dem Schatten vor, um Mena zu sehen; sie stand ohne Schuhe, nur in Strümpfen, ängstlich lauschend mitten in der Backstube.

Die Zwillinge horchten noch eine Weile, dann zog Walburg die Schultern hoch und lachte leise, Lisi stimmte ein, und schließlich lachte auch Mena mit.

Die Backstubentür schloß sich wieder, aber Lutz bemerkte sogleich, daß der Riegel nicht mehr vorgeschoben wurde.

»So, jetzt müssen wir 's letzte auch probieren.«

»Ja, was denn noch?« fragte Filomena unwillig.

»Den Backofen fragen.«

»Fallet mir grad ein, solche Dummheit.«

»Du, Mena, das ist keine Dummheit«, versicherte Lisi, »die Babi hat in ihrer Jugend eine Freundin gehabt –«

»Ja, ja«, meinte Filomena, »das hat sie mir auch schon erzählt. Und damit ihr seht, daß das alles Unsinn ist, will ich's euch vormachen.«

»Du, komm her, ich mach die Tür auf«, flüsterte Lutz. Gesagt, getan, das Schloß und die Angeln waren gut geschmiert und gaben keinen Laut von sich; ein heller Lichtstreifen fiel in den Flur heraus. Karl stand gerade vor dem Spalt und konnte die ganze Stube übersehen. Die drei Mädchen hatten sich vor dem Backofen aufgestellt, Mena, die inzwischen die Schuhe wieder angezogen hatte, in der Mitte, rechts und links ein Zwilling.

»Was soll ich tun?« fragte Mena.

»Dreimal mit dem Fuß gegen den Backofen stoßen und das Versel von der Babi hersagen.«

»Der Unsinn!«

»Du, jetzt kommt's«, meinte Lutz und stieß den Forstgehilfen mit dem Ellenbogen an; Karl nickte nur.

»Also gut! Eins, zwei, drei . . .« Mena stieß dreimal mit dem Fuß gegen den Ofen und sprach dann halblaut:

»Backofen, i tritt di,
Heiliger Thomas, i bitt di,
Laß mir erscheinen
Den Herzallerliebsten meinen!«

Sie hatte noch nicht geendet, da riß Lutz mit einer schnellen Bewegung – und ehe Karl es hindern konnte, die Tür vollständig auf, ein kalter Luftzug drang in die warme Backstube, die drei Mädchen wandten sich gleichzeitig um und stießen einen erstickten Angstschrei aus – in der Tür stand der Forstgehilfe.

Die Zwillinge wichen entsetzt hinter den Ofen zurück, Filomena aber war totenbleich geworden, streckte beschwörend die Hände gegen die vermeintliche Erscheinung aus und rief:

»Alle guten Geister . . .«

Karl, der zuerst über den Gewaltakt des jungen Burschen ganz fassungslos gewesen war, hatte sich indessen gesammelt, trat möglichst unbefangen in die Stube und unterbrach sie:

»Ja, sind Sie noch auf, und was machen's denn für ein Gesicht? Ich bin doch kein Gespenst!« Ihm war gar nicht so zumute, aber er brachte es doch über sich, zu lachen.

Da ließ Filomena die Hände herunterfallen, schloß die Augen und holte tief Atem. Jetzt kam auch Lutz herein und weidete sich an den schreckensbleichen Gesichter seiner Schwestern, die sich langsam wieder aus ihrem Versteck heraustrauten. Diesmal aber war es die mutige Walburg, die ganz geknickt zu sein schien, denn Lisi war zu sehr auf etwas Außerordentliches gefaßt gewesen, nur die Erscheinung des Forstgehilfen hatte sie sehr überrascht, denn den hatte sie am allerwenigsten als Menas zukünftigen Gatten zu sehen erwartet.

»I hab' gedacht, die Hund' wären auskommen«, meinte Karl zur Erklärung seiner Anwesenheit, und noch ehe Lutz irgend etwas sagen konnte – er wollte Filomena und sich die Beschämung ersparen –, setzte er hinzu: »Gute Nacht, komm, Lutz!«

Dieser wollte gern noch bleiben, aber Karl hatte ihn mit eisernem Griff am Handgelenk gepackt, zog ihn mit sich hinaus und machte die Tür zu.

»Weißt, daß du dir solche Lausbuberei nicht wieder einfallen laßt«, zürnte der Forstgehilfe draußen, er hätte ihm am liebsten ein paar ausgewischt; Lutz fühlte das auch und schlich mit gesenktem Kopf und sehr betrübt über diesen Ausgang des famosen Witzes hinter ihm her, die Treppe hinauf.

Ganz ähnlich war der Rückzug, den gleich darauf die drei Mädchen nach ihrer gemeinsamen Schlafkammer antraten. Filomena, welche das Licht trug, ging sehr ernst und blaß voraus, und die Zwillinge folgten in größter Niedergeschlagenheit. Als Filomena sich dann ihr prächtiges schwarzes Haar für die Nacht einflocht, hielt sie eine Sekunde inne und sagte nur noch:

»Das habt ihr nun von eurem abergläubischen Unsinn, daß man vor Schreck halb tot geblieben ist.«

»Daß der Karl aber auch gerade da dazu gekommen ist«, entgegnete Walburg, die sich sehr schuldbewußt vorkam, kleinlaut.

Als alle drei längst in den Federn lagen, aber infolge der Aufregung nicht schlafen konnten, rief Lisi: »Du, Mena, schläfst schon?«

»Nein.«

»Du, meinst wirklich, daß der Karl dein zukünftiger Mann ist?«

Aber Lisi bekam an diesem Abend keine Antwort mehr.

Am nächsten Tag kam auch der Postbote wieder bis zum Forsthaus, am Weihnachtstag aber brachte ein Jägerbursche vom Forstamt ein großes amtliches Schreiben für den Forstgehilfen – der Herzog, sein Jagdherr, hatte ihn zum Förster in Maria Einöd ernannt. Ganz aufgeregt vor Freude stürzte Karl in die Wohnstube, wo er den Förster zu finden erwartete, er traf aber nur Filomena, die den Mittagstisch richtete. Ohne ein Wort zu sagen, reichte er ihr den offenen Brief; sie las, und alle Farbe wich aus ihren Wangen.

»Da gehen Sie wohl bald fort?« fragte sie endlich.

»Ja, freilich, auf Neujahr schon.«

»Ich gratulier' Ihnen vielmals!« Sie sagte es ruhig, und er, der eben noch aus ihrem Erblassen herausgefunden zu haben meinte, daß sie sich doch ein bißchen für ihn interessierte, verlor wieder allen Mut.

»Sie, Mena«, meinte er dann, ihre Hand ergreifend, in warmem, innigem Ton. »Sie freuen sich wohl, daß i fort komm'?«

»Ach, reden's doch nit so!« erwiderte sie fast erschrocken.

»Gewiß«, fuhr er dringender fort, »nie hab' i ein gut's Wort von Ihnen g'hört; was hab' i Ihnen denn eigentlich getan?«

»Nein, 's ist gewiß net wahr, gar nix hab' i«, versetzte sie ängstlich und suchte ihm ihre Hand zu entziehen.

»Sie, Mena«, begann er wieder, »i weiß, was Ihnen der heilige Thomas g'antwortet hat.« Sie sah ihn erschrocken an.

»Wär's denn gar so schlimm, wenn der Backofen die Wahrheit gesagt hätt'?« Er lächelte fast ein wenig.

»Gar net schlimm war's, aber's geht net«, stieß sie mit Anstrengung hervor.

»Ja, warum sollt's denn net gehen, wenn Sie mir bloß a ganz klein's bissel gut wären?«

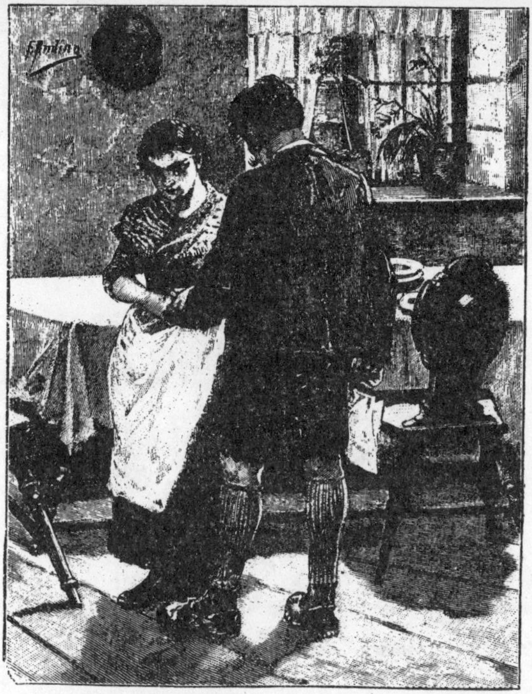

Da brachen ihr die hellen Tränen aus den Augen.

»Das bin i Ihnen ja«, sagte sie, »aber 's geht doch net – Sie – Sie sollen ja eine von den Zwillingen heiraten, hat die Frau Tant' gesagt.«

Ja, sie war dem Karl schon lange gut, aber als die Frau Tant' einmal ganz nebenbei gesagt hatte, daß der Karl wohl eine passende Partie für eins von den beiden Mädeln wäre, da hatte sie sich eingebildet, sie sei das den Verwandten, die Elternstelle bei ihr vertraten, aus Dankbarkeit schuldig, auf ihren eigenen Herzenswunsch zu verzichten.

Karl sah sie groß an, dann verstand er plötzlich.

»Darum?« fragte er mit glänzenden Augen.

Sie nickte.

»Wenn's bloß das ist«, rief er da laut und zog sie an sich, »dann ist alles schon gut und du mußt mit mir nach Maria Einöd!«

Das waren zwei große Überraschungen auf einmal, aber sowohl der Förster wie seine Frau freuten sich darüber. Lisi aber stand noch lange traumverloren da. »Schau«, dachte sie, »da hat der Backofen doch net gelogen«, und sie nahm sich vor, in der nächsten Thomasnacht das Orakel selbst zu befragen. Und wenn es ihr auch nicht den Herzallerliebsten weisen sollte, so wird sie als altes Mütterchen doch ihren Enkelinnen erzählen, wie die Mädchen in der Thomasnacht den Backofen befragen müssen, und daß in ihrer Jugend – und so weiter, und so weiter, ganz wie die alte Babi.

Wolfgang Brachvogel

Die Weihnachtswünsche des kleinen Nimmersatt

»Am meisten wünsch' ich mir ein Pferd
Zum Schaukeln und zum Reiten,
Und eine Rüstung und ein Schwert
Wie aus den Ritterzeiten.

Drei Märchenbücher wünsch' ich mir
Und Farben auch zum Malen,
Und Bilderbogen und Papier
Und Gold- und Silberschalen.

Ein Domino, ein Lottospiel,
Ein Kasperletheater,
Auch einen neuen Peitschenstiel
Vergiß nicht, lieber Vater!

Ein Zelt und sechs Kanonen dann
Und einen neuen Wagen,
Und ein Geschirr mit Schellen dran,
Beim Pferdespiel zu tragen.

Mir fehlt – Ihr wißt es sicherlich –
Gar sehr ein neuer Schlitten,
Und auch um Schlittschuh möchte ich
Noch ganz besonders bitten.

Und weiße Tiere auch, von Holz,
Und farbige von Pappe,
Und einen Helm und Federn stolz
Und eine neue Mappe.

Ein Perspektiv, ein Zootrop,
'ne magische Laterne,
Ein Brennglas, ein Kaleidoskop –
Dies alles hätt' ich gerne.

Auch einen großen Tannenbaum,
Dran hundert Lichter glänzen;
Mit Marzipan und Zuckerschaum
Und Schokoladenkränzen.

Doch dünkt dies alles Euch zu viel,
Und wollt Ihr daraus wählen,
So könnte wohl der Peitschenstiel
Und auch die Mappe fehlen.«

Als Hänschen so gesprochen hat,
Sieht man die Eltern lachen:
»Was willst du, kleiner Nimmersatt,
Mit all den vielen Sachen?!«

»Wer so viel wünscht« – der Vater spricht's –
»Bekommt auch nicht ein Achtel!
Der kriegt ein ganz klein wenig Nichts
In einer Dreierschachtel!«

Heinrich Seidel

Die Nacht vor dem Heiligen Abend

Die Nacht vor dem Heiligen Abend,
Da liegen die Kinder im Traum,
Sie träumen von schönen Sachen
Und von dem Weihnachtsbaum.

Und während sie schlafen und träumen,
Wird es am Himmel klar,
Und durch den Himmel fliegen
Drei Engel wunderbar.

Sie tragen ein holdes Kindlein,
Das ist der heil'ge Christ,
Es ist so fromm und freundlich,
Wie keins auf Erden ist.

Und wie es durch den Himmel
Still über die Häuser fliegt,
Schaut es in jedes Bettchen,
Wo nur ein Kindlein liegt.

Und freut sich über alle,
Die fromm und freundlich sind;
Denn solche liebt von Herzen
Das liebe Himmelskind.

Wird sie auch reich bedenken
Mit Lust aufs allerbest',
Und wird sie schön beschenken
Zum morgenden Weihnachtsfest.

Heut schlafen noch die Kinder
Und sehn es nur im Traum;
Doch morgen tanzen und springen
Sie um den Weihnachtsbaum.

Robert Reinick

O schöne, herrliche Weihnachtszeit

O schöne, herrliche Weihnachtszeit,
Was bringst du Lust und Fröhlichkeit!
Wenn der heilige Christ in jedem Haus
Teilt seine lieben Gaben aus.
Und ist das Häuschen noch so klein,
So kommt der heilige Christ hinein,

Und alle sind ihm lieb wie die Seinen,
Die Armen und Reichen, die Großen und Kleinen.
Der heilige Christ an alle denkt,
Ein jedes wird von ihm beschenkt.
Drum laßt uns freun und dankbar sein!
Er denkt auch unser, mein und dein.

Hoffmann von Fallersleben

Das fremde Kind

In einem Häuschen am Eingang eines Waldes lebte ein armer Tagelöhner, der sich mit Holzhauen mühsam sein Brot verdiente. Er hatte ein Weib und zwei Kinder, ein Knäblein und Mägdlein; sie waren gehorsam und fromm zu der Eltern Freude und halfen ihnen fleißig bei der Arbeit. Als die guten Leute nun eines Winterabends, da es draußen schneite und wehte, zusammensaßen und ein Stücklein Brot verzehrten, dafür Gott von ganzem Herzen dankten und der Vater noch aus den biblischen Geschichten vorlas, da pochte es leise ans Fenster, und ein feines Stimmchen rief draußen: »Oh, laßt mich in euer Haus! Ich bin ein armes Kind und habe nichts zu essen und kein Obdach und meine schier vor Hunger und Frost umzukommen. Oh, laßt mich ein!« Da sprangen die Kinder vom Tisch auf, öffneten die Tür und sagten: »Komm herein, armes Kind! Wir haben selber nicht viel, aber doch immer mehr als du, und was wir haben, das wollen wir mit dir teilen.« Das fremde Kind trat ein und wärmte sich die erstarrten Glieder am Ofen, und die Kinder gaben ihm zu essen, was sie hatten, und sagten: »Du wirst wohl müde sein. Komm, leg dich in unser Bettchen! Wir können auf der Bank schlafen.« Da sagte das fremde Kind: »Dank' es euch mein Vater im Himmel!« Sie führten den kleinen Gast in ihr Kämmerlein, legten ihn zu Bett, deckten ihn zu und dachten: Oh, wie gut haben wir es doch! Wir haben unsere warme Stube und unser Bettchen, das arme Kind aber gar nichts als den Himmel zum Dach und die Erde zum Lager. Als nun die Eltern zur Ruhe gingen, legten sich die Kinder auf die Bank beim Ofen und sagten zueinander: »Das fremde Kind wird sich nun freuen, daß es warm liegt. Gute Nacht!«

Die guten Kinder schliefen glücklich bis zur Morgendämmerung.

Da erwachte die kleine Marie und weckte leise ihren Bruder, indem sie sprach: »Valentin, wach auf, wach auf! Höre doch die schöne Musik!« Da rieb sich Valentin die Augen und lauschte. Es war aber ein wunderbares Klingen und Singen, das sich vor dem Hause vernehmen ließ, und wie mit Harfenbegleitung hallte es:

»Wir grüßen dich mit Harfenklang,
O heil'ges Kind, und Lobgesang.
Du liegst in Ruh' in dunkler Nacht;
Wir halten treu bei dir die Wacht.
Wer dich aufnimmt, wird hoch entzückt;
Oh, Heil dem Haus, das du beglückt.«

Das hörten die Kinder, und es befiel sie eine freudige Angst; sie traten ans Fenster, um zu schauen, was denn draußen geschähe. Im Osten sahen sie das Morgenrot glühen und vor dem Hause viele

Kinder stehen, die goldene Harfen in Händen hatten und mit silbernen Kleidern angetan waren. Als sie noch zum Fenster hinausstarrten, berührte sie ein leiser Schlag, und wie sie sich umwandten, sahen sie das fremde Kind vor sich stehen, das sprach: »Ich bin das Christkindlein, das in der Welt umherwandelt, um frommen Kindern Glück und Freude zu bringen. Ihr habt mich beherbergt diese Nacht, indem ihr mich für ein armes Kind hieltet, und ihr sollt nun meinen Segen haben.« Da trat es hinaus und brach ein Reislein von einem Tannenbaum, der am Hause stand, pflanzte es in den Boden und sprach: »Das Reislein soll zum Baume werden und soll euch alljährlich Früchte bringen.« Und alsbald verschwand es mit den Engeln. Das Tannenreis aber schoß empor und ward zum Weihnachtsbaum; der war behangen mit goldenen Äpfeln und Silbernüssen und blühte alle Jahre einmal.

Und wenn ihr lieben Kinder zu Weihnachten vor dem reichgeschmückten Baume steht und euch freut, so gedenkt auch der armen Kinder, die kaum ein Stückchen Brot haben, um ihren Hunger zu stillen, und danket Gott!

Franz Graf von Pocci

Vor Weihnachten

Still, Knaben und Mädchen!
Es schaut durch das Lädchen
Christkindlein zum Fenster herein!
Da sieht es gleich hinter
Dem Vorhang die Kinder
Und horcht, ob sie etwa nicht schrei'n.

Und wenn sie gehorchen,
So bringt's ihnen morgen
Viel Sachen von Zucker und Gold.
Drum legt euch zufrieden;
Dann hat es beschieden
Bis morgen früh, was ihr nur wollt.

Friedrich Güll

Des fremden Kindes heiliger Christ

Es läuft ein fremdes Kind
Am Abend vor Weihnachten
Durch die Stadt geschwind,
Die Lichter zu betrachten,
Die angezündet sind.

Es steht vor jedem Haus
Und sieht die hellen Räume,
Die drinnen schaun heraus,
Die lampenvollen Bäume;
Weh wird's ihm überaus.

Das Kindlein meint und spricht:
»Ein jedes Kind hat heute
Ein Bäumchen und ein Licht,
Und hat dran seine Freude,
Nur bloß ich armes nicht!

An der Geschwister Hand,
Als ich daheim gesessen,
Hat es mir auch gebrannt;
Doch hier bin ich vergessen
In diesem fremden Land.«

Friedrich Rückert

Es ist für uns eine Zeit ankommen

Des Bruders Felix Fabri Reise nach Bethlehem 1438, von ihm selbst berichtet

An demselben Tage, um die Vesper, kamen die heidnischen Herren mit unseren Eselknechten, die sie Mucker nennen, und den Eseln vor das Kloster auf den Berg Sion und ließen berufen die Pilger alle aus der Herberge und aus dem Kloster, daß wir kämen, wenn sie uns gen Bethlehem wollten führen und geleiten und beschirmen, denn sie wußten wohl, daß Leute auf der Bahn wären, die uns Pilgern Schaden zufügen wollten, wenn sie nur könnten.

Also sind wir mit Freuden und Sorgen auf unsere Esel gesessen und den Berg Sion herabgeritten in das Tal Siloe zwischen den Weihern hin, die im Grunde sind, und zogen am Berge Gihon empor einen hohen Weg der Landstraße nach, wie denn die Heiligen Drei Könige auch taten, da sie Herodes gesendet von Jerusalem gen Bethlehem.

Und da wir auf die Höhe kamen, da ritten wir zwischen fruchtbaren Gärten hin, mit Wein, Feigen und Mandeln darinnen, und kamen an einen Ort, da spricht man, der Heiligen Drei Könige Herberge sei hier gewesen.

Damit zogen wir die Heilige Straße fürbaß. Billig wird sie genannt die Heilige Straße. Denn es haben allda gewandelt die Heiligen Abraham, Isaak, Jakob, Salomon, Elias, David, Elisäus, Jeremias, Jesaias, Maria schwanger mit Joseph, die Heiligen Drei Könige und die vielen heiligen Pilger von alten Zeiten bis auf uns arme Sünder.

Und indem wir so einherzogen, kamen wir an einen Ort, da sagte man uns fürwahr, daß Maria, die Mutter Gottes, da sie mit Joseph heraufkam von Nazareth, schwanger, an diesem Ort niedersaß, um zu ruhen.

Und als wir bei zwei welschen Meilen von Jerusalem waren, da kamen wir an einen Ort, da sind am Wege drei Zisternen, denn an diesem Ort erschien den Heiligen Drei Königen der Stern wiederum, den sie im Orient hatten erstmals gesehen und zu Jerusalem verloren, und dem zum Zeichen sind die drei Brunnen hier gegraben und mit breiten Steinplatten sorglich bedeckt worden, daß niemand darein falle.

Hiernach gelangten wir an einen Ort, da der Engel den Propheten Habakuk nahm bei seinem Schopf und führte ihn bis hin Babylonien, das da lag im Perserland, an dem Wasser Chabar, in das die Kinder von Israel wurden gefangen geführt von dem Könige Nabuchodonosor (der hiernach Gras fraß).

Und wir kamen zu einem gemauerten hohen Stock, gleich wie ein großer Bildstock oder eine Kapelle. Da ist die Stätte, da die heilige Frau Rachel, Jakobs, des Patriarchen, Weib, auf offener Straße gebar Benjamin und starb da am Kinde. Da ließ sie Jakob an demselben Ort begraben und ließ ihr einen ehrsamen Titel oder einen steinernen Stock auf ihr Grab bauen. Und das Grab haben in Ehren Juden, Heiden und Christen.

Nachdem sahen wir das heilige Kastell Bethlehem, darob wir alle hocherfreut wurden. Ich habe die Pilger niemals so fröhlich gesehen, als mich bedeuchte dazumal, da wir Bethlehem hatten vor Augen liegen. Etliche sangen *Puer natus in Bethlehem,* die andern sangen *Resonet in laudibus.* Etliche sangen mit lauter Stimme *Gloria in excelsis Deo.* Also sahen wir Bethlehem aus großer Ferne, ehe daß wir herzukamen, und hatten zur linken Hand eine lange Halde hinab in ein tiefes Tal. Und war uns gezeigt in dem tiefen Tal das Feld, da die Hirten ihre Schafe gehütet hatten in der Zeit der würdigen Geburt Christi, und die Stelle, da ihnen der Engel erschien und verkündete große Freude. Also zogen wir auf dem Rücken derselbigen Höhe gegen Bethlehem, das auch in der Höhe liegt, und kamen an jenen Ort, da die Hirten von den Heiligen Königen begabt wurden, und dieses war so:

Als die Heiligen Könige mit ihrem Volk von Jerusalem herüberritten auf der Höhe her, auf ihren Kamelen und den Dromedaren und Rossen und die Hirten im Tal das große Volk ersahen, da liefen

Albrecht Dürer
»Die Geburt Christi«

sie, was sie konnten, die Halde hinauf an die Straße, da sie besehen möchten das fremde Volk. Und sie fragten, wo denn solche Herren Mut her hätten, und von wannen sie kämen. Da ward ihnen geantwortet, sie kämen her vom Orient und wollten nicht weiter denn eben Bethlehem. Da wollten sie suchen ein neugeborenes Kindlein, das wollten sie ehren mit Gaben und wollten es anbeten. Da nun die Hirten das haben gehört, da fingen sie an und sagten alles, was ihnen begegnet, das in der Christnacht, und das mit den Engeln und der sehr großen Klarheit und das mit dem himmlischen Gesang. Und sie zeigten ihnen die Hütte, in dem die Kindsgebärerin wäre. Da das nun die Heiligen Drei Könige gehört haben, da sind sie unsäglich erfreut worden, dessetwegen, daß sie nicht allein Zeugnis hatten von dem Stern, sondern auch von wahrhaften Leuten, die das schon gesehen hatten, was sie suchten, und dem sie so ferne waren nachgezogen, lange Zeit. Und also haben sie ihre Säckel und Taschen aufgeschnürt und haben die armen Hirten mit Gold und Silber und edlen Steinen begabt und sind ihres Weges weitergezogen. Und denselben Weg zogen auch wir fürderhin und sahen vor uns halten inmitten der Straße nicht auch Hirten, aber viele reisige Heiden, die unser warteten.

Als wir nun zu ihnen kamen mit unserem Pilgerheere, da verrannten sie uns den Weg. Also haben unsere Geleitsleute eine lange Beratung miteinander gehabt, und nach vielem Parlament mußten wir jenen viele Dukaten geben, daß sie uns nur ziehen ließen, als wie die Könige gezogen sind. Und wie wir nun fürder gezogen sind, kamen wir nahe zu dem Kastell Bethlehem, und wo die Pforte gestanden ist, da ist zur linken Hand die Zisterne, aus der David, der König, begehrte zu trinken, als er zu Felde lag wider seine Feinde. Von selbigem Brunnen kamen wir dicht an das Kastell und ließen es liegen zu der rechten Seite und zogen daran entlang bis zur Kirche der Geburt Jesu Christi, unseres Heils. Also zog auch den Weg Joseph und Maria in ihrer Hoffnung, als er nicht mochte Herberge in dem Kastell erhalten; da zog er draußen am Städtlein hin, an eben den Ort, wo die Kirche jetzt steht.

Und als wir nun vor die heilige Kirche kamen, da stiegen wir allesamt ab und gingen ein in das Münster, das schier groß und herrlich ist, und ist dabei ein groß weit Kloster, das die Barfüßer von Jerusalem innehaben. In demselben hat man einem jeden von uns geboten, daß er kaufe eine wächserne Kerze, damit wir uns aufstellten zu einer schönen Prozession. Also zogen wir einher und kamen durch viele Kapellen, als die des heiligen Hieronymus, des heiligen Eusebius, der darin als des Vorderen Jünger begraben liegt, und vorbei dem Altar, da Jesus, das Kindlein, ward beschnitten und sein Nam ihm eröffnet ward am achten Tag und Jesus sein heiligstes Blut erstmals vergossen hat. Da ist bald an der rechten Seite von einer Kapelle ein Türlein, mit poliertem schneeweißem Marmorstein gezieret, durch selbiges geht man unter den Chor hinab in die Gruft.

Durch die Tür sind wir in Prozession mit unseren Kerzen gegangen, viel steinerne Staffeln in die Gruft, wo eine hübsche Kapelle ist, nicht gar groß, und traten zu dem hohen Altar, unter dem ist ein weißer glatter Stein mit einem Stern, der liegt an dem heiligen würdigen Ort, da Maria, die ewige Jungfrau, gebar unseren Erhalter und Bewahrer Jesu Christum, wahrer Gott und wahrer Mensch.

Die heiligste Stätte haben wir Pilger mit Freuden, Furcht und Andacht geküßt, einer nach dem andern, und es deuchte mich und auch etliche Pilger mehr, daß von der Stätte ausströme ein fremder, ungewöhnlich herrlicher und guter Wohlgeruch über jegliche Spezerei, die mir bewußt. Ich habe auch an keinem Ort die Pilger andächtiger gesehen denn an diesem. Denn nicht allein kommt den Christenleuten eine empfindliche Andacht allda, sondern auch den ungläubigen Heiden. Ich habe oftmals gesehen, daß Heiden auf dieser Stätte hinfielen auf ihr dunkles Angesicht und den Stern auf dem Stein mit Seufzen und Weinen geküsset haben.

Danach ging die Prozession zurück an die rechte Seite, vier Schritte von dem hohen Altar, da steht noch ein Altar unter einem ausgehauenen Felsen. Da haben die Heiligen Drei Könige geopfert und vor demselbigen Altar ist der Fels auch hohl und gefüttert mit schönem weißem Marmelstein wie mit Schnee. Dabei ist die Gruft, in die Maria das Kindlein Jesus gelegt, da sie es hat gewickelt in die Tüchlein. Von dem Ort gingen wir baß hinab und kamen zu einem anderen Türlein ein, ganz unter die Felsen. Da spricht man, daß Maria mit dem Kinde Jesu auch eine Weile habe gewohnet, von Furcht wegen, als sie erkannt, daß sie und ihr Kind zu lautbar wollten werden und der Zulauf zunahm mit jeder Stunde, darob Herodes betrübt war. Da floh sie denn aus der Vorderhöhle in die hintere Höhle.

In derselben Höhle ist ein tiefes Loch unter den Felsen, da sind vor Zeiten verborgen gewesen viele Gebeine und Knöchlein und die Häuptlein von den unschuldigen Kindlein, die Herodes ließ töten zu Bethlehem und im Lande herum. Diese Stätten sind alle unter der Erde ohne Licht des Himmels und konnten wir unsere Kerzen wohl brauchen.

Fürbaß aus der Kapelle kommt man in einen langen heimlichen Gang, der ist neuerlich durch das Felsenstein gehauen. Da geht man in die Sankt-Nikolaus-Kapelle hinauf und aus der Kapelle ins Kloster. Also daß sie leicht mögen aus dem Kloster in die Gruft der Geburt gelangen, ohne daß sie erst müßten durch das große Münster gehen. Aber von dem Gang wissen die Heiden nichts; wenn sie es inne würden, so müßten die Barfüßermönche viel Leid darum haben. Aber ich bin gar oft durch den heimlichen Gang in die heilige Gruft gegangen und vier oder fünf Stunden mutterallein allda gewesen, als die Pilger schon lange von uns geschieden sind.

Dazumal aber sind wir nicht mit der Prozession durch den Gang gezogen, sondern zurück durch das Türlein, dadurch wir gekommen waren. Bei selbigem Türlein ist ein Loch in der Erde, da war bei Zeiten der Geburt unseres Herren ein tiefer Brunnen, und der Stern, mit dem die Heiligen Drei Könige vom Orient gekommen waren, versank in dem Born, da er nun sein Amt redlich vollbracht.

Und nach alldem gingen wir mit der Prozession hinauf in das Münster und damit hatte die Prozession ein Ende und bliesen wir aus unsere Lichter und gesellten sich die Pilger zusammen, die zueinander gehörten, und haben sich verteilt im Kreuzgang vom Kloster herum und ihre Stätte eingenommen auf der bloßen harten Erde. Da saßen sie denn und aßen, was sie in ihren Säcken hatten mitgeführt von Jerusalem, und schliefen auch da, doch nicht viele mit großer Ruhe.

Doch ich, Bruder Felix, hatte den Vorteil, daß ich bei den Brüdern von Jerusalem aus dem Kloster Sion blieb und aß und trank und da schlief, damit ich wohl versorget war.

Diese Nacht haben etliche Pilger aber auf das Schlafen verzichtet und sich aller Ruhe begeben und haben sich aufgemacht mit einem heidnischen Geleitsmann, den sie besonders belohnen mußten, und sind gegangen aus dem Kloster Bethlehem den Berg nieder an den Ort, da der Engel erschien bei den Hirten und verkündet hat Christi Geburt und das himmliche Heer sang: *Gloria in excelsis Deo.* Die Stätte liegt im Tal mitten im Felde, das Tal ist gar weit und ist besonders gute Schafweide allda, auch selbsten im Winter. Da ist der Acker, auf dem Ruth, die heidnische moabitische Frau, erwarb mit Klugheit Boas, den großen, reichen, edlen Bürger von

Bethlehem, von dem die Schrift sagt. Auf dem Acker hat David, da er ein Knabe war und die Schafe hütete, erwürgt einen Löwen und getötet einen Bären, die ihm die Schafe wollten genommen haben. Da nun die Pilger den Ort mit Lichtern besehen, da gingen sie wieder den Berg hinauf, Bethlehem zu. Am Berg steht ein Kirchlein mit einem zerbrochenen Altar. Da ist die Stätte, da der Engel Joseph den rechten Weg weisete, auf dem er hinkam nach Ägyptenland; denn wenn er von Bethlehem nicht recht wäre ausgezogen und hätte ihn der Engel so lassen ziehen, so wäre er an das Tote Meer gen Sodom und Gommorha kommen, was der Wille Gottes nicht war.

Also sind die Pilger um Mitternacht wieder gen Bethlehem kommen.

An unserer lieben Frauen Tag assumptionis, nach Mitternacht, sobald alle Brüder hatten ihre Metten gesungen, da gingen wir hinab in das Tal Josaphat in unserer Frauen Münster und lasen Messe auf unserer Frauen Grab und auf unserem Altar. Und als es Tag geworden, da sangen wir ein hochzeitliches Amt von diesem Fest, und die anderen Christen sangen gleichfalls nach ihrer Weise und war ein wildes Geschrei in der Kirche.

Nach dem allem gingen wir gen Sion zu Mahl, aber am Nachmittag bat ich Vater Guardian, daß er mir gebe zwei Brüder, die mit mir gingen gen Bethlehem, denn ich hatte eine übergroße Begierde, daß ich doch möchte ohne das Gestürm der anderen Pilger allein sein zu Bethlehem. Alsogleich ist mir der Vater Guardian, wie in allen Sachen, die ich von ihm begehrte, auch in dieser Sache zu Willen worden und hat mir zugesellt zwei andächtige, stille Brüder, einen Priester und Bruder Thomas, den Laienbruder, der mit den Heiden konnte reden. Mit denen bin ich gen Bethlehem kommen zu Fuß, und auf der Straße besahen wir alle Dinge recht eigentlich, als ich sie denn zuvor beschrieben habe.

Als wir gen Bethlehem kamen, da empfing uns der Vater Guardian von Bethlehem gar freundlich und tat uns gütlich den Abend und gab mir gar eine eigene Kammer zu.

Als ich mich nun hatte schlafen gelegt, da wollte mir mehr denn zwei Stunden kein Schlaf in die Augen kommen. Also stand ich auf und schlich heimlich hin in die Kapelle, da die Brüder ihre Tagzeit beteten, und fand eine Türe offen, so doch wunderselten offen steht, und davon die Heiden nichts wissen und auch nichts wissen dürfen. Durch selbige ging ich unter den Felsen hinein mit einem Licht und kam ungefährdet mit Gottes Fügung durch den heimlichen Gang in die Höhle und unter das Gestein, da Maria, die Heiligste Jungfrau, Jesum Christum gebar und das Kripplein stehet. Welch wonnesame Freude ich hatte, da ich gänzlich alleine dahin kam, kann ich nicht beschreiben. Aber dies sprach ich: Nun sei gelobt und gebenedeit all das, was mich gehindert hat am Schlafe, und durch das ich würdig bin worden, an dieser hochheiligen Statt zu wachen. Also hab ich die Zeit allda vertrieben mit süßer Kurzweil bis zur Mitte der Nacht. Da kam der Küster und hatte ein groß Verwundern und Staunen, wie ich da wäre hereingekommen. Und da ich ihm sagte, daß ich das Türchen hatte offen gefunden, da machte er Kreuze über sich vor noch mehr Erstaunen.

Alldort habe ich drei Messen gehabt, drei Tage hintereinander, daß ich die erste las zu Mitternacht an dem Ort, da Jesus geboren ist, die sich anhebt: *Dominus sixit ad me.* Die andere gegen Tag auf dem Altar bei dem Kripplein, die beginnt: *Lux fulgebit hodie.* Die dritte endlich bei Sonnenaufgang droben im Münster auf dem Altar der Beschneidung Jesu; diese Mess' hat ihren Anfang in den Worten: *Puer natus est nobis.* Dies sind die drei Ämter, die man am Christtage hält. Am zwölften Tag des Augustus, als wir Messe hatten gelesen an dem Orte der Geburt, da gingen wir drei, der Priester, Bruder Thomas und ich, Bruder Felix von Ulm, in das Tal hinab, auf das Feld, wo die Hirten ihre Schafe geweidet in der Nacht, da Christus geboren ward. Dort ist eine Kirche und ein Frauenkloster erbauet. Und da haben wir *Gloria in excelsis Deo* gesungen nach Kräften der Liebe und sind hernach wieder hinaufgekommen in das Städtlein zur Mahlzeit. Als wir nun hatten gegessen, da haben wir im Kastell drei Esel gemietet, solche, wie er war, auf dem Maria mit dem Kindlein entwich, und einen Knaben, der mit uns liefe, und sind durch das Kastell Bethlehem geritten und an dem Kanal mit dem Wasserlauf an den Bergen umhin bis gen Jerusalem. An dem Kanal ritten wir sehr lange entlang und kamen zu einem Dorf, das stand im Tal unter uns. Bei selbigem Dörflein im Tal hat Salomon, der König, gehabt seine Lustgärten, die er bepflanzt hat mit allerlei Bäumen. An dem Ort ist noch heute dieses Tages die allerschönste Lustenei mit Bäumen und Gärten und grünem Gefild, die ich nur jemals hab im Heiligen Lande gesehen. Da sind so viel Granatbäume und Pomeranzenbäume und Feigenbäume, als wäre es ein recht wilder Wald und nicht ein Geheg edler Gewächse. Dem Kanal ritten wir nach und kamen zu drei großen, weiten, gar tiefen Gruben, durch die Felsen gehauen mit großer Arbeit und mächtigen Kosten. In diesen Gruben sammeln sich die Wasser zusammen von dem Gebirge zur Regenzeit. Die Gruben sind König Salomons Weiher, die er sich selber zu Lust und Nutzen ließ graben in den Stein. Aus den Weihern sind gemauerte Kanäle gelegt, krumm und lang an dem Gebirge dahin bis gen Jerusalem in den Tempel. Wie ist das doch mit gar klugen Sinnen erfunden worden von den alten Königen von Jerusalem!

Die Kanäle und Weiher aber läßt der König Soldan erneuern und läßt dazu Wasser von Hebron herzuführen, auch gen Jerusalem. Dem zu Willen sahen wir in dem Gebirge vor uns über mehr denn an sechshundert Mann graben und mauern und arbeiten an dem Werke und sahen auch viele Zelte im Tal. In denselbigen wohnen die heidnischen Werkmeister und die Hauptleute des werkenden Volks.

Bei den Weihern fürchteten wir uns, weil gar so viel Heiden umherliefen, aber niemand tat uns ein Übel an, bis daß wir von den Weihern über den Bergrücken zogen. Da stand denn ein Heide mit einem Spieß und wollte uns nicht lassen vorbei, wir gäben ihm denn Geld. Da drohte ihm unser Eselknecht und Bruder Thomas, wollte er uns nicht alsogleich mit Lieb lassen ziehen, so wollten wir ihn bei den Werkmeistern an den Weihern verklagen; und nach langem Hader und Geschrei ließ er uns schadlos hindurch, und wir zogen nach einer alten Kirche, St. Georg geheißen, dieweil St. Georg an diesem Ort gefangen lag an einer langen Kette mit einem Halseisen daran. Solches wird noch bewahrt und taten wir das Halseisen in der Kirche um unsere Gurgeln von Andacht wegen.

Von der Kirche ritten wir Jerusalem zu und ließen jenseits dem Berge Bethlehem liegen zur Rechten und ritten über Hügel und Täler der fruchtbarsten Art mit vielen Reben und kamen zu einem klaren, kalt daherfließenden Bach. Das war uns ein seltsam Ding in dem heißen Land. In dem schönen Bach hat St. Philippus getauft den Mohren, der ein Hofmeister war der Königin Candacis, der auf dem Wagen saß und las das Buch Jesaias, des alten Propheten. An dem Ort, da der Mohr getaufet worden, war einstmals eine schöne Kirche, jetzt ganz zerstöret. Da saßen wir hin an das klare, kalte Wasser und aßen, was wir in unseren Säcken hatten von Bethlehem mitgebracht, Brot und Käse und tranken das gute, frische Wasser dazu. Und den Wein, den wir in unseren Flaschen hatten, den kühlten wir da in dem Bach, denn er war nicht warm geworden, sondern glutheiß von der feurigen Sonne über uns.

Es kam auch ein Heide an den Ort unserer Rast und brachte viele schöne süße Trauben, rot und weiß, die wollte er waschen und kühlen. Der gab uns ganz ungebeten mehr, denn wir essen mochten, wir aber gaben ihm dagegen Brot.

Also saßen wir mit dem Heiden und er mit uns und kamen auch andere Heiden, jung und alt, auch schwarze Frauen dahin, denen gaben wir Brot wie dem ersten. Da standen sie um uns und sahen uns zu, und tat uns niemand ein Leid an.

Nach solchem saßen wir wieder auf unsere Esel und eilten gen Jerusalem, denn es war spät geworden, und der Abend senkte sich schon. Und an dem Tag darauf ging ich mit einem deutschen Juden unter die Krämer zu Jerusalem und kaufte drei hübsche seidene Tüchlein, die man gebraucht in der Messe über den Kelch und über die Patene. Ich kaufte mir selbst auch ein Bett, mit Baumwollc gefüttert, darauf ich durch die große Wüste und über das tiefe Meer ruhte. Das Bett brachte ich bis gen Ulm in meine Zelle und schlief darauf, wünschte mir eine gute Ruhe.

Als weit ins Land der Ruf ergangen

Als weit ins Land der Ruf ergangen
An alle Völker des Augustus,
Daß sich ein jeder schätzen ließe,
Da zog nach Bethlehem gar eilends
Mit seiner Frau der alte Josef.
Sie kamen an des Städtchens Mauern,
Da sah mit geistigem Aug Maria
Zwei Völker in der Nähe stehen,
Das eine lacht, das andre weinte.
Doch Josef, dem sie's sagte, meinte:
»Gib lieber acht auf deinen Esel
Und laß die überflüssigen Reden!«

So sprach er, da erschien ein Engel,
Der bald des Bildes Rätsel löste
Und ihm der Jungfrau Wort erklärte:
»Warum vertraust du nicht Maria,
Die sah, was du nicht schauen durftest?

Es weint mit Recht das Volk der Juden,
Bald wird es seinen Herrn verraten!
Jedoch das andere Volk frohlockte,
Weil es den neuen Bund wird schließen.«
Drauf ließ er noch Maria wissen,
Daß ihre Stunde nun gekommen.
Sie stieg herab von ihrem Lasttier
Und schlüpfte in ein ärmlich Ställchen,
Unter der Erde fast gelegen,
Von keinem Lichtschein je getroffen.
Jedoch kaum war sie eingetreten,
Da strahlte es in hellem Glanze,
Der nicht mehr draus entweichen sollte,
Solang die Selige dort weilte.

Als Mitternacht die Erde deckte,
Gebar die Jungfrau ihren Knaben,
Den Göttlichen und stets Verehrten,
Jesus, dem Preis und Ehre ziemen,
Der einst Prophetenwort erfüllte,
Die Welt mit seinem Blut erlöste
Und mit dem Himmel uns versöhnte.
Den von der unbefleckten Mutter
Geborenen umgaben Engel
Und priesen ihn als Herr der Erde,
Der uns gesandt vom Sternenzelte.
Die hochgelobte Himmelsmutter
Barg ihren Kleinen in der Krippe,
Hüllte den König ein in Windeln.

Inzwischen holte aus dem Städtchen
Zwei Ammen Josef; diese hießen
Zelemi sowie Salome.
Zelemi ging sogleich zur Krippe,
Salome scheute vor dem Glanz.
Da brach Zelemi tief ergriffen
In gläubigem Erstaunen aus:
»Wie seltsam die Geburt des Kindes!
Es stammt gewiß von einem König,
Die Mutter ist noch keusche Jungfrau!

Sie nährt den Knaben freilich selber,
Doch füllt der Himmel ihre Brüste.
Auch litt sie nicht, rein ist der Knabe –
Wahrlich, ich glaube an ein Wunder!«
Doch Salome mißtraute jener
Und wollte selber an Maria
Die Wahrheit prüfen, sie berühren.
Sie ging hinein und streckte kühnlich
Die Rechte hin zur reinen Jungfrau.
Doch Strafe folgte auf dem Fuße;
Kaum hatte sie die Hand erhoben,
Als scharfer Schmerz sie gleich durchzuckte.
Da brach sie aus in lautes Weinen
Und klagte über ihre Schmerzen,
Nach Art der Juden rühmte selber
Sie sich mit selbstgerechten Worten
Und wandte flehend sich zum Schöpfer:
»Du bist der Tröster aller Schmerzen,
Du weißt, wie treu ich stets befolgte
Das Schriftgesetz, was ich gespendet
Den Armen überall im Lande.
Wer traurig kam, verließ mich fröhlich.
Für soviel Gutes muß ich leiden!«
Da trat ein lichter Engel zu ihr:
»Berühre nur des Knaben Windeln,
Geh hin zur königlichen Krippe!
Er wird dir volle Heilung bringen.«
Kaum hatte sie befolgt die Weisung
Und leicht berührt der Windeln Linnen,
Da fühlte sie sich schon gesundet.
Sie sagte innig Dank dem Schöpfer,
Der solchen Wunders sie gewürdigt.

Roswitha von Gandersheim

Unnd sie gebar ihren erstgebor-
nen Sune / unnd wickelt jn in
windel / und leget jn in ain
krippen / dann sie hetten sunst kain stat in
der herberg. Unnd es waren Hirten in der
selbigen gegend auff dem feld wachend
und hüteten des nachts jhrer herde.

Unnd sihe / der Engel des Herrn
stuond neben jhn · unnd die Klarheit des
Herrn hat sie umbleuchtet unnd sie
forchten sich seer.

Unnd der Engel sprach zu jhn:
fuercht euch nicht. Sehet / ich ver-
kuend euch grosse freud / die allem volck
wirdt sein / denn heüt ist euch geboren
der Haylandt / welcher ist Christus der
Herr / in der Statt David. Unnd das habt
euch zum Zaichen: jhr werdet finden das
kind in windel gewickelt unnd in ainer
krippen ligen.

Unnd alsbald war da bey dem Engel

die menge der himlischen herscharen / die lobeten Got unnd sageten: Ehr sey Got in der hoehe / und frid auff erden den menschen / die ains guten willen seyn.

Unnd es geschach nach dem die Engel von jn gen Himmel furen / sprachen die hirten under ainander / laßt uns geen biß gen Bethleem: unnd schawen von dem wort / das der Herr gemacht hat / unnd uns zaigt. Unnd sie kamen eilend / unnd funden Mariam unnd Joseph unnd das kind in der krippen ligen: Unnd da sie das sahen / erkannten sie das wort / das jn gesagt war von disem kind.

Lucas 2.7–17.

Hinein stürmt Bub und Mägdlein

Hinein stürmt Bub und Mägdlein flugs,
Zu sehn, was ihm beschieden:
Vor allem prangt von grünem Bux
Ein Wäldchen Pyramiden
Mit goldnen Nüssen dran;
Hier nickt ein Sägemann,
Dort grünt ein Busch mit Lämmern drin,
Bewacht von Hund und Schäferin.

Friedrich W. A. Schmidt von Werneuchen

Das Heil ist unser aller

Es war eine schöne Sitte bei den Römern, daß sie in den Tagen, die sie dem Andenken der goldenen Zeit widmeten, in welcher, wie sie meinten, Saturnus geherrscht hätte, allen Unterschied der Stände aufhuben und die Knechte einer völligen, zwar kurzen, aber jährlich wiederkommenden Freiheit genießen ließen. Und doch, so schön sie war, hatte diese Feierlichkeit etwas Trauriges; sie erinnerte lebhaft an den Verlust der goldenen Zeit, das Brot der Dienstbarkeit und die Fessel schienen nach Verlauf einiger Tage dem Elenden, der zu ihnen zurückkehren mußte, nur desto härter.

Unsere Väter haben uns nicht diese, aber eine andere Sitte hinterlassen, welche schön und rührend ist, eine Art des häuslichen und doch allgemeinen Gottesdienstes, welche dem gefallen muß, der ein Vater der Freude und ein Vater der Kinder ist; dem gefallen muß, der die Kindlein herzte und selber ein Kind ward.

Gesegnet sei der Mann, der diese Sitte erfand, der zuerst am Heiligen Abend vor Weihnachten die Kinder seines Hauses versammelte, den kleinsten erzählte, daß der Sohn Gottes aus Liebe für sie ein Kind geworden wäre, die größeren an diese Wahrheit mit Rührung erinnerte, ihnen sagte, die ganze Christenheit freue sich, sie sollen sich auch freuen, klein und groß möge nun jauchzen, und sie mögen spielen mit den Geschenken, welche er und ihre Mutter ihnen schenkten, aber sich mit ihm und ihrer Mutter auch der Wonnen freuen, welche das Kindlein in der Krippe ihnen bereitet habe!

Es ist eine der süßesten Erinnerungen meines Lebens, wenn ich an die Weihnachtsabende denke, die ich mit meinen Geschwistern, meinen Eltern, dem ganzen Hause feierte. An dem Tag ließen meine Eltern auch das Gesinde nicht leer ausgehen; die letzte Magd mußte sich freuen, denn es herrschte im Hause die eine Empfindung: Das Heil ist unser aller!

Es ist die Haupteigenschaft der deutschen Nation, daß sie herzlich ist, und dieser Charakter zeigt sich auch in der Feier dieses Festes bei uns. Gern gehe ich auf den Christmarkt die Abende der Christwoche und besuche die erleuchteten Buden, welche voll von der Freude des bevorstehenden Festes sind. Der Greis und das gebeugte Mütterchen verjüngen sich, indem sie Geschenke für die Enkel aussuchen, wiewohl sie klagen, daß zur Zeit ihrer Kindheit die Christmärkte besser versehen waren.

Aber welch ein Anblick, wenn nun die süße Stunde schlägt, die Kinder gerufen werden und in die Kammer stürzen, in welcher die Eltern mit zärtlicher Ungeduld ihrer harren!

Die grünen, mit hundert Kerzen behangenen Buchsbaumbüsche, welche die Früchte der Jahreszeit, Äpfel, Nüsse und Rosinen, verbergen und erleuchten, die schönen Puppen und Reiter und Schlitten und Wagen, unter denen man immer das Kindlein in der Krippe, oder zierlich geschnitzt die Flucht nach Ägypten, oder die Hirten oder die Weisen vom Morgenland mit dem schönen Stern findet, alles das ist mit frommer Weisheit ersonnen und zeugt von der edlen Einfalt und Herzlichkeit unserer Väter.

Mancher schon Erwachsene, dess' die Welt begehret ihn zu sichten wie den Weizen, wird bei dieser Gelegenheit gerührt, und wenn er die Kinder sich der kleinen gemalten Krippe freuen sieht, freut er sich wieder des göttlichen Kindes, und läßt eine Träne niederfallen, wenn die Chorschüler vor den Häusern singen:

Den aller Welt Kreis nie beschloß
Der liegt in Mariens Schoß.
Er ist ein Kindlein worden klein,
Der alle Ding erhält allein.
Kyrieleis!

Es gehört zum Charakter unseres Jahrzehnts, das Herzliche aus der Religion verbannen und sie ihrer eigentümlichen Einfalt und Lieblichkeit berauben zu wollen.

Mancher unserer jetzigen Reformatoren hat die Kinder von der Erkenntnis desjenigen abziehen wollen, der da sagte: Lasset die Kindlein zu mir kommen! Wahrlich, ein solcher kennet das Herz des Menschen nicht! Es kann nicht zu früh sich den süßesten und edelsten Eindrücken öffnen. Es bleibt nicht so rein, wie es in der Kindheit ist, nicht so empfänglich.

Sollte jemand sich wundern, Saul unter den Propheten zu finden, so wisse dieser jemand, daß ich die Kinder liebe, mich gern ihren Freuden überlasse und es für mein größtes Glück halte, mich zugleich der Wonne der ganzen Christenheit am Heiligen Abend überlassen zu können.

Das ist meine Freude! Das ist mein Stolz! Ich schäme mich dessen nicht, auf daß nicht einst das göttliche Kind, welches in der Krippe weinte, sich mein schäme, wenn es wiederkommt mit vielen tausend Engeln, in der Herrlichkeit seines Vaters, zu richten die Lebendigen und die Toten.

Friedrich Leopold Graf zu Stolberg

Kinderlieder und -verse

Da steht ein Baum,
Dahin leg ich meinen Traum,
Dahin leg ich meine Sünd;
Dann schlaf ich mit dem Jesuskind,
Mit Maria und Josef rein
Ganz sicher ein. Amen.

Christkindchen komm,
Mach mich fromm,
Daß ich in den Himmel komm.
Papa, soll ich? »Noch nicht!«
Mama, soll ich? »Noch nicht!«
Wie uns da zumute war,
Als wir Kinder kamen,

Sahen was das Weihnachtskind
Uns bescheret! Amen!

Jesuskindlein klein,
Mach mein Herzchen rein,
Laß niemand drin wohnen
Als Jesus, Maria und Josef allein.

Christkindele, Christkindele,
Komm doch zu uns herein,
Wir haben ein Heubündele
Und auch ein Gläsele Wein.
Das Bündele
Fürs Esele,
Fürs Kindele
Das Gläsele –
Und beten können wir auch.

Volkstümlich

Das Vöglein auf dem Weihnachtsbaum

Ich hatt' ein Vöglein, das war wunderzahm,
Daß es vom Munde mir das Futter nahm.
Es flatterte bei meinem Ruf herbei
Und trieb der muntern Kurzweil vielerlei,
Drum stand das Türchen seines Kerkers auf
Den ganzen Tag zu freiem Flug und Lauf.
Im Käfig war es aus dem Ei geschlüpft,
War nie durch Gras und grünes Laub gehüpft
Und hatte nie den dunklen Wald geschaut,
Wo sein Geschlecht die leichten Nester baut.
Und wie der Winter wieder kam ins Land,
Das Weihnachtsbäumchen in der Stube stand,
Da fand mein schmuckes, zahmes Vögelein
Neugierig bald sich in den Zweigen ein.
Wohl trippelt es behutsam erst und scheu
Dem Rätsel zu, so lockend und so neu,

Doch bald war's in dem grünen Reich zu Haus,
Wie prüfend breitet es die Flügel aus;
So freudig stieg und fiel die kleine Brust,
Als schwellte sie der Tannenduft mit Lust.
Und wie er nie vom Käfig noch erklang,
So froh, so schmetternd tönte sein Gesang!
Zum erstenmal berauscht von neuem Glück,
Kehrt es zu seinem Hause nicht zurück.
Hart an das Stämmchen duckt es, still und klein
Und schlummert in der grünen Dämmrung ein.
Und sinnend sah ich lang des Lieblings Ruh
Wie erst dem Spiel, dem zierlich heitren, zu,
Als durch des Vogels Leib mit einemmal
Ein seltsam Zittern wunderbar sich stahl;
Das Köpfchen mit dem Fittich zugetan,
Fing es geheim und süß zu zwitschern an:
Im Traum geschah's . . . und Wald und Waldeswehn
Schien ahnungslos durch diesen Traum zu gehn.

Und seltsam überkam's mich bei dem Laut!
Was nie das Tierchen lebend noch geschaut,
Des freien Waldes freie Herrlichkeit,
Nun lag es offen da vor ihm und weit ...
Mich aber mahnt es einer andern Welt,
Und mancher Frage, zweifelnd oft gestellt,
Und dieses Leben deuchte mir ein Traum
Wie der des Vögleins auf dem Weihnachtsbaum.

Hermann von Schmid

Ihr Kinder groß, ihr Kinder klein,
Gehorsam müßt ihr alle sein.

Franz Graf von Pocci

Was das Christkindlein sagt

Das Christkindlein bin ich genannt
Den frommen Kindern wohl bekannt,
Die ihren Eltern gehorsam sein,
Die früh aufstehn und beten gern,
Denen will ich alles beschern.
Die aber solche Holzblöck sein,
Die schlagen ihre Schwesterlein
Und necken ihre Brüderlein,
Steckt Ruprecht in den Sack hinein.

aus: »Des Knaben Wunderhorn«

Du lieber heil'ger, frommer Christ

Du lieber heil'ger, frommer Christ,
Der für uns Kinder kommen ist,
Damit wir sollen weiß und rein
Und rechte Kinder Gottes sein!

Du Licht, vom lieben Gott gesandt
In unser dunkles Erdenland,
Du Himmelskind und Himmelsschein,
Damit wir sollen himmlisch sein.

Du lieber heil'ger, frommer Christ,
Weil heute dein Geburtstag ist,
Drum ist auf Erden weit und breit
Bei allen Kindern frohe Zeit.

O segne mich, ich bin noch klein,
O mache mir den Busen rein,
O bade mir die Seele hell
In deinem reichen Himmelsquell.

Daß ich wie Engel Gottes sei
In Demut und in Liebe treu,
Daß ich dein bleibe für und für,
Du heil'ger Christ, das schenke mir.

Ernst Moritz Arndt

Ei du lieber, heil'ger Christ

Ei du lieber, heil'ger Christ,
Komm nur nicht, wenn's dunkel ist,
Komm im hellen Mondenschein,
Wirf mir Nüß und Äpfel rein.

Volkstümlich

Der Traum

Ich lag und schlief; da träumte mir
Ein wunderschöner Traum:
Es stand auf unserm Tisch vor mir
Ein hoher Weihnachtsbaum.

Und bunte Lichter ohne Zahl,
Die brannten ringsumher;
Die Zweige waren allzumal
Von goldnen Äpfeln schwer.

Und Zuckerpuppen hingen dran;
Das war mal eine Pracht!
Da gab's, was ich nur wünschen kann
Und was mir Freude macht.

Und als ich nach dem Baume sah
Und ganz verwundert stand,
Nach einem Apfel griff ich da,
Und alles, alles schwand.

Da wacht' ich auf aus meinem Traum,
Und dunkel war's um mich.
Du lieber, schöner Weihnachtsbaum,
Sag an, wo find ich dich?

Da war es just, als rief er mir:
»Du darfst nur artig sein;
Dann steh ich wiederum vor dir;
Jetzt aber schlaf nur ein!

Und wenn du folgst und artig bist,
Dann ist erfüllt dein Traum,
Dann bringet dir der heil'ge Christ
Den schönsten Weihnachtsbaum.«

Hoffmann von Fallersleben

Weihnachtsgesang

Im Poggfred bin ich, Schnee liegt ringsumher,
Der Weihnachtsabend ist herangekommen,
Ein voller Wagen hält geschenkeschwer,
Für viele Kinder ist er angekommen.
Zu unsrer Freude und des Christkinds Ehr
Ist über Bethlehem der Stern entglommen.
Fern aus den Wäldern kling ein leiser Gang,
Der klingt so sanft, der klingt so liebebang:
»Es ist ein Reis entsprungen
Aus einer Wurzel zart;
Wie uns die Alten sungen,
Von Jesse kam die Art.
Und hat ein Blümlein bracht
Mitten im kalten Winter
Wohl zu der halben Nacht.«

Aus meinen Forsten einen Tannenbaum
So mächtig groß wie möglich ließ ich bringen,
Dann schufen Bertouch, ich, den Wintertraum
Und ließen alles prächtig wohlgelingen;
Ein Honigkuchenruch durchzieht den Raum,
Die Tische sind bedeckt mit bunten Dingen,
Die Kerzen leuchten und die Glocke tönt,
Herein, Herein! Hier ist die Welt versöhnt.

Ich hatte weit das Völkchen holen lassen,
Aus Tagelöhnerkaten, Heidehütten,
Die scheuen Kleinen aus den dürftigen Klassen,
Der Waschfrau kränklich Kind von dunstigen Bütten:
Sie alle soll die Liebe heut umfassen,
Sie alle soll die Fülle heut umschütten.
Ich selber nahm aus dem befangnen Schwarm
Ein lütt Zigeunermädel auf den Arm.

Halbjährig ist das Wurm, sie trappelt, trampelt,
Die braunen Händchen zittern, langen, greifen.
Sie macht ein Karpfenmäulchen, strappelt, strampelt,
Und wie erstaunt die schwarzen Augen schweifen,

Heb ich sie lichterhoch! Und wie sie ampelt!
Hojemine, kann schon ihr Finger kneifen!
Sie kreischt vor Lust, das war ihr erstes Juchzen;
Du, Dirnlein, käm dir später nie das Schluchzen.

Ach, schenken, schenken, könnt ich immer schenken
Und lindern, wo die Not, die Armut haust.
Und braucht ich nie mein Geld erst zu bedenken,
Wo ein Verzweifelter den Bart sich zaust.
Und könnt ich alle Krämerhälse henken:
Pfeffer in euern Schlund! Und meine Faust!
Könnt allen ich ein Tannenreis entzünden:
Seid froh, vergeßt für immer eure Sünden.

Ist das ein Durcheinander: Wie sie spielen
Und schleppen, ziehn, trompeten, trommeln, geigen.
Beschwert sind Stühle, Sofa, Teppich, Dielen,
Ein jedes schirmt und schützt für sich sein Eigen;
Mariechen, oh, seh ich nach Ännchen schielen,
Ei, ei! Doch wer kommt da? Und tiefes Schweigen:
Ein Engel mit gesenkten weißen Flügeln,
Der flog wohl eben her von Gottes Hügeln.

Seht! der jetzt hier vor euch steht,
Ist ein Engel aus dem Himmel,
Von den Sternen hergeweht,
Ach, ins irdische Gewimmel.

Manches hab ich angeschaut,
Ganz zuletzt die Weihnachtsbäume,
Und darunter aufgebaut
Tausend wachgewordne Träume.

Mit Knecht Ruprecht ging ich viel
Vor den schönen Christkindtagen,
Immer neu war unser Ziel,
Seinen Rucksack half ich tragen.

Unsrer Gaben Fülle lag
Fest verschlossen in Verstecken,

Daß nicht vor dem Jesustag
Naseweischen sie entdecken.

Ein Kleinlottchen konnt ich sehn,
Mit dem Brüderchen, dem Fritzen,
Suchten emsig auf den Zehn
Schlüsselloch und Türenritzen.

Kinder, ward der alte Mann
Böse, zeigte schon die Rute!
Doch ich tat ihn in den Bann,
Bis ihm wieder lieb zumute.

Und nun trägt vom hellen Baum
Jeder seinen Schatz in Händen,
Und er läßt sich selbst im Traum
Die Geschenke nicht entwenden.

Ganz besonders diesmal fand
Märchenbuch ich und Geschichten,
Denn ich kam in jenes Land,
Wo die Menschen alle dichten.

Bleibt ihr artig, kleine Schar,
Wird Knecht Ruprecht an euch denken,
Bringt euch auch im nächsten Jahr
Einen Sack voll von Geschenken.

Und dann steht ihr wie im Traum.
Und noch einmal seht ihr wieder
Kerzenglanz und Tannenbaum
Und hört alte Weihnachtslieder.

Die Fenster auf! Der Engel hebt die Hacken,
Langsam erhebt er zu den Sternen sich,
Wir biegen unsre Köpfe in den Nacken,
Hoch, höher schwebt er, silberweiß; ein Strich
Verschimmert an des Mondes Sichelzacken,
Die ganze Erde ruht nun feierlich.
Aus Poggfreds Wäldern, rings, wie Friedensklang

Klingt wunderbar ein Knabenzwiegesang:
Sanctus dominus deus Sabaoth,
Pleni sunt coeli et terra gloria tua,
Hosianna in excelsis.

Detlev von Liliencron

Vor dem Christbaum

Da guck einmal, was gestern nacht
Christkindlein alles mir gebracht:
Ein Räppchen,
Ein Wägelein;
Ein Käppchen
Und ein Krägelein;
Ein Tütchen
Und ein Rütchen;
Ein Büchlein
Voller Sprüchlein;
Das Tütchen, wenn ich fleißig lern,
Ein Rütchen, tät' ich es nicht gern,
Und nun erst gar den Weihnachtsbaum,
Ein schönrer steht im Walde kaum.
Ja, schau nur her und schau nur hin
Und schau, wie ich so glücklich bin.

Friedrich Güll

Eine Weihnachtsreise ins altpreußische Land

Da es in meiner Erinnerung Winter ist, so kommen mir Bilder von einer Weltreise, die ich vielleicht in meinem sechsten oder siebenten Jahre mit meinen Eltern zu den Großeltern mütterlicher Seite nach Altpreußen gemacht. Es waren wohlstehende, aber schlichte Bürgersleute, die ihre alten Tage mit einer unverheiratet gebliebenen Tochter in einem Landstädtchen verlebten. Man muß so ein ostpreußisches Städtchen im Winter gesehen haben und an einem trüben Abend, nach weiter Reise durch eingeschneite Felder, Wälder und über gefrorene Seen; man muß da in eine Herberge hineingefahren und über Nacht geblieben sein, um in der Seele zu begreifen, was es mit dem nordischen Kleinbürgerleben und mit der winterlichen Symbolik bereits in Ostpreußen so gut wie in Grönland zu bedeuten hat.

Von den Zurüstungen der Reise habe ich nichts weiter behalten, als daß ich in ein großes Umschlagtuch der Mutter von Kopf bis zu den Beinen und bis zum Ersticken festgewickelt worden bin.

Unterwegs finde ich mich im Rücken der Eltern, und zwar mehr liegend als sitzend, verpackt. Die liebe Mutter sagt dann von Zeit zu Zeit zum Vater: »Wenn der arme Junge nur gut Luft holen kann«, und der Vater sagt dann: »Na, na, ängstige dich nicht, liebe Frau, der ist ein knorriger Bengel und ein Unkraut obendrein, so einer verdirbt so bald nicht. - Wenn dir das Maul zugefroren ist, Junge, dann meld' es der Mama!«

Bei einbrechendem Abend fahren wir über einen großen gefrorenen See. Der Kutscher und der Vater gehen neben dem Schlitten her, und mich hat die Mama von hinten fort und auf ihren Schoß geholt, um mich, falls der Schlitten einbrechen sollte, gleich weit aufs feste Eis zu werfen – so denk ich es mir jetzt, und so hab' ich's wohl damals gefühlt.

Es geht alles ganz glücklich, bis zum Ufer. Da aber ist das Eis mürber, die Pferde brechen ein, der Schlitten sinkt einen Augenblick ins Wasser, aber wir kommen doch mit vielem Geschrei und Antreiben aufs Land und gleich darauf in einen »Krug« (das ist eine Herberge). Die Mama und ich selbst, wir sind trocken, der Kutscher aber und der arme alte Papa sind pfützennaß und die liebe Mama so erschrocken, daß sie dem Vater mit Tränen um den Hals fällt, der sie lachend beruhigt und mit lauter Stimme eine ganze Kasserole voll Warmbier kommandiert.

Dann muß der Wirt dem Vater die nassen Stiefel abziehen, und da dies nicht auf die gewöhnliche Weise gehen will, so hat der Mann sich mit dem Gesicht dem Vater abgekehrt und dieser ihm einen Fuß gegen den Rücken festgestemmt, der Wirt aber den Stiefel fest in den Händen gehalten, bis er ihn richtig mit Gelächter herunterkriegt.

Am andern Tag fahren wir bei ganz gelindem Wetter und indem der Schnee wie in ganzen Lämmervliesen herunterflockt, durch einen unermeßlichen Föhrenwald, der in Ostpreußen eine Heide genannt ist. Ich sitze, da weiter keine Gefahr mit Einfrieren vorhanden, ganz wohlgemut und munter zwischen den lieben Eltern. Mir ist so märchenhaft zumute, wie wenn die ganze Welt zu lauter

Schnee und Weihnachten werden will, als wenn ich selbst ein warmes und leibhaftiges Schneewetter und Weihnachtswunder bin, in dessen heilige Stille das Schlittengeläute feierlich und wundersam hineintönt wie die Glocken des heiligen Christes, der die großen Menschenkinder im eingeschneiten Walddom zur Weihnachtsbescherung ruft.

Und in solcher dicken Weihnachtsstimmung kommen wir zu dem Städtchen der Großeltern und durch das betürmte, in Ritterzeiten gebaute Tor. Aber wenn das auch nicht gewesen wäre, so mußten wir doch alle von mancherlei Gefühlen bestürmt sein. Meiner Mutter Heimat und ihre Geburtsstätte umfingen uns hier. Der Vater hatte hier um seine Lebensgefährtin gefreit, er hatte in diesem Städtchen viele Jahre in Garnison gestanden und hier seine Jugendzeit verlebt. Ich selbst aber fuhr zum erstenmal mit vollem Bewußtsein in die Stadt.

Aber die Ankunft und den Empfang im großelterlichen Haus habe ich vergessen. Ich war wohl zu schläfrig oder von der Ofenwärme sowie von den großelterlichen Liebkosungen zu benommen, um heute noch etwas Rechtes davon zu wissen.

Man hatte mich in ein Oberstübchen zu Bett gebracht, und es geschah zum erstenmal, daß ich unter dem frommen Gesang des Nachtwächters entschlief, dessen zehnmaliges Pfeifen mir noch viel mehr zu schaffen gemacht hätte, wenn ich nicht so todmüde gewesen wäre.

Am andern Morgen aber weckte mich der Weckruf des Trompeters auf, den ich schon im Traum gehört. Als ich mich aber ein wenig in meinen Bewußthaftigkeiten examiniert und zur süßen Gewohnheit des Daseins orientiert hatte, brachte ich zu meiner dreifachen Wonne ordentlich heraus: daß heute der erste heilige Christfeiertag, daß ich bei den Großeltern einlogiert und in einer wirklichen Stadt angelangt sei. Und als ich nun so mit urdeutscher Gründlichkeit innegeworden war, wo ich denn eigentlich befindlich und was mir alles in die nächste Aussicht gestellt sei, da zappelte mir mein armes Herzlein wie ein Lämmerschwänzlein in der Brust. Doch wollte ich die liebe, gewiß auch müde gemachte Mutter nicht aus ihrem süßen Schlummer aufstören, darum hüstelte und rabastelte ich nur ein ganz klein wenig in meinem weichen Lagerchen, bis denn doch die wankelmütigen Bettpfosten so laut ächzten und meine redelüsternen Lippen so vernehmlich wisperten, daß die liebe Mama mit ihrer so sanften, zum Herzen schleichenden Stimme respondierte: »Na, mein Jungchen, du kannst wohl schon vor Freuden nicht länger schlafen.« –

In der großen Putzstube stand dann auf dem großen Eichentisch mit gewundenen Füßen nicht nur Kuchen und Kaffee bereit, sondern in einer blaugemusterten hohen Porzellankanne duftete eine Schokolade, von der die Mama noch aus dem Vaterhaus her eine große Liebhaberin war. Mein Sinn und Geschmack aber schwammen in lauter Weihnachten und blieben demnach auf die Tür des letzten Hinterstübchens gerichtet, wo die liebe Großmama unter dem Beistand der alten Ladenjungfer mit Beschickung des heiligen Christes beschäftigt war.

Weihnachten hatte damals für alle Christenmenschen, gläubige wie ungläubige, in der Seele denselben Klang und Sang, denselben Schimmer und heiligen Schein. Kinderweihnachten zu beschreiben ist unmöglich und so überflüssig, wie wenn einer seine Seele und sein Christentum oder sein Eingeweide wie einen Handschuh herauswenden wollte. Ich mag also nur sagen, was eben die altpreußische Weihnacht Absonderliches mit sich geführt hat, und das war hauptsächlich ein Tannenbaum mitten aus der Heide, in eine große Bütte mit nassem Sande gepflanzt, so daß der goldene Apfel auf der Spitze beinahe die Zimmerdecke anstieß. Dann ein neuer Zinnteller, so gleißend wie eitel Silber, auf dem die Thorner Pfefferkuchen, die Marzipanstücke, die Nüsse, die Rosinen und Mandeln und die roten Stettiner Äpfel lagen, und endlich eine Schachtel mit gedrechselten »Heiligenbeiler Spielsachen« von Wacholder, welches ein Geäder wie Zedernholz hat und dessen starker und ganz eigentümlicher Geruch mich heute noch, wo ich auf ihn treffe, ganz tiefsinnig und schwermütig macht.

Während nun Eltern und Großeltern zu ihrem Herrn und Heiland in der Kirche beteten, habe ich traum- und glückselig mit meiner Christbescherung gespielt. Und so geschah und geschieht es von Schrift wegen, denn der Heiland ist der älteste und echteste Kinderfreund, und da die Kinder nach seinem Ausspruch vom Christentum lebendig beseelt sind, so soll ihnen der Ernst und die Arbeit des Christentums noch ein Spiel und eine Glückseligkeit, ein Weihnachtshimmel auf dieser Erde sein.

Bogumil Goltz

Jugenderinnerungen

Weil man in kleinen Städtchen bestrebt ist, alle inneren häuslichen Verhältnisse zu erspähen, um sie unter der Bitte um Verschwiegenheit zum Gemeingut zu machen und zu besprechen, so wurde einerseits alles vermieden oder heimlich getan, was der Ehre des Hauses zu nahe treten und die Voraussetzung erzeugen konnte, daß der so anspruchslose arme Hausstand nur mit Entbehrungen, wie sie selbst seiner Anspruchslosigkeit nicht angemessen seien, durchgeführt werden könne, wie andererseits auch jede kleine Ausgabe verheimlicht wurde, die nicht unbedingt notwendig war, sei es die eines Groschen zu Obst oder Brezeln, oder früh zu einer Semmel zum Kaffee. Es kam das freilich selten vor, galt nur als ein Festvergnügen, und doch wurde es, wenn man jemand kommen hörte, schnell weggeräumt, daß niemand etwa meinen Eltern nachsagen könnte, sie verständen nicht sparsam zu wirtschaften und gäben Geld für Dinge aus, welche besser entbehrt würden. Diese Rücksicht fand nun besonders am Weihnachtsfest statt. Jede noch so dürftige Familie suchte zum Weihnachtsfest einige Stollen und Kuchen zu backen. Es war dies das eine Mal im Jahr, wo jeder glaubte, ein Recht zu haben, sich einen Genuß zu verschaffen, gleich andern Menschen von nur einigermaßen besseren Verhältnissen. Jeder hatte durch den lebhaften Verkehr mehr Arbeit und Verdienst, und so fehlte es auch bei meinen Eltern nicht, daß die Mutter einige Stollen und Kuchen backen, daß ein Braten gekauft und daß sogar einigemal für die Mutter vom Vater ein Tuch oder ein kleiner Vorrat von Kaffee, Zucker, Reis und dergleichen als Christgeschenk angeschafft werden konnte. Wir Kinder hatten nur in den frühesten Jahren ein kleines Christbäumchen mit einigem billigen Spielzeug angeputzt erhalten. Ich erinnere mich auch eines kleinen Schattenspiels, das mein Vater gemacht hatte. Vom achten Jahr an kam es zu keiner Bescherung mehr. Die ahnungsvolle glückliche Stimmung für das Fest hatte in der frühesten Jugend, wo ich noch durch die billigsten Kleinigkeiten befriedigt werden konnte, Platz in mir gewonnen. Daß Geschenke und Christbäume später fehlten, vermißte ich nicht. Meine ganze Glückseligkeit konzentrierte sich in den Stollen, die erst am Heiligabend gebacken wurden, vorher hatte ich die im Jahr gesammelten Pflaumenkerne aufzuklopfen, die statt bitterer Mandeln benutzt wurden. Über die Behaglichkeit dieser Arbeit ging nichts. Erst später in der Nacht kehrte die Mutter mit dem Backwerk vom Bäcker nach Hause zurück. Ich hatte keinen Schlaf empfunden und wachte mit dem Vater, der das Spätaufbleiben erlaubt hatte. Als die Stollen glücklich in die Wohnung gebracht waren, ging ich ruhig zu Bett und erwachte um sechs Uhr früh, wo das Fest mit den Glocken eingeweiht wurde, in gehobener Stimmung, die der Geburt des Christkindes galt und im Hintergrunde der Aussicht auf köstliche Stollen zum Kaffee und schulfreie Festtage.

Ernst Rietschel

Weihnachten

Markt und Straßen stehn verlassen,
Still erleuchtet jedes Haus.
Sinnend geh ich durch die Gassen,
Alles sieht so festlich aus.

An den Fenstern haben Frauen
Buntes Spielzeug fromm geschmückt;
Tausend Kindlein stehn und schauen,
Sind so wunderstill beglückt.

Und ich wandre aus den Mauern
Bis hinaus ins freie Feld,
Hehres Glänzen, heil'ges Schauern!
Wie so weit und still die Welt!

Sterne hoch die Kreise schlingen;
Aus des Schnees Einsamkeit
Steigt's wie wunderbares Singen–:
O du gnadenreiche Zeit!

Joseph von Eichendorff

Ich hab' diese Zeit des Jahres gar lieb ...

Frankfurt, 25. Dezember 1772

Christtag früh. Es ist noch Nacht, lieber Kestner, ich bin aufgestanden, um bei Lichte Morgens wieder zu schreiben, das mir angenehme Erinnerungen voriger Zeit zurückruft; ich habe mir Kaffee machen lassen den Festtag zu ehren und will euch schreiben bis es Tag ist. Der Türmer hat sein Lied schon geblasen ich wachte drüber auf. Gelobt seist du Jesu Christ. Ich habe diese Zeit des Jahres gar lieb, die Lieder, die man singt; und die Kälte, die eingefallen ist, macht mich vollends vergnügt ... Der Türmer hat sich wieder zu mir gekehrt, der Nordwind bringt mir seine Melodie, als blies er vor meinem Fenster.

Gestern, lieber Kestner, war ich mit einigen guten Jungens auf dem Lande, unsere Lustbarkeit war sehr laut, und Geschrei und Gelächter von Anfang zu Ende. Ein schöner Abend, als wir zurückgingen, es ward Nacht. Nun muß ich dir sagen das ist immer eine Sympathie für meine Seele, wenn die Sonne lang hinunter ist und die Nacht von Morgen herauf nach Nord und Süd um sich gegriffen hat und nur noch ein dämmernder Kreis vom Abend heraufleuchtet. Seht Kestner wo das Land flach ist ist's das herrliche Schauspiel, ich habe jünger und wärmer Stunden lang so ihr zugesehen hinabdämmern auf meinen Wanderungen. Auf der Brücke hielt ich still. Die düstere Stadt zu beiden Seiten, der still leuchtende Horizont, der Widerschein im Fluß machte einen köstlichen Eindruck in meine Seele den ich mit beiden Armen umfaßte. Ich lief zu den Gerocks, ließ mir Bleistift geben und Papier, und zeichnete zu meiner großen Freude, das ganze Bild so dämmernd warm als es in meiner Seele stand. Sie hatten alle Freude mit mir darüber, empfanden alles was ich gemacht hatte und da war ich's erst gewiß, ich bot ihnen an drum zu würfeln, sie schlugen's aus und wollten ich soll's Merken schicken. Nun hängt's hier an meiner Wand, und freut mich heute wie gestern. Wir hatten einen schönen Abend zusammen wie Leute denen das Glück ein großes Geschenk gemacht hat und ich schlief ein, den Heiligen im Himmel dankend, daß sie uns Kinderfreude zum Christ bescheren wollen. Als ich über den Markt ging und die vielen Lichter und Spielsachen sah, dacht ich an euch und meine Bubens wie ihr ihnen kommen würdet, diesen Augenblick ein Himmlischer Bote mit dem blauen Evangelio, und wie aufgerollt sie das Buch erbauen werde. Hätt ich bei euch sein können ich hätte wollen so ein Fest Wachsstöcke illuminieren, daß es in den kleinen Köpfen ein Widerschein der Herrlichkeit des Himmels geglänzt hätte.

Die Torschließer kommen vom Bürgermeister, und rasseln mit Schlüsseln. Das erste Grau des Tages kommt mir über des Nachbars Haus und die Glocken läuten einer Christlichen Gemeinde zusammen. Wohl ich bin erbaut hier oben auf meiner Stube, die ich lang nicht so lieb hatte als jetzt. Sie ist mit den glücklichen Bildern ausgeziert die mir freundlichen guten Morgen sagen ...

Nun Adieu, es ist hell Licht. Gott sei bei euch, wie ich bei euch bin. Der Tag ist festlich angefangen ...

Johann W. von Goethe an J.C. Kestner

Mir war's bei diesen Worten

Mir war's bei diesen Worten zumute als wie einem Kinde bei den apokryphischen Sprüchen seiner Mutter am Tage vor dem Christfest: Es ahnet etwas Herrliches, versteht aber nichts, bis es früh aufwacht und nun zum hell erleuchteten Lebensbaum mit vergoldeten Nüssen und zu den Schäfchen, Christkindchen, Puppen, Schüsseln mit Obst und Konfekt geführt wird.

Jung-Stilling

Marthes Uhr

Da Marthe seit dem Tode ihrer Eltern wenig Menschen um sich sah und namentlich die langen Winterabende fast immer allein zubrachte, so lieh die regsame und gestaltende Phantasie, welche ihr ganz besonders eigen war, den Dingen um sie her eine Art von Leben und Bewußtsein . . . Ihr Spinnrad, ihr braungeschnitzter Lehnstuhl waren gar sonderbare Dinge, die oft die eigentümlichsten Grillen hatten; vorzüglich war dies aber der Fall mit einer altmodischen Stutzuhr, welche ihr verstorbener Vater vor über fünfzig Jahren, auch damals schon als ein uraltes Stück, auf dem Trödelmarkt zu Amsterdam gekauft hatte. Das Ding sah freilich seltsam genug aus: zwei Meerweiber, aus Blech geschnitten und dann übermalt, lehnten zu jeder Seite ihr langhaariges Antlitz an das vergilbte Zifferblatt; die schuppigen Fischleiber, welche von einstiger Vergoldung zeugten, umschlossen dasselbe nach unten zu; die Weiser schienen einem Skorpionschwanz nachgebildet zu sein. Vermutlich war das Räderwerk durch langen Gebrauch verschlissen; denn der Perpendikelschlag war hart und ungleich, und die Gewichte schossen zuweilen mehrere Zoll mit einemmal hinunter.

Diese Uhr war die beredteste Gesellschaft ihrer Besitzerin; sie mischte sich aber auch in alle ihre Gedanken. Wenn Marthe in ein Hinbrüten über ihre Einsamkeit verfallen wollte, dann ging der Perpendikel tick, tack! tick, tack! immer härter, immer eindringlicher; er ließ ihr keine Ruh, er schlug immer mit in ihre Gedanken hinein. Endlich mußte sie aufsehen; – da schien die Sonne so warm in die Fensterscheiben, die Nelken auf dem Fensterbrett dufteten so süß; draußen schossen die Schwalben singend durch den Himmel. Sie mußte wieder fröhlich sein, die Welt um sie her war gar zu freundlich . . .

Nun war es Weihnachten. Den Christabend, da ein übermäßiger Schneefall mir den Weg zur Heimat versperrte, hatte ich in einer befreundeten, kinderreichen Familie zugebracht; der Tannenbaum hatte gebrannt, die Kinder waren jubelnd in die langverschlossene Weihnachtsstube gestürzt; nachher hatten wir die unerläßlichen Karpfen gegessen und Bischof dazu getrunken; nichts von der herkömmlichen Feierlichkeit war versäumt worden. – Am andern Morgen trat ich zu Marthe in die Kammer, um ihr den gebräuchlichen Glückwunsch zum Fest abzustatten. Sie saß am Tisch, ihre Arbeit schien längst geruht zu haben.

»Und wie haben Sie denn gestern Ihren Weihnachtsabend zugebracht?« fragte ich.

Sie sah zu Boden und antwortete: »Zu Hause.«

»Zu Hause? Und nicht bei Ihren Schwesternkindern?«

»Ach«, sagte sie, »seit meine Mutter gestern vor zehn Jahren hier in diesem Bett starb, bin ich am Weihnachtsabend nicht ausgegangen. Meine Schwester schickte gestern wohl zu mir, und als es dunkel wurde, dachte ich wohl daran, einmal hinzugehen; aber – die alte Uhr war auch wieder so drollig; es war akkurat, als wenn sie immer sagte: Tu es nicht, tu es nicht! Was willst du da? Deine Weihnachtsfeier gehört ja nicht dahin!«

Und so blieb sie denn zu Haus in dem kleinen Zimmer, wo sie als Kind gespielt, wo sie später ihren Eltern die Augen zugedrückt hatte, und wo die alte Uhr tickte, ganz wie dazumal. Aber jetzt, nachdem sie ihren Willen bekommen und Marthe das schon hevorgezogene Festkleid wieder in den Schrank verschlossen hatte, tickte sie so leise, ganz leise und immer leiser, zuletzt unhörbar. – Marthe durfte sich ungestört der Erinnerung aller Weihnachtsabende ihres Lebens überlassen: Ihr Vater saß wieder in dem braungeschnitzten Lehnstuhl; er trug das feine Samtkäppchen und den schwarzen Sonntagsrock; auch blickten seine ernsten Augen heute so freundlich; denn es war Weihnachtsabend, Weihnachtsabend vor – ach, vor sehr, sehr vielen Jahren! Ein Weihnachtsbaum zwar brannte nicht auf dem Tisch – das war ja nur für reiche Leute – aber statt dessen zwei hohe dicke Lichter; und davon wurde das kleine Zimmer so hell, daß die Kinder ordentlich die Hand vor die Augen halten mußten, als sie aus der dunklen Vordiele hineintreten durften. Dann gingen sie an den Tisch, aber nach der Weise des Hauses ohne Hast und laute Freudenäußerung, und betrachteten, was ihnen das Christkindlein beschert hatte. Das waren nun freilich keine teuren Spielsachen, auch nicht einmal wohlfeile, sondern lauter nützliche und notwendige Dinge: ein Kleid, ein Paar Schuhe, eine Rechentafel, ein Gesangbuch und dergleichen mehr; aber die Kinder waren gleichwohl glücklich mit ihrer Rechentafel und ihrem neuen Gesangbuch, und sie gingen eins ums andere, dem Vater die Hand zu küssen, der währenddessen zufrieden lächelnd in seinem Lehnstuhl geblieben war. Die Mutter mit ihrem milden, freundlichen Gesicht unter dem enganliegenden Scheiteltuch band ihnen die neue Schürze vor und malte ihnen Zahlen und Buchstaben zum Nachschreiben auf die neue Tafel. Doch sie hatte nicht gar lange Zeit, sie mußte in die Küche und Apfelkuchen backen; denn das war für die Kinder eine Hauptbescherung am Weihnachtsabend; die mußten notwendig gebacken werden. Da schlug der Vater das neue Gesangbuch auf und stimmte mit seiner klaren Stimme an: Frohlockt, lobsinget Gott; die Kinder aber, die alle Melodien kannten, stimmten ein: Der Heiland ist gekommen; und so sangen sie den Gesang zu Ende, indem sie alle um des Vaters Lehnstuhl herumstanden. Nur in den Pausen hörte man in der Küche das Hantieren der Mutter und das Prasseln der Apfelkuchen.

Tick, tack! ging es wieder, tick, tack! immer härter und eindringlicher. Marthe fuhr empor; da war es fast dunkel um sie her, draußen auf dem Schnee nur lag trüber Mondschein. Außer dem Pendelschlag der Uhr war es totenstill im Haus. Keine Kinder sangen in der kleinen Stube, kein Feuer prasselte in der Küche. Sie war ja ganz allein zurückgeblieben; die andern waren alle, alle fort. – Aber was wollte die alte Uhr denn wieder? – Ja, da warnte es auf elf – und ein anderer Weihnachtsabend tauchte in Marthes Erinnerung auf, ach! ein ganz anderer; viele, viele Jahre später. Der Vater und die Brüder waren tot, die Schwestern verheiratet; die Mutter, die nun mit Marthe allein geblieben war, hatte schon längst des Vaters Platz im braunen Lehnstuhl eingenommen und ihrer Tochter die kleinen Wirtschaftssorgen übertragen; denn sie kränkelte seit des Vaters Tod, ihr mildes Antlitz wurde immer blasser, und ihre freundlichen Augen blickten immer matter; endlich mußte sie auch den Tag über im Bett geblieben. Das war schon über drei Wochen, und nun war es Weihnachtsabend. Marthe saß an ihrem Bett und horchte auf den Atem der Schlummernden; es war totenstill in der Kammer, nur die Uhr tickte. Da warnte es auf elf, die Mutter schlug die Augen auf und verlangte zu trinken. »Marthe«, sagte sie, »wenn es erst Frühling wird und ich wieder zu Kräften gekommen bin, dann wollen wir deine Schwester Hanne besuchen; ich habe ihre Kinder eben im Traum gesehen – du hast hier gar zu wenig Vergnügen.« – Die Mutter hatte ganz vergessen, daß Schwester Hannes Kinder im Spätherbst gestorben waren; Marthe erinnerte sie auch nicht daran, sie nickte schweigend mit dem Kopf und faßte ihre abgefallenen Hände. Die Uhr schlug elf. –

Auch jetzt schlug sie elf, aber leise, wie aus weiter, weiter Ferne. –

Da hörte Marthe einen tiefen Atemzug; sie dachte, die Mutter wolle wieder schlafen. So blieb sie sitzen, lautlos, regungslos, die Hand der Mutter noch immer in der ihren; am Ende verfiel sie in einen schlummerähnlichen Zustand. Es mochte so eine Stunde vergangen sein, da schlug die Uhr zwölf! – Das Licht war ausgebrannt, der Mond schien hell ins Fenster; aus den Kissen sah das bleiche Gesicht der Mutter. Marthe hielt eine kalte Hand in der ihrigen. Sie ließ diese kalte Hand nicht los, sie saß die ganze Nacht bei der toten Mutter.

So saß sie jetzt bei ihren Erinnerungen in derselben Kammer, und die alte Uhr tickte bald laut, bald leise; sie wußte von allem, sie hatte alles miterlebt, sie erinnerte Marthe an alles, an ihre Leiden, an ihre kleine Freuden ...

Theodor Storm

Weihnacht

Die Welt ist kalt, die Welt ist stumm,
Der Wintertod geht schweigend um;
Er zieht das Leilach, weiß und dicht,
Der Erde übers Angesicht.
Schlafe – schlafe!

Du breitgewölbte Erdenbrust,
Du Stätte aller Lebenslust,
Hast Duft genug im Lenz gesprüht,
Im Sommer heiß genug geglüht,
Nun komme ich, nun bist du mein,
Gefesselt nun im engen Schrein.
Schlafe – schlafe!

Die Winternacht hängt schwarz und schwer,
Ihr Mantel fegt die Erde leer;
Die Erde wird ein schweigend Grab,
Ein Ton geht zitternd auf und ab:
Sterben – Sterben!

Da horch! – Im totenstillen Wald,
Was für ein süßer Ton erschallt?
Da sieh! – In tiefer dunkler Nacht,

Was für ein süßes Licht erwacht?
Als wie von Kinderlippen klingt's,
Von Ast zu Ast wie Flammen springt's,
Vom Himmel kommt's wie Engelsang,
Ein Flöten- und Schalmeienklang:
Weihnacht – Weihnacht!

Und siehe! – Welch ein Wundertraum:
Es wird lebendig Baum an Baum,
Der Wald steht auf, der ganze Hain
Zieht wandelnd in die Stadt hinein.
Mit grünen Zweigen pocht es an:
Tut auf, die sel'ge Zeit begann!
Weihnacht – Weihnacht!

Da gehen Tür und Tore auf,
Da kommt der Kinder Jubelhauf;
Aus Türen und aus Fenstern bricht
Der Kerzen warmes Lebenslicht.
Bezwungen ist die tote Nacht,
Zum Leben ist die Lieb' erwacht;
Der alte Gott blickt lächelnd drein,
Des laßt uns froh und fröhlich sein!
Weihnacht – Weihnacht!

Ernst von Wildenbruch

Weihnachtslied

Die Nacht ist hin, nun wird es licht,
Da Jakobs Stern die Wolken bricht:
Ihr Völker hebt die Häupter auf,
Und merkt der goldnen Zeiten Lauf!

Du süßer Zweig aus Jesse Stamm,
Mein Heil, mein Fürst, mein Schatz, mein Lamm!
Ach schau doch hier mit Freuden her
Wie wenn mein Herz die Wiege wär.

Ach komm doch, liebster Seelenschatz!
Der Glaube macht dir deinen Platz:
Die Liebe steckt das Feuer an,
Das auch den Stall erleuchten kann!

Ihr Töchter Salems, küßt den Sohn!
Des Höchsten Liebe brennet schon.
Kommt, küßt das Kind! Es stillt den Zorn.
Ach, nun erhebt der Herr sein Horn!

Johann Christian Günther

Des Herrn Geburt

Der Mensch war Gottes Bild.
Weil dieses Bild verloren,
Wird Gott, ein Menschenbild,
In dieser Nacht geboren.

Andreas Gryphius

Erinnerungen aus meiner Jugend

Schon drei Wochen vor dem Fest begann die Freudenzeit für uns Kinder; da fingen zu Hause die Vorbereitungen zum Kuchenbacken an, und dies spielte in damaliger Zeit eine gar wichtige Rolle, namentlich bei meiner Mutter, und das muß wahr sein, ihre braunen Kuchen, feine sowohl als grobe, waren delikat. Den Anfang machte das Abhülsen und das Zerschneiden der Mandeln, der Sukkade und der Zitronenschalen, wobei nicht allein wir Kinder, sondern auch alle dem Hause nahestehenden Personen, Näherin, Scheuerfrau usw. helfen mußten, und am Abend vor dem Backen begaben wir uns allesamt nach der Küche, um das Anrühren des Teiges mit anzusehen, wohl auch mit zu helfen. Einer hielt die am Herd aufgestellte Mulde, in welche dann die Ingredienzen, als da sind: Mehl, Sirup, Mandeln, Rosen- und Kaneelwasser nebst Hirschhornsalz und die übrigen gewürzigen Zutaten geschüttet wurden, und ein anderer rührte mit einem ruderförmigen Holz aus Leibeskräften die Masse zum gleichförmigen Teig, und es war in der Tat keine leichte Arbeit, diese zähe Substanz zu bewältigen.

Am andern Morgen früh mußte dann unsere alte Köchin Kathrin mit dem während der Nacht unter seinem warmen Federkissen schön gegangenen Teig zum Bäcker, und des Nachmittags kam sie mit zwei Bleicherkörben voll brauner Kuchen zurück; die feinen mit einem Sukkadeblättchen, die groben mit einer Mandel bezeichnet. Ei, und wie dufteten sie, und nachher, wie schmeckten sie erst – schade nur, daß so viele von diesen süßen Weihnachtsboten in die Fremde wandern mußten; denn das stand einmal fest, jedes mit uns befreundete Haus bekam ein oder zwei Dutzend zum Geschenk, und außerdem mußten noch Scherfrau, Näherin, Zeugausklopfer, Dienstmädchen und Gott weiß wer sonst davon ihren Anteil haben. Die Vorfreuden des Weihnachtsfestes außerhalb des Hauses waren nun freilich von viel bescheidenerer, dagegen aber auch viel gemütlicherer Natur als gegenwärtig. Dicke Damen, Riesinnen und Zwerge, Südseeinsulaner, Polar- oder Seemenschen gab es damals nicht zu schauen, auch keine Gaukler, Zaubertheater und Weihnachtskomödien; höchstens lief ein Mensch mit Rosinenkerlen oder schlanken Füchsen durch die Straßen, und auf dem Gänsemarkt war der Weihnachtsmarkt – Dom – aufgeschlagen, der aber nur Verkaufsbuden enthielt. Den Hauptkommers bildete der alte Steinweg, wo von vierzehn Tagen vor Weihnacht an alltäglich an jeder Trottoirseite eine dichte Reihe von Verkaufskarren aufgestellt war, deren Inhaber im mörderlichen Ausschreien und Anpreisungen ihrer Waren einander überboten.

Es zeichneten sich als Weihnachtsausstellungen in meiner Jugend vorzüglich die Konditoreien aus, mit ihren oft wunderhübsch ausstaffierten Schlittschuhbahnen, Winterlandschaften oder eingeschneiten Schlössern und dergleichen, und vorzüglich brillierte in dieser Hinsicht der Konditor Hellberger am alten Jungfernstieg, dessen Laden zu besuchen uns gewöhnlich, wenn wir sonntags bei meinem Großvater waren, erlaubt wurde, was für uns zu den schönsten Genüssen gehörte. Dann waren aber auch die sogenannten Weihnachtshäuser, Etablissements, wie sie noch heutzutage bei Schultz am Gänsemarkt oder Alois Busch am Altenwall anzutreffen sind, von besonderem Reiz für die Jugend. Der Name Merlich, das bedeutendste Institut dieser Art, rief das freudigste Entzücken hervor. Es lag in der großen Johannisstraße, und vom Breiten Giebel – vor dem Feuer 1842 eine sehr frequente Straße – sah man schon dessen erleuchtete Fensterreihen, nur verdunkelt durch höchst anziehende Schattenrisse von Tschakos, Fahnen, Puppenköpfen und dergleichen, und der Besuch desselben war der Glanzpunkt bei unserer damaligen Domwanderung, die mit dem Durchziehen der im Dreieck aufgestellten Budenreihen des Gänsemarktes anfing. Aber was wir in solcher Domwanderung in Begleitung von Mutter, Verwandten oder sonst zu unserer Beaufsichtigung Angestellten als Geschenk erbeuteten, z.B. eine Teufelsklaue, ein Geduldspiel oder eine alte Dame, die mit Leidenschaft, vermöge einer untergestellten Räucherkerze, aus der Pfeife raucht, war das wenigste; der Hauptreiz bestand in der Ahnung von dem, was unsern Blicken ängstlich entzogen ward; aber aus den heimlichen Gesprächen unserer Eltern mit den Verkäufern merkten wir's bald genug, wenn es der Abschließung eines Handels zugunsten unserer Weihnachtsbescherung galt. Die während der Schulzeit später ins Haus geschickten Pakete aber wußte meine Mutter unsern Blicken schon zu entziehen, auch wurden die Haupteinkäufe von ihr an Vormittagen allein besorgt. Viel Interesse erweckte auch noch in dieser Zeit die Packung einer Weihnachtskiste für die Verwandten in Friedrichstadt. Die verschiedenen Geschenke wurden sorgfältig verpackt, die übriggebliebenen Zwischenräume mit Zitronen vollgestopft und endlich das noch Fehlende mit Häcksel vollgeschüttet.

Der Tag vor Weihnachten, an dem unsere Schule schon geschlossen war, konnte als der spannendste vom ganzen Fest angesehen werden. Die Wohnstube war alsdann für alle, Mutter ausgenommen, unzugänglich, und wir anderen wurden in der Hinterstube zusammengepfercht, auch durften wir ohne vorherige Erlaubnis die Diele nicht betreten, um nicht etwa dem Transport der Geschenke von oben herunter zu begegnen. Um mich desto sicherer und ruhiger zu halten, waren mir von meinen Schwestern schon am Vormittag ihre Geschenke ausgehändigt, die etwa in einer Schachtel Bleisoldaten, einer Messingkanone, Bilderbogen usw. bestanden, auch kamen um diese Zeit die Geschenksendungen von den Geschwistern meiner Mutter, bei denen mitunter auch für mich sich eine Beilage befand. Wenn also ein höchst sauber gekleidetes Dienstmädchen mit ihrem verdeckten Korb in die Haustür trat, so kann man sich die Spannung und Freude denken, mit der sie eingelassen ward.

So weiß ich mich noch sehr gut zu erinnern, welch große Freude mir einige vortreffliche Pferdelithographien von Karl Vernet, die mein Onkel Paulus für mich zum Nachzeichnen bestimmt hatte, verursachten; die Blätter besitze ich noch jetzt.

So wie nun der Tag fortschritt, nahm auch die Spannung zu, und alles Denken, Sprechen und Vornehmen drehte sich nur um die am Abend zu erwartende Bescherung und die damit verbundenen Vorbereitungen. Meine Mutter, als die Seele des Ganzen, bekam man, wenn sie mit dem Einwickeln unzähliger Braunkuchenpakete fertig war, nur wenig zu Gesicht. Bald oben, bald unten, bald dort befragt, bald hier gerufen, war sie mit ihrem Schlüsselkorb fortwährend auf den Beinen, und ihr Adjutant, das Kleinmädchen Lena, war ohnedem noch den halben Tag mit Ausbringen verschiedener Geschenke und Kuchen beschäftigt. Ich lebte natürlich nur in der Erwartung des Abends, höchstens zogen die Erinnerungen früher verlebter Weihnachtsabende als Nebelbilder vorüber, oder alte bekannte Weihnachtsschnurren wurden durch diesen oder jenen ins Gedächtnis zurückgerufen. So weiß ich einen dieser herrlichen Verse, die vielleicht von Margreth Oderich oder von unserer Köchin herstammen:

Hüt Abend is Winachten-Abend,
da gaht wi na baben,
da klingen de Klocken,

da danzen de Poppen,
du piepen de Müs
in Grodvaders Hüs usw.

Dergleichen sangen wir, gingen aber nicht »na baben«, wie's in der Schnurre heißt, sondern nach unten, von meinem Vater geführt, unter dessen Obhut wir uns seit Dunkelwerden befunden hatten. Tannenbäume waren damals noch nicht so allgemein im Schwung wie jetzt, dafür hatten wir in der Regel eine sogenannte Pyramide aus vier oben zusammenlaufenden, mit Buchsbaum oder Tannenlaub dicht umwundenen Stäben bestehend, oben mit einer Fahne aus Flittergold verziert. Der untere viereckige Raum enthielt die schönsten Gartenanlagen, mit Grotten, Teichen, Brücken, sowie den dazu passenden Figuren versehen, alles aus Moos, Strohblumen, Pappe und Spiegelglas angefertigt. Die belaubten Seitenrippen der Pyramide dienten zugleich als Halter der das Ganze hellbestrahlenden bunten Wachskerzen, und im Innern hing noch von der Spitze herab ein schwebender Wachsengel, recht niedlich anzuschauen.

Man kaufte diese Pyramiden fertig auf der Weihnachtsausstellung des Gänsemarktes.

Meine Schwestern und ich hielten uns, solange die Vorbereitungen und das Anzünden der Lichter dauerten, wie schon erwähnt, mit meinem Vater in der Schlafstube auf. Um die Sache recht spannend und abenteuerlich zu machen, saßen wir da im Dunkeln um den gemütlich sausenden Ofen gruppiert und ließen uns von dem einzigen Licht, welches dem Zugloch des Ofens entströmte, beleuchten, sorgfältig aufhorchend, ob schon Tritte auf der Treppe hörbar wurde, bis denn endlich Lena erschien: »na, nu is 't so wiet«. – Nun, die erwartungsvolle Spannung, wenn wir von Papa hinuntergeführt wurden, das Aufsperren der Stubentür, das Anstarren der Lichter von seiten der Kinder, das Beobachten der Gesichter derselben von seiten der Eltern brauche ich nicht weiter auszumalen; es ist ja das alles bekannt und war damals gerade so wie heute. Eins aber war damals anders als jetzt; eine solche Übertreibung beim Beschenken, wie sie leider Sitte geworden ist, kannte man in meiner Jugend nicht; eine sehr weise Ökonomie sorgte dafür, daß bei den Eltern das Besorgen der Geschenke keine Last, bei den Kindern das Empfangen keine Übersättigung hervorbrachte, und wenn ein und dasselbe Geschenk, nur unter anderer Farbe und Gestalt, zwei bis

drei Weihnachtsbescherungen hindurch seine Rolle spielte, so war das gar nichts Ungewöhnliches. Ich erhielt in meinem dritten oder vierten Lebensjahr ein sehr hübsches hölzernes Pferd, einen Schimmel auf Rollen. Im nächsten Jahr vor der Weihnachtszeit verschwand plötzlich der Schimmel, und am Weihnachtsabend erschien dafür ein schöner Goldfuchs, dessen Gestalt der des früheren Schimmels zum Verwechseln ähnlich sah; aber auch der Fuchs verlor allmählich seine Schönheit, weißes Haar stellte sich fleckenweise ein, und er verschwand endlich ganz und gar. Doch zum Fest kam wieder ein prächtiger Brauner, nur durch einen langen Schwanz verschieden und vor einen Wagen gespannt, während die Vorgänger sich nie vor dem Wagen hatten gebrauchen lassen.

Die größte Freude machte mir einmal an einem Weichnachtsabend eine messingene Kanone von etwa neun Zoll Länge, mit derber hölzerner Lafette, mit der ich lange Zeit nachher und viel gespielt und mit meinen Genossen nach der Scheibe geschossen habe.

Unser aller Freund und gern gesehener Gast, Herr Nolte, pflegte auch jedem von uns ein oft wertvolles Weihnachtsgeschenk zu machen, auch wohl selbst sich abends einzufinden, wie auch mein Onkel Paulus und andere. Einmal bekam ich von meinen Eltern, oder richtiger gesagt von meiner Mutter, denn mein Vater bekümmerte sich nicht um die Besorgung der Geschenke, nichts weiter an Spielsachen als eine Unzahl Schachteln und Bleisoldaten. Offen gestanden kam mir dieses Geschenk gegen früher erhaltene etwas dürftig vor, und schon fing ein gewisser Unmut an, sich meines Gefühls zu bemächtigen, als das Geschenk meines Freundes Nolte, bestehend in einem kleinen hölzernen Schlitten, dessen Kern die Gestalt eines Schwans zeigte, noch dazu im Silberglanz, mit zwei herrlichen Schimmeln bespannt, plötzlich hereingetragen wurde und die frohe Weihnachtslaune wieder herstellte, und später kamen die bleiernen Soldaten zur vollen Würdigung, denn es ließ sich mit der Waffe vortrefflich manövrieren, und kaum war der Tisch groß genug, um der Entwicklung der verschiedenen Truppen Raum zu bieten.

Der folgende Tag, der erste des Weihnachtsfestes, versammelte nun die sämtlichen Familienmitglieder in der Kirche, und da meine Eltern so vernünftig waren, mich vor meinem elften oder zwölften Jahr nicht mit zur Kirche zu nehmen, so konnte ich in behaglicher Muße die herrlichen Geschenke vom gestrigen Abend noch einmal Revue passieren lassen und neue Reize bei ihnen entdecken. – Zur Kirche wurde stets gefahren, schon meines Vaters wegen, dessen Amtstracht, vor allem der damals noch bei uns gebräuchliche große dreieckige Hut, für den langen Kirchenweg nach Altona zu auffallend gewesen wäre. Nach Beendigung des Gottesdienstes wurde ich an diesem wichtigen Tag, wie meistens auch an jedem gewöhnlichen Sonntag, nachdem mein Vater ausgestiegen war, nun mit zum Großpapa genommen, wo heute allgemeine Familienbescherung war.

Um drei oder halb vier Uhr wurde gespeist, und, um die Zeit bis zur Beschenkung würdig auszufüllen, spielten wir, die Söhne meines Onkels Hermann und ich, mit dem Bedienten Heinrich Ohnesorgen Teufel, d.h., wir trieben mit selbigem auf der geräumigen Hausdiele einen Skandal, daß wohl ein Uneingeweihter denken konnte, »der Teufel sei los«.

Und dieses höchst amüsante Getobe hatte einen solchen Reiz für uns, daß kaum der Ruf zum Empfangen der Weihnachtsgaben uns für das Abbrechen desselben eine Entschädigung bot. – Wir wurden nun zum großen Saal hinaufgeführt. Dort erhielt jedes Mitglied der Familie von meinem Großvater ein Spezialgeschenk, aber für uns Kinder hatte den größten Wert in der Regel ein für uns gemeinschaftlich bestimmtes, welches bei Großpapa verblieb und zu unserer Sonntagsbelustigung diente. Dieses Allgemeingeschenk bestand in einer großartigen Komposition seitens unseres Onkels Paulus, welcher ein wahres Genie im Erfinden und Anfertigen aller Arten Papparbeiten war. Bald war es eine Festung mit Zugbrücken und militärischer Besatzung, bald eine Brücke als Hauptgegenstand, die auf- und abgeschlagen werden konnte, bald waren es ländlich idyllische Darstellungen mit einer Unzahl von Bäumen, bei denen Moos und Besenreiser eine wichtige Rolle spielten und Seen und Teiche aus Spiegelglas sehr täuschend dargestellt wurden. Dabei mochte meines Onkels Amüsement während der Anfertigung nicht geringer, als unsere Freude beim Empfang des Geschenkes gewesen sein, denn die Einzelheiten der Bäume, der Geschirre usw. waren mit einer Nettigkeit und Sorgfalt ausgeführt, daß es fast schade darum war, sie als bloßes zerbrechliches Spielzeug zu benutzen.

Doch von all diesen Herrlichkeiten mußten wir scheiden, sobald der Bediente meines Onkels, mit Namen Blank, erschien, der uns in einer großen Kutsche abholte. Dann wurde freilich manche Träne vergossen, doch den Kutscher ließ man damals nicht warten, und wenn wir erst mit dem alten ehrenfesten Blank, der früher bei den dänischen Husaren gestanden hatte und uns oft durch Erzählung seiner friedlichen Kriegsabenteuer unterhielt, in der Kutsche saßen, so wurden wir durch den Vortrag seiner Lieder entschädigt, unter welchen das beliebteste »Rinaldo Rinaldini, der Räuber Kühnster« war. Unterwegs, vor unserm Haus in der Poolstraße, wurde ich ab- und dann das dadurch unterbrochene Räuberlied wahrscheinlich mit erneuter Kraft fortgesetzt.

Auf solche oder ähnliche Weise ging das schöne Weihnachtsfest vorüber.

Berend Goos

Weihnachtsabend

Die fremde Stadt durchschritt ich sorgenvoll,
Der Kinder denkend, die ich ließ zu Haus.
Weihnachten war's; durch alle Gassen scholl
Der Kinderjubel und des Markts Gebraus.

Und wie der Menschenstrom mich fortgespült,
Drang mir ein heiser Stimmlein in das Ohr:
»Kauft, lieber Herr!« Ein magres Händchen hielt
Feilbietend mir ein ärmlich Spielzeug vor.

Ich schrak empor, und beim Laternenschein
Sah ich ein bleiches Kinderangesicht;
Wes Alters und Geschlechts es mochte sein,
Erkannt ich im Vorübertreiben nicht.

Nur von dem Treppenstein, darauf es saß,
Noch immer hört ich, mühsam, wie es schien:
»Kauft, lieber Herr!« den Ruf ohn Unterlaß;
Doch hat wohl keiner ihm Gehör verliehn.

Und ich? – War's Ungeschick, war es die Scham,
Am Weg zu handeln mit dem Bettelkind?

Eh meine Hand zu meiner Börse kam,
Verscholl das Stimmlein hinter mir im Wind.

Doch als ich endlich war mit mir allein,
Erfaßte mich die Angst im Herzen so,
Als säß mein eigen Kind auf jenem Stein
Und schrie nach Brot, indessen ich entfloh.

Theodor Storm

Weihnachtslegende

Christkind kam in den Winterwald,
Der Schnee war weiß, der Schnee war kalt,
Doch als das heil'ge Kind erschien,
Fing's an, im Winterwald zu blühn.
Christkind trat zum Apfelbaum,
Erweckt ihn aus dem Wintertraum –
»Schenk Äpfel süß, schenk Äpfel zart,
Schenk Äpfel mir von aller Art!«

Der Apfelbaum, er rüttelt sich,
Der Apfelbaum, er schüttelt sich.
Da regnet's Äpfel ringsumher;
Christkindleins Taschen wurden schwer.
Die süßen Früchte alle nahm's,
Und also zu den Menschen kam's.
Nun, holde Mäulchen, kommt, verzehrt,
Was euch Christkindlein hat beschert!

Ernst von Wildenbruch

Weihnachten

Die Tage kommen, die Tage gehn,
Der schönste Tag hat kein Bestehn,
Ob Lenz und Sommer schmückt die Welt,
Rasch kommt der Herbst ins Stoppelfeld,
Es saust, es schneit, es friert; doch dann –
Das Christkind zündet die Lichter an!

O Kindeslust, o Kindertraum,
O liebesheller Weihnachtsbaum!
In dunkle Nächte glänzt dein Licht
So froh voraus, du wandelst nicht;
Es sorgt der Mutter Herz, und dann –
Das Christkind zündet die Lichter an!

Großmutter spricht: Nur still, nur still!
Denn wenn ein Kind nicht warten will,
Vorwitzig schaut, voll Ungeduld,
Was dann geschieht, 's ist seine Schuld!
Sitz still ein Weilchen nur, und dann –
Das Christkind zündet die Lichter an!

Das Gretlein sitzt ihr stumm im Schoß,
Macht nur die Augen hell und groß,
Hat für sein fragend Kätzlein dort
Kein Auge jetzt, kein Schmeichelwort;

Großmutter blickt so lieb, und dann –
Das Christkind zündet die Lichter an!

Die Jahre kommen, die Jahre gehn,
Der schönste Tag hat kein Bestehn,
's ist einmal so von Gott bestellt:
Man scheidet täglich von der Welt!
Der dunkle Abend kommt, und dann –
Das Christkind zündet die Lichter an!

Gustav Hermann Kletke

Die Zeit, die unsern Herrn gebracht

Die Zeit, die unsern Herrn gebracht,
Die sollst du wohl verehren,
Vom Himmel kam er in die Welt,
Vom Himmel seine Lehren.
Drum schaffe mit dem Weihnachtsbaum
Ins Haus den frohen Maien,
Daß auch die Kinder kindlich sich
Der Christenweihe freuen.

Franz Graf von Pocci

Die Mutter am Christabend

Er schläft, er schläft! Das ist einmal ein Schlaf!
So recht, du lieber Engel du!
Tu mir die Lieb' und lieg' in Ruh,
Gott gönnt es meinem Kind im Schlaf!

Erwach' mir nicht, ich bitt', ich bitt'!
Die Mutter geht mit stillem Tritt,
Sie geht mit zartem Muttersinn,
Und holt den Baum zur Kammer hin.

Was häng' ich dir denn an?
'nen Pfefferkuchenmann,
Ein Kätzelchen, ein Spätzelchen,
Und Blumen bunt und süß und weich,
Und alles ist von Zuckerteig.

Genug, du Mutterherz!
Viel Süßigkeit bringt Schmerz.
Gib sparsam wie der liebe Gott.
Tagtäglich nützt kein Zuckerbrot.

Jetzt rote Äpfel her,
Die schönsten, die ich haben kann!
Es ist auch nicht ein Fleckchen dran,
Wer hat sie schöner, wer?

's ist wahr, es ist 'ne Pracht,
Was so ein Apfel lacht.
Der Zuckerbäcker wär ein Mann,
Der solchen Apfel machen kann!
Den hat nur Gott gemacht.

Was hab' ich denn noch mehr?
Ein Tüchelchen, hübsch weiß und rot,
Es ist ein von den schönen,
O Kind, vor bittren Tränen
Bewahr dich Gott, bewahr dich Gott!

Was häng' ich sonst noch hin?
Dies Büchlein, Kind, ist auch noch dein,
Da leg' ich Bilder dir hinein,
Gebete sind von selber drin.

Jetzt wär' genug wohl da? –
Jetzt hast du alles Gute –

Der Tausend! Ja, 'ne Rute,
Die fehlte noch, da ist sie ja!

Vielleicht – sie freut dich nicht,
Vielleicht – sie schlägt die Haut dir wund,
So manchem war es schon gesund,
Sei gut, so schlägt sie nicht.

Jetzt wär' er ausstaffiert,
Wie'n Kirmesbaum geziert,
Dann heißt es, wann der Tag erwacht,
Das Christkind hat den Baum gebracht.

Rief da der Wächter nicht
Schon elf? Wie doch die Zeit verrinnt!
Man merkt die Stunden nicht,
Wenn's Herz an etwas Nahrung find't.

Jetzt – Gott behüte dich,
Ein ander Mal denn mehr!
Heut war es, wo der heilge Christ
Ein Kind wie du geworden ist,
Werd auch so brav wie er!

Johann Peter Hebel

Weihnachtslied

Vom Himmel in die tiefsten Klüfte
Ein milder Stern herniederlacht;
Vom Tannenwalde steigen Düfte
Und hauchen durch die Winterlüfte,
Und kerzenhelle wird die Nacht.

Mir ist das Herz so froh erschrocken.
Das ist die liebe Weihnachtszeit!
Ich höre fernher Kirchenglocken
Mich lieblich heimatlich verlocken
In märchenstille Herrlichkeit.

Ein frommer Zauber hält mich wieder,
Anbetend, staunend muß ich stehn;
Es sinkt auf meine Augenlider
Ein goldner Kindertraum hernieder,
Ich fühl's, ein Wunder ist geschehn.

Theodor Storm

O Freudenzeit, o Gnadenzeit

O Freudenzeit, o Gnadenzeit,
Die aller Kinder Herz erfreut!
Es harren die Kleinen vor der Tür
Und wagen's nicht zu schaun herfür,
Ihr Herzlein klopft vor Bangigkeit,
Und schlägt und bebt vor Freudigkeit,
Du liebes Christkind nahe dich,
Will sein so fromm, beschenke mich!

Franz Graf von Pocci

Wenn die Kinder artig sind

Wenn die Kinder artig sind,
Kommt zu ihnen das Christkind,
Wenn sie ihre Suppe essen
Und das Brot auch nicht vergessen,

Wenn sie, ohne Lärm zu machen,
Still sind bei den Siebensachen,
Beim Spaziergehn auf den Gassen
Von Mama sich führen lassen,
Bringt es ihnen Guts genug
Und ein schönes Bilderbuch.

Heinrich Hoffmann

Weihnachtsabend

Man kann annehmen, daß, so sehr poetische Gemüter darüber klagen, wie in unserer Zeit alles Gedicht und Wundersame aus dem Leben verschwunden sei, dennoch in jeder Stadt, fast überall auf dem Lande, Sitten und Gebräuche und Festlichkeiten sich finden, die an sich das sind, was man poetisch nennen kann, oder die gleichsam nur eine günstige Gelegenheit erwarten, um sich zum Dichterischen zu erheben. Das Auge, das sie wahrnehmen soll, muß freilich ein unbefangenes sein, kein stumpfes und übersättigtes, welches Staunen, Blendung, oder ein Unerhörtes, die Sinne durch Pracht oder Seltsamkeit Verwirrendes mit dem Poetischen verwechselt.

Nur in katholischen Ländern sieht man große, imponierende Kirchenfeste, nur in militärischen glanzvolle Übungen und Kriegsspiele der Soldaten, in Italien haben die öffentlichen Feierlichkeiten der Priester, die mit dem Volk eins sind, sowie die Nationalfeste eher zu- als abgenommen, im Norden, namentlich in Deutschland, werden öffentliche Aufzüge, Freuden der Bürger und dergleichen immer mehr vergessen, das Bedürfnis trägt den Sieg davon über heitere Fröhlichkeit, der Ernst über den Scherz.

Als ich ein Kind war, so erzählte Medling, ein geborener Berliner, war der Markt und die Ausstellung, wo die Eltern für die Kinder oder sonst Angehörigen, Spielzeug, Näschereien und Geschenke zum Weihnachtsfest einkaufen, eine Anstalt, deren ich mich immer noch in meinem Alter mit großer Freude erinnere. In dem Teil der Stadt, wo das Gewerbe am meisten vorherrschte, wo Kaufleute, Handwerker und Bürgerstand vorzüglich ein rasches Leben verbreiten, war in der Straße, die von Kölln zum Schloß führt, schon seit langer Zeit der Aufbau jener Buden gewöhnlich, die mit jenem glänzenden Tand als Markt für das Weihnachtsfest ausgeschmückt werden sollten. Diese hölzernen Gebäude setzten sich nach der langen Brücke, sowie gegenüber nach der sogenannten Stechbahn fort, als rasch entstehende, schnell vergehende Gassen. – Vierzehn Tage vor dem Fest begann der Aufbau, mit dem Neujahrstag war der Markt geschlossen, und die Woche vor der Weihnacht war eigentlich die Zeit, in der es auf diesen beschränkten Raum der Stadt am lebhaftesten herging, und das Gedränge am größten war. Selbst Regen und Schnee, schlechtes und unerfreuliches Wetter, auch strenge Kälte konnten die Jugend wie das Alter

nicht vertreiben. Hatten sich aber frische und anmutige Wintertage um jene Zeit eingefunden, so war dieser Sammelplatz aller Stände und Alter das Fröhlichste, was der heitere Sinn nur sehen und genießen konnte, denn nirgendwo habe ich in Deutschland und Italien etwas dem Ähnliches wiedergefunden, was damals die Weihnachtszeit in Berlin verherrlichte.

Am schönsten war es, wenn kurz zuvor Schnee gefallen, und bei mäßigem Frost und heiterem Wetter liegengeblieben war. Alsdann hatte sich das gewöhnliche Pflaster der Straße und des Platzes durch die Tritte der unzähligen Wanderer gleichsam in einen marmornen Fußboden verwandelt. Um die Mittagsstunde wandelten dann wohl die vornehmeren Stände behaglich auf und ab, schauten und kauften, luden den Bedienten, welche ihnen folgten, die Gaben auf, oder kamen auch nur wie in einem Saal zusammen, um sich zu besprechen und Neuigkeiten mitzuteilen. Am glänzendsten aber sind die Abendstunden, in welchen diese breite Straße von vielen tausend Lichtern aus den Buden von beiden Seiten erleuchtet wird, daß fast eine Tageshelle sich verbreitet, die nur hie und da durch das Gedränge der Menschen sich scheinbar verdunkelt. Alle Stände wogen fröhlich und lautschwatzend durcheinander. Hier trägt ein bejahrter Bürgersmann sein Kind auf dem Arm, und zeigt und erklärt dem laut jubelnden Knaben alle Herrlichkeiten. Eine Mutter erhebt dort die kleine Tochter, daß sie sich in der Nähe die leuchtenden Puppen, deren Hände und Gesicht von Wachs die Natur anmutig nachahmen, näher betrachten könne. Ein Kavalier führt die geschmückte Dame, der Geschäftsmann läßt sich gern von dem Getöse und Gewirr betäuben, und vergißt seiner Akten, ja selbst der jüngere und ältere Bettler erfreut sich dieser öffentlichen, allen zugänglichen Maskerade, und sieht ohne Neid die ausgelegten Schätze und die Freude und Lust der Kinder, von denen auch die geringsten die Hoffnung haben, daß irgend etwas für sie aus der vollen Schatzkammer in die kleine Stube getragen werde. So wandeln dann Tausende scherzend mit Plänen zu kaufen, erzählend, lachend, schreiend an dem süßduftenden mannigfaltigen Zucker- und Marzipangebäck vorüber, wo Früchte, in reizender Nachahmung, Figuren aller Art, Tiere und Menschen, alles in hellen Farben strahlend, die Lüsternen anlacht: Hier ist eine Ausstellung wahrhaft täuschenden Obstes, Aprikosen, Pfirsichen, Kirschen, Birnen und Äpfel, alles aus Wachs künstlich geformt; dort klappert, läutet und schellt in einer großen Bude tausendfaches

Spielzeug aus Holz in allen Größen gebildet, Männer und Frauen, Hanswürste und Priester, Könige und Bettler, Schlitten und Kutschen, Mädchen, Frauen, Nonnen, Pferde mit Klingeln, ganzer Hausrat, oder Jäger mit Hirschen und Hunden, was der Gedanke nur spielend ersinnt, ist hier ausgestellt, und die Kinder, Wärterinnen und Eltern werden angerufen, zu wählen und zu kaufen. Auf der anderen Seite erglänzt ein überfüllter Laden mit blankem Zinn (denn damals war es noch gebräulich, Teller und Schüsseln von diesem Metall zu gebrauchen), aber neben den polierten und spiegelnden Geräten, blinkt und leuchtet in Rot und Grün, und Gold und Blau, eine Unzahl regelmäßig aufgestellter Soldatesken, Engländer, Preußen und Kroaten, Panduren und Türken, prächtig gekleidete Paschas auf geschmückten Rossen, auch geharnischte Ritter und Bauern und Wald im Frühlingsglanz, Jäger, Hirsche und Bären und Hunde in der Wildnis. Wurde man schon auf eigene, nicht unangenehme Weise betäubt, von all dem Wirrsal des Spielzeuges, der Lichter und der vielfach schwatzenden Menge, so erhöhten dies noch durch Geschrei jene umwandelnden Verkäufer, die sich an keinen festen Platz binden mochten, diese drängen sich durch die dicksten Haufen, und schreien, lärmen, lachen und pfeifen, indem es ihnen weit mehr um diese Lust zu tun ist, als Geld zu lösen. Junge Burschen sind es, die unermüdet ein Viereck von Pappe umschwingen, das an einem Stecken mit Pferdehaar befestigt, ein seltsam lautes Brummen hervorbringt, wozu die Schelme laut: »Waldteufel kauft!« schreien. Nun fährt eine große Kutsche mit vielen Bedienten langsam vorüber. Es sind die jungen Prinzen und Prinzessinnen des königlichen Hauses, die auch an der Kinderfreude des Volkes teilnehmen wollen. Nun freut der Bürger sich doppelt, auch die Kinder seines Herrschers so nahe zu sehen: alles drängt sich mit neuem Eifer um den stillstehenden Wagen.

Jedes Fest und jede Einrichtung, so beschloß Medling seinen Bericht, wächst mit den Jahren, und erreicht einen Punkt der Vollendung, von welchem es dann schnell, oder unvermerkt wieder hinabsinkt. Das ist das Schicksal alles Menschlichen im großen wie im kleinen. Soviel ich nach den Erinnerungen meiner Jugend und Kindheit urteilen darf, war diese Volksfeierlichkeit von den Jahren 1780 bis etwa 1793 in ihrem Aufsteigen und in der Vollkommenheit. Schon in den letzten Jahren richteten sich in näheren oder entfernteren Straßen Läden ein, die die teuern und gleichsam vornehmeren Spielzeuge zur Schau ausstellten. Zuckerbäcker errichteten in ihren Häusern anlockende Säle, in welchen man Landschaften aus Zuckerteig oder Dekorationen, später ganz lebensgroße mythologische Figuren wie in Marmor ausgehauen, aus Zucker gebacken sah. Ein prahlendes Bewußtsein, ein vornehmtuendes Überbieten in anmaßlichen Kunstproduktionen zerstörte jene kindliche und kindische Unbefangenheit, auch mußte Schwelgerei an die Stelle der Heiterkeit und des Scherzes treten. Doch ist mit allen diesen neueren Mängeln, so endigte unser Freund seinen Bericht, diese Christzeit in Berlin, vergleicht man das Leben dieser fröhlichen und für Kinder so ahndungsreichen Tage, mit allen andern Städten, immer noch eine klassische zu nennen, wenn man das Klassische als den Ausdruck des Höchsten und Besten in jeglicher Art gebrauchen will.

Diese Schilderung des Freundes sollte einer kleinen unbedeutenden Geschichte zur Einleitung dienen, welche sich an dem Heiligen Abend vor Weihnachten im Jahr 1791 in Berlin in der Nähe des erst geschilderten Schauplatzes zutrug.

In einem Dachstübchen saß bei einem bescheidnen Licht eine alte Frau, die mit großer Emsigkeit nähte und nur selten von der Arbeit aufsah. Ihr Kind, ein kleines Mädchen von sechs Jahren, stand am kleinen Fenster und erfreute sich des Scheines, den es seitwärts von der aufleuchtenden breiten Straße her beobachten konnte, denn das Eckhaus stand diesem Schauplatz der Weihnachtsfestlichkeit nahe genug, daß man hier, selbst in dieser Höhe, noch das Getriebe wie ein Summen oder verhallendes Getöse, wahrnehmen konnte, und der Glanz der vielen Lichter von dorther das Fenster noch streifte, an dem die Kleine beobachtend stand. Sie freute sich an den Karossen, die vorbeifuhren, vorzüglich an denen, deren Bediente Fackeln trugen, sie lauschte auf das ferne Getöse, und erwartete mit Ungeduld den Augenblick, in welchem sie sich mit der Mutter ebenfalls auf den vollgedrückten Schauplatz begeben würde. Es war aber noch zu früh, denn man hatte an diesem Tag, der zu den kürzesten und finstersten des Jahres gehörte, nur eben erst das Licht angezündet.

»Ach! wie hell!« rief die Kleine plötzlich.

»Was ist dir?« fragte die Mutter.

»Da unten, in dem großen Haus«, sagte das Kind, »zünden sie schon den Weihnachten an. Die Leute, die mit den beiden schönen Kindern erst vor acht Tagen da eingezogen sind. Die putzen recht früh ihren Weihnachten auf.«

»Die reichen Leute«, antwortete die Mutter, ohne von ihrer Arbeit aufzusehen, »können den Kindern diesen Abend freilich sehr herrlich machen. Sie haben auch wohl Gesellschaft dazu eingeladen.«

»Große Leute«, bemerkte das Kind, »passen nicht recht dazu, wenn's nicht auch Eltern sind, die ihre Kinder mitbringen.«

»Sie freuen sich doch auch«, sagte die Mutter, »an der Freude der Kleinen.«

»Das dauert nicht lange«, antwortete das Kind, »sie sehen die Lichter und Spielsachen an, reden ein bißchen darüber, und gleich kommen sie dann mit ihren altklugen Gesprächen und politischen Neuigkeiten, wie sie es nennen. Das habe ich wohl im vorigen Jahr gemerkt, wie wir noch in den kleinen Städtchen wohnten. Auch kann ich mich eigentlich an keinen früheren Weihnachten erinnern. Was weiß doch so ein großer, ausgewachsener Mensch, was alles in solchem Püppchen steckt.«

»Minchen«, sagte die Mutter, »nachher gehen wir aus, du sollst noch einmal die Herrlichkeiten da unten ansehen. Ich habe einen ganzen Taler aufgehoben, um auch für dich, mein Engelchen, einzukaufen.«

Die Kleine sprang zur Mutter hin, küßte sie und klatschte dann lebhaft in die Hände. »Einen ganzen harten Taler!« rief sie, »ei! Dafür können wir ja aller Welt Herrlichkeit einkaufen. Du bist aber gut, Mütterchen: Gar zu gut! Es ist eigentlich zuviel. Wir brauchten es eigentlich zu nötigeren Dingen, nicht wahr?«

»Freilich wohl«, sagte die Mutter seufzend, »ich möchte dir aber doch auch gern eine recht große Freude machen.«

»Gehen wir bald?« rief das Kind.

»Du weißt«, sagte die Mutter, »ich muß noch erst die alte Frau Gerstner abwarten. Sie ist immer so freundlich zu uns, und sie würde mit Recht böse werde, wenn wir nicht noch ein Stündchen blieben. Sie wollte schon nach Tisch kommen, sie muß abgehalten sein.«

»Sie ist gut«, sagte die Kleine, »aber der Bruder! O Mutter, warum hat doch wohl Gott solche unausstehliche Menschen geschaffen?«

Die Mutter, so ernst sie gestimmt war, mußte lächeln. »Sie machen sich wohl erst selbst so«, sagte sie dann, »der Schöpfer meint es wohl mit allen gut, daß sie angenehm und liebreich sein könnten.«

»Ich fürchte mich vor ihm«, sagte die Kleine, »und auch vor

unserm Wirt unten. Tun die Leute nicht immer, als wäre man boshaft und gottlos, wenn man nur arm ist. Wenn ich so recht, recht reich wäre, da wollte ich einmal zeigen, wie man es machen müsse. So höflich wollte ich sein, so angenehm und mildtätig. Alle Leute, besonders die Armen, sollten eine Freude haben, wenn sie mich nur zu sehen kriegten. – Aber warum, Mütterchen, werden wir denn meine Bescherung mir so gar spät aufputzen?«

»Komm einmal her, mein Kind«, sagte die Mutter nach einer Pause, indem sie die Arbeit niedergelegt hatte; »laß uns einmal vernünftig miteinander sprechen, du bist ein kluges Kind, und wirst wohl verstehen, wie ich es meine. Sieh, ich bin recht arm, jetzt so, wie ich es ehemals nicht war. Nun bin ich meinem Wirt unten noch von vorigem Vierteljahr die Miete schuldig, der Bruder der guten Frau Gerstner, der Herr Sambach, hat mir auf ihre Vorbitte einiges Geld vorgeschaffen, um das er mich auch oft dringend mahnt: beide kann ich jetzt noch nicht bezahlen. Kämen sie nun zufällig zu mir herauf, und das kann ja jeden Augenblick geschehen, so wüßte ich nicht, was ich antworten sollte, wenn sie hier eine große Festanstalt von Lichtern und Geschenken antreffen würden. Darum gehen wir später, weil die Frau Gerstner noch zu mir kommt, und ganz spät, wenn alles schläft, und in der eignen Familie oder fremder den Abend feiert, putzen wir unser Stübchen hier ein bißchen auf. Das ist Elend der Armut, daß sie vor harten Menschen sich immer noch ärmer und bettelhafter anstellen muß, damit man von ihnen, auch wenn man ihnen nichts schuldig ist, nicht noch Vorwürfe anhören muß. Und nun gar die, die von uns etwas zu fordern haben.«

Das Kind sah vor sich nieder und schwieg still. »Bist du verdrießlich?« fragte die Mutter. »Nein«, sagte die Kleine, indem sie die großen Augen munter aufschlug, und sich zu lächeln zwang, »gar nicht verdrießlich, aber doch traurig, daß ich freilich nicht so ausgelassen fröhlich sein werde, wie ich es mir heut den ganzen Tag und schon gestern und vorgestern vorgenommen hatte. Als wir uns mal da draußen im Walde verirrt hatten, voriges Jahr, ehe wir noch nach Berlin kamen, wie sahen wir uns an, wie wünschten wir nur einem einzigen Menschen zu begegnen, der uns wieder zurechtweisen könnte. Da kam nach langer Zeit, als ich weinte, und immer stärker weinte, ein wilder schwarzer Mann, ein Kohlenbrenner aus dem Busch, und es war uns, als wenn die Sonne aufginge; denn nun brachte uns der auf den rechten Weg. So dachte ich denn damals in meiner Dummheit: Ach! Was muß das herrlich sein, in einer großen, großen Stadt zu wohnen, wo man nichts als Menschen und Menschen sieht, daß sie uns trösten, wohltun, und uns erfreuen. Und nun sitzen wir so recht mitten unter den Menschen, und Sie machen uns nur betrübt, wir müssen uns vor ihnen fürchten, wie im dunklen Walde.«

»Man ist oft«, erwiderte die Mutter seufzend, »im Gedränge der Menschen am einsamsten. Jeder hat mit sich und seiner eigenen Not zu tun, und den Reichen und Vornehmen ist am wohlsten, wenn sie von uns nichts wissen und erfahren. Man sollte denken, alle Einrichtungen und Gesetze wären nur dazu gemacht, daß wir ihnen ja nicht zu nahe kommen sollen.«

Jetzt klopfte es an die Tür, und die erwartete Frau Gerstner trat herein. Das Kind, das recht gut Blicke und Mienen der Mutter verstand, ging, nachdem es die eintretende alte Frau anständig begrüßt hatte, in das Kämmerchen, welches noch vom Vormittag her warm war, und wo die Betten standen. Minchen zündete sich selbst recht geschickt die Lampe an, und entfernte sich, um ihre Leseübung fortzusetzen.

»Ich bringe Ihnen keine Hilfe, liebe Frau Nachbarin«, begann die Fremde, »denn mit meinem Bruder ist ein für allemal nichts anzufangen. Mein Mann hat nichts übrig, wie Sie wissen, und wenn er es hätte, würde er es nicht so zweifelhaft anlegen wollen. Mein eigensinniger Bruder will aber die fünf Taler, die Sie ihm noch schuldig sind, fahren lassen, wenn Sie auf seinen Vorschlag eingehen.«

»Liebe Freundin«, sagte die Mutter mit traurigem, aber bestimmten Ton, »ich kann es nicht, wie Sie ja selbst einsehen müssen. Mit meiner schwachen Gesundheit mich in einen offenen Laden hinsetzen und die Verkäufer abwarten, bei dieser Witterung – und was sollte nachher aus meinem Kind werden?«

»Liebe arme Frau«, erwiderte jene, »Sie haben freilich recht, und doch auch wieder unrecht. Ehe man ersäuft, rettet man sich doch lieber für den Augenblick auf einem schwachen Brett; vielleicht kommt nachher bessere Hilfe. Sie sehen ja doch, daß es mit der Stickerei nicht geht und ausreicht. Es ist wahr, Sie machen es schöner und besser, als ich es noch gesehen habe, aber Sie sind nicht persönlich mit den vornehmen aber auch den großen Kaufleuten bekannt. Der Bürgersmann braucht dergleichen nur selten, und so müssen Sie es immer auf Geratewohl unter dem Preis Leuten hingeben, die damit herumlaufen und es anzubringen suchen.«

»Sie haben recht«, antwortete die Mutter, »ich habe aber immer gehofft, Ihr Bruder, oder Ihr Mann, oder der Hauswirt hier unten, würden mir eine Stelle als Haushälterin bei einem Kaufmann, Witwer, oder wohlhabenden Bürger ausfinden können, wohin ich dann auch mein Kindchen mitnehmen könnte.«

»Liebstes Kind«, sagte die Fremde, »das ist schwer, fast unmöglich. Wo wir so hinkommen, zu den kleinen Bürgersleuten, da gibt es solche Stellen nicht. Da ist die Frau Ausgeberin und alles, schon Glücks genug, wenn Sie sich noch eine Magd halten kann. Der einzige Weg, wenn es gelingen soll, ist, daß Sie sich mit Ihrem Wunsch und Anerbieten in die Zeitungen setzen lassen.«

»Liebe Frau Nachbarin«, erwiderte die Mutter, »das eben scheint mir das Unmöglichste von allem dem, wollte ich auch meine Furcht vor diesem Schritt überwinden, so würde man doch gleich Zeugnisse verlangen, daß ich der Stelle auch gewachsen, daß ich treu und ehrlich sei, wo sollte ich die hernehmen, da ich bis jetzt noch niemals so etwas versuchte, sondern immer meine eigene Wirtschaft führte? Die Leute, denen ich hilfreich sein möchte, und die meine Sorgfalt etwa brauchen könnten, Kaufleute aus dem Mittelstand, Witwer und Greise, die ohne Familie, oder mit unerwachsenen Kindern leben, würden meine Anzeige auch schwerlich beachten. So hoffe ich immer, die persönlichen Bemühungen meiner Freunde und Bekannten würden mir etwas ausmitteln können.«

»Wissen Sie aber wohl«, fing die Nachbarin wieder an, »daß mein Bruder manchmal recht böse auf Sie ist? Ich verteidige Sie, soviel ich kann; aber er hält Sie für stolz und hoffärtig.«

»Mich?« sagte die Mutter, mit einem Ausbruch der Wehmut; »ich denke, ich bin tief genug hinabgestoßen, und habe alles aufgegeben, was ich wohl sonst für recht und notwendig hielt.«

»Die Männer«, sagte jene, »verkennen oft, was das Beste an uns Frauen ist. Und mein Bruder setzt nun etwas darin, barsch und ungezogen zu sein, er denkt, das ist brav und deutsch. Nun hält er auf sein Gewerbe, wenn es auch nur ein kleiner Kram ist, aber er ist doch Meister, er hat alles bezahlt und entrichtet, was dazu nötig ist; die Abgaben, die Miete, nichts bleibt er schuldig, und so ist er mit Ehren alt geworden, und hat keine Kinder. Eine treue Person in seinem Laden hätte er gern; der Laden ist offen, das ist wahr, aber er meint, wenn er Glastüren vor hätte, so würde die Umständlichkeit manchen Käufer abschrecken. Er selbst muß arbeiten und kann nicht immer den Verkauf abwarten, so sitzt bald ein Geselle, bald ein Bursche, bald die Hausmagd dort. Das ist ihm aber nicht reputierlich genug; auch kann er ja nicht wissen, ob die Leutchen ganz ehrlich mit ihm umgehen. Sehen Sie, Liebe, Sie überstehen den Winter schon. Sie denken sich es zu schlimm. Und, unter uns gesagt, aber Sie werden sich nichts merken lassen, oder mich verraten, der alte Mensch, mein Bruder, spekuliert noch ganz anders. Er hat keine Kinder, ist auch nicht in dem Alter, daß er noch welche kriegen könnte: Sie sind bei anständigen Jahren, aber so sauber und annehmlich, wie manche junge hübsche Frau es nicht ist, so will unser Brummbär Sie dann, wann Sie erst ein paar Wochen so gleichsam im Dienst bei ihm gewesen sind, heiraten. Und, Liebchen, wenn Sie erst seine Frau sind, so können Sie ihn gewiß zu allen Dingen bringen. Glauben Sie mir nur, so ein Bär und wilder Mann ist viel leichter zu bezähmen und zu regieren, wie so ein sanfter, stiller Mann, wie der meinige ist. Dann läßt er gewiß für den künftigen Winter Glastüren vor seinen Laden machen, und Sie sitzen als Frau vom Hause wie eine Prinzessin darin, und können auch noch einen kleinen Ofen anbringen lassen. Denn ihm ist es hauptsächlich darum zu tun, einer rechtlichen braven Person seine Wirtschaft so ganz und unbedingt zu übergeben; für eine solche hält er sie, und als seine angetraute Frau, meint er, würden Sie sich seines kleinen Vermögens mit ganzem Eifer annehmen, da es nachher doch auch das Ihrige ist. Sehen Sie, wie gut ich es mit Ihnen meine, denn, wenn ich ihn überleben sollte, würde ich doch sein bißchen von ihm erben. Sie können, liebwerteste Frau Nachbarin, auf seine Weise besser für sich und ihr hübsches Kindchen sorgen. Aber er, mein Bruder, hält Sie für zu stolz, in solchem kleinen Laden als Verkäuferin zu sitzen, Sie sind viel zu hochmütig, als daß Sie ihm die Hand vor dem Altar reichen sollten: Sie wünschen, daß man Sie ›Madam‹ tituliert, und nicht ›Frau Meisterin‹. Sie wollen Ihr Kind zu einer Gelehrten erziehen, daß es seine feinen weißen Händchen hübsch schonen kann. – Was antworten Sie mir nun auf meinc ehrliche Rede und aufrichtige Meinung?«

»Liebe Frau«, sagte die Mutter in großer Verlegenheit, »lassen Sie mir Zeit nachzudenken, alles zu überlegen nur bis Neujahr. Mein Schicksal ist ein trauriges, ein herbes; Sie und Ihr Herr Bruder meinen es auf Ihre Art gut mit mir – und doch können Sie sich in meine Empfindung, in meine Trauer nicht hineindenken. Man versteht ja einander so oft nicht im Leben, wenigstens nicht so ganz, um nicht dem Freund, dem Bekannten unrecht zu tun.– Ach! wenn nur mein Minchen nicht wäre! – Und doch ist das Kind wieder mein höchstes, mein einziges Glück. – Es ist aber wohl möglich, daß es zum entsetzlichen Elend heranwächst.«

»Jetzt, Liebchen«, fuhr die Nachbarin fort, »ist eine so hübsche trauliche Abendstunde, und ich habe auch noch etwas Zeit; jetzt erzählen Sie mir doch etwas von Ihrer Geschichte, wie Sie mir schon so oft versprochen haben.«

Die Mutter war sehr nachdenklich geworden. Tausend Gedanken gingen ihr eilig durch den Geist, und sie vermochte nicht, sie zu ordnen, oder einen festzuhalten. Sie war entschlossen, sich von diesen Verbindungen gutdenkender, aber engherziger Menschen loszumachen, aber doch konnte sie keine Hoffnung einer Möglichkeit schaffen. Sie erschrak, daß man ihr vorschlagen konnte, in ihrem Alter noch eine eheliche Verbindung mit einem Mann einzugehen, den sie nicht achten konnte, von allen anderen Hindernissen abgesehen. Jetzt war sie entschlossen, ihre jetzige Lage durchaus zu ändern, sich von allen diesen Bekanntschaften, die sie nur ängstigten, zu entfernen, und Mittel aufzusuchen, die ihr ein freieres Dasein sicherten. Der Entschluß stand unerschütterlich, nur fand sie jetzt noch kein Mittel, auch nur ein wahrscheinliches, ihn auszuführen. So hin und her denkend und fühlend, indem sie sich auch Vorwürfe machte, daß sie den guten Willen dieser Menschen, die von ihrem Gemüt nichts wußten und ahnten, verkennen müsse, entschloß sie sich endlich, der wohlmeinenden Nachbarin ihre Geschichte zu vertrauen, um wenigstens jenen ungegründeten Vorwurf des Hochmuts von sich abzuwälzen.

Sie stand auf und ging in die kleine Schlafkammer. Hier saß das Kind Wilhelmine und las mit gefalteten Händen in einem Gesangbuch, die heiteren Weihnachtslieder, die gutmeinende fromme Seelen in kindlicher Einfalt gedichtet haben, und darum auch jetzt noch jedes reine Herz, wie vielmehr das eines guten Kindes wie mit dem Flügelschlag von Engelsfittichen berühren.

Die Mutter kehrte zurück, putzte das Licht und sagte dann: »Nein, liebe Nachbarin, nicht hochmütig sollen mich meine Freunde schelten, und darum will ich Ihnen etwas von meinem Schicksal erzählen, damit Sie fühlen können, warum ein unvertilgbarer Schmerz mein Leben trübt, und jede Heiterkeit fast unmöglich macht.

Im nördlichen Deutschland, in einer bedeutenden Stadt bin ich geboren und erzogen. Meine Eltern waren wohlhabend, man wollte sie sogar reich nennen, und so war meine Erziehung von der Art, wie jeder gute Mensch sie seinen Kindern wünschen muß. An unserem Haus grenzte ein noch größeres, dessen Besitzer noch reicher war, als mein Vater. Dort lebte ein Knabe, einige Jahre älter, als ich, ein liebes verständiges Kind, mit dem ich meine müßigen Stunden in allerhand heiteren Spielen vertrieb. Als wir größer wurden, erfuhren wir es von unseren Eltern zuerst, daß wir uns liebhätten, oder uns liebten, wie man es in der herkömmlichen Sprache ausdrückt. So wuchsen wir heran, und wurden schon lange von allen Bekannten Braut und Bräutigam genannt, bevor wir uns verlobten. Als dies geschah, wurden wir weit schüchterner in unseren Scherzen und Gesprächen, denn mein Verlobter merkte nun, daß es ein wirkliches ernstes Leben gebe, und ich wurde über meine Gefühle ebenfalls belehrt, die ich bis dahin nur so hatte walten lassen. Alles, was Bedeutung, Inhalt hat, hat eben dadurch etwas Fruchtbares; und kein Mensch fühlt das so stark, als die kindliche Jungfrau, die ihrer Bestimmung entgegenreift. Ist das Schicksal des Mannes ernst, darf der Übergang von Kindheit und Jugend zum Alter Besorgnis erregen, so hat dieser Augenblick für das Mädchen etwas Gespenstisches. Wenn sie nämlich denkt. Denn eben, weil wir nur mit Puppen, unseren zukünftigen Kindern, spielen, ist uns die Erklärung, die in unser Leben tritt: Es sei nun Ernst mit diesem Scherz! um so furchtbarer. Wie wenige glückliche Ehen gibt es. Wie bildet sich nun erst bei den meisten Menschen Lüge und Unwahrheit aus. Wie viele wenden sich jetzt auf ewig vom Angesicht der Wahrheit ab?

Ich war aber mit meinem Friedrich in der Ehe unaussprechlich glücklich. Er liebte mich wahrhaft, so wie ich ihn; wir lebten im Wohlstand und erfreuten uns jedes neu aufgehenden Tages. Wir hatten, so schien es, viele Freunde, denn unser großes Haus wimmelte oft von Gästen, und Freude und Lust ertönte in den Sälen beim Gastmahl. Alle Welt pries uns glücklich, viele beneideten uns wohl auch. Nach einem Jahr gebar ich mein erstes Kind, einen Knaben, der in der Taufe den Namen Heinrich erhielt. Als der Vater meines Gatten starb, übernahm mein Mann dessen Geschäfte ebenfalls, so war er nun Vorsteher einer großen Fabrik, und führte zugleich einen beträchtlichen Speditionshandel.– Nach einigen Jahren waren wir die Eltern von vier gesunden und blühenden Kindern, und unser Wohlsein wäre fast vollkommen gewesen, wie es irdisch möglich ist, wenn sich nicht zweierlei in meinem Gatten immer mehr entwickelt und unsere Zufriedenheit gestört hätte. So gut mein Gatte war, so überraschte ihn doch von Zeit zu Zeit ein Jähzorn, der sich bis in das Furchtbare steigern konnte, wenn er alsdann Widerspruch erfuhr. Man mußte ihn austoben lassen, und da viele seiner Untergebenen diese seine Art nicht kannten, oder sich ihr nicht fügen wollten, besonders Fremde, die von ihm nicht abhängig waren, so fielen oft die unseligsten Auftritte vor. Meine Bitten, seine stets erneuerten Versuche, sich zu ändern und zu bessern, halfen zu nichts. Seine Verstimmung wandte sich aber nicht selten gegen sein eigenes Wesen und Schicksal. So wohl es ihm eigentlich ging, so unzufrieden war er doch mit seinem Beruf. Er zürnte seinem verstorbenen Vater, daß er seinem Wunsch, ihn studieren zu lassen, nicht nachgegeben hatte. Mein Mann war geistreich, witzig, belesen, er hatte Menschenkenntnis und ein gutes Gedächtnis, so daß er sich vielleicht nicht mit Unrecht einbilden durfte, er sei zu einem ausgezeichneten und berühmten Gelehrten von der Natur bestimmt gewesen.

Nur der Gedanke, daß sein ältester Sohn Heinrich diesen Stand erwählte und in ihm groß werden sollte, konnte ihn einigermaßen über seinen verfehlten Lebensplan trösten und beruhigen. Diesem Sohn, der viele Fähigkeiten verriet, wurden nun geschickte Lehrer gehalten, er wurde früh auf das Gymnasium, das in unserer bedeutenden Stadt ein berühmtes war, geschickt, und erhielt von seinen Lehrern das Lob großen Fleißes und eines untadeligen Betragens. Aber ungeachtet dieser Lobeserhebungen entdeckte mein scharfsinniges Auge bald, daß die Sinnesart meines Heinrich nicht für einen Gelehrten passe. Gerade alles, was der Vater verachtete, war ihm lieb, alles, was sich auf Handel, Maschinen und Fabrikwesen bezog, war ihm höchst wichtig, und der Geist des Großvaters schien in ihm sich neu zu beleben. Sein größtes Entzücken aber waren die Beschreibungen von weiten und gefährlichen Seereisen, von entfernten, fremden Ländern, Entdeckungen unbekannter Inseln, und die berühmten großen Kaufleute der verschiedenen Jahrhunderte standen ihm als die herrlichsten Musterbilder vor seiner Einbildung. Er hatte bald bemerkt, daß er diese Leidenschaft vor seinem heftigen Vater verheimlichen müsse, und so war ich, ohne daß ich es suchte, seine Vertraute geworden. Es war vergeblich, als er älter war, wenn ich es versuchte, ihm den Lieblingswunsch seines Vaters geneigt zu machen, denn als er erst imstande war, über seinen Beruf nachzudenken, erklärte er unverhohlen, daß er nichts so sehr als den Stand und die Bemühungen eines Gelehrten verabscheue; Kaufmann wolle er werden und in einer großen Seestadt seine Lehrjahre überstehen, um künftig dann reisen und als Mann einer ausgebreiteten Handlung vorstehen zu können. Es war natürlich, daß sein Fleiß auf der Schule nachließ, daß die Lehrer über ihn klagten, daß der Vater zornig war. Mit dieser Verstimmung vereinigte sich noch der Verdruß, daß unsere Geschäfte sowie unser Vermögen sich auffallend verringerten. Da der Besitzer das nicht leichte, sondern verwickelte Geschäft mit Unlust trieb, die besten Arbeiter seine Fabrik verließen, und durch allerhand Ereignisse der Zeit der Speditionshandel weniger tätig wurde, so verlor sich allmählich der Glanz unseres Hauses, und mit diesem entwichen auch die meisten Freunde und Anhänger. Mißmut, Verdruß, Zorn, sein unglückliches Temperament warfen meinen Mann auf das Krankenlager, dieser erste Anfall seiner Gicht, die ihn nachher niemals wieder verlassen hat, war furchtbar. Ich war Tag und Nacht seine Pflegerin, und erfuhr nun von ihm in den Stunden, in denen er wieder ganz sanft und liebenswürdig war, daß er sich von Schwindlern hatte mißbrauchen lassen, die seine Gutmütigkeit kennend, ihn zu ganz törichten Projekten und Spekulationen verleitet hatten, durch welche große Kapitalien verloren, und in denen diese Betrüger nur die Gewinner waren. So hatte sich denn der Horizont unseres Lebens wirklich verfinstert.«

»Ei!« sagte Frau Gerstner, die Erzählerin unterbrechend, »das, liebe Madam, habe ich nicht gewußt und mir nicht träumen lassen, daß Sie einmal in der Welt eine so glänzende Rolle gespielt haben. Ja, da – da begreife ich nun wohl manches – auch daß Sie nicht so sehr nach dem kleinen Laden begierig sein können.«

»Das ist alles vorüber und auf immer verschwunden«, antwortete die Mutter; »ich bejammere jetzt meine Verblendung, als ich in jenem Zustand war, denn jetzt könnte ich mit meinem armen Kindchen ein Jahr von dem leben, was uns damals eine einzige prahlerische Mittagstafel kostete, an der elende Menschen lachend und wohlgemut schwelgten. Ich wußte damals nicht, was die Armut zu bedeuten hat.«

»O Madam«, sagte Frau Gerstner, »Sie sind aber wahrhaftig gütig, daß Sie mir so mitteilsam Ihre Lebensgeschichte erzählen. Ich hatte sie mir ganz anders gedacht.«

»Ich bitte«, sagte die bekümmerte Mutter, »daß Sie mich wieder, so wie bisher, immer Freundin und Nachbarin nennen. Sie sind mehr wie einmal meine Wohltäterin gewesen, seit ich in diese große Stadt gekommen bin. Das kann und werde ich niemals vergessen. Jetzt stehe ich tief unter dem kleinsten und ärmsten Bürgersmann; mein Schicksal zwingt mich, bei jedem Hilfe zu suchen.«

»Nobel gedacht!« sagte Frau Gerstner; »das könnte ich nimmermehr so, wie Sie, über mein Herz bringen. Da es nun aber einmal so heißen soll, liebste, geehrteste Frau Nachbarin, so haben Sie jetzt die Güte, in Ihrer Geschichte fortzufahren.«

»Wir standen also«, sprach die Mutter, »zur Welt in einem ganz anderen Verhältnis, als bisher. Durch alle diese Leiden schien mein Mann, als er wieder besser war, früh alt geworden zu sein. So sehr er sonst die Menschen aufgesucht hatte, ebenso eifrig vermied er sie jetzt. Er war ihnen oft ganz feindlich und schalt das ganze Geschlecht. Mit Nachteil verkaufte er seine Fabrik und zog sich ganz auf den Stand eines mittelmäßigen Spediteuers zurück. Ein sicheres, aber wenig einträgliches Geschäft, und um so weniger, da mein Mann oft durch Unpäßlichkeiten gehindert wurde, ihm mit Tätigkeit und Fleiß vorzustehen. Wir hätten in der Beschränktheit noch sehr glücklich sein können, wenn wir uns dem Schicksal gefügt, wenn wir seinen Winken Folge geleistet hätten. Denn gewiß ist das Schicksal, wenn schon fast erwachsene nicht unkluge Kinder mit festem Sinn eine Meinung aussprechen, welche ihren Beruf und ihr künftiges Leben bestimmen soll. Und so war es mit unserem Heinrich, der nun fast schon neunzehn Jahre alt war und in wenigen Monaten zur Universität abgehen sollte. Ich, seine Vertraute, war Ursache, daß er nicht schon längst mit dem Vater von seinen Absichten und Wünschen gesprochen hatte, weil ich die Szene, die ich in diesem Fall vorhersehen konnte, zu sehr fürchtete.

Der Geburtstag des Sohnes kam heran. Ich hatte einige Geschenke besorgt, Kleidungsstücke, wie er sie liebte, einiges, was ich ihm selbst genäht und gearbeitet hatte, Stickereien, wie auch Männer sie tragen. Mein Mann hatte ein Getreibe und Geschicke, daß ich wohl sah, es sollte etwas Bedeutendes werden, er wollte es mir aber nicht sagen, womit er unseren Heinrich zu überraschen dachte. Der Tag kam, der Sohn war gerührt, er dankte mir für meine Arbeiten mit Tränen, und nun öffnete sich die andere Tür – und eine große Anzahl Bücher, teure Werke, Lexika, Ausgaben von Klassikern, Folianten und Quartanten standen prahlend da, von Blumen und Lorbeerkränzen umschwebt. – Der Vater hatte auf Überraschung, freudigen Schreck und dann, nach der Besinnung, auf enthusiastische Freude des Jünglings gerechnet, – und da nun alles ganz anders wurde, Heinrich bald die Bücher, bald den Vater mit einem Blick kalter Bewunderung betrachtete, so war ich auf meinem Sessel schon einer Ohnmacht nahe, denn auf dem Angesicht des Vaters zeigte sich die Röte, jenes Feuer im aufgerissenen Auge, das ich nur zu gut kannte, um nicht zu wissen, daß jetzt die schrecklichste Explosion von Wut und Raserei ausbrechen würde.

So kam es denn auch. – Erst, mit scheinbarer Mäßigung fragte der Vater noch: »Diese Bücher scheinen dem Herrn Sohn wohl keine Freude zu machen?« Heinrich sagte zögernd: »Lieber Vater – es steckt ein ganzes Kapital darin!« schrie dieser, »mancher Professor wünschte sie sich umsonst.« – »Hören Sie mich an, lieber Vater«, sagte Heinrich leichenblaß, – »ich kann sie nicht brauchen, da ich fest entschlossen bin, statt auf die Universität, mich auf ein großes Kontor in der Seestadt zu begeben, weil ich fühle, daß ich nicht zum Gelehrten tauge.« – Hier hörte ich nun einen gräßlichen Fluch aus dem Mund meines Mannes, und mit angestrengter Kraft packte er den größten Folianten und schleuderte ihn wütend nach dem Haupt des Sohnes, rasend vor Wut. Mein Heinrich stürzte getroffen nieder, er hätte ausweichen können, aber ich sah, daß er nicht wollte. Aus einer großen Kopfwunde blutend lag er jetzt betäubt und wie ohne Bewußtsein auf dem Boden, und der Vater, sich selbst in Wut nicht kennend, sprang auf den Gefallenen und trat ihn, indem er furchtbar mit den Zähnen knirschte. So wurde der Geburtstag unseres Ältesten gefeiert. Daß ich weinte und schluchzte, vergeblich bat und flehte, wurde von dem Rasenden nicht einmal bemerkt. Der Sohn erhob sich endlich schweigend, taumelte und ging auf den Vater zu, der sich indessen etwas gesammelt hatte, es schien, Heinrich wollte ihm etwas sagen, doch er verstummte, sah aber meinen Mann mit einem so sonderbaren Blick an, daß der Vater gewiß noch auf seinem Todesbett diesen unbeschreiblich seltsamen Blick in seiner Brust empfunden hat. Der Sohn ging so stumm nach seinem Zimmer, und mit zitternder Hand klingelte der Vater. Als der Diener kam, sagte er: »Geht zu meinem Sohn Heinrich, holt den Arzt, er ist nicht wohl, und hat eine Wunde am Kopf.«

Nun mußte ich, zwar sanft vorgetragen, die Vorwürfe des Mannes erdulden: Wie ich gewiß um alles gewußt, ihm nie von den Dummheiten gesagt, ich also eigentlich die Schuld von allem trage.

Da ich sein Temperament kannte, schwieg ich, als wenn er im vollkommenen Recht wäre, und nur am Abend, als ich ihn nachdenkend und in sich gekehrt sah, sprach ich für den Sohn. Er hatte gewiß schon sein Unrecht eingesehen, und würde es auch bekannt haben, wenn ein ganz eigener Stolz es ihm nicht unmöglich gemacht hätte. Morgen früh, sagte er endlich, will ich mit dem einfältigen Jungen vernünftig und ruhig sprechen. Will er's denn durchaus, so mag er denn auch so ein elender Mensch werden, wie ich selber bin. Er hat keinen Stolz in sich, der Armselige, sonst würde er es einsehen, wie gut ich es mit ihm meine. – Der arme Vater konnte, so war sein Herz gepreßt, die ganze Nacht nicht schlafen. Lange vor Tag machte er sich auf, zündete selbst das Licht an, und ging sorgend und leise mit sich selber sprechend, in das Zimmer des Sohnes. Er glaubte, ich schliefe, aber mich hatte ebenfalls die Sorge wach erhalten. Eilig zog ich mich an, um die Versöhnung mit dem lieben Kind mit dem Vater zugleich zu feiern. Ich horchte mit gespanntem Ohr und klopfendem Herzen, denn ich dachte in jedem Augenblick, daß sie kommen und Arm in Arm hereintreten würden. Eine Viertelstunde verging so und noch eine, und mein Herz klopfte immer ängstlicher. Endlich konnte ich nicht länger bleiben, ich stieg die Treppe zitternd hinauf, in Angst, daß sich ein neuer Streit entsponnen haben möchte. Als ich mich aber der Türe näherte, war alles still, mir war, als hörte ich weinen und schluchzen. Ich trat in die Stube – und – den Anblick werde ich niemals vergessen: – Der große stolze Mann lag bleich und heftig weinend, leichenblaß und ganz zerbrochen, vernichtet und trostlos im Sessel, er konnte vor Schluchzen nicht reden, stumm hielt er mir nur mit heftig zitternder Hand ein Blatt entgegen. Ich nahm und las. Es war ein Brief von unserem Sohn. Er sagte hier, daß er auf ewig Abschied nehme, daß er uns nicht sagen wolle, wohin er gehe, er habe aber unabänderlich seinen Beruf gewählt. Er sei alt genug, sich selbst zu helfen, und danke für seine Erziehung und für alles, was ihn der Vater habe lernen lassen. Von mir nahm er mit Liebe Abschied, und den Vater bat er um Verzeihung, daß er ihm die Freude nicht habe machen können, die er von ihm erwartet habe. Sonst waren in diesem verständigen Brief auch einige harte und herzzerreißende Stellen. So sagte er im Anfang mit schrecklicher Bitterkeit, mit den Füßen habe ihm an seinem Geburtstag der Vater den Brief geschrieben, der ihn frei und los spreche; mit Blut sei diese Lossprechung unterzeichnet worden, und da er weder verheißen könne noch wolle, daß er sich bei einer wiederkehrenden Veranlassung nicht widersetzen würde, so sei es besser für beide, daß sich das Angesicht des Vaters und Sohnes niemals wieder gegenüberständen. –

Als der Vater sich am Weinen gesättigt hatte, wütete er gegen sich, nannte sich Kindermörder, verfluchte seinen Jähzorn und sein heißes Blut und ruhte nicht eher, als bis er schon am folgenden Tage wieder auf dem Krankenlager gefährlich daniederlag. Wir forschten nach dem Sohn, konnten aber keine Spur entdecken. Unter fremden Namen mußte er Stadt und Land verlassen haben. – Meine Augen haben ihn seitdem nicht wiedergesehen, und der Vater hat sterben müssen, ohne sich an seinem Anblick trösten zu können.«

Die Erzählerin weinte und verbarg das bleiche Antlitz in ihrer Schürze, da lief in großer Aufregung die kleine Tochter herein und rief: »Ach! Mutter! Mutter! Das war recht schrecklich und kurios! Drüben, wo die hübschen Kinder unten in den großen Fenstern und Stuben wohnen, sieh, alles war so schön hell, man konnte von hier nun von den großen Pyramiden mit den vielen, vielen Lichtern etwas sehen, nun gingen sie, kamen sie, mit einem Male brannte der Fenstervorhang lichterloh: Ich hörte bis hier hoch hinauf das laute Schreien von Kindern und allen. Da kam ein langer Mann und riß den ganzen Vorhang herunter. Auch das Fenster machten sie auf, daß der Qualm herausziehen konnte. Unten auf der Gasse schrien schon etliche Feuer. Es war alles eigentlich recht lustig; besonders weil doch kein Feuer ausgekommen ist.«

Die Mutter hatte sich wieder gesammelt, sie sprach noch einige Worte mit dem Kind. Die Kleine ging auf einen stillen Wink in die Schlafkammer zurück, wo sie sich wieder zum Buch hinsetzte. Frau Gerstner sah die Erzählerin mit einem aufmerksamen, anfordernden Auge an, und diese fuhr auch mit bewegter Stimme fort: »Ja, liebe Freundin, ich habe in meinem noch nicht so gar langen Leben, viele Schmerzen, unendlich viel trübe Stunden, Tage, Wochen und Monate überstanden. Es zeigte sich immer deutlicher, daß wir eigentlich schon durch Unfälle und auch Verschulden arm geworden waren, und auch dieser Zustand hätte noch erträglich, vielleicht sogar nicht ohne Glück sein können, wenn der stolze Charakter meines Mannes diese Armut nur hätte ertragen können. So aber ärgerte er sich über sich selbst und mit anderen herum und sein Leben und die Menschen, selbst die besseren, wurden ihm unerträglich. Nur ein Mann hielt bei uns aus, und übertrug mit Wohlwollen diese menschenfeindliche Stimmung, unser Hausarzt, der meist täglich in unser Haus kam, denn auch ich und die Kinder kränkelten oft und viel.

Nun war ich schon in Jahren, auch die anderen Kinder, zwei Mädchen und ein Knabe waren schon ziemlich erwachsen, als ich mich plötzlich, gegen mein und aller, selbst des Arztes Erwartung wieder guter Hoffnung fühlte. O meine Freundin, als nun mein Minchen, das liebe Kind, das Sie kennen, zur Welt kam, als ich in wehmütiger Freude und Schmerz auf meinem Lager lag, da suchte der Herr uns heim auf eine eigene Art. Ich hatte meine Kinder schon lange nicht gesehen, nun gestand mir endlich der Arzt, sie lägen alle tödlich am Scharlach danieder. Sie starben auch und wurden begraben, ohne daß ich die geliebten Leichname nur wieder gesehen hätte. Meinen Mann hatte vor Schreck, Angst und Trauer die Gicht überfallen, und er lag ohne Hoffnung. Das war ein Kreuz. Ich konnte in meinem Jammer das arme Würmchen nicht selbst stillen, so daß wir eine Amme annehmen mußten. – So war alles vormalige Glück wie ein Traum versunken, nur mein Minchen, das die Mutter noch nicht einmal kannte, war mein Ganzes, meine Gegenwart und Zukunft. Sowie ich nur aufstehen durfte, ergab ich mich ganz der Pflege meines Mannes und Kindes. Über die Gestorbenen sprachen wir gar nicht mehr, der Arzt war wie unser Bruder, so wußte, so teilte er allen unseren Kummer. Es war ein Trost, daß wir endlich von unserem ältesten Sohn, Heinrich, wieder etwas hörten. Er schrieb uns aus Westindien, und war ein gemachter Mann. Ob er schon verheiratet war, konnten wir aus seinem Brief nicht ersehen, denn er meldete, daß er uns nächstens überraschen würde. Auch der Vater war über das gute Fortkommen seines Sohnes sehr erfreut, nur war sein körperliches Leiden so übermächtig, daß er fast nichts anderes denken oder fühlen konnte. Jetzt kam der Arzt oft zwei-, dreimal am Tag, es war nicht selten, daß er einige Stunden in der Nacht beim Kranken wachte, weil die seltsamsten Zufälle und Umsetzungen der Krankheit oft die schnellste, augenblickliche und starke Hilfe der Arznei notwendig machten. So ging nun mehr als ein Jahr hin. Minchen war gesund und schön und lieblich, wie ein Engel. Ach, aber, wenn nun mein armer Mann scheinbar auf ein paar Tage wieder etwas besser war, er aufstand, umherging, sprach und etwas las, und er wohl das Gelüst empfand, eine einfache kräftige Lieblingsspeise selbst mit Bewilligung des Arztes zu genießen, und nun nach kurzer Zeit die furchtbaren Magenkrämpfe wieder eintraten, und er nun sich, die Natur und Welt, mit den gräßlichsten Ausrufungen verfluchte, sich in seinen namenlosen Leiden wand, und selbst jede Teilnahme und Liebe, jedes freundliche Wort mit Wüten und Rasen von sich wies; – nein, es gibt keine Sprache, um sein Unglück und meine Empfindungen zu schildern. Wenn man darüber grübelt, warum manche Menschen soviel mehr als Millionen andere, so fürchterliche Schmerzen ausstehen müssen, so ist man jedesmal in Gefahr, den Verstand zu verlieren. So kam denn nun noch, als wir immer im stillen dachten: Jetzt und wieder jetzt kann unser Sohn Heinrich zur Tür hereintreten, eine entsetzliche Nachricht. Auf einer Geschäftsreise hatte er Schiffbruch erlitten, von Holland schrieb es uns einer seiner Freunde und legte die gedruckte Liste der Umgekommenen bei. Unser Heinrich war ausdrücklich genannt, mit seinem wirklichen und seinem angenommenen Namen. Dieser Holländer fügte noch hinzu, daß er fast bis zu den letzten Augenblicken um unseren Heinrich gewesen sei. Auf einem Mastbaum hatten sie sich beide zu einer einsamen Klippe treiben lassen, die sie beide mühsam erklommen und dort die Nacht frierend, hungrig und in Trauer zugebracht hätten. Mein Heinrich hatte schon auf dem Schiff an einem Fieber gelitten. Mit dem Morgen faßte der Freund den Entschluß, sich in das Meer zu stürzen und sich an das freilich weit entlegene Ufer zu retten. Heinrich war zu matt, um dies zu wagen, und so nahmen sie, wie zwei Verzweifelte, Abschied voneinander. Heinrich beschwor ihn noch, uns, den Eltern, von seinem unglücklichen Ausgang Nachricht zu geben, und das war denn auch geschehen. Der Freund gelangte unter Lebensgefahr nach Stunden erst an das Ufer, von da nach vielen Mühseligkeiten nach Holland. Er war mit einem Boot zur Klippe gerudert, aber Heinrich war schon in die See gestürzt und verschwunden.

Weiter fehlte jetzt nichts, um die Lebenslampe auszulöschen, die nur noch schwach brannte. Denn nach diesem Schlag gestand mir mein Gatte, dessen Herz nun völlig gebrochen war, wie er im stillen, ohne je davon zu sprechen, sein Alter auf die Liebe und den Wohlstand seines Sohnes Heinrich gestützt habe. Er hatte seinen Sinn zur Demut bequemt, und wollte sein ehemals gemißhandeltes Kind gern als seinen Wohltäter mit väterlicher Liebe und Dankbarkeit in seine Arme schließen. Dieses sagte er mir mit Tränen und zugleich mit höhnischem Lachen, denn in der letzten Zeit grübelte er auf seinem Lager immer darüber, wodurch er ein so ausgezeichnetes Unglück verdient habe. – Als ich ihn begraben hatte, wußte ich erst, welchen bitteren Trank eine arme Witwe auszuleeren hat, die nun von allen Habsüchtigen verfolgt und wie ein verfolgtes Wild, welches zur Beute dienen soll, gejagt wird. Forderungen, Rechnungen, die noch nicht bezahlt waren, liefen ein; vieles war gewiß schon berechtigt, aber ich konnte es nicht beweisen, weil mein Mann bis zuletzt diese Angelegenheiten selbst besorgte und das Recht des Herrn nicht aufgeben wollte.

Unser Hausarzt, ein wohlhabender Mann, stand mir in diesem Wirrsal bei, und bald war die Ordnung wieder hergestellt und alles beruhigt. Nun sollte ich aber erst den größten Schreck erleben. Derselbe Mann, den ich für unseren redlichen, vertrautesten Freund gehalten hatte, kam nun mit einer ungeheuren Rechnung. Alle die vielen Gänge, die er seit manchem Jahr in unser Haus getan, waren genannt, und jeder auf das teuerste angesetzt. Wenn ich diese Summe bezahlen mußte, so blieb mir, das konnte ich vorher wissen, von meinem Vermögen gar nichts übrig, denn auch auf dem Haus, das mir noch gehörte, lasteten schon viele Schulden. Ich wußte, daß mein Mann vierteljährlich diese Rechnungen, wenn sie eingereicht wurden, bezahlte; ich sagte also dem Advokaten (denn der Doktor hatte nicht den Mut, selber zu mir zu kommen), diese Schuld würde ich auf keine Weise anerkennen. So wurde die Sache denn gerichtlich gemacht. O meine Freundin, welche schlaflose, jammervolle Nächte brachte ich nun bis zur Entscheidung hin. Ich suchte unter den Papieren, ganze Kisten erforschte ich bei nächtlicher Lampe, Blatt für Blatt, meine Angst stieg immer höher, bis zum Schwindel und zur Ohnmacht, je näher der Gerichtstag heranrückte. Mein Mann war schon in seinen glücklichen Zeiten niemals ordentlich gewesen; seitdem aber unser Hauswesen in Verfall geraten war, seitdem ihn die Krankheit zu allen Geschäften untauglich machte, ließ er vollends alles gehen, wie es wollte. Der Advokat hatte mir gesagt: Wären die Summen, die der Doktor forderte, schon seit Jahren, und die letzten neuerdings bezahlt, so müßten sich ja auch die Quittungen des Arztes vorfinden, könne ich aber solche nicht vorweisen, so würde vom Gericht die Forderung des Doktors gewiß anerkannt werden. – Ich fand nun alles mögliche, aus den ältesten Zeiten, sogar Schuldverschreibungen längst verstorbener Schuldner, oder entlaufener Schuldner, nur nicht, was ich suchte. In Todesangst durchforschte ich manche Kisten und Schubläden zwei- und dreimal, und in der letzten

Nacht, als ich wieder so gearbeitet hatte, lief ich händeringend die Stube auf und ab, und betrachtete mein schlafendes Wilhelminchen, das so sorglos in einem Bettchen lag. Kalter Schweiß stand mir auf der Stirn, der Morgen dämmerte schon herauf, und die furchtbare Stunde der Entscheidung rückte näher und näher. Viele Papiere lagen auf dem Boden, die ich, wie ich sie untersuchte, in der Beängstigung umhergestreut hatte. So nehme ich, ohne zu denken, ein Briefkuvert auf, ich hatte es vorher schon zwei-, dreimal angesehen. Die Aufschrift war von der Hand des Doktors: Ich mache es noch einmal auf, ein Blatt ist darin, es ist eine Quittung aus den letzten Zeiten, in der gesagt wird, daß man als vierteljährliche Rechnung den Empfang der Summe bescheinige. Ich zittere an allen Gliedern und mußte mich niedersetzen. O wie erbarmungswürdig ist es, wenn der Mensch, der schon die größten Schmerzen erlebt hat, der Kinder und Gatten verlor, dem das Herz vom Eintreten der furchtbaren Todesgestalt schon öfter zerrissen war, auch noch um Geld und Gut, wie mit entsetzlichen und riesenhaften Ungeheuern kämpfen muß, weil mit diesem Verlust ihm ein unübersehbares Elend entgegentritt.

Ich wußte nicht mehr, wie mir war. Mit Tränen umarmte ich mein Minchen und begab mich zum Rathaus. Der Doktor war auch schon da, es war, als wenn er nicht den Mut hätte, mir ins Gesicht zu sehen. Mein Anblick mochte auch wohl ein sehr elender sein, da ich so viele Nächte nicht geschlafen und seit langem fast nichts genossen hatte. Das Gericht versammelte sich. Es war mir, als wenn mich alle mit dem größten Mitleid betrachteten. Es waren freilich auch einige alte Herren darunter, die öfter in der Zeit unseres Reichtums an unserer fröhlichen Tafel gespeist hatten. Der Advokat trug noch einmal die Klage meines Gegners vor, und der Richter meinte, wenn der Doktor die Rechtmäßigkeit seiner Forderungen beschwören wollte, da ich nichts Schriftliches für die Wahrheit meiner Behauptung ausweisen könne, so müsse man ihm sein Recht widerfahren lassen und von mir die Summe herbeigeschafft werden; könne ich aber nur eine einzige Quittung vorweisen, so sei freilich die Annahme für mich und meinen Mann der Beweis, daß die ganze große Summe getilgt sei. Ich schwieg still, und sah zur Erde. Der Doktor sagte in einem wortreichen Vortrag, wie er seit manchem Jahr der Freund unseres Hauses gewesen sei, und wie er den kranken jähzornigen Mann, dessen Umstände sich außerdem immer verschlimmert hätten, nicht mit seinen Rechnungen habe ängstigen wollen, weil er ihn dadurch vielleicht noch kränker gemacht hätte. Er habe ihm, mir und meinen verstorbenen Kindern, außerordentlich viel von seiner Zeit geopfert; er habe immer auf eine Erbschaft gehofft, wodurch er in den Stand gesetzt würde, mich gar nicht als Gläubiger zu belästigen, diese Erwartung sei aber fehlgeschlagen, und er dadurch selbst in großer Verlegenheit; er sei also gezwungen, so ungern er es tue, sein Recht geltend zu machen. Alles schwieg. Diesen Umständen nach, sagte der Richter, werden Sie also, Herr Doktor, in Gegenwart unsrer aller und der Klägerin, einen feierlichen Eid ablegen und Gott zum Zeugen anrufen, daß Ihre Forderung eine gerechte sei. Ich bin bereit, sagte der Mann, erhob die Finger und schlug die großen Augen wie zum Himmel hinauf. Ich fühlte in mir eine entsetzliche, möcht' ich doch sagen, höllische Schadenfreude, eine Empfindung, von der ich in meinem Leben niemals eine Ahnung gehabt hatte. Eine einzige und zwar deutliche Quittung, rief ich nun mit lauter Stimme, wird diesen Mann, der eine arme trostlose Witwe zur Bettlerin machen will, auf ewig zuschanden machen. Ich rannte, stürzte zum erschrockenen Richter, und gab ihm zitternd die Quittung; alle Versammelten sehen groß mich und dann mit Verachtung den Doktor an, der mit blassem Antlitz vor den Schranken stand und sich an seinen Stuhl halten mußte, um nicht umzufallen. Soviel sah ich noch.«

Hierauf wurde die Erzählerin plötzlich von einem überlauten Geräusch von der Straße herauf unterbrochen, denn wohl zwanzig Trommeln wirbelten und lärmten gewaltig und zogen von der nahen Wache durch die Gassen. Als das Geräusch sich entfernt hatte, und man sich wieder vernehmen konnte, sagte die Frau Gerstner halb erschrocken: »Himmel! Schon neun Uhr! Wie die Zeit vergeht: Mein Mann wird schon auf mich warten. Haben Sie aber doch noch die Güte, mir den Schluß Ihrer traurigen Geschichte mitzuteilen. Nun waren Sie ja von der Schuld und Bezahlung losgesprochen, und der schlechte Mensch, Ihr Doktor, war in seiner ganzen Schändlichkeit offenbar geworden.«

»Ja, meine teure Freundin«, sagte die Mutter, »so ist es, aber ich war zu weit gegangen, ich hatte mich versündigt, nicht vielleicht an dem bösen Mann gerade, sondern an dem Menschen, Gottes Bildnis, und an mir selber. Ich hätte den bösen Mann sollen zu mir kommen lassen, um ihn im stillen zu beschämen, wir konnten dann den anderen Menschen sagen, wir hätten uns billig verglichen, und er konnte vor seinen Kollegen und Freunden noch den Großmütigen spielen. Nun war aber der Mann beschimpft, sein Glück zerstört, keiner wollte mehr mit ihm, als einem, der öffentlich meineidig war, umgehen, oder in Gesellschaft sein. Er mußte die Stadt verlassen, und ist nachher in einem kleinen Ort in Kummer und Elend gestorben. Aber ich – o liebe Frau –, sehen Sie, ich wurde auch für meine abscheuliche Schadenfreude gestraft. Aber, was ich Ihnen jetzt sagen werde, ist nur für Sie, und ich hoffe, Sie teilen es keinem Menschen mit. – Als ich wieder zu mir kam, war ich an einem fremden Ort, unter Menschen, die ich nicht kannte. Ich war schon vor dem Gericht in Ohnmacht gefallen und hatte nachher meine Besinnung nicht wieder gefunden. Ich war im Irrenhaus. Nach unglücklicher Raserei war ich in ein tödliches Nervenfieber gefallen. Jetzt war ich davon geheilt, und fand nach und nach mein Bewußtsein wieder, und den wenigen Verstand, den mir der Himmel hatte schenken wollen. Hier in dem unglücklichen Haus hatte ich einen wahren Freund gefunden, den Arzt der Anstalt, er hatte sich meines lieben Kindes angenommen, ein halbes Jahr war verflossen, und ich konnte mit der bestimmten Hoffnung entlassen werden, daß diese unglückseligste aller Krankheiten nicht wiederkehrte. Er half mir nun mein Haus ziemlich vorteilhaft verkaufen, und nachdem alle Schulden getilgt waren, blieb mir noch ein kleines Kapital übrig, von dessen Zinsen ich bescheiden leben konnte. Er fand es aber auch notwendig, was mein Wunsch gewesen war, wie ich zu mir kam, diese Stadt, meine Heimat und meinen Geburtsort zu verlassen, weil mich hier zu viele Menschen kannten, und weil es doch eine Art Makel mit sich führt, wenn die Leute es wissen, daß man einmal seines Verstandes nicht mächtig gewesen ist. Es war auch besser, wenn ich in einen recht kleinen Ort hinzog. So geschah es denn auch, nachdem mein Kapital so sicher und vorteilhaft wie möglich angelegt war. Das Städtchen, wo ich nun wohnte, lag abseits der großen Straße; mir gefiel diese Einsamkeit, und daß die Menschen sich um mich gar nicht bekümmerten. Hier konnte ich nun ganz meinem Kinde leben, seine Erziehung, sein Wachstum, die Entwicklung seiner Kräfte und Begriffe, alles das war nun meine Lust, wenn wir auf Spaziergängen im einsamen Wald, auf den Höhen des Berges uns am Frühling, am Baum und Blume freuten, wenn das liebe Wesen von mir lesen und stricken lernte, wenn ich sah, wie diese Liebesfähigkeit, die das Schönste im Menschen ist, sich mit jedem Tag mehr entfaltete, denn ihre Liebe zu mir und zu allem Guten und Schönen, soweit sie es begreift, ist wahrhaft himmlisch. Nun werden Sie auch begreifen, liebe gute Freundin, warum ich Minchen unmöglich von mir geben, wie ich ihre Gesundheit und ihr Leben nicht auf das Spiel setzen darf, wie es auch meine Pflicht ist, mich, solange als möglich, für sie zu bewahren, denn sie ist ja mein einziger Schatz, das einzige Gut, das mir von meinem ganzen Leben übriggeblieben ist. Denn im vorigen Jahr verlor ich fast mein ganzes Kapital, weil das Haus, das so sicher schien, bankrott ging. Mit zweihundert Talern reiste ich nun hierher nach Berlin, in der Hoffnung, in dieser großen Stadt Gelegenheit zu finden, durch meine Arbeit etwas zu verdienen. Jener Arzt, den ich um Rat fragte, ist seitdem gestorben. So mietete ich mich hier ein und machte Ihre Bekanntschaft. Die Reise hierher, meine kleine Einrichtung, und daß ich auch eben kein Abnehmer meiner Stickereien gefunden habe, das alles, wie Sie wissen, hat mein Geld aufgezehrt. Sie haben mir geholfen, Ihrem Bruder bin ich schuldig, sowie dem Mietsherrn hier im Hause, und bald muß etwas geschehen, oder ich bin ganz verloren.«

Frau Gerstner stand jetzt auf, um fortzugehen. Sie faßte die Hand der Erzählerin, drückte sie herzlich und hielt sie lange fest, wobei sie der bekümmerten und durch die Erzählung aufgeregten Mutter in das gerötete, feine Angesicht schaute. »Liebe Frau Nachbarin«, sagte sie dann nach einer Pause, »geehrte Freundin, ich gehe mit ganz anderen Gedanken von Ihnen, als mit denen ich in Ihre Stube trat. Ich bin nur eine gemeine Frau, und kann Ihnen das nicht so in Worten ausdrücken, was ich denke und fühle. Alles das, was ich erst für eine Wohltat hielt, paßt nicht für Sie, und doch seh' ich für jetzt auch keine Hilfe für Sie. Mein Bruder, es ist wahr, er ist hart, aber er ist nicht so schlimm, als er sich oft anstellt. Er hat Sie etlichemal grob gemahnt, und er nahm sich vor, noch gröber zu werden, aber eigentlich nur um Sie in sein Projekt hinein zu ängstigen. Denn glauben Sie mir nur, er würde sich was Rechtes darauf einbilden, wenn er Sie vor seinesgleichen als seine angetraute Frau hinstellen könnte; denn haben wir auch bis jetzt nicht gewußt, daß Sie so gar vornehm gewesen sind, so haben wir doch immer einen großen unsichtbaren Respekt vor Ihnen gehabt. Nun werde ich dem alten Christel den Kopf zurechtsetzen, er muß nicht mehr grob gegen Sie sein, der dumme Mann. Denn – wie soll ich nur gleich sagen? – liebwerteste Frau Nachbarin, der Respekt ist jetzt bei mir weg, aber seit Ihrer Erzählung habe ich so eine heilige gottselige Ehrfurcht vor Ihnen. Ich denke, wen Gott unser Herr so mit Unglück heimsucht, an wessen Herz er so oft anklopft und schlägt, der muß ein ganz besonderer Liebling von ihm sein, mit dem will er noch einmal recht hoch hinaus, wenn auch nicht auf dieser Erde, doch wenigstens in seinem Himmelreich. Darum fassen Sie Mut, Frauchen, denn der Herr hat Sie als die seinige bezeichnet. Ich habe ja wohl gehört, bei den Heiden sei es ein Glaube gewesen, wenn ein Mensch immer und immer so recht Glück habe, und recht großes, und was in die Augen fällt, und unvermutet kommt, so sei ihm das Elend am allernächsten. Sie sind wie eine Heilige, es muß Ihnen noch auf Erden wieder einmal recht wohl werden, und vielleicht geschieht das bald. Ich gehe, als wenn ich aus der Kirche käme, und morgen kann mir bei der schönen Musik in der Kirche nicht feierlicher sein.«

Als sie weggegangen war, und die Mutter, die ihr die Treppe hinuntergeleuchtet hatte, zurückkam, fand sie die kleine Tochter schon in der Stube, welche ihr entgegenrief: »Jetzt, Mütterchen, gehen wir wohl, denn sonst wird es zu spät?«

»Ja wohl kann es zu spät werden«, sagte die Mutter nachdenklich.

»Aber freust du dich denn nicht auch ein bißchen?« fragte die Kleine, indem Mutter und Tochter ihre wärmenden Mäntel umnahmen.

»In deiner Freude«, antwortete die Mutter.

»Liebste Mutter«, sprach die Kleine lebhaft, »zeige mir noch einmal den Taler persönlich und leibhaftig her, für den wir alle die schönen Sachen einkaufen wollen.«

Die Mutter lächelte wehmütig, nahm die Münze aus der Tasche und legte sie in die Hand ihres Kindes.

»Was das Ding schwer ist!« rief Wilhelmine: »Ja, das nennen nun die Leute Kurant, oder einen harten Taler. Ja, man hat auch einen ganz anderen Respekt vor diesem großen harten Stück Silber, als wenn so die einzelnen grauen vierunzwanzig Groschen, oder gar achtundvierzig Sechser vor uns liegen. Und doch! Was kann sich ein armes Kind, wie ich eines bin, schon für einen einzigen Sechser für Freude machen! Und das um achtundvierzigmal! Ist ganz nahe an Fünfzig! Fünfzig ist ein halbes Hundert. Ungeheuer! Es ist aber recht vernünftig, mein Mütterchen, daß wir beide in Gesellschaft einkaufen. Und warum nicht? Nun sehe ich alles vorher, kann denken: Das kriegst du vielleicht, das nicht! So gehört mir fast alles. Freilich werde ich nicht überrascht. Das ist aber auch nicht gar so viel wert. Wenn der Taler doch, liebste Mutter, ein Hecketaler wäre, von dem ich mir habe erzählen lassen, daß er immer wiederkommt, wenn man ihn ausgegeben hat, oder der sich vermehrt, und immer wieder verdoppelt, wenn man ihn in der Tasche oder im Kasten hat.«

»Jetzt hältst du nur auf, Minchen«, sagte die Mutter, und das Kind gab schnell den Taler zurück. »Drin«, sagte die Kleine, indem sie hinausging, »steht nun schon der Kuchen und die kleine Pyramide für die paar Wachslichterchen, und nachher machen wir alles recht schön.«

Unten erwartete sie schon die große starke Dienstmagd, die das kleine Kind im Getümmel der Menschen tragen sollte, damit es sehen könne, und auch nicht verletzt oder beschädigt würde. Diese Person wurde nur bei besonderen Veranlassungen gemietet, weil die Mutter sonst alles in ihrer kleinen Wirtschaft allein besorgte.

Als sie aus der Haustür traten, gerieten sie sogleich in das Gedränge der Menschen, und die kleine Tochter mußte sich auf die Arme der Magd flüchten, um nicht überrannt zu werden. Die Mutter glaubte, ihre Freundin Gerstner zu sehen, die mit dem Bruder sprach, oder wohl gar zankte. Es war, als wenn noch ein dritter Mann sich in das Gespräch mische, aber sie konnte nichts unterscheiden, denn die Flut der Menschen hatte sie in wenigen Augenblicken weit von jener Gruppe weggedrängt. Die Mutter glaubte, der Bruder der Freundin habe sie doch noch besuchen und mahnen wollen, und die redselige Frau wollte ihn durch Bitten oder Zank zurückhalten. So stürzte sie sich also gern und mit Freude in das lärmende Getümmel, welches sie, wenigstens auf kurze Zeit, von diesen trüben und drückenden Verhältnissen befreien solle.

Minchen jauchzte schon auf den Armen ihrer Trägerin, bevor sie noch den Schauplatz des Festes, die »breite Straße« selbst erreicht hatten. Die Mutter gab nur acht, daß sie nicht von ihrem Kind weggedrängt wurde, da sie wußte, wie sehr die Magd ebenfalls nur für die Lichter, das Spielzeug, den ausgelegten Konfekt und alle die reizenden Seltsamkeiten ein Auge haben würde.

So war es denn auch wirklich schwer, sich nicht voneinander zu verlieren, um sich vielleicht in einer Stunde nicht wiederzufinden. Dieser letzte Abend vor dem Fest, der wichtigste, und gerade diese Stunden zogen alle jene Menschen herbei, die bis jetzt noch nicht eingekauft oder die ausgelegten Trefflichkeiten in Augenschein genommen hatten. So waren denn auch die Verkäufer gerade jetzt am meisten beschäfigt, und bei vielen Buden mußten die Andringenden lange warten, bevor sie nur zugelassen werden konnten. Daher war eine allgemeine Ungeduld fühlbar, und an manchen Stellen wurden die Käufer so übereilt, daß mancher mit Mißvergnügen die zu teuer erkauften Herrlichkeiten nach Hause trug. So waren auch die übermütigen, oft ungezogenen Jungen in diesen letzten Stunden der Lebendigkeit des Marktes, lärmender und schreiender als sonst, und der Ausruf: »Pyramiden, Waldteufel kauft!« betäubte das Ohr, indem andere noch zum Überfluß auf Dreier- oder Groschentrompetchen oder schallenden Pfeifchen die widerwärtigsten Töne hervorbrachten. Einige andere liefen mit Trommeln und schlugen Wirbel, andere schrien nur, und noch einige machten sich ein Vergnügen daraus, wo das Gedränge am wildesten, wo das Klagen oder Schelten der Gestoßenen am lautesten war, von hinten noch mit aller Macht einzuschieben und den verflochtenen Menschenknäuel noch mehr zu verwickeln. Die kleine Wilhelmine hatte nicht Zeit, dies zu bemerken, oder wie die Mutter sich vor dieser übertriebenen Lebhaftigkeit zu fürchten, denn Auge, Ohr und Seele war ganz in Bewunderung der tausend Lichter, der bunten Spielsachen, der gefärbten Kuchen und Zuckersachen, der täuschenden Früchte aus Wachs, vorzüglich aber der schönen Knaben und Mädchen mit den niedlich geformten Wachsgesichtern und Händen, die ihr weit schöner, als die wirklichen Menschen vorkamen.

Die Mutter hatte nur immer acht auf ihren Liebling, um den sie sich ängstigte, sich aber auch der Freude nicht erwehren konnte, wenn hie und da ein Wandelnder die Schönheit des Kindes, und den feinen Ausdruck seines Gesichtes bemerkte, und zum Lobe des Kindes mit einem anderen sprach. Nur war sie verdrießlich, daß sich im Weitergehen schon zwei- bis dreimal ein großer Mann zu ihr gedrängt hatte, der sie und das Kind mit einem anstarrenden, unerlaubt neugierigen Blick zu prüfen schien. Die Kleine hatte einmal wie im Schreck den Kopf umgewendet, als ihr sein Gesicht nahe gekommen war, das auf eine unangenehme Art mit großen Blatternarben entstellt war. Als er sich, nachdem man weitergegangen war, wieder herbeidrängte, benutzte die Mutter geschickt eine Ausbeugung, um in der Nähe des Schlosses eine andere Richtung einzuschlagen.

So war man denn zweimal die ganze Ausdehnung des Marktes durchwandelt, und Wilhelmine schien in der Tat müde zu werden, so daß sich nun die Mutter entschloß, schnell einzukaufen, und dann nach Hause zu gehen. Noch einmal kam ihnen das Gesicht mit den Blatternarben nahe, der Mann schien sie aber diesmal nicht zu bemerken. Eilig machte sich die Mutter an eine Bude, die mit mancherlei Spielzeug versehen war, und wo die Verkäuferin, eine alte starke Frau, sie schon öfter freundlich angerufen und eingeladen hatte. Ein Wachspüppchen, eine Figur, die sich schaukelte, eine kleine Jagd, die sich beim Herumfahren drehte, und ein springendes Vögelchen, das hüpfte, wenn man unten den klimpernden Leierkasten in Bewegung setzte, verschlangen das Kapital, das der fröhlichen Nacht geopfert werden wollte. Minchen schlug vor Freuden bei jedem eroberten Stück in die Hände, und die dicke Verkäuferin, so sehr sie dergleichen gewohnt sein mußte, konnte sich nicht enthalten, über den lebhaften Ausdruck des Kindes zu lachen. Die Sachen sollten eingepackt werden, und die Mutter suchte den Taler hervor, suchte wieder, und konnte nichts finden. Sie trat näher, erforschte ihre Taschen, ihr Tuch, aber durchaus war die Münze nicht zu treffen. »Liebe Frau«, stammelte sie endlich, »ich habe das Geld verloren oder es ist mir gestohlen worden.« Sie war bleich und zitterte, und aus dem ruhigen Angesicht des Kindes fielen zwei große Tränen nieder. »Ich muß die Sachen also hier lassen«, sagte die Mutter. »Komm, Minchen, du armes Kind.« – »So hätten Sie mir auch nicht so lange Zeit die Mühe machen sollen«, rief die Verkäuferin mit einem widerwärtigen Ton, »die anderen ehrbaren Kunden sind durch Ihr Mäkeln und Markten abgehalten worden. Wenn man einkaufen will, muß man auch Geld mitbringen. Verloren? Gestohlen? Das kann ich nicht so leicht glauben.« Der sonderbare Mann, vor dem das Kind sich gefürchtet hatte, war wieder sichtbar, und schien sich bei dem lauten Geschrei herandrängen zu wollen, aber die beschämte, traurige und ganz geknirschte Mutter benutzte geschickt eine Öffnung des Haufens, und zog sich sogleich in die finstere Einsamkeit hinter den Buden zurück. Hier nahm sie das Kind selbst auf ihren Arm und sagte der Magd, daß sie gehen könne. So ging sie trauernd nach Hause.

»Du bist betrübt«, sagte die Kleine, und schmiegte sich an den Hals der Mutter: »Sei es nicht! Sie sagen immer, das Christkind zöge ein und bescherte in den Häusern, nun so ist es unserer Tür vorübergegangen. Er besinnt sich wohl übers Jahr besser, wenn ich die ganze Zeit recht gut und artig bin. Der böse garstige Mensch mit seinem blattrigen Gesicht hat dir gewiß den Taler aus der Tasche genommen. Habe ich doch alles gesehen, so viel Herrliches, daß ich es zeit meines Lebens nicht wieder vergessen werde, und habe ich doch auch zu morgen noch die süßen Pfefferkuchen. Vielleicht, daß manches Kind die nicht einmal hat. Nicht wahr, mein Mütterchen?«

Die Mutter drückte das Kind mit den schmerzlichsten Gefühlen näher an ihre Brust, und verschluckte ihre bitteren Tränen. So kamen sie vor ihre stille finstere Haustür. Das Kind stieg vom Arm gelassen, wohlgemut die vielen Stufen zum Dachstübchen hinauf und hielt der Mutter, als diese das Licht angezündet hatte, ein heiteres, fast lachendes Angesicht entgegen. »Ich bin nun recht müde«, sagte sie, »ich werde mich gleich zu Bett legen.« Die Mutter half ihr beim Auskleiden, indem sie mit Betrübnis wohl sah, wie das kluge Kind sie durch verstellten Frohsinn trösten und beruhigen wollte.

Sie ging dann, weil sie zu unruhig war, um schlafen zu können, in die Stube, und sagte zu sich selber: »Warum hat mich dieser Vorfall, der gegen alles, was ich schon gelitten, nur eine Kleinigkeit zu nennen ist, fast mehr erschüttert, als manches wahrhaft große Unglück? Ja, es kündigt sich als ein Unterpfand an, daß mir in diesem Leben nichts mehr gelingen soll, daß ich in Elend, Hunger, Frost und Krankheit kümmerlich und verächtlich verschmachten werde. Ich hätte mit dem aufgesparten Geldstück einen Teil meiner Schuld abtragen sollen, und nicht auf unnützes Spielzeug denken. Der Elende, der Bettler soll sich gar nicht mehr erheitern, an nichts zerstreuen wollen; diese Absicht schon ist Sünde, und so ist mir recht geschehen, daß ich für mein letztes Geld Beschimpfung eingekauft habe. Diese ist mein Weihnachten, Trostlosigkeit mein Fest.«

Bei diesen bitteren Vorstellungen brach sie in Tränen aus, die ihren Busen wieder etwas erleichterten. Wie sie ihr Leben ordnen, was sie beginnen sollte, darüber wußte sie sich keinen Rat. Sie ging wieder in die Kammer und betrachtete beim Schein der Lampe das Angesicht des Kindes, das schon fest und ruhig schlief. »Gibt es wohl viel Erwachsene«, die mit der Ergebenheit sich in das Verschwinden einer lang erhofften Freude finden könnten? Ich weiß aber, es ist nur die Liebe des Kindes zu mir, welche ihm diese Stärke gibt.«

Sie kniete vor dem Bett ihres Lieblings nieder und wendete sich in einem innigen Gebet zu Gott: »O mein Schöpfer und Erhalter«, sprach sie, »laß nicht diesen Wurm im bittersten Elend, in den herbsten Qualen verschmachten. Aber, o Barmherziger, lieber das, lieber augenblicklichen Tod, als daß sie schlecht würde. O mein gütiger Vater, soll ich bald sterben, so schaffe es, daß sich gute, ehrbare Leute des armen Wurmes annehmen, die sie zur Tugend und Gottesfurcht erziehen. Ach, du unser liebender Vater, ist es Unrecht, ist es Sünde, daß ich mein Kind zu sehr liebe, daß sie mein alles, mein alles ist, daß ich nur sie mit meinen Gedanken denke, und mit meinem Herzen fühle, und dich, du Unsichtbarer, wohl oft darüber vergesse, scheinbar vergesse, so vergib mir diese Sünde, strafe mich nicht, daß mir dies Kind entrissen werde, daß der Tod mich dem Wesen raube, das meiner Liebe noch bedarf.«

Da richtete sich Wilhelmine in ihrem Bett hoch auf, sah die erschrockene Mutter mit der lieblichsten Freundlichkeit an, und sagte: »Nein, mein Mütterchen, glaube mir, das kann dir der hohe allmächtige Gott gewiß nicht zur Sünde anrechnen. Du nennst ihn den Unsichtbaren, und so habe ich es auch gelernt; aber ich glaube, wir können ihn auch sehen, wenn wir nur wollen. Weißt du nicht, unser Hündchen, das wir draußen auf dem Lande hatten, dem waren wir so gut, aber was konnte doch eigentlich das liebe Tierchen von uns begreifen? Und doch sah es uns alle Tage. Wir konnten ihm nur zu fressen geben; und dann war es außer sich vor Freude, wenn es mit uns spazierenging. Und was hatte es davon? Es wußte nichts von Berg und Wald und Bäumen, es lief nur, und bildete sich ein, es könnte mit den Pfoten Mäuse aus der Erde graben. – Sieh, ich habe viel heut abend gedacht. Ich war recht traurig. Da kamen mir denn Gedanken: Ja, ja, lache nicht, oder so Einfälle, wunderlich genug. Ich sah meine Hände an, die fünf Finger an jedem, damit kann ich nähen, stricken, schreiben. Wenn sie ein Buch hinlegen, kann ich mir von dem Papier eine hübsche Geschichte herablesen. Morgen gehen wir in die Kirche, da um die Ecke. Ei, die schöne Musik, das hohe Gewölbe, was man sich dabei alles denken kann. Als du mich heut nach Hause trugst, sah ich über mir die schönen, schönen, die wunderbaren Sterne. Die sollen so weit, weit von uns sein. Dann kommt auch Sommer wieder, mit Vögeln, Blumen und grünen Maien. Nun werde ich auch größer, und sie sagen mir, dann werde ich auch vernünftig denken lernen. Denke mal alles das nach, Mütterchen – und unser Hündchen war mit seinen Pfoten und furiosen Blaffen so fröhlich, und konnte sich von alledem nichts träumen lassen. Haben wir aber nicht so tausend und tausend Herrlichkeiten, Schätze, Wunder, auch wenn wir noch so arm sind? Wir könnten ja auch solche Hündchen sein, nicht wahr? Und der kleine Bengel ließ sich drum keine Sorgen ankommen. – Aber ja, ja, wie uns der Gott, zu dem du betest, mit seiner Gnade erhebt, so sind wir auch wieder dadurch mit Tränen bei der Hand, und haben deshalb Trübsal, weil er uns soviel Glück geschenkt hat. Und darum denke ich auch, ich kann ihn sehen, und ihm alles so recht treuherzig erzählen und vorklagen.«

»Ach, Kind! Kind!« sagte die Mutter mit dem herzinnigsten Ton, und verlor sich im Anschauen dieser himmelsklaren Augen, aus denen ihr fast zum Erschrecken ein zu frühreifer Geist entgegenblickte; »ja, Herzchen, ich will mich nicht darum ängstigen, daß ich dich zu sehr, wohl gar abgöttisch liebe. Der Herr und Gott, der Christus, den du persönlich kennst und siehst, wie du sagst, der wird uns beiden helfen.«

Da hörten sie noch so spät schwere Männertritte auf der Treppe und erschraken beide. »O Himmel!« rief die Mutter beängstigt: »Sollte mich der grobe Mann noch in später Nachtzeit mahnen wollen? Hat er vielleicht gehört, wie ich mein Geld zu verschwenden dachte?«

Es klopfte. Die Mutter hatte das Licht wieder angezündet und herein trat mit ungewissen Blicken zaudernd und fast zitternd, jener lange Mann, den Mutter und Kind auf dem Markt bemerkt hatten, dessen Angesicht so auffallend von Blatternarben zerrissen war. – Die Mutter leuchtete mit dem Licht, um den Fremden, der ihr unheimlich dünkte, zu beobachten, und jener wußte nicht, wie er sich benehmen, was er zuerst sagen sollte. Endlich, nach einigen ungewissen Reden, welche um Verzeihung bitten sollten, bemächtigte er sich selbst des Lichtes, leuchtete der kranken Frau ins Antlitz, betrachtete sie scharf und prüfend, setzte dann das Licht wieder auf den Tisch und sagte mit heller Stimme: »Heiliger Gott! So ist es dennoch wahr? Sie sind, ja Sie sind die Kommerzienrätin – Frau Berta Wendlig? Ja, ja, Sie sind es!«

Die Mutter war in einen Stuhl vor Schreck gesunken, den sie selber noch nicht verstand. Der Fremde verbarg weinend und schluchzend sein Gesicht in ihren Schoß, endlich erhob er sich wieder, und schaute sie an, und sie sagte, fast tonlos: »Lieber Himmel! Also wärst du wohl gar mein Heinrich? Und du lebst noch?«

»Freilich!« rief jener: »Mutter, Mutter, ich lebe noch! Ach Gott, wie soll ich es nur in Worte fassen, was ich in diesem Augenblick empfinde? Und daß ich Sie, Liebste, Beste, Leidende, noch antreffe. Daß ich Ihnen doch einigermaßen die Liebe vergüten oder vergelten, oder nur dafür danken kann, die Sie mir von frühster Jugend an erwiesen haben.«

»Und wie ist es nur möglich? Wie kann es sein?«

»Sie haben damals von meinem Schiffbruch vernommen. Ich hatte mich dem Tode geweiht. Mein Freund, der starke Holländer, schwamm an das Ufer, das freilich wenigstens eine Meile entfernt war. Ich saß auf meiner Klippe, im Fieber zitternd, schwach und ohnmächtig, und erwartete mit Gleichgültigkeit, daß mich die nächste Flut hinunterspülen würde. Da gedachte ich meiner frühen Entzückung über den Robinson, und was wir beide, liebe Mutter, darüber gesprochen und phantasiert hatten. Nun war es freilich auf dieser Felsenspitze, ganz nackter Stein, und ringsum weite unabsehbare See, etwas anders. Schon am Nachmittag segelte zu meinem Glück ein Schiff vorüber, das meine Notzeichen bemerkte, ein Boot aussetzte, und mich rettete. Ich war aber noch so krank, daß es dem Schiffsarzt ein Wunder dünkte, wie ich nach und nach wieder zur Gesundheit und Kraft genesen konnte. Das Schiff hatte seinen Kurs nach meiner neuen Heimat, wo ich mich schon seit zwei Jahren verheiratet hatte. Und zwar mit dem reichsten Mädchen auf der ganzen großen weiten Insel. Sie liebte mich wahrhaft. Ich hatte dem Vater, nachdem ich in Europa mein Geschäft gründlich gelernt, und schon manches Glückliche ausgeführt hatte, zum Vorteil seines Handels mehr wie einmal viele schwere Dinge ausgeführt. Er gewann mich lieb, und verlobte mich mit seiner Tochter. Dieses Kind der Natur, in Westindien aufgewachsen, wußte nichts von der europäischen Kultur und Verbindung. Sie folgte ganz ihrem Herzen, und dieses Herz zeigte sich am edelsten, als mich eine tödliche Krankheit niederwarf, und sie die Pflege mit meinen Wärtern teilte. Die Blattern, die ich schon längst in ihrem Hause überstanden zu haben glaubte, entstellten, nachdem ich gerettet war, mein Angesicht so, daß ich es ihr verziehen, wenn sie sich abgewendet hätte. Aber ihre Liebe und Treue blieb dieselbe. Wir wurden vermählt. Nun reiste ich aus, und erlitt jenen Schiffbruch. Ich wollte Sie schon damals aufsuchen. Jetzt ist mein Schwiegervater gestorben, ich habe mein Vermögen freigemacht, und bin herübergekommen, Sie aufzusuchen. Gott! Da sagt man mir in meiner Vaterstadt, mein Vater sei längst tot, und Sie seien dort ebenfalls im Irrenhaus gestorben. Ein alter Aufwärter, denn der Vorsteher der Anstalt lebte nicht mehr, gibt mir endlich eine ungewisse Anzeige, daß Sie sich in einer kleinen Gebirgsstadt niedergelassen hätten.

Ich eile dorthin. Nichts! Sie sind nicht dort. Ein Kohlenbrenner sagt mir endlich, wie eine Fabel, Sie wären als ganz verarmte Frau nach Berlin gezogen. Ich reise her. Die Polizei weiß nichts von Ihnen. Ich lasse Sie in allen Zeitungen auffordern. Die Blätter müssen dieser Tage erscheinen. Aber, welcher Nutzen, wenn Sie Ihnen in Ihrer Einsamkeit nicht zu Gesicht kommen? So forschend, unglücklich und ungewiß höre ich endlich einen Streit heut abend hier vor Ihrer Haustür. Ihr Name wird genannt, und von einer alten Frau Gerstner erfahre ich endlich mit ziemlicher Gewißheit, daß Sie hier, und in welchem Elend Sie leben. Mir war, als wenn die Alte auf eine Frau wies, die im Gefolge eines Kindes und einer Magd aus der Tür trat. Ich hatte mir den Ausdruck und die Gestalt gemerkt, und eilte Ihnen nach, ich sehe Sie, liebste, teuerste Mutter, zwei-, dreimal dort im Getümmel des Marktes, hatte aber nicht Mut, Sie unter den vielen fremden Menschen anzureden. Nun sind wir hier. Nun habe ich Sie, Sie haben mich erkannt. Jetzt ist alles Glück und Freude und die schönste Weihnachtslust. Ja, herzliebe Mutter, Ihr Elend ist jetzt vorüber. Ich bin reich, sehr reich, durch eigene Arbeit und das Vermögen meiner Frau. Ich zweifle, daß ein Kaufmann in dieser großen Stadt sich mir wird gleichstellen können. Drüben ist mein Haus, meine Frau, meine Kinder erwarten Sie, das kleine Wilhelminchen findet seine Bescherung und Lichter und Spielzeug gerade so, wie ich es meinen beiden Mädchen gab. Ich habe noch in der Eile eingekauft, und von meinen Bedienten in mein Zimmer schaffen lassen. Kommen Sie.«

Wilhelmine war indessen still herbeigekommen. »Du großer blatternarbiger Mensch bist also mein Bruder?« so sagte sie heiter.

»Wohl, wohl, mein Schwesterchen«, sagte der Fremde, hob die Kleine auf, küßte und drückte sie herzlich, und beide vergossen viele Tränen.

»So weint sich's hübsch«, sagte die Kleine: »Das ist eine andere Art von Tränen, nicht wahr, Mütterchen, als die wir bisher vergossen haben?«

Die Mutter umschloß beide Kinder in seligen Gefühlen.

»So war es auch wohl drüben bei dir«, fragte die Kleine wieder, »wo heut abend der Vorhang am Fenster brannte, und die Kleinen so erbärmlich schrien?«

»Jawohl«, sagte der Fremde lächelnd. »Jetzt mußt du und die verehrte teure Mutter gleich mit zu mir hinüberkommen. Ich habe in Eile Eure Zimmer einrichten lassen. Kinder und Frau erwarten uns drüben mit Ungeduld. Der Weihnachten ist aufgeputzt. Ihre kleinen Schulden sollen noch morgen bezahlt, und den Freunden, die Sie unterstützten, mit meinem Dank Geschenke gegeben werden, daß sie nicht bereuen dürfen, liebreich gegen Sie gewesen zu sein. Nachher sollen Sie die Wahl haben, geliebte Mutter, ob Sie hierbleiben, oder wo Sie in Deutschland wohnen wollen. Aber leben sollen Sie nun, Ihrem Stande gemäß, oder vielmehr, wie Sie es verdienen.«

»Ach, du großer, reicher Herr Bruder!« rief Wilhelmine: »Da hättest du uns auch auslösen können, als die alte Frau uns wegen des Talers so ausschalt.«

»Ich kam zu spät«, sagte Bruder Heinrich, »Ihr wart schon fort. Als ich nachfragte und Vorwürfe machte, fand die Alte den harten Taler wieder, er lag unter einem Husaren, den Sie liebste Mutter, gewiß in der Eile darübergestellt hatten, weil Sic gleich hatten bezahlen wollen. Nie habe ich eine Frau so zerknirscht gesehen, wie diese gute Alte. Sie wütete laut gegen sich selber, daß sie eine ehrbare Frau so hatte schelten, ein allerliebstes Kindchen so betrüben können. Morgen wird sie Ihnen mir ihrer Bitte um Verzeihung, in Ihrer neuen Wohnung den Taler wieder zustellen. – Aber sehen Sie, dort unten, Mutter, Kinder und Frau machen die Fenster auf, alles winkt und ruft. Kommen Sie, und komm du, Minchen.«

Sie gingen. Nun sagte die Kleine auf der Treppe leise zur Mutter: »War es nun doch ein Hecketaler? Hebe den ja gut auf. Und, ich hatte recht, der Unsichtbare, oder unser Heiland tritt doch manchmal persönlich in unsere kleine arme Stube herein.«

Ludwig Tieck

Weihnachten

Ein Bäumlein grünt im tiefen Tann,
Das kaum das Aug erspähen kann,
Dort wohnt es in der Wildnis Schoß
Und wird gar heimlich schmuck und groß.

Der Jäger achtet nicht darauf,
Das Reh springt ihm vorbei im Lauf;
Die Sterne nur, die alles sehn
Erschauen auch das Bäumlein schön.

Da mitten in des Winters Braus
Erglänzt es fromm im Elternhaus.
Wer hat es hin mit einemmal
Getragen über Berg und Tal?

Das hat der heil'ge Christ getan.
Sieh dir nur recht das Bäumlein an!
Der unsichtbar heut eingekehrt,
Hat manches Liebe dir beschert.

Martin Greif

Die Glocke von Innisfare

Weihnachtsabend, Fest der Kleinen,
Wie sie harren auf dein Erscheinen,
Wie mit freuderoten Wangen
Jubelnd laut sie dich empfangen!
Weihnachtsabend, bei arm und reich,
Überall grünt dein Tannenzweig;
Überall brennen deine Kerzen,
Überall schlagen kleine Herzen,
Strecken hastig kleine Hände
Sich entgegen deiner Spende;
Überall grüßt dich, wo es sei,
Weihnachtsabend, ein Freudenschrei!

Weihnachtsabend, Fest der Kleinen,
Dorther grüßt dich leises Weinen!
Dort, wo Schottlands klarer Tweed
Rauscht durch Cheviots Waldgebiet,
Wo sich zwischen Felsenengen
Coldstreams Hütten zusammendrängen,
Dort im Stübchen, arm und kahl,
In der Dämmerung mattem Strahl
Wacht ein Kind am Schmerzenslager,
Drauf die Mutter, blaß und hager,
Ächzt und stöhnt in Fieberqual.
Arme Mary, zehnmal kaum
Sah sie blühen den Apfelbaum,
Und schon gelben Sturm und Wetter
Ihr des Lebensbaumes Blätter;
Sorgend sitzt sie, horcht und lauscht,
Wie der Mutter Pulsschlag rauscht,
Blickt im Dunkeln scheu umher,
Und, das Herz von Kummer schwer,
Grüßt sie still mit leisem Weinen,
Weihnachtsabend, dein Erscheinen.

Durch die rauchgeschwärzten Scheiben
Irrt der Blick und starrt hinaus
In des Nachtgewölkes Treiben;
Sieh, da geht im Nachbarhaus
Licht an Licht auf, hell wie Sterne,
Weihnachtsjubel schallt von ferne,
Froher Spiele Saus und Braus,
Und vor Kummer und vor Sehnen
Heißer fließen Marys Tränen,
Und ihr Herz wird trüb' und trüber;
Horch, da schallt das Lied herüber,
Das zur Weihnachtsfeierstunde
Dorten geht von Mund zu Munde;
Also weht's von ferne her:

»Im Kloster von Innisfare,
Da tönt nicht Chor noch Orgel mehr;
Die schlimmen Sachsen warfen's nieder,

Seitdem erhob es sich nicht wieder;
In Trümmern liegt's, mich dauert's sehr,
Das Kloster von Innisfare.

Vom Kloster von Innisfare
Nur eine Kapelle ist übrig mehr;
Drin hängt ein Glöcklein von gutem Klange,
Zieht einer zur rechten Zeit am Strange,
Wirkt Wunder rings im Land umher
Das Glöcklein von Innisfare.

Das Glöcklein von Innisfare!
Liegt ein Kranker danieder schwer,
Daß er wieder euch gesunde,
In der Christnacht zwölfter Stunde
Zieht das Glöcklein, ich rat' euch's sehr,
Das Glöcklein von Innisfare.«

Leise war das Lied verklungen,
Und ein Seufzer, dumpf und schwer,
Tief vom Herzen losgerungen,
Tönt vom Schmerzenslager her,
Und der Worte mächtig kaum
Stammelt die Kranke im Fiebertraum:
»Ja, die Glocke von Innisfare!
Wenn noch dein Vater am Leben wär',
Daß er das Glöcklein mir läuten ginge,
So entkäm' ich des Todes Schlinge;
Müßte nicht hier in Not verderben,
Mary, mein Kind, da müßt' ich nicht sterben.
Wenn noch dein Vater am Leben wär'!« –

Spricht's und sinkt zurücke wieder,
Und Erschöpfung, bleiern schwer,
Lähmt die Zunge, lähmt die Glieder.
Schweigend senkt die Nacht sich nieder;
Rings ersterben Sang und Tanz,
Festgejubel und Lichterglanz;
Stille wird's in allen Hütten,
Christnacht kommt herangeschritten.

Durch Coldstreams Schlucht weht Sturmgebraus,
Und löscht am Himmel die Sterne aus;
Schnee wirbelt nieder dicht und schwer,
Elf Schläge dröhnen vom Turme her.
Der Riegel klirrt, es knarrt die Tür;
Wer wagt ins Freie sich herfür?
Wer wagt in die wilde Nacht sich hinaus,
In Schneegestöber und Sturmgebraus?
Ein Mädchen ist's, zart, schmächtig, klein,
Wohl hüllt es in sein Tuch sich ein,
Doch gibt's die Füße nackt dem Eis,
Die blonden Locken dem Sturme preis;
Ein Stab bewehrt die eine Hand,
Die andre hält der Leuchte Brand,
So eilt sie hin, rasch wie der Wind,
Und riet' ihr einer: »Steh still, mein Kind!
Der Sturm verweht dich in deiner Flucht,
Der Schnee begräbt dich mit seiner Wucht,
Kehr' heim ins schützende Gemach,
Das Wetter will nicht – gib ihm nach!«
Drauf spräch' sie nur: »Habt schönen Dank!
Die Mutter liegt daheim schwerkrank;
Muß läuten das Glöcklein von Innisfare,
Mein Vater ist nicht am Leben mehr.«
Das spräche sie und eilte fort.
Nehm' Gott sie denn in seinen Hort!

Bergan, bergunter, hinab, hinauf,
So stürmt sie hin in raschem Lauf;
Schnee birgt die Kluft und deckt den Stein,
Hab' acht: glatt ist der Felsenrain!
Sie strauchelt, sie gleitet – weh, sie fällt!
Die Leuchte liegt am Stein zerschellt.
Sie aber rafft sich frisch empor
Und eilt dahin rasch wie zuvor,
Eilt mutig weiter, hinab, hinauf,
Bergan, bergunter, in flücht'gem Lauf.
Wohl trieft ihr Röcklein, wohl trieft ihr Haar,
Wohl steht auf der Stirne der Schweiß ihr klar,
Wohl wirbelt der Schnee rings schwer und dicht,

Sie achtet's nicht, sie weiß es nicht;
Nach Innisfare nur steht ihr Sinn –
Doch halt, wo trug ihr Fuß sie hin?
Weil ihr die Leuchte dort zerbrach,
ging irrend falschem Pfad sie nach;
Das Kloster liegt drüben auf der Höh',
und sie steht unten tief am See;
Wenn Eis auch die Flut in Fesseln legt,
Wer weiß, ob's hält, wer weiß, ob's trägt?
Und soll sie zurücke? – Nimmermehr!
Da dröhnen drei Schläge vom Dorfe her;
»Dreiviertel auf zwölf! So helf mir Gott;
Ich muß hinüber und wär's mein Tod!«
Da ist sie schon am Uferrand.
Halt ein, mein Kind, und bleib am Land!
Das Eis ist dünn – noch ist es Zeit
Schon kracht's und prasselt's weit und breit.
Da bricht's – ein Schrei – nehm' deine Huld
Sie gnädig auf, die rein von Schuld!
Doch nein – noch flimmert ihr weiß Gewand,
Von Scholle zu Scholle springt sie ans Land –
Nun ist sie drüben, und nun im Lauf
Stürmt sie den Klosterberg hinauf.
Nun ist sie oben, nun ist's erreicht,
Nun schlägt das Herz ihr frei und leicht,
Nun atmet sie auf, tief, frei und lang,
Es ist vollbracht, der schwere Gang!
Und vorwärts dringt in frommer Luft
Sie durch der Trümmer Schutt und Wust;
Nur eine Kapelle ist übrig mehr,
Dort ragt ihr spitzes Türmlein her,
Und aus dem Türmlein glänzt von fern
Die Glocke her, ein Rettungsstern.
Die Tür steht offen, sie tritt hinein;
Nun laß das Werk vollendet sein,
Zieh an das Glöcklein, daß es klingt
Und deiner Mutter Genesung bringt!
Was säumst du, Kind? Was suchst du lang?
Greif zu – Herr Gott, es fehlt der Strang!
Zu ihren Füßen liegt im Staub

Sein karger Rest, des Moders Raub;
Die Treppe stürzte ein im Brand,
Die sonst empor zum Turm sich wand;
Kein Weg, kein Steg, der aufwärts führt,
Kein Hebel, der die Glocke rührt!
Du armes Kind! Des Sturms Gebraus
Pfeift durch die Mauern und höhnt dich aus.
Vergebens kamst du durch Wind und Schnee,
Vergebens drangst du über den See,
Vergebens streckst du die Arme dein
Zur Glocke empor! Es soll nicht sein!
Im Dorfe schlägt es Mitternacht,
Der Himmel will's nicht, sein ist die Macht!

Starr stand das Kind, doch wie's vernahm
Den Stundenschlag, zu sich es kam
Und wirft sich nieder auf den Stein
Und faltet fromm die Hände klein
Und betet:
»Liebes Christkind du!
Hör gnädig der armen Mary zu;
Die Mutter sagt, so ist's auch wahr,
Du kämst zu uns Kindern Jahr für Jahr;
Du gingst vorbei an der Schlimmen Haus,
Den Frommen teiltest du Gaben aus;
So bitt' ich denn, vergiß nicht mein,
Christkind in deinem Strahlenschein,
Und weil dies Jahr ich nichts bekommen,
Und war doch eines von den frommen,
So bitt' ich dich, gewähre mir
Nur ein paar Schläge der Glocke hier,
Daß mir die Mutter am Leben bleib'
Und neu sich stärk' ihr siecher Leib;
Gewähr' der armen Mary dies,
Ich heiß' ja, wie deine Mutter hieß!«

Und spricht's, und heiß vom Antlitz rinnt
Ein Tränenstrom dem armen Kind;
Und eh' im Dorf noch der zwölfte Schlag
Verkündet einen neuen Tag,

Da plötzlich regt sich's,
Da horch, bewegt sich's,
Da schwingt sich's im Kreise,
Da schallet leise
Ein Schlag, noch einer und noch mehr;
Da läutet die Glocke von Innisfare!
Das tat der Sturm nicht, des rohe Macht
Dahintobt brausend durch die Nacht,
Das ist der Herr, der Gewährung nickt
Dem Kind, das gläubig aufwärts blickt;
Und wie hinaus über Berg und Wald
Mit mächt'gem Ruf die Glocke schallt,
Da mischt sich dem Kind wie Engelsang
Der Mutter Stimme in ihren Klang.
Gerettet! weht's ihm von ferne her
Ins Geläute der Glocke von Innisfare.

Friedrich Halm

Weihnachtsfest unter der Sixtinischen Madonna

Acht Tage vor dem Fest pflegte sich der Dresdener Altmarkt mit einem ganzen Gewimmel höchst interessanter Buden zu bedecken, die abends erleuchtet waren und große Augenlust gewährten. Das Glitzern der mit Rauschgolden und Früchten dekorierten Weihnachtsbäume, die hellerleuchteten kleinen Krippen mit dem Christuskind, die gespenstischen Knecht Ruprechts, die Schornsteinfeger von gebackenen Pflaumen, die eigentümlich weihnachtlichen Wachsstockpyramiden in allen Größen, endlich das Gewühl der Käufer und höfliche Locken der Verkäufer, das alles regte festlich auf. Hier drängten auch wir uns des Abends gar zu gern umher, schwelgten in dem ahnungsreichen Dufte der Tannen, der Wachsstöcke, Pfefferkuchen und Striezeln, die in einer den Wickelkindern entlehnten Gestalt, reichlich mit Zucker bestreut, vor allen zahlreichen Bäckerbuden auslagen und Löwenappetit erregten. Nach genauester Prüfung alles Vorhandenen kauften wir dann einige grüne oder rote Wachsstockpyramiden auf Kartenblätter gewickelt, das Stück zu einem Pfennig, sogenannte Pfefferkuchenzangen zu demselben Preis oder ein paar Bogen bunten Papiers, um unsere Privatbescherung damit auszustatten.

Inzwischen konnten wir in unserem Eifer den vom Kalender angegebenen Zeitpunkt nie ganz erwarten und fingen schon an den vorhergehenden Abenden an, in Alköven oder anderen verdachtlosen Winkeln unseren Kram geschmacklos aufzustellen, zündeten einige Wachsstockschnittchen dabei an und überraschten uns dann gegenseitig unaufhörlich, bis der wahre Heilige Abend herankam und uns alle überraschte.

In dem geräumigen Wohnzimmer meiner Mutter stand ein schönes Bild, das, auf einigen Stufen erhöht, den mittleren Teil der Hauptwand fast bis zur Decke füllte. Es war dies eine Kopie des berühmten Dresdner Raphael, die mein Vater unlängst vollendet und meiner Mutter geschenkt hatte. Diese Kopie wurde damals dem Original gleichgestellt. Es schien dasselbe, nur ohne die Mängel, welche Zeit und frühere Verwahrlosung hinzugetan hatten. Große Summen waren schon für die Vollendung dafür geboten worden, allein mein Vater wollte sich nicht davon trennen; es sollte das Palladium seines Hauses werden, und unter dem himmelreinen Auge dieser Mutter Gottes sollten seine Kinder heranwachsen. Auch knüpften sich sehr selige Kindererinnerungen an dieses Bild, unter dem wir saßen, und das ich anzublicken pflegte, wenn die Mutter am Sonntagmorgen aus der Heiligen Schrift vorlas und uns aufmerksam lehrte auf die Worte unseres Erlösers. Seinen vollen Zauber entfaltete es indessen erst am Weihnachtsabend, wenn die vielen Kerzen brannten und das magisch beleuchtete, wie von innerem Licht durchglühte Bild zu leben schien. Dieses herrlichen Anblicks erfreuten wir uns zuerst im Jahre 1809, als Volmanns und Senff die ersten Weihnachten mit uns feierten. Die ganze kleine Gesellschaft schien die Augen nicht wieder abwenden zu wollen, und fast hätte es notgetan, uns Kinder zu erinnern, daß es heute noch andere Interessen für uns gäbe.

Unterdessen wir uns nun unseren Tischen nahten und die Herrlichkeiten in Augenschein nahmen, mit denen man uns beschenkt hatte, wurde Senff vermißt. Man hörte aber, daß er gebeten habe, ihm nicht zu folgen, und sieh da! – als die Kerzen des Lichterbaumes im Ersterben waren – da flogen plötzlich die Flügeltüren auseinander, und ein Lichtmeer strahlte uns entgegen. Senff hatte den Fußboden des großen Vorsaales dicht besetzt mit Hunderten von kleinen Lampen, die er aus Nußschalen gebildet und zu einem rie-

sigen Halbmond vereinigt hatte. In die Höhlung dieses Türkensterns, der wie Pontius ins Kredo in unseren Weihnachtsabend paßte, hatte er die kunstvoll gefertigten Geschenke aufgestellt, die er für uns Kinder gearbeitet hatte: für mich einen Prachtschild mit silbernem Adler, für Alfred einen nicht minder schönen Löwenschild. Der Effekt des Ganzen war sehr überraschend, doch noch nicht genügend für Senffs Erfindungsgabe. Als man sich satt gesehen, schlug der ideenreiche Künstler der Gesellschaft vor, ihm nach dem Hinterhaus zu folgen. Dort befand sich ein zweiter Vorsaal, der zu den Gemächern meines Vaters führte, und hier hatte Senff auf der Diele aus kleinen von Papier gemachten Häusern, Palästen und Moscheen die Stadt Konstantinopel aufgebaut. Man konnte nichts Saubereres sehen als diese Papierstadt. Dichtgestreuter weißer Sand bezeichnete das Land, blauer das Meer, das von kleinen Schiffen belebt war. – Nachdem nun Senff die skizzenhafte Erklärung der hervorragendsten Punkte gegeben hatte, bemerkte er, daß Konstantinopel häufig abzubrennen pflege, und damit legte er einen Zunder unter das erste Haus der Vorstadt Percha. Bald brach die Flamme aus, ergriff das nächste Gebäude und die ganze Straße, verzweigte sich nach anderen Straßen, sprang in die Brunnen, die mit Spiritus gefüllt waren, und verbreitete sich in der ganzen Stadt. Zuletzt wurde das Serail ergriffen, dessen zahlreiche Türmchen als Miniaturfeuerwerk aufsprühten, die Vorstellung mit Knalleffekt beschließend.

Wilhelm von Kügelgen

Weihnachten in der Fremde

Weihnachtsabend kam heran. – Es war noch nachmittags, als Reinhard mit anderen Studenten im Ratskeller am alten Eichentisch zusammensaß. Die Lampen an den Wänden waren angezündet, denn hier unten dämmerte es schon; aber die Gäste waren sparsam versammelt, die Kellner lehnten müßig an den Mauerpfeilern. In einem Winkel des Gewölbes saßen ein Geigenspieler und ein Zithermädchen mit feinen zigeunerhaften Zügen. Sie hatten ihre Instrumente auf dem Schoß liegen und schienen teilnahmslos vor sich hinzusehen.

Am Studententisch knallte ein Champagnerpfropfen. »Trinke, mein böhmisch Liebchen!« rief ein junger Mann von junkerhaftem Äußeren, indem er sein volles Glas zu dem Mädchen hinüberreichte.

»Ich mag nicht«, sagte sie, ohne ihre Stellung zu verändern.

»So singe!« rief der Junker und warf ihr eine Silbermünze in den Schoß. Das Mädchen strich sich langsam mit den Fingern durch ihr schwarzes Haar, während der Geigenspieler ihr ins Ohr flüsterte, aber sie warf den Kopf zurück und stützte das Kinn auf die Zither.

»Für den spiel ich nicht«, sagte sie.

Reinhard sprang mit dem Glase in der Hand auf und stellte sich vor sie.

»Was willst du?« fragte sie trotzig.

»Deine Augen sehen.«

»Was gehen dich meine Augen an?«

Reinhard sah funkelnd auf sie nieder. »Ich weiß wohl, sie sind falsch!«

Sie legte ihre Wange in die flache Hand und sah in lauernd an.

Reinhard hob sein Glas an den Mund. »Auf deine schönen, sündhaften Augen!« sagte er und trank.

Sie lachte und warf den Kopf herum. »Gib!« sagte sie, und indem sie ihre schwarzen Augen in die seinen heftete, trank sic langsam den Rest. Dann griff sie einen Dreiklang und sang mit tiefer, leidenschaftlicher Stimme:

»Heute, nur heute bin ich so schön;
Morgen, ach morgen muß alles vergehn!
Nur diese Stunde bist du noch mein;
Sterben, ach sterben soll ich allein.«

Während der Geigenspieler im raschen Tempo das Nachspiel einsetzte, gesellte sich ein neuer Ankömmling zu der Gruppe.

»Ich wollte dich abholen, Reinhard«, sagte er. »Du warst schon fort; aber das Christkind war bei dir eingekehrt.«

»Das Christkind?« sagte Reinhard. »Das kommt nicht mehr zu mir.«

»Ei was! Dein ganzes Zimmer roch nach Tannenbaum und braunem Kuchen.«

Reinhard setzte das Glas aus der Hand und griff nach seiner Mütze.

»Was willst du?« fragte das Mädchen.

»Ich komme schon wieder.«

Sie runzelte die Stirn. »Bleib!« rief sie leise und sah in vertraulich an.

Reinhard zögerte. »Ich kann nicht«, sagte er.

Sie stieß ihn lachend mit der Fußspitze. »Geh!« sagte sie. »Du taugst nichts; ihr taugt miteinander nichts.« Und während sie sich abwandte, stieg Reinhard langsam die Kellertreppe hinauf.

Draußen auf der Straße war es tiefe Dämmerung; er fühlte die frische Winterluft an seiner heißen Stirn. Hie und da fiel der helle Schein eines brennenden Tannenbaumes aus den Fenstern, dann und wann hörte man von drinnen das Geräusch von kleinen Pfeifen und Blechtrompeten und dazwischen jubelnde Kinderstimmen. Scharen von Bettelkindern gingen von Haus zu Haus oder stiegen auf die Treppengeländer und suchten durch die Fenster einen Blick in die versagte Herrlichkeit zu gewinnen. Mitunter wurde auch eine Tür plötzlich aufgerissen, und scheltende Stimmen trieben einen ganzen Schwarm solcher kleinen Gäste aus dem hellen Haus auf die dunkle Gasse hinaus; anderswo wurde auf dem Hausflur ein altes Weihnachtslied gesungen; es waren klare Mädchenstimmen darunter. Reinhard hörte sie nicht, er ging rasch an allem vorüber, aus einer Straße in die andere. Als er an seine Wohnung gekommen, war es fast völlig dunkel geworden; er stolperte die Treppe hinauf und trat in seine Stube. Ein süßer Duft schlug ihm entgegen; das heimelte ihn an, das roch wie zu Haus der Mutter Weihnachtsstube. Mit zitternder Hand zündete er sein Licht an; da lag ein mächtiges Paket auf dem Tisch, und als er es öffnete, fielen die wohlbekannten braunen Festkuchen heraus; auf einigen waren die Anfangsbuchstaben seines Namens in Zucker ausgestreut; das konnte niemand anders als Elisabeth getan haben. Dann kam ein Päckchen mit feiner gestrickter Wäsche zum Vorschein, Tücher und Manschetten, zuletzt Briefe von der Mutter und von Elisabeth.

Reinhard öffnete zuerst den letzteren. Elisabeth schrieb:

»Die schönen Zuckerbuchstaben können Dir wohl erzählen, wer bei den Kuchen mitgeholfen hat; dieselbe Person hat die Manschetten für Dich gestickt. Bei uns wird es nun Weihnachtsabend sehr still werden; meine Mutter stellt immer schon um halb zehn ihr Spinnrad in die Ecke. Es ist gar so einsam diesen Winter, wo Du nicht hier bist. Nun ist auch vorigen Sonntag der Hänfling gestorben, den Du mir geschenkt hattest; ich habe sehr geweint, aber ich habe ihn doch immer gut gewartet. Der sang sonst immer nachmittags, wenn die Sonne auf sein Bauer schien. Du weißt, die Mutter hing oft ein Tuch über, um ihn zu geschweigen, wenn er so recht aus Kräften sang. Da ist es nun noch stiller in der Kammer, nur daß Dein alter Freund Erich uns jetzt mitunter besucht. Du sagtest einmal, er sähe seinem braunen Überrock ähnlich. Daran muß ich nun immer denken, wenn er zur Tür hereinkommt, und es ist gar zu komisch; sag es aber nicht zur Mutter, sie wird dann leicht verdrießlich. – Rat', was ich Deiner Mutter zu Weihnachten schenke! Du rätst es nicht? Mich selber! Der Erich zeichnete mich in schwarzer Kreide; ich habe ihm schon dreimal sitzen müssen, jedesmal eine ganze Stunde. Es war mir recht zuwider, daß der fremde Mensch mein Gesicht so auswendig lernte. Ich wollte auch nicht, aber die Mutter redete mir zu; sie sagte, es würde der guten Frau Werner eine große Freude machen. Aber Du hältst nicht Wort, Reinhard. Du hast keine Märchen geschickt. Ich habe Dich oft bei Deiner Mutter verklagt; sie sagt dann immer, Du habest jetzt mehr zu tun als solche Kindereien. Ich glaub es aber nicht; es ist wohl anders.«

Nun las Reinhard auch den Brief seiner Mutter, und als er beide Briefe gesehen und langsam wieder zusammengefaltet und weggelegt hatte, überfiel ihn unerbittliches Heimweh. Er ging eine Zeitlang in seinem Zimmer auf und nieder; er sprach leise und dann halb verständlich zu sich selbst: »Er wäre fast verirret und wußte nicht hinaus; da stand das Kind am Wege, und winkte ihm nach Haus!«

Dann trat er an sein Pult, nahm einiges Geld heraus und ging wieder auf die Straße hinab. Hier war es mittlerweile stiller geworden, die Weihnachtsbäume waren ausgebrannt, die Umzüge der Kinder hatten aufgehört. Der Wind fegte durch die einsamen Straßen; Alte und Junge saßen in ihren Häusern familienweise zusammen; der zweite Abschnitt des Weihnachtsabends hatte begonnen.

Als Reinhard in die Nähe des Ratskellers kam, hörte er aus der Tiefe herauf Geigenstrich und den Gesang des Zithermädchens; nun klingelte unten die Kellertür, und eine dunkle Gestalt schwankte die breite, matt erleuchtete Treppe herauf.

Reinhard trat in den Häuserschatten und ging dann rasch vorüber. Nach einer Weile erreichte er den erleuchteten Laden eines Juweliers; und nachdem er hier ein kleines Kreuz von roten Korallen eingehandelt hatte, ging er auf demselben Weg, den er gekommen war, wieder zurück. Nicht weit von seiner Wohnung bemerkte er ein kleines, in klägliche Lumpen gehülltes Mädchen an einer hohen Haustür stehen, in vergeblicher Bemühung, sie zu öffnen. »Soll ich dir helfen?« sagte er. Das Kind erwiderte nichts, ließ aber die schwere Türklinke fahren. Reinhard hatte schon die Tür geöffnet.

»Nein!« sagte er, »sie könnten dich hinausjagen; komm mit mir! Ich will dir Weihnachtskuchen geben.« Dann machte er die Tür wieder zu und faßte das kleine Mädchen an der Hand, das stillschweigend mit ihm in seine Wohnung ging.

Er hatte das Licht beim Weggehen brennen lassen. »Hier hast du Kuchen«, sagte er, und gab ihr die Hälfte seines ganzen Schatzes in die Schürze, nur keine mit den Zuckerbuchstaben. »Nun geh nach Haus und gib deiner Mutter auch davon.«

Das Kind sah mit einem scheuen Blick zu ihm hinauf; es schien solcher Freundlichkeiten ungewohnt und nichts darauf erwidern zu können. Reinhard machte die Tür auf und leuchtete ihr, und nun flog die Kleine wie ein Vogel mit ihrem Kuchen die Treppe hinab und zum Hause hinaus.

Reinhard schürte das Feuer in seinem Ofen an und stellte das bestaubte Tintenfaß auf seinen Tisch; dann setzte er sich hin und schrieb und schrieb die ganze Nacht Briefe an seine Mutter, an Elisabeth. Der Rest der Weihnachtskuchen lag unberührt neben ihm; aber die Manschetten von Elisabeth hatte er angeknüpft, was sich gar wunderlich zu seinem weißen Flausrock ausnahm. So saß er noch, als die Wintersonne auf die gefrorenen Fensterscheiben fiel und ihm gegenüber im Spiegel ein blasses, ernstes Antlitz zeigte.

Theodor Storm

Christbescherung

Der Nußbaum spricht:
Heut sieht man Büblein, Mägdlein warten.
Auf einen schönen Christkindgarten,
Da stellt man in die Mitt' hinein
Ein Tannenreis in Lichterschein.
Da hängt viel Naschwerk, Marzipan.
Auch sogar güldne Nüß daran.
Doch sind die Nüsse dürr und alt.
Die grünen Zweige welken bald,
Das Bäumlein kann halt nicht verhehlen.
Daß Leben ihm und Wurzel fehlen.
Ein kluges Kind hat das bald weg.
Und ist nur gessen erst der Schleck,
Dann ist ein solcher Baum veracht't.
Sein Glanz und Lust war über Nacht. –
Schaut her! da bin ich meiner Sex,
Doch ganz ein anderes Gewächs!

Mich lud der Freund in seinen Garten,
Dem blonden Kinde aufzuwarten:
Ich ginge gern hinein zum Liebchen
Und grüßte sie im warmen Stübchen,
Allein das schickt sich doch nicht ganz,
Ich bin ein gar zu langer Hans;
Drum bat ich sie zu mir heraus.
Zwar steh ich kahl und ohne Strauß,
Doch wart'! Es kommt die Sommerszeit,
Da ist's, wars unsereinen freut.
Da wickl' ich los mein würzig Blatt,
Es sieht kein Menschenaug sich satt.
Die Vögel singen in meinen Zweigen,
Und alles, Schätzchen, ist dein eigen!
Und hast du mir es heut verziehn,
Daß ich nun bloß von Früchten bin.
So bring ich dir gewiß und wahr
Ein Schürzlein Nüsse Jahr für Jahr.

Eduard Mörike

Es ist für uns eine Zeit ankommen

Es ist für uns eine Zeit ankommen,
Sie bringt für uns ein' große Gnad':
Unser Heiland Jesus Christ,
Der für uns uns, der für uns uns,
Der für uns Mensch worden ist.
Die Hirten of em Feld
Die laufen es schnell.
Sie laufen und springen
Und mänge hört singen:
Die Ehr' Gott in der Höh'
Und Friede sei auf Erd'.

Jesulein lag in der Krippe
Auf einem harten Felsenstein
Zwischen Ochs und Esulein.

O du armes, o du armes,
O du armes Jesulein.
Ach Gott, erbarm!
Wie ist die Mutter eso arm!
Sie hat ja kein Pfännelein,
Zu kochen dem Kindelein,
Kein Brot und kein Salz,
Kein' Butter und kein Schmalz.

Es kamen drei Könige her zu reisen.
Sie kamen her aus dem Morgenland.
Ein Stern tät sie begleiten
Und führte sie bis, führte sie bis,
Führte sie bis gen Bethlehem.
Im Morgenland,
Dort ist es eso kalt.
's mueß mänge verfriere
Und ds Läbe verliere.
Doch d' Mueter, au no so arm,
Sie haltet ds Khindli warm.

Über einem Stalle, da hielt der Stern stille.
Sie traten ein in den dunkeln Raum,
Kneuleten vor dem Kinde her;

Großes Opfer, großes Opfer,
Großes Opfer brachten sie dar.
»Wir kommen hier an,
Das wünschen wir euch an:
Ein guetes glücksäligs,
Gesund und auch fröhlichs,
Ein guetes neues Jahr,
Das wünschen wir euch an.«

Volkstümlich aus der Schweiz

Am Heiligen Abend

O Heiliger Abend,
Mit Sternen besät,
Wie lieblich und labend
Dein Hauch mich umweht!
Vom Kindergetümmel,
Vom Lichtergewimmel
Aufschau' ich zum Himmel
In leisem Gebet.

Da funkelt von Sternen
Ein himmlischer Baum,
Da jauchzt es im fernen,
Ätherischen Raum;
Da lassen die Sphären
In seligen Chören
Glückwünschend sich hören;
Mir klingt's wie im Traum.

Es führet mit Feuer
Orion den Chor,
Die himmlische Leier
Tönt golden hervor;
Dann folgen mit Schalle
Die Sternelein alle;
Dem lieblichen Halle
Lauscht selig mein Ohr:

»Wir wandeln da oben
Im ewigen Licht,
Den Schöpfer zu loben
Ist selige Pflicht;
Wir wallen und wohnen
Seit vielen Äonen
Um himmlische Thronen
Und sündigen nicht.«

»O Erde, du kleine,
Du dämmernder Stern,
Doch gleichet dir keine
Der Welten von fern!
So schmählich verloren,
So selig erkoren,
Auf dir ist geboren
Die Klarheit des Herrn!«

»Wir funkeln im alten
Urewigen Glanz,
Du hast nicht behalten
Den himmlischen Kranz;
Doch neu dich zu heben
Vom Tode zum Leben,
Hat dir sich ergeben
Der Ewige ganz!«

»Wir kennen nicht Tränen,
Nicht Tod und nicht Grab,
Doch ziehet ein Sehnen
Zu dir uns hinab,
Wo liebend gelitten,
Wo segnend geschritten
Durch niedrige Hütten
Dein göttlicher Knab'.«

»Du unter den Welten
Wie Bethlehem klein,
In himmlischen Zelten
Gedenket man dein.«
So klangen die Lieder
Der Sterne hernieder,
Da freut' ich mich wieder,
Von Erde zu sein.

Karl Gerok

Weihnacht in Grunzenow

Zum zweitenmal läutete die Glocke, als Hans an der Seite des greisen Pfarrherrn die Stufen emporstieg, die hinter dem Pastorenhaus auf den Kirchhof des Dorfes führten. Quer über den Kirchhof ging der Weg zur Kirche, und zwischen den weißen Gräbern und den schwarzen Kreuzen, welche auch alle Schneehauben trugen, blieben die beiden geistlichen Herren stehen, um auf das Dorf zurückzuschauen. Das Meer rauschte in der Finsternis, aber im Dorf war fast jedes Fenster erleuchtet, und reges Leben herrschte auf dem Kirchweg. Aus seinen Hütten stieg das Volk der Fischerleute zu seiner Kirche empor – Greise, Männer, Weiber, Kinder! Sie kamen mit Laternen und Lichtern, und wenn die Erwachsenen, die Älteren im Vorüberschreiten mit vertraulicher Ehrerbietung ihren Pfarrherrn grüßten, so kam fast jedes Kind zu ihm heran, um ihm die Hand zu geben, er aber kannte sie alle bei ihrem Namen, kannte ihre kleine, kurze Lebensgeschichte und hatte fast für jedes ein anderes Liebkosungswort. Von Zeit zu Zeit zögerte einer der Erwachsenen auf dem Wege oder wandte sich seitwärts, um seine Laterne niederzusetzen und sich über eins der verschneiten Gräber zu beugen; dann war der Pfarrherr von Grunzenow an der Seite der Trauernden und sprach ihnen leise zu, und die Sterne lächelten am schwarzen Winterhimmel, und es war, als ob das Meer sanfter rausche.

Zum drittenmal zog der Küster von Grunzenow den Glockenstrang, als wieder eine größere Gruppe in die Kirchhofspforte trat, und Grips war's, der hier die Laterne vortrug. Ritterlich führte der Oberst von Bullau das Fränzchen an der Spitze seiner Hofleute und sagte, als Hans Unwirrsch vor ihm stand, und Grips seine Laterne erhob, um die Begrüßung zu beleuchten:

»Also pflegt der Mensch auszusehen, der nicht sagen kann, wie wohl ihm zumute ist. Da, Herr Kandidatus, da habt Ihr Euer Mädchen; ich wünsche Euch fröhliche Feiertage und viel Pläsier damit.«

Hand in Hand gingen Hans und Fränzchen mit den andern Leuten von Grunzenow in die kleine Kirche, wo der Küster bereits vor der Orgel saß. Auf dem kurzen Weg konnte Franziska dem Verlobten und Hans der Braut wirklich nicht sagen, wie ihnen zumute sei; aber beide wußten es doch ...

Wohl hundert Lichter erhellten die kleine Kirche; niemand hatte sein Lämpchen beim Eintritt ausgeblasen, und wunderbar feierlich erschien die Versammlung dieser Gemeinde am Ufer der See.

Auf einer der vordersten Bänke, dicht vor dem Altar und der Kanzel, saß der Kandidat Unwirrsch neben seiner Braut und dem Obersten von Bullau nieder und sang im rauhen Chor der Fischer das alte Weihnachtslied mit bis zu Ende; bis unter den letzten Klängen der Orgel und des Gesanges Ehrn Josias Tillenius auf seine Kanzel trat, um seine Weihnachtspredigt zu halten; bis alle die von der Sonne gebräunten, vom Sturme und Wetter zerbissenen Gesichter der Männer, bis alle die ernsten Gesichter der Frauen, bis alle Kinderaugen sich zu dem alten, treuen Berater und Tröster emporhoben. Und keiner der berühmten und beliebten Redner, die Hans in der großen Stadt gehört hatte, keiner der berühmten Professoren, die ihm auf der Universität so viel gute Lehren gaben, hätte eine trefflichere Rede halten können als der Greis von der Hungerpfarre zu Grunzenow, der sich in der Bibliothek seiner Vorgänger nicht zurechtfinden konnte, und dem die moderne Wissenschaft der Theologie ein Buch mit sieben Siegeln geblieben war.

Mit jenem Gruß der Engel, über welchen kein anderer in der Welt geht, grüßte er seine Gemeinde: »Ehre sei Gott in der Höhe, und Friede auf Erden und den Menschen ein Wohlgefallen!« Dann wünschte er allen Glück zu dem hohen Fest, den Jungen wie den Alten, den Greisen wie den Kindern; und er hatte recht, als er einst zu Hans Unwirrsch sagte, daß es ein seltsam Ding sei, wenn einem

Pastor das Meer in seine Worte klinge. Er sprach von den Guten und Bösen, was geschehen sei, seit man vor einem Jahr diesen Tag feierte, er sprach von dem, was werden könne, bis zu dem nächsten Weihnachtsglockenklang. Er hatte ein Wort für die Trauernden, und für die, welchen Freude gegeben worden war. Seine Vergleiche konnte er nicht, wie seine Amtsbrüder weiter im Lande, die jetzt auch auf ihren Kanzeln standen, der Arbeit des Ackermanns entnehmen; er konnte nicht sprechen vom Säen, Blühen, Fruchtbringen und Verwelken; – das Meer rauschte in seine Worte.

Er sprach von den Angehörigen seiner Gemeinde, die jetzt in der Fremde schifften, von denen man nicht wußte, ob sie lebten oder ob sie tot seien: Die Erde vom Nordpol bis zum Südpol mußte Raum finden in seiner Predigt. Er sprach von den Verschollenen, deren Platz am Herd seit Jahren leer war, nannte zwei weinende Mütter bei ihren Namen und tröstete sie mit der Verheißung, daß niemand, niemand verlorengehen könne, so weit die Welt auch sei, da geschrieben stehe, daß Gott die Meere in der hohlen Hand halte. Er sprach von dem großen Weihnachtsbaum der Ewigkeit, unter welchem einst alle, alle versammelt sein würden.

Hans Unwirrsch dachte an die Hungerpredigten, die er in der Grinsegasse hatte schreiben wollen, um durch ihren Druck einen Namen zu erwerben und Tausende dadurch zu rühren und zu erheben. Er ließ das Haupt sinken vor der Rede dieses Greises, die gewiß nicht druckfähig war und doch den Hörern bis ins tiefste Herz drang. Das Fränzchen weinte ihm zur Seite, der Oberst von Bullau räusperte sich von Zeit zu Zeit sehr vernehmlich und murrte in den grauen Bart; das Volk der Fischer seufzte und schluchzte; der Kandidat Unwirrsch hatte keine Zeit, die Erinnerung an sein Manuskript und die Grinsegasse weiter zu verfolgen.

Ehrn Josias Tillenius war an den Weihnachtsbaum jeder Hütte seines Dorfes getreten; nun stand er plötzlich im Schatten des Baumes der Weltgeschichte, durch dessen Gezweig der Stern der Verkündigung auf die Krippe zu Bethlehem niederleuchtete. In einfach ergreifender Art erzählte er seiner Gemeinde, wie es aussah auf Erden, als die Engel ihren Gruß vom Himmel niederbrachten. Von der Stadt Rom erzählte er und von dem römischen Kaiser Augustus, von den stolzen Tempeln, den stolzen Weisen, Kriegern und Poeten. Er sprach davon, wie die Sonne, der Mond und alle Gestirne damals so segensreich ihren Weg gingen, als wie heute, wie die Erde ihre Früchte trug, wie das Meer seine Schätze ebenso gutwillig hergab als jetzt. Er erzählte, wie die Menschen sich damals in ihrer Zeit eingerichtet hatten: wie Zoll gefordert und gegeben wurde, wie die Seen und Flüsse und das Meer voll Schiffe, wie die Landstraßen voll Wanderer und die Märkte voll Kaufleute waren. Er berichtete, wie die Schätze der Nationen wie heute hin- und hergetragen wurden, und dann – dann sprach er von dem großen Hunger der Welt.

Die schönsten Götterbilder in den herrlichen Tempeln waren Masken, die kein Leben hatten. Die Priester, welche ihnen dienten, spotteten ihrer und des Volkes, das vor ihnen kniete; die Weisen und Klugen aber schämten sich der Götter und der Priester. Die Welt war zu einem Durcheinander geworden, in dem es keinen Halt mehr gab. Frieden fand der Mensch weder in seinem Herzen, noch in seinem Hause, noch draußen auf dem Markt. In dem römischen Kaiserreich hatte die Menschheit sich an sich selber verloren, sie lag in Ketten unter dem Purpurmantel, der ihre blutenden, zerschlagenen Glieder deckte; der Himmel war dunkel über ihr, und das Licht, das von ihrem goldenen Diadem ausging, war nur das falsche Leuchten in der Nacht des Todes. Trotz aller Pracht und Bewegung des Lebens war die Erde wüst und leer geworden, wie vor dem Erschaffungswort. Ehrn Josias Tillenius sagte das in Worten, die seine Gemeinde verstand. Es wagte niemand sich zu regen; man hörte nur das schnellere Atmen der Zuhörer, und als der fast hundertjährigen Urgroßmutter Margarethe Jörensen, die allein schlummerte in der Versammlung, und nach einem früheren Gebot des Predigers unter keiner Bedingung geweckt werden durfte, das große Gesangbuch vom Schoß rutschte und zu Boden fiel, ging es wie ein jäher Schrecken durch jedes Herz, und die abgehärtesten Seeleute fuhren zusammen.

»Ehre sei Gott in der Höhe und Friede auf Erden und den Menschen ein Wohlgefallen!« Es war, als ob das Wort den Bann, der auf dem Volk von Grunzenow lag, löste, wie einst die Fesseln der ganzen Menschheit.

Über der Hütte zu Bethlehem stand der Stern der Erlösung; der Heiland war in die Welt des Hungers geboren worden; der Schmerzenssohn der Menschheit, der Sohn Gottes, der die Sünde seiner Mutter auf sich nehmen sollte, war erschienen, und vom Feld kamen die armen Hirten, denen die Könige und Weisen erst später folgten, hergelaufen, um das Kind in der Krippe zu begrüßen, dieses Kind, das nun noch mit in die Register der Bevölkerung des römischen Reiches, die der Kaiser Augustus anfertigen ließ, aufgenommen werden konnte. Nun war die Zeit erfüllt und das Reich Gottes erschienen. Die hungrige Menschheit aber reckte die Hände auf nach dem »Brot, das vom Himmel kommt und der Welt das Leben gibt«. Der Himmel, der so finster und leer gewesen war, öffnete sich über den Kindern der Erde: Alle Völker sahen das große Licht – die Menschheit riß die Krone von dem gedemütigten Haupt und warf den Purpurmantel von den Schultern. Sie schämte sich ihrer blutenden Wunden, ihrer gefesselten, zerschlagenen Glieder nicht mehr – sie kniete und horchte. Wahrheit! jauchzte es vom Aufgang; Freiheit! jauchzte es vom Niedergang – Liebe! sangen die Engel um die Hütte, in welcher die Erbtochter des Stammes David und Joseph der Zimmermann von Nazareth den Hirten das Kind zeigten, das in der Nacht geboren worden war. Ehrn Josias Tillenius aber zeigte es jetzt den Kindern seines Dorfes; denn das Weihnachtsfest ist das Fest des Kindes, welchem die erhabenen Ostern fremd bleiben, bis es über den ersten wahren Schmerz nachdenken mußte. In die Weihnachtsworte aber, die der alte Prediger zu den Kindern sprach, dämmerte der neue Tag. Es wurde Dämmerung vor den Fenstern der kleinen Kirche, und das Licht der Lampen und Wachskerzen erbleichte vor dem rosigen Schimmer, der den Winterhimmel überzog. Wieder erklang die Orgel, die Gemeinde von Grunzenow sang den Schlußvers des Weihnachtsliedes, die Kirche war zu Ende.

Hans und Fränzchen standen auf dem Kirchhof neben dem Prediger und dem alten Oberst, und alle Grunzenower, die an ihnen vorübergingen, um wieder in das Dorf hinabzusteigen, nickten ihnen zu, oder kamen auch wohl heran, um ihnen die Hand zu geben und sie in ihrer Mitte willkommen zu heißen. Röter und röter färbte sich der Himmel, die Lichter des Dorfes erloschen in der Dämmerung, wie die Lichter in der Kirche. Die Orgel schwieg, der Küster kam auch lächelnd-scheu den Kandidaten Unwirrsch zu beglückwünschen. Es wurde Tag, aber die Stimme des Meeres verklang nicht.

Die letzten Bewohner des Dorfes hatten sich entfernt; Ehrn Josias Tillenius sah auf das Brautpaar und sagte dann:

»Kommt, Oberst! Ihr müßt mir wie gewöhnlich Euren Arm leihen. Die jungen Leute werden schon ihren Weg allein finden.«

Der Oberst von Bullau sah auf Hans und Fränzchen und zog die Hand des alten Freundes unter seinen Arm.

Auch der Pastor und der Herr von Bullau stiegen herab von dem Kirchhof – Hans und seine Braut standen allein unter den schneebedeckten Gräbern. Sie standen und hielten einander fest umschlungen. Zu gleicher Zeit kam beiden derselbe Gedanke, daß sie dereinst auch auf diesem kleinen Kirchhof liegen und schlafen würden; aber sie lächelten und sehnten sich nicht fort ...

Wilhelm Raabe

Der gleitende Purpur

»Eia Weihnacht! Eia Weihnacht!«
Schallt im Münsterchor der Psalm der Knaben.
Kaiser Otto lauscht der Mette,
Diener hinter sich mit Spend und Gaben.

Eia Weihnacht! Eia Weihnacht!
Heute, da die Himmel niederschweben,
Wird dem Elend und der Blöße
Mäntel er und warme Röcke geben.

Hundert Bettler stehn erwartend –
Einer hält des Kaisers Knie umfangen
Mit den wundgeriebenen Armen,
Dran zerriss'ner Fesseln Enden hangen.

»Schalk! Was zerrst du mir den Purpur?
Harr und bete! Kennst du mich als Kargen?«
Doch der Bettler hält den Mantel
Fest und jammert: »Kennst du mich, den Argen?

Du Gesalbter und Erlauchter!
Kennst du mich? . . . Du hast mit mir gelegen,
Mit dem Siechen, mit dem Wunden,
Unter eines Mutterherzens Schlägen.

Aus demselben Wollentuche
Schnitt man uns die Kappen und die Kleider!
Aus demselben Psalmenbuche
Sang das frische Jugendantlitz beider!

Heinz, wo bist du? Heinz, wo bleibst du?
Hast zum Spiele du mich oft gerufen
Durch die Säle, durch die Gänge,
Auf und ab der Wendeltreppe Stufen . . .

Wehe mir! Da du dich kröntest,
Hat des Neides Natter mich gebissen!
Mit dem Lügengeist im Bunde
Hab ich dieses deutsche Reich zerrissen!

Als den ungetreuen Bruder
Und Verräter hast du mich erfunden!
Du ergrimmtest und du warfest
In die Kerkertiefe mich gebunden . . .

In der Tiefe meines Kerkers
Hab ich ohne Mantel heut gefroren . . .
Eia Weihnacht! Eia Weihnacht!
Heute wird der Welt das Heil geboren!«

»Eia Weihnacht! Eia Weihnacht!«
Hundert Bettler strecken jetzt die Hände:
»Gib uns Mäntel! Gib uns Röcke!
Sei barmherzig! Gib uns deine Spende!«

Eine Spange löst der Kaiser
Sacht. Sein Purpur gleitet, gleitet, gleitet
Über seinen sünd'gen Bruder,
Und der erste Bettler steht bekleidet . . .

Eia Weihnacht! Eia Weihnacht!
Jubelt Erd' und Himmelreich mit Schallen.
Glorie! Glorie! Friede! Freude!
Und am Menschenkind ein Wohlgefallen!

Conrad Ferdinand Meyer

Weihnachten

Die schönste Zeit, die liebste Zeit,
Sagt's allen Leuten weit und breit,
Damit sich jedes freuen mag!
Das ist der liebe Weihnachtstag.

Den hat uns Gott der Herr bestellt,
Den herrlichsten in aller Welt,
Daß jung und alt, daß groß und klein
So recht von Herzen froh soll sein.

Das beste Kind, das liebste Kind,
So viele rings auf Erden sind,
Kommt her und hört, damit ihr's wißt!
Das ist der liebe Jesus Christ.

Wie der sich freundlich zu uns neigt,
Mit seinen Händen nach uns reicht!
Und wer sein Auge nur gesehn,
Will nimmer wieder von ihm gehn.

Zur Weihnachszeit, zur Weihnachtszeit,
Da kam er von dem Himmel weit,
Zu seinen armen Menschen her;
In einer Krippe schlummert' er.

Johann W. Hey

Hoheit in der Parkstraße

Weihnachten war nahe, und die Frauenwelt der Parkstraße fuhr in geheimnisvoller Tätigkeit umher. Der Verkehr mit guten Bekannten wurde unterbrochen, angefangene Bücher lagen im Winkel, und Theater wie Konzertsaal wiesen leere Plätze auf. Vom Morgen bis zum Abend flogen kleine Finger zwischen Perlen, Wolle, Seide, Pinsel und Palette umher, und der Tag wurde zu achtundvierzig Stunden ausgeweitet. Je näher das Fest rückte, desto zahlreicher wurden die Geheimnisse; in jedem Schrank steckten Dinge, die niemand sehen sollte, und von allen Seiten wurden Pakete in das Haus getragen, deren Berührung verpönt war.

Auch für Ilse wurde in diesem Jahr das Fest eine große Angelegenheit; sie trug wie eine Biene zusammen, und nicht nur für die Lieben in der Heimat. Denn auch in der Stadt hatten sich viele große und kleine Kinder an ihr Herz genestelt.

Als der Kammerherr einige Zeit vor dem Fest einen Besuch seines Prinzen bei dem neuen Rektor schicklich erachtete, fanden die Herren Ilse und Laura in eifriger Arbeit und den Salon der Frau Rektorin in eine große Marktbude verwandelt. Auf langen Tischen standen Weihnachtsbäumchen, und gefüllte Säcke lehnten ihren schweren Leib an die Tischbeine. Als Ilse den Herren entgegentrat und ihre Umgebung entschuldigte, bat der Kammerherr dringend, sich nicht stören zu lassen. »Wir dürfen nur hierbleiben, wenn wir das Recht erhalten, uns nützlich zu machen.« Auch der Prinz sagte: »Ich bitte um die Erlaubnis zu helfen.«

»Das ist freundlich«, versetzte Ilse, »denn bis zum Abend ist noch vieles zu verteilen. Erlauben Ew. Hoheit, daß ich Sie anstelle. Nehmen Sie den Sack mit Nüssen, Sie, Herr Kammerherr, haben die Güte, die Äpfel unter Ihre Obhut zu nehmen, du, Felix, erhältst den Pfefferkuchen. Und ich bitte die Herren, kleine Häufchen zu machen, zu jedem zwanzig Nüsse, sechs Äpfel und ein Paket Kuchen.«

Die Herren gingen mit Feuer an die Arbeit. Der Duft der Fichtennadeln und Äpfel erfüllte die Stube und zog wie eine Festahnung in die Seelen aller Anwesenden. Der Prinz sah auf den Kammerherrn. »Würden Sie uns erlauben«, begann er zögernd, »auch etwas für die Bescherung zu kaufen?«

»Sehr gern«, erwiderte Ilse freudig. »Wenn Hoheit befehlen, kann unser Diener das sogleich besorgen. Er weiß Bescheid und ist zuverlässig.«

»Ich möchte selbst mit ihm gehen«, sagte der Prinz. Der Kammerherr hörte verwundert auf diesen Einfall seines jungen Herrn, da der Einfall aber löblich und nicht gegen die Instruktion war, so lächelte er respektvoll. Gabriel wurde gerufen. Der Prinz ergriff seinen Hut. »Was wollen wir kaufen?« fragte er aufbrechend.

»Kleine Wachsstöcke fehlen uns«, versetzte Ilse, »dann Puppen, für die Knaben Bleisoldaten und für die Mädchen ein Kochgeschirr, aber alles hübsch handfest und sparsam.«

Nach einer Stunde kehrte der Prinz zurück, Gabriel mit hochbeladenem Korb, auch der Prinz trug unter beiden Armen Puppen und große Tüten mit Naschwerk. Als der junge Herr so belastet eintrat, mit geröteten Wangen, selbst glücklich wie ein Kind, sah er so gut und liebenswert aus, daß sich alle über ihn freuten. Emsig packte er seine Schätze vor der Frau Professorin aus und schüttelte zuletzt die Zuckertüten auf den Tisch.

Als die Frauen den Ausputz der Fichtenbäumchen begannen, erklärte der Prinz, auch er werde dabei helfen. Er setzte sich vor die Untertasse mit Eiweiß, ließ sich die Handgriffe zeigen und wälzte die bestrichenen Früchte in Gold- und Silberblättchen. Ilse setzte als Preis für den Herrn, der am meisten und besten arbeiten würde, eine große Dame von Pfefferkuchen mit Reifrock und Glasaugen, und es entstand ein löblicher Wetteifer unter den Herren. Der Professor und der Kammerherr wußten alte Kunstfertigkeiten zu verwenden, der Prinz aber arbeitete als Neuling etwas liederlich, es blieben einzelne leere Stellen, und an anderen bauschte das Schaumgold. Zuletzt erhielt der Kammerherr die Dame im Reifrock und der Prinz als außerordentliche Belohnung für seine Strebsamkeit ein Wickelkind, das aber durch zwei Glaskorallen in die Welt starrte. Als der Erbprinz aufbrach, fragte der Professor: »Darf ich fragen, wo Ew. Hoheit den Weihnachtsabend verbringen?« »Wir bleiben hier«, versetzte der Prinz. – »Da seltene Musikaufführungen in Aussicht stehen«, fügte der Kammerherr hinzu, »hat des Fürsten Hoheit auf die Freude verzichtet, den Prinzen zum Fest in seiner Nähe zu haben. Wir werden also stille Weihnacht im Quartier halten.« »Wir wagen nicht einzuladen«, fuhr der Professor fort, »falls aber Ew. Hoheit an diesem Abend nicht in anderer Gesellschaft verweilen, würde es uns eine große Freude sein, wenn die Herren bei uns vorlieb nähmen.«

Ilse sah dankbar auf den Gatten, und der Prinz überließ diesmal nicht dem Kammerherrn die Antwort, sondern nahm mit Wärme die Einladung an.

Als er mit seinem Begleiter durch die Straße schritt, begann er vorsichtig: »Irgend etwas werden wir doch auch zu dem Weihnachtstisch beisteuern.«

»Ich habe soeben daran gedacht«, versetzte der Kammerherr, »wie der Fürst eine Beisteuer meines gnädigsten Prinzen zu diesem Weihnachtsbaum auffassen wird.«

»Nur nichts von Broschen oder Ohrringen aus dem langweiligen

Kasten des Hofjuweliers», rief der Prinz mit ungewohnter Energie, »es darf nur eine Kleinigkeit sein, am liebsten ein Scherz.«

»Das ist auch meine Ansicht«, bestätigte der Kammerherr. »Aber es ist doch ratsam, den Entscheid dem durchlauchtigsten Herrn anheim zu geben.«

»Dann bleibe ich lieber zu Hause«, versetzte der Prinz erbittert, »ich will nicht mit einem dummen Geschenk in der Hand eintreten. Läßt es sich nicht machen, daß der Besuch ganz zwanglos erscheint, wie es auch die Einladung war?«

Der Kammerherr zuckte die Achsel. »Wenige Tage nach dem Fest wird der ganzen Stadt bekannt sein, daß Ew. Hoheit dem Professor Werner diese ungewöhnliche Ehre erwiesen haben. Hoheit wissen besser als ich, wie der Fürst eine solche Nachricht aufnehmen mag, die ihm zuerst von Fremden käme.« – Dem Prinzen war die Freude verdorben. »So schreiben Sie meinem Vater«, rief er zornig, »aber stellen Sie die Einladung dar, wie sie vorgebracht wurde.«

Der Kammerherr versprach den Brief nach Wunsch einzurichten. Das versöhnte den Prinzen, und er begann nach einer Weile: »Ich habe mir ausgedacht, was wir geben dürfen. Frau Professorin ist vom Lande, ich schenke ihr als Attrappe die Maschine, die ich neulich gekauft habe, und lege hübsche Bonbons oder so etwas hinein.«

Jetzt will er die unnütze Spielerei wieder loswerden, dachte der Kammerherr.

»Das geht unmöglich«, erwiderte er laut. »Wenn auch die liebenswürdige Frau selbst nichts darin findet, in ihrem Kreise wird viel gesprochen werden, daß ein solcher Scherz von Ew. Hoheit gemacht ist, und man würde darin leicht eine ironische Anspielung auf ein gewisses ländliches Benehmen finden, welches der Dame unleugbar recht gut steht, aber doch hier und da Veranlassung zu leisem Lächeln sein kann.«

Dem Prinzen fror das Herz, er war wütend auf den Kammerherrn und erschrak auch wieder bei dem Gedanken, daß er Frau Ilse verletzen könnte.

Auf den Brief des Kammerherrn kam die Antwort, daß der Fürst gegen einen gelegentlichen Besuch des Erbprinzen nichts einwenden wolle und daß, wenn eine Aufmerksamkeit überhaupt unvermeidlich sei, dieselbe von einem Gärtner und Konditor beschafft werden müsse.

Als der Prinz zur geziemenden Stunde bei Werners eintrat, war die Bescherung vorüber, der Christbaum ausgelöscht. Ilse hatte das so gewollt, »es ist nicht nötig, daß die fremden Herrschaften sehen, wie wir uns über die Geschenke freuen.« Der Prinz saß schweigend und zerstreut vor dem Teekessel. Ilse dachte: ihm tut es weh, daß er keinen frohen Weihnachtsabend hat, das ärmste Kind ist lustig vor seinem Fichtenbäumchen, und er sitzt wie ausgeschlossen vor den Freuden der Christenheit. Sie winkte Laura und sagte dem Prinzen: »Wenn es Ew. Hoheit recht ist, so zünden wir die Lichter noch einmal an, und es wäre sehr gütig, wenn Hoheit uns helfen wollten.«

Das war dem Prinzen doch willkommen, und er ging mit den Frauen in das Weihnachtszimmer, wo er beim Anzünden der Lichter half. »Jetzt aber haben Hoheit die Güte hinauszugehen«, sagte Ilse, »und wenn ich klingle, so gilt es Ihnen und Herrn v. Weidegg«. Der Prinz ging hinaus, die Schelle ertönte. Als die Herren eintraten, fanden sie zwei kleine Tische gedeckt, darauf angezündete Bäumchen und unter jedem eine große Schüssel mit Backwerk und eine geräucherte Gänsebrust. »Das soll eine Erinnerung an unsere Heimat sein«, sagte Ilse, »und dies, mein gnädigster Prinz, ist zur Erinnerung an mich ein kleines Modell von unserem Butterfaß, denn dabei habe ich als ein Kind vom Lande meine Hohe Schule durchgemacht, wie ich neulich Ew. Hoheit erzählte.« Und auf dem Platze stand wohlbehäbig dies nützliche Werkzeug, aus Marzipan gefertigt. »Unten auf dem Boden habe ich Ew. Hoheit mein Sprüchel von damals aufgeschrieben.«

Der Prinz las die anspruchslosen Worte: »Hat man sich mit einem rechte Mühe gegeben, so bleibt es Segen für das ganze Leben.« Da bat er ohne Rücksicht auf die dräuenden Folgen seines Wagnisses: »Darf ich Ihnen einen Tausch vorschlagen? Ich habe auch eine kleine Buttermaschine gekauft, sie ist mit einem Rad und einer Scheibe zum Drehen, und man kann sich darin jeden Morgen seinen Bedarf selbst machen. Es wäre eine große Freude, wenn auch Sie diese annähmen.«

Ilse verneigte sich dankend, der Prinz bat, den Diener sogleich in sein Quartier zu senden. Während der Kammerherr noch erstaunt den Zusammenhang überdachte, wurde der Mechanismus in das Zimmer getragen. Der Prinz setzte ihn auf eine Ecke des Tisches, erklärte der Gesellschaft die innere Einrichtung und war sehr erfreut, als Ilse sagte, daß sie Zutrauen zu der Erfindung habe.

Wieder wurde er das fröhliche Kind von neulich, trank lustig sein

Glas Wein und brachte mit gefälligem Anstand die Gesundheit des Hausherrn und der Hausfrau aus. Und beim Abschied packte er sich selbst den Marzipan ein und trug ihn in der Tasche nach Hause.

Gustav Freytag

Bäume leuchtend, Bäume blendend

Bäume leuchtend, Bäume blendend,
Überall das Süße spendend,
In dem Glanze sich bewegend,
Alt und junges Herz erregend.
Solch ein Fest ist uns bescheret,
Mancher Gaben Schmuck verehret;
Staunend schaun wir auf und nieder,
Hin und her und immer wieder.

Aber Fürst, wenn Dir's begegnet
Und ein Abend Dich so segnet,
Daß als Lichter, daß als Flammen
Vor Dir glänzen all zusammen
Alles, was Du ausgerichtet,
Alle, die Du Dir verpflichtet:
Mit erhöhten Geistesblicken
Fühltest herrliches Entzücken.

Johann Wolfgang von Goethe

Und so kam Heiligabend heran

Innstetten selbst baute auf für seine junge Frau, der Baum brannte, und ein kleiner Engel schwebte oben in den Lüften. Auch eine Krippe war da mit hübschen Transparenten und Inschriften, deren eine sich in leiser Andeutung auf ein dem Innstettenschen Haus für nächstes Jahr bevorstehendes Ereignis bezog. Effi las es und errötete. Dann ging sie auf Innstetten zu, um ihm zu danken, aber ehe sie dies konnte, flog, nach altpommerschem Weihnachtsbrauch, ein Julklapp in den Hausflur: Eine große Kiste, drin eine Welt von Dingen steckte. Zuletzt fand man die Hauptsache, ein zierliches, mit allerlei japanischen Bildchen überklebtes Morsellenkästchen, dessen eigentlichem Inhalt auch noch ein Zettelchen beigegeben war. Es hieß da:

Drei Könige kamen zum Heiligenchrist,
Mohrenkönig einer gewesen ist; –
Ein Mohrenapothekerlein
Erscheinet heute mit Spezereien,
Doch statt Weihrauch und Myrrhen,
Die nicht zur Stelle,
Bringt er Pistazien- und Mandel-Morselle.

Theodor Fontane

Nußknacker und Mäusekönig

Am vierundzwanzigsten Dezember durften die Kinder des Medizinalrats Stahlbaum den ganzen Tag über durchaus nicht in die Mittelstube hinein, viel weniger in das daranstoßende Prunkzimmer.

In einem Winkel des Hinterstübchens zusammengekauert, saßen Fritz und Marie, die tiefe Abenddämmerung war angebrochen und es wurde ihnen recht schaurig zumute, als man, wie es gewöhnlich an dem Tag geschah, kein Licht hereinbrachte. Fritz entdeckte ganz insgeheim wispernd der jüngeren Schwester (sie war eben erst sieben Jahre alt geworden), wie er schon seit frühmorgens es habe in den verschlossenen Stuben rauschen und rasseln und leise pochen hören. Auch sei nicht längst ein kleiner dunkler Mann mit einem großen Kasten unter dem Arm über den Flur geschlichen, er wisse aber wohl, daß es niemand anders gewesen als Pate Droßelmeier. Da schlug Marie die kleinen Händchen vor Freude zusammen und rief: »Ach, was wird nur Pate Droßelmeier für uns Schönes gemacht haben.« Der Obergerichtsrat Droßelmeier war gar kein hübscher Mann, nur klein und mager, hatte viele Run-

zeln im Gesicht, statt des rechten Auges ein großes schwarzes Pflaster und auch gar keine Haare, weshalb er eine sehr schöne weiße Perücke trug, die war aber von Glas und eine kunstvolle Arbeit. Überhaupt war der Pate selbst auch ein sehr künstlerischer Mann, der sich sogar auf Uhren verstand und selbst welche machen konnte. Wenn daher eine von den schönen Uhren in Stahlbaums Haus krank war und nicht singen konnte, dann kam Pate Droßelmeier, nahm die Glasperücke ab, zog sein gelbes Röckchen aus, band eine blaue Schürze um und stach mit spitzen Instrumenten in die Uhr hinein, so daß es der kleinen Marie ordentlich weh tat, aber es verursachte der Uhr gar keinen Schaden, sondern sie wurde vielmehr wieder lebendig und fing gleich an, recht lustig zu schnurren, zu schlagen und zu singen, worüber denn alles große Freude hatte. Immer trug er, wenn er kam, was Hübsches für die Kinder in der Tasche, bald ein Männlein, das die Augen verdrehte und Komplimente machte, welches komisch anzusehen war, bald eine Dose, aus der ein Vögelchen heraushüpfte, bald was anderes. Aber zu Weihnachten, da hatte er immer ein schönes kunstvolles Werk verfertigt, das ihm viel Mühe gekostet, weshalb es auch, nachdem es beschert worden war, sehr sorglich von den Eltern aufgewahrt wurde. – »Ach, was wird nur Pate Droßelmeier für uns Schönes gemacht haben«, rief nun Marie. Fritz meinte aber, es könne wohl diesmal nichts anders sein als eine Festung, in der allerlei sehr hübsche Soldaten auf und ab marschierten und exerzierten, und dann müßten andere Soldaten kommen, die in die Festung hineinwollten, aber nun schössen die Soldaten von innen heraus mit Kanonen, daß es tüchtig brauste und knallte. »Nein, nein«, unterbrach Marie den Fritz, »Pate Droßelmeier hat mir von einem schönen Garten erzählt, darin ist ein großer See, auf dem schwimmen sehr herrliche Schwäne mit goldenen Halsbändern herum und singen die hübschesten Lieder. Dann kommt ein kleines Mädchen aus dem Garten an den See und lockt die Schwäne heran und füttert sie mit süßem Marzipan.« – »Schwäne fressen keinen Marzipan«, fiel Fritz etwas rauh ein, »und einen ganzen Garten kann Pate Droßelmeier auch nicht machen. Eigentlich haben wir wenig von seinen Spielsachen; es wird uns ja alles gleich wieder weggenommen, da ist mir denn doch das viel lieber, was uns Pappa und Mama schenken, wir behalten es fein und können damit machen, was wir wollen.« Nun rieten die Kinder hin und her, was es wohl diesmal wieder geben könne. Marie meinte, daß Mamsell Trutchen (ihre große Puppe) sich sehr verändere, denn ungeschickter als jemals fiele sie jeden Augenblick auf den Fußboden, welches ohne garstige Zeichen im Gesicht nicht abging, und dann sei an Reinlichkeit in der Kleidung gar nicht mehr zu denken. Alles tüchtige Ausschelten helfe nicht. Auch habe Mama gelächelt, als sie sich über Gretchens kleinen Sonnenschirm so freute. Fritz versicherte dagegen, ein tüchtiger Fuchs fehle seinem Marstall durchaus, so wie seinen Truppen die Kavallerie, das sei dem Papa recht gut bekannt. – So wußten die Kinder wohl, daß die Eltern ihnen allerlei schöne Gaben eingekauft hatten, die sie nun aufstellten , es war ihnen aber auch gewiß, daß dabei der liebe Heilige Christ mit gar freundlichen, frommen Kindesaugen hineinleuchte und daß, wie von segensreicher Hand berührt, jede Weihnachtsgabe herrliche Lust bereite wie keine andere. Daran erinnerte die Kinder, die immerfort von den zu erwartenden Geschenken wisperten, ihre ältere Schwester Luise, hinzufügend, daß es nun aber auch der Heilige Christ sei, der durch die Hand der lieben Eltern den Kindern immer das beschere, was ihnen wahre Freude und Lust bereiten könne, das wisse er viel besser als die Kinder selbst, die müßten daher nicht allerlei wünschen und hoffen, sondern still und fromm erwarten, was ihnen beschert worden. Die kleine Marie wurde ganz nachdenklich, aber Fritz murmelte vor sich hin: »Einen Fuchs und Husaren hätt' ich nun einmal gern.«

Es war ganz finster geworden. Fritz und Marie, fest aneinandergerückt, wagten kein Wort mehr zu reden, es war ihnen, als rausche es mit linden Flügeln um sie her und als ließ sich eine ganz ferne, aber sehr herrliche Musik vernehmen. Ein heller Schein streifte an der Wand hin, da wußten die Kinder, daß nun das Christkind auf glänzenden Wolken fortgeflogen war, zu anderen glücklichen Kindern. In dem Augenblick ging es mit silberhellem Ton: Klingling, klingling, die Türen sprangen auf, und solch ein Glanz strahlte aus dem großen Zimmer hinein, daß die Kinder mit lautem Ausruf: »Ach! – Ach!« wie erstarrt auf der Schwelle stehenblieben. Aber Papa und Mama traten in die Tür, faßten die Kinder bei der Hand und sprachen: »Kommt doch nur, kommt doch nur, ihr lieben Kinder und seht, was euch der Heilige Christ beschert hat.«

Die Gaben

Ich wende mich an Dich selbst, sehr geneigter Leser oder Zuhörer Fritz – Theodor – Ernst – oder wie Du sonst heißen magst, und bitte Dich, daß Du Dir Deinen letzten mit Schönen bunten Gaben recht geschmückten Weihnachtstisch recht lebhaft vor Augen bringen mögest, dann wirst Du es Dir wohl auch denken können, wie die Kinder mit glänzenden Augen ganz verstummt stehenblieben, wie erst nach einer Weile Marie mit einem tiefen Seufzer rief: »Ach, wie schön – ach wie schön«, und Fritz einige Luftsprünge versuch-

te, die ihm überaus wohl gerieten. Aber die Kinder mußten auch das ganze Jahr über besonders artig und fromm gewesen sein, denn nie war ihnen so viel Schönes, Herrliches beschert worden. Der große Tannenbaum in der Mitte trug viel goldene und silberne Äpfel, und wie Knospen und Blüten keimten Zuckermandeln und bunte Bonbons und was es sonst noch für schönes Naschwerk gibt aus allen Ästen. Als das schönste an dem Wunderbaum mußte aber wohl gerühmt werden, daß in seinen Zweigen hundert kleine Lichter wie Sternlein funkelten und er selbst in sich hinein- und herausleuchtend die Kinder freundlich einlud, seine Blüten und Früchte zu pflücken. Um den Baum umher glänzte alles sehr bunt und herrlich – was es da alles für schöne Sachen gab – ja, wer das zu beschreiben vermöchte! Marie erblickte die zierlichsten Puppen, allerlei saubere kleine Gerätschaften und, was vor allem schön anzusehen war, ein seidenes Kleidchen mit bunten Bändern zierlich geschmückt, hing an einem Gestell so der kleinen Marie vor Augen, daß sie es von allen Seiten betrachten konnte; und das tat sie denn auch, indem sie einmal über das andere ausrief: »Ach, das schöne, ach, das liebe – liebe Kleidchen – das werde ich – ganz gewiß – das werde ich wirklich anziehen dürfen!« – Fritz hatte indessen schon drei- oder viermal um den Tisch herum galoppierend und trabend den neuen Fuchs versucht, den er in der Tat am Tisch angezäumt gefunden. Wieder absteigend, meinte er: es sei eine wilde Bestie, das täte aber nichts, er wolle ihn schon kriegen, und musterte die neue Schwadron Husaren, die sehr prächtig in Rot und Gold gekleidet waren, lauter silberne Waffen trugen und auf solchen weißglänzenden Pferden ritten, daß man beinahe hätte glauben sollen, auch diese seien aus purem Silber. Eben wollten die Kin-

der, etwas ruhiger geworden, über die Bilderbücher her, die aufgeschlagen waren, daß man allerlei sehr schöne Blumen und bunte Menschen, ja auch allerliebste, spielende Kinder, so natürlich gemalt, als lebten und sprächen sie wirklich, gleich anschauen konnte. – Ja! eben wollten die Kinder über diese wunderbaren Bücher her, als nochmals geklingelt wurde. Sie wußten, daß nun der Pate Droßelmeier bescheren würde und liefen nach dem an der Wand stehenden Tisch. Schnell wurde der Schirm, hinter dem er so lange versteckt gewesen, weggenommen. Was erblickten da die Kinder! – Auf einem grünen, mit bunten Blumen geschmückten Rasenplatz stand ein herrliches Schloß mit vielen Spiegelfenstern und goldenen Türmen. Ein Glockenspiel ließ sich hören, Türen und Fenster gingen auf, und man sah, wie sehr kleine, aber zierliche Herren und Damen mit Federhüten und langen Schleppkleidern in den Sälen herumspazierten. In dem Mittelsaal, der ganz in Feuer zu stehen schien – so viele Lichterchen brannten an silbernen Kronleuchtern –, tanzten Kinder in kurzen Wämschen und Röckchen nach dem Glockenspiel. Ein Herr in einem smaragdenen Mantel sah oft durch ein Fenster, winkte heraus und verschwand wieder, so wie auch Pate Droßelmeier selbst, aber kaum viel höher als Papas Daumen, zuweilen unten an der Tür des Schlosses stand und wieder hineinging. Fritz hatte mit auf den Tisch gestemmten Armen das schöne Schloß und die tanzenden und spazierenden Figürchen angesehen, dann sprach er: »Pate Droßelmeier! Laß mich mal hineingehen in dein Schloß!« – Der Obergerichtsrat bedeutete ihm, daß das nun ganz und gar nicht anging. Er hatte auch recht, denn es war töricht von Fritz, daß er in ein Schloß gehen wollte, welches überhaupt mitsamt seinen goldenen Türmen nicht so hoch war, wie er selbst. Fritz sah das auch ein. Nach einer Weile, als immerfort auf dieselbe Weise die Herren und Damen hin und her spazierten, die Kinder tanzten, der smaragdene Mann zu demselben Fenster heraussah, Pate Droßelmeier vor die Tür trat, da rief Fritz ungeduldig: »Pate Droßelmeier, nun komm mal zu der anderen Tür da drüben heraus.« – »Das geht nicht, liebes Fritzchen«, erwiderte der Obergerichtsrat. »Nun so laß' mal«, sprach Fritz weiter, »laß mal den grünen Mann, der so oft herausguckt, mit den anderen herumspazieren.« »Das geht auch nicht«, erwiderte der Obergerichtsrat aufs neue. »So sollen die Kinder herunterkommen«, rief Fritz, »ich will sie näher besehen.« – »Ei, das geht alles nicht«, sprach der Obergerichtsrat verdrießlich, »wie die Mechanik nun einmal gemacht ist, muß sie bleiben.«

»So – so?« fragte Fritz mit gedehntem Ton, »das geht alles nicht? Hör mal, Pate Droßelmeier, wenn deine kleinen geputzten Dinger in dem Schloß nichts mehr können als immer dasselbe, da taugen sie nicht viel, und ich frage nicht sonderlich nach ihnen. – Nein, da lob ich mir meine Husaren, die müssen manövrieren vorwärts, rückwärts, wie ich's haben will, und sind in kein Haus gesperrt.« Und damit sprang er fort an den Weihnachtstisch und ließ seine Eskadron auf den silbernen Pferden hin und her trottieren und schwenken und einhauen und feuern nach Herzenslust. Auch Marie hatte sich sachte fortgeschlichen, denn auch sie wurde des Herumgehens und Tanzens der Püppchen im Schloß bald überdrüssig und mochte es, da sie sehr artig und gut war, nur nicht so merken lassen wie Bruder Fritz. Der Obergerichtsrat Droßelmeier sprach ziemlich verdrießlich zu den Eltern: »Für unverständige Kinder ist solch ein kunstvolles Werk nicht, ich will nur mein Schloß wieder einpacken.« Doch die Mutter trat hinzu und ließ sich den inneren Bau und das wunderbare, sehr kunstvolle künstliche Räderwerk zeigen, wodurch die kleinen Püppchen in Bewegung gesetzt wurden. Der Rat nahm alles auseinander und setzte es wieder zusammen. Dabei war er wieder ganz heiter geworden und schenkte den Kindern noch einige schöne braune Männer und Frauen mit goldenen Gesichtern, Händen und Beinen. Sie waren sämtlich aus Thorn und rochen so süß und angenehm wie Pfefferkurchen, worüber Fritz und Marie sich sehr erfreuten. Schwester Luise hatte, wie es die Mutter gewollt, das schöne Kleid angezogen, das ihr geschenkt worden war, und sah wunderhübsch aus, aber Marie meinte, als sie auch ihr Kleid anziehen sollte, sie möchte es lieber noch ein bißchen so ansehen. Man erlaubte ihr das gern.

Der Schützling

Eigentlich mochte Marie sich deshalb gar nicht von dem Weihnachtstisch trennen, weil sie eben etwas noch nicht Bemerktes entdeckt hatte. Durch das Ausrücken von Fritzens Husaren, die dicht an dem Baum in Parade gehalten, war nämlich ein sehr vortrefflicher kleiner Mann sichtbar geworden, der still und bescheiden dastand, als erwarte er ruhig, wenn die Reihe an ihn kommen werde. Gegen seinen Wuchs wäre freilich vieles einzuwenden gewesen, denn abgesehen davon, daß der etwas lange, starke Oberleib nicht recht zu den kleinen, dünnen Beinchen passen wollte, so schien auch der Kopf bei weitem zu groß. Vieles machte die propre Kleidung gut, welche auf einen Mann von Geschmack und Bildung schließen ließ. Er trug nämlich ein sehr schönes, violettglänzendes Husarenjäckchen mit vielen weißen Schnüren und Knöpfchen, ebensolche Beinkleider und die schönsten Stiefelchen, die jemals an die Füße eines Studenten, ja wohl gar eines Offiziers gekommen sind. Sie saßen an den zierlichen Beinchen so knapp angegossen, als wären sie darauf gemalt.

Komisch war es war, daß er zu dieser Kleidung sich hinten einen schmalen, unbeholfenen Mantel, der recht aussah wie von Holz, angehängt und ein Bergmannsmützchen aufgesetzt hat, indessen dachte Marie daran, daß Pate Droßelmeier ja auch einen sehr schlechten Matin umhänge und eine fatale Mütze aufsetze, dabei

aber doch ein gar lieber Pate sei. Auch stellte Marie die Betrachtung an, daß Pate Droßelmeier, trüge er sich auch übrigens so zierlich wie der Kleine, doch nicht einmal so hübsch als er aussehen werde. Indem Marie den netpMann, den sie auf den ersten Blick liebgewonnen, immer mehr und mehr ansah, da wurde sie erst recht inne, welche Gutmütigkeit auf seinem Gesicht lag. Aus den hellgrünen, etwas zu großen hervorstehenden Augen sprach nichts als Freundschaft und Wohlwollen. Es stand dem Mann gut, daß sich um sein Kinn ein wohlfrisierter Bart von weißer Baumwolle legte, denn um so mehr konnte man das süße Lächeln de hochroten Mundes bemerken. »Ach!« rief Marie endlich aus, »ach, lieber Vater, wem gehört denn der allerliebste kleine Mann dort am Baum?«

»Der«, antwortete der Vater, »der, liebes Kind! soll für euch alle tüchtig arbeiten, er soll euch fein die harten Nüsse aufbeißen, und er gehört Luise ebensogut als dir und dem Fritz«. Damit nahm ihn der Vater behutsam vom Tisch, und indem er den hölzernen Mantel in die Höhe hob, sperrte das Männlein den Mund weit, weit auf und zeigte zwei Reihen sehr weißer, spitzer Zähnchen. Marie schob auf des Vaters Geheiß eine Nuß hinein, und – knack – hatte sie der Mann zerbissen, daß die Schalen abfielen und Marie den süßen Kern in die Hand bekam. Nun mußte wohl jeder und auch Marie wissen, daß der zierliche kleine Mann aus dem Geschlecht der Nußknacker abstammte und die Profession seiner Vorfahren trieb. Sie jauchzte auf vor Freude, da sprach der Vater: »Da dir, liebe Marie, Freund Nußknacker so sehr gefällt, so sollst du ihn auch besonders hüten und schützen, ungeachtet, wie ich gesagt, Luise und Fritz ihn mit ebenso vielem Recht brauchen können als du!« – Marie nahm ihn sogleich in den Arm und ließ ihn Nüsse aufknacken,

doch suchte sie die Kleinsten aus, damit das Männlein nicht so weit den Mund aufsperren durfte, welches ihm doch im Grunde nicht gut stand. Luise gesellte sich zu ihr, und auch für sie mußte Freund Nußknacker seine Dienste verrichten, welches er gern zu tun schien, da er immerfort sehr freundlich lächelte. Fritz war unterdessen vom vielen Exerzieren und Reiten müde geworden, und da er so lustig Nüsse knacken hörte, sprang er hin zu den Schwestern und lachte recht von Herzen über den kleinen, drolligen Mann, der nun, da Fritz auch Nüsse essen wollte, von Hand zu Hand ging und gar nicht aufhören konnte mit Auf- und Zuschnappen. Fritz schob immer die größten und härtesten Nüsse hinein, aber mit einem Male ging es – knack – knack und drei Zähnchen fielen aus des Nußknackers Mund und sein ganzes Unterkinn war lose und wacklig. – »Ach, mein armer, lieber Nußknacker!« schrie Marie laut und nahm ihn dem Fritz aus den Händen. »Das ist ein einfältiger, dummer Bursche«, sprach Fritz. »Will Nußknacker sein und hat kein ordentliches Gebiß – mag wohl auch sein Handwerk gar nicht verstehen. – Gib ihn nur her, Marie! Er soll mir Nüsse zerbeißen, verliert er auch noch die übrigen Zähne, ja das Kinn obendrein, was ist an dem Taugenichts gelegen.« – »Nein, nein«, rief Marie weinend, »du bekommst ihn nicht, meinen lieben Nußknacker, sieh nur her, wie er mich so wehmütig anschaut und mir sein wundes Mündchen zeigt! – Aber du bist ein hartherziger Mensch – du schlägst deine Pferde und läßt wohl gar einen Soldaten totschießen.« – »Das muß so sein, das verstehst du nicht«, rief Fritz, »aber der Nußknacker gehört ebensogut mir als dir, gib ihn nur her.« – Marie fing an heftig zu weinen und wickelte den kranken Nußknacker schnell in ihr kleines Taschentuch ein. Die Eltern kamen mit dem

Paten Droßelmeier herbei. Dieser nahm zu Mariens Leidwesen Fritzens Partei. Der Vater sagte aber: »Ich habe den Nußknacker ausdrücklich unter Mariens Schutz gestellt und da, wie ich sehe, er dessen eben jetzt bedarf, so hat sie volle Macht über ihn, ohne das jemand dreinzureden hat. Übrigens wundert es mich sehr von Fritz, daß er von einem im Dienst Erkrankten noch fernere Dienste verlangt. Als guter Militär sollte er doch wohl wissen, daß man Verwundete niemals in Reihe und Glied stellt?« – Fritz war sehr beschämt und schlich, ohne sich weiter um Nüsse und Nußknacker zu kümmern, fort an die andere Seite des Tisches, wo seine Husaren, nachdem sie gehörige Vorposten ausgestellt hatten, ins Nachtquatier gezogen waren. Marie suchte Nußknackers verlorene Zähnchen zusammen, um das kranke Kinn hatte sie ein hübsches weißes Band, das sie von ihrem Kleidchen abgelöst, gebunden und dann den armen Kleinen, der sehr blaß und erschrocken aussah, noch sorgfältiger als vorher in ihr Tuch eingewickelt. So hielt sie ihn wie ein kleines Kind wiegend in den Armen und besah die schönen Bilder des neuen Bilderbuchs, das heute unter den andern vielen Gaben lag. Sie wurde, wie es sonst gar nicht ihre Art war, recht böse als Pate Droßelmeier so sehr lachte und immerfort fragte: »Wie sie denn mit solch einem grundhäßlichen, kleinen Kerl so schön tun könne?« – Jener sonderbare Vergleich mit Droßelmeier, den sie anstellte, als der Kleine ihr zuerst in die Augen fiel, kam ihr wieder in den Sinn, und sie sprach sehr ernst: »Wer weiß, lieber Pate, ob du denn, putztest du dich auch so heraus wie mein lieber Nußknacker und hättest du auch solche schöne, blanke Stiefelchen an, wer weiß, ob du denn doch so hübsch aussehen würdest als er!« – Marie wußte gar nicht, warum denn die Eltern so laut auflachten, und warum der Obergerichtsrat solch ein rote Nase bekam, und gar nicht so hell mitlachte wie zuvor. Es mochte wohl seine besondere Ursache haben.

Ernst Theodor A. Hoffmann

Ein Säcklein voll Rätselnüsse

(vor der Bescherung zu knacken)

Nußknacker, du machst ein grimmig Gesicht –
Ich aber, ich fürchte vor dir mich nicht:
Ich weiß, du meinst es gut mit mir,
Drum bring' ich meine Nüsse dir.
Ich weiß, du bist ein Meister im Knacken:
Du kannst mit deinen dicken Backen
Gar hübsch die harten Nüsse packen
Und weißt sie vortrefflich aufzuknacken.
Nußknacker, drum bitt' ich dich, bitt' ich dich,
Hast bessere Zähn als ich, Zähn als ich.

O knacke nur, knacke nur immerzu!
Ich will dir zu Ehren
Die Kerne verzehren.
O knacke nur, knack, knack, knack! Immerzu!
Ei, welch ein braver Kerl bist du!

Hoffmann von Fallersleben

Der armen Kinder Weihnachtslied

Hört, schöne Herrn und Frauen,
Die ihr im Lichte seid:
Wir kommen aus dem Grauen,
Dem Lande Not und Leid;
Weh tun uns unsre Füße
Und unsre Herzen weh,
Doch kam uns eine süße
Botschaft aus Eis und Schnee:
Es ist ein Licht erglommen,
Und uns auch gilt sein Schein.
Wir haben's wohl vernommen:
Das Christkind ist gekommen
Und soll auch uns gekommen sein.

Drum gehn wir zu den Orten,
Die hell erleuchtet sind,
Und klopfen an die Pforten:
Ist hier das Christuskind?
Es hat wohl nicht gefunden
Den Weg in unsre Nacht,
Drum haben wir mit wunden
Füßen uns aufgemacht,
Daß wir ihm unsre frommen
Herzen und Bitten weihen.
Wir haben's wohl vernommen:
Das Christkind ist gekommen
Und soll auch uns gekommen sein.

So laßt es uns erschauen,
Die ihr im Lichte seid!
Wir kommen aus dem Grauen,
Dem Lande Not und Leid;
Wir kommen mit wunden Füßen,
Doch sind wir trostgemut:
Wenn wir das Christkind grüßen,
Wird alles, alles gut.
Der Stern, der heut erglommen,
Gibt allen seinen Schein:
Das Christkind ist gekommen! –
Die ihr es aufgenommen
Oh, laßt auch uns zu Gaste sein!

Otto Julius Bierbaum

Zu Bethlehem geboren

Zu Bethlehem geboren
Ist uns ein Kindelein.
Das hab ich auserkoren:
Sein eigen will ich sein,
Eia, eia, sein eigen will ich sein.

In seine Lieb versenken
Will ich mich ganz hinab;
Mein Herz will ich ihm schenken
Und alles, was ich hab,
Eia, eia, und alles, was ich hab.

O Kindelein, von Herzen
Will ich dich lieben sehr
In Freuden und in Schmerzen

Je länger und je mehr,
Eia, eia, je länger und je mehr.

Dazu dein Gnad wollst geben,
Bitt ich aus Herzensgrund,
Daß ich nur dir mög leben
Jetzt und zu aller Stund,
Eia, eia, jetzt und zu aller Stund.

Laß mich von dir nicht scheiden,
Knüpf zu, knüpf zu das Band
Der Liebe zwischen beiden;
Nimm hin mein Herz zum Pfand,
Eia, eia, nimm hin mein Herz zum Pfand.

(Kölner Psalter)

Dies ist der Tag

Dies ist der Tag, den Gott gemacht;
Sein werd' in aller Welt gedacht!
Ihn preise, was durch Jesum Christ
Im Himmel und auf Erden ist!

Die Völker haben dein geharrt;
Bis daß die Zeit erfüllet ward;
Da sandte Gott von seinem Thron
Das Heil der Welt, dich, seinen Sohn.

Wenn ich dies Wunder fassen will,
So steht mein Geist vor Ehrfurcht still,
Er betet an und er ermißt,
Daß Gottes Lieb unendlich ist.

Jauchzt, Himmel, die ihr ihn erfuhrt,
Den Tag der heiligsten Geburt;
Und Erde, die ihn heute sieht,
Sing ihm, dem Herrn, ein neues Lied.

Dies ist der Tag, den Gott gemacht;
Sein werd' in aller Welt gedacht!
Ihn preise, was durch Jesum Christ
Im Himmel und auf Erden ist!

Christian Fürchtegott Gellert

Wie Käthi die Weihnacht feiert

So kam Weihnacht heran, ein großer Tag im Volksleben wie im Leben der Menschheit. Es ist der Tag der Kinder. Durch ein Kind wurde die sündige Welt gesühnt und geheiligt; darum bringen die Erwachsenen den Kindern Gaben dar. Dankopfer, sichtbare Zeichen heiliger Gelübde, an den Kindern zu vergelten, was ein Kind an ihnen getan. Die Kinder freuen sich inniglich, es ist ein Gefühl in ihnen, daß sie die Heiligen der Eltern seien. Wo keine Kinder sind, fehlt oft der kindliche Geist, der nach oben zieht; nur zu gerne bemächtigt sich die Materie in hunderterlei Gestalt der Menschen und zieht sie nach unten. Kinder bleiben die Mittler zwischen Gott und den Menschen, verbinden und sühnen die Menschen miteinander. Ohne Kinder wäre die Welt eine Wüste, die Wandernden würden erst zu Tieren werden, dann verschmachten. Wo Kinder nicht eine Gabe Gottes sind, jedes ein Zug nach oben, wo Kinder erst eine Last sind, später Diener der Selbstsucht, welche sich auch auf hundert Weisen formiert, werden sollen, da ist dem Volk der Himmel verhüllt, bei den Wurzeln fault es an. Weihnacht ist alten

Leuten, was den Weisen im Morgenland der Stern, der ihnen den Heiland verkündete, sie auftrieb aus ihrer Ruhe, daß sie Schätze zusammenrafften, sich auf die Beine machten, um den König der Ehren zu suchen, ihn anzubeten. Weihnacht ist ihnen die heilige Nacht, sie weiht und stärkt, getrost zu treten in die Nacht des Todes: den sie verheißt ihnen, daß in der Todesnacht ihnen das ewige Licht geboren wird, welches leuchtet zur Seligkeit. Und mit dem Kindlein, welches geboren wird, steigt die Sonne höher, die Nacht nimmt ab statt zu, der Tag mehret sich, und lieblicher wird es auf Erden. Aber der Tag nimmt wieder ab, steigt nicht für und für, bis er die Nacht verdrängt hat; die Nacht dehnt sich aus und geht dem Tag ans Leben, und wohl uns, daß das Jahr zu Ende geht, ehe die Nacht den Tag verschlungen, eine neues Jahr an die Stelle des alten tritt. Wie die Jahre sich ablösen, lösen die Geschlechter sich ab, und wohl uns, wie jedes Jahr von vorne beginnen muß, so jedes Geschlecht, so jeder Mensch, das vergesse man nicht! Und wie die Nacht ihre Grenzen hat und der Tag die seinen, so hat bei den Menschen die Barbarei ihre Grenzen, und wohl uns, wenn die Finsternis den Tag verschlungen, die menschliche Weisheit über alle Schranken steigt, zur Torheit wird, sagt einer Halt, und zwischen Tag und Nacht ordnen sich die Grenzen wieder, wie eben einer sie geordnet haben will.

Käthi freute sich immer sehr auf diesen Tag, aber wir möchten fast sagen, mit Furcht und Zittern, es war ihr geistiger Lostag. Der Bauer hat viele Lostage im Jahr. Tage, deren Beschaffenheit ihm deuten auf künftige Witterung, den Ertrag der verschiedenen Ernten. So zum Beispiel deuten vom kürzesten Tag weg die ersten zwölf Tage auf die Witterung der zwölf Monate; wenn an Alt- und Neulichtmeß die Sonne scheint, so wird jede Frucht reif, bis in den hintersten Bergwinkel hinein, wenn es am Agathetag schneit, so schneit es noch vierzigmal. Geht am Gregorstag (12. März) der Nordwind, so gibt es eine schlechte Heuernte; ist es am Urbanstag schlecht Wetter, so ist die Weinernte schlecht, und die Waadtländer schleppen ein Bild, das den heiligen Urbanus vorstellt, im See herum, um ihm seine schlechte Vorsorge einzutränken. Solche Lostage sind eingestreut ins ganze Jahr. Fromme Frauen aber haben einen geistigen Lostag, und das ist Weihnacht. Wenn die zwölfte Stunde der Nacht geschlagen hat, oder wenn sie später erwachen durch die Nacht, so schlagen sie die Bibel auf und das Psalmenbuch, legen in beide Zeichen; und wenn der Tag anbricht, lesen sie die aufgeschlagenen Stellen, das Kapitel und den Psalmen, und je nachdem sie lauten, verheißend oder drohend, klagend oder lobpreisend, gehen sie freudig oder zagend ins neue Jahr hinein, Trübes gewärtigend oder Heiteres hoffend. Diese Sitte hatte auch Käthi, und wenn sie in der Nacht die heiligen Bücher aufschlug, erbebte ihr Herz in heiligem Schauer, als ob sie eine Offenbarung empfangen sollte. So hatte sie auch diesmal getan, und als sie am Morgen die bezeichneten Stellen aufschlug, fand sie in der Bibel bezeichnet das siebente Kapitel im Buch Hiob, wo es heißt: »Hat nicht der Mensch eine bestimmte Zeit auf Erden, sind nicht seine Tage wie die Tage eines Taglöhners? Wie sich ein Knecht sehnt nach dem Schatten und ein Taglöhner auf seinen Lohn wartet, also habe ich eitle Monat zum Erbteil bekommen, und mühselige Nächte hat man mir bestellt. Wann ich mich lege, so spreche ich: ›Wann werde ich aufstehen?‹ Und wann der Abend dahingeflogen ist, so werde ich satt vom Hin- und Herwälzen bis in der Dämmerung. Mein Fleisch ist angezogen mit Würmern und Schollen des Staubes; meine Haut ist aufgerissen und zerflossen. Meine Tage sind leichter denn ein Weberspul und vergehen ohne Hoffnung. Gedenk, daß mein Leben ein Wind ist und daß meine Augen nicht wiederkommen werden, zu sehen das Gute. Und daß mich auch das scharfsichtigste Auge nicht mehr sehen wird, ja, wenn auch deine Augen nach mir sehen werden, so werde ich nicht mehr sein. Eine Wolke vergeht und fährt dahin; also, wer ins Grab hinunterfährt, kommt nicht wieder herauf. Er kommt nicht wieder in sein Haus, und sein Ort kennt ihn nicht mehr. Darum will auch ich meinem Munde nicht wehren, ich will reden von der Angst meines Geistes, ich will klagen von der Betrübnis meiner Seele. Bin ich denn ein Meer oder ein Walfisch, daß du mich also verwahrest? Wenn ich spreche: ›Mein Bett wird mich trösten, mein Lager wird von meiner Klage etwas benehmen‹, so erschreckst du mich mit Träumen und betrübst mich mit Geschichten, daß meine Seele wünscht, daß ich erhängt werde, und den Tod mehr als mein Gebein. Ich verachte das Leben, ich werde nicht ewiglich leben. Höre auf von mir, denn meine Tage sind eitel. Was ist der Mensch, daß du ihn groß achtest, daß du dich mit ihm bekümmerst? Und daß du ihn alle Morgen heimsuchst, daß du ihn alle Augenblicke prüfst? Wie lange willst du dich nicht von mir wenden, wie lange nicht von mir ablassen? Habe ich gesündigt, was soll ich dir dann tun, o du Menschenhüter? Warum machst du mich zum Zweck, auf welchen du anlaufest, und bin mir selbst eine Last? Und warum vergibst du mir meine Übertretung nicht und nimmst nicht weg meine Missetat? Denn also würde ich nun in der Erde liegen, und wenn du mich schon früh suchtest, so würde ich doch nicht da sein.«

So las Käthi, und ihrer Seele ward bange. Also sollte die Hand Gottes noch schwerer auf ihr liegen, bis sie zu sterben wünsche, ihr einziger Trost der sei, nicht mehr zu sein. Was wohl kommen werde, dachte sie, ob's der Hunger sei oder Johannesli sterben müsse oder eine grausame Krankheit sie überfalle? So dachte sie und weinte sehr, aber stille, daß Johannesli nicht erwachen möchte. Da dachte sie an das Psalmenbuch, daß da vielleicht ein Trost für sie sein möchte; sie streckte ihre Hand danach aus; aber sie zitterte sehr, daß sie die Stelle fast nicht finden und aufschlagen konnte. Endlich schlug das Buch auseinander, und vor ihr lag der zweiundvierzigste Psalm, und in Angst zuckte ihr Herz, denn sie las:

Ich erhebe meine Seele
Mit Verlangen, Gott, zu dir,
Wie nach einer Wasserquelle
Ein Hirsch schreit mit Begier.
Nur nach dir, o Lebensgott,
Dürstet sie in ihrer Not.
Ach, wann werd ich dahin gehen,
Wo ich kann dein Antlitz sehen?

Meine Nahrung ist das Klagen
Und das Weinen. Mir zum Spott
Hör ich meine Feinde fragen:
»Wo ist er, wo ist dein Gott?«
Traurig denk ich an die Zeit,
Da ich mich in Gott erfreut;
Da ich danken ging, den Herren
Mit den Frommen zu verehren!

Seele, was willst du dich kränken
Und voll banger Unruh sein?
Hoff' auf Gott, er wird dir schenken
Seines Trostes Gnadenschein.
Hoff' auf ihn mit Zuversicht,
Denn sein holdes Angesicht

Gibt dir Freude, Heil und Leben!
Du wirst ihn mit Lob erheben.

Mein Seele ist betrübet,
Doch ich denke stets an dich,
Gott, den meine Seele liebet,
Siehe doch mit Gnad auf mich!
Wenn das Elend mich umringt,
Wenn das Unglück auf mich dringt,
Will ich gläubig zu dir beten,
Du, o Gott, wirst mich erretten.

Zu dir ruf ich nie vergebens;
Deine Güte, deine Macht
Will ich rühmen, Gott des Lebens,
Und dich preisen Tag und Nacht.
Wie, vergissest du mich gar?
Soll ich trauern immerdar,
Wenn die Feinde spottend sagen:
»Ist dein Gott auch zu erfragen?«

Meine Seele, sei nur stille,
Bleib getrost und zage nicht!
Hoff auf Gottes Gnadenfülle
Und sein liebreich Angesicht!
Du wirst in der Ewigkeit
Gott und seine Freundlichkeit,
Seine Hilf- und Liebesproben
Einst mit frohem Danke loben.

So las sie, und ihr Herz bebte fort; doch rieselte durch die bittere Angst ein süßer Trost, daß, was kommen möge, Gott bei ihr bleiben und alles zum Besten lenken werde, so daß ihre Seele wieder froh werden und Gott loben und preisen könne, daß er sie so geführt und nicht anders. Und sie betete innig zu Gott und dankte ihm für alles Gute, so er ihr bis dahin erwiesen, und bat, daß der Kelch nicht zu bitter sein oder an ihr vorübergehen möge, »doch nicht mein Wille geschehe, sondern dein Wille!«, daß, komme was da wolle, keine Kreatur, keine Drangsal, keine Not sie von seiner Liebe scheiden möge, sondern daß sie ihrem Heiland eigen bleibe.

Johannesli erwachte, während das Licht noch brannte; die Weihnachtsfreude hatte ihn geweckt. Die glücklichen Kinder, sie werden durch Freude und freudige Erwartungen aufgeweckt, das Alter durch Bangen und Kummer. Wer erinnert sich nicht an die goldenen Tage, wo er nicht schlafen konnte, weil am Morgen Bescherung war, eine kleine Reise bevorstand oder etwas Neues ins Leben trat! Das waren die Tage, wo die Menschen uns noch nicht Spießruten jagten durch Examen, Gott es noch nicht nötig fand, uns zu examinieren, ob wir fromm und standhaft genug für das ewige Leben seien. Freilich war die Bescherung, die Johannesli zu hoffen hatte, nicht groß, nicht viele Kreuzer kostete sie; aber auf die Größe, auf die Kostbarkeiten kommt es nicht an, ob die Freude groß oder klein sei, sondern auf das Gemüt, welches sie empfängt, so wenig als das sogenannte Glück bedingt wird durch sogenannte große Glücksgüter. Das wahre Glück, welches das Wasser nicht nimmt, der Hagel nicht verhagelt, hat einen ganz andern Grund. Splendide, große stolze Herren und Damen sieht man dick in Palästen und auf Schlössern; aber glücklich, he – das ist etwas anderes! Gar mancher Herr mit sieben Sternen auf der Brust und gar manche Dame, splendid und elegant vom Teufel, rauschen daher, als ob die Glücksgöttin ihre Patin wäre, und machte der Schönlein ihnen ein Loch ins Herz, so täte lauter Gift und Galle herausspritzen und kein einzig Tröpflein Glück und Friede. »Chlei Ding freut dChing«, sagt das Sprichwort. Wohl denen, welche in ihren Kindern den Sinn bewahren, daß kleine Dinge sie freuen, daß auch sie freut, was die Kinder freut; denn den Kindern gehört das Himmelreich, und wenn wir nicht wie sie werden, so haben wir nur teil an der Welt, und die Welt ist eng, und der Sinn, der die Welt liebt, ist unersättlich und findet kein Genügen, und wo kein Genügen ist, da ist kein Glück, da ist keine Freude. Was aber Johannesli für eine Freude hatte über seine Bescherung, so wird sie wirklich selten gefunden auf Erden. Die Bescherung bestand aus acht Nüssen, die einen Kreuzer gekostet hatten, einem bezuckerten Schäfchen, dessen Schwanz ein Pfeifchen war, es kostete zwei Kreuzer, einen Pfefferkuchen für zwei Kreuzer, summa summarum fünf Kreuzer; dabei lag noch ein Semmelring, sogenannter Weihnachtsring, den die Bäckerin Käthi geschenkt hatte. Das war eine unendliche Freude, ein Glück über alle Worte, und auch Käthi nahm teil an diesem unendlichen Glück, während immerfort Tränen ihr über die Backen rieselten und sie denken mußte:

»Ach Gott, du armes Bubi, wenn du wüßtest, was ich, und wo bist du wohl übers Jahr?«

Als der erste Rausch des Kleinen vorüber war, der graue Tag durch die Fenster guckte, rief der Kleine: »Großmüetti, habe dir auch was, rate mal!« Aber die Großmutter konnte nicht raten, da holte der Kleine in großem Triumph zwei Eier, die in der Großmutter Abwesenheit gelegt worden waren und welche er versteckt hatte, um ihr auch eine Freude zu bereiten. »Sieh, Großmüetti, sieh, zwei Eier, und wie schöne und wie große! Daraus machst du heute Eierbrot zum Kaffee, und dann kannst den Leuten sagen, daß ich dir auch das Weihnachtskindlein habe kommen heißen.«

Ach, wie manches Kind bittet so innig: »Vater, laß mir doch das Weihnachtskindlein kommen!«, und wie manches Kind danket innig, daß ihm dieser Wunsch erfüllt worden, und die Eltern freuen sich der Freude der Kinder, und ihr Gewissen rühmet sie, daß sie den Kindern gute Eltern sind, so viele Freuden ihnen bescheren. Aber Leute, klebt nicht am Zeichen, treibt nicht Kindisches, gedenkt an das, was das Zeichen bedeutet, und an das Himmelreich, das vom wahren Weihnachtskindlein den Kindern beschert wurde und welches Vater und Mutter ihren Kindern öffnen sollen, das wahre Weihnachtsgärtlein, in dessen Mitte der Tannenbaum voll Lichter und ohne Schlange. Das Weihnachtskindlein kommen heißen in Zuckergebäcken und buntem Spielzeug und das wahre Weihnachtskindlein, das vom Himmel kam und zum Himmel führt, verleugnen, den Kindern es verbergen, goldene Schäfchen bescheren und um das Lamm, welches der Welt Sünden trug, sie betrügen, heißt das nicht den Kindern Steine, Schlangen bieten, Brot und Fische ihnen vorenthalten, mit Kindischem sie kindisch machen, die Augen blenden für das Ewige, den Stamm verstümmeln, der zum Himmel wachsen soll, zum Zwergbaume, der nicht von der Erde will? Das Weihnachtskindlein kommen lassen und die Kindlein nicht weihen in der heiligen Nacht dem ewigen Heiland, der um ihretwillen ein Kind geworden, das heißt, geblendet und kindisch geworden zu sein, die Augen versengt zu haben an der Afterweisheit des Tages, wie die Mücken die Flügel am Licht versengen, dasselbe für die Sonne haltend, die sie geboren.

So war es aber bei Käthi wirklich nicht, sondern sie mußte dem Kind erzählen vom rechten Weihnachtskindlein, das in Bethlehem geboren worden in einem Stall und gelegt ward in eine Krippe, und wie die Engel des Himmels den Hirten es verkündet und die es angebetet hätten und die Engel gesungen in der Klarheit des Himmels das himmlische Lied: »Ehre sei Gott in der Höhe, Friede auf Erden und den Menschen ein Wohlgefallen!« Wie dann die Weisen aus dem Morgenland gekommen, der Melchior, der Balthasar und der Kaspar, mit Kamelen und Elefanten und ganz schwarzen Mohren, und Gold, Weihrauch und Myrrhen gebracht und das Kindlein auch angebetet hätten. Wie ihnen dann ein Engel im Traum erschienen, vor Herodes sie gewarnt hätte, sie schnell in ihr Land geeilt, und wie Joseph auch gewarnt worden durch einen Engel und schnell ein Eselein gekauft hätte und mit der Mutter und dem Kind geflohen sei ins Ägypterland, wo früher die Kinder Israel als wie in einem Diensthaus gewohnt hätten viele hundert Jahre lang. Und wie dann der grausame, gewaltige König Herodes von Jerusalem gekommen sei mit all seinen Soldaten und das Kindlein gesucht, welches der neugeborene König der Juden sein sollte, und wie er, da man es ihm nicht gezeigt, weil es nicht mehr da war, alle

Kindlein habe töten lassen in und um Bethlehem, und wie ihn darauf eine schreckliche Krankheit elendiglich zu Tode gemartert, weil Gerechtigkeit im Himmel sei.

So erzählte die Großmutter, und Johannesli weinte fast vor Zorn und Wehmut und meinte, wenn er dabei gewesen, so wäre es nicht so gegangen, er hätte dem bösen König den Kopf abgeschlagen und den kleinen Heiland zum König gemacht, daß er nicht nach Ägypten hätte fliehen müssen und bös haben dort und zimmern nachher. So verfloß der Morgen, da Käthi diesmal schlechten Weges wegen nicht in die Kirche sich wagte und ja auch den Heiland zu Hause hatte und nach ihrem Vermögen mit dem wahren Christkinde das Kind zu bescheren suchte. Auch war wohl der Gedanke im Hintergrund, sie wollten beieinander sein, solange sie könnten: es wisse kein Mensch, wie lange es währe, sie habe Ursache zum Glauben, nicht mehr lange: und wenn es auch nicht im Februar sei, so sage das Sprichwort: »Was der Hornung nit will, das nimmt der April.« In ganz eigener Weichheit durchlebte Käthi den Tag: es war ihr immer, als müsse sie noch etwas Besonderes erleben, und als nichts kam, war es ihr wie einem, der noch jemanden erwartet; sie durfte nicht einschlafen aus Furcht, sie möchte es dann nicht hören, dann nicht bereit sein. Aber es ging Käthi wie vielen: Wenn man erwartet, kommt nichts, während das Unerwartete unverhofft kommt.

Ein Sprichwort sagt: »Wo man Gott eine Kirche baut, da baut der Teufel eine Kapelle daneben«, und ein anderes Sprichwort sagt, alle Gleichnisse täten hinken. Indem wir die Wahrheit beider Sprüche und namentlich auch des letzteren erkennen, sagen wir doch, an das erste Sprichwort mahnten uns Weihnacht und Neujahr, die erstere an die Kirche, das letztere an die Kapelle. Wir wollen hier nichts Gelehrtes anbringen und von den Römern reden, und warum das Jahr am ersten Januar anfange, während die Sonne das neue Jahr bereits acht Tage vorher begonnen hätte, sondern wir wollen ganz einfach dabeibleiben, zu sagen, daß das Neujahr eine Lebensstation sei, eine alte geschlossen werde, eine neue beginne, und zwar so eine ziemliche Station, nicht bloß von drei oder vier kleinen, das heißt preußischen Meilen, sondern eine von etwa 8790 großen Stunden. Diese Station ist nicht bloß lang, sondern sie geht durch unbekannte Gegenden; durch Kornfelder und Schlachtfelder kann sie gehen, durch üppige Gegenden oder wüste Steppen, durch stürmische Meere, über schauerliche Abgründe, rechts der

Tod, links der Tod, oder über Blumenteppiche, umgaukelt von Freuden ohne Zahl vom Anfang bis ans Ende. Ohnmächtige Geschöpfe sind die Menschen, feige von Natur obendrein, möchten aber doch gerne stolz sich geben, die Helden machen, Herren ihres Geschickes scheinen. Sie gaukeln daher ordentlich ins neue Jahr hinein, besteigen, mit Blumen bekränzt, unter fröhlichem Singen und Läuten den Reisewagen, und in lustigem Galopp tanzen sie in die neue Station hinein, und vor lauter Galopp und Singen und Jubilieren kommen sie Tage, Wochen nicht zu sich; sie tun, als ob es das ganze Jahr durch auf der ganzen Station also gehen müßte, in lauter Saus und Braus und dulci jubilo. So tun sie; aber innerlich ist's ihnen wie einem Drescher oder einer Kuhmagd, welche fürchterlich Zahnweh haben, aber schrecklich Angst, den Zahn ausziehen zu lassen, und, weil es sein muß, eine Flasche Branntwein trinken, um Courage zu kriegen und keinen Schmerz, wenn der Zahn rausgerissen wird; sie taumeln sturm ins neue Jahr hinein, um die Angst vom Leibe zu kriegen, daß wieder eins dahinten ist und ein neues da, von dem sie nicht wissen, geht es für sie zu Ende oder brechen sie in irgendeinem Abgrund den Hals oder verschmachten sie in dessen Wüsten. Sie stoßen den Kopf bis an den Hals in Rauch und Staub der Welt, verkleben die Ohren mit Musik, verkleistern die Augen mit Geschenken und rasen herum wie toll in Wein und Branntwein, in Pasteten und Braten. Ans Kindlein, das sicher durch alle Stationen leuchtet, der Menschen Bürde trägt, die Tür des Himmels öffnet, denkt keiner; in den Himmel will nämlich vorläufig keiner, sondern eben nur lustig leben auf Erden. Darum wird mit dem Neujahr die Weihnacht verschwendet, und statt dem Himmelskind zu folgen, wird zu einem Kind der Welt der Mensch neu gesalbt und geschmiert, und zwar sehr oft von Obrigkeits wegen. Es ist oft, als ob die Obrigkeit Angst hätte, das Volk könnte ihr zu gut, zu fromm, zu christlich werden, als meine sie, sie müsse dem Teufel Gelegenheit machen, so recht mal wieder im Volk zu fischen und zu krebsen und Rekruten zu machen auf jegliche Weise. Wenn wirklich am Schein etwas Wahres sein sollte, so wird wahrscheinlich eine solche Obrigkeit meinen, ein christlich Volk könnte am Ende Ärgernis an ihr nehmen, sich ihrer schämen, wie bekanntlich liederliche Mütter sich über die Fehltritte ihrer Töchter nicht härmen, sondern mit Schadenfreude sich daran freuen.

Wenn der Rausch vorbei ist, ach, da sitzt mancher nackt und bloß im Schnee, hat weder Brot für sich noch für seine Kinder und mancher keinen Mut mehr fürs ganze Jahr, mancher keine Kraft mehr fürs Leben und mancher alle Freude verhudelt fürs ganze Leben. Da ist vor dem Neujahr keine Polizei mehr, und nach demselben ist keine, und jeder Wirt stellt das möglichste an, die Leute anzulokken und auszubeuten. Meint man endlich, der letzte Atemzug sollte vertanzt, der letzte Kreuzer ausgepumpt sein, so geht's von vorne los, es kommt das sogenannte alte Neujahr, das heißt das Neujahr nach dem alten Kalender, und noch einmal muß es angesetzt sein und versucht, was noch möglich sei. So wird die Weihnacht durchs Neujahr verschwendet und alles versucht, den Menschen nicht bloß nicht zu sich selbst kommen zu lassen, sondern ihn so recht planmäßig zu berauschen, um ihn glücklich über die Stelle, wo er sich vielleicht bekehren könnte, unbekehrt hinüberzubugsieren.

Nun, so ging's bei unserer Käthi nicht zu, sie ging ohne Rausch bang ins neue Jahr hinein. Es war stürmisch, ungestüm Wetter, fast bis Neujahr. Als am Silvester mit allen Glocken das alte Jahr eine Stunde lang ausgeläutet wurde, da mußte Käthi weinen. Es war, als scheide sie von einem Freunde auf Nimmerwiedersehn. Alles Böse, was dasselbe gebracht hatte, war vergessen, und nur des Guten gedachte Käthi, an die ungestörte Gesundheit, den schönen Verdienst, die vielen guten Leute, und es war ihr fast, als sollte sie von dem allem Abschied nehmen. Dazu plagte sie das Buebli, wie sie morgen neujahren wollten. Andrese Anne Bäbi hätte gesagt, sie hätten Wein und Wecken und zwei Arten Fleisch, und von allem, bis sie nicht mehr möchten. Darum müßten sie auch Fleisch und Wein haben. Käthi mochte trösten, wie sie wollte, das Buebli blieb auf seinem Sinn, und Käthi brachte es nicht übers Herz, die wenigen Batzen, welche sie im Körbchen hatte, während noch gar nichts im Hochzeitsstrumpf war, für Leckerbissen auszugeben. Betrübt ging sie ins Dorf, Milch zu holen, Johannesli an der Hand, der in einem fort an ihr war, auch zum Metzger zu gehen und ins Wirtshaus. Am Wirtshaus hatte er es akkurat wie ein alter Kutschengaul, er ward stetig und wollte nicht vorüber, wie auch Käthi sich schämte und ihm zusprach, er sollte nicht so tun, sie hätte ja kein Körbchen, wie er sehe, um was heimzutragen, und wenn sie was wollten, so könnten sie es morgen noch immer holen. Aber Johannesli ließ sich nicht abbringen. Kinder haben viel Instinkt für günstige Augenblicke und große Standhaftigkeit, sie zu benutzen; sie sind sehr oft viel nachhaltiger und durchgreifender als große Staatspersonen. Da kam plötzlich eine Stimme: »Was gibt's, Käthi, will der Bub dir einen Schoppen zahlen?« Käthi weinte fast und erzählte. Die dicke Wirtin lachte und sagte: »Der Bub hat recht, er wird wissen, was Zwängen ist, und meinen, wenn alle Leute neujahrten, so hätte er auch das Recht dazu.« Sie hieß sie hineinkommen, und Käthi trug ein Stück Braten heim und einen Schoppen Wein, hatte es aber sehr ungern, sowohl weil der Bub so wüst getan, als auch die Wirtin glauben konnte, das sei ein abgekartet Spiel gewesen, um was zu erhaschen auf eine unschuldige Manier.

Am Morgen um fünf wurde Käthi geweckt durch das Läuten aller Glocken, da wiederum eine Stunde lang das neue Jahr eingeläutet wurde, das heißt feierlich begrüßt im Namen Gottes, und den Menschen verkündet, daß sie es mit Gott beginnen sollten, damit sie es auch mit Gott endigen könnten. Dieser feierliche Ruf, zu wachen und zu beten, mahnte manchen trunkenen Zecher, das Wirtshaus zu verlassen, ehe es Tag werde, und die Töne geleiteten den Wandernden; aber er hörte sie kaum, ins Herz drangen sie ihm nicht, er betete nicht, er stolperte, er fluchte; so beschaffen war sein erster Gang im neuen Jahr! Wie wird wohl sein letzter sein im begonnenen Jahr?

Käthi wachte auf schweren Herzens, es war ihrer Seele so bange, sie wußte nicht, warum; ihre Gebete waren unaussprechliche Seufzer. Es war ein trüber, stürmischer Tag. Indessen ging Käthi dennoch zur Kirche oder vielmehr in die Predigt, am Neujahr hätte Käthi dieses nicht gerne unterlassen. Im Winter war die Predigt zumeist in der geräumigen, warmen Schulstube gehalten, was den alten Gliedern und dem kühlen Blut der Alten besonders zuträglich war, und denen namentlich, welche weder Wärmflaschen noch Mängel vermochten, sondern höchstens über ein dünnes Hemdchen ein dünnes Röckchen. Der Pfarrer hatte den Text Matthäi 7, 24-27: »Darum ein jeglicher, der diese meine Rede höret und tut sie, den will ich vergleichen einem klugen Manne, der sein Haus auf einen Felsen gebaut hat. Da nun ein Platzregen herabfiel und Wasserflüsse daherkamen und die Winde bliesen und an dasselbe Haus stießen, da fiel es nicht; denn es war auf einem Felsen gegründet. Und wer diese meine Rede höret und tut sie nicht, der wird verglichen werden einem törichten Manne, der sein Haus auf den Sand gebaut hat. Da nun ein Platzregen herabfiel und die Wasserflüsse daherkamen und die Winde bliesen und an dasselbe Haus stießen, da fiel es und tat einen großen Fall.«

Der Pfarrer begann zu predigen, und es war Käthi anfangs, als tue er ihr Herz auf und predige aus demselben; es war ihr ganz wunderlich, und oft wußte sie lange nicht, rede sie laut oder predige der Pfarrer. Er sprach, wie er erwacht sei vom Glockengeläute, welches rufe, zu wachen und zu beten. Wie ihm da bange geworden sei, sprach er, wie die leibliche Not und die geistige Not sich vor seinen Geist gestellt, wie er habe fragen müssen: »Wie soll das enden?«, daß er habe ausrufen müssen: »Ach Herr, wie ist meiner Seele so bange!« Er nannte alles, was ihm bange gemacht, und wie leibliche Augen da keinen Ausgang erblickten, und wie der Mensch in seiner Ohnmacht sich nicht zu helfen wüßte, nichts könnte als beben und zittern, des geistigen und leiblichen Unterganges gewärtig.

Nun aber sei einer, der nicht ohnmächtig sei, sondern allmächtig; wie sein Wesen unveränderlich sei, so sei es auch sein Wille und die Ordnung, welche dieser Wille geschaffen. Er sei der Fels der Welt, und während alles um ihn in ewigem Wirbel sich drehe, stehe derselbe für und für und in alle Ewigkeit, und wenn die Welt zu zersplittern scheine, so sei es nur ein Abschäumen des Unreinen, eine Läuterung, in welcher untergehe das Tote, ausgehauen werde das Faule, weggespült die Schlacken der Welt und ausgewaschen die Geschwüre der Zeit. Was im menschlichen Lebenskreis nicht von Gott sei und auf Gott ruhe, das gehe unter, und nur das bleibe, was in Gott und mit Gott sei. Nun zeigte der Pfarrer an einzelnen Menschen, wie die zerstört würden, welche durch wilde Triebe sich treiben ließen oder segeln wollten nach den Eingebungen eigner Weisheit, welche am Ende nichts sei als die Selbstsucht mit einer Schlangenzunge, am gefährlichsten dem, der sie besitze, wie dagegen der Einfältige und Unmündige, der in treuem Glauben fromm wandle in des Herrn Wegen, mit Ehren bestehe, ein Ende nehme im Frieden und nicht mit Schrecken. Der Pfarrer zeigte an Häusern und Familien, wie die, welche in Gott gegründet seien und ihm treu blieben, mit Ehren beständen, feste Wurzeln schlügen und wahrhaft würden, was die Welt vornehm nennt, hochgeehrt von der Welt und Gott lieb, und zwar von Geschlecht zu Geschlecht; und wie Häuser und Familien fielen und desto größer der Fall sei, je höher sie stünden, sobald sie von Gott ließen, die Liebe wiche, der Teufel einzöge mit Hochmut und Hartherzigkeit, mit Hoffart und Üppigkeit, mit der ganzen Fleischeslust. »Ja«, sagte der Pfarrer, und sein Auge flammte wie ein Prophetenauge, »wie es Häusern und Familien geht, geht es Regierungen und Regenten; nur die, welche Gott erkennen und auf ihn bauen, bestehen; verlassen sie Gott, so verläßt sie Gott, und sie tun einen großen Fall. Und warum bangt uns?« fuhr er fort. »Eben, weil wir so viele Menschen, Familien, ja Regierungen und Regenten nicht stehen sehen auf dem Felsen, der nicht fällt, sondern wirbeln im Wirbel der Welt, dieser Wirbel immer wilder aufkocht, je mehr in denselben sich stürzen, je größer Gewühl und Gedränge von Unglücklichen in diesem grausen Wirbel ist. Es wird uns, als ob alles zugrunde gehen müßte, alles verschlungen werden würde von der Finsternis und den Schatten des Todes. Und es werden viele zugrunde gehen, Menschen, Familien, Regierungen voran; vielleicht bricht die Zeit einer großen Läuterung an, vielleicht will Gott mit Wasserwogen und Meeresfluten ausspülen die Geschwüre der Welt. Aber bangen wollen wir nicht; weinen dürfen wir über Jerusalem, daß es nicht erkennt zu rechter Zeit, was zu seinem Frieden dient; aber zagen wollen wir nicht, und wenn die Flut unsere Leiber verschlingt, so vergessen wir nicht, daß, wer dem Herrn lebt, auch dem Herrn stirbt und daß er in die Hölle führt und wieder heraus. Vielleicht, daß er auch nur drohend den Finger aufhebt, damit man umkehre und sich bekehre, wie er es den Kindern Kains tat, daß unsere Lage eine Bußpredigt ist, wie Jonas den Niniviten eine hielt? Vielleicht, wir wissen es nicht! Aber das wissen wir, daß das, was Gott tut, wohlgetan ist und daß er die Niniviten nur deswegen schonte, weil sie Buße taten im Sack und in der Asche. Nun, wem das Herz klopft in Sündenangst, wer sich bewußt wird, sein Fuß stehe nicht auf dem ewigen Fels, der tue Buße im Sack und in der Asche, er suche den, der sich finden läßt, von allen, die ihn ehrlich suchen! Und wer sich bewußt ist, ergriffen zu haben den ewigen Fels, der traue Gott und zage nicht! Der Herr der Ewigkeit ist auch der Herr des betretenen Jahres; was er verhängt, wird zur Seligkeit dienen denen, die ihn lieb haben und seine Gebote halten, und wer in diesem Jahr sterben sollte, wird des Herrn bleiben, wenn er dem Herrn gelebt hat. Darum, was kommen mag, laßt uns des Herrn harren unverzagt; sei in seiner Hand die Rute der Züchtigung oder der Zweig des Friedens, so laßt diese Hand uns verehren in tiefer Demut; es ist die Hand, die segnet und selig macht die, welche Treue halten und die Liebe bewahren!«

So sprach der Pfarrer, und wenn auch Käthi die Beine zitterten, so ward ihr doch wohl; im Herzen blühte ihr die Ergebung auf, welche das Größte trägt und vollbringt, die Ergebung, welche mit ganzem Herzen sagen kann: »Der Herr hat es gegeben, der Herr hat es genommen, der Name des Herrn sei gelobt!«

Solch ein kräftig Wort am Neujahrstag ist wohl das vornehmste und beste Neujahrsmahl, und Käthi empfand es auch und empfand es fort und fort, trotz dem seltenen Mittagsmahl, das auf schönem, reinem Tischtuch stand: Braten, Wein und süße Äpfelschnitze, ein wahres Herrenessen! Johannesli lebte schrecklich wohl daran und konnte den Braten nicht genug rühmen, und doch klagte er zwischendurch, er könne ihn nicht beißen, und Schinken wäre viel kommoder; besser, hätte er gerne gesagt, aber er war auch schon angesteckt vom Weltgift, welches das Rare und Teure für das Beste hält. Und was er den Wein rühmte und dabei heimlich darüber grännte und am Ende sich nicht enthalten konnte, die Großmutter um einen Schluck Milch zu bitten! Der Wein sei viel besser, wohl hundertmal, aber er könnte ihn sturmmachen, sagte der kleine Diplomat. Nachmittags hatte Käthi Besuch, erhielt Kram, ein sogenanntes Gutjahr von Johanneslis Paten. Es bestand in einem Hemd, einem Paar Strümpfe und einem großen Neujahrring, und für die Großmutter war ein halb Pfund Kaffee dabei, eine köstliche Bescherung für eine alte Frau, welche den Kaffee so liebt und doch die Bohnen zählt, welche sie zu jedem Kaffee braucht. Dabei aber stürmte es schrecklich draußen, es war, als ob ein schrecklich Gewitter heraufziehen wolle mit Blitz, Donner und Hagel.

Eine schreckliche Vorbedeutung am ersten Tage des Jahres? Die Fenster klirrten, die Hütte wankte, Nacht wurde es draußen, und drinnen betete Käthi emsig; denn Angst hatte sie wieder ergriffen; sie bangte sehr; denn das Bangen ganz zu überwinden und das Zagen, daß es nie wieder kommt, wenn stark an ihm des Herrn Hand rüttelt, ist keinem Menschen gegeben. Endlich ließ der Sturm nach, Tag ward es wieder, das schwarze Gewitter jagte nach Osten. Käthi trat vor das Häuschen, ein milder Sonnenblick empfing sie auf der Schwelle, und als sie sich umwandte, dem jagenden Gewitter nachzusehen, sah sie gen Morgen hin das Gnadenzeichen des Herrn, einen prächtigen Regenbogen am Himmel stehn. Unaussprechlich war der Eindruck auf Käthi, verstummt blieb sie stehn, sah mit gefalteten Händen zum Himmel auf; sie wußte es nun, Gott verließ sie nicht, und breche auch Sturm und Gewitter los, so komme doch die Gnade nach.

Das seltsame Zeichen in dieser Jahreszeit am Neujahrstag wurde von vielen Menschen bemerkt; aber wir zweifeln, daß dasselbe auf viele Eindruck gemacht habe wie auf Käthi. Um die Zeichen Gottes wahrzunehmen, muß man eben ein auf Gott gerichtetes Auge haben, und um sie zu empfinden, muß man haben ein gottergebenes Herz. Ganz hell war es Käthi im Gemüt, und sie erzählte eben Johannesli eine schöne Geschichte von einem Knaben, der in der Jugend gestohlen worden, endlich aber wieder ein großer Herr geworden sei, als Andrese Anne Bäbi kam und sie einlud, diesen Abend mit ihnen zu neujahren, wie man zu sagen pflegt. Es ging Käthi wieder wie gestern vor dem Wirtshaus: wie sie sich auch sträuben mochte, Johannesli war Meister. Kurzweilig verging der Abend, und es war Zeit, auseinanderzugehen, ehe man daran dachte. Die Zeit recht kurz zu machen, ist eine Kunst, und recht kurze Zeit zu haben ein Glück.

Jeremias Gotthelf

Die Weihe der Nacht

Nächtliche Stille!
Heilige Fülle,
Wie von göttlichem Segen schwer,
Säuselt aus ewiger Ferne daher.

Was da lebte,
Was aus engem Kreise
Auf ins Weitste strebte,
Sanft und leise
Sank es in sich selbst zurück
Und quillt auf in unbewußtem Glück.

Und von allen Sternen nieder
Strömt ein wunderbarer Segen,
Daß die müden Kräfte wieder
Sich in neuer Frische regen,
Und aus seinen Finsternissen
Tritt der Herr, so weit er kann.
Und die Fäden, die zerrissen,
Knüpft er alle wieder an.

Friedrich Hebbel

Joseph, lieber Joseph mein

Joseph, lieber Joseph mein,
Hilf mir wiegen mein Kindelein,
Gott, der will dein Lohner sein
Im Himmelreich,
Der Jungfrau Sohn Maria.
Er ist erschienen am heutigen Tag,
Am heutigen Tag
In Israel,
Der Marien verkündigt durch Gabriel,
Eia, eia.
Jesum Christi hat uns geboren Maria!
Er ist erschienen am heutigen Tag,
Am heutigen Tag
In Israel.
Von Maria ist Heil entsprossen in alle Welt.

Johannes von Salzburg,
15. Jahrhundert

Kinderlied zu Weihnachten

Gotts Wunder, lieber Bu,
Geh, horch ein wenig zu,
Was ich dir will erzählen,
Was geschah in aller Fruh.

Da geh ich über ein' Heid,
Wo man die Schäflein weidt,
Da kam ein kleiner Bu gerennt,
Ich hab ihn all mein Tag nicht kennt.

Gotts Wunder, lieber Bu,
Geh, horch ein wenig zu.

Den alten Zimmermann,
Den schaun wir alle an,
Der hat dem kleinen Kindelein
Viel Gutes angetan.

Es hat es so gekußt,
Es war ein' wahre Lust,
Er schafft das Brot, ißt selber nicht,
Ist auch sein rechter Vater nicht.

Gotts Wunder, lieber Bu,
Geh, lausch ein wenig zu.

Hätt' ich nur dran gedenkt,
Dem Kind hätt' ich was geschenkt,
Zwei Äpfel hab ich bei mir g'habt,
Es hat mich freundlich angelacht.

Gotts Wunder, lieber Bu,
Geh, horch ein ein wenig zu.

aus: »Des Knaben Wunderhorn«

Gelobet seist du, Jesu Christ

Gelobet seist du, Jesu Christ,
Daß du Mensch geboren bist,
Von einer Jungfrau, das ist wahr,
Des freuet sich der Englein Schar.
Kyrieleis.

Des ew'gen Vater einzig Kind
Jetzt man in der Krippe find;
In unser armes Fleisch und Blut
Verkleidet sich das ew'ge Gut.
Kyrieleis.

Den aller Weltkreis nie beschloß.
Der lieget in Marien Schoß;
Er ist ein Kindlein worden klein,
Der alle Ding erhält allein.
Kyrieleis.

Das ew'ge Licht geht da herein,
Gibt der Welt ein'n neuen Schein;
Es leucht' wohl mitten in der Nacht
Und uns des Lichtes Kinder macht.
Kyrieleis.

Der Sohn des Vaters, Gott von Art,
Ein Gast in der Welt hier ward
Und führt uns aus dem Jammertal;
Er macht uns Erbn in seinem Saal.
Kyrieleis.

Er ist auf Erden kommen arm,
Daß er unser sich erbarm
Und in dem Himmel mache reich
Und seinen lieben Engeln gleich.
Kyrieleis.

Das hat er alles uns getan,
Sein groß Lieb zu zeigen an,
Des freut sich alle Christenheit
Und dank ihm des in Ewigkeit.
Kyrieleis.

Martin Luther

Vergeßt die Krippe ja mir nicht

Vergeßt die Krippe ja mir nicht
Und oben den Stern mit hellem Licht,
Und diesem sei ein Zettel nah,
Drauf: »in Excelsis gloria.«

Joseph, Maria und das Kind,
Stellt nun darunter nur geschwind,
Vergeßt nicht Ochs und Eselein,
Die in dem Stalle müssen sein.

Franz Graf von Pocci

Wie der alte Christian Weihnachten feierte

»Kind«, sagte am Vortag des Weihnachtsfestes meine gute Mutter zu mir, »Kind, geh, bring dem alten Christian seine Kuchenstolle und dies Paket. Sag, ich ließ ihn schön grüßen, und er möchte das Fest und das neue Jahr gesund und ruhig verleben. Diesmal wär zuviel Arbeit, ich könnt nicht selber abkommen.«

Ich blickte etwas erstaunt und beunruhigt von meinem Buch auf. Ich kannte den mürrischen alten Waldhüter recht gut; wie oft hatte ich mich als kleines Mädchen vor seinem großen rostigen Schnurrbart gefürchtet, wenn er uns beim Beerensuchen auf verbotenen Plätzen überraschte und uns mit seinem Brummbaß aufschreckte und davonjagte.

Jetzt freilich hatten wir ihn nicht mehr zu fürchten, denn er war schon seit etwa zwei Jahren pensioniert. Nach dem Tode des alten Försters, dem er sehr ergeben war, hatte auch er um seine Entlassung gebeten. Das Reißen in den Füßen sei zu arg, meinte er, er könne nicht mehr stundenlang im Wald umherlaufen; und mein Vater, der Arzt im Städtchen war, hatte ihm das gewünschte Attest ausgestellt. Seitdem hatten wir einen neuen Förster und einen neuen Waldhüter, und beide nahmen es nicht so genau mit uns Kindern. Der alte Christian Merkenthin aber zog zur Witwe Klemm draußen in der Vorstadt, die dem Wald am nächsten lag, und ließ sich selten blicken. Zu ihm sollte ich nun gehen.

Meine Mutter, der meine Unruhe nicht entgangen war, lächelte: »Geh nur, Kind, er ist in seiner Stube anders als du ihn sonst kennst, und du bist schon groß und verständig genug, um deine Freude an dem prächtigen alten Mann zu haben.«

Ich nahm meinen Mut zusammen, als ich die gute Mutter so reden hörte, klappte mein Buch zu, langte Hut und Mantel vom Riegel und machte mich gehbereit.

»Wenn du dem Christian ein wenig Gesellschaft leisten willst, kannst du das gern tun«, sagte meine Mutter noch, indem sie mir sorglich die Pakete in den Arm legte, »um sechseinhalb Uhr wird beschert, da mußt du wieder hier sein.«

Ich nickte still, sagte ihr lebewohl und ging mit leiser Neugier im Herzen und etwas Bangigkeit die Hauptstraße der Stadt hinunter. Ich beschleunigte meine Schritte und war bald aus der Häuserreihe heraus.

Die Wiesen, die sich bis zum Waldrand ausbreiteten, lagen im tiefen Schnee, und auf den kahlen Ästen der Kirschbäume, die die Chaussee begrenzten, hockten und flatterten Hunderte von Krähen, die wohl vergebens nach Futter suchten.

An den beiden verschneiten Kornmühlen vorbei, die leise im Wind knarrten, kam ich mit rotgefrorener Nase und steifen Fingern endlich bei dem Häuschen der Witwe Klemm an, wo mich ein kleiner schwarzer Spitz mit wütendem Gebell ansprang. Die Frau des Hauses, die auf sein Kläffen herauskam, rief ihn zurück und maß mit großen Augen den unerwarteten Besuch. Auf meine Bitte führte sie mich jedoch bereitwillig die steile Holztreppe hinauf auf den kleinen mit frischem Sand bestreuten Flur, wo sie an eine der Türen klopfte. Ohne lange das Herein abzuwarten, öffnete sie, steckte den Kopf in die Spalte und meldete: »Eine kleine Jungfer wünscht Euch zu sprechen, Herr Merkenthin«, worauf sie die Tür weit aufsperrte und mit einem schnellen neugierigen Blick verschwand.

Dichter Tabaksqualm umfing mich, als ich zögernd näher trat und die Tür hinter mir zuzog; und zuerst sah ich weiter nichts, als die mir wohlbekannte, aufrechte Gestalt mit der Jagdjoppe und den hohen Wasserstiefeln, die er, wie ich sah, auch im Hause trug. Auf sein knurriges, doch nicht gerade unfreundliches: »Ne, was bringst denn du?« kam ich mutig näher und legte meine Pakete auf den Tisch.

»Das schickt Euch Mutter, Herr Merkenthin, und Ihr möchtet es nicht übelnehmen, wenn sie diesmal nicht selber käme, es wäre zuviel im Hause zu tun.«

Der Alte hatte unterdessen die Stolle ausgewickelt und die Strickjacke und die Strümpfe mit kritischen Blicken gemustert. Die Besichtigung schien zu seiner Zufriedenheit ausgefallen zu sein, denn er legte alles wie zärtlich unter den kleinen Tannenbaum, der auf einer weißen Serviette auf der Kommode stand, versenkte sich in die Betrachtung seiner Schätze oder hing sonst seinen Gedanken nach; jedenfalls schien er meine kleine Anwesenheit ganz vergessen zu haben.

Meine Augen hatten sich indessen an den Rauch gewöhnt, und ich ließ sie nun in dem kleinen Zimmer umherwandern. Die Wand, an der ich lehnte, wurde fast ganz von einem großen schwarzen Ledersofa ausgefüllt, das mit seinem eingesunkenem Sitz und seinen breiten Armlehnen gewiß von Urgroßmutters Zeiten herstammte. Neben mir, auf einer der Lehnen, lag eine große graue Katze zusammengerollt und schlief. Ich streichelte ihr dickes Fell, da erhob sie sich langsam, machte einen Buckel und gab mir deutlich zu verstehen, daß sie noch mehr gestreichelt sein wollte. In demselben Augenblick flatterte etwas über mir, und als ich hochsah, kam ein größerer Vogel und setzte sich auf meine Schulter.

Der alte Christian drehte sich um und brummte: »Magst du Tiere leiden, kleine Doktorn?« Ich nickte eifrig und stand ganz still, um den kleinen Gast auf der Schulter nicht zu verscheuchen. Des Alten Stimme wurde jetzt etwas sanfter: »Ich mag eigentlich keine Vögel im Zimmer; was in den Wald gehört, soll im Walde bleiben, aber der Bengel will nicht wieder fort, trotzdem der gebrochene Flügel lange auskuriert ist. Es ist ein Star und ein kluger Vogel«, fügte er hinzu, und ich sah, wie seine Augen liebevoll nach dem Tierchen hinblinkten.

»Verträgt er sich denn mit der Katze?« fragte ich.

»Oh, mein Peter weiß schon, wie weit er gehen darf«, knurrte der

Alte, »und allein laß ich die beiden nicht, einer von ihnen spaziert in die Küche, wenn ich fortgehe; aber nun setz dich doch auf das Sofa, du hast einen weiten Weg gehabt in der Kälte, ich will dir was Warmes zu trinken holen.«

Er verschwand durch die Tür, und ich streichelte abwechselnd den Vogel, der ruhig auf meiner Schulter blieb, und die Katze, die sich wohlig an meinem Ärmel rieb. Eine geschnitzte Wanduhr tickte laut, und über mich kam ein warmes Gefühl von Heimlichkeit und Weihnachtsfreude. Die Tannenzweige, die hinter dem kleinen Spiegel über der Kommode steckten, und das mit weißen Lichter geschmückte Bäumchen verbreiteten einen lieben Duft, selbst der Tabaksqualm kam mir nun recht gemütlich vor.

Christian kam mit einem Glas Grog aus der Küche, legte einen Pfefferkuchen auf ein vergoldetes Tellerchen, das er aus der obersten Kommodenschublade nahm, und reichte mir beides. Der alte Mann sah recht hilflos und ungeschickt dabei aus, aber mir gefiel es, und mein junges Herz fing an, den bärbeißigen Geber zu verstehen und zu lieben, wie nur Kinder lieben können, schnell und unmittelbar. Ich wollte ihm eigentlich sagen, daß uns solche Getränke verboten seien, fürchtete aber ihn zu kränken und schwieg. Tapfer trank ich die scharfe heiße Brühe, im stillen hoffend, daß meine Eltern es mir verzeihen würden. War ich doch damals schon zwölf oder dreizehn Jahre alt, und begriff, daß Recht und Unrecht nicht so leicht zu sondern sind wie Apfel und Nüsse, und daß man sein Herz so erziehen muß, daß es ohne große Mühe das kleinere Unrecht und das größere Recht herausfühlt.

Der alte Christian sah befriedigt zu, wie ich schluckweise trank und meinen Pfefferkuchen mit der Katze und dem Star teilte. Plötzlich sagte er: »Hast du Zeit, eine Stunde mit mir in den Wald zu gehen? Du kannst mir tragen helfen.« Ich nickte und sah ihn erwartungsvoll an. »Nun ja«, fuhr er fort, als er meine fragenden Augen sah, »nun ja, die Kreatur soll doch auch wissen, daß Weihnachten ist.« Damit nahm er den Starmatz von meiner Schulter, ging in die Küche, und ich hörte an seinem Zureden, daß er den Vogel in seinen Bauer sperrte.

Mir brannten die Backen vor Freude; ich ahnte wohl, was der alte Waldhüter, der sein halbes Leben in Gemeinschaft mit den Tieren des Waldes zugebracht hatte, tun wollte, und ich war glücklich, dieser seltsamen Bescherung beiwohnen zu dürfen. War ich doch von klein auf daran gewöhnt, auch die Tiere als Gottesgeschöpfe zu betrachten, sie zu schonen und zu lieben, wie ein erwachsener Bruder seine unmündigen Geschwister schonen und lieben soll.

Als der alte Christian gleich darauf mit seiner Pelzmütze, den Wasserstiefeln und einem Sack über der Schulter wieder in die Wohnstube trat, glich er ganz und gar dem Weihnachtsmann aus den Märchen, und ich ließ mir wie im Taum den vollgepackten Henkelkorb über den Arm hängen. Er nahm noch einen Spaten und mehrere Tannenzweige mit und schritt mir voran und die Treppe hinab. »Adjes, Frau Klemm«, rief er durch die halboffene Küchentür seiner Wirtin zu, »in ein bis zwei Stunden bin ich wieder da.« – »Gut, Herr Merkenthin«, klang es zurück, und ich ging und öffnete die Haustür.

Der Spitz ließ uns mit leisem Knurren passieren. »Die Menschen sind auch mißtrauisch, warum sollte es das Viehzeug nicht sein«, sagte mein Begleiter, »ihm kommt noch mehr Übles zu als unsereinem«, und damit schritten wir der ungefähr eine Viertelstunde entfernten Schonung zu.

Die Sonne neigte sich schon tief nach Westen und stand wie eine dunkelrote Scheibe am Himmel; ein kühler Wind strich über die Felder. Wir mußten am Ortskirchhof vorbei, und mein Blick streifte die in tiefen Schnee gebetteten Gräber. Nie war ich bisher im Winter hierhergekommen; ich kannte den Kirchhof nur voller Grün und Blumen, und eine Ahnung von der Feierlichkeit alles Gewesenen streifte meine junge Seele.

Der alte Christian war stehen geblieben. »Warte ein paar Minuten«, sagte er, »ich bin gleich wieder hier.« Damit stellte er den Sack neben mich, nahm den Spaten und die grünen Zweige und verschwand hinter der eisernen Pforte. Ich sah ihm nach. Ein Schwarm Krähen flog bei seinem Eintritt in die Höhe, und ich verfolgte mit meinen Blicken die Vögel, wie sie krächzend dem Walde zuflogen.

Ob die Tiere auch etwas vom Tod wußten? . . .

Aus dem Haus des Totengräbers, der ein Stück weiter die Straße hinauf wohnte, klang plötzlich doppelstimmig: »Oh, du fröhliche, oh, du selige, gnadenbringende Weihnachtszeit«, und mein bewegliches Kinderherz streifte mit einem Lächeln die kleine Wehmut ab und wurde wieder hell und weihnachtsfröhlich, als gäbe es keine Kirchhöfe und keine hungrigen Krähen mehr auf der Welt.

Jetzt kam auch der alte Christian zurück, aber ohne die grünen Zweige. »Hab' meiner guten Frau und der kleinen Käte da drin bloß sagen wollen, daß ich am Weihnachtsabend an sie denke«, brummte er, nahm, ohne mich weiter anzusehen, seinen Sack auf und ging etwas schneller als vorher dem Walde zu.

Ich ließ ihn vorausgehen und horchte auf den Klang des Weihnachtsliedes, der noch eine ganze Weile mit uns mitging; mir war, als wäre ich in der Kirche. Ich hätte dem alten Mann, der seine liebsten Menschen hatte begraben müssen und nun allein unter dem Weihnachtsbaum stehen würde, so herzlich gern etwas Liebes gesagt; aber ich wußte nicht, wie ich das beginnen sollte, und so ging ich schweigend hinter ihm her. Unvermutet kam mir da meine liebe Mutter in den Sinn; ich begriff, warum sie gerade dem alten Christian heut eine Herzensfreude bereiten wollte, und eine große Dankbarkeit überkam mich, ein neues schönes Gefühl von Liebe und Erkenntnis.

Der Wald, der sich jetzt vor uns ausbreitete, kam mir in seiner weißen Einsamkeit fast schöner vor als im Sommer. Der Wind hatte sich gelegt, wir hörten nur den weichen Ton unserer Schritte und dann und wann ein leises Knacken im Holz, das von dürren Ästen herrührte, denen die Schneelast zu schwer geworden war.

Christian blieb stehen: »Nun wollen wir unsere Weihnachtstische herrichten«, sagte er, nahm seinen großen Sack von der Schulter und band ihn auf. Was da nicht alles zum Vorschein kam! Hammer und Zange, Bindfaden und Nägel, Messer und Schere; und wozu er wohl alle die Strohmatten und zugespitzten Stäbe brauchen würde, die er aus den Tiefen des Sackes hervorholte. Meine Neugierde sollte bald gestillt werden, denn ich mußte meinen Korb hinsetzen und ihm bei seiner Arbeit behilflich sein.

Da, wo dichtes Astwerk den Schnee abgefangen hatte, so daß der Boden nur wenig damit bedeckt war, bauten wir unsere Speisekammern. Zwei Ecken einer Matte banden wir etwa meterhoch an einem Baumstamm fest, während die beiden anderen Ecken auf zwei in der Nähe eingebohrten Pfählen befestigt wurden.

So entstand ein gedeckter kleiner Raum, der den hungrigen Tieren gut zugängig war. Wir säuberten ihn vollends vom Schnee, und nun kam auch mein Korb und sein Inhalt an die Reihe. »Hier am Waldrand hält sich Meister Lampe gern auf«, sagte der alte Christian; dabei langte er Kohlblätter und Rüben aus dem Korb, um sie dem Häschen aufzubauen und in etwas seinen Winterhunger zu stillen. »Es ist ein Jammer, wieviel Gutes unnütz auf dem Kehrichthaufen verkommt«, fügte er hinzu, »wo doch soviel dankbares kleines Gesindel in der Welt umherläuft; ja, ja, der Mensch denkt kaum an seinesgleichen, wie sollte er der Kreatur gedenkten.« Ich nickte ernsthaft und nachdenklich, und dann gingen wir weiter.

Alle fünfhundert Schritt etwa schufen wir ein neues Tischleindeckdich. Aber nicht bloß für die Hasen, auch für die Vögel wurde liebevoll gesorgt. Futterkästen mit allerlei Samen, Sonnenblumen- und Kürbiskernen wurden in Ast und Strauch untergebracht; Talgklöße und Speckschwarten, ja ein paar ganze Gänsegerippe und Bratenkeulen mußten sich die Bäume aufbinden lassen. »Die sind für die Meisen und Spechte, auch für die Rotkehlchen und das andere kleine Viehzeug, denen der Flug übers Meer zu weit ist«, meinte der Christian. »Hoffentlich naschen ihnen die Krähen und Dohlen nicht das beste weg. Aber die wollen ja auch leben«, fügte er leise hinzu, »auch dem Bösesten knurrt der Magen, ja, wenn der Hunger nicht wäre, wenn der Hunger nicht wäre!«

So stapften wir weiter durch den dichten Schnee, und während unser Gepäck immer leichter wurde, wurden unsere Herzen immer heller und weihnachtsfreudiger, und ich weiß nicht, wie es kam, plötzlich war mir das schöne Lied auf den Lippen, und ich sang es leise vor mich hin:

»Es ist ein Reis entsprungen aus einer Wurzel zart . . .«

Der Alte hörte andächtig zu, und als es zu Ende war, wiederholte er: »Mitten im kalten Winter – ja, mitten im kalten Winter, da blüht's oft drinnen am besten auf, aber das wirst du noch nicht verstehen, kleine Doktorn.«

Nein, ich verstand es damals noch nicht, jedoch ich fühlte, daß der alte Christian was Liebes damit meinte, und faßte nach seiner alten runzligen Hand.

Das Schönste vom Tage sollten wir aber noch erleben. In einer Lichtung stand plötzlich ein großer Hirsch vor uns, und mehrere junge Hirsche und Hirschkühe kamen hinter ihm her. Er hob den Kopf mit dem schönen Geweih und sah uns klug und furchtlos an. Auf das leise Pfeifen des Alten kam er zutraulich näher und das ganze Rudel mit ihm. Wir warfen ihnen Brot und Kartoffeln zu, die sie sogleich verzehrten, ja, der große Hirsch wurde so dreist, daß er aus meiner ausgestreckten Hand ein Stück Brot nahm, und ihr könnt euch gewiß denken, wie sehr ich mich darüber freute.

»Es ist Schonzeit, da weiß die Kreatur, daß sie was riskieren kann«, brummte der Alte; aber auch aus seinen umbuschten grauen Augen zuckte die Freude über das hübsche Bild.

Das schrille Geläute eines Schlittens, der auf der nahen Landstraße daherkam, ließ unsere lieben Gäste jäh auffahren und die Flucht ergreifen. Ich sah ihnen bedauernd nach. »Sie finden schon wieder her, kleine Doktorn«, sagte Christian, »hier ist seit vielen Jahren ihr Futterplatz.«

Nun sah ich erst, daß etwa hundert Schritt von uns ein kleines festes Strohdach auf Pfählen aufgerichtet war, und daß noch geringe Futterreste verstreut umherlagen. Mein Begleiter nahm aus dem Korb reichlich Roßkastanien, Eicheln, getrocknete Lupinen und das noch übrige Brot und baute es dem Wild als Weihnachtsgabe auf.

»Kommen die Rehe auch hierher?« fragte ich und hoffte im stillen, auch diese hübschen Tiere nahbei sehen zu dürfen. »Nein, denen müssen wir woanders bescheren«, meinte der Alte, »die haben eine feine Nase und lieben den Hirschgeruch nicht. Und kiesätig ist die Bande auch«, fügte er hinzu, »wenn sie nichts Grünes mehr finden, fressen sie höchstens ein bißchen Korn und feines Heu, na, sie sollen auch ihr Teilchen kriegen. Aber aus der Hand werden sie dir wohl kaum fressen, du kleine Hexe, es ist ein furchtsames Chor; komm, ich weiß die Stellen, wo sie gern äsen, sie sollen heute auch was extra Leckeres haben.«

Wir gingen noch etwas tiefer in den Wald und fanden bald an einer ziemlich versteckten kleinen Lichtung Spuren von Rehwild und einen ähnlichen Futterplatz wie zuvor. Hier legten wir Korn und Heu nieder und verhielten uns eine Weile mäuschenstill; die kleinen Gäste wollten sich aber nicht blicken lassen.

»Morgen früh werden sie die Bescherung schon finden«, schmunzelte der Alte und band noch den Rest unserer Vorräte für die Vögel in die Bäume.

Es war auch mittlerweile Zeit geworden, an den Heimweg zu denken. Die Sonne war lange untergegangen, und nur der Schnee leuchtete uns aus dem Dickicht hinaus. Es war empfindlich kalt geworden, ich schlug den Mantelkragen hoch und steckte die fast erstarrten Hände in die Ärmel.

»Komm nur, kleine Doktorn«, tröstete mich mein Begleiter, »der Schneiderwirt wohnt nicht weit von hier, der hat einen feinen Schlitten, und Haste-nicht-Gesehn sind wir zu Hause, das wäre doch noch ein Extra-Weihnachtsspaß, wie?« Und damit zog er mich frierende kleine Person durch das Gewirr der Stämme auf nur ihm bekannten Pfaden vorwärts, und bald waren wir auf der Landstraße. Hier grüßte uns schon von weitem das grüne Licht einer Laterne, die zum Wirtshaus zum Bären gehörte. Peter Holken, ein früherer Schneider, hauste darin, und man nannte ihn in der ganzen Gegend den Schneiderwirt. Wir traten mit Behagen in die warme Wirtsstube, und die gute Mutter Holken zog mir gleich die nassen Schuhe und Strümpfen aus und hing sie über die Messinghaken, die in den riesigen grünen Kachelofen eingeschraubt waren. Meine nackten Füße steckte sie in warme Pantoffeln, brachte mir eine Tasse heiße Milch, und nach ein paar Minuten wußte ich nichts mehr von Frost und Kälte.

Der alte Christian trank ein Glas Warmbier, rauchte dazu sein Pfeifchen und plauderte mit Peter, dem Schneiderwirt, über die Schlachten bei Wörth und Sedan, und wie kalt es in jenem Winter gewesen war; und ich hörte den beiden alten Soldaten mit Interesse zu.

»Bist 'ne wackre Dirn«, sagte der alte Christian zu mir, als wir eine halbe Stunde später in dem hübschen Wirtsschlitten unter lustigem Geläute nach Hause fuhren, »bist 'ne wackre Dirn, kleine Doktorn, ich ließ das Vater und Mutter extra bestellen und viele Grüße und schönen Dank dazu.« Damit sprang er vor seiner Tür aus dem Schlitten, winkte noch mal mit der Pfeife, und der Kutscher fuhr weiter meinem elterlichen Hause zu.

Ich lief die Treppe hinauf und fiel meiner Mutter um den Hals. Mein Herz war zu voll; erst nach und nach konnte ich von allem erzählen. Aber nie zuvor hatten mir die Lichter am Tannenbaum so hell gestrahlt, und nie zuvor hatte ich Eltern und Geschwister so lieb gehabt wie an diesem Weihnachtsabend!

Zwischen dem alten Christian und mir entspann sich seit jenem Tage eine wirkliche Freundschaft, die bis zum Tode des alten Mannes dauerte. Oft saß ich an freien Nachmittagen in seinem Stübchen, las ihm die Zeitung vor oder beschäftigte mich mit seinen Haustieren, für die ich meist diesen oder jenen Leckerbissen bereit hielt.

Am Tage vor Weihnachten aber gingen wir regelmäßig in den Wald, um die Tiere zu füttern, und ich sammelte schon Wochen vorher für unsere Lieblinge.

Manch ein echtes und kluges Wort ist damals aus dem Mund des alten Christian in meine Seele geglitten und hat dort einige Weihnachtskerzen angezündet, die hell und lieblich auf meinen Lebensweg leuchteten.

Paula Dehmel

Am Weihnachtstage

Durch alle Straßen wälzt sich das Getümmel,
Maultier', Kamele, Treiber; welch Gebimmel!
Als wolle wieder in die Steppe ziehn
Der Same Jakobs, und Judäas Himmel,
Ein Saphirscheinen über dem Gewimmel,
Läßt blendend seine Funkenströme sprühn.

Verschleiert Frauen durch die Gassen schreiten,
Mühselig vom beladnen Tiere gleiten
Bejahrte Mütterchen; allüberall
Geschrei und Treiben, wie vor Jehus Wagen.
Läßt wieder Jezabel ihr Antlitz ragen
Aus jener Säulen luftigem Portal?

's ist Rom, die üpp'ge Priesterin der Götzen,
Die glänzendste und grausamste der Metzen,
Die ihre Sklaven zählt zu dieser Zeit.
Mit einem Griffel, noch vom Blute träufend,
Gräbt sie in Tafeln, Zahl auf Zahlen häufend,
Der Buhlen Namen, so ihr Schwert gefreit.

O Israel, wo ist dein Stolz geblieben,
Hast du die Hände blutig nicht gerieben,
Und deine Träne war sie siedend Blut?
Nein, als zum Marktplatz deine Scharen wallen
Verkaufend, feilschend unter Tempels Hallen,
Mit ihrem Gott zerronnen ist ihr Mut!

Zum trüben Irrwisch ward die Feuersäule,
Der grüne Aaronsstab zum Henkerbeile;
Und grausig übersteint das tote Wort
Liegt, eine Mumie, im heil'gen Buche,
Drin sucht der Pharisäer nach dem Fluche,
Ihn donnernd über Freund und Fremdling fort.

So Israel bist du gereift zum Schnitte,
Wie reift die Distel in der Saaten Mitte,
Und wie du stehst in deinem grimmen Haß

Genüber der geschminkt und hohlen Buhle,
Seid gleich ihr vor gerechtem Richterstuhle
Von Blute sie und du von Geifer naß.

O tauet Himmel, tauet den Gerechten,
Ihr Wolken regnet ihn den wahr und echten
Messias, den Judäa nicht erharrt,
Den Heiligen und Milden und Gerechten,
Den Friedenskönig unter Hassesknechten,
Gekommen zu erwärmen was erstarrt!

Still ist die Nacht; in seinem Zelt geborgen
Der Schriftgelehrte späht mit finstren Sorgen,
Wann Judas mächtiger Tyrann erscheint;
Dann lüftet er den Vorhang starrend lange
Dem Sterne nach, der streicht des Äthers Wange
Wie Freudenzähre, die der Himmel weint.

Und fern vom Zelte über einem Stalle
Da ist's, als ob aufs niedre Dach er falle,
In tausend Radien sein Licht er gießt.
Ein Meteor, so dachte der Gelehrte,
Als langsam er zu seinen Büchern kehrte:
O weißt du wen das niedre Dach umschließt?

In einer Krippe ruht ein neugeboren,
Ein schlummernd Kindlein; wie im Traum verloren
Die Mutter knieet, Weib und Jungfrau doch.
Ein ernster, schlichter Mann rückt tief erschüttert
Das Lager ihnen; seine Rechte zittert
Dem Schleier nahe um den Mantel noch.

Und an der Türe stehn geringe Leute,
Mühsel'ge Hirten, doch die Ersten heute,
Und in den Lüften klingt es süß und lind,
Verlorne Töne von der Engel Liede:
Dem Höchsten Ehr', und allen Menschen Friede,
Die eines guten Willens sind!

Annette von Droste-Hülshoff

Unser erster Christbaum

Es waren die ersten Weihnachtsferien meiner Studentenzeit. Wochenlang hatte ich schon die Tage, endlich die Stunden gezählt bis zum Morgen der Heimfahrt von Graz ins Alpel. Und als der Tag kam, da stürmte und stöberte es, daß mein Eisenbahnzug stecken blieb. Da stieg ich aus und ging zu Fuß, frisch und lustig, sechs Stunden lang durch das Tal, wo der Frost mir Nase und Ohren abschnitt, daß ich sie gar nicht spürte. Durch den Bergwald hinauf, wo mir so warm wurde, daß die Ohren auf einmal wieder da waren und heißer als je im Sommer.

So kam ich, als es schon dämmerte, glücklich hinauf, wo das alte Haus, schimmernd durch Gestöber und Nebel, wie ein verschwommener Fleck stand, einsam mitten in der Schneewüste. Als ich eintrat, wie war die Stube so klein und niedrig und dunkel und warm – urheimlich. In den Stadthäusern verliert man ja allen Maßstab für ein Waldbauernhaus. Aber man findet sich gleich hinein, wenn die Mutter den Ankömmling ohne alle Umstände so grüßt: »Na, weil d' nur da bist!«

Auf dem offenen Steinherd prasselte das Feuer, in der guten Stube wurde eine Kerze angezündet. »Mutter, nit!« wehrte ich ab, »tut lieber das Spanlicht anzünden, das ist schöner.«

Sie tat's aber nicht. Das Kienspanlicht ist für die Werktage. Weil nach langer Abwesenheit der Sohn heimkam, war für die Mutter Feiertag geworden. Darum die festliche Kerze.

Als die Augen sich an das Halblicht gewöhnt hatten, sah ich auch das Nickerl, das achtjährige Brüderlein. Es war das jüngste und letzte. »Ausschauen tust gut!« lobte die Mutter meine vom Gestöber geröteten Wangen.

Der kleine Nickerl aber sah blaß aus. »Du hast ja die Stadtfarb, statt meiner!« sagte ich und habe gelacht. Die Sache war so. Der Kleine tat husten, den halben Winter schon. Und da war eine alte Hausmagd, die sagte es täglich wenigstens dreimal, daß für ein »hustendes Leut« nichts schlechter sei als »der kalte Luft«. Sie verbot es, daß der Kleine hinaus vor die Türe ging. Ich glaube, deshalb war er so blaß, und nicht des Hustens halber.

In der dem Christfest vorhergehenden Nacht schlief ich wenig – etwas Seltenes in jenen Jahren. Die Mutter hatte mir auf dem Herd ein Bett gemacht mit der Weisung, die Beine nicht zu weit auszustrecken, sonst kämen sie in die Feuergrube, wo die Kohlen glosten. Die glosenden Kohlen waren gemütlich, das knisterte in der stillfinsteren Nacht so hübsch und warf manchmal einen leichten Glutschein an die Wand, wo in einem Gestelle die buntbemalten Schüsseln lehnten. Da war ein Anliegen, über das ich schlüssig werden mußte in dieser Nacht, ehe die Mutter an den Herd trat, um die Morgensuppe zu kochen. Ich hatte viel sprechen gehört davon, wie man in den Städten Weihnachten feiert. Da sollen sie ein Fichtenbäumchen, ein wirkliches kleines Bäumlein aus dem Wald, auf den Tisch stellen, an seinen Zweigen Kerzlein befestigen, sie anzünden, darunter sogar Geschenke für die Kinder hinlegen und sagen, das Christkind hätte es gebracht.

Nun hatte ich vor, meinem kleinen Bruder, dem Nickerl, einen Christbaum zu errichten. Aber alles im geheimen, das gehört dazu. Nachdem es soweit taglicht geworden war, ging ich in den frostigen Nebel hinaus. Und just dieser Nebel schützte mich vor den Blicken der ums Haus herum arbeitenden Leute, als ich vom Walde her mit einem Fichtenwipfelchen gegen die Wagenhütte lief.

Dann wurde es Abend. Die Gesindleute waren noch in den Ställen beschäftigt oder in den Kammern, wo sie sich nach der Sitte des Heiligen Abends die Köpfe wuschen und ihr Festgewand herrichteten. Die Mutter in der Küche buk die Christtagskrapfen, und der Vater mit dem kleinen Nickerl besegnete den Hof. Hatte nämlich der Vater in einem Gefäß glühende Kohlen, hatte auf dieselben Weihrauch gestreut und ging damit durch alle Räume des Hofes, um sie zu beräuchern und dabei schweigend zu beten. Es sollten böse Geister vertrieben und gute ins Haus gesegnet werden.

Dieweilen also die Leute draußen zu tun hatten, bereitete ich in der großen Stube den Christbaum. Das Bäumchen, das im Scheite stak, stellte ich auf den Tisch. Dann schnitt ich vom Wachsstock zehn oder zwölf Kerzchen und klebte sie an die Ästlein. Unterhalb, am Fuße des Bäumchens, legte ich einen Wecken hin.

Da hörte ich über der Stube auf dem Dachboden auch schon Tritte – langsame und trippelnde. Sie waren schon da und segneten den Bodenraum. Bald würden sie in der Stube sein, mit der wir den Rauchgang zu beschließen pflegten. Ich zündete die Kerzen an und versteckte mich hinter dem Ofen.

Die Tür ging auf, sie traten herein mit ihren Weihgefäßen und standen still. »Was ist denn das?« sagte der Vater mit leiser, langgezogener Stimme. Der Kleine starrte sprachlos drein. In seinen großen, runden Augen spiegelten sich wie Sternlein die Christbaumlichter. – Der Vater schritt langsam zur Küchentür und flüsterte hinaus: »Mutter, Mutter! Komm ein wenig herein.« Und als sie da war: »Mutter, hast du das gemacht?«

»Maria und Josef!« hauchte die Mutter, »was lauter haben's denn da auf den Tisch getan?« Bald kamen auch die Knechte und Mägde herbei, hell erschrocken über die seltsame Erscheinung. Da vermutete einer, ein Junge, der aus dem Tal war: Es könnte ein Christbaum sein . . .

Sollte es denn wirklich wahr sein, daß Engel solche Bäumlein vom Himmel bringen? Sie schauten und staunten. Und aus des Vaters Gefäß qualmte der Weihrauch und erfüllte schon die ganze Stube, so daß es war wie ein zarter Schleier, der sich über das brennende Bäumchen legte.

Die Mutter suchte mit den Augen in der Stube herum: »Wo ist denn der Peter?«

Da erachtete ich es an der Zeit, aus dem Ofenwinkel hervorzutreten. Den kleinen Nickerl, der immer noch sprachlos und unbeweglich war, nahm ich an den kühlen Händchen und führte ihn vor den Tisch. Fast sträubte er sich. Aber ich sagte – selber tief feierlich gestimmt – zu ihm: »Tu dich nicht fürchten, Brüderl! Schau, das lieb Christkindl hat dir einen Christbaum gebracht. Der ist dein.«

Und da hub der Kleine an zu wiehern vor Freude und Rührung, und die Hände hielt er gefaltet wie in der Kirche. – –

Öfter als vierzigmal seither habe ich den Christbaum erlebt, mit mächtigem Glanz, mit reichen Gaben und freudigen Jubel unter Großen und Kleinen. Aber größere Christbaumfreude, ja eine so helle Freude hab ich noch nicht gesehen, als jene meines kleinen Brüderlein Nickerl – dem es so plötzlich und wundersam vor Augen trat – ein Zeichen dessen, der da vom Himmel kam.

Peter Rosegger

Christnacht

Heil'ge Nacht, mit tausend Kerzen
Nahst du leise dich der Welt,
Und die Glocken hör ich klingen,
Und die Fenster sind erhellt.
Selbst die Hütte trieft von Segen,
Und der Kindlein froher Dank
Jauchzt dem Himmelskind entgegen,
Und ihr Stammeln wird Gesang.

Mit der Fülle süßer Lieder,
Mit dem Glanz um Tal und Höh'n,
Heil'ge Nacht, so kehrst du wieder,
Wie die Welt dich einst gesehn,
Da die Palmen lauter rauschten,
Und, versenkt in Dämmerung,
Erd' und Himmel Worte tauschten,
Worte der Verkündigung;

Da, der Jungfrau Sohn zu dienen,
Fürsten aus dem Morgenland
In der Hirten Kreis erschienen,
Gold und Myrrhen in der Hand!
Da mit seligem Entzücken
Sich die Mutter niederbog,
Sinnend aus des Kindes Blicken
Nie gefühlte Freude sog.

Heil'ge Nacht, mit tausend Kerzen
Steigst du feierlich herauf,
Oh, so geh in unserm Herzen,
Stern des Lebens, geh uns auf!
Schau, im Himmel und auf Erden
Glänzt der Liebe Rosenschein:
Friede soll's noch einmal werden
Und die Liebe König sein!

Robert Prutz

Weihnachtslied

Brich an, du schönes Morgenlicht!
Das ist der alte Morgen nicht,
Der täglich wiederkehret.
Es ist ein Leuchten aus der Fern',
Es ist ein Schimmer, ist ein Stern,
Von dem ich längst gehöret.

Nun wird ein König aller Welt,
Von Ewigkeit zum Heil bestellt,
Ein zartes Kind geboren.
Der Teufel hat sein altes Recht
Am ganzen menschlichen Geschlecht
Verspielt schon und verloren.

Der Himmel ist jetzt nimmer weit,
Es naht die sel'ge Gotteszeit
Der Freiheit und der Liebe.
Wohlauf, du frohe Christenheit!
Daß jeder sich nach langem Streit
In Friedenswerken übe.

Ein ewig festes Liebesband
Hält jedes Haus und jedes Land
Und alle Welt umfangen,
Wir alle sind ein heil'ger Stamm,
Der Löwe spielet mit dem Lamm,
Das Kind am Nest der Schlangen.

Wer ist noch, welcher sorgt und sinnt?
Hier in der Krippe liegt ein Kind
Mit lächelnder Gebärde.
Wir grüßen dich, du Sternenheld!
Willkommen, Heiland aller Welt!
Willkommen auf der Erde!

Maximilian von Schenkendorf

Friede auf Erden

Da die Hirten ihre Herde
Ließen und des Engels Worte
Trugen durch die niedre Pforte
Zu der Mutter und dem Kind,
Fuhr das himmlische Gesind
Fort im Sternenraum zu singen,
Fuhr der Himmel fort zu klingen:
»Friede, Friede auf der Erde!«

Seit die Engel so geraten,
O wie viele blut'ge Taten
Hat der Streit auf wildem Pferde,
Der geharnischte, vollbracht!
In wie mancher heil'gen Nacht
Sang der Chor der Geister zagend,
Dringlich flehend, leis verklagend,
»Friede, Friede auf der Erde!«

Doch es ist ein ew'ger Glaube,
Daß der Schwache nicht zum Raube
Jeder frechen Mordgebärde
Werde fallen allezeit:
Etwas wie Gerechtigkeit
Webt und wirkt in Mord und Grauen,
Und ein Reich will sich erbauen,
Das den Frieden sucht der Erde.

Mählich wird es sich gestalten,
Seines heil'gen Amtes walten,
Waffen schmieden ohne Fährde,
Flammenschwerter für das Recht;
Und ein königlich Geschlecht
Wird erblühn mit starken Söhnen,
Dessen helle Tuben dröhnen:
»Friede, Friede auf der Erde!«

Conrad Ferdinand Meyer

Verkündigung auf dem Felde

Gabriel:

Ehre sei Gott in der Höhe!
Auf, auf, ihr Hirten frei!
Erschrecket nicht vor mir alle drei.
Ich komm vom Himmel hoch herab,

Ein neue Mär zu verkünden hab.
Erwacht von eurem Schlaf nur bald,
Steht auf und euch nicht lang aufhalt.
Der höchste Gott ist euch geborn,
Der Seligmacher auserkorn,
In kaltem Stall bei Mitternacht
Zu Bethlehem dort in der Stadt.
Geht hin, sucht heim das Kindelein,
Gewickelt in ein Windelein;
Ein Krippe ist sein Wiegen schlecht,
Dabei sein Mutter Maria steht,
Dazu gar ein greisalter Mann,
Ein Ochs, ein Esel dabei stahn.
Geht hin in d'Stadt auf mein Wort
Auf Bethlehem bald ziehet fort
Gewißlich werdt ihr finden dorten
Das ewige Wort Fleisch geworden.

Volkstümlich

Christnacht

Der Engel der Verkündigung:

Seraphinische Heere,
Schwingt das Goldgefieder
Gott dem Herrn zur Ehre,
Schwebt vom Himmelsthrone
Durchs Gewölk hernieder,
Süße Wiegenlieder
Singt beim Menschensohne.

Ein Hirte:

Was seh ich? Umgaukelt mich Schwindel und Traum?
Ein leuchtender Saum
Durchschwebt den azurnen, ewigen Raum;

Es schreitet die Sterne des Himmels entlang
Mit leisem Gesang
Der seligen Scharen musischer Gang.

Chor der Hirten:

Die Engel schweben singend
Und spielend durch die Lüfte,
Und spenden süße Düfte,
Die Lilienstäbe schwingend.

Chor der Seraphine:

Wohlauf, ihr Hirtenknaben,
Es gilt dem Herrn zu dienen,
Es ist ein Stern erschienen,
Ob aller Welt erhaben.

Chor der Hirten:

Wie aus des Himmels Toren
Sie tief herab sich neigen!

Chor der Seraphine:

Laßt Eigentriebe schweigen,
Die Liebe ward geboren.

Engel der Verkündigung:

Fromme Glut entfache
Jedes Herz gelind,
Eilt nach jenem Dache,
Betet an das Kind.

Jener heiß erflehte
Hort der Menschen lebt,
Der euch im Gebete
Lange vorgeschwebt.

Traun, die Macht des Bösen
Sinkt nun fort und fort,
Jener wird erlösen
Durch das eine Wort.

Chor der Hirten:

Preis dem Geborenen
Bringen wir dar,
Preis der erkorenen
Gläubigen Schar.

Engel mit Lilien
Stehn im Azur,
Fromme Vigilien
Singt die Natur.

Der den kristallenen
Himmel vergaß,
Bringt zu Gefallenen
Ewiges Maß.

Engel der Verkündigung:

Schon les' ich in den Weiten
Des künft'gen Tages bang',
Ich höre Völker schreiten,
Sie atmen Untergang.
Es naht der müden Erde
Ein frischer Morgen sich,
Auf dieses Kindes »Werde!«
Erblüht sie jugendlich.

Chor der Seraphine:

Vergeßt der Schmerzen jeden,
Vergeßt den tiefen Fall
Und lebt mit uns in Eden,
Und lebt mit uns im All!

August Graf von Platen

Zu Bethlehem ein öd Haus war,
Darin gebar die Jungfrau zart,
Auf dürres Gras
Legt sie den allerhöchsten Hort,
Des ewig Wort in der Menschheit.
Die Engel hört man singen schon
Zu Lob dem Kindlein auf der Fahrt
Im höchsten Thron
Gloria in excelsis dar,
Pax in terra
Der Welt zu gut.

14. Jahrhundert

Martin Schongauer

Weihnachts-Kantilene

Maria war zu Bethlehem,
Wo sie sich schätzen lassen wollte;
Da kam die Zeit, daß sie gebären sollte;
Und sie gebar ihn –
Und als sie ihn geboren hatte
Und sah den Knaben nackt und bloß;
Fühlt sie sich selig, fühlt sich groß,
Und nahm voll Demut ihn auf ihren Schoß
Und freuet sich in ihrem Herzen fein,
Berührt den Knaben zart und klein
Mit Zittern und mit Benedei'n,
Und wickelt ihn in Windeln ein ...
Und bettete ihn sanft in eine Krippe hin.
Sonst war kein Raum für ihn.

Vor Gott geht's göttlich her,
Und nicht nach Stand und Würden.
Herodem läßt er leer,
Mit seinem ganzen Heer;
Und Hirten auf dem Felde bei den Hürden
Erwählet er.

Sie saßen da und hüteten im Dunkeln ihre Herde,
Mit unbefangnem, frommem Sinn;
Da stand vor ihnen, an der Erde,
Ein Engel Gottes ... und trat zu ihnen hin,
Und sie umleuchtete des Herren Klarheit,
Und er sagte ihnen die Wahrheit.

Und eilend auf sie standen,
Gen Bethlehem zu gehn,
Und kamen hin und fanden,
Ohn' weiters zu verstehn.
Mirjam und Joseph beide.
Und in der Krippen lag, zu ihrer großen Freude,
In seinem Windelkleide,
Auf Grummet von der Weide,
Der Knabe wunderschön.

Die Väter hoffeten auf ihn mit Tränen und mit Flehn,
Und sehnten sich den Tag des Herrn zu sehn,
Und sahn ihn nicht.

Was Gott bereitete,
Und von der Welt her heimlich und verborgen war,
Ward in der Zeiten Fülle offenbar.

Die Weisen fielen vor ihm nieder,
Und gaben ihre Schätze gern,
Und gaben Weihrauch, Gold und Myrrhen.
Sie sahen seinen Stern,
Und kannten ihren Heiland, ihren Herrn,
Und ließen sich das Heu und Stroh nicht irren.

Dem Menschen dünkt es wunderbar,
Und mag es nicht verstehn;
Doch ist's wahrhaftig wahr!
Und selig sind die Augen, die ihn sehn.

Matthias Claudius

Die Hirtenstrophe

Wir gingen nachts gen Bethlehem
und suchten über Feld
den schiefen Stall aus Stroh und Lehm,
von Hunden fern umbellt.

Und drängten auf die morsche Schwell
und sahen an das Kind.
Der Schnee trieb durch die Luke hell
und draußen Eis und Wind.

Ein Ochs nur blies die Krippe warm,
der nah der Mutter stand.
Wie war ihr Kleid, ihr Kopftuch arm,
wie mager ihre Hand.

Ein Esel hielt sein Maul ins Heu,
fraß Dorn und Distel sacht.
Er rupfte weich die Krippenstreu,
o bitterkalte Nacht.

Wir hatten nichts als unsern Stock,
kein Schaf, kein eigen Land,
geflickt und fasrig war der Rock,
nachts keine warme Wand.

Wir standen scheu und stummen Munds:
Die Hirten, Kind, sind hier.
Und beteten und wünschten uns
Gerät und Pflug und Stier.

Und standen lang und schluckten Zorn,
weil uns das Kind nicht sah.
Griff nicht das Kind dem Ochs ans Horn
und lag dem Esel nah?

Es brannte ab der Span aus Kien.
Das Kind schrie und schlief ein.
Wir rührten uns, feldein zu ziehn.
Wie waren wir allein!

Daß diese Welt nun besser wird,
so sprach der Mann der Frau,
für Zimmermann und Knecht und Hirt,
das wisse er genau.

Ungläubig hörten wirs – doch gern.
Viel Jammer trug die Welt.
Es schneite stark. Und ohne Stern
ging es durch Busch und Feld.

Gras, Vogel, Lamm und Netz und Hecht,
Gott gab es uns zu Lehn.
Die Erde aufgeteilt gerecht,
wir hättens gern gesehn.

Peter Huchel

Die drei dunklen Könige

Er tappte durch die dunkle Vorstadt. Die Häuser standen abgebrochen gegen den Himmel. Der Mond fehlte und das Pflaster war erschrocken über den späten Schritt. Dann fand er eine alte Planke. Da trat er mit dem Fuß gegen, bis eine Latte morsch aufseufzte und losbrach. Das Holz roch mürbe und süß. Durch die dunkle Vorstadt tappte er zurück. Sterne waren nicht da.

Als er die Tür aufmachte (sie weinte dabei, die Tür), sahen ihm die blaßblauen Augen seiner Frau entgegen. Sie kamen aus einem müden Gesicht. Ihr Atem hing weiß im Zimmer, so kalt war es. Er beugte sein knochiges Knie und brach das Holz. Das Holz seufzte. Dann roch es mürbe und süß ringsum. Er hielt sich ein Stück davon unter die Nase. Riecht beinahe wie Kuchen, lachte er leise. Nicht, sagten die Augen der Frau, nicht lachen. Er schläft.

Der Mann legte das süße mürbe Holz in den kleinen Blechofen. Da glomm es auf und warf eine Handvoll warmes Licht durch das Zimmer. Die fiel hell auf ein winziges rundes Gesicht und blieb einen Augenblick. Das Gesicht war erst eine Stunde alt, aber es hatte schon alles, was dazugehört: Ohren, Nase, Mund und Augen. Die Augen mußten groß sein, das konnte man sehen, obgleich sie zu waren. Aber der Mund war offen und es pustete leise daraus. Nase und Ohren waren rot. Er lebt, dachte die Mutter. Und das kleine Gesicht schlief.

Da sind noch Haferflocken, sagte der Mann. Ja, antwortete die Frau, das ist gut. Es ist kalt. Der Mann nahm noch von dem süßen weichen Holz. Nun hat sie ihr Kind gekriegt und muß frieren, dachte er. Aber er hatte keinen, dem er dafür die Fäuste ins Gesicht schlagen konnte. Als er die Ofentür aufmachte, fiel wieder eine Handvoll Licht über das schlafende Gesicht. Die Frau sagte leise: Kuck, wie ein Heiligenschein, siehst du? Heiligenschein! dachte er und er hatte keinen, dem er die Fäuste ins Gesicht schlagen konnte.

Dann waren welche an der Tür. Wir sahen das Licht, sagten sie, vom Fenster. Wir wollen uns zehn Minuten hinsetzen.

Aber wir haben ein Kind, sagte der Mann zu ihnen. Da sagten sie nichts weiter, aber sie kamen doch ins Zimmer, stießen Nebel aus den Nasen und hoben die Füße hoch. Wir sind ganz leise, flüsterten sie und hoben die Füße hoch. Dann fiel das Licht auf sie.

Drei waren es. In drei alten Uniformen. Einer hatte einen Pappkarton, einer einen Sack. Und der dritte hatte keine Hände. Erfroren, sagte er, und hielt die Stümpfe hoch. Dann drehte er dem Mann die Manteltasche hin. Tabak war darin und dünnes Papier. Sie drehten Zigaretten. Aber die Frau sagte: Nicht, das Kind.

Da gingen die vier vor die Tür und ihre Zigaretten waren vier Punkte in der Nacht. Der eine hatte dicke umwickelte Füße. Er nahm ein Stück Holz aus einem Sack. Ein Esel, sagte er, ich habe sieben Monate daran geschnitzt. Für das Kind. Das sagte er und gab es dem Mann. Was ist mit den Füßen? fragte der Mann. Wasser, sagte der Eselschnitzer, vom Hunger. Und der andere, der dritte? fragte der Mann und befühlte im Dunkeln den Esel. Der dritte zitterte in seiner Uniform: Oh, nichts, wisperte er, das sind nur die Nerven. Man hat eben zuviel Angst gehabt. Dann traten sie die Zigaretten aus und gingen wieder hinein.

Sie hoben die Füße hoch und sahen auf das kleine schlafende Gesicht. Der Zitternde nahm aus seinem Pappkarton zwei gelbe Bonbons und sagte dazu: Für die Frau sind die.

Die Frau machte die blassen blauen Augen weit auf, als sie die drei Dunklen über das Kind gebeugt sah. Sie fürchtete sich. Aber da stemmte das Kind seine Beine gegen ihre Brust und schrie so kräftig, daß die drei Dunklen die Füße aufhoben und zur Tür schlichen. Hier nickten sie nochmal, dann stiegen sie in die Nacht hinein.

Der Mann sah ihnen nach. Sonderbare Heilige, sagte er zu seiner Frau. Dann machte er die Tür zu. Schöne Heilige sind das, brummte er und sah nach den Haferflocken. Aber er hatte kein Gesicht für seine Fäuste.

Aber das Kind hat geschrien, flüsterte die Frau, ganz stark hat es geschrien. Da sind sie gegangen. Kuck mal, wie lebendig es ist, sagte sie stolz. Das Gesicht machte den Mund auf und schrie.

Weint er? fragte der Mann.

Nein, ich glaube, er lacht, antwortete die Frau.

Beinahe wie Kuchen, sagte der Mann und roch an dem Holz, wie Kuchen. Ganz süß.

Heute ist ja auch Weihnachten, sagte die Frau.

Ja, Weihnachten, brummte er und vom Ofen her fiel eine Handvoll Licht hell auf das kleine schlafende Gesicht.

Wolfgang Borchert

Da ist Gott worden kleine,
Eine Herre wunder groß,
Ein Mensch in Fleisch und Beine,
Zwei Naturen in eine,
Dem Vater gleich Genoß.

15. Jahrhundert

Es fallet ein Schäfer

Es fallet ein Schäfer vor Gott auf die Knie,
Es fliegen die Engel, o Kindlein, zu dir;
Die Liebe, die schön, die schön und die schön
Macht mir das Herz übergehn.

Wie Jakob beim Brunnen, aus Liebe verwundt,
Erfahre die Rachel und macht ihr den Bund;
So groß ist die Freud, die Freud und die Freud,
Die das Kindlein mir geit.

Ich wollt das Kind wohl recht in Ehren habn,
In Silber und Gold auf meinen Armen tragn;
Vergrößern mein Brot, mein Brot und mein Brot,
Ich wollt lieben mein Gott.

Das Kindlein tut weinen für mich und für dich,
Beim Kripplein erscheint das elende Viech,
Sie stehen dabei, dabei und dabei,
Wo es liegt auf dem Heu.

Kindlein, wer hat dich ins Elend gebracht?
O Schäfer, das haben deine Sünden gemacht.
So reut's mich ins Herz, ins Herz und ins Herz,
Wohl ein bitterer Schmerz.

Es machen die Engel ein Freudengesang,
Sie stimmen dem Kindlein das Gloria an.
Sie singen so lang, so lang und so lang,
Daß es einschlafen kann.

Hans Baldung Grien

Mir bitten, mir bitten, o göttliches Kind,
Du wollst uns verzeihen all unsere Sünd
Und führen zur Kron, zur Kron und zur Kron
Zu dem himmlischen Thron.

Mutter Maria, du bist unser Frau,
Eine Mutter dem Kindlein in himmlischer Au.
Tragst Jesus den Sohn, den Sohn und den Sohn
Und den beten wir an.

Volkstümlich aus Tirol

Die zwei Hirten in der Christnacht

Als das Christkindlein geboren war, saßen die zwei Hirten, Damon und Halton, nachts bei ihrer Herde und erzählten sich einander, was sie dem Christkindlein für Geschenke machen wollten; es war bei einem Bach unter einem Palmbaum, ihre Schafe lagen um sie her und schliefen, es war auf einer weiten, weiten Wiese, oben auf einem Berg; der Mond war ganz groß, und rechts am Himmel eine Menge kleine Wolken, wie Schäfchen so weiß, und der Mond war wie der Schäfer dazu; auf der linken Seite aber stand am Himmel der Morgenstern ganz hell wie ein Kristall, der stand über dem Stall, worin das Jesuskindlein lag, die Hirten aber saßen unter dem Palmbaum am Bach, der rauschte ganz leis'; da haben sie so gesungen:

Halton:

Ich will dem Kindlein schenken
Ein silberweißes Lamm.
So viel ich mich bedenke,
Kein schönres ich bekam;
Es hat zur linken Seite
Wie Blut so rot ein Fleck,
Weiß nicht, was der bedeutet
Und was dahintersteckt.

Damon:

Und ich schenk diesem Kinde
Ein Kälbchen zart und klein,
Mit roten Bändern binde
Ich ihm die Füßlein fein;
Und so will ich es tragen
Gar schön auf meinem Hals,
Das Kindlein wird da sagen:
Ach Mutter, mir gefallt's.

Halton:

Und ich will ihm noch schenken
Ein junges Böcklein schön,
Es treibt wohl tausend Schwänke
Und bleibt nicht lange stehn;
Es klettert, stutzt und springet
Und bleibt an keiner Stell,
An seinem Halse klinget
Ein goldnes Glöckchen hell.

Damon:

Und ich will ihm noch schenken
Ein rotes Hirschkälblein,
Sein' Füßlein und Gelenke
Sind gar so zart und fein;
Da mir's auf grüner Straßen
Im Wald entgegenkam,
Ließ sich's ganz gerne fassen,
Ging mit und wurde zahm.

Halton:

Und ich will ihm noch schenken
Ein schönes Eichhörnlein,

Kann schnell herum sich schwenken,
Ein hurtig Meisterlein;
Das Christkindlein wird lachen,
Wenn es die Nüßlein packt
Und schnell sie tut aufkrachen,
Trick, track wohl nach dem Takt.

Damon:

Und ich will ihm noch schenken
Ein weißes Häselein,
Es ist voll tausend Ränken,
Will stets bei Menschen sein;
Es wird beim Kripplein spielen
Und trommeln eigentlich,
Die Schläge niederzielen
Mit Füßen meisterlich.

Halton:

Und ich will ihm noch schenken
Ein wachsam Hündelein,
So klug, man soll's kaum denken,
Es tanzet ganz allein;
Es kann auch apportieren,
Und stehen auf der Wacht,
Sucht, was man tut verlieren,
Was gilt's, das Kindlein lacht.

Damon:

Und ich will ihm noch schenken
Ein' großen bunten Hahn,
Der Haupt und Hals tut schwenken
Gleich einem edlen Schwan;
Mit Sporn und Busch er gehet,
Stolz als ein Rittersmann,

Und morgens fleißig krähet
Der bunte Wettermann.

Halton:

Und ich will ihm noch schenken
Ein' Fink und Nachtigall,
Die Kopf und Ohren lenken
Nach meiner Flöte Schall;
Spiel ich die Schäferlieder,
So kommen sie herbei
Und pfeifen sie mir wieder
In ihrer Melodei.

Damon:

Und ich will ihm noch schenken
Ein weißes Körbelein,
An Balken soll man's henken,
Voll kleiner Vögelein;
Ich selber hab's geschnitzet,
In siebenthalben Tag,
Ist neu und unbeschmitzet,
Nicht g'nug man's loben mag.

Halton:

Und ich will ihm noch schenken
Ein' schönen Hirtenstab,
Mit Farben ihn besprengen,
Wie es noch keinen gab;
Die Kunst hab ich gelernet,
Wie man es machen soll,
Daß ganz er wird gesternet
Und bunter Flecken voll.

Damon:

Und ich will ihm noch schenken
Viel schöne Sachen mehr,
Ja schenken noch und schenken
Je mehr und je noch mehr;
Auch Äpfel, Birn' und Nüsse,
Milch, Honig, Butter, Käs',
Ach wenn ich doch könnt wissen,
Was es recht gerne äß.

Halton:

Wohl dann, so laß uns reisen
Zum schönen Kindelein
Und unsre Gaben preisen
Dem kleinen Schäferlein;
Ihm alles auf soll heben
Die Mutter mit Bescheid,
Daß es ihm wird gegeben
Hernach zu seiner Zeit.

aus »Des Knaben Wunderhorn«

Unter dem Tannenbaum

Eine Dämmerstunde

Es war das Arbeitszimmer eines Beamten. Der Eigentümer, ein Mann in den Vierzigern, mit scharf ausgeprägten Gesichtszügen, aber milden, lichtblauen Augen unter dem schlichten, hellblonden Haar, saß an einem mit Büchern und Papieren bedeckten Schreibtisch; damit beschäftigt, einzelne Schriftstücke zu unterzeichnen, welche der danebenstehende alte Amtsbote ihm überreichte. Die Nachmittagssonne des Dezembers beleuchtete eben mit ihrem letzten Strahl das große, schwarze Tintenfaß, in das er dann und wann die Feder tauchte. Endlich war alles unterschrieben.

»Haben Herr Amtsrichter sonst noch etwas?« fragte der Bote, indem er die Papiere zusammenlegte.

»Nein, ich danke Ihnen.«

»So habe ich die Ehre, vergnügte Weihnachten zu wünschen.«

»Auch Ihnen, lieber Erdmann.«

Der Bote sprach einen der mitteldeutschen Dialekte; in dem Ton des Amtsrichters war etwas von der Härte jenes nördlichsten deutschen Volksstammes, der vor wenigen Jahren, und diesmal vergeblich, in einem seiner alten Kämpfe mit dem fremden Nachbarvolk geblutet hatte.* – Als sein Untergebener sich entfernte, nahm er unter den Papieren einen angefangenen Brief hervor und schrieb langsam daran weiter.

Die Schatten im Zimmer fielen immer tiefer. Er sah nicht die schlanke Frauengestalt, die hinter ihm mit leisen Schritten durch die Tür getreten war; er bemerkte es erst, als sie den Arm um seine Schulter legte. – Auch ihr Antlitz war nicht mehr jung; aber in ihren Augen war noch jener Ausdruck von Mädchenhaftigkeit, den man bei Frauen, die sich geliebt wissen, auch noch nach der ersten Jugend findet. »Schreibst du an meinen Bruder?« fragte sie, und in ihrer Stimme, nur etwas mehr gemildert, war dieselbe Klangfarbe wie in der ihres Mannes.

Er nickte. »Lies nur selbst!« sagte er, indem er die Feder fortlegte und zu ihr empor sah.

Sie beugte sich über ihn herab; denn es war schon dämmerig geworden. So las sie, langsam, wie er geschrieben hatte:

**Freiheitskampf Schleswig-Holsteins gegen Dänemark*

»Ich bin wieder gesund und arbeitsfähig – glücklicherweise; denn das ist die Not der Fremde, daß man den Boden, worauf man steht, sich in jeder Stunde neu erschaffen muß. So schlecht es immer sein mag, darin habt Ihr es doch gut daheim; und wer wäre nicht gern geblieben, wenn er nur ein Stück Brot und jenes unentbehrliche ›sanfte Ruhekissen‹ des alten Sprichworts sich hätte erhalten können.«

Sie legte schweigend die Hand auf seine Stirn, während er, der ihren Augen gefolgt war, das Blatt umwandte. Dann las sie weiter:

»Der guten und klugen Frau, die Du vorige Weihnachten bei uns hast kennenlernen, bin ich so glücklich gewesen, durch die Vermittlung eines Vergleichs mit ihrem Gutsnachbarn einen wirklichen Dienst zu leisten; der schöne, so sehr von ihr begehrte Wald ist seit kurzem endlich in ihren Besitz gelangt. Hätten wir morgen für Deinen Freund Harro nur eine Tanne aus diesem Walde! Denn hier ist viele Meilen in die Runde kein Nadelholz zu finden. Was aber ist ein Weihnachtsabend ohne jenen Baum mit seinem Duft voll Wunder und Geheimnis?«

»Aber du«, sagte der Amtsrichter, als seine Frau gelesen hatte, »du bringst in deinen Kleidern den Duft des echten Weihnachtsabends!« Sie langte lächelnd in den Schlitz ihres Kleides und legte ein großes Stück braunen Weihnachtskuchen vor ihn auf den Tisch. »Sie sind eben vom Bäcker gekommen«, sagte sie, »probier nur; deine Mutter backt sie dir nicht besser!«

Er brach einen Brocken ab und prüfte ihn genau; aber er fand alles, was ihn als Knaben daran entzückt hatte; die Masse war glashart, die eingerollten Stückchen Zucker wohl zergangen und kandiert. »Was für gute Geister aus diesem Kuchen steigen«, sagte er, sich in seinen Arbeitsstuhl zurücklehnend; »ich sehe plötzlich, wie es daheim in dem alten, steinernen Haus Weihnacht wird. – Die Messingtürklinken sind womöglich noch blanker als sonst; die große gläserne Flurlampe leuchtet heute noch heller auf die Stuckschnörkel an den sauber geweißten Wänden; ein Kinderstrom um den anderen, singend und bettelnd, drängt durch die Haustür; vom Keller herauf aus der geräumigen Küche zieht der Duft des Gebäkkes in ihre Nasen, das dort in dem großen kupfernen Kessel über dem Feuer prasselt. – Ich sehe alles; ich sehe Vater und Mutter –

Gott sei gedankt, sie leben beide! – aber die Zeit, in die ich hinabblicke, liegt in so tiefer Ferne der Vergangenheit! – Ich bin ein Knabe noch! – Die Zimmer zu beiden Seiten des Flurs sind erleuchtet; rechts ist die Weihnachtsstube. Während ich vor der Tür stehe, horchend, wie es drinnen in dem Knittergold und in den Tannenzweigen rauscht, kommt von der Hoftreppe herauf der Kutscher, eine Stange mit einem Wachslichtendchen in der Hand. – ›Schon anzünden, Thoms?‹ Er schüttelt schmunzelnd den Kopf und verschwindet in die Weihnachtsstube. – Aber wo bleibt denn Onkel Erich? – Da kommt es draußen die Treppe hinauf; die Haustür wird aufgerissen. Nein, es ist nur sein Lehrling, der die lange Pfeife des ›Herrn Ratsverwandters‹ bringt; ihm nach quillt ein neuer Strom von Kindern; zehn kleine Kehlen auf einmal stimmen an ›Vom Himmel hoch, da komm ich her!‹. Und schon ist meine Großmutter mitten zwischen ihnen, die alte, geschäftige Frau, den Speisekammerschlüssel am kleinen Finger, einen Teller voll Gebäckes in der Hand. Auch ich erwische mein Teil davon, und eben kommt auch meine Schwester mit dem Kindermädchen, festlich gekleidet, die langen Zöpfe frisch geflochten. Ich aber halte mich nicht auf; ich springe drei Stufen auf einmal die Treppe hinab.«

Es war allmählich dunkel geworden; die Frau des Amtsrichters hatte leise einen Aktenstoß von einem Stuhl entfernt und sich an die Seite ihres Mannes gesetzt.

»Drüben in dem Seitengebäude ist das Arbeitszimmer meines Vaters. Auf die Vordiele dort fällt heute kein Lichtschein aus dem Türfenster der Schreiberstube; der alte Tausendkünstler ist von meiner Mutter drinnen bei den Weihnachtsgeheimnissen angestellt. Aber ich tappe mich im Dunkeln vorwärts: denn gegenüber in seinem Zimmer höre ich die Schritte meines Vaters. Er arbeitet schon nicht mehr. Ich öffne leise die Tür; wie deutlich sehe ich ihn vor mir, ihn selbst und das große, verräucherte Gemach, in dem der harte Schlag der alten Wanduhr tickt! Mit einer feierlichen Unruhe geht er zwischen den mit Papieren bedeckten Tischen umher, in der einen Hand den Messingleuchter mit der brennenden Kerze, die andere vorgestreckt, als solle jetzt alles Störende ferngehalten werden. Er öffnet die Schublade seines kleinen Stehpults und nimmt die große goldene Tabatière aus der Fischhautkapsel, einst ein Geschenk der Urgroßmutter an ihren Bräutigam, dann nach des Urgroßvaters Tode eine Ehren- und Vertrauensgabe an ihn. Aber er ist noch nicht fertig; aus dem Geldkörbchen werden blanke

Silbermünzen für die Dienstboten hervorgesucht, eine Goldmünze für den Schreiber. ›Noch nicht, Vater! Darf ich ihn holen?‹ – ›Das könntest du ja tun.‹ Und fort renne ich durch das Wohnhaus auf die Straße, um die Ecke am Hafen entlang, und während ich drunten aus der Dämmerung das Pfeifen des Windes in den Tauen der Schiffe höre, habe ich das alte Giebelhaus mit den Vorbau erreicht. Die Tür wird aufgerissen, daß die Klingel weithin durch Flur und Wohnraum schallt. – Vor dem Ladentisch steht der alte Kommis, der das Detailgeschäft leitet. Er sieht mich etwas grämlich an. ›Der Herr ist in seinem Kontor‹, sagt er trocken; er liebt die wilde naseweise Range nicht. Aber, was geht's mich an. – Fort mach ich hinten zur Hoftür hinaus, über zwei kleine finstere Höfe, dann in ein uraltes seltsames Nebengebäude, in welchem sich das Allerheiligste des Onkels befindet. Ohne Unfall komme ich durch den engen, dunklen Gang und klopfe an die Tür. – ›Herein!‹ Da sitzt der kleine Herr in dem feinen braunen Tuchrock an seinem mächtigen Arbeitspult; der Schein der Kontorlampe fällt auf seine feundlichen kleinen Augen und auf die mächtige Familiennase, die über den frischgestärkten Vatermörder hinausragt. – ›Onkel, ob du nicht kommen wolltest?‹ sage ich, nachdem ich Atem geschöpft habe. – ›Wollen wir uns noch einen Augenblick setzen?‹ erwiderte er, indem seine Feder summierend über das Folium des aufgeschlagenen Hauptbuches hinabgleitet. – Mir wird ganz behaglich zu Sinne, ich werde nicht ein bißchen ungeduldig; aber ich setze mich auch nicht; ich bleibe stehen und besehe mir die England- und Westindienfahrer des Onkels, deren Bilder an der Wand hängen. Es dauert auch nicht lange, so wird das Hauptbuch herzhaft zugeklappt, das Schlüsselbund rasselt und: ›Sieh so‹, sagt der Onkel, ›fertig wären wir!‹ Während er sein spanisches Rohr aus der Ecke langt, will ich schon wieder aus der Tür; aber er hält mich zurück. ›Ah, wart doch mal ein wenig! Wir hätten hier wohl auch so etwas mitzunehmen.‹ Und aus einer dunklen Ecke des Zimmers holt er zwei wohlversiegelte, geheimnisvolle Päckchen. – Ich wußte es wohl, in solchen Päckchen steckte ein Stück leibhaftigen Weihnachtens; denn der Onkel hatte einen Bruder in Hamburg, und er trat nicht mit leeren Händen an den Tannenbaum. So nie gesehenes, märchenhaftes Zuckerzeug, wie er mitten in der Bescherung noch mir und meiner Schwester auf unsere Weihnachtsteller zu legen pflegte, ist mir später niemals wieder vorgekommen.

Bald darauf steige ich an der Hand des Onkels die breite Steintreppe zu unserem Haus hinauf. Ein paar Augenblicke verschwindet er mit seinen Päckchen in die Weihnachtsstube; es ist noch nicht angezündet, aber durch die halbgeöffnete und rasch wieder geschlossene Tür glitzert es mir entgegen aus der doch drinnen herrschenden ahnungsvollen Dämmerung. Ich schließe die Augen, denn ich will nichts sehen, und trete in das gegenüberliegende, festlich erleuchtete Zimmer, das ganz von dem Duft der braunen Kuchen und des heute besonders fein gemischten Tees erfüllt ist. Die Hände auf dem Rücken, mit langsamen Schritten, geht mein Vater auf und nieder. ›Nun, seid ihr da?‹ fragt er stehenbleibend. – Und schon ist auch Onkel Erich bei uns; mir scheint, die Stube wird noch einmal so hell, da er eintritt. Er grüßt die Großmutter, den Vater; er nimmt meiner Schwester die Tasse ab, die sie ihm auf dem gelblackierten Brettchen präsentiert. ›Was meinst du‹, sagt er, indem er seinen Augen einen bedenklichen Ausdruck zu geben sucht, ›es wird wohl heute nicht viel für uns abfallen!‹ Aber er lacht dabei so tröstlich, daß diese Worte wie eine goldene Verheißung klingen. Dann, während in dem blanken Messingkomfort der Teekessel saust, beginnt er eine seiner kleinen Erzählungen von den Begebenheiten der letzten Tage, seit man sich nicht gesehen. War es nun der Ankauf eines Spazierstocks oder das unglückliche Zerbrechen einer Mundtasse, es floß alles so sanft dahin, daß man ganz davon erquickt wurde. Und wenn er gar eine Pause machte, um das bisher Erzählte im behaglichsten Gelächter nachzugenießen, wer hätte da nicht mitgelacht! Mein Vater nimmt vergeblich seine kritische Prise; er muß endlich doch mit einstimmen. Dies harmlose Geplauder – es ist mir das erst später klar geworden – war die Art, wie der tätige Geschäftsmann von der Tagesarbeit ausruhte. Es klingt mir noch lieb in der Erinnerung und mir ist, als verstände das jetzt niemand mehr. – Aber während der Onkel so erzählt, steckt plötzlich meine Mutter, die seit mittag unsichtbar gewesen ist, den Kopf ins Zimmer. Der Onkel macht ein Kompliment und bricht seine Geschichte ab; die Tür und die gegenüberliegende Tür werden weit geöffnet. Wir treten zögernd ein; und vor uns, zurückgestrahlt von dem großen Wandspiegel, steht der brennende Baum mit seinen Flittergoldfähnchen, seinen weißen Netzen und goldenen Eiern, die wie Kinderträume in den dunklen Zweigen hängen.«

»Paul«, sagte die Frau, »und wenn wir ihn noch so weit herbeischaffen sollten, wir müssen wieder einen Tannenbaum haben. Der arme Junge hat sich selbst einen Weihnachtsgarten gebaut; er ist nur eben wieder fort, um Moos aus dem Eichenwäldchen zu holen.«

Der Amtsrichter schwieg einen Augenblick. – »Es tut nicht gut, in die Fremde zu gehen«, sagte er dann, »wenn man daheim schon am eigenen Herd gesessen hat. – Mir ist noch immer, als sei ich hier nur zu Gast, und morgen oder übermorgen sei die Zeit herum, daß wir alle wieder nach Hause müßten!«

Sie faßte die Hand des Mannes und hielt sie fest in der ihrigen, aber sie antwortete nichts darauf.

»Gedenkst du noch an eine Weihnachten?« hub er wieder an. »Ich hatte die Studentenjahre hinter mir und lebte nun noch einmal, zum letztenmal, eine kurze Zeit als Kind im elterlichen Hause. Freilich war es dort nicht mehr so heiter, wie es einst gewesen; es war Unvergeßliches geschehen, die alte Familiengruft unter der großen Linde war ein paarmal offen gewesen; meine Mutter, die unermüdlich tätige Frau, ließ oft mitten in der Arbeit die Hände sinken und stand regungslos, als habe sie sich selbst vergessen. Wie unsere alte Margret sagte, sie trug ein Kämmerchen in ihrem Kopf, drin spielte ein totes Kind. – Nur Onkel Erich, freilich ein wenig grauer als sonst, erzählte noch seine kleinen freundlichen Geschichten, und auch die Schwester und die Großmutter lebten noch. Damals war jener Weihnachtsabend; ein junges, schönes Mädchen war zu der Schwester auf Besuch gekommen. Weißt du, wie sie hieß?«

»Ellen«, sagte sie leise und lehnte den Kopf an die Brust des Mannes. Der Mond war aufgegangen und beleuchtete ein paar Silberfäden in dem braunen seidigen Haar, das sie schlicht gescheitelt trug, schmucklos in einer Flechte um den Schildpattkamm gelegt.

Er strich mit der Hand über dies noch immer selten schöne Haar. »Ellen hatte auch beschert bekommen«, sprach er weiter; »auf dem kleinen Mahagonitisch lagen Geschenke von meiner Mutter und was von ihren Eltern von drüben aus dem Schwesterland herübergeschickt war. Sie stand mit dem Rücken gegen den brennenden Baum, die Hand auf die Tischplatte gestützt; sie stand schon lange so: ich sehe sie noch«; – und er ließ seine Augen eine Weile schweigend auf dem schönen Antlitz seiner Frau ruhen; – »da war meine Mutter unbemerkt zu ihr getreten; sie faßte sanft ihre Hand und sah ihr fragend in die Augen. – Ellen blickte nicht um, sie neigte nur den Kopf; plötzlich aber richtete sie sich rasch auf und entfloh ins Nebenzimmer. Weißt du es noch? Während meine

Mutter leise den Kopf schüttelte, ging ich ihr nach; denn seit einem kleinen Zank am letzten Abend waren wir vertraute Freunde. Ellen hatte sich in der Ofenecke auf einen Stuhl gesetzt; es war fast dunkel dort; nur eine vergessene Kerze mit langer Schnuppe brannte in dem Zimmer. ›Hast du Heimweh, Ellen?‹ fragte ich. – ›Ich weiß es nicht!‹ – Eine Weile stand ich schweigend vor ihr. ›Was hast du denn da in der Hand?‹ – ›Willst du es haben?‹ – Es war eine Börse aus dunkelroter Seide. ›Wenn du sie für mich gemacht hast‹, sagte ich; denn ich hatte die Arbeit in den Tagen zuvor in ihren Händen gesehen und wohl bemerkt, wie Ellen sie, sobald ich näher kam, in ihrem Nähkästchen verschwinden ließ. – Aber Ellen antwortete nicht und gab mir auch nicht ihr Angebinde. Sie stand auf und putzte das Licht, daß es plötzlich ganz hell im Zimmer wurde. ›Komm‹, sagte sie, ›der Baum brennt ab, und Onkel Erich will noch Zuckerzeug bescheren!‹ Damit wehte sie sich mit ihrem Schupftuch ein paarmal um die Augen und ging in die Weihnachtsstube zurück, und als wir dann später am Pochbrett saßen, war sie die Ausgelassenste von allen. Von meinem Weihnachtsgeschenk war weiter nicht die Rede. – – Aber weißt du, Frau?« – und er ließ ihre Hand los, die er bis dahin festgehalten – »die Mädchen sollten nicht so eigensinnig sein; das hat mir damals keine Ruh gelassen; ich mußte doch die Börse haben, und darüber –«

»Darüber, Paul? – Sprich nur dreist heraus!«

»Nun, hast du denn von der Geschichte nichts gehört? Darüber bekam ich nun auch noch das Mädchen in den Kauf.«

»Freilich«, sagte sie, und er sah bei dem hellen Mondschein in ihren Augen etwas blitzen, das ihn an das übermütige Mädchen erinnerte, das sie einst gewesen, »freilich weiß ich von der Geschichte, und ich kann sie dir auch erzählen; aber es war ein Jahr später, nicht am Weihnachts-, sondern am Neujahrsabend, und auch nicht hüben, sondern drüben.«

Sie räumte das Tintenfaß und einige Papiere beiseite und setzte sich ihrem Manne gegenüber auf den Schreibtisch. »Der Vetter war bei Ellens Eltern zum Besuch, bei dem alten prächtigen Kirchspielvogt, der damals noch ein starker Nimrod war. – Ellen hatte noch niemals einen so schönen und langen Brief bekommen als den, worin der Vetter sich bei ihnen angemeldet; aber so gut wie mit der Feder wußte er mit der Flinte nicht umzugehen. Und dennoch, tat es die Landluft oder der schöne Gewehrschrank im Zimmer des Kirchspielvogts, es war nicht anders, er mußte alle Tage auf die Jagd. Und wenn er dann abends durchnäßt mit leerer Tasche nach Hause kam und die Flinte schweigend in die Ecke setzte – wie behaglich ergingen sich da die Stichelreden des alten Herrn. – ›Das heißt Malheur, Vetter; aber die Hasen sind heuer alle wild geraten!‹ – oder: ›Mein Herzensjunge, was soll die Diana einmal von dir denken!‹ Am meisten aber – du hörst doch, Paul?«

»Ich höre, Frau.«

»Am meisten plagte ihn die Ellen; sie setzte ihm heimlich einen Strohkranz auf, sie band ihm einen Gänseflügel vor den Flintenlauf; eines Vormittags – weißt du, es war Schnee gefallen – hatte sie einen Hasen, den der Knecht geschossen, aus der Speisekammer geholt, und eine Weile darauf saß er noch einmal auf seinem alten Futterplatz im Garten, als wenn er lebte, ein Kohlblatt zwischen den Vorderläufen. Dann hatte sie den Vetter gesucht und an die Hoftür gezogen. ›Siehst du ihn, Paul? Da hinten im Kohl; die Löffel gucken aus dem Schnee!‹ – Er sah ihn auch; seine Hand zitterte. ›Still, Ellen! Sprich nicht so laut! Ich will die Flinte holen!‹ Aber als kaum die Tür nach des Vaters Stube hinter ihm zuklappte, war Ellen schon wieder in den Schnee hinausgelaufen, und als er endlich mit der geladenen Flinte heranschlich, hing auch der Hase schon wieder an seinem sicheren Haken in der Speisekammer. – Aber der Vetter ließ sich geduldig von ihr plagen.«

»Freilich«, sagte der Amtsrichter und legte seine Arme behaglich auf die Lehne seines Sessels, »er hatte ja die Börse noch immer nicht!«

»Drum auch! Die lag noch unangerührt droben in der Kommode, in Ellens Giebelstübchen. Aber – wo die Ellen war, da war der Vetter auch; heißt das, wenn er nicht auf der Jagd war. Saß sie drinnen an ihrem Nähtischchen, so hatte er gewiß irgendein Buch aus der Polterkammer geholt und las ihr daraus vor; war sie in der Küche und backte Waffeln, so stand er neben ihr, die Uhr in der Hand, damit das Eisen zur rechten Zeit gewendet würde. – So kam die Neujahrsnacht. Am Nachmittag hatten beide auf dem Hof mit des Vaters Pistolen nach goldenen Eiern geschossen, die Ellen vom Weihnachtsbaum ihrer Geschwister abgeschnitten; und der Vetter hatte unter dem Händeklatschen der Kleinen zweimal das goldene Ei getroffen. Aber war's nun, weil er am anderen Tage reisen mußte, oder war's, weil Ellen fortlief, als er sie vorhin allein in ihrem Zimmer aufgesucht hatte – es war gar nicht mehr der geduldige Vetter – er tat kurz und unwirsch und sah kaum noch nach ihr hin. – Das blieb den ganzen Abend so; auch als man später sich zu Tische setzte. Ellens Mutter warf wohl einmal einen fragenden Blick auf die beiden, aber sie sagte nichts darüber. Der Kirchspielvogt hatte auf andere Dinge zu achten, er schenkte den Punsch, den er eigenhändig gebraut hatte; und als es drunten im Dorf zwölf schlug, stimmte er das alte Neujahrslied von Johann Heinrich Voß* an, das nun getreulich durch alle Verse abgesungen wurde. Dann rief man ›Prost Neujahr!‹ und schüttelte sich die Hände, und auch Ellen reichte dem Vetter ihre Hand; aber er berührte kaum ihre Fingerspitzen. – So war's auch, da man sich bald darauf gute Nacht sagte. – Als das Mädchen droben allein in ihrem Giebelstübchen war – und nun merk auf, Paul, wie ehrlich ich erzähle! –, da hatte sie keine Ruh zum Schlafen; sie setzte sich still auf die Kante ihres Bettes, ohne sich auszukleiden und ohne der klingenden Kälte in der ungeheizten Kammer zu achten. Denn es kränkte sie doch; sie hatte dem Menschen ja nichts zuleide getan. Freilich, er hatte sie gestern noch gefragt, ob sie den Hasen nicht wieder im Kohl gesehen; und sie hatte dazu den Kopf geschüttelt. – War es etwa das, und wußte er denn, daß er den Hasen schon vor drei Tagen selbst hatte mit verzehren helfen? – – Sie wollte den schönen Brief des Vetters einmal wieder lesen. Aber als sie in die Tasche langte, vermißte sie den Kommodenschlüssel. Sie ging mit dem Licht hinab in die Wohnstube und von dort, als sie ihn nicht gefunden, in die Küche, wo sie vorhin gewirtschaftet hatte.

Von all dem Sieden und Backen des Abends war es noch warm in dem großen dunklen Raume. Und richtig, dort lag der Schlüssel auf dem Fensterbrett. Aber sie stand noch einen Augenblick und blickte durch die Scheiben in die Nacht hinaus. – So hell und weit dehnte sich das Schneefeld; dort unten zerstreut lagen die schwarzen Strohdächer des Dorfes; unweit des Hauses zwischen den kahlen Zweigen der Silberpappeln erkannte sie deutlich die großen Krähennester; die Sterne funkelten. Ihr fiel ein alter Reim ein, ein Zauberspruch, den sie vor Jahr und Tag von der Tochter des Schulmeisters gelernt hatte. Hinter ihr im Hause war es so still und leer; sie schauderte; aber trotz dessen wuchs in ihr das Gelüste, es mit den unheimlichen Dingen zu versuchen. So trat sie zögernd ein paar Schritte zurück. Leise zog sie den einen Schuh vom Fuße, und die Augen nach den Sternen und tief aufatmend sprach sie: ›Gott grüß

**Johann Heinrich Voß (1751–1826): »Des Jahres letzte Stunde«*

dich, Abendstern!‹ – – Aber was war das? Ging hinten nicht die Hoftür? Sie trat ans Fenster und horchte. – Nein, es knarrte wohl nur die große Pappel an der Giebelseite des Hauses. – Und noch einmal hub sie leise an und sprach:

Gott grüß dich, Abendstern!
Du scheinst so hell von fern,
Über Osten, über Westen,
Über alle Krähennesten.
Ist einer zu mein Liebchen geboren,
Ist einer zu mein Liebchen erkoren,
Der komm, als er geht,
Als er steht,
In sein täglich Kleid!

Dann schwenkte sie den Schuh und warf ihn hinter sich. Aber sie wartete vergebens; sie hörte ihn nicht fallen. Ihr wurde seltsam zumute, das kam von ihrem Vorwitz! Welch unheimlich Ding hatte ihren Schuh gefangen, ehe er den Boden erreicht hatte? – Einen Augenblick noch stand sie so; dann mit dem letzten Restchen ihres Mutes wandte sie langsam den Kopf zurück. – Da stand ein Mann in der dunklen Tür, und es war Paul; er war richtig noch einmal auf den unglücklichen Hasen aus gewesen!«

»Nein, Ellen«, sagte der Amtsrichter, »du weißt es wohl; das war es denn doch diesmal nicht; er hatte nur, wie du, auch keine Ruh gefunden; – aber nun hielt er den kleinen Schuh des Mädchens in der Hand; und Ellen hatte sich am Herd auf einen Stuhl gesetzt, mit geschlossenen Augen, die Hände gefaltet vor sich in den Schoß gestreckt. Es war kein Zweifel mehr, daß sie sich ganz verloren gab; denn sie wußte wohl, daß der Vetter alles gehört und gesehen hatte. – Und weißt du auch noch die Worte, die er zu ihr sprach?«

»Ja, Paul, ich weiß sie noch; und es war sehr grausam und wenig edel von ihm. ›Ellen‹, sagte er, ›ist noch immer die Börse nicht für mich gemacht?‹ – Doch Ellen tat ihm auch diesmal den Gefallen nicht; sie stand auf und öffnete das Fenster, daß von draußen die Nachtluft und das ganze Sternengefunkel zu ihnen in die Küche drang.«

»Aber«, unterbrach er sie, »Paul war zu ihr getreten, und sie legte still den Kopf an seine Brust; und noch höre ich den süßen Ton ihrer Stimme, als sie so, in die Nacht hinaus nickend, sagte: ›Gott grüß dich, Abendstern!‹«

Die Tür wurde rasch geöffnet; ein kräftiger, etwa zehnjähriger Knabe trat mit einem brennenden Licht ins Zimmer. »Vater! Mutter!« rief er, indem er die Augen mit der Hand beschattete. »Hier ist Moos und Efeu und auch noch ein Wacholderzweig!«

Der Amtsrichter war aufgestanden. »Bist du da, mein Junge!« sagte er und nahm ihm die Botanisiertrommel mit den heimgebrachten Schätzen ab.

Frau Ellen aber ließ sich schweigend von dem Schreibtisch herabgleiten und schüttelte sich ein wenig wie aus Träumen. Sie legte beide Hände auf ihres Mannes Schultern und blickte ihn eine Weile voll und herzlich an. Dann nahm sie die Hand des Knaben. »Komm, Harro«, sagte sie, »wir wollen Weihnachtsgärten bauen!«

Unter dem Tannenbaum

Der Weihnachtsabend begann zu dämmern. – Der Amtsrichter war mit seinem Sohn auf der Rückkehr von einem Spaziergang; Frau Ellen hatte sie auf ein Stündchen fortgeschickt. Vor ihnen im Grund lag die kleine Stadt; sie sahen deutlich, wie aus allen Schornsteinen der Rauch emporstieg; denn dahinter am Horizont stand feuerfarben das Abendrot. – Sie sprachen von den Großeltern drüben in der alten Heimat; dann von den letzten Weihnachten, die sie dort erlebt hatten. »Und am Vorabend«, sagte der Vater, »als Knecht Ruprecht zu uns kam mit dem großen Bart und dem Quersack und der Rute in der Hand!«

»Ich wußte wohl, daß es Onkel Johannes war«, erwiderte der Knabe, »der hatte immer so etwas vor!«

»Weißt du denn auch noch die Worte, die er sprach?«

Harro sah den Vater an und schüttelte den Kopf.

»Wart nur«, sagte der Amtsrichter, »die Verse liegen zu Haus in meinem Pult; vielleicht bekomm ich's noch zusammen!« Und nach einer Weile fuhr er fort: »Entsinne dich doch nur, wie erst die drei Rutenhiebe von draußen auf die Tür fielen und wie dann die rauhe borstige Gestalt mit der großen Hakennase in die Stube trat! Dann hub er langsam und mit tiefer Stimme an:

Von drauß vom Walde komm ich her,
Ich muß euch sagen, es weihnachtet sehr.
Allüberall auf den Tannenspitzen

Sah ich goldene Lichter sitzen.
Und droben aus dem Himmelstor
Sah mit großen Augen das Christkind hervor.
Und wie ich so strolcht' durch den dichten Tann,
Da rief's mich mit heller Stimme an:
»Knecht Ruprecht«, rief es, »alter Gesell,
Hebe die Beine und spute dich schnell!
Die Kerzen fangen zu brennen an,
Das Himmelstor ist aufgetan,
Alt' und Junge sollen nun
Von der Jagd des Lebens einmal ruhn;
Und morgen flieg ich hinab zur Erden,
Denn es soll wieder Weihnachten werden!«
Ich sprach: »O lieber Herre Christ,
Meine Reise fast zu Ende ist;
Ich soll nur noch in diese Stadt,
Wo's eitel brave Kinder hat.«
»Hast denn das Säcklein auch bei dir?«
Ich sprach: »Das Säcklein, das ist hier;
Denn Apfel, Nuß und Mandelkern
Essen fromme Kinder gern!«
»Hast denn die Rute auch bei dir?«
Ich sprach: »Die Rute, die ist hier!
Doch für die Kinder nur, die schlechten,
Die trifft sie auf den Teil, den rechten!«
Christkindlein sprach: »So ist es recht,
So geh mit Gott, mein treuer Knecht!«
Von drauß vom Walde komm ich her;
Ich muß euch sagen, es weihnachtet sehr!
Nun sprecht, wie ich's hierinnen find?
Sind's gute Kind, sind's böse Kind?

»Aber«, fuhr der Amtsrichter mit veränderter Stimme fort, »ich sagte dem Knecht Ruprecht:

Der Junge ist von Herzen gut,
Hat nur mitunter was trotzigen Mut!«

»Ich weiß, ich weiß!« rief Harro triumphierend; und den Finger emporhebend und mit listigem Ausdruck setzte er hinzu: »Dann kam so etwas!«

»Was dich in großes Geschrei brachte; denn Knecht Ruprecht schwang seine Rute und sprach:

Heißt es bei euch denn nicht mitunter:
»Nieder den Kopf und die Hosen runter?«

»Oh«, sagte Harro, »ich fürchtete mich nicht; ich war nur zornig auf den Onkel!«

Über der Stadt, die sie jetzt fast erreicht hatten, stand nur noch ein fahler Schein am Himmel. Es dunkelte schon; aber es begann zu schneien; leise und emsig fielen die Flocken, und der Weg schimmerte schon weiß zu ihren Füßen.

Vater und Sohn waren eine Weile schweigend nebeneinander hergegangen. – »Am Abend darauf«, hub der Amtsrichter wieder an, »brannte der letzte Weihnachtsbaum, den du gehabt hat. Es war damals eine bewegte Zeit; sogar das Zuckerwerk zwischen den Tannenzweigen war kriegerisch geworden: unsere ganze Armee, Soldaten zu Pferde und zu Fuß! – Von alledem ist nun nichts mehr übrig!« setzte er leiser und wie mit sich selber redend hinzu.

Der Knabe schien etwas darauf erwidern zu wollen, aber ein anderes hatte plötzlich seine Gedanken in Anspruch genommen. – Es war ein großer bärtiger Mann, der vor ihnen aus einem Seitenweg auf die Landstraße hinauskam. Auf der Schulter balancierte er ein langes stangenartiges Gepäck, während er mit einem Tannenzweig, den er in der Hand hielt, bei jedem Schritt in die Luft peitschte. Wie er vorüberging, hatte Harro in der Dämmerung noch die große rote Hakennase erkannt, die unter der Pelzmütze herausragte. Auch einen Quersack trug der Mann, der anscheinend mit allerhand eckigen Dingen angefüllt war. Er ging rasch vor ihnen auf.

»Knecht Ruprecht!« flüsterte der Knabe, »hebe die Beine und spute dich schnell!«

Das Gewimmel der Schneeflocken wurde dichter, sie sahen ihn noch in die Stadt hinabgehen; dann entschwand er ihren Augen; denn ihre Wohnung lag eine Strecke weiter außerhalb des Tores. »Freilich«, sagte der Amtsrichter, indem sie rüstig zuschritten, »der Alte kommt zu spät; dort unten in der Gasse leuchten schon alle Fenster in den Schnee hinaus.«

Endlich war das Haus erreicht. Nachdem sie auf dem Flur die beschneiten Überkleider abgetan, traten sie in das Arbeitszimmer des Amtsrichters. Hier war heute der Tee serviert; die große Kugellampe brannte, alles war hell und aufgeräumt. Auf der sauberen Damastserviette stand das feinlackierte Teebrett mit den Geburtstagstassen und dem rubinroten Zuckerglas; daneben auf dem Fußboden in dem Komfort von Mahagonistäbchen mit blankem Messingeinsatz kochte der Kessel, wie es sein muß, auf gehörig durchgeglühten Torfkohlen; wie daheim einst in der großen Stube des alten Familienhauses, so dufteten auch hier in dem kleinen Stübchen die braunen Weihnachtskuchen nach dem Rezept der Urgroßmutter. – Aber während die Mutter nebenan im Wohnzimmer noch das Fest bereitete, blieben Vater und Sohn allein; kein Onkel Erich kam, ihnen feiern zu helfen.

Ein paarmal hatte Harro mit bescheidenem Finger an die Tür gepocht, und ein leises »Geduld!« der Mutter war die Antwort gewesen. Endlich trat Frau Ellen selbst herein. Lächelnd – aber ein leiser Zug von Weh war doch dabei – streckte sie ihre Hände aus und zog ihren Mann und ihren Knaben, jeden bei einer Hand, in die helle Weihnachtsstube.

Es sah freundlich genug aus. Auf dem Tisch in der Mitte, zwischen zwei Reihen brennender Wachskerzen, stand das kleine Kunstwerk, das Mutter und Sohn in den Tagen vorher sich selbst geschaffen hatten, ein Garten im Geschmack des vorigen Jahrhunderts mit glattgeschorenen Hecken und dunklem Laube; alles aus Moos und verschiedenem Wintergrün zierlich zusammengestellt. Auf dem Teich aus Spiegelglas schwammen zwei weiße Schwäne; daneben vor dem chinesischen Pavillon standen kleine Herren und Damen von Papiermaché in Puder und Kontuschen. – Zu beiden Seiten lagen die Geschenke für den Knaben; eine scharfe Lupe für die Käfersammlung, ein paar bunte Münchner Bilderbogen, die nicht fehlen durften, von Schwind und Otto Speckter; ein Buch in rotem Halbfranzband; dazwischen ein kleiner Globus in schwarzer Kapsel, augenscheinlich schon ein altes Stück. »Es war Onkel Erichs letzte Weihnachtsgabe an mich«, sagte der Amtsrichter; »nimm du es nun von mir! Es ist mir in diesen Tagen aufs Herz gefallen, daß ich ihm die Freude, die er mir als Kind gemacht, in späterer Zeit nicht einmal wieder gedankt –; nun haben sie mir den alten Herrn im letzten Herbst begraben!«

Frau Ellen legte den Arm um ihren Mann und führte ihn an den Spiegeltisch, auf dem heute die beiden silbernen Armleuchter brannten. Auch ihn hatte sie beschert; das erste aber, wonach seine Hand langte, war ein kleines Lichtbild. Seine Augen ruhten lange darauf, während Frau Ellen still zu ihm emporsah. Es war sein elterlicher Garten; dort unter dem Ahorn vor dem Lusthaus standen die beiden Alten selbst, das noch dunkle, volle Haar seines Vaters war deutlich zu erkennen.

Der Amtsrichter hatte sich umgewandt; es war, als suchten seine Augen etwas. Die Lichter an dem Moosgärtchen brannten knisternd fort; in ihrem Schein stand der Knabe vor dem aufgeschlagenen Weihnachtsbuch. Aber droben unter der Decke des hohen Zimmers war es dunkel; der Tannenbaum fehlte, der das Licht des Festes auch dort hinaufgetragen hätte.

Da klingelte draußen im Flur die Glocke, und die Haustür wurde polternd aufgerissen. »Wer ist denn das?« sagte Frau Ellen; und Harro lief zur Tür hinaus.

Draußen hörte sie eine rauhe Stimme fragen: »Bin ich denn hier recht beim Herrn Amtsrichter?« Und in demselben Augenblick wandte auch der Knabe den Kopf zurück und rief: »Knecht Ruprecht; Knecht Ruprecht!« Dann zog er Vater und Mutter mit sich aus der Tür.

Es war der große bärtige Mann, der den beiden Spaziergängern vorhin oberhalb der Stadt begegnet war; bei dem Schein des Flurlämpchens sahen sie deutlich die rote Hakennase unter der beschneiten Pelzmütze leuchten. Sein langes Gepäck hatte er gegen die Wand gelehnt. »Ich habe das hier abzugeben!« sagte er, indem er auch den schweren Quersack von der Schulter nahm.

»Von wem denn?« fragte der Amtsrichter.

»Ist mir nichts von aufgetragen worden.«

»Wollt Ihr denn nicht nähertreten?«

Der Alte schüttelte den Kopf. »Ist alles schon besorgt! Habt gute Weihnacht beieinander!« Und indem er noch einmal mit der großen Nase nickte, war er schon zur Tür hinaus.

»Das ist eine Bescherung!« sagte Frau Ellen fast ein wenig schüchtern. Harro hatte die Haustür aufgerissen. Da sah er die große, dunkle Gestalt schon weithin auf dem beschneiten Wege hinausschreiten.

Nun wurde die Magd herbeigerufen, deren Bescherung durch dieses Zwischenspiel bis jetzt verzögert war; und als mit ihrer Hilfe die verhüllten Dinge in das helle Weihnachtszimmer gebracht waren, kniete Frau Ellen auf dem Fußboden und begann mit ihrem Taschenmesser die Nähte des großen Packens auszulösen. Und bald fühlte sie, wie es von innen heraus sich dehnte und die immer schwächer werdenden Bande zu sprengen strebte; und als der

Amtsrichter, der bisher schweigend dabei gestanden, jetzt die letzten Hüllen abgestreift hatte und es aufrecht vor sich hingestellt hielt, da war's ein ganzer mächtiger Tannenbaum, der nun nach allen Seiten seine entfesselten Zweige ausbreitete. Lange, schmale Bänder von Knittergold rieselten und blitzten überall von den Spitzen durch das dunkle Grün herab; auch die Tannäpfel waren golden, die unter allen Zweigen hingen.

Harro war indes nicht müßig gewesen, er hatte den Quersack aufgebunden; mit leuchtenden Augen brachte er einen flachen, grün lackierten Kasten geschleppt. »Horch, es rappelt!« sagte er; »es ist ein Schubfach darin!«

Und als sie es aufgezogen, fanden sie wohl ein Schock der feinsten weißen Wachskerzchen.

»Das kommt von einem echten Weihnachtsmann!« sagte der Amtsrichter, indem er einen Zweig des Baumes herunterzog, »da sitzen schon überall die kleinen Blechlampetten!«

Aber es war nicht nur ein Schubfach in dem Kasten; es war auch obenauf ein Klötzchen mit einem Schraubengang. Der Amtsrichter wußte Bescheid in diesen Dingen; nach einigen Minuten war der Baum eingeschraubt und stand fest und aufrecht, seine grüne Spitze fast bis zur Decke streckend. – Die alte Magd hatte ihre Schüssel mit Äpfeln und Pfeffernüssen stehenlassen; während die anderen drei beschäftigt waren, die Wachskerzen aufzustecken, stand sie neben ihnen, ein lebendiger Kandelaber, in jeder Hand einen brennenden Armleuchter emporhaltend. – Sie war aus der Heimat mit herübergekommen und hatte sich von allen am schwersten in den Brauch der Fremde gefunden. Auch jetzt betrachtete sie den stolzen Baum mit mißtrauischen Augen. »Die goldenen Eier sind denn doch vergessen!« sagte sie.

Der Amtsrichter sah sie lächelnd an: »Margret, die goldenen Tannäpfel sind doch schöner!«

»So, meint der Herr? Zu Hause haben wir immer die goldenen Eier gehabt.«

Darüber war nicht zu streiten; es war auch keine Zeit dazu. Harro hatte sich indessen schon wieder über den Quersack hergemacht. »Noch nicht anzünden!« rief er. »Das Schwerste ist noch darin!«

Es war ein fest vernageltes hölzernes Kistchen. Aber der Amtsrichter holte Hammer und Meißel aus seinem Gerätkästchen; nach ein paar Schlägen sprang der Deckel auf, und eine Fülle weißer Papierspäne quoll ihnen entgegen. – »Zuckerzeug!« rief

Frau Ellen und streckte schützend ihre Hände darüber aus. »Ich wittere Marzipan! Setzt euch; ich werde auspacken!«

Und mit vorsichtiger Hand langte sie ein Stück nach dem anderen heraus und legte es auf den Tisch, das nun von Vater und Sohn aus dem umhüllenden Seidenpapier herausgewickelt wurde.

»Himbeeren!« rief Harro. »Und Erdbeeren, ein ganzer Strauß!«

»Aber siehst du es wohl?« sagte der Amtsrichter. »Es sind Walderdbeeren; so welche wachsen in den Gärten nicht.«

Dann kam, wie lebend, allerlei Geziefer; Hornissen und Hummeln und was sonst im Sonnenschein an stillen Waldplätzen umherzusummen pflegt, zierlich aus Dragant gebildet, mit goldbestäubten Flügeln: nun eine Honigwabe – die Zellen mochten mit Likör gefüllt sein –, wie sie die wilde Biene in den Stamm der hohlen Eiche baut; und jetzt ein großer Hirschkäfer, von Schokolade, mit gesperrten Zangen und ausgebreiteten Flügeldecken. »Cervus lucanus!« rief Harro und klatschte in die Hände.

An jedem Stück war, je nach der Größe, ein lichtgrünes Seidenbändchen. Sie konnten der Lockung nicht widerstehen; sie begannen schon jetzt den Baum damit zu schmücken, während Frau Ellens Hände immer neue Schätze ans Licht förderten.

Bald schwebte zwischen den Immen auch eine Schar von Schmetterlingen an den Tannenspitzen; da war der Himbeerfalter, die silberblaue Daphnis und der olivenfarbige Waldargus, und wie sie alle heißen mochten, die Harro hier vergebens aufzujagen gesucht hatte. – Und immer schwerer wurden die Päckchen, die eins nach dem andern von den eifrigen Händen geöffnet wurden. Denn jetzt kam das Geschlecht des größeren Geflügels; da kam der Dompfaff und der Buntspecht, ein Paar Kreuzschnäbel, die im Tannenwald daheim sind; und jetzt – Frau Ellen stieß einen leichten Schrei aus – ein ganzes Nest voll kleiner schnäbelaufsperrender Vögel; und Vater und Sohn gerieten miteinander in Streit, ob es Goldhähnchen oder junge Zeisige seien, während Harro schon das kleine Heimwesen im dichtesten Tannengrün verbarg.

Noch ein Waldbewohner erschien; er mußte vom Buchenrevier herübergekommen sein; ein Eichhörnchen von Marzipan, in halber Lebensgröße, mit erhobenem Schweif und klugen Augen. »Und nun ist's alle!« rief Frau Ellen. Aber nein, ein schweres Päckchen noch! Sie öffnete es und verbarg es dann ebenso rasch wieder in beiden Händen. »Ein Prachtstück!« rief sie; »aber nein, Paul; ich bin edelmütiger als du; ich zeig's dir nicht!«

Der Amtsrichter ließ sich das nicht anfechten; er brach ihr die nicht gar zu ernstlich geschlossenen Hände auseinander, während sie lachend über ihn wegschaute.

»Ein Hase!« jubelte Harro, »er hat ein Kohlblatt zwischen den Vorderpfötchen!«

Frau Ellen nickte: »Freilich, er kommt auch eben aus des alten Kirchspielvogts Garten!«

»Harro, mein Junge«, sagte der Amtsrichter, indem er drohend den Finger gegen seine Frau erhob; »versprich mir, diesen Hasen zu verspeisen, damit er gründlich aus der Welt komme!«

Das versprach Harro. Der Baum war voll, die Zweige bogen sich; die alte Margret stöhnte, sie könne die Leuchter nicht mehr halten, sie habe gar keine Arme mehr am Leibe.

Aber es gab wieder neue Arbeit. »Anzünden!« kommandierte der Amtsrichter; und die kleinen und großen Weihnachtskinder standen mit heißen Gesichtern, kletterten auf Schemel und Stühle und ließen nicht ab, bis alle Kerzen angezündet waren.

Der Baum brannte, das Zimmer war von Duft und Glanz erfüllt, es war nun wirklich Weihnachten geworden.

Ein wenig müde von der ungewohnten Anstrengung saß der Amtsrichter auf dem Sofa, nachsinnend in den gegenüberhängenden großen Wandspiegel blickend, der das Bild des brennenden Baumes zurückstrahlte.

Frau Ellen, die ganz heimlich ein wenig aufzuräumen begann, wollte eben die geleerte Kiste an die Seite setzen, als sie wie in Gedanken noch einmal mit der Hand durch die Papierspäne streifte. Sie stutzte. »Unerschöpflich!« sagte sie lächelnd. – Es war ein Star von Schokolade, den sie hervorgeholt hatte. »Und, Paul«, fuhr sie fort, »er spricht!«

Sie hatte sich zu ihm auf die Sofalehne gesetzt, und beide lasen nun gemeinschaftlich den beschriebenen Zettel, den der Vogel in seinem Schnabel trug: »Einen Wald- und Weihnachtsgruß von einer dankbaren Freundin!«

»Also von ihr!« sagte der Amtsrichter. »Ihr Herz hat ein gut Gedächtnis. Knecht Ruprecht mußte einen tüchtigen Weg zurücklegen; denn das Gut liegt fünf ganze Meilen von hier.«

Frau Ellen legte den Arm um ihres Mannes Nacken. »Nicht wahr, Paul, wir wollen auch nicht undankbar gegen die Fremde sein?«

»Oh, ich bin nicht undankbar – aber ...«

»Was denn aber, Paul?«

»Was mögen drüben jetzt die Alten machen!«

Sie antwortete nicht darauf; sie gab ihm schweigend ihre Hand.

»Wo ist Harro?« fragte er nach einer Weile.

Harro war eben wieder ins Zimmer getreten; aus einer Schachtel, die er mit sich brachte, nahm er eine kleine verblichene Figur und befestigte sie sorgfältig an einem Zweig des Tannenbaums. Die Eltern hatten es wohl erkannt; es war ein Stück von dem Zuckerzeug des letzten heimatlichen Weihnachtsbaumes; ein Dragoner auf schwarzem Pferde in langem graublauem Mantel. Der Knabe stand davor und betrachtete es unbeweglich; seine großen blauen Augen unter der breiten Stirn wurden immer finsterer. »Vater«, sagte er endlich, und seine Stimme zitterte, »es war doch schade um unser schönes Heer! – Wenn sie es nur nicht aufgelöst hätten – ich glaube, dann wären wir wohl noch zu Hause!«

Eine lautlose Stille folgte, als der Knabe das gesprochen. Dann rief der Vater seinen Sohn und zog ihn dicht an sich heran. »Du kennst noch das alte Haus deiner Großeltern«, sagte er, »du bist vielleicht das letzte Kind von den Unseren, das noch auf den großen übereinander getürmten Bodenräumen gespielt hat; denn die Stunde ist nicht mehr fern, daß es in fremde Hand kommen wird. – Einer deiner Urahnen hat es einst für seinen Sohn gebaut. Der junge Mann fand es fertig und ausgestattet vor, als er nach mehrjähriger Abwesenheit in den Handelsstädten Frankreichs nach seiner Heimat zurückkehrte. Bei seinem Tode hat er es seinen Nachkommen hinterlassen, und sie haben darin gewohnt als Kaufherren und Senatoren, oder, nachdem sie sich dem Studium der Rechte zugewandt hatten, als Bürgermeister oder Syndici ihrer Vaterstadt. Es waren angesehene und wohldenkende Männer, die im Lauf ihrer Zeit ihre Kraft und ihr Vermögen auf mannigfache Weise ihren Mitbürgern zugute kommen ließen. So waren sie wurzelfest geworden in der Heimat. Noch in meiner Knabenzeit gab es unter den tüchtigeren Handwerkern fast keine Familie, wo nicht von den Voreltern oder Eltern eines in den Diensten der Unserigen gestanden hätte; sei es auf den Schiffen oder in den Fabriken oder auch im Hause selbst. – Es waren das Verhältnisse des gegenseitigen Vertrauens; jeder rühmte sich des andern und suchte sich des andern wert zu zeigen; wie ein Erbe ließen es die Eltern ihren Kindern; sie kannten sich alle, über Geburt und Tod hinaus, denn sie kannten Art und Geschlecht der Jungen, die geboren wurden, und der Alten, die vor ihnen dagewesen waren.« –

Der Amtsrichter schwieg einen Augenblick, während der Knabe unbeweglich zu ihm emporsah. »Aber nicht allein in die Höhe«, fuhr er fort, »auch in die Tiefe haben deine Voreltern gebaut; zu dem steinernen Haus in der Stadt gehörte die Gruft draußen auf dem Kirchhof; denn auch die Toten sollten noch beisammen sein. – Und seltsam, da ich des inne ward, daß ich fort mußte, mein erster Gedanke war, ich könnte dort den Platz verfehlen. – Ich habe sie mehr als einmal offen gesehen; das letztemal, als deine Urgroßmutter starb, eine Frau in hohen Jahren, wie sie den Unsrigen vergönnt zu sein pflegen. – Ich vergesse den Tag nicht. Ich war hinabgestiegen und stand unten in der Dunkelheit zwischen den Särgen, die neben und über mir auf den eisernen Stangen ruhten; die ganze alte Zeit, eine ernste schweigsame Gesellschaft. Neben mir war der Totengräber, ein eisgrauer Mann. Aber einst war er jung gewesen und hatte als Kutscher, den schwarzen Pudel zwischen den Knien, die Rappen meines Großvaters gefahren. – Er stand an einen hohen Sarg gelehnt und ließ wie liebkosend seine Hand über das schwarze Tuch des Deckels gleiten. ›Dat is min ole Herr!‹ sagte er in seinem Plattdeutsch, ›dat weer en gude Mann!‹ – Mein Kind, nur dort zu Hause konnte ich solche Worte hören. Ich neigte unwillkürlich das Haupt; denn mir war, als fühlte ich den Segen der Heimat sich leibhaftig auf mich niedersenken. Ich war der Erbe dieser Toten; sie selbst waren zwar dahingegangen; aber ihre Güte und Tüchtigkeit lebte noch und war für mich da und half mir, wo ich selber irrte, wo meine Kräfte mich verließen. – Und auch jetzt noch, wenn ich – mir und den Meinen nicht zur Freude, aber getrieben von jenem geheimnisvollen Weh – auf kurze Zeit zurückkehrte, ich weiß es wohl, dem sich dann alle Hände dort entgegenstreckten, das war nicht ich allein.«

Er war aufgestanden und hatte einen Fensterflügel aufgestoßen. Weithin dehnte sich das Schneefeld; der Wind sauste; unter den Sternen vorüber jagten die Wolken; dorthin, wo in unsichtbarer Ferne ihre Heimat lag. – Er legte fest den Arm um seine Frau, die ihm schweigend gefolgt war; seine lichtblauen Augen lugten scharf in die Nacht hinaus. »Dort!« sprach er leise; »ich will den Namen nicht nennen; er wird nicht gern gehört in deutschen Landen; wir wollen ihn still in unserem Herzen sprechen, wie die Juden das Wort für den Allerheiligsten.«

Und er ergriff die Hand seines Kindes und preßte sie so fest, daß der Junge die Zähne zusammenbiß.

Noch lange standen sie und blickten dem dunklen Zug der Wolken nach. – Hinter ihnen im Zimmer ging lautlos die alte Magd umher und hütete sorgsamen Auges die allmählich niederbrennenden Weihnachtskerzen.

Theodor Storm

Weihnacht in Ajaccio

Reife Goldorangen fallen sahn wir heute, Myrre blühte,
Eidechs glitt entlang der Mauer, die von Sonne glühte.

Uns zu Häupten neben einem morschen Laube flog ein Falter –
Keine herbe Grenze scheidet Jugend hier und Alter.

Eh das welke Blatt verweht ist, wird die Knospe neu geboren –
Eine liebliche Verwirrung, schwebt der Zug der Horen.

Sprich, was träumen deine Blicke? Fehlt ein Winter dir ein bleicher?
Teures Weib, du bist um einen lichten Frühling reicher!

Liebst du doch die langen Sonnen und die Kraft und Glut der Farben!
Und sehnst dich nach der Heimat, wo sie längst erstarben?

Horch! Durch paradieseswarme Lüfte tönen Weihnachtsglocken!
Sprich, was träumen deine Blicke? Von den weißen Flocken?

Conrad Ferdinand Meyer

Weihnachtslied

Kein Sternchen mehr funkelt,
Tief nächtlich umdunkelt
Lag Erde so bang;
Rang seufzend mit Klagen
Nach leuchtenden Tagen,
Ach, Harren ist lang.

Als plötzlich erschlossen,
Vom Glanze durchgossen,
Der Himmel erglüht;
Es sangen die Chöre:
Gott Preis und Gott Ehre!
Erlösung erblüht.

Es sangen die Chöre:
Den Höhen sei Ehre,
Dem Vater sei Preis,
Und Frieden hienieden,
Ja Frieden, ja Frieden
Dem ganzen Erdkreis!

Clemens Brentano

Christkindleins Wiegenlied

O Jesulein zart,
O Jesulein zart,
Das Kripplein ist hart,
Wie liegst du so hart,
Ach schlaf, ach tu die Äugelein zu,
Schlaf und gib uns die ewige Ruh.

Schlaf, Jesulein, wohl,
Nichts hindern soll,
Ochs, Esel und Schaf
Sind alle im Schlaf.
Schlaf, Kind, schlaf, tu deine Äuglein zu,
Schlaf und gib uns ewige Ruh.

Die Seraphim singt
Und Cherubim klingt,
Viel Engel im Stall,
Die wiegen dich all.
Schlaf, Kind, schlaf, tu deine Äuglein zu,
Schlaf und gib uns ewige Ruh.

Sieh, Jesulein, sieh,
Sankt Joseph ist hie.
Ich bleib auch hiebei,
Schlaf sicher und frei.
Schlaf, Kind, schlaf, tu deine Äuglein zu,
Schlaf und gib uns die ewige Ruh.

Weihnachtslied.

Vom Himmel hoch da komm ich her,
Ich bring euch gute, neue Mähr,
Der guten Mähr bring ich so viel,
Davon ich singn und sagen will.

Euch ist ein Kindlein heut geboren,
Von einer Jungfrau auserkoren,
Ein Kindelein so zart und fein,
Das soll eur Freud und Wonne sein.

Schweig, Eselein, still,
Das Kind schlafen will,
Ei, Öchsle, nicht brüll,
Das Kind, das schlafen will.
Schlaf, Kind, schlaf, tu deine Äuglein zu,
Schlaf und gib uns die ewige Ruh.

aus: »Des Knaben Wunderhorn«

Die gute Nacht

Der Tag, vor dem der große Christ
Zur Welt geboren worden ist
War hart und wüst und ohne Vernunft.
Seine Eltern, ohne Unterkunft
Fürchteten sich vor seiner Geburt
Die gegen Abend erwartet wurd.
Denn seine Geburt fiel in die kalte Zeit.
Aber sie verlief zur Zufriedenheit.
Der Stall, den sie doch noch gefunden hatten
War warm und mit Moos zwischen seinen Latten
Und mit Kreide war auf die Tür gemalt
Daß der Stall bewohnt war und bezahlt.
So wurde es doch noch eine gute Nacht
Auch das Heu war wärmer, als sie gedacht.
Ochs und Esel waren dabei
Damit alles in der Ordnung sei.
Eine Krippe gab einen kleinen Tisch
Und der Hausknecht brachte ihnen heimlich einen Fisch.
(Denn es mußte bei der Geburt des großen Christ
Alles heimlich gehen und mit List.)
Doch der Fisch war ausgezeichnet und reichte durchaus
Und Maria lachte ihren Mann wegen seiner Besorgnis aus
Denn am Abend legte sich sogar der Wind
Und war nicht mehr so kalt, wie die Winde sonst sind.
Aber bei Nacht war es fast wie ein Föhn.
Und der Stall war warm und das Kind war sehr schön.
Und es fehlte schon fast gar nichts mehr

Da kamen auch noch die Dreikönig daher!
Maria und Joseph waren zufrieden sehr.
Sie legten sich sehr zufrieden zum Ruhn
Mehr konnte die Welt für den Christ nicht tun.

Bertolt Brecht

Es kam die gnadenvolle Nacht

Es kam die gnadenvolle Nacht,
Wie leuchtete des Mondes Pracht;
Wie glitzerte der Sterne Schar
Als Jesus Christ geboren war.
Gelobt sei Jesu Christ.

Froh jubelte der Engel Heer,
Gott hoch im Himmel, Gott sei Ehr'
Und Fried' und Freud' und Seligkeit
Herrsch' auf der Erde weit und breit.
Gelobt sei Jesu Christ.

Auf goldnen Wolken sangen so
Die Engel Gottes, himmelfroh,
Und hoch beglückt und hoch entzückt
Hat sie der Hirten Schar erblickt.
Gelobt sei Jesu Christ.

Die hocherfreuten Hirten gehn,
In Windeln Gottes Sohn zu sehn,
Erblicken in der Krippe ihn
Und sinken auf die Knie hin.
Gelobt sei Jesu Christ.

Und wer das holde Knäblein sah,
War froh und sprach: Der Herr ist da!
Es kommt sein gnadenvolles Reich:
Welch Kind ist diesem Kinde gleich?
Gelobt sei Jesu Christ.

Ja, Gottes Lieb' ist unumschränkt,
Ein Gott, der seinen Sohn uns schenkt,
Schenkt alles, was uns heilsam ist,
Schenkt alles uns durch Jesum Christ.
Gelobt sei Jesu Christ.

Volkstümlich aus Oberbayern

Kommt ihr Hirten ans Krippelein
Mit den Zithern und Schalmei'n,
Laßt's erklingen fromm und schön
Samt den Engeln in den Höhn:
Gloria, Gloria, Gloria!

Franz Graf von Pocci

Ein Sternlein glänzt an Himmels Höh'n,
Ein Bäumlein grünt im Winter schön,
Dran hangen gold'ne Äpfelein;
Ein Wunder, daß es so mag sein!
Ein Kind, das in den Windeln liegt,
Es hat die ganze Welt besiegt!
Franz Graf von Pocci

Das Peitschchen

Eine Weihnachtsgeschichte
Drei Kindern erzählt

Als das Jesuskind durch Flandern zog – und es kannte wohl die ganze Welt – kam es mitsamt seiner Mutter in der großen Stadt Gent am Morgen eines Weihnachtstages an. Die ganze Stadt war für das Fest gerüstet. Auf den Straßen drängten sich die Menschen, um auf den Märkten und in den Läden die neuesten und letzten Herrlichkeiten zu erwischen, mit denen sie ihren Angehörigen und ihrem Gesinde am Abend eine Freude machen könnten. Vor der großen Kirche St. Baafs, die wie ein gewaltiger grauer Magnetberg über die Stadt und die Menschen emporragte, die Häuser um sich versammelt hielt und die Menschenströme in sich hineinzog, war ein Weihnachtsmarkt errichtet, und die Pfefferkuchenstände, die Buden mit bunten Likören, mit Christbaumschmuck und Kerzen, mit Zinnsoldaten und Zinnlöffeln, mit Pfeifen, Trompeten und allerhand Kinderspielzeug standen hübsch in Reihen geordnet und einträchtig nebeneinander. Da es noch früh am dämmrigen Morgen war, die Leute vom Lande jedoch, um nichts zu versäumen und einen möglichst langen Tag des Betrachtens und Auswählens vor sich zu haben, schon in die Stadt hereinwogten, brannten in allen Ständen über den Auslagen die Lampen und die Verkäufer brachten die erste Ordnung in ihre Sachen, die der vorangegangene Tag etwas in Unordnung gebracht hatte. Gerade am Zugang zum Hauptportal der Kirche behauptete ein großer Spielwarenstand seinen Platz. Da waren Trommeln und Trompeten, Reifen und Kreisel, bunte Glasklicker, Puppen und Kegel, kleine Männchen, die in Glasröhren in einer rosa Flüssigkeit auf- und niederstiegen, wenn man die Röhre in die Hand nahm, Mundharmonikas und winzige Drehorgeln, die das »Ehre sei Gott in der Höh« in kleinen Tönen von sich gaben, wenn man leise die Kurbel drehte. Und gerade hing eine Magd ein buntes Gedränge von blauen, roten und grünen Luftballons, alle eben neu mit Gas gefüllt und prall, daß sie knirschten, wenn sie aneinanderstießen, an der Ecke der Bude auf, und darunter hing sie ein ganzes Bündel kleiner Peitschen mit geflochtenen Schnüren aus weißem zartem Leder, gelben Schmitzchen und bunten Stielen. Jeder Stiel endete in ein rotes Pfeifchen aus Kirschenholz.

Im Hintergrund der Bude aber hinter den langen Brettern und Tischen, auf denen alle die schönen Sachen ausgelegt waren, standen drei Kinder, so blond und auch wohl so alt wie ihr, denen diese Geschichte erzählt wird. Ihre Mutter war die Eigentümerin des Spielwarenstandes. Da sie zu so früher Stunde nicht auf Käufer hoffen konnte, war sie noch nicht zur Stelle, sondern hatte es der Magd überlassen die Auslage zu besorgen; und diese hatte die Kinder mitgenommen. Da standen sie nun, und während sie teilnahmsvoll und neugierig guckten, wie die Magd immer neue Reichtümer und Herrlichkeiten auspackte und zum Verkauf ordnete, begannen in ihren Herzen Wünsche hin und her zu jagen, begehrliche und vergleichende Gedanken hin und her zu wogen und süße Qualen auf und ab zu ziehen, welcher Gegenstand von allen ihnen wohl am besten gefiele, damit sie ihn sich von ihrer Mutter selbst als Weihnachtsgabe ausbitten könnten. Denn das wußten sie vom letzten Jahr und gedachten es auch diesmal dahin zu bringen, daß ihre Mutter jedem von ihnen erlaubte, sich aus der Fülle der Dinge etwas herauszuwünschen. »Wenn es am Abend nicht verkauft ist«, pflegte dann die Mutter zu sagen; denn der geringe Erlös aus dem Spielzeug ließ es nicht zu, daß sie die Dinge von vornherein für sie beiseite stellte. Und dann zitterten die Kinder den ganzen Tag um den gewünschten Gegenstand, und jedesmal, wenn ein Käufer herantrat, stieg ihnen das Blut zu Kopf und sie fühlten ihr Herz schlagen. Ging er dann weg ohne, wie sie meinten, ihren Gegenstand entdeckt zu haben, waren sie glücklich. Aber beim nächsten wiederholte sich die Pein.

»Das vorige Jahr hatte ich mir eine Puppe gewünscht«, sagte das eine Mädchen, »aber nach wenigen Tagen zerbrach sie. Ich wünsche mir etwas anderes diesmal.« Dann trat wieder Schweigen und Überlegen ein. Keines wollte sich verraten.

»Eigentlich wäre ein Kreisel sehr schön«, sagte das ältere Mädchen, »er zerbricht nicht. Ich sehe Dinge gern die tanzen und sich drehen.« Alle drei guckten nach einem großen Haufen buntbemalter harter Kreisel, die eben aus einem Sack hüpften, den die Magd auf den Tisch stülpte. –

»Ich wünsche mir einen Kreisel und ein Peitschchen dazu«, sagte die Älteste, die mit sich im reinen war.

Die andern fanden die Idee auf einmal herrlich. »Ich wünsche mir auch einen Kreisel und ein Peitschchen«, sagte das zweite Mädchen, als ob sie nicht gesonnen wäre zurückzustehen.

»Ich auch«, sagte der Junge, dem es genug war, daß die älteren Schwestern entschieden hatten.

Und alle drei guckten eifrig und prüfend nach dem Haufen Kreisel auf dem Tisch und nach dem Bündel Peitschchen, das von der Ecke der Bude herabhing.

»Während der Kreisel Schwung hat und sich dreht, kann man pfeifen«, bemerkte der Junge und fand dies sehr beachtlich. Das Pfeifchen am Peitschenstiel mußte doch seinen Sinn haben. »Und dann versetzt man dem Kreisel wieder einen. Und dann pfeift man wieder.«

»Wer am besten kreiseln kann, kann am besten pfeifen«, sagte die Älteste.

»Wenn wir alle drei zugleich pfeifen –!« Dies sagte die Jüngere, sah mit großen Augen in die Ferne und hatte offenbar eine wundervolle Erscheinung.

Während sie so schwatzten, kam inmitten der Menge des Volkes, das der Kirche zuströmte, das Jesuskind daher. Es war damals schon größer und saß rittlings auf dem treuen Esel, der von den vielen Fahrten – nach Ägypten und in aller Welt umher – nicht mehr ganz frisch war und mit kleinen andächtigen Schritten in der Menge trippelte. Dem Jesusknaben ging das zu langsam. Vergebens zauste er das Eseltier mit seinen kleinen Händen im zottigen Fell, stieß es mit dem Beinchen in die Seiten oder suchte es durch kleine Zurufe zu ermuntern. Der Esel blieb in seinem Gang, und die Jungfrau Maria, die lächelnd hinter ihrem Kinde schritt, trieb ihn nicht an.

Wie sie nun in diesem Aufzuge, oftmals gehemmt durch ein sanftes Stehenbleiben des Tieres, vor dem Spielwarenstande anlangten, gewahrte Jesus an der Ecke das Bündel Peitschchen, ergriff, indem er seinen Esel darunter hinwegtrieb, als rechter Herr der Welt eines am Stiel und zog es ohne viel zu fragen aus der Schlinge, in der es mit seinen Kameraden aufgehangen war. Dann schwang er es lustig über seinem Reittier.

»Halt! Nicht!« rief die Magd, und auch die Kinder wollten Halt! Nicht! rufen und krausten die Gesichter. Aber sie brachten keinen Ton aus den Kehlen. Das Jesuskind blickte sie nur aus seinen unergründlichen Augen einmal freundlich und sieghaft an. Da war es, als ob es um sie geschehen wäre. Der Atem stockte ihnen, alle drei griffen nacheinander, als müßten sie sich an etwas festhalten, und in einer süßen Bangigkeit der Herzen folgten sie mit den Augen dem wundersamen Knaben, der sie mit einem einzigen Blick in seinen Bann getan hatte wie sie wohl selbst ein paar Wasserkäfer in ein Glas steckten.

»Wer ist denn das?« fragten sie einander leise ohne sich anzusehen. Und als nun noch eine überirdische hohe Frau an ihnen vorüberzog und sie mit einem seltsam fremden Gruß zu streifen schien, und es ihnen so ganz weihnachtlich zumute wurde, da sagte die Älteste ganz langsam und vorsichtig:

»Es könnte beinahe das Christkind gewesen sein.« »Was du nur immer hast!« sagte die Jüngere und war dabei froh, daß ihr die Schwester eine plausible Erklärung für den Zustand ihrer Sinne unter den Fuß gegeben hatte; »natürlich war es das Christkind! Einem andern Kind hätten wir das Peitschchen doch gar nicht gelassen.«

»Welches war das Christkind?« fragte der Junge, der sich selbst noch nicht begriff. »Wenn ihr es gesehen habt, will ich es auch gesehen haben.«

»Das auf dem Esel«, sagten die beiden andern nun sehr bestimmt, da sie ihren Vorsprung fühlten. »Das auf dem Esel? Ja!« sagte der Knabe. »Wenn es nicht das Christkind gewesen wäre, hätte es ja auch das Peitschchen gar nicht nehmen dürfen.«

»Besonders hätten wir aber doch einem andern Kind das Peitschchen gar nicht gelassen«, sagte das zweite Mädchen wieder. »Und wir mußten es ihm doch lassen.«

In diesen Worten fanden die Kinder eine vollkommene Sicherheit und alle drei waren so gewiß, das Christkind von Angesicht zu Angesicht gesehen zu haben, wie es gewiß war, daß sie die Kinder ihrer Mutter waren. Und dann kam ihnen immer wieder der wundersame Blick des schönen Knaben, der Gruß der hochgewachsenen Frau wie in einem verklärten Schein zurück und erfüllten sie mit einer geheimnisvollen Erregung. Die Morgenglocken von St. Baafs erklangen feierlich über ihnen und der Weihnachtstag mit seinen Wundern zog herauf. Die Kinder hatten den Christusknaben gesehen, und wer es ihnen bestritten hätte, den hätten sie mitleidig ausgelacht.

Da kam die Mutter. »Mutter, wir haben das Christkind gesehen«, riefen sie alle drei. Aber es war ihnen gar nicht lieb, als ihre Mitteilung nicht recht verfing, die Mutter vielmehr nur belustigt schien und sagte: »So? Da habt ihr was Rechtes gesehn! Und was wünscht sich nun jedes zu Weihnachten?«

Daß das Christkind das Peitschchen genommen hat, sagen wir

jetzt besser nicht, dachten die drei und antworteten lieber auf die Frage ihrer Mutter. »Ich wünsche mir einen Kreisel und ein Peitschchen«, sagte die Älteste. »Und ich auch«, sagte die Jüngere. »Und ich auch«, der Junge.

»Wenn es am Abend nicht verkauft ist«, erwiderte die Mutter und betrat den Stand. Die Käufer drängten sich, der kurze Tag brach an, die Lampen wurden gelöscht, und auch für die Kinder verschwanden die Ereignisse des Morgens im Grau des Tageslichts und im Gesumme des geschäftigen Treibens auf dem großen Markt. Zudem begann die Qual der Erwartung sie zu bewegen und zu erfüllen, ob denn für jeden am Abend ein Kreisel und ein Peitschchen übrig sein werde. Und dies alles beschäftigte sie zu sehr, als daß sie an anderes hätten denken mögen. Jedesmal, wenn ein Käufer herantrat und einen Kreisel oder ein Peitschchen verlangte, gab es in drei kleinen Herzen drei kleine Stiche, und wenn einer einen Kreisel mitsamt einem Peitschchen kaufte, waren die drei Stiche in den drei Herzen noch deutlicher fühlbar.

Aber ihre Qualen wurden immer größer und ihre Gesichter immer länger. Der hochgetürmte Haufen von Kreiseln nahm reißend ab und das dicke Bündel Peitschen wurde schmächtig und schmächtiger. Noch einmal schüttet die Magd einen Sack Kreisel auf den Tisch, und noch ein Bündel Peitschen wurde an der Ecke der Bude aufgehangen. Dann war der Vorrat erschöpft. Die Kinder merkten gar nicht, daß auch die Puppen weniger wurden und die Trommeln und die Glasröhren mit den steigenden Männchen und die Spieldosen und die Bälle. Als der Tag vorüber war und die Stände überall geschlossen wurden, war in dem ihren alles ausverkauft. Nur drei Kreisel, die ganz allein aus der Fülle der Dinge übriggeblieben waren, lagen verlassen an der Stelle, wo der Haufen gewesen war. Aber kein Peitschchen mehr war da, sie anzutreiben, und so schienen sie völlig nutzlos und überflüssig.

Die Mutter überblickte ihren Stand, freute sich des flotten Geschäfts und guten Erlöses, den ihr der Tag gebracht, und hatte die Kinder ganz vergessen. Jetzt bemerkte sie sie wieder, wie sie traurig dasaßen und ihnen das Weinen nahe war.

»Nun? – Was ist?« fragte sie. Aber das war schon wie ein Stoß. Die Kinder brachen in helle Tränen aus und schnelle Perlchen rollten unaufhaltsam über ihre Kittel.

»Nun haben wir kein einziges Peitschchen«, jammerten sie durcheinander; »was sollen uns jetzt die Kreisel!« Die Mutter rückte zwischen sie, wußte aber noch keinen Trost. »Und das letzte Peitschchen hat uns das Christkind auch noch weggenommen«, klagte der Junge.

»Das Christkind –?« fragte die Mutter.

In diesem Augenblick öffneten sich, langsam und weit, die Flügeltüren am Hauptportal von St. Baafs, was sonst nur bei den feierlichsten Gelegenheiten geschah; denn die Menschen gingen seitlich durch zwei kleine Pforten ein und aus. Die Flügeltüren öffneten sich, und heraus trat die überirdische Frau, die in der Frühe die Kinder so seltsam gegrüßt hatte.

»Das ist sie, die mit dem Christkind war!« flüsterten die Kinder und krochen eng an ihre Mutter heran. Und während alle vier kein Auge von der Gestalt verwenden konnten, schritt diese ruhig auf den leeren Verkaufsstand zu und der Weihnachtsschauer ging vor ihr her. Wieder wie am Morgen stockte den Kindern der Atem, wieder griffen sie nacheinander, als müßten sie sich an etwas festhalten, und in einer süßen Bedrängnis der Herzen ergaben sie sich, daß ihnen etwas widerführe, was ihnen nie wieder in ihrem Leben widerfahren würde. Die Frau aber trug das Peitschchen in der Hand, das Jesus in der Frühe aus dem Bündel an der Ecke der Bude herausgezogen hatte, reichte es mit einer unnachahmlichen Bewegung der Mutter hin und sprach: »Dies Peitschchen gehört wohl in diesen Stand.« Darauf streifte sie Mutter und Kinder mit ihrem wundersamen Gruß, wendete sich und trat, wie sie gekommen, in die große Kirchentür zurück, deren Flügel sich hinter ihr schlossen.

Den Kindern war es eng und heiß und doch auch wieder weit und frei, und obzwar sie anfänglich etwas enttäuscht schienen wie über halbes Glück, ging ihnen doch bald der Sinn auf: daß sie nämlich nun gar kein Peitschchen hätten, weil es längst mit den andern verkauft worden wäre, wenn das Christkind ihnen nicht am Morgen dieses Tages eines weggenommen hätte. Da wurden ihre Augen hell und sie sahen einander an.

Die Mutter küßte ihre Kinder.

Wie auf Verabredung ergriff jedes einen der drei Kreisel, alle drei faßten das Peitschchen an, als ob es ein langer Spieß gewesen wäre, und so trugen sie ihre Geschenke in einem glücklichen kleinen Triumphzug nach Hause.

Mit dem Peitschchen hatte es aber eine besondere Bewandtnis. Denn obgleich ein Peitschchen für drei Kreisel und drei Kinder reichlich wenig schien, so entstand doch nie ein Streit darum. Es wurde den Kindern wie zu einem Wahrzeichen, daß Menschen alles miteinander teilen können.

Seit jener Zeit geht in Flandern eine Redeweise. Wenn mehrere so recht miteinander einig sind, sagt man wohl von ihnen: Ach, die! die haben ein Peitschchen miteinander.

Rudolf G. Binding

Die Legende vom Tannenbaum

In der Bergpredigt, wie bei Matthäus zu lesen,
Ist auch von Bäumen die Rede gewesen.
Der Heiland hatte gesagt, daß Feigen
Nicht reifen könnten auf Distelzweigen,
Daß Trauben nicht wüchsen am Dornenhage
Und daß der Baum, der nicht Früchte trage,
Zu gar nichts wert erscheine auf Erden,
Als abgehau'n und verbrannt zu werden.

Und als Er geendet, da ist schon bald
Ein Streiten entstanden im nahen Wald.
Die Disteln, welche die Rede gehört,
Waren über die Maßen empört
Und haben so recht überlegen gesagt:
»Wir haben noch immer den Eseln behagt!«
Die Dornen reckten die scharfen Spitzen
Und sagten: »Das lassen wir nicht auf uns sitzen!«
Die gelben, aufgedunsenen Feigen
Zeigten ein sattes, blasiertes Schweigen;
Und die Trauben blähten sich gar nicht schlecht,
Und knarrten geschwollen: »So ist es recht!«

Nur ein zierlicher Tannenbaum
Stand verschüchtert, rührte sich kaum,
Horchte nicht auf das Rühmen und Klagen;
Hat sich still und bescheiden betragen
Und dachte und dachte in einem fort
An des Heilandes richtendes Wort.

Er fühlte sich ganz besonders getroffen;
Er hatte kein Recht, auf Gnade zu hoffen;
Die erste Axt mußte ihn zerschlagen;
Er wußte nur Tannenzapfen zu tragen;
Früchte hatte er nie gebracht.
Das hat ihn niedergeschlagen gemacht.

Als sich nun aber die Sonne versteckte
Und tiefes Dunkel die Erde deckte,
Und ermüdet vom Reden und Klagen
Die anderen Bäume im Schlummer lagen,
Wollte er nichts von Ruhe wissen,
Hat die Wurzeln aus dem Erdreich gerissen,
Und unbemerkt in der stillen Nacht
Hat er sich still auf den Weg gemacht,
Um zu dem strengen Heiland zu gehen
Und milderes Urteil sich zu erflehen.

Und als er nach mühseligen Stunden
Endlich den lange Gesuchten gefunden
Und ihm sein Leid recht herzlich geklagt,
Da hat der Heiland lächelnd gesagt:
»Wisse, daß seit Beginn der Welt
Ein jeglicher Fluch einen Segen enthält,
Und daß in jeglichem Segenspruch
Verborgen liegt ein heimlicher Fluch!

Den Feigen brachte nur Fluch mein Segen,
Weil sie jetzt sündigen Hochmut hegen;
Die Trauben haben mir nicht gedankt,
Sie haben sich nur mit den Dornen gezankt;
Die Disten ließen sich nicht belehren,
Die konnten den Fluch nicht zum Segen kehren;
Du aber hast dich besser bedacht!
Du hast aus dem Fluch einen Segen gemacht!
Und dein Bittgang sei nicht umsonst gewagt!
Zwar – was gesagt ist, das bleibt gesagt!
Dein Schicksal ist jetzt nicht mehr zu trennen
Vom Abhau'n und Im-Ofen-Verbrennen,
Aber:
Ich will dich erheben und ehren,
Ich will einen rühmlichen Tod dir bescheren!

Ich will dir das köstlichste Ende bereiten!
Dein Opfertod soll Segen verbreiten!
Kein Winterschlaf soll dich traurig umschließen!
Du sollst ein doppeltes Leben genießen!
Und auf deinen zierlichen Zweigen
Sollen die schönsten Früchte sich zeigen,
Soll man Lichter und Zierat schau'n!
Freilich – erst wenn du abgehau'n! –
Sei wie ein Held, der für andere leidet,
Der in blühender Jugend strahlend verscheidet!
Damit dein Leben, das kurze, doch reiche,
Meinem irdischen Wandel gleiche!
Du sollst ein Bote des Friedens sein!
Du sollst glänzen wie im Heiligenschein!
Den Kindern sollst du Freude verkünden!
Den Sünder wecken aus seinen Sünden!
Gesang und Jubel soll dich umtönen!
Mein lieblichstes Fest sollst du lieblich verschönen!
So bist du von allen Bäumen hienieden
Der gesegnetste! –
Zieh hin in Frieden!«

Marx Möller

Als ich Christtagsfreude holen ging

In meinem zwölften Lebensjahr wird es auch gewesen sein, als am Frühmorgen des heiligen Christabends mein Vater mich an der Schulter rüttelte: ich solle aufwachen und zur Besinnung kommen, er habe mir was zu sagen. Die Augen waren bald offen, aber die Besinnung! Als ich unter Mithilfe der Mutter angezogen war und bei der Frühsuppe saß, verlor sich die Schlaftrunkenheit allmählich, und nun sprach mein Vater: »Peter, jetzt höre, was ich dir sage. Da nimm einen leeren Sack, denn du wirst was heimtragen. Da nimm meinen Stecken, denn es ist viel Schnee, und da nimm eine Laterne, denn der Pfad ist schlecht und die Stege sind vereist. Du mußt hinabgehen nach Langenwang. Den Holzhändler Spreitzegger zu Langenwang, den kennst du, der ist mir noch immer das Geld schuldig, zwei Gulden und sechsunddreißig Kreuzer für den Lärchbaum. Ich laß ihn bitten drum; schön höflich anklopfen und den Hut abnehmen, wenn du in sein Zimmer trittst. Mit dem Geld gehst nachher zum Kaufmann Doppelreiter und kaufst zwei Maßel Semmelmehl und zwei Pfund Rindschmalz, und um zwei Groschen Salz, und das tragst heim.«

Jetzt war aber auch meine Mutter zugegen, ebenfalls schon angekleidet, während meine sechs jüngeren Geschwister noch ringsum an der Wand in ihren Bettchen schliefen. Die Mutter, die redete drein wie folgt: »Mit Mehl und Schmalz und Salz allein kann ich kein Christtagsessen richten. Ich brauch dazu noch Germ (Bierhefe) um einen Groschen, Weinbeerln um fünf Kreuzer, Safran um zwei Groschen und Neugewürz um zwei Kreuzer. Etliche Semmeln werden auch müssen sein.«

»So kaufst es«, setzte der Vater ruhig bei. »Und wenn dir das Geld zu wenig wird, so bittest den Herrn Doppelreiter, er möcht die Sachen derweil borgen und zu Ostern, wenn die Kohlenraitung ist, wollt ich schon fleißig zahlen. Eine Semmel kannst unterwegs selber essen, weil du vor Abend nicht heimkommst. Und jetzt kannst gehen, es wird schon fünf Uhr, und daß du noch die Achte-Messe erlangst zu Langenwang.«

Das war alles gut und recht. Den Sack band mein Vater mir um die Mitte, den Stecken nahm ich in die rechte Hand, die Laterne mit der frischen Unschlittkerze in die linke, und so ging ich davon, wie ich zu jener Zeit in Wintertagen oft davongegangen war. Der durch wenige Fußgeher ausgetretene Pfad war holperig im tiefen Schnee, und es ist nicht immer leicht, nach den Fußstapfen unserer Vorderen zu wandeln, wenn diese zu lange Beine gehabt haben. Noch nicht dreihundert Schritte war ich gegangen, so lag ich im Schnee, und die Laterne, hingeschleudert, war ausgelöscht. Ich suchte mich langsam zusammen, und dann schaute ich die wunderschöne Nacht an. Anfangs war sie ganz grausam finster, allmählich hub der Schnee an, weiß zu werden und die Bäume schwarz und in der Höhe war helles Sterngefunkel. In den Schnee fallen kann man auch ohne Laterne, so stellte ich sie seithin unter einen Strauch und ohne Licht ging's nun besser, als vorhin.

In die Talschlucht kam ich hinab, das Wasser des Fresenbaches war eingedeckt mit glattem Eise, auf welchem, als ich über den Steg ging, die Sterne des Himmels gleichsam Schlittschuh liefen. Später war ein Berg zu übersteigen; auf dem Paß, genannt der »Höllkogel«, stieß ich zur wegsamen Bezirksstraße, die durch Wald und Wald hinabführt in das Mürztal. In diesem lag ein weites Meer von Nebel, in welches ich sachte hineinkam, und die feuchte Luft fing an, einen Geruch zu haben, sie roch nach Steinkohlen; und die Luft fing an, fernen Lärm an mein Ohr zu tragen, denn im Tal hämmerten die Eisenwerke, rollte manchmal ein Eisenbahnzug über dröhnende Brücken.

Nach langer Wanderung ins Tal gekommen zur Landstraße, klingelte Schlittengeschelle, der Nebel ward grau und lichter, so daß ich die Fuhrwerke und Wandersleute, die für die Feiertage nach ihren Heimstätten reisten, schon auf kleine Strecken weit sehen konnte. Nachdem ich eine Stunde lang im Tal fortgegangen war, tauchte links an der Straße im Nebel ein dunkler Fleck auf, rechts auch einer, links mehrere, rechts eine ganze Reihe – das Dorf Langenwang.

Alles, was Zeit hatte, ging der Kirche zu, denn der Heilige Abend ist voller Vorahnung und Gottesweihe. Bevor noch die Messe anfing, schritt der hagere gebückte Schulmeister durch die Kirche, musterte die Andächtigen, als ob er jemanden suche. Endlich trat er an mich und fragte leise, ob ich ihm nicht die Orgel melken wolle, es sei der Mesnerbub krank. Voll Stolz und Freude, also zum Dienste des Herrn gewürdigt zu sein, ging ich mit ihm auf den Chor, um bei der heiligen Messe den Blasebalg der Orgel zu ziehen. Während ich die zwei langen Lederriemen abwechselnd aus dem Kasten zog, in welchen jeder derselben allemal wieder langsam hineinkroch, orgelte der Schulmeister, und seine Tochter sang also:

»Tauet, Himmel, den Gerechten,
Wolken, regnet ihn herab!
Also rief in bangen Nächten
einst die Welt, ein weites Grab.
In von Gott verhaßten Gründen
herrschten Satan, Tod und Sünden,
fest verschlossen war das Tor
zu dem Himmelreich empor.«

Ferner erinnere ich mich, an jenem Morgen nach dem Gottesdienst in der dämmerigen Kirche vor ein Heiligenbild hingekniet zu sein und gebetet zu haben um Glück und Segen zur Erfüllung meiner bevorstehenden Aufgabe. Das Bild stellte die vierzehn Nothelfer dar – einer wird doch dabei sein, der zur Eintreibung von Schulden behilflich ist. Es schien mir aber, als schiebe während meines Gebetes auf dem Bilde einer sich sachte hinter den anderen zurück.

Trotzdem ging ich guten Mutes hinaus in den nebligen Tag, wo alles emsig war in der Vorbereitung zum Fest, und ging dem Haus des Holzhändlers Spreitzegger zu. Als ich daran war, zur vorderen Tür hineinzugehen, wollte der alte Spreitzegger, soviel ich mir später reimte, durch die hintere Tür entwischen. Es wäre ihm gelungen, wenn mir nicht im Augenblick geschwant hätte: Peter, geh nicht zur vorderen Tür ins Haus wie ein Herr, sei demütig, geh zur hinteren Tür hinein, wie es dem Waldbauernbuben geziemt. Und knapp an der hinteren Türe trafen wir uns.

»Ah, Bübel, du willst dich wärmen gehen«, sagte er mit geschmeidiger Stimme und deutete ins Haus, »na, geh dich nur wärmen. Ist kalt heut!« Und wollte davon.

»Mir ist nicht kalt«, antwortete ich, »aber mein Vater läßt den Spreitzegger schön grüßen und bitten ums Geld.«

»Ums Geld? Wieso?« fragte er, »ja richtig, du bist der Waldbauernbub. Bist früh aufgestanden, heut, wenn du schon den weiten Weg kommst. Rast nur ab. Und ich laß deinen Vater auch schön grüßen und glückliche Feiertage wünschen; ich komm ohnehin ehzeit einmal zu euch hinauf, nachher wollen wir schon gleich werden.« Fast verschlug's mir die Rede, stand doch unser ganzes Weihnachtsmal in Gefahr vor solchem Bescheid.

»Bitt wohl von Herzen schön ums Geld, muß Mehl kaufen und Schmalz und Salz, und ich darf nicht heimkommen mit leerem Sack.«

Er schaute mich starr an. »Du kannst es!« brummte er, zerrte mit zäher Gebärde seine große rote Brieftasche hervor, zupfte in den Papieren, die wahrscheinlich nicht pure Banknoten waren, zog einen Gulden heraus und sagte: »Na, so nimm derweil das, in vierzehn Tagen wird dein Vater den Rest schon kriegen. Heut hab ich nicht mehr.«

Den Gulden schob er mir in die Hand, ging davon und ließ mich stehen.

Ich blieb aber nicht stehen, sondern ging zum Kaufmann Doppelreiter. Dort begehrte ich ruhig und gemessen, als ob nichts wäre, zwei Maßel Semmelmehl, zwei Pfund Rindschmalz, um zwei Groschen Salz, um einen Groschen Germ, um fünf Kreuzer Weinbeerln, um fünf Groschen Zucker, um zwei Groschen Safran und um zwei Kreuzer Neugewürz. Der Herr Doppelreiter bediente mich selbst und machte mir alles hübsch zurecht in Päckchen und Tütchen, die er dann mit Bindfaden zusammen in ein einziges Paket band und an den Mehlsack so hing, daß ich das Ding über der Achsel tragen konnte, vorne ein Bündel und hinten ein Bündel.

Als das geschehen war, fragte ich mit einer nicht minder tückischen Ruhe als vorhin, was das alles zusammen ausmache?

»Das macht drei Gulden fünfzehn Kreuzer«, antwortete er mit Kreide und Mund.

»Ja, ist schon recht«, hierauf ich, »da ist derweil ein Gulden, und das andere wird mein Vater, der Waldbauer in Alpel, zu Ostern zahlen.«

Schaute mich der bedauernswerte Mann an und fragte höchst ungleich: »Zu Ostern? In welchem Jahr?«

»Na nächst Ostern, wenn die Kohlenraitung ist.«

Nun mischte sich die Frau Doppelreiterin, die andere Kunden bediente, drein und sagte: »Laß ihm's nur, Mann, der Waldbauer hat schon öfter auf Borg genommen und nachher allemal ordentlich bezahlt. Laß ihm's nur.«

»Ich laß ihm's ja, werd ihm's nicht wieder wegnehmen«, antwortete der Doppelreiter. Das war doch ein bequemer Kaufmann! Jetzt fielen mir auch die Semmeln ein, welche meine Mutter noch bestellt hatte.

»Kann man da nicht auch fünf Semmeln haben?« fragte ich.

»Semmeln kriegt man beim Bäcker«, sagte der Kaufmann.

Das wußte ich nun gleichwohl, nur hatte ich mein Lebtag nichts davon gehört, daß man ein paar Semmeln auf Borg nimmt, daher vertraute ich der Kaufmännin, die sofort als Gönnerin zu betrachten war, meine vollständige Zahlungsunfähigkeit. Sie gab mir zwei bare Groschen für Semmeln, und als sie nun noch beobachtete, wie meine Augen mit den reiffeuchten Wimpern fast unablösbar an den gedörrten Zwetschgen hingen, die sie einer alten Frau in den Korb tat, reichte sie mir auch noch eine Handvoll dieser köstlichen Sache zu: »Unterwegs zum Naschen.«

Nicht lange hernach, und ich trabte mit meinen Gütern reich und schwer bepackt durch die breite Dorfgasse dahin. Überall in den Häusern wurde gemetzgert, gebacken, gebraten, gekellert; ich beneidete die Leute nicht; ich bedauerte sie vielmehr, daß sie nicht ich waren, der mit so großem Segen beladen gen Alpel zog. Das wird morgen ein Christtag werden! Denn die Mutter kann's, wenn sie die Sachen hat. Ein Schwein ist ja auch geschlachtet worden daheim, das gibt Fleischbrühe mit Semmelbrocken, Speckfleck, Würste, Nierenlümperln, Knödelfleisch mit Kren (Meerrettich), dann erst die Krapfen, die Zuckernudeln, das Schmalzkoch mit Weinbeerln und Safran! – Die Herrenleut da in Langenwang haben so was alle Tag, das ist nichts, aber wir haben es im Jahr einmal und kommen mit unverdorbenem Magen dazu, das ist was! – Und doch dachte ich auf diesem belasteten Freudenmarsch weniger noch ans Essen, als an das liebe Christkind und sein hochheiliges Fest. Am Abend, wenn ich nach Hause komme, werde ich aus der Bibel davon vorlesen, die Mutter und die Magd Mirzel werden Weihnachtslieder singen; dann, wenn es zehn Uhr wird, werden wir uns aufmachen nach Sankt Kathrein, und in der Kirche die feierliche Christmette begehen bei Glocken, Musik und unzähligen Lichtern. Und am Seitenaltar ist das Krippel aufgerichtet mit Ochs und Esel und den Hirten, und auf dem Berg die Stadt Bethlehem und darüber die Engel, singend: Ehre sei Gott in der Höhe! – Diese Gedanken trugen mich anfangs wie Flügel. Doch als ich eine Weile die schlittenglatte Landstraße dahingegangen war, unter den Füßen knirschenden Schnee, mußte ich mein Doppelbündel schon einmal wechseln von einer Achsel auf die andere.

In der Nähe des Wirtshauses »Zum Sprengzaun« kam mir etwas Vierspänniges entgegen. Ein leichtes Schlittlein mit vier feurigen, hochaufgefederten Rappen bespannt, auf dem Bock ein Kutscher mit glänzenden Knöpfen und einem Buttenhut. Der Kaiser? Nein, der Herr Wachtler vom Schloß Hohenwang saß im Schlitten, über und über in Pelze gehüllt und eine Zigarre schmauchend. Ich blieb stehen, schaute dem blitzschnell vorüberrutschenden Zeug eine Weile nach und dachte: Etwas krumm ist es doch eingerichtet auf dieser Welt; da sitzt ein starker Mann drin und läßt sich hinziehen mit so viel überschüssiger Kraft, und ich vermag mein Bündel kaum zu schleppen.

Mittlerweile war es Mittagszeit geworden. Durch den Nebel war die milchweiße Scheibe der Sonne zu sehen; sie war nicht hoch an dem Himmel hinaufgestiegen, denn um vier Uhr wollte sie ja wieder unten sein, zur langen Christnacht. Ich fühlte in den Beinen manchmal so ein heißes Prickeln, das bis in die Brust heraufstieg, es zitterten mir die Glieder. Nicht weit von der Stelle, wo der Weg nach Alpel abzweigt, stand ein Kreuz mit dem lebensgroßen Bild des Heilands. Es stand wie es heute noch steht, an seinem Fuß Johannes und Magdalena, das Ganze mit einem Bretterverschlag verwahrt, so daß es wie eine Kapelle war. Vor dem Kreuz auf die Bank, die für kniende Beter bestimmt ist, setzte ich mich nieder, um Mittag zu halten. Eine Semmel, die gehörte mir, meine Neigung zu ihr war so groß, daß ich sie am liebsten in wenigen Bissen verschluckt hätte. Allein das schnelle Schlucken ist nicht gesund, das wußte ich von anderen Leuten, und das langsame Essen macht einen längeren Genuß, das wußte ich schon von mir selber. Also beschloß ich, die Semmel recht gemächlich und bedächtig zu genießen, und dazwischen manchmal eine gedörrte Zwetschge zu naschen.

Es war eine sehr köstliche Mahlzeit; wenn ich heute etwas recht Gutes haben will, das kostet außerordentliche Anstrengungen aller Art; ach, wenn man nie und nie einen Mangel zu leiden hat, wie ist man da arm!

Und wie war ich so reich damals, als ich arm war!

Als ich nach der Mahlzeit mein Doppelbündel wieder auflud, war's ein Spaß mit ihm, flink ging es voran. Als ich später in die Bergwälder hinaufkam, und der graue Nebel dicht in den schneebeschwerten Bäumen hing, dachte ich an den Grabler Hansel. Das war ein Kohlenführer, der täglich von Alpel seine Fuhre ins Mürztal lieferte. Wenn er auch heute gefahren wäre! Und wenn er jetzt heimwärts mit dem leeren Schlitten des Weges käme und mir das Bündel auflüde! Und am Ende gar mich selber! Daß es so heiß sein kann im Winter! Mitten in Schnee und Eisschollen schwitzen! Doch morgen wird alle Mühsal vergessen sein. – Derlei Gedanken und Vorstellungen verkürzten mir unterwegs die Zeit.

Auf einmal roch ich starken Tabakrauch. Knapp hinter mir ging –

ganz leise auftretend – der grüne Kilian. Der Kilian war früher einige Zeit lang Forstgehilfe in den gewerkschaftlichen Waldungen gewesen, jetzt war er's nicht mehr, wohnte mit seiner Familie in einer Hütte drüben in der Fischbacher Gegend, man wußte nicht recht, was er trieb. Nun ging er nach Hause. Er hatte einen Korb auf dem Rücken, an dem er nicht schwer zu tragen schien, sein Gewand war noch ein jägermäßiges, aber hübsch abgetragen, und sein schwarzer Vollbart ließ nicht viel sehen von seinem etwas fahlen Gesicht. Als ich ihn bemerkt hatte, nahm er die Pfeife aus dem Mund, lachte laut und sagte: »Wo schiebst denn hin, Bub?«

»Heim zu«, meine Antwort.

»Was schleppst denn?«

»Sachen für den Christtag.«

»Gute Sachen? Der Tausend sapperment! Wem gehörst denn zu?«

»Dem Waldbauer.«

»Zum Waldbauer willst gar hinauf! Da mußt gut antauchen.«

»Tu's schon«, sagte ich und tauchte an.

»Nach einem solchen Marsch wirst gut schlafen bei der Nacht«, versetzte der Kilian, mit mir gleichen Schritt haltend.

»Heut wird nicht geschlafen bei der Nacht, heut ist Christnacht.«

»Was willst denn sonst tun, als schlafen bei der Nacht?«

»Nach Kathrein in die Mette gehen.«

»Nach Kathrein?« fragte er, »den weiten Weg?«

»Um zehn Uhr abends gehen wir von Haus fort und um drei Uhr früh sind wir wieder daheim.«

Der Kilian biß in sein Pfeifenrohr und sagte: »Na hörst du, da gehört viel Christentum dazu. Beim Tag ins Mürztal und bei der Nacht in die Mett nach Kathrein! So viel Christentum hab ich nicht, aber das sage ich dir doch: wenn du dein Bündel in meinen Buckelkorb tun willst, daß ich es eine Zeitlang trag und du dich ausrasten kannst, so hast ganz recht, warum soll der alte Esel nicht auch einmal tragen!«

Damit war ich einverstanden, und während mein Bündel in seinen Korb sank, dachte ich: Der grüne Kilian ist halt doch ein besserer Mensch, als man sagt.

Dann rückten wir wieder an, ich huschte frei und leicht neben ihm her.

»Ja ja, die Weihnachten!« sagte der Kilian pfauchend, »da geht's halt drunter und drüber. Da reden sich die Leut in eine Aufregung und Frömmigkeit hinein, die gar nicht wahr ist. Im Grunde ist der Christtag wie jeder andere Tag, nicht ein Knopf anders. Der Reiche, ja, der hat jeden Tag Christtag, unsereiner hat jeden Tag Karfreitag.«

»Der Karfreitag ist auch schön«, war meine Meinung.

»Ja, wer genug Fische und Butter und Eier und Kuchen und Krapfen hat zum Fasten!« lachte der Kilian.

Mir kam sein Reden etwas heidentümlich vor. Doch was er noch weiter sagte, das verstand ich nicht mehr; denn er hatte angefangen, sehr heftig zu gehen, und ich konnte nicht recht nachkommen. Ich rutschte auf dem glitschigen Schnee mit jedem Schritt ein Stückchen zurück, der Kilian hatte Fußeisen angeschnallt, hatte lange Beine, war nicht abgemattet – da ging's freilich voran.

»Herr Kilian!« rief ich.

Er hörte es nicht. Der Abstand zwischen uns wurde immer größer, bei Wegbiegungen entschwand er mir manchmal ganz aus den Augen, um nachher wieder in größerer Entfernung, halb schon von Nebeldämmerung verhüllt, aufzutauchen. Jetzt wurde mir bang um mein Bündel. Kamen wir ja doch schon dem Höllkogel nahe. Das ist jene Stelle, wo der Weg nach Alpel und der Weg nach Fischbach sich gabeln. Ich hub an zu laufen; im Angesicht der Gefahr war alle Müdigkeit dahin, ich lief wie ein Hündlein und kam ihm näher. Was wollte ich aber anfangen, wenn ich ihn eingeholt hätte, wenn ihm der Wille fehlte, die Sachen herzugeben, und mir die Kraft, sie zu nehmen? Das kann ein schönes Ende werden mit diesem Tag; denn die Sachen lasse ich nicht im Stich, und sollte ich ihm nachlaufen müssen bis hinter den Fischbacher Wald zu seiner Hütte!

Als wir denn beide so merkwürdig schnell vorwärts kamen, holten wir ein Schlittengespann ein, das vor uns mit zwei grauen Ochsen und einem schwarzen Kohlenführer langsam des Weges schliff. Der Grabler Hansel. Mein grüner Kilian wollte schon an dem Gespann vorüberhuschen, da schrie ich von hinten her aus Leibeskräften: »Hansel! Hansel! Sei so gut, leg mir meine Christtagsachen auf den Schlitten, der Kilian hat sie im Korb, und er soll sie dir geben!«

Mein Geschrei muß wohl sehr angstvoll gewesen sein, denn der Hansel sprang sofort von seinem Schlitten und nahm tatbereite Haltung an. Und wie der Kilian merkte, ich hätte hier einen Bundesgenossen, riß er sich den Korb vom Rücken und schleuderte das

Bündel auf den Schlitten. Noch knirschte er etwas von »dummen Bären« und »Undankbarkeit«, dann war er aber auch schon davon.

Der Hansel rückte das Bündel zurecht und fragte, ob man sich draufsetzen dürfe. Das bat ich nicht zu tun.

So tat er's auch nicht, wir setzten uns hübsch nebeneinander auf den Schlitten, und ich hielt auf dem Schoß sorgfältig mit beiden Händen die Sachen für den Christtag. So kamen wir endlich nach Alpel. Als wir zur ersten Fresenbrücke gekommen waren, sagte der Hansel zu den Ochsen: »Oha!« und zu mir: »So!« Die Ochsen verstanden und blieben stehen, ich verstand nicht und blieb sitzen. Aber nicht mehr lange, es war ja zum Aussteigen; denn der Hansel mußte links in den Graben hinein und ich rechts den Berg hinauf.

»Dank dir's Gott, Hansel!«

»Ist schon gut, Peterl.«

Zur Zeit, da ich mit meiner Last den steilen Berg hinaufstieg gegen mein Vaterhaus, begann es zu dämmern und zu schneien. Und zuletzt war ich doch daheim.

»Hast alles?« fragte die Mutter am Kochherd mir entgegen.

»Alles!«

»Brav bist. Und hungrig wirst sein.«

Beides ließ ich gelten. Sogleich zog die Mutter mir die klingendhart gefrorenen Schuhe von den Füßen, denn ich wollte, daß sie frisch eingefettet würden für den nächtlichen Mettengang. Dann setzte ich mich in der warmen Stube zum Essen.

Aber siehe, während des Essens geht es zu Ende mit meiner Erinnerung. – Als ich wieder zu mir kam, lag ich wohlausgeschlafen in meinem warmen Bett, und zum kleinen Fenster herein schien die Morgensonne des Christtages.

Peter Rosegger

Dort oben auf dem Berge,
Da rauscht der Wind,
Da sitzet Maria
Und wieget ihr Kind.
Sie wiegt es mit ihrer schlohengelweißen Hand,
Dazu braucht sie kein Wiegenband.

16. Jahrhundert

Martin Schongauer

Weihnachtsglocken

Weihnachtsglocken, wieder, wieder
Sänftigt und bestürmt ihr mich.
Kommt, o kommt, ihr hohen Lieder,
Nehmt mich, überwältigt mich!

Daß ich in die Knie fallen,
Daß ich wieder Kind sein kann,
Wie als Kind Herr Jesus lallen
Und die Hände falten kann.

Denn ich fühl's, die Liebe lebt, lebt,
Die mit ihm geboren wurde,
Ob sie gleich von Tod zu Tod schwebt,
Ob er gleich gekreuzigt wurde.

Fühl's, wie alle Brüder werden,
Wenn wir hilflos, Mensch zu Menschen,
Stammeln: »Friede sei auf Erden
Und ein Wohlgefall'n am Menschen!«

Richard Dehmel

Weihnacht

Eine Rose hat geblühet
Also süß, geheimnisreich,
Daß selbst Gott für sie erglühet,
Und geworden Menschen gleich.

Keuschheit, Innigkeit und Demut
Schmückten sie mit Farb und Duft,
Daß ihr Reiz mit frommer Wehmut
Bis zum Throne Gottes ruft.

Also hat ihr Duft gezogen,
Daß den Stärksten sie bezwang,

Daß ihr an das Herz geflogen
Ist der Held, um den sie rang.

Daß, der erste und der letzte,
Des allmächt'gen Gottes Sohn
In den Schoß der Rose setzte
Aus dem Himmel seinen Thron.

Wie das Einhorn kömmt gesprungen
Gern zu reiner Jungfraun Schoß
Und sein Haupt, das nie bezwungen,
Beuget aller Wildheit bloß,

So ihr inniges Verlangen
Zog den Helden in das Land,
Und sie band, den sie gefangen,
Mit der Liebe stärkstem Band.

Lieblich hat sie ihn empfangen,
Ach er grüßte so vertraut!
Und sie hat ihn süß umfangen,
Wie den Bräutigam die Braut,

Führt ihn ein zum Heiligtume,
In des Herzens Kämmerlein,
Wo mit ihm die reine Blume
Mutterselig war allein.

Wo sie den Geliebten legte
In ein Bettlein keusch und rein,
Und ihm, den sie lieblich pflegte,
Schenkte süßen Balsam ein,

Daß der ganz von Lieb' Berauschte
Schlummernd dort neun Monde lag,
Und sein eignes Herz belauschte
In des Mutterherzens Schlag.

Und als nun der Held erwachte,
O da war der Starke lind!

Der da Erd' und Himmel machte,
War ein kleines, süßes Kind.

Den Unfaßlichen die Rose
Bindet fest in Tüchlein ein,
Wiegt ihn spielend ein im Schoße,
Legt ihn in ein Krippelein.

Und durch Demut führt die Holde
Den Allmächt'gen nah und fern,
Hin und wieder, wo sie wollte,
Führt den Herrn die Magd des Herrn,

Bringt zum Tempel den Geliebten,
Setzt ihn auf ein Eselein,

Führt ihn fern bis in Ägypten,
Und er folgt dem Mütterlein,

Flüchtet durch die dürre Wüste
Ihren Schöpfer vor Gefahr,
Und es nähren ihre Brüste
Ihren Gott, den sie gebar.

Führet ihren Gott zurücke
An der treuen Mutterhand,
Als erlosch des Feindes Tücke,
In sein ird'sches Vaterland.

Führt zu seines Tempels Hallen
Den Allmächtigen, ein Kind,
Lehrt ihn die Gebete lallen,
Die ihm selbst gebetet sind.

Und als sie im Tempel lehrend
Den Vermißten wiederfand,
Folgt er ihre Mahnung ehrend
Wie ein Kind am Gängelband.

Wie geschah dem Gottessohne
Als der edlen Rose Duft
Bis zum hohen Himmelsthrone
Aus den Erdendornen ruft,

Ganz in Liebe er erglühte
Los er sich vom Vater wand,
Sprang zur wundersüßen Blüte,
Die da in den Dornen stand.

Hat die Dornen wohl empfunden,
Ward wohl selbst ein Röslein rot,
Blutete, von Dorn umwunden,
Aus fünf Rosen sich zu tot.

Und empfangen von der Rose
Süß nach weiblicher Natur

Folgt allein er dem Gekose
Ihres lieben Willens nur.

Und als ihn die Süße, Holde
Schloß im keuschen Herzen ein,
Wo sie nur ihn haben wollte,
Trank er also süßen Wein,

Daß der Gottheit unermessen
Und der Engel lichte Pracht
Er im Mutterschoß vergessen,
Wenn die Jungfrau niederlacht,

Und mit lieblicher Gebärde
Hüllt sie in ein Knechtsgewand,

Den, der Himmel schuf und Erde,
Liebe zwingt zu niederm Stand.

Zwinget in dem Sklavenkleide
Ihn so manches bitt're Jahr,
Daß er tue, daß er leide,
Was er nicht gewöhnet war.

Und als nun im Todeskleide
Er ins Elend trat hinaus,
Daß das Lamm in Dornen weide,
Brach es laut in Tränen aus.

Fühlte gleich die Dornen stechen
Nach des Rosenbettleins Ruh',
Und es war, als wollt' er sprechen:
Ach! Wie komme ich dazu?

Und Maria lächelt freudig
Dem gefangnen Königssohn,
Mit dir lieb' ich, mit dir leid' ich,
Doch du kommst mir nicht davon!

Gott sei Preis, daß fest gebunden
Ich durch Liebe dich, o Held!
Hat dich Liebe überwunden,
So besieg' mir nun die Welt!

Eh' dein Vater zu der Rechten
Dich, o Sohn, erhöhen soll,
Werd' erst Gnade seinen Knechten,
Denn er hieß mich gnadenvoll!

Adam und all seine Kinder
Mußt du erst vom Zorn befrein,
Dann magst du, o Trost der Sünder,
Wieder bei dem Vater sein.

Und daß dieser nicht dem Sohne,
Und der Sohn sein selber nicht

Zu der Sünder Heil verschone,
Ging die Liebe ins Gericht.

Und es gab das Kind der Rose
All sein Blut so rosenrot,
Fiel aus seiner Mutter Schoße
In die Dornen, in den Tod.

Ach die Sünder kosten teuer
Kosten Schmerzen ihn genug,
Bis er aus des Zornes Feuer
Sie ins Bad der Gnade trug.

Und wer nun hier in der Rose
Fein das süße Kindlein sieht,
Dank', daß aus der Jungfrau Schoße
Ihm auch ist das Heil erblüht!

Hab' dies Weihnachtslied gesungen
Von dem süßen Rosenkind,
Bin von Dornen so umschlungen,
Daß ich wund und krank und blind.

Ist drum nicht dies Lied gelungen,
Mag es sein, weil wie ein Kind
In den Dornbusch ich gedrungen,
Daß ich dir ein Sträußlein bind'.

Hab' nur Dornen mir gesammelt,
Geb' dir all die Rosen hin,
O vergib dem Schmerz der stammelt,
Laß mich scheinen, was ich bin.

Clemens Brentano

Krippenlied aus dem St. Oswalder Weihnachtsspiel

Maria:

Jesulein, schön's Kindelein,
Bist so gar verlassen!
Liegt im kalten Krippelein
Schier auf freier Straßen.
Jesulein, schön's Kindelein,
Soll dich denn nicht frieren?
Liegt im kalten Krippelein
Zwischen zweien Tieren!

Joseph:

Da zwischen Ochs und Eselein
Liegst du im schlechten Stalle;
O kommt, o kommt, ihr Vögelein!
Laßt eure Stimm' erschallen.
Die Nachtigall kommt auch herbei,
Läßt ihre Stimm' erschallen,
Sie setzt sich auf das Krippelein
Und singt dem kleinen Kindelein.

Maria:

O Joseph, liebster Joseph mein!
Das Kindlein will nit schlafen,
Es friert in seine Füßelein,
Und hat die Äuglein offen.
O schlaf! Du armes Jesulein
In deinem kalten Krippelein!
Schlaf, Jesulein!

Volkstümlich

Weihnachten bei Theodor Storm

Unser Vater war ein echter, rechter Weihnachtsmann, er wußte jedes Fest erst recht zu einem Fest zu gestalten. Den ganzen Zauber der Weihnacht seiner Kindheit wußte er in unsere Weihnacht zu übertragen. Und so feiern auch wir, seine Kinder, unsere Weihnachtsfeste ganz im Sinne unseres Vaters. Der Weihnachtsbaum wird genauso geschmückt, wie er einst ihm geschmückt wurde, die Kuchen nach den althergebrachten Familienrezepten gebacken, wie sie schon sein Kinderherz entzückten.

Wenn das alte, liebe Weihnachtsfest wieder naht und ich mich in eine rechte Weihnachtsstimmung versetzen will, setze ich mich in der Dämmerung in einen tiefen Lehnstuhl. Von draußen wirft die Laterne traulich ein mattes Licht durch die Fenster. Ich schließe die Augen, und bald bin ich daheim in unserem großen, alten Haus in Husum in der Wasserreihe. Meine Geschwister und ich, wir sind wieder Kinder.

Es wird wieder einmal Weihnachten und wir Kinder leben in goldenen Träumen, bis das im Leben so seltene Wunder eintritt, daß diese Träume in dem brennenden Weihnachtsbaum verkörpert vor uns stehen. Draußen auf den stillen Wegen des Gartens, den Sträuchern und alten Bäumen, liegt glitzernder Schnee. Im ganzen Hause duftet es nach Tannen und braunen Weihnachtskuchen. Feststimmung guckt schon aus allen Ecken, wie eine Ahnung von Weihnachtsabend.

Es weihnachtet sehr – die Heimlichkeiten wachsen mit jedem Tage. Vater schließt sich immer häufiger in seiner Studierstube ein, und wir Kinder, die wir um die Zeit der heiligen Weihnacht gerne an den Türen lauschen, hören ihn die Tür des Nußbaumschrankes öffnen und leise wieder schließen. Dieser Nußbaumschrank birgt in seinem Inneren alle Geheimnisse und Wunder fürs Weihnachtsfest. In einem unbewachten Augenblick treten wir doch ins Zimmer. Vater schließt schnell den Schrank, dann nimmt er uns in seine Arme, macht ein geheimnisvolles Gesicht, sieht uns innig an und sagt mit leiser Stimme nur das Wort »Weihnachten«.

In der Eßstube ist großes Kuchenbacken. Unsere Mutter und die Mädchen stehen mit aufgekrempelten Ärmeln. Sie rollen weißen und braunen Kuchenteig aus, der in großen Steintöpfen um den Ofen herumsteht.

Große schwarze Platten stehen bereit, die verschieden geformten

Kuchen aufzunehmen, die dann von den Mädchen zum Bäcker getragen werden.

Auch wir Kinder haben unseren Teil bekommen. Wir stehen an unserem kleinen Kindertisch, ein weißes Nachthemd über unsere Kleider, ein gezipfeltes Taschentuch auf dem Kopf. Jedes von uns hat ein Klümpchen weißen und braunen Kuchenteig vor sich, der bald unter unseren geschäftigen kleinen Händen in die wunderbarsten Dinge gewandelt wird. Die Tür öffnet sich und unser Vater tritt mit dem freundlichsten Leuchten seiner blauen Poetenaugen ins Zimmer.

»Ihr seid ja alle gewaltig in der Fahrt«, neckt er und bewundert unsere herrlichen Schöpfungen, von denen man meistens nicht zu erkennen vermag, was sie vorstellen sollen. Es beginnt nun ein heimliches Geflüster zwischen Vater und uns, und es gelingt uns, Vater einige kleine Weihnachtsüberraschungen verraten zu lassen, die unsere Freude am Weihnachtsabend keineswegs verringert.

»Morgen wollen wir vergolden und Netze schneiden«, spricht Vater verheißungsvoll.

Wenn wir in ein bestimmtes Alter gekommen waren, durften wir vergolden helfen und Netze schneiden. Die langen schmalen Streifen Rauschgold wurden freilich nur von unserem Vater geschnitten, mit seiner großen alten Papierschere, die ich so deutlich vor mir sehe. –

Morgen ist heute geworden und Vater nimmt uns mit in seine Studierstube. Die dunkle Holztäfelung der Decke, die tiefrote behagliche Färbung der Wände, an denen rings herum die Bücherregale laufen, und über dem Tisch die helleuchtende Lampe schauen uns behaglich und gar verheißungsvoll an. Auf dem Tisch ausgebreitet liegen Nüsse, Tannenzapfen, Eier und Schaumgold. Wir setzen uns alle um den Tisch und beginnen nach Vaters Anordnung Watte in Eiweiß zu tauchen, mit der wir vorsichtig die Nüsse und Tannenzapfen betupfen. Dann wird ein Stück Schaumgold auf die befeuchtete Stelle gelegt und vorsichtig mit Watte angetupft. Nun werden zwölf Netze vom feinsten weißen Konzeptpapier geschnitten. Uns Kindern klopft das Herz dabei: »wenn wir nun die Spitzen abschneiden!« In die Netze kommen große, viereckige Bonbons, die wir alter Tradition gemäß in farbige Papiere wickeln, die durchaus die Farben Grün, Gold und Hausrot haben müssen.

Auf diese Netze, in denen schon seine Kinderträume hingen, legte unser Vater besonderen Wert. Wer von uns zum erstenmal in seinem kleinen Leben ein solches wunderbares Netz tadellos ausgeführt hatte, kam sich vor, als sei er nun erst ein fertiger kleiner Mensch geworden.

Die weißen Netze sind geschnitten und tadellos zu unseres Vaters innigster Befriedigung ausgefallen. Goldene Nüsse, Eier und Tannenzapfen heben sich leuchtend von der dunklen Tischplatte ab. Wir Kinder stehen ermüdet auf und wollen zu Bett gehen. Vater tritt ans Fenster, öffnet weit beide Flügel. – Der Mond scheint, und wir Kinder sehen deutlich zwischen Vaters ausgebreiteten Armen in den beschneiten Garten. Da spricht Vater mit leiser, wie von Musik getragenen Stimme:

»Mondbeglänzte Zaubernacht,
Die den Sinn gefangen hält,
Wunderbare Märchenwelt,
Steig auf in der alten Pracht.«

Wir gehen still und nehmen den Zauber dieser Stimmung mit in unsere Träume, aus denen wir mit dem seligen Bewußtsein erwachen: »Heute ist er, der heilige Abend.« Nun beginnt ein buntes Treiben im Hause. Vater trägt alle seine Schätze selbst ins Weihnachtszimmer, in dem die zwölf Fuß hohe Tanne schon ihres Schmuckes wartet. Wir Kinder schmücken in unserer Kinderstube ein kleines, bescheidenes Bäumchen für arme Kinder. Wir haben ihn von unserem eigenen Geld erstanden. Vater und Mama schließen sich unten ins große Weihnachtszimmer ein, gleich wenn man in den Flur tritt links, und der Märchenbaum fängt an, sich zu entfalten. Die Brüder Hans und Ernst kommen heim, und Karl, unser stiller Musikant. Heute muß Vater alle seine Kinder um sich versammelt haben, um ein rechtes Weihnachtsgefühl zu empfinden. Die Fenster der Weihnachtsstube sind dicht verhangen, die vielen Türen, die ins Reich der Weihnachtswunder führen, verschlossen. Wir schleichen an die Fenster und knien vor denTüren. Meine jüngste Schwester Dodo hat ein besonderes Talent, mit unserer Mutter, verborgen in den Falten ihres Kleides, in die Weihnachtsstube zu schlüpfen.

Vom frühen Morgen an kommen Scharen von Kindern, die von Haus zu Haus ziehen und im Flur ihre hellen Kinderstimmen ertönen lassen: »Vom Himmel hoch da komm ich her«. Ein großer Korb mit Wasserkringeln steht schon bereit, mit denen die kleinen

Sänger belohnt werden. Mittags wird nach althergebrachter Sitte Kaffee getrunken und Butterbrot gegessen. Der Kaffeekanne entströmt an diesem Tage ein wundersamer Duft, so duftet er nur einmal im Jahr, und die Butterbrote schmecken uns wie der schönste Kuchen.

Am Nachmittag wandern wir Kinder, jedes ein Körbchen am Arm, ins Kloster St. Jürgen. Wir wollen zwei alte Großtanten dort bescheren, »Tante Anna und Tante Christine«. Tante Anna wird von uns bevorzugt. In ihrem kleinen, behaglichen Altjungfernstübchen liegen wir schließlich auf der Erde vorm offenen Ofen und schauen in die rote Glut der verglimmenden Kohlen. Die liebe, alte Tante sitzt im alten Lehnstuhl neben uns, ihr feines altes Gesicht von einer weißen Spitzenhaube umrahmt. Sie erzählt uns altmodische Kindergeschichten, an die sich immer eine Moral knüpft. Wir hören interessiert zu, knacken dabei Nüsse und werfen die Schalen in die rote Glut – das knistert so schön. – So vergeht die Zeit – vom Kirchturm drüben schlägt es halb fünf. Tante Anna hüllt uns sorgsam in unsere warmen Mäntel und Kapuzen und fort geht es.

Auf den Straßen liegt tiefe Dämmerung, der Schnee knirscht unter unseren Füßen. Schwärme von Kindern begegnen uns, hier und dort dringt aus einer geöffneten Haustür Gesang zu uns heraus. Wir fassen uns an den Händen und laufen und kommen atemlos heim. Im Flur bleiben wir stehen und singen, als gehörten wir zu den Sängern. Die Köchin kommt aus der Küche gelaufen mit den üblichen Wasserkringeln. Sie jagt uns lachend und scheltend in die Kinderstube. Wir werden nun festlich geschmückt und gehen dann in die Studierstube unseres Vaters, wo wir schon unsere Großmutter mit ihrer getreuen Lebensgefährtin, von uns »Tante Tine« genannt, und zwei alte Freunde des Hauses in behaglichem Geplauder vorfinden.

Seit dem Tode unseres Großvaters schaut Großmutter unserer Bescherung zu. Großvater war zwar niemals bei der Bescherung zugegen, aber wir wußten doch, er saß währenddessen behaglich in seinem Kontor und freute sich über die kleinen Sendungen an Geld und Viktualien – meistens ein großes Stück Rauchfleisch –, die er von dort aus an Kinder und Schwiegerkinder gespendet hatte.

Nun auch er in das Land der Vergangenheit gegangen ist, läßt die bunte Kinderfreude diesen Abend der Erinnerung sanft für unsere alte Großmutter vorübergehen.

Endlich ertönt der Klang der silbernen Glocke. Wir stürzen die

Treppe herunter, die Flügeltüren fliegen auf, wir treten ein, jung und alt. Ein starker Duft von Tannen, brennenden Lichtern und braunen Weihnachtskuchen schlägt uns entgegen – und da steht er, der brennende Baum, im vollen Lichterglanz. Ich will ihn mit meines Vaters eigenen Worten schildern:

»›Mit seinen Flittergoldfähnchen, seinen weißen Netzen und goldenen Eiern, die wie Kinderträume in den dunklen Zweigen hängen.‹« – Oder wie er in einem Brief an Freund Keller geschildert wird: »Der goldene Märchenzweig, dito die Traubenbüschel des Erlensamens und große Fichtenzapfen, an denen lebensgroße Kreuzschnäbel von Papiermaché sich anklammern. Rotkehlchen sitzen und fliegen in dem Tannengrün und eines sitzt und singt bei seinem Nest mit Eiern. Feine weiße Netze, deren Inhalt sorgsam in Gold- und andere in Lichtfarben gewählte Papiere gewickelt ist.«

Der Märchenzweig ist eine Erfindung meines Bruders Ernst. Ein großer Lärchenzweig wird ganz vergoldet und so in der Mitte des Baumes befestigt, daß er seine schlanken feinen Zweige nach allen Seiten ausbreitet. Ein Freund unseres Hauses, Regierungsrat Petersen, der derzeit in Schleswig lebte, taufte den so vergoldeten Zweig »Märchenzweig«. Freund Petersen und Vater tauschten alle Jahre kleine Weihnachtsüberraschungen aus. In einem Jahr brachte er Vater kurz vor Weihnachten das erste Paket »Lametta«. Vater schreibt darüber:

»Unser Tannenbaum hat in diesem Jahr besonderes Aufsehen erregt. Freund Petersen brachte am Sonntag vor Weihnachten eine Tüte märchenhafter Silberfäden. Mit diesen feinen Silberfäden wurde der Baum umsponnen, daß er aussah wie fliegender Sommer.« –

Unser Karl setzt sich ans Klavier und stimmt leise an: »Stille Nacht, heilige Nacht«. Wir alle stimmen ein. Das Weihnachtslied ist verklungen, wir umstehen den Baum und lassen die Wunder der Weihnacht still auf uns wirken. Vater nickt uns bewegt zu, legt den Arm um unsere Mutter und führt wie immer sie zuerst zu ihren Gaben, die geheimnisvoll umhüllt sind. Mitten auf dem Tisch steht zu Mamas grenzenloser Verwunderung Vaters Pelzmütze. Mama erfaßt sie zögernd, ihr Blick hängt fragend an dem unseres Vaters – und hervor rollt eine große Papierkugel. Ein Papier nach dem andern wird abgewickelt, bis sich schließlich in einem kleinen Kästchen verborgen ein feiner, goldener Ring dem erstaunten Blick zeigt. Eine Schlange, die sich in den Schwanz beißt, ein solcher Ring war ein langgehegter Wunsch meiner Mutter. Vater erwartet leuchtenden Auges die Wirkung seiner Überraschung. Meine Schwester Ebbe sagte einmal bei solcher Gelegenheit: »Vater hat ein Weihnachtslicht in den Augen«. Nun führt Vater jedes seiner Kinder zu ihren Gaben, uns Kleine zuerst. Puppen – wohin wir sehen, kleine und große – und Bücher, die durften niemals auf unserem Weihnachtstisch fehlen.

Wir haben uns müde gespielt – wir nehmen unsere Weihnachtsbücher und setzen uns im trauten Schein des Lichterbaumes und lesen. Gar verführerisch ist es, heimlich ein Stückchen Zuckerwerk abzuzupfen und es ebenso heimlich zu verzehren. Vater tritt leise zu uns unter den Tanenbaum, streicht uns sanft mit seiner Hand übers Haar und fragt: »Hab' ich' s getroffen?«

Nachdem sich das erste Entzücken gelegt hat, bringt die Köchin das messingene Kohlenkomfort, auf dem gar bald der blitzblank

geputzte Teekessel ein melodisches Lied anstimmt, und der Duft feinsten Tees vermischt sich mit dem der Tanne und der braunen Weihnachtskuchen. Die beiden Mädchen in den gleichen maiengrünen Festgewändern, mit Häubchen und blendend weißen Schürzen angetan, präsentieren den Tee, wir Kinder den knusperigen Weihnachtskuchen. So sitzen wir recht traut beisammen.

Da erklingt von draußen, vom Vorplatz, der Gesang einer tiefen melodischen Altstimme zu uns herein:

»O du fröhliche,
O du selige,
Gnadenbringende Weihnachtszeit.«

Ein helles Leuchten verklärt das liebe Angesicht unseres Vaters, er steht leise auf, öffnet die Tür und zieht ein gar liebliches kleines Bettelmädchen herein.

Das Kind, mit von der Kälte geröteten Wangen, strahlenden Kinderaugen, das Gesichtchen von blonden Locken umrahmt, bleibt stumm und wie verzaubert im Türrahmen stehen.

Wir alle umstehen sie, sie muß noch einmal ihre glockenreine Stimme hören lassen. Dann erfaßt Vater eines ihrer schmutzigen kleinen Händchen und fragt sie liebreich:

»Was willst du nun haben, etwas zu essen oder Kuchen?«

»Danke, ich habe schon gegessen«, spricht das Kind zu unserer grenzenlosen Freude. Da heißt mein Vater sie ihr Schürzchen auftun, Mama nimmt vom Tisch einen vollen Teller Weihnachtskuchen und schüttet sie in die ausgebreitete Schürze.

Voll leuchtenden Dankes schaut das Kind zu Mama auf, wirft noch einen scheuen Blick auf all den Lichterglanz und die strahlenden Gesichter und fort ist sie, die kleine Lichtgestalt, denn so erscheint sie uns trotz ihrer Lumpen.

Die Lichter sind erloschen, die glitzernde Pracht des Baumes leuchtet nur noch im matten Dämmerlicht der Lampen. Unsere Mutter ruft zum Festessen. – Wir Kinder trennen uns schweren Herzens vom Tannenbaum, unseren Puppen und Büchern. Sauerbraten und ein großer Apfelkuchen – Tante Moritz genannt – bilden das Festessen, Punsch, nach Vater kurzweg »Landvogt« genannt, ist das Festgetränk.

Wir alle sitzen an unseren Plätzen, der Punsch ist in die Gläser geschenkt, Vater erhebt sein Glas, er nickt uns allen voll innigster Befriedigung zu und sendet dann in einem kleinen Trinkspruch »einen vollen Gruß seiner Liebe« allen denen, die seinem reichen, liebevollen Herzen nah, an diesem Abend aber ferne von ihm sind. Der Apfelkuchen wird aufgetragen, nach dem unsere begehrlichen Kinderaugen schon lange ausschauen.

Einer der alten lieben Weihnachtsgäste wirft an jedem Weihnachtsabend zu unserer heimlichen Freude die Frage auf: »Ist das nicht Tante Moritz?« Und jedesmal folgt die prompte Antwort: »Ja, das ist Tante Moritz.«

Von Tante Moritz ist nach einer Weile keine Spur mehr, und nun geht es noch einmal zurück ins Weihnachtszimmer. Jeder von uns folgt seinen besonderen Neigungen. Meine Brüder ergreifen mit einem wahren Festtagsausdruck ihrer blauen Augen die neuen Bücher und ziehen sich mit ihnen in irgendeinen Schmunzelwinkel zurück. Wir Kinder nehmen unsere Puppen auf den Schoß und lauschen, denn Karl, unser Musikus, singt uns ein neueinstudiertes Lied von Robert Franz:

»Einen schlimmen Weg ging gestern ich,
Einen Weg, den ich nicht wieder geh,
Zwei süße Augen trafen mich,
Zwei süße Augen, lieb und blau«.

Karl hat einen wunderbaren Bariton und singt einfach, mit tief zu Herzen gehendem Vortrag. Zum Schluß spielen Karl und meine Schwester Lisbeth »Nußknacker und Mausekönig« von Karl Reinike. Vater liest den Text dazu. So ist es immer bei uns.

Lautlos lauschen wir alle, eine träumerisch-selige Stimmung umfängt uns. Der letzte Ton, das letzte Wort ist verklungen. Unsere Mutter mahnt leise zum Schlafengehen. Draußen vor den Fenstern stäubt der Schnee, aber während wir Kinder bald in einen tiefen Schlaf fallen, machen die Eltern und großen Geschwister noch einen Besuch im brüderlichen Hause in der Süderstraße.

Jahre kommen und gehen. Es ist unserm lieben Vater nicht mehr vergönnt, alle seine Kinder um den heimatlichen Weihnachtsbaum zu versammeln. Statt dessen werden Kisten gepackt und Pakete gemacht und Weihnachtsbriefe geschrieben. An Hans nach Wörth in Bayern, wo er als Arzt lebt, an Ernst nach Toftlund und Lisbeth nach Heiligenhafen. Sie haben sich inzwischen selbst ein Heim gegründet und schmücken dort ihren Kindern den Baum.

Und Vater klagt in einem Brief an seine Tochter Lisbeth: »So haben wir denn das Weihnachtsfest gehabt und ich fühle es recht schmerzlich, daß wir gar so getrennt sind. Es ist sehr schön, der Mittelpunkt einer großen Familie zu sein, aber recht schwer, wenn so ein alter Mensch sich in so viele Teile spalten soll. Für mich fehlen zu viele von Euch, als daß das Weihnachtsgefühl so recht hätte aufkommen können.«

Noch einmal, ein letztes Mal, wird es für unseren lieben Vater »Weihnachten«. Zum ersten Male fehlt eines seiner Kinder ganz, auch seine liebevollsten Gedanken vermögen es nicht mehr zu erreichen. Unser ältester Bruder Hans ist von uns gegangen. Der Baum steht noch einmal in vollem Lichterglanz, die Flügeltüren öffnen sich weit. – Vater legt den Arm um Mama, wir, die wir keine Kinder mehr sind, umstehen das Klavier und Karl stimmt leise an: »Stille Nacht, heilige Nacht.« Wie wir an die Stelle kommen »Schlaf in himmlischer Ruh« – da breitet Vater weit die Arme aus, Tränen stürzen aus seinen lieben Augen, und leise hören wir ihn die Worte sprechen: »Unten in Bayern, da ist ein einsames Grab, darüber weht der Wind und der Schnee fällt in dichten Flocken darauf.«

Wir singen nicht weiter, wir gehen zu ihm und nehmen sanft seine lieben Hände, und eine schmerzliche Ahnung, daß wir wohl so zum letzten Male mit unserem lieben kleinen Vater unter dem brennenden Lichterbaum stehen, durchzieht unsere Herzen. So endete das letzte Weihnachtsfest mit unserem Vater.

Gertrud Storm

Weihnacht

Wie bewegt mich wundersam
Euer Hall, ihr Weihnachtsglocken,
Die ihr kündet mit Frohlocken,
Daß zur Welt die Gnade kam.

Überm Hause schien der Stern,
Und in Lilien stand die Krippe,
Wo der Engel reine Lippe
Hosianna sang dem Herrn.

Herr, und was geschah vordem,
Dir zum Heil erneut sich's heute,
Dies gedämpfte Festgeläute
Ruft auch dich nach Bethlehem.

Mit den Hirten darfst zu ziehen,
Mit den Königen aus Osten
Und in ihrer Schar getrosten
Muts vor deinem Heiland knien.

Hast du Gold nicht und Rubin.
Weihrauch nicht und Myrrhenblüten,
Schütt aus innerstem Gemüte
Deine Sehnsucht vor ihm hin!

Sieh, die Händchen zart und lind
Streckt er aus zum Born der Gnaden,
Die da Kinder sind zu laden.
Komm, und sei auch du ein Kind.

Paul Heyse

Weihnachtslegende

In heiliger Nacht flogen Hand in Hand
Drei Englein hinab in das jüdische Land.

Sie wollten die seligste aller Frau'n
Und das göttliche Kind in der Krippe schau'n.

Der Stern von Bethlehem war noch wach
Und strahlte mild auf das flache Dach.

Sie suchten die Pforte und fanden sie bald
Und lugten abwechselnd durch heimlichen Spalt.

Sie riefen und baten und klopften ganz sacht,
Bis Joseph behutsam aufgemacht.

Im Stall war es dämmrig. Sie schwebten heran
Und schauten den schlummernden Heiland an.

Der eine hob hoch die Ampel empor
Und breitete schattend sein Flüglein davor.

Der zweite schob sanft in des Kindes Hand
Ein Sternlein, gefunden am Himmelsrand.

Der dritte hat fromm vor der Krippe gekniet
Und sang mit süßer Stimme ein Lied.

Da zog ein Lächeln, göttlich und licht,
Über des himmlischen Kindes Gesicht.

Für alle Zukunft hat es geweiht
Die Feier der heiligen Weihnachtszeit:

Die strahlende Leuchte, den Weihnachtsstern
Und das fromme Lied zum Preise des Herrn.

Alice Freiin von Gaudy

Als Gott der Herr geboren war

Als Gott der Herr geboren war,
Da war es kalt.
Was sieht Maria am Wege stehn?
Ein Feigenbaum.
»Maria, laß du die Feigen doch stehn,
Wir haben noch dreißig Meilen zu gehn,
Es wird uns spät!«

Und als Maria ins Städtlein kam
Vor eine Tür,
Da sprach sie zu dem Bäuerlein:
»Behalt uns hier,
Wohl um das kleine Kindelein,

Es möcht dich wahrlich sonst gereun.
Die Nacht ist kalt.«

Der Bauer sprach: »Von Herzen, ja.
Geht in den Stall!«
Als nun die halbe Mitternacht kam,
Stand auf der Mann.
»Wo seid ihr denn, ihr armen Leut?
Daß ihr noch nicht erfroren seid,
Das wundert mich!«

Der Bauer ging da wieder ins Haus,
Wohl aus der Scheuer.
»Steh auf mein Weib, mein liebes Weib,
Und mach ein Feuer;
Und mach ein gutes Feuerlein,
Daß diese armen Leutelein
Erwärmen sich!«

Und als Maria ins Haus hin kam,
Da war sie froh.
Joseph, der war ein frommer Mann,
Sein Säcklein holt;
Er nimmt daraus ein Kesselein,
Das Kind tät ein bißchen Schnee hinein,
Und das sei Mehl.

Es tat ein wenig Eis hinein,
Und das sei Zucker;
Es tat ein wenig Wasser hinein,
Und das sei Milch.
Sie hingen den Kessel übern Herd
An einen Haken, unbeschwert:
Das Müslein kocht.

Ein Löffel schnitzt der fromme Mann
Von einem Span,
Der ward von lauter Elfenbein
Und Diamant.
Maria gab dem Kind den Brei,
Da sah man, daß es Jesus sei,
Unter seinen Augen.

aus: »Des Knaben Wunderhorn«

Bergkristall

Unsere Kirche feiert verschiedene Feste, welche zum Herzen dringen. Man kann sich kaum etwas Lieblicheres denken als Pfingsten und kaum etwas Ernsteres und Heiligeres als Ostern. Das Traurige und Schwermütige der Karwoche und darauf das Feierliche des Sonntags begleiten uns durch das Leben. Eines der schönsten Feste feiert die Kirche mitten im Winter, wo beinahe die längsten Nächte und kürzesten Tage sind, wo die Sonne am schiefsten gegen unsere Gefilde steht und Schnee alle Fluren deckt, das Fest der Weihnacht. Wie in vielen Ländern der Tag vor dem Geburtsfest des Herrn der Christabend heißt, so heißt er bei uns der Heilige Abend, der darauffolgende Tag und die dazwischenliegende Nacht die Weihnacht. Die katholische Kirche begeht den Christtag als den Tag der Geburt des Heilandes mit ihrer allergrößten kirchlichen Feier, in den meisten Gegenden wird schon die Mitternachtsstunde als die Geburtsstunde des Herrn mit prangender Nachtfeier geheiligt, zu der die Glocken durch die stille, finstere, winterliche Mitternachtluft laden, zu der die Bewohner mit Lichtern oder auf dunkeln, wohlbekannten Pfaden aus schneeigen Bergen an bereiften Wäldern vorbei und durch knarrende Obstgärten zu der Kirche eilen, aus der die feierlichen Töne kommen, und die aus der Mitte des in beeiste Bäume gehüllten Dorfes mit den langen beleuchteten Fenstern emporragt.

Mit dem Kirchenfest ist auch ein häusliches verbunden. Es hat sich fast in allen christlichen Ländern verbreitet, daß man den Kindern die Ankunft des Christkindleins – auch eines Kindes, des wunderbarsten, das je auf der Welt war – als ein heiteres, glänzendes, feierliches Ding zeigt, das durch das ganze Leben fortwirkt und manchmal noch spät im Alter bei trüben, schwermütigen oder rührenden Erinnerungen gleichsam als Rückblick in die einstige Zeit mit den bunten schimmernden Fittichen durch den öden, traurigen und ausgeleerten Nachthimmel fliegt. Man pflegt den Kindern die Geschenke zu geben, die das heiligste Christkindlein gebracht hat, um ihnen Freude zu machen. Das tut man gewöhnlich am Heiligen Abend, wenn die tiefe Dämmerung eingetreten ist. Man zündet Lichter und meistens sehr viele an, die oft mit den kleinen Kerzlein auf den schönen grünen Ästen eines Tannen- oder Fichtenbäumchens schweben, das mitten in der Stube steht. Die Kinder dürfen nicht eher kommen, bis das Zeichen gegeben wird, daß der Heilige Christ zugegen gewesen ist und die Geschenke, die er mitgebracht, hinterlassen hat. Dann geht die Tür auf, die Kleinen dürfen herein, und bei dem herrlichen, schimmernden Lichterglanz sehen sie Dinge auf dem Baum hängen oder auf dem Tisch herumgebreitet, die alle Vorstellungen ihrer Einbildungskraft weit übertreffen, die sie sich nicht anzurühren getrauen, und die sie endlich, wenn sie sie bekommen haben, den ganzen Abend in ihrem Ärmchen herumtragen und mit sich in das Bett nehmen. Wenn sie dann zuweilen in ihre Träume hinein die Glockentöne der Mitternacht hören, durch welche die Großen in die Kirche zur Andacht gerufen werden, dann mag es ihnen sein, als zögen jetzt die Englein durch den Himmel, oder als kehre der Heilige Christ nach Hause, welcher nunmehr bei allen Kindern gewesen ist und jedem von ihnen ein herrliches Geschenk hinterbracht hat.

Wenn dann der folgende Tag, der Christtag, kommt, so ist er ihnen so feierlich, wenn sie frühmorgens mit ihren schönsten Kleidern angetan in der warmen Stube stehen, wenn der Vater und die Mutter sich zum Kirchgang schmücken, wenn zu Mittag ein feierliches Mahl ist, ein besseres als an jedem Tag des ganzen Jahres, und wenn nachmittags oder gegen den Abend hin Freunde und Bekannte kommen, auf den Stühlen und Bänken herumsitzen, miteinander reden und behaglich durch die Fenster in die Wintergegend hinausschauen können, wo entweder die langsamen Flocken niederfallen oder ein trübender Nebel um die Berge steht oder die blutrote kalte Sonne hinabsinkt. An verschiedenen Stellen der Stube, entweder auf einem Stühlchen oder auf der Bank oder auf dem Fensterbrettchen liegen die zauberischen, nun aber schon bekannteren und vertrauteren Geschenke von gestern abend herum.

Hierauf vergeht der lange Winter, es kommt der Frühling und der unendlich dauernde Sommer – und wenn die Mutter wieder vom Heiligen Christ erzählt, daß nun bald sein Festtag sein wird, und daß er auch diesmal herabkommen werde, ist es den Kindern, als sei seit seinem letzten Erscheinen eine ewige Zeit vergangen, und als liege die damalige Freude in einer weiten nebelgrauen Ferne.

Weil dieses Fest so lange nachhält, weil sein Abglanz so hoch in das Alter hinaufreicht, so stehen wir so gerne dabei, wenn Kinder dasselbe begehen und sich darüber freuen.–

In den hohen Gebirgen unseres Vaterlandes steht ein Dörfchen mit einem kleinen, aber sehr spitzen Kirchturm, der mit seiner roten Farbe, mit der die Schindeln bemalt sind, aus dem Grün vieler Obstbäume hervorragt und wegen derselben roten Farbe in dem duftigen und blauen Dämmern der Berge weithin ersichtlich ist. Das Dörfchen liegt gerade mitten in einem ziemlich weiten Tal, das fast wie ein länglicher Kreis gestaltet ist. Es enthält außer der Kirche eine Schule, ein Gemeindehaus und noch mehrere stattliche Häuser, die einen Platz gestalten, auf dem vier Linden stehen, die ein steinernes Kreuz in ihrer Mitte haben. Diese Häuser sind nicht bloße Landwirtschaftshäuser, sondern sie bergen auch noch diejenigen Handwerke in ihrem Schoß, die dem menschlichen Geschlecht unentbehrlich sind, und die bestimmt sind, den Gebirgsbewohnern ihren einzigen Bedarf an Kunsterzeugnissen zu dekken. Im Tal und an den Bergen herum sind noch sehr viele zerstreute Hütten, wie das in Gebirgsgegenden sehr oft der Fall ist, welche alle nicht nur zur Kirche und Schule gehören, sondern auch jenen Handwerken, von denen gesprochen wurde, durch Abnahme der Erzeugnisse ihren Zoll entrichten. Es gehören sogar noch weitere Hütten zu dem Dörfchen, die man vom Tal aus gar nicht sehen kann, die noch tiefer in den Gebirgen stecken, deren Bewohner selten zu ihren Gemeindemitbrüdern herauskommen, und die im Winter oft ihre Toten aufbewahren müssen, um sie nach dem Wegschmelzen des Schnees zum Begräbnis bringen zu können. Der größte Herr, den die Dörfler im Laufe des Jahres zu sehen bekommen, ist der Pfarrer. Sie verehren ihn sehr, und es geschieht gewöhnlich, daß derselbe durch längeren Aufenthalt im Dörfchen ein der Einsamkeit gewöhnter Mann wird, daß er nicht ungern bleibt und einfach fortlebt. Wenigstens hat man seit Menschengedenken nicht erlebt, daß der Pfarer des Dörfchens ein auswärtssüchtiger oder seines Standes unwürdiger Mann gewesen wäre.

Es gehen keine Straßen durch das Tal, sie haben ihre zweigleisigen Wege, auf denen sie ihre Felderzeugnisse mit einspännigen Wäglein nach Hause bringen, es kommen daher wenig Menschen in das Tal, unter diesen manchmal ein einsamer Fußreisender, der ein Liebhaber der Natur ist, eine Weile in der bemalten Oberstube des Wirtes wohnt und die Berge betrachtet, oder gar ein Maler, der den kleinen spitzen Kirchturm und die schönen Gipfel der Felsen in seine Mappe zeichnet. Daher bilden die Bewohner eine eigene Welt, sie kennen einander alle mit Namen und mit den einzelnen Geschichten von Großvater und Urgroßvater her, trauern alle, wenn einer stirbt, wissen, wie er heißt, wenn einer geboren wird, haben eine Sprache, die von der der Ebene draußen abweicht, haben ihre Streitigkeiten, die sie schlichten, stehen einander bei und laufen zusammen, wenn sich etwas Außerordentliches begibt.

Sie sind sehr stetig, und es bleibt immer beim alten. Wenn ein Stein aus einer Mauer fällt, wird dieser wieder hineingesetzt, die neuen Häuser werden wie die alten gebaut, die schadhaften Dächer werden mit gleichen Schindeln ausgebessert, und wenn in einem Haus scheckige Kühe sind, so werden immer solche Kälber aufgezogen, und die Farbe bleibt bei dem Haus.

Gegen Mittag sieht man von dem Dorf einen Schneeberg, der mit seinen glänzenden Hörnern fast oberhalb der Hausdächer zu sein scheint, aber in der Tat doch nicht so nahe ist. Er sieht das ganze Jahr, Sommer und Winter, mit seinen vorstehenden Felsen und mit seinen weißen Flächen in das Tal hinab. Als das Auffallendste, was sie in ihrer Umgebung haben, ist der Berg der Gegenstand der Betrachtung der Bewohner, und er ist der Mittelpunkt vieler Geschichten geworden. Es lebt kein Mann und Greis in dem Dorf, der nicht von den Zacken und Spitzen des Berges, von seinen Eisspalten und Höhlen, von seinen Wässern und Geröllströmen etwas zu erzählen wüßte, was er entweder selbst erfahren oder von anderen erzählen gehört hat. Dieser Berg ist auch der Stolz des Dorfes, als hätten sie ihn selber gemacht, und es ist nicht so ganz entschieden, wenn man auch die Biederkeit und Wahrheitsliebe der Talbewohner hoch anschlägt, ob sie nicht zuweilen zur Ehre und zum Ruhme des Berges lügen. Der Berg gibt den Bewohnern außerdem, daß er ihre Merkwürdigkeit ist, auch wirklichen Nutzen; denn wenn eine Gesellschaft von Gebirgsreisenden hereinkommt, um vom Tal aus den Berg zu besteigen, so dienen die Bewohner des Dorfes als Führer, und einmal Führer gewesen zu sein, dieses und jenes erlebt zu haben, diese und jene Stelle zu kennen, ist eine Auszeichnung, die jeder gerne von sich darlegt. Sie reden oft davon, wenn sie in der Wirtsstube beieinandersitzen, und erzählen ihre Wagnisse und ihre wunderbaren Erfahrungen und versäumen aber auch nie zu sagen, was dieser oder jener Reisende gesprochen habe, und was sie von ihm als Lohn für ihre Bemühungen empfangen hätten. Dann

M. Kaiser

sendet der Berg von seinen Schneeflächen die Wasser ab, welche den See in seinen Hochwäldern speisen und den Bach erzeugen, der lustig durch das Tal strömt, die Brettersäge, die Mahlmühle und andere kleine Werke treibt, das Dorf reinigt und das Vieh tränkt. Von den Wäldern des Berges kommt das Holz, und sie halten die Lawinen auf. Durch die inneren Gänge und Lockerheiten der Höhen sinken die Wasser durch, die dann in Adern durch das Tal gehen und in Brünnlein und Quellen hervorkommen, daraus die Menschen trinken und ihr herrliches, oft belobtes Wasser dem Fremden reichen. Allein an letzteren Nutzen denken sie nicht und meinen, das sei immer so gewesen.

Wenn man auf die Jahresgeschichte des Berges sieht, so sind im Winter die zwei Zacken seines Gipfels, die sie Hörner heißen, schneeweiß und stehen, wenn sie an hellen Tagen sichtbar sind, blendend in der finsteren Bläue der Luft; alle Bergfelder, die um diese Gipfel herumlagern, sind dann weiß; alle Abhänge sind so; selbst die steilen Wände, die die Bewohner Mauern heißen, sind mit einem angeflogenen weißen Reif bedeckt und mit zartem Eis wie mit einem Firnis belegt, so daß die ganze Masse wie ein Zauberpalast aus dem bereiften Grau der Wälderlast emporragt, welche schwer um ihre Füße herum ausgebreitet ist. Im Sommer, wo Sonne und warmer Wind den Schnee von den Steilseiten wegnimmt, ragen die Hörner nach dem Ausdruck der Bewohner schwarz in den Himmel und haben nur schöne weiße Äderchen und Sprenkeln auf ihrem Rücken, in der Tat aber sind sie zart fernblau, und was sie Äderchen und Sprenkeln heißen, das ist nicht weiß, sondern hat das schöne Milchblau des fernen Schnees gegen das dunklere der Felsen. Die Bergfelder um die Hörner aber verlieren, wenn es recht heiß ist, an ihren höheren Teilen wohl den Firn nicht, der gerade dann recht weiß auf das Grün der Talbäume herabsieht, aber es weicht von ihren unteren Teilen der Winterschnee, der nur einen Flaum machte, und es wird das unbestimmte Schillern von Bläulich und Grünlich sichtbar, das das Geschiebe von Eis ist, das dann bloßliegt und auf die Bewohner unten hinabgrüßt. Am Rand dieses Schillerns, wo es von fern wie ein Saum von Edelsteinsplittern aussieht, ist es in der Nähe ein Gemenge wilder, riesenhafter Blöcke, Platten und Trümmer, die sich drängen und verwirrt ineinandergeschoben sind. Wenn ein Sommer gar heiß und lang ist, werden die Eisfelder weit hinauf entblößt, und dann schaut eine viel größere Fläche von Grün und Blau in das Tal, manche Kuppen und Räume werden entkleidet, die man sonst nur weiß erblickt hatte, der schmutzige Saum des Eises wird sichtbar, wo es Felsen, Erde und Schlamm schiebt, und viel reichlichere Wasser als sonst fließen in das Tal. Dies geht fort, bis es nach und nach wieder Herbst wird, das Wasser sich verringert, zu einer Zeit einmal ein grauer Landregen die ganze Ebene des Tales bedeckt, worauf, wenn sich die Nebel von den Höhen wieder lösen, der Berg seine weiche Hülle abermals umgetan hat, und alle Felsen, Kegel und Zacken im weißen Kleid dastehen. So spinnt es sich ein Jahr um das andere mit geringeren Abwechslungen ab, und wird sich fortspinnen, solange die Natur so bleibt und auf den Bergen Schnee und in den Tälern Menschen sind. Die Bewohner des Tales heißen die geringsten Veränderungen große, bemerken sie wohl und berechnen an ihnen den Fortschritt des Jahres. Sie bezeichnen an den Entblößungen die Hitze und die Ausnahmen der Sommer.

Was nun noch die Begeisterung des Berges betrifft, so geschieht dies vom Tal aus. Man geht nach der Mittagsrichtung zu auf einen guten, schönen Weg, der über einen sogenannten Hals in ein anderes Tal führt. Hals heißen sie einen mäßig hohen Bergrücken, der zwei größere und bedeutendere Gebirge miteinander verbindet, und über den man zwischen den Gebirgen von einem Tal in ein anderes gelangen kann. Auf dem Hals, der den Schneeberg mit einem gegenüberliegenden großen Gebirgszug verbindet, ist lauter Tannenwald. Etwa auf der größten Erhöhung desselben, wo nach und nach sich der Weg in das jenseitige Tal hinabzusenken beginnt, steht eine sogenannte Unglückssäule. Es ist einmal ein Bäkker, der Brot in seinem Korb über den Hals trug, an jener Stelle tot gefunden worden. Man hat den toten Bäcker mit dem Korb und mit den umringenden Tannenbäumen auf ein Bild gemalt, darunter eine Erklärung und eine Bitte um ein Gebet geschrieben, das Bild auf eine rot angestrichene hölzerne Säule getan und diese an der Stelle des Unglücks aufgerichtet. Bei dieser Säule biegt man vom Weg ab und geht auf der Länge des Halses fort, statt über seine Breite in das jenseitige Tal hinüberzuwandern. Die Tannen bilden dort einen Durchlaß, als ob eine Straße zwischen ihnen hinginge. Es führt auch manchmal ein Weg in dieser Richtung hin, der dazu dient, das Holz von den höheren Gegenden zu der Unglückssäule herabzubringen, der aber dann wieder mit Gras verwächst. Wenn man auf diesem Weg fortgeht, der sachte bergan führt, so gelangt man endlich auf eine freie, von Bäumen entblößte Stelle. Dieselbe ist dürrer Heideboden, hat nicht einmal einen Strauch, sondern ist mit schwachem Heidekraut, mit trockenen Moosen und mit Dürrbodenpflanzen bewachsen. Die Stelle wird immer steiler, und man geht lange hinan; man geht aber immer in einer Rinne, gleichsam wie in einem ausgerundeten Graben hinauf, was den Nutzen hat, daß man auf der großen, baumlosen und überall gleichen Stelle nicht leicht irren kann. Nach einer Zeit erscheinen Felsen, die wie Kirchen gerade aus dem Grasboden aufsteigen, und zwischen deren Mauern man längere Zeit hinangehen kann. Dann erscheinen wieder kahle, fast pflanzenlose Rücken, die bereits in die Lufträume der höheren Gegenden ragen und gerade zu dem Eis führen. Zu beiden Seiten dieses Weges sind steile Wände, und durch diesen Damm hängt der Schneeberg mit dem Hals zusammen. Um das Eis zu überwinden, geht man eine geraume Zeit an dessen Grenze, wo es von den Felsen umstanden ist, dahin, bis man zu dem älteren Firn gelangt, der die Eisspalten überbaut und in den meisten Zeiten des Jahres den Wanderer trägt. An der höchsten Stelle des Firns erheben sich die zwei Hörner aus dem Schnee, wovon eins das höhere, mithin die Spitze des Berges ist. Diese Kuppen sind sehr schwer zu erklimmen; da sie mit einem oft breiteren, oft engeren Schneegraben – dem Firnschrund – umgeben sind, der übersprungen werden muß, und da ihre steilen Wände nur kleine Absätze haben, in welche der Fuß eingesetzt werden muß, so begnügen sich die meisten Besteiger des Berges damit, bis zu dem Firnschrund gelangt zu sein und dort die Rundsicht, soweit sie nicht durch das Horn verdeckt ist, zu genießen. Die den Gipfel besteigen wollen, müssen dies mit Hilfe von Steigeisen, Stricken und Klammern tun.

Außer diesem Berg stehen an derselben Mittagseite noch andere, aber keiner ist so hoch, wenn sie sich auch früh im Herbst mit Schnee bedecken und ihn bis tief in den Frühling hinein behalten. Der Sommer aber nimmt denselben immer weg, und die Felsen glänzen freundlich im Sonnenschein, und die tiefer gelegenen Wälder zeigen ihr sanftes Grün, von breiten, blauen Schatten durchschnitten, die so schön sind, daß man sich in seinem Leben nicht satt daran sehen kann.

An den anderen Seiten des Tales, nämlich von Mitternacht, Morgen und Abend her, sind die Berge langgestreckt und niedriger, manche Felder und Wiesen steigen ziemlich hoch hinauf, und oberhalb ihrer sieht man verschiedene Waldblößen, Alpenhütten und dergleichen, bis sie an ihrem Rand mit feingezacktem Wald am Himmel hingehen, welche Auszackung eben ihre geringe Höhe anzeigt, während die mittäglichen Berge, obwohl sie noch großartige Wälder hegen, doch mit einem ganz glatten Rand an dem glänzenden Himmel hinstreichen.

Wenn man so ziemlich mitten im Tal steht, so hat man die Empfindung, als ginge nirgends ein Weg in dieses Becken herein und keiner daraus hinaus; allein diejenigen, welche öfter im Gebirge gewesen sind, kennen diese Täuschung gar wohl: in der Tat führen nicht nur verschiedene Wege und darunter sogar manche durch die Verschiebung der Berge fast auf ebenen Boden in die nördlichen Flächen hinaus, sondern gegen Mittag, wo das Tal durch steile Mauern fast geschlossen scheint, geht sogar ein Weg über den obbenannten Hals.

Das Dörflein heißt Gschaid, und der Schneeberg, der auf seine Häuser herabschaut, heißt Gars.

Jenseits des Halses liegt ein viel schöneres und blühenderes Tal, als das vom Gschaid ist, und es führt von der Unglückssäule der gebahnte Weg hinab. Es hat an seinem Eingang einen stattlichen Marktflecken, Millsdorf, der sehr groß ist, verschiedene Werke hat und in manchen Häusern städtische Gewerbe und Nahrung treibt. Die Bewohner sind viel wohlhabender als die in Gschaid, und obwohl nur drei Wegstunden zwischen den beiden Tälern liegen, was für die an große Entfernungen gewöhnten und Mühseligkeiten liebenden Gebirgsbewohner eine unbedeutende Kleinigkeit ist, so sind doch Sitten und Gewohnheiten in den beiden Tälern so verschieden, selbst der äußere Anblick derselben ist so ungleich, als ob eine große Anzahl Meilen zwischen ihnen läge. Das ist in Gebirgen sehr oft der Fall und hängt nicht nur von der verschiedenen Lage der Täler gegen die Sonne ab, die sie oft mehr oder weniger begünstigt, sondern auch von dem Geist der Bewohner, der durch gewissen Beschäftigungen nach dieser oder jener Richtung gezogen wird. Darin stimmen aber alle überein, daß sie an Herkömmlichkeiten und Väterweise hängen, großen Verkehr leicht entbehren, ihr Tal lieben und ohne demselben kaum leben können.

Es vergehen oft Monate, oft fast ein Jahr, ehe ein Bewohner von Gschaid in das jenseitige Tal hinüberkommt und den großen Marktflecken Millsdorf besucht. Die Millsdorfer halten es ebenso, obwohl sie ihrerseits doch Verkehr mit dem Lande draußen pflegen und daher nicht so abgeschieden sind wie die Gschaider. Es geht sogar ein Weg, der eine Straße heißen könnte, längs ihres Tales, und mancher Reisende und mancher Wanderer ging hindurch, ohne nur im geringsten zu ahnen, daß mitternachtswärts seines Weges jenseits des hohen herabblickenden Schneebergs noch ein Tal sei, in dem viele Häuser zerstreut sind, und in dem das Dörflein mit dem spitzen Kirchturm steht.

Unter den Gewerben des Dorfes, welche bestimmt sind, den Bedarf des Tales zu decken, ist auch das eines Schusters, das nirgends entbehrt werden kann, wo die Menschen nicht in ihrem Urzustand sind. Die Gschaider aber sind so weit über diesem Stand, daß sie recht gute und tüchtige Gebirgsfußbekleidung brauchen. Der Schuster ist mit einer kleinen Ausnahme der einzige im Tal. Sein Haus steht auf dem Platz in Gschaid, wo überhaupt die besseren stehen, und schaut mit seinen grauen Mauern, weißen Fenstersimsen und grün angestrichenen Fensterläden auf die vier Linden hinaus. Es hat im Erdgeschoß die Arbeitsstube, die Gesellenstube, eine größere und kleinere Wohnstube, ein Verkaufstübchen, nebst Küche und Speisekammer und allen zugehörigen Gelassen; im ersten Stockwerk, oder eigentlich im Raum des Giebels, hat es die Oberstube oder eigentliche Prunkstube. Zwei Prachtbetten, schön geglättete Kästen mit Kleidern stehen da, dann ein Gläserkästchen mit Geschirr, ein Tisch mit eingelegter Arbeit, gepolsterte Sessel, ein Mauerkästchen mit den Ersparnissen, dann hängen an den Wänden Heiligenbilder, zwei schöne Sackuhren, gewonnene Preise im Schießen, und endlich sind auch Scheibengewehre und Jagdbüchsen nebst ihrem Zubehör in einem eigenen, mit Glastafeln versehen Kasten aufgehängt. An das Schusterhaus ist ein kleineres Häuschen, nur durch den Einfahrtsschwibbogen getrennt, angebaut, welches genau dieselbe Bauart hat und zum Schusterhaus wie ein Teil zum Ganzen gehört. Es hat nur eine Stube mit den dazugehörigen Wohnteilen. Es hat die Bestimmung, dem Hausbesitzer, sobald er das Anwesen seinem Sohn oder Nachfolger übergeben hat, als sogenanntes Ausnahmstübchen zu dienen, in dem er mit seinem Weib so lange haust, bis beide gestorben sind, die Stube wieder leer steht und auf einen neuen Bewohner wartet. Das Schusterhaus hat nach rückwärts Stall und Scheune; denn jeder Talbewohner ist, selbst wenn er ein Gewerbe treibt, auch Landbebauer und zieht hieraus seine gute und nachhaltige Nahrung. Hinter diesen Gebäuden ist endlich der Garten, der fast bei keinem besseren Haus in Gschaid fehlt, und von dem sie ihre Gemüse, ihr Obst und für festliche Gelegenheiten ihre Blumen ziehen. Wie oft im Ge-

birge, so ist auch in Gschaid die Bienenzucht in diesen Gärten sehr verbreitet.

Die kleine Ausnahme, deren oben Erwähnung geschah, und die Nebenbuhlerschaft der Alleinherrlichkeit des Schusters ist ein anderer Schuster, der alte Tobias, der aber eigentlich kein Nebenbuhler ist, weil er nur mehr flickt, hierin viel zu tun hat und es sich nicht im entferntesten beikommen läßt, mit dem vornehmen Platzschuster einen Wettstreit einzugehen, inbesondere da der Platzschuster ihn häufig mit Lederflecken, Sohlenabschnitten und dergleichen Dinge unentgeltlich versieht. Der alte Tobias sitzt im Sommer am Ende des Dörfchens unter Holunderbüschen und arbeitet. Er ist umringt von Schuhen und Bundschuhen, die aber sämtlich alt, grau, kotig und zerrissen sind. Stiefel mit langen Röhren sind nicht da, weil sie im Dorf und in der Gegend nicht getragen werden; nur zwei Personen haben solche, der Pfarrer und der Schullehrer, welche aber beides, flicken und neue Ware machen, nur bei dem Platzschuster lassen. Im Winter sitzt der alte Tobias in seinem Stübchen hinter den Holunderstauden und hat warm geheizt.

Der Platzschuster ist, ehe er das Haus angetreten hat, ein Gemsenwildschütz gewesen, und hat überhaupt in seiner Jugend, wie die Gschaider sagen, nicht gut getan. Er war in der Schule immer einer der besten Schüler gewesen, hatte dann von seinem Vater das Handwerk erlernt, ist auf Wanderung gegangen und ist endlich wieder zurückgekehrt. Statt, wie es sich für einen Gewerbsmann ziemt, und wie sein Vater es zeitlebens getan, einen schwarzen Hut zu tragen, tat er einen grünen auf, steckte noch alle bestehenden Federn darauf und stolzierte mit ihm und mit dem kürzesten Lodenrock, den es im Tal gab, umher, während sein Vater immer einen Rock von dunkler, womöglich schwarzer Farbe hatte, der auch, weil er einem Gewerbsmann angehörte, immer sehr weit herabgeschnitten sein mußte. Der junge Schuster war auf allen Tanzplätzen und Kegelbahnen zu sehen. Wenn ihm jemand eine gute Lehre gab, so pfiff er ein Liedlein. Er ging mit seinem Scheibengewehr zu allen Schießen der Nachbarschaft und brachte manchmal einen Preis nach Hause, was er für einen großen Sieg hielt. Der Preis bestand meistens aus Münzen, die künstlich gefaßt waren, und zu deren Gewinnung der Schuster mehr gleiche Münzen ausgeben mußte, als der Preis enthielt, besonders da er wenig haushälterisch mit dem Geld war. Er ging auf alle Jagden, die in der Gegend abgehalten wurden, und hatte sich den Namen eines guten Schützen erwor-

ben. Er ging aber auch manchmal allein mit seiner Doppelbüchse und mit Steigeisen fort, und einmal sagte man, daß er eine schwere Wunde im Kopf erhalten habe.

In Millsdorf war ein Färber, welcher gleich am Anfang des Marktfleckens, wenn man auf dem Weg von Gschaid hinüberkam, ein sehr ansehnliches Gewerbe hatte, mit vielen Leuten und sogar, was im Tal etwas Unerhörtes war, mit Maschinen arbeitete. Außerdem besaß er noch eine ausgebreitete Feldwirtschaft. Zu der Tochter dieses reichen Färbers ging der Schuster über das Gebirge, um sie zu gewinnen. Sie war wegen ihrer Schönheit weit und breit berühmt, aber auch wegen ihrer Eingezogenheit, Sittsamkeit und Häuslichkeit belobt. Dennoch, hieß es, soll der Schuster ihre Aufmerksamkeit erregt haben. Der Färber ließ ihn nicht in sein Haus kommen; und hatte die schöne Tochter schon früher keine öffentlichen Plätze und Lustbarkeiten besucht und war selten außer dem Hause ihrer Eltern zu sehen gewesen, so ging sie jetzt schon gar nirgends mehr hin, als in die Kirche oder in ihrem Garten herum.

Einige Zeit nach dem Tode seiner Eltern, durch welchen ihm das Haus derselben zugefallen war, das er nun allein bewohnte, änderte sich der Schuster gänzlich. So wie er früher getollt hatte, so saß er jetzt in seiner Stube und hämmerte Tag und Nacht an seinen Sohlen. Er setzte prahlend einen Preis darauf, wenn es jemand gäbe, der bessere Schuhe und Fußbekleidungen machen könne. Er nahm keine anderen Arbeiter als die besten und drillte sie noch sehr herum, wenn sie in seiner Werkstätte arbeiteten, daß sie ihm folgten und die Sache so einrichteten, wie er befahl. Wirklich brachte er es jetzt auch dahin, daß nicht nur das ganze Dorf Gschaid, das zum größten Teil die Schusterarbeit aus benachbarten Tälern bezogen hatte, bei ihm arbeiten ließ, daß das ganze Tal bei ihm arbeiten ließ, und daß endlich sogar einzelne von Millsdorf und anderen Tälern hereinkamen und sich ihre Fußbekleidungen von dem Schuster in Gschaid machen ließen. Sogar in die Ebene hinaus verbreitete sich sein Ruhm, daß manche, die in die Gebirge gehen wollten, sich die Schuhe dazu von ihm machen ließen.

Er richtete das Haus sehr schön zusammen, und in dem Warengewölbe glänzten auf den Brettern die Schuhe, Bundstiefel und Stiefel; und wenn am Sonntag die ganze Bevölkerung des Tales hereinkam und man bei den vier Linden des Platzes stand, ging man gerne zu dem Schusterhaus hin und sah durch die Gläser in die Warenstube, wo die Käufer und Besteller waren.

Nach einer Vorliebe zu den Bergen machte er auch jetzt die Gebirgsbundschuhe am besten. Er pflegte in der Wirtsstube zu sagen: es gäbe keinen, der ihm einen fremden Gebirgsbundschuh zeigen könne, der sich mit einem der seinigen vergleichen lasse. »Sie wissen es nicht«, pflegte er beizufügen, »sie haben es in ihrem Leben nicht erfahren, wie ein solcher Schuh sein muß, daß der gestirnte Himmel der Nägel recht auf der Sohle sitze und das gebührende Eisen enthalte, daß der Schuh außen hart sei, damit kein Geröllstein, wie scharf er auch sei, empfunden werden, und daß er sich von innen doch weich und zärtlich wie ein Handschuh an die Füße lege.«

Der Schuster hatte sich ein sehr großes Buch machen lassen, in welches er alle verfertigte Ware eintrug, die Namen derer beifügte, die den Stoff geliefert und die Ware gekauft hatten, und eine kurze Bemerkung über die Güte des Erzeugnisses beischrieb. Die gleichartigen Fußbekleidungen hatten ihre fortlaufenden Zahlen, und das Buch lag in der großen Lade seines Gewölbes.

Wenn die schöne Färberstochter von Millsdorf auch nicht aus der Eltern Haus kam, wenn sie auch weder Freunde noch Verwandte besuchte, so konnte es der Schuster von Gschaid doch so machen, daß sie ihn von ferne sah, wenn sie in die Kirche ging, wenn sie in dem Garten war und wenn sie aus den Fenstern ihres Zimmers auf die Matten blickte. Wegen dieses unausgesetzten Sehens hatte es die Färberin durch langes, inständiges und ausdauerndes Flehen für ihre Tochter dahin gebracht, daß der halsstarrige Färber nachgab, und daß der Schuster, weil er denn nun doch besser geworden, die schöne, reiche Millsdorferin als Eheweib nach Gschaid führte. Aber der Färber war dessenungeachtet auch ein Mann, der seinen Kopf hatte. Ein rechter Mensch, sagte er, müsse sein Gewerbe treiben, daß es blühe und vorwärtskomme, er müsse daher sein Weib, seine Kinder, sich und sein Gesinde ernähren, Hof und Haus im Stande des Glanzes halten und sich noch ein Erkleckliches erübrigen, welches letztere doch allein imstande sei, ihm Ansehen und Ehre in der Welt zu geben; darum erhalte seine Tochter nichts als eine vortreffliche Ausstattung, das andere ist Sache des Ehemannes, daß er es mache und für alle Zukunft es besorge. Die Färberei in Millsdorf und die Landwirtschaft auf dem Färberhaus sei für sich ein ansehnliches und ehrenwertes Gewerbe, das seiner Ehren willen bestehen und wozu alles, was da sei, als Grundstock dienen müsse, daher er nichts weggebe. Wenn einmal er und sein Eheweib,

die Färberin, tot seien, dann gehöre Färberei und Landwirtschaft in Millsdorf ihrer einzigen Tochter, nämlich der Schusterin in Gschaid, und Schuster und Schusterin könnten damit tun, was sie wollten: aber alles dieses nur, wenn die Erben es wert wären, das Erbe zu empfangen; wären sie es nicht wert, so ginge das Erbe auf die Kinder derselben, und wenn keine vorhanden wären, mit der Ausnahme des lediglichen Pflichtteils, auf andere Verwandte über. Der Schuster verlangte auch nichts, er zeigte im Stolze, daß es ihm nur um die schöne Färberstochter in Millsdorf zu tun gewesen, und daß er sie schon ernähren und erhalten könne, wie sie zu Hause ernährt und erhalten worden ist. Er kleidete sie als sein Eheweib nicht nur schöner als alle Gschaiderinnen und alle Bewohnerinnen des Tales, sondern auch schöner, als sie sich je zu Hause getragen hatte, und Speise, Trank und übrige Behandlung mußte besser und rücksichtsvoller sein, als sie das gleiche im väterlichen Hause genossen hatte. Und um dem Schwiegervater zu trotzen, kaufte er mit erübrigten Summen nach und nach immer mehr Grundstücke so ein, daß er einen tüchtigen Besitz beisammen hatte.

Weil die Bewohner von Gschaid so selten aus ihrem Tal kommen und nicht einmal oft nach Millsdorf hinübergehen, von dem sie durch Bergrücken und durch Sitten geschieden sind, weil ferner ihnen gar kein Fall vorkommt, daß ein Mann sein Tal verläßt und sich in dem benachbarten ansiedelt (Ansiedelungen in großen Entfernungen kommen öfter vor), weil endlich auch kein Weib oder Mädchen gerne von einem Tal in ein anderes auswandert, außer in dem ziemlich seltenen Fall, wenn sie der Liebe folgt und als Eheweib und zu dem Ehemann in ein anderes Tal kommt: so geschah es, daß die schöne Färberstochter von Millsdorf, da sie Schusterin in Gschaid geworden war, doch immer von allen Gschaidern als Fremde angesehen wurde, und wenn man ihr auch nichts Übles antat, ja, wenn man sie ihres schönen Wesens und ihrer Sitten wegen sogar liebte, doch immer etwas vorhanden war, das wie Scheu oder, wenn man will, wie Rücksicht aussah und nicht zu dem Innigen und Gleichartigen kommen ließ, wie Gschaiderinnen gegen Gschaiderinnen, Gschaider gegen Gschaider hatten. Es war so, ließ sich nicht abstellen und wurde durch die bessere Tracht und durch das erleichterte häusliche Leben der Schusterin noch vermehrt.

Sie hatte ihrem Mann nach dem ersten Jahr einen Sohn und in einigen Jahren darauf ein Töchterchen geboren. Sie glaubte aber, daß er die Kinder nicht so liebe, wie sie sich vorstellte, daß es sein solle, und wie sie sich bewußt war, daß sie dieselben liebe; denn sein Angesicht war meistens ernsthaft und mit seinen Arbeiten beschäftigt. Er spielte und tändelte selten mit den Kindern und sprach stets ruhig mit ihnen, gleichsam so, wie man mit Erwachsenen spricht. Was Nahrung und Kleidung und andere äußere Dinge anbelangte, hielt er die Kinder untadelig.

In der ersten Zeit der Ehe kam die Färberin öfter nach Gschaid, und die jungen Eheleute besuchten auch Millsdorf zuweilen bei Kirchweihen oder anderen festlichen Gelegenheiten. Als aber die Kinder auf der Welt waren, war die Sache anders geworden. Wenn schon Mütter ihre Kinder lieben und sich nach ihnen sehnen, so ist dieses von Großmüttern öfter in noch höherem Grade der Fall; sie verlangte zuweilen mit wahrlich krankhafter Sehnsucht nach ihren Enkeln. Die Färberin kam sehr oft nach Gschaid herüber, um die Kinder zu sehen, ihnen Geschenke zu bringen, eine Weile dazubleiben und dann mit guten Ermahnungen zu scheiden. Da aber das Alter und die Gesundheitsumstände der Färberin die öfteren Fahrten nicht mehr so möglich machten und der Färber aus dieser

Ursache Einspruch tat, wurde auf etwas anderes gesonnen, die Sache wurde umgekehrt, und die Kinder kamen jetzt zur Großmutter. Die Mutter brachte sie selber öfter in einem Wagen, öfter aber wurden sie, da sie noch im zarten Alter waren, eingemummt einer Magd mitgegeben, die sie in einem Fuhrwerk über den Hals brachte. Als sie aber größer waren, gingen sie zu Fuß entweder mit der Mutter oder mit einer Magd nach Millsdorf, ja, da der Knabe geschickt, stark und klug geworden war, ließ man ihn allein den bekannten Weg über den Hals gehen, und wenn es sehr schön war und er bat, erlaubte man auch, daß ihn die kleine Schwester begleite. Dies ist bei den Gschaidern gebräuchlich, weil sie an starkes Fußgehen gewöhnt sind, und die Eltern überhaupt, namentlich aber ein Mann wie der Schuster, es gerne sehen und eine Freude daran haben, wenn ihre Kinder tüchtig werden.

So geschah es, daß die zwei Kinder den Weg über den Hals öfter zurücklegten als die übrigen Dörfler zusammengenommen, und da schon ihre Mutter in Gschaid immer gewissermaßen wie eine Fremde behandelt wurde, so wurden durch diesen Umstand auch die Kinder fremd, sie waren kaum Gschaider und gehörten halb nach Millsdorf hinüber.

Der Knabe Konrad hatte schon das ernste Wesen seines Vaters, und das Mädchen Susanna, nach ihrer Mutter so genannt, oder, wie man es zur Abkürzung nannte, Sanna, hatte viel Glauben zu seinen Kenntnissen, seiner Einsicht und seiner Macht und gab sich unbedingt unter seine Leitung, geradeso wie die Mutter sich unbedingt unter die Leitung des Vaters gab, dem sie alle Einsicht und Geschicklichkeit zutraute.

An schönen Tagen konnte man morgens die Kinder durch das Tal gegen Mittag wandern sehen, über die Wiese gehen und dort anlangen, wo der Wald des Halses gegen sie herschaut. Sie näherten sich dem Walde, gingen auf seinem Wege über die Erhöhung hinan und kamen, ehe der Mittag eingetreten war, auf den offenen Wiesen auf der andern Seite gegen Millsdorf hinunter. Konrad zeigte Sanna die Wiesen, die dem Großvater gehörten, dann gingen sie durch seine Felder, auf denen er ihr Getreidearten erklärte, dann sahen sie auf Stangen unter dem Vorsprung des Daches die langen Tücher zum Trocknen herabhängen, die sich im Winde schlängelten und närrische Gesichter machten, dann hörten sie seine Walkmühle und seinen Lohstampf, die er an einem Bach für Tuchmacher und Gerber angelegt hatte, dann bogen sie noch um eine Ecke der Felder und gingen in kurzem durch die Hintertür in den Garten der Färberei, wo sie von der Großmutter empfangen wurden.

Diese ahnte immer, wenn die Kinder kamen, sah zu den Fenstern hinaus und erkannte sie von weitem, wenn Sannas rotes Tuch recht in der Sonne leuchtete.

Sie führte die Kinder dann durch die Waschstube und Presse in das Zimmer, ließ sie niedersetzen, ließ nicht zu, daß die Halstücher oder Jäckchen lüfteten, damit sie sich nicht verkühlten, und behielt sie beim Essen da. Nach dem Essen durften sie sich lüften, spielen, durften in den Räumen des großväterlichen Hauses herumgehen oder sonst tun, was sie wollten, wenn es nur nicht unschicklich oder verboten war. Der Färber, welcher immer bei dem Essen war, fragte sie um ihre Schulgegenstände aus und schärfte ihnen besonders ein, was sie lernen sollten. Nachmittags wurden sie von der Großmutter schon, ehe die Zeit kam, zum Aufbruch getrieben, daß sie ja nicht zu spät kämen. Obgleich der Färber keine Mitgift gegeben hatte und vor seinem Tode von seinem Vermögen nichts wegzugeben gelobt hatte, glaubte sich die Färberin an diese Dinge doch nicht so streng gebunden, und sie gab den Kindern nicht allein während ihrer Anwesenheit allerlei, worunter nicht selten ein Münzstück und zuweilen gar von ansehnlichem Wert war, sondern sie band ihnen auch immer zwei Bündelchen zusammen, in denen sich Dinge befanden, von denen sie glaubte, daß sie notwendig wären oder daß sie den Kindern Freude machen könnten. Und wenn oft die nämlichen Dinge im Schusterhaus in Gschaid ohnedem in aller Trefflichkeit vorhanden waren, so gab sie die Großmutter in der Freude des Gebens doch, und die Kinder trugen sie als etwas Besonderes nach Hause. So geschah es nun, daß die Kinder am Heiligen Abend schon unwissend die Geschenke in Schachteln gut versiegelt und verwahrt nach Hause trugen, die ihnen in der Nacht einbeschert werden sollten.

Weil die Großmutter die Kinder immer schon vor der Zeit zum Fortgehen drängte, damit sie nicht zu spät nach Hause kämen, so erzielte sie hierdurch, daß die Kinder gerade auf dem Wege bald an dieser, bald an jener Stelle sich aufhielten. Sie saßen gerne an dem Haselnußgehege, das auf dem Hals ist, und schlugen mit Steinen Nüsse auf, oder spielten, wenn keine Nüsse waren, mit Blättern oder mit Hölzlein oder mit den weichen, braunen Zäpfchen, die im ersten Frühjahr von den Zweigen der Nadelbäume herabfielen. Manchmal erzählte Konrad dem Schwesterchen Geschichten,

oder, wenn sie zu der roten Unglückssäule kamen, führte er sie ein Stück auf dem Seitenweg links gegen die Höhen hinan und sagte ihr, daß man da auf den Schneeberg gelange, daß dort Felsen und Steine seien, daß die Gemsen umherspringen und große Vögel fliegen. Er führte sie oft über den Wald hinaus, sie betrachteten dann den dürren Rasen und die kleinen Sträucher der Heidekräuter; aber er führte sie wieder zurück und brachte sie immer vor der Abenddämmerung nach Hause, was ihm stets Lob eintrug.

Einmal war am Heiligen Abend, da die erste Morgendämmerung im Tal von Gschaid in Helle übergegangen war, ein dünner trockener Schleier über den ganzen Himmel gebreitet, so daß man die ohnedem schiefe und ferne Sonne im Südosten nur als einen undeutlichen roten Fleck sah, überdies war an diesem Tage eine milde, beinahe laulichte Luft unbeweglich im ganzen Tal und auch an dem Himmel, wie die unveränderte und ruhige Gestalt der Wolken zeigte. Da sagte die Schustersfrau zu ihren Kindern: »Weil ein so angenehmer Tag ist, weil es so lange nicht geregnet hat und die

Wege fest sind, und weil es auch der Vater gestern unter der Bedingung erlaubt hat, wenn der heutige Tag dazu geeignet ist, dürft ihr zur Großmutter nach Millsdorf gehen; aber ihr müßt den Vater noch vorher fragen.«

Die Kinder, welche noch in ihren Nachtkleidchen dastanden, liefen in die Nebenstube, in welcher der Vater mit einem Kunden sprach, und baten um die Wiederholung der gestrigen Erlaubnis, weil ein so schöner Tag sei. Sie wurde ihnen erteilt, und sie liefen wieder zur Mutter zurück.

Die Schustersfrau zog nun ihre Kinder vorsorglich an, oder eigentlich, sie zog das Mädchen mit dichten, gut verwahrenden Kleidern an; denn der Knabe begann sich selber anzukleiden und stand viel früher fertig da, als die Mutter mit dem Mädchen hatte ins reine kommen können. Als sie dieses Geschäft vollendet hatte, sagte sie: »Konrad, gib mir wohl acht: weil ich dir das Mädchen mitgehen lasse, so müßt ihr beizeiten fortgehen, ihr müßt an keinem Platz stehenbleiben, und wenn ihr bei der Großmutter gegessen habt, so müßt ihr gleich wieder umkehren und nach Hause trachten; denn die Tage sind jetzt sehr kurz, und die Sonne geht gar bald unter.«

»Ich weiß es schon, Mutter«, sagte Konrad.

»Und sieh gut auf Sanna, daß sie nicht fällt oder sich erhitzt.«

»Ja, Mutter.«

»So, Gott behüte euch, und geht noch zum Vater und sagt, daß ihr jetzt fortgeht.«

Der Knabe nahm eine von seinem Vater kunstvoll aus Kalbfellen genähte Tasche an einem Riemen um die Schulter, und die Kinder gingen in die Nebenstube, um dem Vater Lebewohl zu sagen. Aus dieser kamen sie bald heraus und hüpften, von der Mutter mit einem Kreuze besegnet, fröhlich auf die Gasse.

Sie gingen schleunigst längs des Dorfplatzes hinab und dann durch die Häusergasse und endlich zwischen den Planken der Obstgärten in das Freie hinaus. Die Sonne stand schon über dem mit milchigen Wolkenstreifen durchwobenen Wald der morgendlichen Anhöhen, und ihr trübes rötliches Bild schritt durch die laublosen Zweige der Holzapfelbäume mit den Kindern fort.

In dem ganzen Tal war kein Schnee, die größeren Berge, von denen er schon viele Wochen herabgeglänzt hatte, wurden damit bedeckt, die kleineren standen in dem Mantel ihrer Tannenwälder und im Fahlrot ihrer entblößten Zweige unbeschneit und ruhig da. Der Boden war noch nicht gefroren, und er wäre vermöge der vor-

hergegangenen langen regenlosen Zeit ganz trocken gewesen, wenn ihn nicht die Jahreszeit mit einer zarten Feuchtigkeit überzogen hätte, die ihn aber nicht schlüpfrig, sondern eher fest und widerprallend machte, daß sie leicht darauf fortgingen. Das wenige Gras, welches noch auf den Wiesen und vorzüglich an den Wassergräben derselben war, stand in herbstlichem Ansehen. Es lag kein Reif und bei näherem Anblick nicht einmal ein Tau, was nach Meinung der Landleute baldigen Regen bedeutet.

Gegen die Grenzen der Wiesen zu war ein Gebirgsbach, über welchen ein hoher Steg führte. Die Kinder gingen auf den Steg und schauten hinab. Im Bach war schier kein Wasser, ein dünner Faden von sehr stark blauer Farbe ging durch die trockenen Kiesel des Gerölles, die wegen Regenlosigkeit ganz weiß geworden waren, und sowohl die Wenigkeit als auch die Farbe des Wassers zeigten an, daß in den größeren Höhen schon Kälte herrschen müsse, die den Boden verschließe, daß er mit seiner Erde das Wasser nicht trübe, und die das Eis erhärte, daß es in seinem Innern nur wenige klare Tropfen abgeben könne.

Vor dem Steg liefen die Kinder durch die Gründe fort und näherten sich immer mehr den Waldungen. Sie trafen endlich die Grenze des Holzes und gingen in demselben weiter.

Als sie in die höheren Wälder des Halses hinaufgekommen waren, zeigten sich die langen Furchen des Fahrweges nicht mehr weich, wie es unten im Tale der Fall gewesen war, sondern sie waren fest, und zwar nicht aus Trockenheit, sondern wie die Kinder sich bald überzeugten, weil sie gefroren waren. An manchen Stellen waren sie so überfroren, daß sie die Körper der Kinder trugen. Nach der Natur der Kinder gingen sie nun nicht mehr auf dem glatten Pfad neben dem Fahrweg, sondern in den Gleisen, und versuchten, ob dieser oder jener Furchenaufwurf sie schon trage. Als sie nach Verlauf einer Stunde auf der Höhe des Halses angekommen waren, war der Boden bereits so hart, daß er klang und Schollen wie Steine hatte.

An der roten Unglückssäule des Bäckers bemerkte Sanna zuerst, daß sie heute gar nicht dastehe. Sie gingen zu dem Platz hin und sahen, daß der runde, rot angestrichene Balken, der das Bild trug, in dem dürren Grase liege, das wie dünnes Stroh an der Stelle stand und den Anblick der liegenden Säule verdeckte. Sie sahen zwar nicht ein, warum die Säule liege, ob sie umgeworfen worden oder ob sie von selber umgefallen sei, das sahen sie, daß sie an der Stelle, wo sie in die Erde ragte, sehr morsch war, und daß sie daher sehr leicht habe umfallen können; aber da sie einmal lag, so machte es ihnen Freude, daß sie das Bild und die Schrift so nahe betrachten konnten, wie es sonst nie der Fall gewesen war. Als sie alles – den Korb mit den Semmeln, die bleichen Hände des Bäckers, seine geschlossenen Augen, seinen grauen Rock und die umstehenden Tannen – betrachtet hatten, als sie die Schrift gelesen und laut gesagt hatten, gingen sie wieder weiter.

Abermals nach einer Stunde wichen die dunkeln Wälder zu beiden Seiten zurück, dünnstehende Bäume, teils einzelne Eichen, teils Birken und Gebüschgruppen empfingen sie, geleiteten sie weiter, und nach kurzem liefen sie auf den Wiesen in das Millsdorfer Tal hinab.

Obwohl dieses Tal bedeutend tiefer liegt als das von Gschaid, und auch um so viel wärmer war, daß man die Ernte immer um vierzehn Tage früher beginnen konnte als in Gschaid, so war doch auch hier der Boden gefroren, und als die Kinder bis zu den Loh- und Walkwerken des Großvaters gekommen waren, lagen auf dem Wege, auf den die Räder oft Tropfen herausspritzen, schöne Eistäfelchen. Den Kindern ist das gewöhnlich ein sehr großes Vergnügen.

Die Großmutter hatte sie kommen sehen, war ihnen entgegengegangen, nahm Sanna bei den erfrorenen Händchen und führte sie in die Stube.

Sie nahm ihnen die wärmeren Kleider ab, sie ließ in dem Ofen nachlegen und fragte sie, wie es ihnen im Herübergehen gegangen sei.

Als sie hierauf die Antwort erhalten hatte, sagte sie: »Das ist schon recht, das ist gut, es freut mich gar sehr, daß ihr wieder gekommen seid; aber heute müßt ihr bald fort, der Tag ist kurz, und es wird auch kälter, am Morgen war es in Millsdorf nicht gefroren.«

»In Gschaid auch nicht«, sagte der Knabe.

»Siehst du, darum müßt ihr euch sputen, daß euch gegen Abend nicht zu kalt wird«, antwortete die Großmutter.

Hierauf fragte sie, was sie Mutter mache, was der Vater mache, und ob nichts Besonderes in Gschaid geschehen sei.

Nach diesen Fragen bekümmerte sie sich um das Essen, sorgte, daß es früher bereitet wurde als gewöhnlich und richtete selber den Kindern kleine Leckerbissen zusammen, von denen sie wußte, daß sie eine Freude damit erregen würde. Dann wurde der Färber gerufen, die Kinder bekamen an dem Tisch aufgedeckt wie große Personen und aßen nun mit Großvater und Großmutter, und die letzte legte ihnen hierbei besonders Gutes vor. Nach dem Essen streichelte sie Sannas unterdessen sehr rot gewordene Wangen.

Hierauf ging sie geschäftig hin und her und steckte das Kalbfellränzchen des Knaben voll und steckte ihm noch allerlei in die Taschen. Auch in die Täschchen von Sanna tat sie allerlei Dinge. Sie gab jedem ein Stück Brot, es auf dem Wege zu verzehren, und in dem Ränzchen, sagte sie, seien noch zwei Weißbrote, wenn etwa der Hunger zu groß würde.

»Für die Mutter habe ich einen gut gebrannten Kaffee mitgegeben«, sagte sie, »und in dem Fläschchen, das zugestopft und gut verbunden ist, befindet sich auch ein schwarzer Kaffeeaufguß, ein besserer, als die Mutter bei euch gewöhnlich macht, sie soll ihn nur kosten, wie er ist, er ist eine wahre Arznei, so kräftig, daß nur ein Schlückchen den Magen wärmt, daß es den Körper in den kältesten Wintertagen nicht frieren kann. Die anderen Sachen, die in der Schachtel und in den Papieren im Ränzchen sind, bringt unversehrt nach Hause.«

Da sie noch ein Weilchen mit den Kindern geredet hatte, sagte sie, daß sie gehen sollten.

»Habe acht, Sanna«, sagte sie, »daß du nicht frierst, erhitze dich nicht; und daß ihr nicht über die Wiesen hinauf und unter den Bäumen lauft. Kommt etwa gegen Abend ein Wind, da müßt ihr langsamer gehen. Grüßt Vater und Mutter und sagt, sie sollen recht glückliche Feiertage haben.«

Die Großmutter küßte beide Kinder auf die Wangen und schob sie durch die Tür hinaus. Nichtsdestoweniger ging sie aber auch selber mit, geleitete sie durch den Garten, ließ sie durch das Hinterpförtchen hinaus, schloß wieder und ging in das Haus zurück.

Die Kinder gingen an den Eistäfelchen neben den Werken des Großvaters vorbei, sie gingen durch die Millsdorfer Felder und wendeten sich gegen die Wiesen hinan.

Als sie auf den Anhöhen gingen, wo, wie gesagt wurde, zerstreute Bäume und Gebüschgruppen standen, fielen äußerst langsam einzelne Schneeflocken.

»Siehst du, Sanna«, sagte der Knabe, »habe ich es gleich gedacht, daß wir Schnee bekommen; weißt du, da wir von Hause weggingen, sahen wir noch die Sonne, die so blutrot war wie eine Lampe bei dem Heiligen Grab, und jetzt ist nichts mehr von ihr zu erblicken, und nur der graue Nebel ist über den Baumwipfeln oben. Das bedeutet allemal Schnee.«

Die Kinder gingen freudiger fort, und Sanna war recht froh, wenn sie mit dem dunklen Ärmel ihres Röckchens eine der fallenden Flocken auffangen konnte, und wenn dieselbe recht lange nicht auf dem Ärmel zerfloß. Als sie endlich an dem äußersten Rand der Millsdorfer Höhen angekommen waren, wo es gegen die dunklen Tannen des Halses hineingeht, war die dichte Waldwand schon

recht lieblich gesprenkelt von den immer reichlicher herabfallenden Flocken. Sie gingen nunmehr in den dicken Wald hinein, der den größten Teil ihrer noch bevorstehenden Wanderung einnahm.

Es geht von dem Waldrand noch immer aufwärts, und zwar bis man zur roten Unglückssäule kommt, von wo sich, wie schon oben angedeutet wurde, der Weg gegen das Tal von Gschaid hinabwendet. Die Erhebung des Waldes von der Millsdorfer Seite ist sogar so steil, daß der Weg nicht gerade hinangeht, sondern daß er in sehr langen Abweichungen von Abend nach Morgen und von Morgen nach Abend hinanklimmt. An der ganzen Länge des Weges hinauf zur Säule und hinab bis zu den Wiesen von Gschaid sind hohe, dichte, ungelichtete Waldbestände, und sie werden erst ein wenig dünner, wenn man in die Ebene gelangt ist und gegen die Wiesen des Tales von Gschaid hinauskommt. Der Hals ist auch, wenn er gleich nur eine kleine Verbindung zwischen zwei großen Gebirgshäuptern abgibt, doch selbst so groß, daß er, in die Ebene gelegt, einen bedeutenden Gebirgsrücken abgeben würde.

Das erste, was die Kinder sahen, als sie die Waldung betraten, war, daß der gefrorene Boden sich grau zeigte, als ob er mit Mehl besät wäre, daß die Fahne manches dünnen Halmes des am Wege hin und zwischen den Bäumen stehenden dürren Grases mit Flocken beschwert war, und daß auf den verschiedenen grünen Zweigen der Tannen und Fichten, die sich wie Hände öffneten, schon weiße Flämmchen saßen.

»Schneit es denn jetzt bei dem Vater zu Hause auch?« fragte Sanna.

»Freilich«, antwortete der Knabe, »es wird auch kälter, und du wirst sehen, daß morgen der ganze Teich gefroren ist.«

»Ja, Konrad«, sagte das Mädchen.

Es verdoppelte beinahe seine kleinen Schritte, um mit denen des dahinschreitenden Knaben gleichbleiben zu können.

Sie gingen nun rüstig in den Windungen fort, jetzt von Abend nach Morgen, jetzt von Morgen nach Abend. Der von der Großmutter vorausgesagte Wind stellte sich nicht ein, im Gegenteil war es so still, daß sich nicht ein Ästchen oder Zweig rührte, ja sogar es schien im Wald wärmer, als es in lockeren Körpern, dergleichen ein Wald auch ist, immer im Winter zu sein pflegt, und die Schneeflokken fielen stets reichlicher, so daß der ganze Boden schon weiß war, daß der Wald sich grau zu bestäuben anfing, und daß auf dem Hut und den Kleidern des Knaben sowie auf denen des Mädchens der Schnee lag.

Die Freude der Kinder war sehr groß. Sie traten auf den weichen Flaum, suchten mit dem Fuß absichtlich solche Stellen, wo er dichter zu liegen schien, um dorthin zu treten und sich den Anschein zu geben, als warteten sie bereits. Sie schüttelten den Schnee nicht von den Kleidern ab.

Es war große Ruhe eingetreten. Von den Vögeln, deren noch manche auch zuweilen im Winter in dem Walde hin und her fliegen und von denen die Kinder im Herübergehen sogar mehrere zwitschern gehört hatten, war nichts zu vernehmen, sie sahen auch keine auf irgendeinem Zweig sitzen oder fliegen, und der ganze Wald war gleichsam ausgestorben.

Weil nur die bloßen Fußstapfen der Kinder hinter ihnen blieben und weil vor ihnen der Schnee rein und unverletzt war, so war daraus zu erkennen, daß sie die einzigen waren, die heute über den Hals gingen. Sie gingen in ihrer Richtung fort, sie näherten sich öfter den Bäumen, öfter entfernten sie sich, und wo dichtes Unterholz war, konnten sie den Schnee auf den Bäumen liegen sehen.

Ihre Freude wuchs noch immer; denn die Flocken fielen stets dichter, und nach kurzer Zeit brauchten sie nicht mehr den Schnee aufzusuchen, um in ihm zu waten; denn er lag schon so dicht, daß sie ihn überall weich unter den Sohlen empfanden, und daß er sich bereits um ihre Schuhe zu legen begann; und wenn es so ruhig und heimlich war, so war es, als ob sie das Knistern des in die Nadeln herrabfallenden Schnees vernehmen könnten.

»Werden wir heute auch die Unglückssäule sehen?« fragte das Mädchen, »sie ist ja umgefallen, und da wird es darauf schneien, und da wird die rote Farbe weiß sein.«

»Darum können wir sie doch sehen«, antwortete der Knabe, »wenn auch der Schnee auf sie fällt, und wenn sie auch weiß ist, so müssen wir sie liegen sehen, weil sie eine dicke Säule ist, und weil sie das schwarze eiserne Kreuz auf der Spitze hat, das doch immer herausragen wird.«

»Ja, Konrad.«

Indessen, da sie noch weitergegangen waren, war der Schneefall so dicht geworden, daß sie nur mehr die allernächsten Bäume sehen konnten.

Von der Härte des Weges oder gar von Furchenaufwerfungen war nichts zu empfinden, der Weg war vom Schnee überall gleich weich und war überhaupt nur daran zu erkennen, daß er als ein gleichmäßiger weißer Streifen in dem Walde fortlief. Auf allen Zweigen lag schon die schöne weiße Hülle.

Die Kinder gingen jetzt mitten auf dem Weg, sie furchten den Schnee mit ihren Füßlein und gingen langsamer, weil das Gehen beschwerlich ward. Der Knabe zog seine Jacke empor an dem Hals zusammen, damit ihm nicht der Schnee in den Nacken falle, und er setzte den Hut tiefer in das Haupt, daß er geschützter sei. Er zog auch seinem Schwesterlein das Tuch, das ihm die Mutter um die Schultern gegeben hatte, besser zusammen und zog es ihm mehr vorwärts in die Stirn, daß es ein Dach bilde.

Der von der Großmutter vorausgesagte Wind war noch immer nicht gekommen; aber dafür wurde der Schneefall nach und nach so dicht, daß auch nicht mehr die nächsten Bäume zu erkennen waren, sondern daß sie wie neblige Säcke in der Luft standen.

Die Kinder gingen fort. Sie duckten die Köpfe dichter in ihre Kleider und gingen fort.

Sanna nahm den Riemen, an welchem Konrad die Kalbfelltasche um die Schulter hängen hatte, mit den Händchen, hielt sich daran, und so gingen sie ihres Weges.

Die Unglückssäule hatten sie noch immer nicht erreicht. Der Knabe konnte die Zeit nicht ermessen, weil keine Sonne am Himmel stand und weil es immer gleichmäßig grau war.

»Werden wir bald zu der Unglückssäule kommen?« fragte Sanna.

»Ich weiß es nicht«, antwortete der Knabe, »ich kann heute die Bäume nicht sehen und den Weg nicht erkennen, weil er so weiß ist. Die Unglückssäule werden wir wohl gar nicht sehen, weil so viel Schnee liegen wird, daß sie verhüllt sein wird und daß kaum ein Gräschen oder ein Arm des schwarzen Kreuzes hervorragen wird. Aber es macht nichts. Wir gehen immer auf dem Wege fort, der Weg geht zwischen den Bäumen, und wenn er zu dem Platz der Unglückssäule kommt, dann wird er abwärtsgehen, wir gehen auf ihm fort, und wenn er aus den Bäumen hinausgeht, dann sind wir schon auf den Wiesen von Gschaid, dann kommt der Steg, und dann haben wir nicht mehr weit nach Hause.«

»Ja, Konrad«, sagte das Mädchen.

Sie gingen auf ihrem aufwärtsführenden Weg fort. Die hinter ihnen liegenden Fußstapfen waren jetzt nicht mehr lange sichtbar; denn die ungemeine Fülle des herabfallenden Schnees deckte sie bald zu, daß sie verschwanden. Der Schnee knisterte in seinem Falle nun auch nicht mehr in den Nadeln, sondern legte sich eilig und heimlich auf die weiße schon daliegende Decke nieder. Die Kinder nahmen die Kleider noch fester, um das immerwährende allseitige Hineinrieseln abzuhalten. Sie gingen sehr schleunig, und der Weg führte noch stets aufwärts.

Nach langer Zeit war noch immer die Höhe nicht erreicht, auf welcher die Unglückssäule stehen sollte und von wo der Weg gegen die Gschaider Seite sich hinunterwenden mußte.

Endlich kamen die Kinder in eine Gegend, in welcher keine Bäume standen.

»Ich sehe keine Bäume mehr«, sagte Sanna.

»Vielleicht ist nur der Weg so breit, daß wir sie wegen des Schneiens nicht sehen können«, antwortete der Knabe.

»Ja, Konrad«, sagte das Mädchen.

Nach einer Weile blieb der Knabe stehen und sagte: »Ich sehe selber keine Bäume mehr, wir müssen aus dem Wald gekommen sein, auch geht der Weg immer bergan. Wir wollen ein wenig stehenbleiben und herumsehen, vielleicht erblicken wir etwas.«

Aber sie erblickten nichts. Sie sahen durch einen trüben Raum in den Himmel. Wie bei dem Hagel über die weißen oder grünlich gedunsenen Wolken die finsteren, fransenartigen Streifen herabstarren, so war es hier, und das stumme Schütten dauerte fort. Auf der Erde sahen sie nur einen runden Fleck Weiß und dann nichts mehr.

»Weißt du, Sanna«, sagte der Knabe, »wir sind auf dem dürren Gras, auf welches ich dich oft im Sommer hinaufgeführt habe, wo wir saßen, und wo wir den Rasen betrachteten, der nacheinander hinaufgeht, und wo die schönen Kräuterbüschel wachsen. Wir werden da jetzt gleich rechts hinabgehen.«

»Ja, Konrad.«

»Der Tag ist kurz, wie die Großmutter gesagt hat, und wie du auch wissen wirst, wir müssen uns daher sputen.«

»Ja, Konrad«, sagte das Mädchen.

»Warte ein wenig, ich will dich besser einrichten«, erwiderte der Knabe.

Er nahm seinen Hut ab, setzte ihn Sanna auf das Haupt und befestigte ihn mit den beiden Bändchen unter ihrem Kinn. Das Tüchlein, welches sie umhatte, schützte sie zu wenig, während auf seinem Haupte eine solche Menge dichter Locken war, daß noch lange Schnee darauf fallen konnte, ehe Nässe und Kälte durchzudringen vermochten. Dann zog er sein Pelzjäckchen aus und zog dasselbe über die Ärmlein der Schwester. Um seine eigenen Schultern und Arme, die jetzt das bloße Hemd zeigten, band er das kleinere Tüchlein, das Sanna über die Brust, und das größere, das sie über die Schultern gehabt hatte. Das sei für ihn genug, dachte er, wenn er nur stark auftrete, werde ihn nicht frieren.

Er nahm das Mädchen bei der Hand, und so gingen sie jetzt fort. Das Mädchen schaute mit den willigen Äuglein in das ringsum herrschende Grau und folgte ihm gerne, nur daß es mit den kleinen eilenden Füßlein nicht so nachkommen konnte, wie er vorwärtsstrebte, gleich einem, der es zur Entscheidung bringen wollte.

Sie gingen nun mit der Unablässigkeit und Kraft, die Kinder und Tiere haben, weil sie nicht wissen, wieviel ihnen beschieden ist und wann ihr Vorrat erschöpft ist.

Aber wie sie gingen, so konnten sie nicht merken, ob sie über den Berg hinabkommen oder nicht. Sie hatten gleich rechts nach abwärts gebogen, allein sie kamen wieder in Richtungen, die bergan führen. Oft begegneten ihnen Steilheiten, denen sie ausweichen mußten, und ein Graben, in dem sie fortgingen, führte sie in einer Krümmung herum. Sie erklommen Höhen, die sich unter ihren Füßen steiler gestalteten, als sie dachten, und was sie für abwärts hielten, war wieder eben, oder es war eine Höhlung, oder es ging immer gedehnt fort.

»Wo sind wir denn, Konrad?« fragte das Mädchen.

»Ich weiß es nicht«, antwortete er.

»Wenn ich nur mit diesen meinen Augen etwas zu erblicken imstande wäre«, fuhr er fort, »daß ich mich danach richten könnte.«

Aber es war rings um sie nichts als das blendende Weiß, überall das Weiß, das aber selber nur einen immer kleineren Kreis um sie zog und dann in einen lichten streifenweise niederfallenden Nebel überging, der jedes weitere verzehrte und verhüllte und zuletzt nichts anderes war als der unersättlich fallende Schnee.

»Warte, Sanna«, sagte der Knabe, »wir wollen ein wenig stehenbleiben und horchen, ob wir nicht etwas hören können, was sich im

Tal meldet, sei es nun ein Hund oder eine Glocke oder die Mühle, oder sei es ein Ruf, der sich hören läßt, hören müssen wir etwas, und dann werden wir wissen, wohin wir zu gehen haben.«

Sie blieben nun stehen, aber sie hörten nichts. Sie blieben noch ein wenig länger stehen, aber es meldete sich nichts, es war nicht ein einziger Laut, auch nicht der leiseste außer ihrem Atem zu vernehmen, ja in der Stille, die herrschte, war es, als sollten sie den Schnee hören, der auf ihre Wimpern fiel. Die Voraussage der Großmutter hatte sich noch immer nicht erfüllt, der Wind war nicht gekommen, ja was in diesen Gegenden selten ist, nicht das leiseste Lüftchen rührte sich an dem ganzen Himmel.

Nachdem sie lange gewartet hatten, gingen sie wieder fort.

»Es tut auch nichts, Sanna«, sagte der Knabe, »sei nur nicht verzagt, folge mir, ich werde dich doch noch hinüberführen. – Wenn nur das Schneien aufhörte!«

Sie war nicht verzagt, sondern hob die Füßchen, so gut es gehen wollte, und folgte ihm. Er führte sie in dem weißen, lichten, regsamen, undurchsichtigen Raume fort.

Nach einer Weile sahen sie Felsen. Sie hoben sich dunkel und undeutlich aus dem weißen und undurchsichtigen Licht empor. Da die Kinder sich näherten, stießen sie fast daran. Sie stiegen wie eine Mauer hinauf und waren ganz gerade, so daß kaum ein Schnee an ihrer Seite haften konnte.

»Sanna, Sanna«, sagte er, »da sind die Felsen, gehen wir nur weiter, gehen wir weiter.«

Sie gingen weiter, sie mußten zwischen die Felsen hinein und unter ihnen fort. Die Felsen ließen sie nicht rechts und nicht links ausweichen und führten sie in einem engen Weg dahin. Nach einer Zeit verloren sie dieselben wieder und konnten sie nicht mehr erblicken. So wie sie unversehens unter sie gekommen waren, kamen sie wieder unversehens von ihnen. Es war wieder nichts um sie als das Weiß, und ringsum war kein unterbrechendes Dunkel zu sehen. Es schien eine große Lichtfülle zu sein, und doch konnte man nicht drei Schritte vor sich sehen; alles war, wenn man so sagen darf, in eine einzige weiße Finsternis gehüllt, und weil kein Schatten war, so war kein Urteil über die Größe der Dinge, und die Kinder konnten nicht wissen, ob sie aufwärts oder abwärts gehen würden, bis eine Steilheit ihren Fuß faßte und ihn aufwärts zu gehen zwang.

»Mir tun die Augen weh«, sagte Sanna.

»Schaue nicht auf den Schnee«, antwortete der Knabe, »sondern in die Wolken. Mir tun sie schon lange weh; aber es tut nichts, ich muß doch auf den Schnee schauen, weil ich auf den Weg zu achten habe. Fürchte dich nur nicht, ich führe dich doch hinunter ins Gschaid.«

»Ja, Konrad.«

Sie gingen wieder fort; aber wie sie auch gehen mochten, wie sie sich auch wenden mochten, es wollte kein Anfang zum Hinabwärtsgehen kommen. An beiden Seiten waren steile Dachlehnen nach aufwärts, mitten gingen sie fort, aber auch immer aufwärts. Wenn sie den Dachlehnen entrannen und sich nach abwärts beugten, wurde es gleich so steil, daß sie wieder umkehren mußten, die Füßlein stießen oft auf Unebenheiten, und sie mußten häufig Hügeln ausweichen.

Sie merkten auch, daß ihr Fuß, wo er tiefer durch den jungen Schnee einsank, nicht erdigen Boden unter sich empfand, sondern etwas anderes, das wie älter gefrorener Schnee war; aber sie gingen immerfort, und sie liefen mit Hast und Ausdauer. Wenn sie stehenblieben, war alles still, unermeßlich still; wenn sie gingen, hörten sie das Rascheln ihrer Füße, sonst nichts; denn die Hüllen des Himmels sanken ohne Laut hernieder, und so reich, daß man den Schnee hätte wachsen sehen können. Sie selber waren so bedeckt, daß sie sich von dem allgemeinen Weiß nicht hervorhoben und sich, wenn sie um ein paar Schritte getrennt worden wären, nicht mehr gesehen hätten.

Eine Wohltat war es, daß der Schnee so trocken war wie Sand, so daß er von ihren Füßen und den Bundschühlein und Strümpfen daran leicht abglitt und abrieselte, ohne Ballen und Nässe zu machen.

Endlich gelangten sie wieder zu Gegenständen.

Es waren riesenhaft große, sehr durcheinander liegende Trümmer, die mit Schnee bedeckt waren, der überall in die Klüfte hineinrieselte, und an die sie sich ebenfalls fast anstießen, ehe sie sie sahen. Sie gingen ganz hinzu, die Dinge anzublicken.

Es war Eis – lauter Eis.

Es lagen Platten da, die mit Schnee bedeckt waren, an deren beiden Seitenwänden aber das glatte grünliche Eis sichtbar war, es lagen Hügel da, die wie zusammengeschobener Schaum aussahen, an deren Seiten es aber matt nach einwärts flimmerte und glänzte, als wären Balken und Stangen von Edelsteinen durcheinandergeworfen worden, es lagen ferner gerundete Kugeln da, die ganz mit

Schnee umhüllt waren, es standen Platten und andere Körper auch schief oder gerade aufwärts, so hoch wie der Kirchturm in Gschaid oder wie Häuser. In einigen waren Höhlen eingefressen, durch die man mit einem Arm durchfahren konnte, mit einem Kopf, mit einem Körper, mit einem ganzen großen Wagen voll Heu. Alle diese Stücke waren zusammen- oder emporgedrängt und starrten, so daß sie oft Dächer bildeten oder Überhänge, über deren Ränder sich der Schnee herüberlegte und herabgriff wie lange, weiße Tatzen. Selbst ein großer, schreckhaft schwarzer Stein, wie ein Haus, lag unter dem Eis und war emporgestellt, daß er auf der Spitze stand, daß kein Schnee an seinen Seiten liegenbleiben konnte. Und nicht dieser Stein allein – noch mehrere und größere staken in dem Eis, die man erst später sah und die wie eine Trümmermauer an ihm hingingen.

»Da muß recht viel Wasser gewesen sein, weil so viel Eis ist«, sagte Sanna.

»Nein, das ist von keinem Wasser«, antwortete der Bruder, »das ist das Eis des Berges, das immer oben ist, weil es so eingerichtet ist.«

»Ja, Konrad«, sagte Sanna.

»Wir sind jetzt bis zu dem Eis gekommen«, sagte der Knabe, »wir sind auf dem Berg, Sanna, weißt du, den man von unserem Garten aus im Sonnenschein so weiß sieht. Merke gut auf, was ich dir sagen werde. Erinnerst du dich noch, wie wir oft nachmittags in dem Garten saßen, wie es recht schön war, wie die Bienen um uns summten, die Linden dufteten und die Sonne von dem Himmel schien?

»Ja, Konrad, ich erinnere mich.«

»Da sahen wir auch den Berg. Wir sahen, wie er so blau war wie das sanfte Firmament, wir sahen den Schnee, der oben ist, wenn auch bei uns Sommer war, eine Hitze herrschte und die Getreide reif wurden.«

»Ja, Konrad.«

»Und unten, wo der Schnee aufhört, da sieht man allerlei Farben, wenn man genau schaut, grün, blau, weißlich – das ist das Eis, das unten nur so klein ausschaut, weil man sehr weit entfernt ist, und das, wie der Vater sagt, nicht weggeht bis ans Ende der Welt. Und da habe ich oft gesehen, daß unterhalb des Eises die blaue Farbe noch fortgeht, das werden Steine sein, dachte ich, oder es wird Erde und Weidegrund sein, und dann fangen die Wälder an, die gehen herab und immer weiter herab, man sieht auch allerlei Felsen in ihnen, dann folgen die Wiesen, die schon grün sind, und dann die grünen Laubwälder, und dann kommen unsere Wiesen und Felder, die in dem Tal von Gschaid sind. Siehst du nun, Sanna, weil wir jetzt bei dem Eis sind, so werden wir über die blaue Farbe hinabsehen, dann durch die Wälder, in denen die Felsen sind, dann über die Wiesen und durch die grünen Laubwälder, und dann werden wir in dem Tal von Gschaid sein und recht leicht unser Dorf finden.«

»Ja, Konrad«, sagte das Mädchen.

Die Kinder gingen nun in das Eis hinein, wo es zugänglich war. Sie waren winzig kleine wandelnde Punkte in diesen ungeheuren Stükken.

Wie sie so unter die Überhänge hineinsahen, gleichsam als gäbe ihnen ein Trieb ein, ein Obdach zu suchen, gelangten sie in einen Graben, in einen breiten, tiefgefurchten Graben, der gerade aus dem Eis hervorging. Er sah aus wie das Bett eines Stromes, der aber jetzt ausgetrocknet und überall mit frischem Schnee bedeckt war. Wo er aus dem Eis hervorkam, ging er gerade unter einem Kellergewölbe heraus, das recht schön aus Eis über ihn gespannt war. Die Kinder gingen in dem Graben fort und gingen in das Gewölbe hinein, und immer tiefer hinein. Es war ganz trocken, und unter ihren Füßen hatten sie glattes Eis. In der ganzen Höhlung aber war es blau, so blau, wie gar nichts in der Welt ist, viel tiefer und viel schöner blau als das Firmament, gleichsam wie himmelblau gefärbtes Glas, durch welches lichter Schein hineinsinkt. Es waren dickere und dünnere Bogen, es hingen Zacken, Spitzen und Troddeln herab, der Gang wäre noch tiefer zurückgegangen, sie wußten nicht wie tief, aber sie gingen nicht mehr weiter. Es wäre auch sehr gut in der Höhle gewesen, es war warm, es fiel kein Schnee, aber es war so schreckhaft blau, die Kinder fürchteten sich und gingen wieder hinaus. Sie gingen eine Weile in dem Graben fort und kletterten dann über seinen Rand hinaus.

Sie gingen an dem Eise hin, sofern es möglich war, durch das Getrümmer und zwischen den Platten durchzudringen.

»Wir werden jetzt da noch hinübergehen und dann von dem Eis abwärtslaufen«, sagte Konrad.

»Ja«, sagte Sanna und klammerte sich an ihn an.

Sie schlugen von dem Eis eine Richtung durch den Schnee abwärts ein, die sie in das Tal führen sollte. Aber sie kamen nicht weit hinab. Ein neuer Strom von Eis, gleichsam ein riesenhaft aufgetürmter und aufgewölbter Wall, lag quer durch den weichen Schnee und griff gleichsam mit Armen rechts und links um sie herum. Unter der weißen Decke, die ihn verhüllte, glimmerte es seitwärts grünlich und bläulich und dunkel und schwarz und selbst gelblich und rötlich heraus. Sie konnten es nun auf weitere Strekken sehen, weil das ungeheure und unermüdliche Schneien sich gemildert hatte und nur mehr wie an gewöhnlichen Schneetagen vom Himmel fiel. Mit dem Starkmut der Unwissenheit kletterten sie in das Eis hinein, um den vorgeschobenen Strom desselben zu überschreiten und dann jenseits weiter hinabzukommen. Sie schoben sich in die Zwischenräume hinein, sie setzten den Fuß auf jedes Körperstück, das mit einer weißen Schneehaube versehen war, war es Fels oder Eis, sie nahmen die Hände zu Hilfe, krochen, wo sie nicht gehen konnten, und arbeiteten sich mit ihren leichten Körpern hinauf, bis sie die Seite des Walles überwunden hatten und oben waren.

Jenseits wollten sie wieder hinabklettern.

Aber es gab kein Jenseits.

So weit die Augen der Kinder reichen konnten, war lauter Eis. Es standen Spitzen und Unebenheiten und Schollen empor wie lauter furchtbares überschneites Eis. Statt ein Wall zu sein, über den man hinübergehen könnte und der dann wieder von Schnee abgelöst wurde, wie sie sich unten dachten, stiegen aus der Wölbung neue Wände von Eis empor, geborsten und geklüftet, mit unzähligen blauen geschlängelten Linien versehen, und hinter ihnen waren wieder solche Wände, und hinter diesen wieder solche, bis der Schneefall das Weitere mit seinem Grau verdeckte.

»Sanna, da können wir nicht gehen«, sagte der Knabe.

»Nein«, antwortete die Schwester.

»Da werden wir wieder umkehren und anderswo hinabzukommen suchen.«

»Ja, Konrad.«

Die Kinder suchten nun von dem Eiswall wieder da hinabzukommen, wo sie hinaufgeklettert waren, aber sie kamen nicht hinab. Es war lauter Eis, als hätten sie die Richtung, in der sie gekommen waren, verfehlt. Sie wandten sich hierhin und dorthin und konnten aus dem Eise nicht herauskommen, als wären sie von ihm umschlungen. Sie kletterten abwärts und kamen wieder in Eis. Endlich, da der Knabe die Richtung immer verfolgte, in der sie nach seiner Meinung gekommen waren, gelangten sie in zerstreutere

Trümmer, aber sie waren auch größer und furchtbarer, als sie gerne am Rand des Eises zu sein pflegen, und die Kinder gelangten kriechend und kletternd hinaus. An des Eisessaume waren ungeheure Steine, sie waren gehäuft, wie sie die Kinder ihr Leben lang nicht gesehen hatten. Viele waren in Weiß gehüllt, viele zeigten die unteren schiefen Wände sehr glatt und fein geschliffen, als wären sie daraufgeschoben worden, viele waren wie Hütten und Dächer gegeneinandergestellt, viele lagen aufeinander wie ungeschlachte Knollen. Nicht weit von dem Standort der Kinder standen mehrere mit den Köpfen gegeneinander gelehnt, und über sie lagen breite gelagerte Blöcke wie ein Dach. Es war ein Häuschen, das gebildet war, das gegen vorne offen, rückwärts und an den Seiten aber geschützt war. Im Innern war es trocken, da der steilrechte Schneefall keine einzige Flocke hineingetragen hatte.

Die Kinder waren recht froh, daß sie nicht mehr in dem Eis waren und auf ihrer Erde standen.

Aber es war auch endlich finster geworden.

»Sanna«, sagte der Knabe, »wir könnten nicht mehr hinabgehen, weil es Nacht geworden ist, und weil wir fallen oder gar in eine Grube geraten könnten. Wir werden da unter die Steine hineingehen, wo es trocken und so warm ist, und da werden wir warten. Die Sonne geht bald wieder auf, dann laufen wir hinunter. Weine nicht, ich bitte dich recht schön, weine nicht, ich gebe dir alle Dinge zu essen, welche uns die Großmutter mitgegeben hat.«

Sie weinte auch nicht, sondern nachdem sie beide unter das steinerne Überdach hineingegangen waren, wo sie nicht nur bequem sitzen, sondern auch stehen und herumgehen konnten, setzte sie sich recht dicht an ihn und war mäuschenstill.

»Die Mutter«, sagte Konrad, »wird nicht böse sein, wir werden ihr von dem vielen Schnee erzählen, der uns aufgehalten hat, und sie wird nichts sagen; der Vater auch nicht. Wenn uns kalt wird – weißt du – dann mußt du mit den Händen an deinen Leib schlagen, wie die Holzhauer getan haben, dann wird dir wärmer werden.«

»Ja, Konrad«, sagte das Mädchen.

Sanna war gar nicht so untröstlich, daß sie heute nicht mehr über den Berg hinabgingen und nach Hause liefen, wie er etwa glauben mochte; denn die unermeßliche Anstrengung, von der die Kinder nicht einmal gewußt hatten, wie groß sie gewesen sei, ließ ihnen das Sitzen süß, unsäglich süß erscheinen, und sie gaben sich hin.

Jetzt machte sich aber auch der Hunger geltend. Beide nahmen

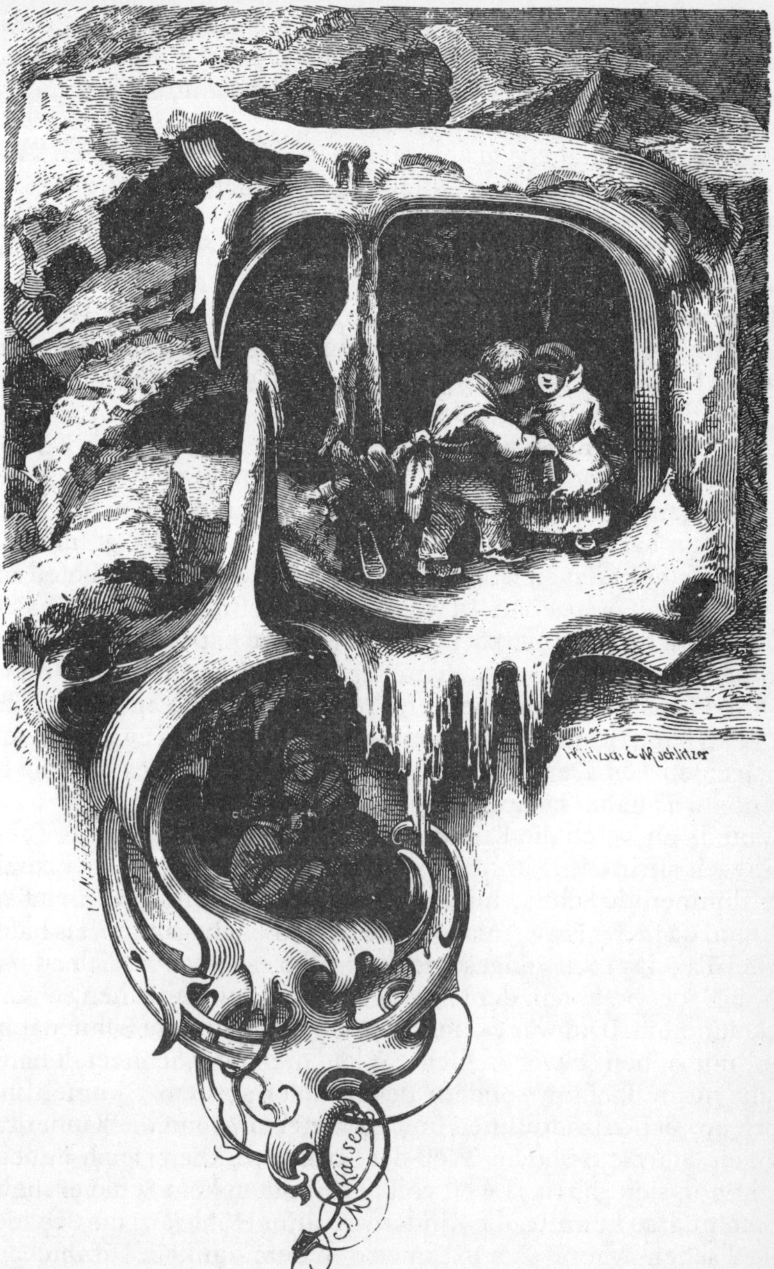
Kaiser

fast zu gleicher Zeit ihre Brote aus den Taschen und aßen sie. Sie aßen auch die Dinge – kleine Stückchen Kuchen, Mandeln und Nüsse und andere Kleinigkeiten – die die Großmutter ihnen in die Tasche gesteckt hatte.

»Sanna, jetzt müssen wir aber auch den Schnee von unseren Kleidern tun«, sagte der Knabe, »daß wir nicht naß werden.«

»Ja, Konrad«, erwiderte Sanna.

Die Kinder gingen aus ihrem Häuschen, und zuerst reinigte Konrad das Schwesterlein vom Schnee. Er nahm die Kleiderzipfel, schüttelte sie, nahm ihr den Hut ab, den er ihr aufgesetzt hatte, entleerte ihn vom Schnee, und was noch zurückgeblieben war, das stäubte er mit einem Tuch ab. Dann entledigte er auch sich, so gut es ging, des auf ihm liegenden Schnees.

Der Schneefall hatte zu dieser Stunde ganz aufgehört. Die Kinder spürten keine Flocke.

Sie gingen wieder in die Steinhütte und setzten sich nieder. Das Aufstehen hatte ihnen ihre Müdigkeit erst recht gezeigt, und sie freuten sich auf das Sitzen. Konrad legte die Tasche aus Kalbfell ab. Er nahm das Tuch heraus, in welches die Großmutter eine Schachtel und mehrere Papierpäckchen gewickelt hatte, und tat es zu größerer Wärme um seine Schultern. Auch die zwei Weißbrote nahm er aus dem Ränzchen und reichte sie beide an Sanna: das Kind aß begierig. Es aß eines der Brote und von dem zweiten auch noch einen Teil. Den Rest reichte es aber Konrad, da es sah, daß er nicht aß. Er nahm es und verzehrte es.

Von da an saßen die Kinder und schauten.

So weit sie in die Dämmerung zu sehen vermochten, lag überall der flimmernde Schnee hinab, dessen einzelne winzige Täfelchen hie und da in der Finsternis seltsam zu funkeln begannen, als hätte er bei Tag das Licht eingesogen und gäbe es jetzt von sich.

Die Nacht brach mit der in großen Höhen gewöhnlichen Schnelligkeit herein. Bald war es ringsherum finster, nur der Schnee fuhr fort, mit seinem bleichen Licht zu leuchten. Der Schneefall hatte nicht nur aufgehört, sondern der Schleier an dem Himmel fing auch an, sich zu verdünnen und zu verteilen; denn die Kinder sahen ein Sternlein blitzen. Weil der Schnee wirklich gleichsam ein Licht von sich gab, und weil von den Wolken kein Schleier mehr herabhing, so konnten die Kinder von ihrer Höhle aus die Schneehügel sehen, wie sie sich in Linien von dem dunklen Himmel abschnitten. Weil es in der Höhle viel wärmer war, als es an jedem andern Platze im ganzen Tal gewesen war, so ruhten die Kinder enge aneinander sitzend und vergaßen sogar die Finsternis zu fürchten. Bald vermehrten sich auch die Sterne, jetzt kam hier einer zum Vorschein, jetzt dort, bis es schien, als wäre am ganzen Himmel keine Wolke mehr.

Das war der Zeitpunkt, in welchem man in den Tälern die Lichter anzuzünden pflegt. Zuerst wird eines angezündet und auf den Tisch gestellt, um die Stube zu beleuchten, oder es brennt auch nur ein Span, oder es brennt das Feuer auf der Leuchte, und es erhellen sich alle Fenster von bewohnten Stuben und glänzen in die Schneenacht hinaus – aber heute erst – am Heiligen Abend – da wurden viel mehr angezündet, um die Gaben zu beleuchten, welche für die Kinder auf den Tischen lagen oder an den Bäumen hingen, es wurden wohl unzählige angezündet; denn beinahe in jedem Haus, in jeder Hütte, jedem Zimmer war eines oder mehrere Kinder, denen der Heilige Christ etwas gebracht hatte und wozu man Lichter stellen mußte. Der Knabe hatte geglaubt, daß man sehr bald von dem Berge hinabkommen könne, und doch, von den vielen Lichtern, die heute in dem Tale brannten, kam nicht ein einziges zu ihnen herauf; sie sahen nichts als den blassen Schnee und den dunklen Himmel, alles andere war ihnen in die unsichtbare Ferne hinabgerückt. In allen Tälern bekamen die Kinder in dieser Stunde die Geschenke des Heiligen Christ; nur die zwei saßen oben am Rande des Eises, und die vorzüglichsten Geschenke, die sie heute hätten bekommen sollen, lagen in versiegelten Päckchen in der Kalbfelltasche im Hintergrund der Höhle.

Die Schneewolken waren ringsum hinter die Berge hinabgesunken, und ein ganz dunkelblaues, fast schwarzes Gewölbe spannte sich um die Kinder voll von dichten brennenden Sternen, und mitten durch diese Sterne war ein schimmerndes, breites, milchiges Band gewoben, das sie wohl auch unten im Tal, aber nie so deutlich gesehen hatte. Die Nacht rückte vor. Die Kinder wußten nicht, daß die Sterne gegen Westen rücken und weiterwandeln, sonst hätten sie an ihrem Vorschreiten den Stand der Nacht erkennen können; aber es kamen neue und gingen die alten, sie aber glaubten, es seien immer dieselben. Es wurde von dem Schein der Sterne auch lichter um die Kinder; aber sie sahen kein Tal, keine Gegend, sondern überall nur Weiß – lauter Weiß. Bloß ein dunkles Horn, ein dunkles Haupt, ein dunkler Arm wurde sichtbar und ragte dort und hier aus dem Schimmer empor. Der Mond war nirgends am Himmel zu erblicken, vielleicht war er schon früh mit der Sonne untergegangen, oder er ist noch nicht erschienen.

Als eine lange Zeit vergangen war, sagte der Knabe: »Sanna, du mußt nicht schlafen; denn weißt du, wie der Vater gesagt hat, wenn man im Gebirge schläft, muß man erfrieren, so wie der alte Eschenjäger auch geschlafen hat und vier Monate tot auf dem Stein gesessen ist, ohne daß jemand gewußt hatte, wo er sei.«

»Nein, ich werde nicht schlafen«, sagte das Mädchen matt.

Konrad hatte es an dem Zipfel des Kleides geschüttelt, um es zu jenen Worten zu erwecken. Nun war es wieder stille.

Nach einer Zeit empfand der Knabe ein sanftes Drücken gegen seinen Arm, das immer schwerer wurde. Sanna war eingeschlafen und war gegen ihn herübergesunken.

»Sanna, schlafe nicht, ich bitte dich, schlafe nicht«, sagte er.

»Nein«, lallte sie schlaftrunken, »ich schlafe nicht.«

Er rückte weiter von ihr, um sie in Bewegung zu bringen, allein sie sank um und hätte auf der Erde liegend fortgeschlafen. Er nahm sie an der Schulter und rüttelte sie. Da er sich dabei selber etwas stärker bewegte, merkte er, daß ihn fror und daß sein Arm schwerer sei. Er erschrak und sprang auf. Er ergriff die Schwester, schüttelte sie stärker und sagte: »Sanna, stehe ein wenig auf, wir wollen eine Zeit stehen, daß es besser wird.«

»Mich friert nicht, Konrad«, antwortete sie.

»Ja, ja, es friert dich, Sanna, stehe auf«, rief er.

»Die Pelzjacke ist warm«, sagte sie.

»Ich werde dir emporhelfen«, sagte er.

»Nein«, erwiderte sie und war stille.

Da fiel dem Knaben etwas anderes ein. Die Großmutter hatte gesagt: Nur ein Schlückchen wärmt den Magen so, daß es den Körper in den kältesten Wintertagen nicht frieren kann.

Er nahm das Kalbfellränzchen, öffnete es und griff so lange, bis er das Fläschchen fand, in welchem die Großmutter der Mutter einen schwarzen Kaffeeabsud schicken wollte. Er nahm das Fläschen heraus, tat den Verband weg und öffnete mit Anstrengung den Kork. Dann bückte er sich zu Sanna und sagte: »Das ist der Kaffee, den die Großmutter der Mutter schickte, koste ihn ein wenig, er wird dir warm machen. Die Mutter gibt ihn uns, wenn sie nur weiß, wozu wir ihn nötig gehabt haben.«

Das Mädchen, dessen Natur zur Ruhe zog, antwortete: »Mich friert nicht.«

»Nimm nur etwas«, sagte der Knabe, »dann darfst du schlafen.«

Diese Aussicht verlockte Sanna, sie bewältigte sich soweit, daß sie fast das eingegossene Getränk verschluckte. Hierauf trank der Knabe auch etwas.

Der ungemein starke Auszug wirkte sogleich, und zwar um so heftiger, da die Kinder in ihrem Leben keinen Kaffee gekostet hatten. Statt zu schlafen, wurde Sanna nun lebhafter und sagte selber, daß sie friere, daß es aber von innen recht warm sei und auch schon in die Hände und Füße gehe. Die Kinder redeten sogar eine Weile miteinander.

So tranken sie trotz der Bitterkeit immer wieder von dem Getränke, sobald die Wirkung nachzulassen begann, und steigerten ihre unschuldigen Nerven zu einem Fieber, das imstande war, den zum Schlummer ziehenden Gewichten entgegenzuwirken.

Es war nun Mitternacht gekommen. Weil sie noch so jung waren und an jedem Heiligen Abend in höchstem Drang der Freude stets erst sehr spät entschlummerten, wenn sie nämlich der körperliche Drang übermannt hatte, so hatten sie nie das mitternächtliche Läuten der Glocken, nie die Orgel der Kirche gehört, wenn das Fest gefeiert wurde, obwohl sie nahe an der Kirche wohnten. In diesem Augenblick der heutigen Nacht wurde nun mit allen Glocken geläutet, es läuteten die Glocken in Millsdorf, es läuteten die Glokken in Gschaid, und hinter dem Berge war noch ein Kirchlein mit drei hellen klingenden Glocken, die läuteten. In den fernen Ländern draußen waren unzählige Kirchen und Glocken, und mit allen wurde zu dieser Zeit geläutet, von Dorf zu Dorf ging die Tonwelle, ja, man konnte wohl zuweilen von einem Dorf zum anderen durch die blätterlosen Zweige das Läuten hören: nur zu den Kindern herauf kam kein Laut, hier wurde nichts vernommen; denn hier war nichts zu verkündigen. In den Talkrümmungen gingen jetzt an den Berghängen die Lichter der Laternen hin, und von manchem Hofe tönte das Hausglöcklein, um die Leute zu erinnern; aber dieses konnte um so weniger herauf gesehen und gehört werden, es glänzten nur die Sterne, und sie leuchteten und funkelten ruhig fort.

Wenn auch Konrad sich das Schicksal des erfrorenen Eschenjägers vor Augen hielt, wenn auch die Kinder das Fläschchen mit dem schwarzen Kaffee fast ausgeleert hatten, wodurch sie ihr Blut zu größerer Tätigkeit brachten, aber gerade dadurch eine folgende Ermattung herbeizogen: so würden sie den Schlaf nicht haben überwinden können, dessen verführende Süßigkeiten alle Gründe überwiegt, wenn nicht die Natur in ihrer Größe ihnen beigestanden wäre und in ihrem Innern eine Kraft aufgerufen hatte, welche imstande war, dem Schlaf zu widerstehen.

In der ungeheuren Stille, die herrschte, in der Stille, in der sich kein Schneespitzchen zu rühren schien, hörten die Kinder dreimal das Krachen des Eises. Was das Starrste scheint und doch das Regsamste und Lebendigste ist, der Gletscher, hatte die Töne hervorgebracht. Dreimal hörten sie hinter sich den Schall, der entsetzlich war, als ob die Erde entzweigesprungen wäre, der sich nach allen Richtungen im Eise verbreitete und gleichsam durch alle Äderchen des Eises lief. Die Kinder blieben mit offenen Augen sitzen und schauten in die Sterne hinaus.

Auch für die Augen begann sich etwas zu entwickeln. Wie die Kinder so saßen, erblühte am Himmel vor ihnen ein bleiches Licht mitten unter den Sternen und spannte einen schwachen Bogen durch dieselben. Es hatte einen grünlichen Schimmer, der sich sachte nach unten zog. Aber der Bogen wurde immer heller und heller, bis sich die Sterne vor ihm zurückzogen und erblaßten. Auch in andere Gegenden des Himmels sandte er seinen Schein, der immergrün sachte und lebendig unter die Sterne floß. Dann standen Garben verschiedenen Lichtes auf der Höhe des Bogens wie Zacken einer Krone und brannten. Es floß hell durch die benachbarten Himmelsgegenden, es sprühte leise und ging in sanftem Zucken durch lange Räume. Hatte sich nun der Gewitterstoff des Himmels durch den unerhörten Schneefall so gespannt, daß er in diesen stummen herrlichen Strömen des Lichtes ausfloß, oder war es eine andere Ursache der unergründlichen Natur. Nach und nach wurde er schwächer und immer schwächer, die Garben erloschen zuerst, bis es allmählich und unmerklich immer geringer wurde und wieder nichts am Himmel war als tausend und tausend einfache Sterne.

Die Kinder sagten keins zu dem anderen ein Wort, sie blieben fort und fort sitzen und schauten mit offenen Augen in den Himmel.

Es geschah nun nichts Besonderes mehr. Die Sterne glänzten, funkelten und zitterten, nur manche schießende Schnuppe fuhr durch sie.

Endlich, nachdem die Sterne lange allein geschienen hatten und nie ein Stückchen Mond an dem Himmel zu erblicken gewesen war, geschah etwas anderes. Es fing der Himmel an, heller zu werden, langsam heller, aber doch zu erkennen; es wurde seine Farbe

sichtbar, die bleichsten Sterne erloschen, und die anderen standen nicht mehr so dicht. Endlich wichen auch die stärkeren, und der Schnee vor den Höhen wurde deutlicher sichtbar. Zuletzt färbte sich eine Himmelsgegend gelb, und ein Wolkenstreifen, der in derselben war, wurde zu einem leuchtenden Faden entzündet. Alle Dinge waren klar zu sehen, und die entfernten Schneehügel zeichneten sich scharf in die Luft.

»Sanna, der Tag bricht an«, sagte der Knabe.

»Ja, Konrad«, antwortete das Mädchen.

»Wenn es nur noch ein bißchen heller wird, dann gehen wir aus der Höhle und laufen über den Berg hinunter.«

Es wurde heller, an dem ganzen Himmel war kein Stern mehr sichtbar, und alle Gegenstände standen in der Morgendämmerung da.

»Nun, jetzt gehen wir«, sagte der Knabe.

»Ja, wir gehen«, antwortete Sanna.

Die Kinder standen auf und versuchten ihre erst heute recht müden Glieder. Obwohl sie nicht geschlafen hatten, waren sie doch durch den Morgen gestärkt, wie das immer so ist. Der Knabe hing sich das Kalbfellränzchen um und machte das Pelzjäckchen an Sanna fester zu. Dann führte er sie aus der Höhle.

Weil sie nach ihrer Meinung nur über den Berg hinabzulaufen hatten, dachten sie an kein Essen und untersuchten das Ränzchen nicht, ob noch Weißbrot oder andere Eßwaren darinnen seien.

Von dem Berg wollte nun Konrad, weil der Himmel ganz heiter war, in die Täler hinabschauen, um das Gschaider Tal zu erkennen und in dasselbe hinunterzugehen. Aber er sah gar keine Täler. Es war nicht, als ob sie sich auf einen Berg befänden, von dem man hinabsieht, sondern in einer fremden seltsamen Gegend, in der lauter unbekannte Gegenstände sind. Sie sahen heute auch in größerer Entfernung furchtbare Felsen aus dem Schnee emporstehen, die sie gestern nicht gesehen hatten, sie sahen das Eis, sie sahen Hügel und Schneelehnen emporstarren, und hinter diesen war entweder der Himmel oder es ragte die blaue Spitze eines sehr fernen Berges am Schneerand hervor.

In diesem Augenblick ging die Sonne auf.

Eine riesengroße, blutrote Scheibe erhob sich an dem Schneesaum in den Himmel, und in dem Augenblick errötete der Schnee um die Kinder, als wäre er mit Millionen Rosen überstreut worden. Die Kuppen und die Hörner warfen sehr lange grünliche Schatten längs des Schnees.

»Sanna, wir werden jetzt da weiter vorwärtsgehen, bis wir an den Rand des Berges kommen, und hinuntersehen«, sagte der Knabe.

Sie gingen nun in den Schnee hinaus. Er war in der heiteren Nacht noch trockener geworden und wich den Tritten noch besser aus. Sie wateten rüstig fort. Ihre Glieder wurden sogar geschmeidiger und stärker, da sie gingen. Allein sie kamen an keinen Rand und sahen nicht hinunter. Schneefeld entwickelte sich aus Schneefeld, und am Saum eines jeden stand allemal wieder der Himmel.

Sie gingen dessenungeachtet fort.

Da kamen sie wieder an das Eis. Sie wußten nicht, wie das Eis dahergekommen sei, aber unter den Füßen empfanden sie den glatten Boden, und waren gleich nicht die fürchterlichen Trümmer wie an jedem Rande, an dem sie die Nacht zugebracht hatten, so sahen sie doch, daß sie auf glattem Eise fortgingen, sie sahen hie und da Stücke, die immer mehr wurden, die sich näher an sie drängten, und die sie wieder zu klettern zwangen.

Aber sie verfolgten doch ihre Richtung.

Sie kletterten neuerdings an Blöcken empor. Da standen sie wieder auf dem Eisfeld. Heute bei der hellen Sonne konnten sie erst erblicken, was es ist. Es war ungeheuer groß, und jenseits standen wieder schwarze Felsen empor, es ragte gleichsam Welle hinter Welle auf, das beschneite Eis war gedrängt, gequollen, emporgehoben, gleichsam als schöbe es sich nach vorwärts und flösse gegen die Brust der Kinder heran. In dem Weiß sahen sie unzählige vorwärtsgehende geschlängelte blaue Linien. Zwischen jenen Stellen, wo die Eiskörper gleichsam wie aneinandergeschmettert starrten, gingen auch Linien wie Wege, aber sie waren weiß und waren Streifen, wo sich fester Eisboden vorfand, oder die Stücke doch nicht gar so sehr verschoben waren. In diese Pfade gingen die Kinder hinein, weil sie doch einen Teil des Eises überschreiten wollten, um an den Bergrand zu gelangen und endlich einmal hinunterzusehen. Sie sagten kein Wörtlein. Das Mädchen folgte dem Knaben. Aber es war auch heute wieder Eis, lauter Eis. Wo sie hinübergelangen wollten, wurde es gleichsam immer breiter und breiter. Da schlugen sie, ihre Richtung aufgebend, den Rückweg ein. Wo sie nicht gehen konnten, griffen sie sich durch die Mengen des Schnees hindurch, der oft dicht vor ihrem Auge wegbrach und den sehr blauen Streifen einer Eisspalte zeigte, wo doch früher alles weiß gewesen war; aber sie kümmerten sich nicht darum, sie arbeiteten sich fort, bis sie wieder irgendwo aus dem Eise herauskamen.

»Sanna«, sagte der Knabe, »wir werden gar nicht mehr in das Eis hineingehen, weil wir in demselben nicht fortkommen. Und weil wir schon in unser Tal gar nicht hinabsehen können, so werden wir gerade über den Berg hinabgehen. Wir müssen in ein Tal kommen, dort werden wir den Leuten sagen, daß wir aus Gschaid sind, die werden uns einen Wegweiser nach Hause mitgeben.«

»Ja, Konrad«, sagte das Mädchen.

So begannen sie nun in dem Schnee nach jener Richtung abwärts zu gehen, welche sich ihnen eben darbot. Der Knabe führte das Mädchen an der Hand. Allein nachdem sie eine Weile abwärts gegangen waren, hörte in dieser Richtung das Gehänge auf, und der Schnee stieg wieder empor. Also änderten die Kinder die Richtung und gingen nach der Länge einer Mulde hinab. Aber da fanden sie wieder Eis. Sie stiegen also an der Seite der Mulde empor, um nach einer anderen Richtung ein Abwärts zu suchen. Es führte sie eine Fläche hinab, allein die wurde nach und nach so steil, daß sie kaum noch einen Fuß einsetzen konnten und abwärts zu gleiten fürchteten. Sie klommen also wieder empor, um wieder einen anderen

Weg nach abwärts zu suchen. Nachdem sie lange im Schnee emporgeklommen und dann auf einem ebenen Rücken fortgelaufen waren, war es wie früher; entweder ging der Schnee so steil ab, daß sie gestürzt wären, oder er stieg wieder hinan, daß sie auf den Berggipfel zu kommen fürchteten. Und so ging es immerfort.

Da wollten sie die Richtung suchen, in der sie gekommen waren, und zur roten Unglückssäule hinabgehen. Weil es nicht schneit und der Himmel so hell ist, so würden sie, dachte der Knabe, die Stelle schon erkennen, wo die Säule sein solle, und würden von dort nach Gschaid hinabgehen können.

Der Knabe sagte diesen Gedanken dem Schwesterchen; diese folgte. Allein auch der Weg auf den Hals hinab war nicht zu finden.

So klar die Sonne schien, so schön die Schneehöhlen dastanden und die Schneefelder dalagen, so konnten sie doch die Gegenden nicht erkennen, durch die sie gestern heraufgegangen waren. Gestern war alles durch den fürchterlichen Schneefall verhängt gewesen, daß sie kaum einige Schritte vor sich gesehen hatten, und da war alles ein einziges Weiß und Grau durcheinander gewesen. Nur die Felsen hatten sie gesehen, an denen und zwischen denen sie gegangen waren: allein auch heute hatten sie bereits viele Felsen gesehen, die alle den nämlichen Anschein gehabt hatten wie die gestern gesehenen. Heute ließen sie frische Spuren in dem Schnee; aber gestern sind alle Spuren von dem fallenden Schnee verdeckt worden. Auch aus dem bloßen Anblick konnten sie nicht erraten, welche Gegend auf den Hals führe, da alle Gegenden gleich waren. Schnee, lauter Schnee. Sie gingen aber doch immer fort und meinten, es zu erringen. Sie wichen den steilen Abstürzen aus und kletterten keine steile Anhöhen hinauf.

Auch heute blieben sie öfter stehen, um zu horchen; aber sie vernahmen auch heute nichts, nicht den geringsten Laut. Zu sehen war auch nichts als der Schnee, der helle, weiße Schnee, aus dem hie und da die schwarzen Hörner und die schwarzen Steinrippen emporstanden.

Endlich war es dem Knaben, als sähe er auf einem fernen, schiefen Schneefeld ein hüpfendes Feuer. Es tauchte auf, es tauchte nieder. Jetzt sahen sie es, jetzt sahen sie es nicht. Sie blieben stehen und blickten unverwandt auf jene Gegend hin. Das Feuer hüpfte immer fort, und es schien, als ob es näher käme; denn sie sahen es größer und sahen das Hüpfen deutlicher. Es verschwand nicht mehr so oft und nicht mehr auf so lange Zeit wie früher. Nach einer Weile ver-

nahmen sie in der stillen blauen Luft schwach, sehr schwach, etwas wie einen lange anhaltenden Ton aus einem Hirtenhorn. Wie aus Instinkt schrien beide Kinder laut. Nach einer Zeit hörten sie den Ton wieder. Sie schrien wieder und blieben auf der nämlichen Stelle stehen. Das Feuer näherte sich auch. Der Ton wurde zum drittenmal vernommen, und jedesmal deutlicher. Die Kinder antworteten wieder durch lautes Schreien. Nach einer geraumen Weile erkannten sie auch das Feuer. Es war kein Feuer, es war eine rote Fahne, die geschwungen wurde. Zugleich ertönte das Hirtenhorn näher, und die Kinder antworteten.

»Sanna«, rief der Knabe, »da kommen Leute aus Gschaid, ich kenne die Fahne, es ist die rote Fahne, welche der fremde Herr, der mit dem jungen Eschenjäger den Gars bestiegen hatte, auf dem Gipfel aufpflanzte, daß sie der Herr Pfarrer mit dem Fernrohre sähe, was als Zeichen gälte, daß sie oben seien, und welche Fahne damals der fremde Herr dem Herrn Pfarrer geschenkt hatte. Du warst noch ein recht kleines Kind.«

»Ja, Konrad.«

Nach einer Zeit sahen die Kinder auch die Menschen, die bei der Fahne waren, kleine schwarze Stellen, die sich zu bewegen schienen. Der Ruf des Hornes wiederholte sich von Zeit zu Zeit und kam immer näher.

Die Kinder antworteten jedesmal.

Endlich sahen sie über den Schneeabhang gegen sich her mehrere Männer mit ihren Stöcken herabfahren, die die Fahne in ihrer Mitte hatten. Da sie näher kamen, erkannten sie dieselben. Es war der Hirt Philipp mit dem Horn, seine zwei Söhne, dann der junge Eschenjäger und mehrere Bewohner von Gschaid.

»Gebenedeit sei Gott«, schrie Philipp, »da seid ihr ja. Der ganze Berg ist voll Leute. Lauf doch einer gleich in die Sideralpe hinab und läute die Glocke, daß die dort hörten, daß wir sie gefunden haben, und einer muß auf den Krebsstein gehen und die Fahne dort aufpflanzen, daß sie dieselbe in dem Tale sehen und die Böller abschießen, damit die es wissen, die im Millsdorfer Walde suchen, und damit sie in Gschaid die Rauchfeuer anzünden, die in der Luft gesehen werden und alle, die noch auf dem Berg sind, in die Sideralpe hinab bedeuten. Das sind Weihnachten!«

»Ich laufe in die Alpe hinab«, sagte eincr.

»Ich trage die Fahne auf den Krebsstein«, sagte ein anderer.

»Und wir werden die Kinder in die Sideralpe hinabbringen, so gut wir es vermögen, und so gut uns Gott helfe«, sagte Philipp.

Ein Sohn Philipps schlug den Weg nach abwärts ein, und der andere ging mit der Fahne durch den Schnee dahin.

Der Eschenjäger nahm das Mädchen bei der Hand, der Hirt Philipp den Knaben. Die anderen halfen, wie sie konnten. So begann man den Weg. Er ging in Windungen. Bald gingen sie nach einer Richtung, bald schlugen sie die entgegengesetzte ein, bald gingen sie abwärts, bald aufwärts. Immer ging es durch Schnee, immer durch Schnee, und die Gegend blieb sich beständig gleich. Über sehr schiefe Flächen taten sie Steigeisen an die Füße und trugen die Kinder. Endlich nach langer Zeit hörten sie ein Glöcklein, das sanft und fein zu ihnen heraufkam und das erste Zeichen war, das ihnen die niederen Gegenden wieder zusandten. Sie mußten wirklich sehr tief herabgekommen sein; denn sie sahen ein Schneehaupt recht hoch und recht blau über sich ragen. Das Glöcklein aber, das sie hörten, war das der Sideralpe, das geläutet wurde, weil dort die Zusammenkunft verabredet war. Da sie noch weiterkamen, hörten sie auch schwach in die stille Luft die Böllerschüsse herauf, die infolge der ausgesteckten Fahne abgefeuert wurden, und sahen dann in die Luft feine Rauchsäulen aufsteigen.

Da sie nach einer Weile über eine sanfte schiefe Fläche abgingen, erblickten sie die Sideralphütte. Sie gingen auf sie zu. In der Hütte brannte ein Feuer, die Mutter der Kinder war da, und mit einem furchtbaren Schrei sank sie in den Schnee zurück, als sie die Kinder mit dem Eschenjäger kommen sah.

Dann lief sie herzu, betrachtete sie überall, wollte ihnen zu essen geben, wollte sie wärmen, wollte sie in vorhandenes Heu legen; aber bald überzeugte sie sich, daß die Kinder durch die Freude stärker seien, als die gedacht hatte, daß sie nur einiger warmer Speise bedurften, die sie bekamen, und daß sie nur ein wenig ausruhen mußten, was ihnen ebenfalls zuteil werden sollte.

Da nach einer Zeit der Ruhe wieder eine Gruppe Männer über die Schneefläche herabkam, während das Huttenglöcklein immer fortläutete, liefen die Kinder selber mit den anderen hinaus, um zu sehen, wer es sei. Der Schuster war es, der einstige Alpensteiger, mit Alpenstock und Steigeisen, begleitet von seinen Freunden und Kameraden.

»Sebastian, da sind sie«, schrie das Weib.

Er aber war stumm, zitterte und lief auf sie zu. Dann rührte er die Lippen, als wollte er etwas sagen, sagte aber nichts, riß die Kinder an sich und hielt sie lange. Dann wandte er sich gegen sein Weib, schloß es an sich und rief: »Sanna, Sanna!«

Nach einer Weile nahm er den Hut, der ihm in den Schnee gefallen war, auf, trat unter die Männer und wollte reden. Er sagte aber nur: »Nachbarn, Freunde, ich danke euch.«

Da man noch gewartet hatte, bis die Kinder sich zur Beruhigung erholt hatten, sagte er: »Wenn wir alle beisammen sind, so können wir in Gottes Namen aufbrechen.«

»Es sind wohl noch nicht alle«, sagte der Hirt Philipp, »aber die noch abgehen, wissen aus dem Rauch, daß wir die Kinder haben, und sie werden schon nach Hause gehen, wenn sie die Alphütte leer finden.« Man machte sich zum Aufbruch bereit.

Man war auf der Sideralphütte nicht gar weit von Gschaid entfernt, aus dessen Fenstern man im Sommer recht gut die grüne Matte sehen konnte, auf der die graue Hütte mit dem kleinen Glokkentürmlein stand; aber es war unterhalb eine fallrechte Wand, die viele Klafter hoch hinabging, und auf der man im Sommer nur mit Steigeisen, im Winter gar nicht hinabkommen konnte. Man mußte daher den Umweg zum Hals machen, um von der Unglückssäule aus nach Gschaid hinabzukommen. Auf dem Wege gelangte man über die Siderwiese, die noch näher an Gschaid ist, so daß man die Fenster des Dörfleins zu erblicken meinte.

Als man über diese Wiese ging, tönte hell und deutlich das Glöcklein der Gschaider Kirche herauf, die Wandlung des heiligen Hochamtes verkündend.

Der Pfarrer hatte wegen der allgemeinen Bewegung, die am Morgen in Gschaid war, die Abhaltung des Hochamtes verschoben, da er dachte, daß die Kinder zum Vorschein kommen würden. Alleinendlich, da noch immer keine Nachricht eintraf, mußte die heilige Handlung doch vollzogen werden.

Als das Wandlungsglöcklein tönte, sanken alle, die über die Siderwiese gingen, auf die Knie in den Schnee und beteten. Als der Klang des Glöckleins aus war, standen sie auf und gingen weiter.

Der Schuster trug meistens das Mädchen und ließ sich von ihm alles erzählen.

Als sie schon gegen den Wald des Halses kamen, trafen sie Spuren, von denen der Schuster sagte: »Das sind keine Fußstapfen von Schuhen meiner Arbeit.«

Die Sache klärte sich bald auf. Wahrscheinlich durch die vielen Stimmen, die auf dem Platze tönten, angelockt, kam wieder eine Abteilung Männer auf die Hinabgehenden zu. Es war der aus Angst aschenhaft entfärbte Färber, der an der Spitze seiner Knechte, seiner Gesellen und mehrerer Millsdorfer bergab kam.

»Sie sind über das Gletschereis und über die Schründe gegangen, ohne es zu wissen«, rief der Schuster seinem Schwiegervater zu.

»Da sind sie ja – da sind sie ja – Gott sei Dank«, antwortete der Färber, »ich weiß es schon, daß sie oben waren, als dein Bote in der Nacht zu uns kam und wir mit Lichtern den ganzen Wald durchsucht und nichts gefunden hatten – und als dann das Morgengrauen anbrach, bemerkte ich an dem Wege, der von der roten Unglücksstelle links gegen den Schneeberg hinabführt, daß dort, wo man eben von der Säule weggeht, hin und wieder mehrere Reiserchen und Rütchen geknickt sind, wie Kinder gerne tun, wo sie eines Weges gehen – da wußte ich es – die Richtung ließ sie nicht mehr aus, weil sie in der Höhlung gingen, weil sie zwischen den Felsen gingen, und weil sie dann auf dem Grat gingen, der rechts und links so steil ist, daß sie nicht hinabkommen konnten. Sie mußten hinauf. Ich schickte nach dieser Beobachtung gleich nach Gschaid, aber der Holzknecht-Michael, der hinüberging, sagte bei der Rückkunft, da er uns fast am Eise oben traf, daß ihr sie schon habt, weshalb wir wieder heruntergingen.«

»Ja«, sagte Michael, »ich habe es gesagt, weil die rote Fahne schon auf dem Krebsstein steckt und die Gschaider dieses als Zeichen erkannten, das verabredet worden war. Ich sagte euch, daß auf diesem Wege da alle herabkommen müssen, weil man über die Wand nicht gehen kann.«

»Und knie nieder und danke Gott auf den Knien, mein Schwiegersohn«, fuhr der Färber fort, »daß kein Wind gegangen ist. Hundert Jahre werden wieder vergehen, daß ein so wunderbarer Schneefall niederfällt, und daß er gerade niederfällt, wie nasse Schnüre von einer Stange hängen. Wäre ein Wind gegangen, so wären die Kinder verloren gewesen.«

»Ja, danken wir Gott, danken wir Gott«, sagte der Schuster.

Der Färber, der seit der Ehe seiner Tochter nie in Gschaid gewesen war, beschloß, die Leute nach Gschaid zu begleiten.

Da man schon gegen die rote Unglückssäule zukam, wo der Holzweg begann, wartete ein Schlitten, den der Schuster auf alle Fälle dahin bestellte hatte. Man tat die Mutter und die Kinder hinein, versah sie hinreichend mit Decken und Pelzen, die im Schlitten waren, und ließ sie nach Gschaid vorausfahren.

Die anderen folgten und kamen am Nachmittag in Gschaid an.

Die, welche noch auf dem Berg gewesen waren und erst durch den Rauch das Rückzugszeichen erfahren hatten, fanden sich auch nach und nach ein. Der letzte, welcher erst am Abend kam, war der Sohn des Hirten Philipp, der die rote Fahne auf den Krebsstein getragen und sie dort aufgepflanzt hatte.

In Gschaid wartete die Großmutter, welche herübergefahren war.

»Nie, nie«, rief sie aus, »dürfen die Kinder in ihrem ganzen Leben mehr im Winter über den Hals gehen.«

Die Kinder waren von dem Getriebe betäubt. Sie hatten noch etwas zu essen bekommen, und man hatte sie in das Bett gebracht. Spät gegen Abend, da sie sich ein wenig erholt hatten, da einige Nachbarn und Freunde sich in der Stube eingefunden hatten und dort von dem Ereignisse redeten, die Mutter aber in der Kammer an dem Bettchen Sannas saß und sie streichelte, sagte das Mädchen: »Mutter, ich habe heute nacht, als wir auf dem Berge saßen, den Heiligen Christ gesehen.«

»O, du mein geduldiges, du mein liebes, du mein herziges Kind«, antwortete die Mutter, »er hat dir auch Gaben gesendet, die du bald bekommen wirst.«

Die Schachteln waren ausgepackt worden, die Lichter waren angezündet, die Tür in die Stube wurde geöffnet, und die Kinder sahen von dem Bett auf den verspäteten, hell leuchtenden, freundli-

chen Christbaum hinaus. Trotz der Erschöpfung mußte man sie noch ein wenig ankleiden, daß sie hinausgingen, die Gaben empfingen, bewunderten und endlich mit ihnen entschliefen.

In dem Wirtshaus in Gschaid war es an diesem Abend lebhafter als je. Alle, die nicht in der Kirche gewesen waren, waren jetzt dort und die anderen auch. Jeder erzählte, was er gesehen und gehört, was er geraten und war für Befugnisse und Gefahren er erlebt hatte. Besonders aber wurde hervorgehoben, wie man alles hätte anders und besser machen können.

Das Ereignis hat einen Abschnitt in die Geschichte vom Gschaid gebracht, es hat auf lange den Stoff zu Gesprächen gegeben, und man wird noch nach Jahren davon reden, wenn man den Berg an heiteren Tagen besonders deutlich sieht, oder wenn man den Fremden von seinen Merkwürdigkeiten erzählt.

Die Kinder waren von dem Tage an erst recht das Eigentum des Dorfes geworden, sie wurden von nun an nicht mehr als Auswärtige, sondern als Eingeborene betrachtet, die man sich von dem Berg herabgeholt hatte.

Auch ihre Mutter Sanna war nun eine Eingeborene von Gschaid.

Die Kinder aber werden den Berg nicht vergessen und werden ihn jetzt noch ernster betrachten, wenn sie in dem Garten sind, wenn wie in der Vergangenheit die Sonne sehr schön scheint, der Lindenbaum duftet, die Bienen summen, und er so schön und so blau wie das sanfte Firmament auf sie herniederschaut.

Adalbert Stifter

Ein Traum

Heut' morgen, welchen schönen Traum
Hab' ich so süß geträumet:
Ich sah den grünen Weihnachtsbaum,
Von Flittergold umsäumet.

Ein helles Licht am andern Licht,
Und oben drauf den Engel,
Und an den Zweigen schwer und dicht
Konfekt und Zuckerstengel.

Und auf den Tischen ringsumher
Welch lustiges Gewimmel!
Da standen Trommel und Gewehr
Und ein gezäumter Schimmel.

Guckkasten auch und Kegelbrett,
Dazu ein schmuck Theater. –
Auf einmal rüttelt mich im Bett
Mit lautem Ruf der Vater:

»Steh auf, steh auf, du fauler Knecht!
Willst gar den Tag verschlafen?
Und kommst du nicht zur Schule recht,
Der Lehrer wird dich strafen.« –

Schlaftrunken noch fuhr ich empor,
Blinzt auf und sah mit Schrecken,
Wie hinterm Spiegel guckt hervor
Der dürre Haselstecken.

Friedrich Güll

Die Weihnachtsfeier des Seemanns Kuttel Daddeldu

Die Springburn hatte festgemacht
Am Petersenkai.
Kuttel Daddeldu jumpte an Land,
Durch den Freihafen und die stille heilige Nacht
Und an dem Zollwächter vorbei.
Er schwenkte einen Bananensack in der Hand.
Damit wollte er dem Zollmann den Schädel spalten,
Wenn er es wagte, ihn anzuhalten.
Da flohen die zwei voreinander mit drohenden Reden.
Auf auf einmal trafen sich wieder beide im König von Schweden.

Daddeldus Braut liebte die Männer vom Meere,
Denn sie stammte aus Bayern.
Und jetzt war sie bei einer Abortfrau in der Lehre,
Und bei ihr wollte Kuttel Daddeldu Weihnachten feiern.

Im König von Schweden war Kuttel bekannt als Krakehler.
Deswegen begrüßte der Wirt ihn freundlich: »Hallo old sailer!«
Daddeldu liebte solch freie, herzhafte Reden,
Deswegen beschenkte er gleich den König von Schweden.
Er schenkte ihm Feigen und sechs Stück Kolibri
Und sagte: »Da nimm, du Affe!«
Daddeldu sagte nie »Sie«.
Er hatte auch Wanzen und eine Masse
Chinesischer Tassen für seine Braut mitgebracht.

Aber nun sangen die Gäste »Stille Nacht, Heilige Nacht«,
Und da schenkte er jedem Gast eine Tasse
Und behielt für die Braut nur noch drei.
Aber als er sich später mal darauf setzte,
Gingen auch diese versehentlich noch entzwei,
Ohne daß sich Daddeldu selber verletzte.

Und ein Mädchen nannte ihn Trunkenbold
Und schrie: er habe sie an die Beine geneckt.
Aber Daddeldu zahlte alles in englischen Pfund in Gold.
Und das Mädchen steckte ihm Christbaumkonfekt

Still in die Taschen und lächelte hold
Und goß noch Genever zu dem Gilka mit Rum in den Sekt.
Daddeldu dacht an die wartende Braut.
Aber es hatte nicht sein gesollt,
Denn nun sangen sie wieder so schön und so laut.
Und Daddeldu hatte die Wanzen noch nicht verzollt,
Deshalb zahlte er alles in englischen Pfund in Gold.

Und das war alles wie Traum.
Plötzlich brannte der Weihnachtsbaum.
Plötzlich brannte das Sofa und die Tapete,
Kam eine Marmorplatte geschwirrt,
Rannte der große Spiegel gegen den kleinen Wirt.
Und die See ging hoch und der Wind wehte.

Daddeldu wankte mit einer blutigen Nase
(Nicht mit seiner eigenen) hinaus auf die Straße.
Und eine höhnische Stimme hinter ihm schrie:
»Sie Daddel Sie!«
Und links und rechts schwirrten die Kolibri.

Die Weihnachtskerzen im Pavillon an der Mattentwiete erloschen.

Die alte Abortfrau begab sich zur Ruh.
Draußen stand Daddeldu
Und suchte für alle Fälle nach einem Groschen.
Da trat aus der Tür seine Braut
Und weinte laut:
Warum er so spät aus Honolulu käme?
Ob er sich gar nicht mehr schäme?
Und klappte die Tür wieder zu.
An der Tür stand: »Für Damen«.

Es dämmerte langsam. Die ersten Kunden kamen,
Und stolperten über den schlafenden Daddeldu.

Joachim Ringelnatz

Das Wunder

Die Schwierigkeit, die man im Verkehr mit Don Crescenzo hat, besteht darin, daß er stocktaub ist. Er hört nicht das geringste und ist zu stolz, den Leuten von den Lippen zu lesen. Trotzdem kann man ein Gespräch mit ihm nicht einfach damit anfangen, daß man etwas auf einen Zettel schreibt. Man muß so tun, als gehöre er noch zu einem, als sei er noch ein Teil unserer lauten, geschwätzigen Welt.

Als ich Don Crescenzo fragte, wie das an Weihnachten gewesen sei, saß er auf einem der Korbstühlchen am Eingang seines Hotels. Es war sechs Uhr, und der Strom der Mittagskarawanen hatte sich verlaufen. Es war ganz still, und ich setzte mich auf das andere Korbstühlchen, gerade unter das Barometer mit dem Werbebild der Schiffahrtslinie, einem weißen Schiff im blauen Meer. Ich wiederholte meine Frage, und Don Crescenzo hob die Hände gegen seine Ohren und schüttelte bedauernd den Kopf. Dann zog er ein Blöckchen und einen Bleistift aus der Tasche, und ich schrieb das Wort Natale und sah ihn erwartungsvoll an.

Ich werde jetzt gleich anfangen, meine Weihnachtsgeschichte zu erzählen, die eigentlich Don Crescenzos Geschichte ist. Aber vorher muß ich noch etwas über diesen Don Crescenzo sagen. Meine Leser müssen wissen, wie arm er einmal war und wie reich er jetzt ist, ein Herr über hundert Angestellte, ein Besitzer von großen Wein- und Zitronengärten und von sieben Häusern. Sie müssen sich sein Gesicht vorstellen, das mit jedem Jahr der Taubheit sanfter wirkt, so als würden Gesichter nur von der beständigen Rede und Gegenrede geformt und bestimmt. Sie müssen ihn vor sich sehen, wie er unter den Gästen seines Hotels umhergeht, aufmerksam und traurig und schrecklich allein. Und dann müssen sie auch erfahren, daß er sehr gern aus seinem Leben erzählt und daß er dabei nicht schreit, sondern mit leiser Stimme spricht.

Oft habe ich ihm zugehört, und natürlich war mir auch die Weihnachtsgeschichte schon bekannt. Ich wußte, daß sie mit der Nacht anfing, in der der Berg kam, ja, so hatten sie geschrien: der Berg kommt, und sie hatten das Kind aus dem Bett gerissen und den schmalen Felsenweg entlang. Er war damals sieben Jahre alt, und wenn Don Crescenzo davon berichtete, hob er die Hände an die Ohren, um zu verstehen zu geben, daß dieser Nacht gewiß die Schuld an seinem jetzigen Leiden zuzuschreiben sei.

Ich war sieben Jahre alt und hatte das Fieber, sagte Don Crescenzo und hob die Hände gegen die Ohren, auch dieses Mal. Wir waren alle im Nachthemd, und das war es auch, was uns geblieben war, nachdem der Berg unser Haus ins Meer gerissen hatte, das Hemd auf dem Leibe, sonst nichts. Wir wurden von Verwandten aufgenommen, und andere Verwandte haben uns später das Grundstück gegeben, dasselbe, auf dem jetzt das Albergo steht. Meine Eltern haben dort, noch bevor der Winter kam, ein Haus gebaut. Mein Vater hat die Maurerarbeiten gemacht, und meine Mutter hat ihm die Ziegel in Säcken den Abhang hinuntergeschleppt. Sie war klein und schwach, und wenn sie glaubte, daß niemand in der Nähe sei, setzte sie sich einen Augenblick auf die Treppe und seufzte, und die Tränen liefen ihr über das Gesicht. Gegen Ende des Jahres war das Haus fertig, und wir schliefen auf dem Fußboden, in Decken gewickelt, und froren sehr.

Und dann kam Weihnachten, sagte ich und deutete auf das Wort »Natale«, das auf dem obersten Zettel stand.

Ja, sagte Don Crescenzo, dann kam Weihnachten, und an diesem Tag war mir so traurig zumute, wie in meinem ganzen Leben nicht. Mein Vater war Arzt, aber einer von denen, die keine Rechnungen schreiben. Er ging hin und behandelte die Leute, und wenn sie fragten, was sie schuldig seien, sagte er, zuerst müßten sie die Arzneien kaufen und dann das Fleisch für die Suppe, und dann wolle er ihnen sagen, wieviel. Aber er sagte es nie. Er kannte die Leute hier sehr gut und wußte, daß sie kein Geld hatten. Er brachte es einfach nicht fertig, sie zu drängen, auch damals nicht, als wir alles verloren hatten und die letzten Ersparnisse durch den Hausbau aufgezehrt waren. Er versuchte es einmal, kurz vor Weihnachten, an dem Tage, an dem wir unser letztes Holz im Herd verbrannten. An diesem Abend brachte meine Mutter einen Stoß weißer Zettel nach Hause und legte sie vor meinen Vater hin, und dann nannte sie ihm eine Reihe von Namen, und mein Vater schrieb die Namen auf die Zettel und jedesmal ein paar Zahlen dazu. Aber als er damit fertig war, stand er auf und warf die Zettel in das Herdfeuer, das gerade am Ausgehen war. Das Feuer flackerte sehr schön, und ich freute mich darüber, aber meine Mutter fuhr zusammen und sah meinen Vater traurig und zornig an.

So kam es, daß wir am vierundzwanzigsten Dezember kein Holz mehr hatten, kein Essen und keine Kleider, die anständig genug gewesen wären, damit in die Kirche zu gehen. Ich glaube nicht, daß meine Eltern sich darüber viel Gedanken machten. Erwachsene, denen so etwas geschieht, sind gewiß der Überzeugung, daß es ihnen schon einmal wieder besser gehen wird, und daß sie dann essen und trinken und Gott loben können, wie sie es so oft getan haben im Laufe der Zeit. Aber für ein Kind ist das etwas ganz anderes. Ein Kind sitzt da und wartet auf das Wunder, und wenn das Wunder nicht kommt, ist alles aus und vorbei ...

Bei diesen Worten beugte sich Don Crescenzo vor und sah auf die Straße hinaus, so als ob dort etwas seine Aufmerksamkeit in Anspruch nähme. Aber in Wirklichkeit versuchte er nur, seine Tränen zu verbergen. Er versuchte, mich nicht merken zu lassen, wie das Gift der Enttäuschung noch heute alle Zellen seines Körpers durchdrang.

Unser Weihnachtsfest, fuhr er nach einer Weile fort, ist gewiß ganz anders als die Weihnachten bei Ihnen zu Hause. Es ist ein sehr lautes, sehr fröhliches Fest. Das Jesuskind wird im Glasschrein in der Prozession getragen, und die Blechmusik spielt. Viele Stunden lang werden Böllerschüsse abgefeuert, und der Hall dieser Schüsse wird von den Felsen zurückgeworfen, so daß es sich anhört wie eine gewaltige Schlacht. Raketen steigen in die Luft, entfalten sich zu gigantischen Palmenbäumen und sinken in einem Regen von Sternen zurück ins Tal. Die Kinder johlen und lärmen, und das Meer mit seinen schwarzen Winterwellen rauscht so laut, als ob es vor Freude schluchze und singe. Das ist unser Christfest, und der ganze Tag vergeht mit Vorbereitungen dazu. Die Knaben richten ihre kleinen Feuerwerkskörper, und die Mädchen binden Kränze und putzen die versilberten Fische, die sie der Madonna umhängen. In allen Häusern wird gebraten und gebacken und süßer Sirup gerührt.

So war es auch bei uns gewesen, solange ich denken konnte. Aber in der Christnacht, die auf den Bergsturz folgte, war es in unserem Hause furchtbar still. Es brannte kein Feuer, und darum blieb ich so lange wie möglich draußen, weil es dort immer noch ein wenig wärmer war als drinnen. Ich saß auf den Stufen und sah zur Straße hinauf, wo die Leute vorübergingen und wo die Wagen mit ihren schwachen Öllämpchen auftauchten und wieder verschwanden. Es war eine Menge Leute unterwegs, Bauern, die mit ihren Familien in die Kirche fuhren, und andere, die noch etwas zu verkaufen hatten, Eier und lebendige Hühner und Wein. Als ich da saß, konnte ich das Gegacker der Hühner hören und das lustige Schwatzen der

Kinder, die einander erzählten, was sie alles erleben würden heute nacht. Ich sah jedem Wagen nach, bis er in dem dunklen Loch des Tunnels verschwand, und dann wandte ich den Kopf wieder und schaute nach einem neuen Fuhrwerk aus; als es auf der Straße stiller wurde, dachte ich, das Fest müsse begonnen haben, und ich würde nun etwas vernehmen von dem Knattern der Raketen und den Schreien der Begeisterung und des Glücks. Aber ich hörte nichts als die Geräusche des Meeres, das gegen die Felsen klatschte, und die Stimme meiner Mutter, die betete und mich aufforderte, einzustimmen in die Litanei. Ich tat es schließlich, aber ganz mechanisch und mit verstocktem Gemüt. Ich war sehr hungrig und wollte mein Essen haben, Fleisch und Süßes und Wein. Aber vorher wollte ich mein Fest haben, mein schönes Fest . . .

Und dann auf einmal veränderte sich alles auf eine unfaßbare Art. Die Schritte auf der Straße gingen nicht mehr vorüber, und die Fahrzeuge hielten an. Im Schein der Lampen sahen wir einen prallen Sack, der in unseren Garten geworfen, und hochgepackte Körbe, die an den Rand der Straße gestellt wurden. Eine Ladung Holz und Reisig rutschte die Stufen herunter, und als ich mich vorsichtig die Treppe hinauftastete, fand ich auf dem niederen Mäuerchen, auf Tellern und Schüsseln, Eier, Hühner und Fisch. Es dauerte eine ganze Weile, bis die geheimnisvollen Geräusche zum Schweigen kamen und wir nachsehen konnten, wie reich wir mit einem Male waren. Da ging meine Mutter in die Küche und machte Feuer an, und ich stand draußen und sog inbrünstig den Duft in mich ein, der bei der Verbindung von heißem Öl, Zwiebeln, gehacktem Hühnerfleisch und Rosmarin entsteht.

Ich wußte in diesem Augenblick nicht, was meine Eltern schon ahnen mochten, nämlich, daß die Patienten meines Vaters, diese alten Schuldner, sich abgesprochen hatten, ihm Freude zu machen auf diese Art. Für mich fiel alles vom Himmel, die Eier und das Fleisch, das Licht der Kerzen, das Herdfeuer und der schöne Kittel, den ich mir aus einem Packen Kleider hervorwühlte und so schnell wie möglich überzog. Lauf, sagte meine Mutter, und ich lief die Straße hinunter und durch den langen, finsteren Tunnel, an dessen Ende es schon glühte und funkelte von buntem Licht. Als ich in die Stadt kam, sah ich schon von weitem den roten und goldenen Baldachin, unter dem der Bischof die steile Treppe hinaufgetragen wurde. Ich hörte die Trommeln und die Pauken und das Evvivageschrei und brüllte aus Leibeskräften mit. Und dann fingen die großen Glocken in ihrem offenen Turm an zu schwingen und zu dröhnen.

Don Crescenzo schwieg und lächelte freudig vor sich hin. Gewiß hörte er jetzt wieder, mit einem inneren Gehör, alle diese heftigen und wilden Geräusche, die für ihn so lange zum Schweigen gekommen waren und die ihm in seiner Einsamkeit noch viel mehr als jedem anderen Menschen bedeuteten: Menschenliebe, Gottesliebe, Wiedergeburt des Lebens aus dem Dunkel der Nacht.

Ich sah ihn an, und dann nahm ich das Blöckchen zur Hand. Sie sollten schreiben, Don Crescenzo. Ihre Erinnerungen. – Ja, sagte Don Crescenzo, das sollte ich. Einen Augenblick lang richtete er sich hoch auf, und man konnte ihm ansehen, daß er die Geschichte seines Lebens nicht geringer einschätzte als das, was im Alten Testament stand oder in der Odyssee. Aber dann schüttelte er den Kopf. Zuviel zu tun, sagte er.

Und auf einmal wußte ich, was er mit all seinen Umbauten und Neubauten, mit der Bar und den Garagen und dem Aufzug hinunter zum Badeplatz im Sinne hatte. Er wollte seine Kinder schützen vor dem Hunger, den traurigen Weihnachtsabenden und den Erinnerungen an eine Mutter, die Säcke voll Steine schleppt und sich hinsetzt und weint.

Marie Luise Kaschnitz

Groß-Stadt-Weihnachten

Nun senkt sich wieder auf die heim'schen Fluren
die Weihenacht! die Weihenacht!
Was die Mamas bepackt nach Hause fuhren,
wir kriegens jetzo freundlich dargebracht.

Der Asphalt glitscht. Kann Emil das gebrauchen?
Die Braut kramt schämig in dem Portemonnaie.
Sie schenkt ihm, teils zum Schmuck und teils zum Rauchen,
den Aschenbecher aus Emalch glasé.

Das Christkind kommt! Wir jungen Leute lauschen
auf einen stillen heiligen Grammophon.

Das Christkind kommt und ist bereit zu tauschen
den Schlips, die Puppe und das Lexikohn.

Und sitzt der wackre Bürger bei den Seinen,
voll Karpfen, still im Stuhl, um halber zehn,
dann ist er mit sich selbst zufrieden und im reinen:
»Ach ja, son Christfest ist doch ooch janz scheen!«

Und frohgelaunt spricht er vom »Weihnachtswetter«,
mag es nun regnen oder mag es schnein.
Jovial und schmauchend liest er seine Morgenblätter,
die trächtig sind von süßen Plauderein.

So trifft denn nur auf eitel Glück hienieden
in dieser Residenz Christkindleins Flug?
Mein Gott, sie mimen eben Weihnachtsfrieden ...
»Wir spielen alle. Wer es weiß, ist klug.«

Kurt Tucholsky

Ehre sey Gott in der Höhe
Friede auf Erden.
L R
1855
A. GABER.

Geburt Christi

Hättest du der Einfalt nicht, wie sollte
dir geschehn, was jetzt die Nacht erhellt?
Sieh, der Gott, der über Völkern grollte,
macht sich mild und kommt in dir zur Welt.

Hast du dir ihn größer vorgestellt?

Was ist Größe? Quer durch alle Maße,
die er durchstreicht, geht sein grades Los.
Selbst ein Stern hat keine solche Straße.
Siehst du, diese Könige sind groß,

und sie schleppen dir vor deinen Schooß

Schätze, die sie für die größten halten,
und du staunst vielleicht bei dieser Gift –:
aber schau in deines Tuches Falten,
wie er jetzt schon alles übertrifft.

Aller Amber, den man weit verschifft,

jeder Goldschmuck und das Luftgewürze,
das sich trübend in die Sinne streut:
alles dieses war von rascher Kürze,
und am Ende hat man es bereut.

Aber (du wirst sehen): Er erfreut.

Rainer Maria Rilke

Die Weihnachtsgans

Am Weihnachtssonntag gegen Viertel nach zehn Uhr in der Frühe ereignete sich in einem Gäßchen der Altstadt ein schier unglaublicher Vorfall: Leute, die vom Hochamt heimgingen und an dem Hause Nummer 18 vorüberkamen, glotzten plötzlich in die Höhe, riefen jäh ein angehacktes »Oho! Oho!«, hielten sich alsdann den Kopf, wichen entsetzt zurück, blieben starr stehen, schauten abermals wortlos in die Höhe und bildeten im nächsten Augenblick einen heftig gestikulierenden, wild ineinanderschimpfenden Ring empörter Zeitgenossen.

»Also, da hört sich doch alles auf! Also dann – das ist –«, plärrte der Metzgermeister Heinagl mit seiner krachenden Stimme, wurde aber sogleich von den keifenden Weibern überschrien, so daß man nur noch die unzusammenhängenden Worte verstehen konnte: »Unverschämtheit, so was! Schweinerei! – Glatt aufhängen sollt' man's.« Und nieder beugten sich alle zugleich. Der Lärm wurde immer ärger.

»Andere wissen nicht, wo sie ein Stückl Brot hernehmen soll'n!« wurde verständlich. »Hundsbande, miserablige! Polizei! Wo ist da die Polizei?« schmetterte Heinagl zwischenhinein, und aus den Fenstern des Hauses, von gegenüber, von oben und unten reckten die Köpfe.

»Jaja, ja, jetzt so was! Ja«, riefen etliche baff, und ein Schimpfen und Streiten erfüllte die enge Gasse, Beleidigungen flogen herum wie aufgescheuchte Fledermäuse. Endlich kam ein Schutzmann im Eilschritt daher. Der Ring auf dem Pflaster zerteilte sich und machte Platz.

»Da! Da schauen S' bloß, Herr Wachtmeister! Also so eine Bande gehört doch glatt eingesperrt! Erschlagen –«, erhitzte sich der Metzgermeister, und alle waren seiner Meinung.

Was war eigentlich geschehen? Kurz gesagt, dies: Jemand aus dem Haus Nummer 18 hatte eine wunderbar fette, gerupfte, bratfertige Gans aus dem Fenster geworfen. Die lag jetzt, aufgeplatzt und leicht ramponiert, auf dem Pflaster. Eine Gans, notabene, die, wie der Wachtmeister nach schneller Prüfung feststellte, absolut frisch, zart und zum Anbeißen appetitlich war!

Eine solche Kostbarkeit zu so einer Zeit wie der heutigen, wo Tausende elendiglich hungern müssen, die hatte jemand ganz frech – nicht auszudenken –!

Der Ring auf der Gasse wurde immer größer, wilder und wirrer. Vorn von der breiten Straße kamen massenhaft Neugierige dahergelaufen. Das Schimpfen und Plärren schwoll und schwoll. Der Wachtmeister packte kurzerhand die nackte Gans an den zwei zusammengebundenen Hinterschenkeln und trat martialisch in das Haus Nummer 18. Er klopfte an jede Tür und fragte immer gleicherweise: »Ist die Gans von Ihnen? Haben Sie –« Die mitgelaufenen Leute hinter ihm schauten mit Fangaugen und wahren Lynchgelüsten auf die in der Tür Auftauchenden.

»Wir? Ausgeschlossen! Nein!« war stets die gleiche Antwort, und alsdann flog die Tür zu. Das grollende Schimpfen und Trappen stieg höher. Parterre konnte es nicht gewesen sein, im ersten Stock, beim Steuerschreiber Wengerl, gab es ausnahmsweise Schweinebraten, im zweiten Stock, beim Zigarrenhändler Aubichler, roch man schon von weitem das Kraut, und im vierten Stock . . .?

»Wohnt denn da überhaupt noch wer droben?« erkundigte sich der Wachtmeister und schaute an den muffigen, dunklen, rissigen Wänden hoch.

»Jaja, wohnen schon, aber von dem wird's sicher nicht sein. Der ist ja schon zwei Jahre arbeitslos«, gab Aubichler Auskunft. Es klang gar nicht freundlich. Schon wollte der Wachtmeister mit seinem Gefolge unverrichteter Dinge gehen, gab sich aber doch einen Ruck und stieg hinauf zum verwahrlosten Speicherbereich. Rechts eine Tür, darauf stand: »Betreten des Speichers mit offenem Licht verboten«, und links eine. Kein Klingelknopf, kein Schild mit dem Namen des Inwohners.

Etwas benommen standen die rebellischen Menschen auf der Stiege. Der Wachtmeister klopfte einmal, klopfte zweimal, klopfte zum drittenmal und sagte schließlich beamtenhaft scharf: »Aufmachen! Polizei!«

In der Tür erschien endlich ein völlig verschlampter, zaundürrer Mensch mit verhedderten Bartstoppeln, hohlen, finsteren Augen und einem Gesicht wie abgenagt. »Gehört vielleicht Ihnen die Gans? Haben Sie . . .«, fragte der Wachtmeister bedeutend unsicherer und hielt die nackte Gans hin. Die hinter ihm stehenden Menschen hielten den Atem an, denn der Mann gab ohne Umschweife zu: »Ja, ich hab' sie zum Fenster 'nuntergeschmissen! Jawohl – ich!« Sekundenlang blieb es stockstumm.

»Sie? Wa-as? Sie?« faßte sich der Wachtmeister als erster und bekam sofort eine steinerne Amtsmiene:

»Tja, was ist denn das für ein Unfug!« Er trat durch die Tür, und die Leute drängten nach.

Zuerst kam ein schmaler, dunkler, muffiger Gang. Der Wachtmeister riß eine Tür auf, und es wurde heller. Da war eine kalte, leere Mansarde mit schrägen Wänden und dickgefrorenen Fenstern, durch welche ein spärliches, bleiches Licht fiel. Auf der einen Seite stand eine durchgesackte Metallbettstelle, darauf lag ein undefinierbarer Berg von Decken und Lumpen. Neben dem Bett stand ein einziger Stuhl, auf dem sich ein dreckiger Aschenbecher mit einer angerauchten Pfeife befand.

Auf der anderen Seite des Raumes war ein zersprungener, niederer, runder eiserner Ofen, den selbst zu frieren schien. Sonst gar nichts. Verkohlte Zeitungspapierfetzen, Tabakasche und abgebrannte Streichhölzer lagen auf dem Boden herum. Eine schmale Tür stand offen. Durch sie sah man ein finsteres Loch, aus dem ein gleichmäßiges Wassertropfen drang.

»Wenn der Herr Wachtmeister sich vielleicht überzeugen wollen ... Ich meine, wegen dem Tatbestand ... Da drinnen ist meine ›Küche‹«, sagte der Mann ironisch und deutete auf die Tür. Noch spöttischer setzte er dazu: »Ist aber weiter nicht interessant. Gas abgesperrt, aber das Wasser läuft noch. Ich hab leider kein Streichholz, aber Herr Wachtmeister, wenn Sie eins haben, bitte!« Seine hämische Sicherheit und die unerwartete trostlose Umgebung machten den Wachtmeister und die Leute, die gefolgt waren, verlegen. Der Metzgermeister Heinagl zündete ein Streichholz an. Alle reckten die Köpfe in das Loch von einer Küche. Gar nichts war drinnen als ein Ausguß mit einem tropfenden Wasserhahn, auf dem Boden ein verrosteter Spirituskocher und eine aufgerissene Schachtel mit fettigem Papier. Ein schrecklich armseliger Modergestank herrschte in diesem Loch.

»Hm, pfui Teufel!« machte der Metzgermeister Heinagl und wandte sich angeekelt ab. Das abgebrannte Streichholz fiel ihm aus der Hand und verglomm auf dem Boden. Wieder stockte es. Niemand konnte etwas sagen.

Der Wachtmeister räusperte sich und fragte endlich: »Woher haben Sie die Gans?«

Der Befragte verzog höhnisch den Mund und antwortete frech: »Wo ich die her hab'? Hm, Sie werden lachen. Ich bin dazu gekommen wie die Jungfer zum Kind, Herr Wachtmeister! Ganz unverhofft sozusagen. Weitschichtige Verwandte haben mir was Gutes antun wollen. Grad vor einer Stunde hat die Post das Packerl gebracht. Da drinnen liegt noch die Schachtel, da ist der Postabschnitt, wenn Sie sich vielleicht überzeugen wollen, Herr Wachtmeister, bitte!«

Er zeigte den Postabschnitt und verzog sein Gesicht zu einem leichten Grinsen. Wieder schwiegen ihn alle an.

»Hm, hm! Seltsam, so was, seltsam!« murmelten etliche. Auch der Polizist schüttelte den massigen Kopf.

»Jaja, seltsam, nicht wahr? Komisch?« wandte sich der Mann an die Leute.

»Und was sollte ich nun eigentlich mit dem Vieh machen, meine Herrschaften? Mit jedem im Haus bin ich verfeindet. Der Hauswirt möcht' mich schon seit einem Vierteljahr rausschmeißen. Kein Gas, keine Kohlen, kein Holz ... Na, und da schicken einem so nette Verwandte auf einmal eine Gans, hm ...!«

»Aber da wirft man doch nicht alles gleich zum Fenster hinaus. Das ist doch einfach aufreizend!« fiel ihm der Wachtmeister ins Wort und kam in ein gutmütiges Poltern: »So was tut man doch nicht! Außerdem«, er schien auf einen Gedanken gekommen zu sein, »außerdem, die Gans könnten Sie doch schließlich verkaufen ... «–» Verkaufen? Hm, wem denn? Am zweiten Weihnachtsfeiertag, wo sich schon jeder eingedeckt hat ...? Ich hab' keine Bekannten«, erwiderte der Mann mit dem Stoppelbart und verfiel wieder ins leichte Spötteln: »Schön gesagt, so was, Herr Wachtmeister, aber wenn man halt so ein Pechvogel ist, wissen Sie, da hilft alles nichts.« Schon aber – er sah es gar nicht – schon musterten etliche Leute die Gans mit Kennerblicken. Die Augen rundum wurden interessierter.

Der Wachtmeister erfaßte schnell die Situation und wandte sich an die Umstehenden: »Will vielleicht von den Herrschaften jemand die Gans kaufen?«

»Billig!« setzte der Besitzer dazu.

Jetzt wachten die Leute ganz auf. Schnüffelnd musterten sie die Beute. Sie drängten sich heran und jeder betappte und betastete die nackte, kalte Gans beinahe gierig. »Ein fettes Bröckerl! ... Was soll's denn kosten?« fand Heinagl als erster das Wort. Er schob seine dicke Hand unter die Gans und wog sie fachmännisch.

Der Besitzer besann sich einen Augenblick. Offenbar hatte er keine Ahnung, was er verlangen sollte. »Sechs Mark! Sechs sofort!« sagte Heinagl.

Aber schon rief ein anderer: »Sieben geb' ich, sieben!«

»Ich geb' acht«, rief jemand. Durch das lange Verweilen der Leute angelockt, waren die Inwohner des Hauses in die Mansarde gekommen.

»Ich zahl achtfünfzig! Da, mein letztes Wort, da, sofort Herr Nieringer!« reif der Zigarrenhändler Aubichler, »wir sind doch Nachbarn sozusagen.«

Das klang, wiewohl er Nieringers böser Feind war, ungemein warm auf einmal.

»Neun! Neun, sofort!« erhitzte sich Heinagl und zog schon seine Geldbörse.

Da wurde der Aubichler herzhafter und drängte sich vor: »Herr Nieringer, ich will Ihnen was sagen –«

»Da, Herr! Neun Mark, da ... mir gehört sie: da!« fuhr Heinagl dazwischen.

Doch Aubichler ließ sicht nicht verdrängen. Er sah dem stoppelbärtigen Menschen in die Augen und redete weiter: »Geben Sie's mir, Herr Nieringer, wir braten sie, und für Sie soll auch was abfallen, bitte ...« Er schnitt ein ungewohnt mildtätiges Gesicht und fing zu lamentieren an, warum er denn nichts gesagt habe, der Herr Nieringer, man hätte ihm doch geholfen. Sauersüß setzte er hinzu: »Wir sind doch nicht feind miteinander, Herr Nieringer, na ja, man hat halt Meinungsverschiedenheiten ...« Flehend klang's fast. Alle Anrempelungen von ehemals, alle Reibereien schienen verflogen. Das gute Nachbarherz stand weit offen.

»Neunfünfzig, so, basta, Herr! Da ist mein Geld! Mir muß sie gehören, die Gans!« überschrie ihn Heinagl ungeduldig und war wieder an erster Stelle. Er trompetete weiter mit bester Biederkeit: »Das ist sogar überzahlt, aber ich will einem armen Menschen auch was zukommen lassen! Da, Herr, Sie sollen sich auch einen guten Tag machen können! Da ... sechs, höchstens sieben Pfund wiegt die Gans!« Er griff schon danach und hatte das Geld parat.

»Sechs, sieben Pfund ...? Oha, das sind gutding ihre acht bis neun Pfund«, zweifelte eine aufgedonnerte Frau, »Herr, wenn Sie wollen, ich zahl' Ihnen acht Mark und mitessen können Sie auch, bittschön!«

»Zehn Mark, Herrgott! Zehn!« schrie nun Heinagl vollkommen erbost und überrumpelte alle.

Der Herr Nieringer lächelte dünn, der Wachtmeister ebenso.

Er reichte Heinagl die Gans, und wieder schwieg es, dann begann ein leichtes Murren. Der Metzgermeister packte die Gans und schob sie unter seinen Arm: »Da können Sie sich einen guten Tag machen, Herr ... Ich bin nicht so! Für einen armen Menschen hab' ich immer schon ein Herz gehabt!« Sein erregtes Gesicht war hochrot, er wandte sich zum Gehen.

»Na, sehen Sie, ist ja alles noch gut gegangen«, schloß der Wachtmeister und sah den zaundürren, unschlüssig dastehenden Menschen an. Alles stapfte mit ihm zur Türe hinaus und polterte über die Treppe hinunter.

»Na, also das ist Übervorteilung ... Wenn die Gans nicht ihre zehn, elf Pfund wiegt, heiß' ich Hans! Gutding wiegt's ihre zehn«, brummte der Zigarrenhändler Aubichler, und die aufgedonnerte Frau stimmte ihm beleidigt zu. Aber das hörte niemand mehr. Der Metzgermeister Heinagl war schon unten. Er schaute sich nicht mehr um.

Der Arbeitslose Nieringer machte sich wirklich einen guten Tag und schrieb am andern Morgen seinen mildtätigen Verwandten auf dem Lande den wahrheitsgetreuen Bericht. Sehr ironisch lasen sich die Zeilen. Die Spender der Gans, Oberapothekersleute Querlinger in Aglfing, waren sehr empört. »Da hat man's wieder einmal. Lauter Lumpen, diese Burschen ...!« schimpfte der Oberapotheker, »essen wollen sie gar nicht, bloß Geld zum Verjubeln!« Und er murrte seine Frau an »wegen ihrem saudummen, guten Herzen«.

Der Metzgermeister Heinagl hingegen wog die Gans sofort, als er zu Hause angekommen war. Fast zwölf Pfund war sie schwer. Er pfiff durch seine Zähne. Und als er später das Prachtstück mit vollstem Appetit im Kreise seiner Angehörigen verzehrte, da brach wirklich sein Herz durch.

»Herrgott, eine Not ist das, Zenzl! Eine solche Not.. Man macht sich keinen Begriff davon!« beteuerte er gerührt. Seine Augen verschwammen dabei, er hielt mit beiden Händen einen saftigen Gansschenkel, rechts und links aus seinen Mundwinkeln troff es köstlich ...

Oskar Maria Graf

Weihnachtsidylle

Aus Rauhreif ragt ein Gartenhaus,
Das schaut so schmuck, so freundlich aus.

Am blanken Giebel schmiegt sich hold
Der Wintersonne Abendgold.

Eiszapfen, Scheiben in rotem Glanz,
Die Fenster umrahmt von Waldmooskranz.

Blattgrün, Gelbkrokus, ein rosiger Bube
Lächeln aus frühlingswarmer Stube.

Kanarienvogel schmettert so hell;
Kinderlachen und Hundegebell.

Klein Hansemann und Ami spielen
Wolfsjagd, sie balgen sich auf den Dielen.

Die Mutter ging holen den Weihnachtsmann,
Der klopft an die Türe brummend an.

Und sieh, vermummt, ein bärtiger Greis.
Ein Sack voll Nüsse, ein Tannenreis.

»Seid ihr auch artig?« – Stumm nicken die Kleinen
Und reichen die Patschhand; eins möchte weinen.

Da prasseln die Nüsse, das gibt ein Haschen!
Der süße Hagel füllt die Taschen – –

Fort ist der Mann. Mit Lampenschein
Tritt nun die liebe Mutter herein.

Gejubel: »Der Weihnachtsmann war da!
Oh, Nüsse hat er gebracht, Mama!«

Den großen Tisch umringt ein Schmatzen,
Schalenknacken, behaglich Schmatzen.

Die Mutter klatscht in die Hände und zieht
Die Spieluhr auf: »Nun singt ein Lied!«

»Ihr Kinderlein kommet, o kommet doch all,
Zur Krippe her kommet in Bethlehems Stall!«

Fromm tönt's in die frostige Nacht hinaus.
Ein Stern steht selig über dem Haus.

Bruno Wille

Fröhliche Weihnachten
oder
Das Wunder von Striegeldorf

Vieles hat sich unter Weihnachten in Masuren ereignet, weniges aber kommt an Merkwürdigkeit gleich jenem Vorfall, den mein Großonkel, ein sonderbarer Mensch mit Namen Matuschitz, auslöste. Ich möchte davon erzählen auf jede Gefahr hin.

Heinrich Matuschitz, ein fingerfertiger Besenbinder, hatte sich an einem fremden Motorrad vergangen und war für wert befunden, einzusitzen für ein halbes Jahr. Er saß zusammen mit einem finsteren Menschen mit Namen Mulz, der ein alter Forstgehilfe war und dem die Wilddiebe, hol sie der Teufel, zwei Frauen nacheinander von der ehelichen Seite fortgefrevelt hatten, woraufhin Otto Mulz, in gewalttätigem Kummer, den ganzen Striegeldorfer Forst anzündete. Gut. Die Herren leisteten sich rechtschaffen Gesellschaft in ihrer Zelle, beobachteten die berühmten Striegeldorfer Sonnenuntergänge, plauderten aus ihrem Leben, und derweil taten Wochen und Monate das, wovon sie scheint's niemand abbringen kann: Sie strichen ins Land, rückten vor, diese Monate bis zum Dezember, brachten Schnee mit, brachten Frost, bewirkten, daß das schmucklose Gefängnis geheizt wurde, taten so, was man von ihnen erwartet. Insbesondere aber brachten sie näher gewisse Termine, und mit den niederen Terminen auch den Obertermin sozusagen: den Heiligen Abend nämlich.

Nun fällt es einem Masuren schon schwer genug, auf die Annehmlichkeiten der Freiheit im allgemeinen zu verzichten, furchtbar aber wird es, wenn man ihn zu solchem Verzicht auch am Heiligen Abend zwingt. Demgemäß wandte sich Heinrich Matuschitz, mein Großonkelchen, an seinen Zellenbruder, sprach ungefähr so: »Der Schnee, Otto Mulz«, so sprach er, »kündigt liebliches Ereignis an. Nimmt man den Frost noch hinzu und das Gefühl im Innern, so muß der Heilige Abend nicht weit sein. Habe ich richtig gesprochen?«

»Richtig«, sagte der alte Forstgehilfe.

»Also«, stellte mein Großonkelchen befriedigt fest. Dann starrte er hinaus in den wirbelnden Flockenfall, sann, während er sich am Gitter festhielt, ein Weilchen nach, und nachdem ein neuer Gedanke ersonnen war, sprach er folgendermaßen:

»Das Ereignis«, so sprach er, »das liebliche, es steht bevor. Jedes Wesen in Striegeldorf und Umgebung ist angehalten, sich zu freuen. Die Menschen sind angehalten, die Hasen, die Eichhörnchen, und schon gar nicht zu reden von den Kindern. Nur wir, Otto Mulz, sollen gebracht werden um unsere Freude. Weil sich aber jedes Wesen zu freuen hat an diesem Termin, müssen wir ersinnen einen Ausweg.« – »Man will uns«, sagte der alte Forstgehilfe, »die Freude stehlen.« – »Eben«, sagte Heinrich Matuschitz, mein Großonkel. »Aber wir werden uns, bevor es dazu kommt, die Freude besorgen, und zwar da, wo sie allein zu finden ist: in der Freiheit. Wir werden uns zum Heiligen Abend beurlauben.«

»Das ist, wie die Dinge liegen, gut gesagt«, sprach Mulz. »Nur wird der alte Schneppat uns nicht bewilligen solchen Urlaub zur Freude. Unter den Aufsehern, die ich kenne, ist Schneppat der Schlimmste. Man wird uns, schlickerdischlacker, gleich wieder schnappen, zumal durch meine persönliche Feuersbrunst verlorengegangen sind die schönsten Verstecke im Walde.« Bei diesen Worten wies er mit ordentlicher Bekümmerung auf die traurigen Baumstümpfe, die vom Striegeldorfer Forst nachgeblieben waren.

Das Großonkelchen indes gnidderte, das heißt: lachte versteckt, legte dem Otto Mulz einen Arm um die Schulter, winkte sich sein Ohr ganz nahe heran und sprach:

»Uns wird«, so sprach er, »überhaupt niemand vermissen, kein Schneppat und niemand. Denn wir werden zurücklassen unser Ebenbild. Wir werden hier sein und nicht hier.«

Was Otto Mulz dazu brachte, mein Großonkelchen zucrst erstaunt, dann mißtrauisch und schließlich mitfühlend anzusehen und nach einer Weile zu sagen:

»Manch einen, Heinrich Matuschitz, hat große Freude schon blöde gemacht. Denn erkläre mir, bitte schön, wie ein Mensch gleichzeitig sein kann bei dem lieblichen Ereignis in der Freiheit und hier in der Zelle.«

Obwohl diese Worte, man wird es zugeben, nicht unbedingt höflich waren, verlor das Großonkelchen weder Faden noch Geduld, sondern begann mit listigem Lächeln zu flüstern, und zwar flüsterte er dermaßen vorsichtig, daß nicht einmal etwas für diese Erzählung erlauscht werden konnte. Sicher ist nur, daß er dabei den Otto Mulz, sei es überredete, sei es überflüsterte; denn das finstere Gesicht des alten Forstgehilfen hellte sich auf, spiegelte Teilnahme, spiegelte Begeisterung, und zuletzt spiegelte es – na, sagen wir: Verklärung.

Und dann begab sich folgendes: Heinrich Matuschitz, mein Großonkel, aß kein Brot mehr – ebensowenig aß es sein Zellenbruder –; und jede Ration wurde unter dem Bett versteckt, wurde gestreichelt und gehütet, während das liebliche Ereignis unaufhaltsam heraufzog. Die einsitzenden Herren wurden, je näher das Ereignis kam, unruhiger, gespannter und flattriger, man plauderte nicht mehr aus dem Leben, fand keine Zeit zu müßiger Beobachtung, alles an ihnen war nur noch eingestellt in Richtung auf das Kommende und auf das, was zwischen ihnen geflüstert war.

Und eines Morgens, nachdem der Frost sie muntergekniffen hatte, erhob sich Heinrich Matuschitz und gab preis, was er so sorgfältig auch vor uns verborgen gehalten hatte: fingerfertig, wie mein Großonkelchen war, zog er das gesparte Brot unter dem Bett hervor, benetzte es auskömmlich und begann, weiß der Kuckuck, aus dem weichen Brot den Kopf des alten Forstgehilfen zu kneten. Walkte und knetete mit einem Geschick, daß sich dem Otto Mulz die Sprache versagte; zog eine Nase aus, das Großonkelchen, klatschte eine Stirn zurecht, schnitt zwei Lippen in den Teig – und alles haargenau nach dem Original des Forstgehilfen. Lachte dabei und sprach:

»Der wird«, sprach er, »Otto Mulz, genau wie du. Hoffentlich steckt er nur keinen Forst an.«

»Mir wird es«, sprach Mulz, »unheimlich zumute. Obwohl ich weiß, Heinrich Matuschitz, daß du manches kannst schnitzen mit deinem Messer, wußte ich doch nicht, daß du einen Striegeldorfer formen kannst nach seinem Ebenbild.«

Dann sah er atemlos zu, wie Ohr und Kinn entstanden, und zuletzt hielt er zitternd still, als ihm das Großonkelchen ein paar Haare absäbelte und sie an den Brotkopf klebte.

»Pschakrew«, sagte der Forstgehilfe, »wenn ich schon früher so doppelt gewesen wäre, dann hätte einer von mir zu Hause bleiben können: die Wilddiebe hätten sich nicht rangetraut, die Frau wäre mir geblieben, ich hätte den Forst nicht angezündet und brauchte hier nicht zu sitzen. Wenn ich, pschakrew, das alles gewußt hätte.«

Nachdem der Kopf des Forstgehilfen fertig war, fabrizierte mein Großonkelchen sich selbst, und weil das Brot nicht ausreichte, nahm er zur Ausbildung des Hinterkopfes einige Pfefferkuchen, die ihnen, da das liebliche Ereignis unmittelbar bevorstand, hereingeschoben worden waren.

Kaum war er fertig damit, als die Klappe in der Tür fiel und Schneppat, der kurzatmige Aufseher, hereinschaute zum Zweck der Kontrolle. Er schaute wichtigtuerisch, dieser Mensch, und zum Schlusse fragte er in seiner höhnischen Besorgtheit: »Na«, fragte er, »was wünschen sich die Herren zum Heiligen Abend?«

»Schlummer«, sagte mein Großonkelchen prompt. »Wir möchten bitten das Gesetz um langen, ungestörten Festtagsschlummer.«

»Könnt ihr haben«, sagte Schneppat. »Aber da ich nicht hier bin, werd' ich es Baginski sagen, dem Aufseher aus Sybba. Er löst mich ab für zwei Tage. Wer schlummert, sündigt nicht.« Damit ließ er die Klappe herunter und empfahl sich.

Seine Schritte waren noch nicht verklungen, als Heinrich Matuschitz die Brotköpfe hervorholte, sie auf die Pritschen legte, die Decken kunstgerecht hochzog und überhaupt einen unwiderlegbaren Eindruck hervorrief von zwei Herren im Festtagsschlummer. Wehmütig standen sie vor ihren Ebenbildern, ergriffen sogar, und dann sagte das Großonkelchen vor seiner Büste:

»Ich grüße dich«, sagte er, »Heinrich Matuschitz auf der Pritsche. Gott segne deinen Schlummer.«

Etwas Ähnliches sprach auch der alte Forstgehilfe, und nachdem sie Abschied genommen hatten von sich selbst, hoben sie das Gitter ab und verschwanden durchs Fenster in Richtung auf das liebliche Ereignis.

Dies Ereignis: es wurde angesungen von den Zöglingen der Striegeldorfer Schule, wurde von Glöckchen verkündet, vom Geruch gebratener Gänse, und ehedem hatte sich an der Verkündung auch der Wind im Striegeldorfer Forst beteiligt. Mein Großonkelchen und Otto Mulz, sie gingen mit sich zu Rate, wie sie das liebliche Ereignis ihrerseits am besten verkünden könnten, und nach schwerer Grübelarbeit beschlossen sie, es durch Gesang zu tun, mit den Zöglingen der Striegeldorfer Schule. Während des Gesanges schon wurden sie teilhaftig der Freude, obwohl die Oberlehrerin Klimschat, die das Singen befehligte, Mühe hatte, die Herren einzustimmen: bei jedem Mal, da sie die Stimmgabel anschlug, lauschte sie verwundert und sprach: »Mir kollert, pschakrew, ein Tönchen nach dem andern von der Gabel runter.«

Na, aber da sie von mitfühlendem Wesen war, ließ sie die Herren singen, und nach dem Gesang gingen diese zu meinem Großonkelchen nach Hause, wo neue Freude bezogen wurde aus gebratenem Speck, aus geräuchertem Aal und, natürlich, aus dem lieblichen Schein der Talglichter. Bezogen so viel Freude, die Herren, daß sie wieder ins Singen verfielen, sangen von dem lieblichen Ereignis, und nach abermaligem Essen suchten die Herren auf dem Fußboden nach einem Festtagstraum.

Träumten angenehm bis zum nächsten Tag, lächelten sich innig zu beim Erwachen und stellten fest, daß man nicht bestohlen worden war um rechtmäßige und zustehende Freude. Und nach solchen Versicherungen beschlossen sie, zurückzukehren in das ansprechende, wenn auch schmucklose Gefängnis, um unnötige Schwierigkeiten zu vermeiden. Machten sich also auf, die beiden, und gelangten alsbald zum Ort ihrer Bestimmung, der bewacht wurde von dem Aufseher Baginski aus Sybba. Dieser Mensch jedoch, wachsam wie er war, entdeckte die Herren, als sie in der Dämmerung durchs Fenster steigen wollten, rief sie drohend an und kommandierte:

»Der Unfug«, kommandierte er, »hat an diesem Haus zu unterbleiben, zumal Weihnachten. Alle Personen zurück.«

Worauf mein Großonkelchen entgegnete:

»Wir fordern nicht gerade, was recht, aber was billig ist. Wir gehören hierher. Wir sind, wenn ich so sagen darf, wohnberechtigt.«

Baginski lugte durch das Fenster, äugte eine ganze Zeit hinein und dann sprach er:

»Die Betten, wie man sieht, sind besetzt. Die Herren schlummern. Da sie sich ausbedungen haben den Schlummer zum Festtag, hat jede Störung zu unterbleiben.«

»Ein Irrtum«, sagte Otto Mulz, dem die Kälte zuzusetzen begann. »Ein reiner Irrtum, Ludwig Baginski. Die Herren, die da schlummern, sind wir.«

»Wir möchten«, ließ sich mein Großonkel vernehmen, »die Schlafenden nur austauschen gegen uns.«

Ludwig Baginski, der Aufseher, blickte düster, blickte zurechtweisend, schließlich sagte er: »Meine Augen«, sagte er, »sie sehen, was nötig ist. Und hier ist nötig Ruhe für zwei schlummernde Herren. Also möchte ich bitten um das, was gebraucht wird zur Erhaltung des Schlummers: Stille nämlich.«

Stellte sich, weiß Gott, gleich ziemlich drohend auf, dieser Ludwig Baginski, und zwang die Herren, abzuziehen.

Nun, sie zogen davon bis zu den Baumstümpfen des ehemaligen Striegeldorfer Forstes, stellten sich zusammen, und, da sie diesmal keinen Grund besaßen zu flüstern, vernahm man Otto Mulz folgendermaßen:

»Napoleon«, so vernahm man ihn, »hatte es schwer auf seinem Weg nach Rußland. Verglichen mit unserer Schwierigkeit, war seine ein Dreck.«

»Man müßte«, sagte Heinrich Matuschitz, »etwas ersinnen.«

»Mäuse«, sagte der alte Forstgehilfe. »Wir werfen Mäuse in das Zellchen, sie werden unsere Köpfe wegknabbern, und wenn wir nicht mehr da schlummern, wird man uns wieder reinlassen, und wir können in Ruhe abbrummen die letzten Wochen.«

»Auch die Mäuse, Otto Mulz, sind zu dieser Zeit angehalten zur Freude. Sie finden mehr als genug. Nein, wir müssen warten, bis

Ludwig Baginski sich niederlegt zur Ruhe. Dann werden wir's noch einmal versuchen.«

Und das taten die Herren. Sie warteten frierend im ehemaligen Striegeldorfer Forst, und als die Stunde gut war und günstig, schlichen sie zum Gefängnis, stiegen diesmal unbemerkt ein, als die Klappe in der Tür fiel und der Aufseher Baginski argwöhnisch hereinsah.

Es durchfuhr ihn, er grapschte in die Luft und taumelte zurück, und als die Benommenheit sich legte, rannte er nach dem Schlüssel, rannte zurück und schloß auf. Was er sah, es waren zwei blinzelnde Herren, die auf ihren Pritschen lagen. Aber Baginski gab sich nicht zufrieden, respektierte keinen Schlummer und keinen Festtag, sagte statt dessen: »Meine Augen, sie sehen, was zu sehen ist. Und sie haben in diesem Zellchen erblickt vier Herren, statt zwei. Demnach möchte ich bitten um Aufschluß über die zwei andern.«

»Wir haben, wie gewünscht, angenehm geschlummert«, sagte Mulz.

»Aber es waren vier, wie meine Augen gesehen haben.«

Darauf sammelte sich mein Großonkelchen und sprach:

»Wenn ich mich, Ludwig Baginski, nicht irre, geschehen zu diesem Termin Wunder auf der ganzen Welt. Warum, bitte sehr, sollte Striegeldorf verschont bleiben von solchen Wundern? Besser, es geschieht ein Wunder als gar keins. Habe ich richtig gesprochen, Otto Mulz?«

»Richtig«, bestätigte der alte Forstgehilfe, und die Herren wickelten sich jeder in sein Deckchen und wünschten sich »Gute Nacht«.

Siegfried Lenz

Heiligabend in der Dorfkirche

In der heiligen Christnacht sind die Leute schon wieder von allen Seiten herbeigekommen. Die von den Spanlunten abgefallenen Glühkohlen sind lustig hingeglitten über die Schneekruste, wie Sternschnuppen.

Viele Wäldler sind in ihrer Sehnsucht nach der mitternächtlichen Feier ein gut Stück zu früh daran. Da die Kirche noch nicht aufgesperrt und im Freien es kalt ist, so kommen sie zu mir in das Schulhaus. Ich schlage Licht, und da ist bald die ganze Schulstube voll Menschen. Die Weiber haben weiße, bandartig zusammengelegte Tücher um das Kinn und über die Ohren hinaufgebunden. Sie huschen recht um den Ofen herum und blasen in die Finger, um das Frostwehen zu verblasen.

Die Männer halten sich fest in ihren Lodengewändern verwahrt. Sie behalten die Hüte auf den Köpfen, sitzen auf den Tischbrettern der Schulbänke und besehen mit wichtigtuender Bedächtigkeit die Lehrgegenstände, welche die Jüngeren den Älteren erklären. Einige gehen auch über den Boden auf und ab und schlagen bei jedem Schritt die gefrorenen Schuhe aneinander, daß es klappert. Fast alle rauchen aus ihren Pfeifen. Der Urwald ist auszurotten, aber das Tabakrauchen nimmer.

Ich kleide mich rasch an: ich soll in der Kirche doch der erste sein.

Jählings klopft es sehr stark an der Tür. Die Waldleute klopfen nicht, wer ist es also? Eine weiße Schafwollenhaube guckt herein, und unter der Haube steckt ein alter Runzelkopf mit schneeweißen Lockensträhnen. Sogleich erkenne ich den Waldfänger. Heute trägt er einen gar langen Rock, der bis zu den Waden hinabgeht und mit Messinghäkelchen zugeknöpft ist.

Darüber hängt ein Schnappsack und auch eine Seitenpfeife, und auf einen Hirtenstab stützt sich der Alte und seinen braunen, weltumfassenden Hut hält er in den Händen. Dieser Hut ist seine Hütte und sein Heim und seine ganze Welt. Ein guter Hut, denkt er, ist das Beste im Weltgetümmel, und der Erde Hut nennen sie den Himmel.

»Was hockt Ihr denn da, Ihr Bärenhäuter!« ruft der Rüpel laut und lustig, »draußen scheint schon lang die Sonnen! – Gelobt sei der Herr, und ich bring Euch die Mär, die sich heut' zugetragen hat drunten in der Bethlehemstadt. Hört Ihr keine Schalmei und kein Freudengeschrei? So lugt zum Fenster hinaus, taghell beleuchtet ist jedes Haus!«

Die Leute stecken ihre Köpfe richtig zu den Fenstern; aber da ist nichts als der finstere Wald und der Sternenhimmel. – Was sollten sie ansonsten denn noch sehen?

Der Alte guckt schmunzelnd nach links und nach rechts, wieviel Zuhörer er wohl habe. Danach stellt er sich mitten in die Stube hin, pocht mit dem Stock mehrmals auf den Fußboden und hebt so an zu reden:

»Da steh ich allein draußen auf der Heid, und schau schläfrig herum weit und breit, und treib meine Schäflein zusamm'; hab' dabei gehabt ein wutzerlfeist's Lamm. Und wie ich das anschau eine Weil, da hör ich ein Gehetz und Geschall, grad hoch in der Luft, es ist wahr, und sie musizieren sogar. Ich hab nit g'wußt, was das bedeut't, und wer denn da tobt voller Freud. Die Lämmlein sein g'sprungen drauf, eins nach dem andern auf; das feiste hat so lieblich plärrt, wie es das Wunder hat g'hört. Drauf seh ich – hab g'meint, 's ist ein' Mär – kleine Bub'n fliegen in Lüften umher. – Ein Engel fliegt grad auf mich zua, den frag ich: Was gibt's denn heut, Bua? Da schreit er gleich lustig und froh: *Gloria in Excelsis Deo!* – Das kunnt ich, mein Eid, nicht versteh'n: Geh, Bübel, mußt deutsch mit mir red'n; ich bin ein armer Hirt in der G'mein, und die Lämmlein können auch nit Latein. – So mach' sich der Hirt nur g'schwind auf und geh' Er nach Bethlehem drauf, dort wird er finden ein neugebor'n Kindelein; ja gar ein wunderschön Kind liegt zwischen Esel und Rind. Nicht in einem Königssaal, nur in einem Ochsenstall liegt unser eing'fatschter Gott, der uns hilft aus aller Not.«

Das ist des alten Sängers »Botschaft«, die er während der Weihnachtszeit in allen Häusern verkündet.

Wir haben ihm einen kleinen Botenlohn gegeben, da sagt er noch ein paar heitere Sprüche und humpelt wieder zur Tür hinaus.

Die Leute sind ganz schweigsam und andächtig geworden, und erst als die Kirchenglocken zu läuten anheben, werden sie wieder lebendiger und verlassen, unbeholfen in Worten und Gebärden, die Stube.

Ich habe das Licht ausgelöscht, das Haus verschlossen und bin in die Kirche gegangen. Das ist die Nacht, in welcher vom Orient bis zum Okzident die Glocken läuten. Ein Freudenruf schallt durch die Welt, und die Lichter strahlen wie ein Diamantgürtel um den Erdball. – Auch in unserer Kirche ist es licht wie am hellen Tag, nur zu den Fenstern schaut die schwarze Nacht herein. Jeder hat ein Stück Kerze, oder gar einen ganzen Wachsstock mitgebracht, denn in der Christnacht muß jeder seinen Glauben und sein Licht haben. Die Leute drängen sich zum Kripplein, das heute an der Stelle des Beichtstuhles aufgerichtet worden ist. Ich habe vor mehreren Jahren aus Linden- und Eschenholz die vielen kleinen Figuren geschnitzt und sie zur Versinnlichung der Geburt Christi zusammengestellt. Es ist der Stall mit der Krippe, mit dem Kindlein, mit Maria und Josef, mit Ochs und Esel, es sind die Hirten mit den Lämmlein, die Heiligen Könige mit den Kamelen; es sind andere spaßhafte Männchen und Gruppen, wie sie Freude, Wohltun und Liebe zum Christkind nach der Leute Auffassung ausdrücken sollen. In der Luft hängen die Engel und die Sterne und im Hintergrund ist die Stadt Bethlehem.

Was der Rüpel weiß zu sagen in Worten, das will ich durch diese Bilder erzählen. Und die Leute erbauen sich baß an dieser Darstellung. Aber sie halten sie, Gott sei Lob, eben nur wie ein Bild, von dem sie wissen, daß es nichts bedeuten und nichts wirken kann.

Mit einem Heiligenbild auf dem Hochaltar wäre das anders; das hätten sie Jahr um Jahr und in allen Lebenslagen vor Augen, das täten sie wohl zum Herrgott selber machen.

Auf dem Chor ist in dieser Nacht Unheil gewesen. Der Pfarrer stimmt schon das ambrosianische Loblied an, ich sitze an der Orgel und ziehe zur hohen Festfreude alle sechs Stimmenzüge auf – da platzt jählings der Blasebalg, und die Orgel stöhnt und pfaucht und gibt keinen einzigen klingenden Ton. Meiner Tage bin ich nicht in solcher Verlegenheit gewesen, als in dieser Stunde. Ich bin der Schulmeister, der Choraufseher, ich muß Musik machen; und die Musik ist ja eigentlich das Fest und ohne Musik gibt es in der Kirche gar keine Christnacht.

Aller Leut' Herzen hüpfen, aller Leut' Ohren spitzen sich der Musik entgegen, da schürft mir der Teufel jetzt den Blasbalg auf. Ich habe meinen Kopf in die Hände genommen, hätte ihn am liebsten zum Fenster hinausgeworfen. Vergebens hüpfen meine Finger alle zehn über die Tasten hin; taubstumm ist das ganze Zeug und wie maustot.

Der Paul Holzer, sein Weib und die Adelheid von der Schwarzhütte, die auf dem Chor neben mir sitzen, merken wohl meine Pein, aber sie rücken nur so her und hin und hüsteln und räuspern sich und heben an in hellen Stimmen zu singen: »Herrgott, dich loben wir all!«

Das ist mir Öl ins Herz gewesen.

Aber das Lied wird bald aus sein und danach kommt das Hochamt, und da muß Musik, Chormusik sein um alle Welt.

Holpert der alte Rüpel die Treppe herauf: »Schulmeister! Will schon heut die Orgel schweigen, so nimm die Geigen!«

»O Gott, Rüpel, die ist zu Holdenschlag beim Leimen!«

»Und kunnt ich auch die Geigen nicht zuwege bringen, so tät ich bei meiner Treu die Kirchenlieder frei auf der Zither singen!«

Für dieses Wort habe ich den Alten so stürmisch umarmt, daß er bis ins Herz hinein erschrocken ist. Ich eile und hole die Zither, und beim Hochamt klingt auf dem Chor ein Saitenspiel, wie es in dieser und vielleicht auch in einer anderen Kirche niemals so gehört worden ist.

Die Leute horchen, der Pfarrer selber wendet sich ein wenig und tut einen kurzen Blick gegen mich herauf.

Und so ist mitten in der langen Winternacht zu Winkelsteg das Christfest gefeiert worden. Leise zittern und wiegen die Saitentöne; sie singen dem neugeborenen Jesukindlein das Wiegenlied und dem Menschen den Frieden. Und sie schrillen und wecken das schlafende Kind, ehe der falsche Herodes kommt, und sie trillern ein Wanderliedchen für die Flucht nach Ägypten.

Ich spiele den Meßgesang, spiele Lieder, wie sie meine Mutter gesungen, und mein Nährvater, der gute Schirmmacher, und im Hause des Freiherrn die Jungfrau ...

Und letztlich weiß ich selber nicht mehr, was ich kindischer Mann der Gemeinde und dem heiligen Kind hab' vorgespielt in dieser Christnacht.

Ich werde den Winkelstegern noch so verrückt, wie der Reim-Rüpel.

Nach dem Mitternachtsgottesdienst hat der Pfarrer durch mich die Ärmsten der Gemeinde, die Alten, die Bresthaften, die Verlassenen, zu sich in den Pfarrhof rufen lassen.

Je! Da ist's noch heller wie in der Kirche! Da ist mitten in der Stube ein Baum aufgewachsen, und der blüht in Flammenknospen an allen Ästen und Zweigen. Da gucken die alten Männlein und Weiblein gotteswunderlich drein, und kichern und reiben sich die Augen über den närrischen Traum. Daß auf einem Baum des Waldes eitel Kerzenlichter wachsen, das haben sie all ihrer Tage noch nicht gesehen.

– Jenes Wundervöglein von den tausend Jahren, sagt der Pfarrer, sei wieder durch den Wald geflogen, habe ein Samenkorn in den Boden gelegt und dem sei dieses Bäumchen mit den Flammenblüten entsprossen. Und das sei der dritte Baum des Lebens. Der erste sei gewesen der Baum der Erkenntnis im Paradies; der zweite sei gewesen der Baum der Sühne auf Golgatha; und dieser dritte Baum sei der Baum der Menschenliebe, der uns das Golgatha der Erde wieder zum Paradies gestalte. Im brennenden Dornbusch habe Gott vormaleinst die Gebote verkündet, und in diesem brennenden Busch wiederhole er es heute: Du sollst den Nächsten lieben wie dich selbst!

Hierauf hat der Pfarrer die Kleidung und Nahrung verteilt, wie die Gaben bestimmt gewesen und die Worte gesagt: »Nicht mir danket, das Christkind hat's gebracht!«

»Du mein, du mein!« rufen die Leutchen zu einander, »jetzund steigt uns das Christkind schon gar in den Wald herein! Ja, weil wir halt eine Kirche haben und so viel einen guten Herrn Pfarrer!«

Der Rüpel, auch einer der Beschenkten, ist allein kindischer, wie die anderen all mitsammen. Er eilt um den Baum herum, als tät er das Christkind suchen im Gezweige. – »Aber mein!« schreit er endlich, »die Sonn' darf nicht bös auf mich werden, ich weiß kein Licht auf der Erden, weiß keins zu nennen, das so hell tät brennen, wie dieser Wipfel mit seinem Gipfel! Seid fein still und lauscht! Hört Ihr's, wie's in den Zweigen rauscht? Wie Spatzen fliegen die Engelein und bauen ein Nest fürs Christkind zum heiligen Fest. Der Weiße dort, der Kleine – Flügel hat er noch keine – der wär' jetzt schier herabgefallen. Geh, laß dir ein Paar Steigeisen teilen vom Schmied, ich will sie schon zahlen. Schau, ich hab heut ein warm Röcklein und einen Taler in jedem Säcklein. – Und kommt, ihr Engel, nur auch halb zu allen anderen Bäumen in unserem Wald, auf daß ihr könnt anzünden die Lichterkronen zu tausend Millionen!«

Keinen Löffel voll hat der alte Rüpel gegessen, wie die anderen beim Grassteiger warme Suppe genießen. Und als Stroh in die Stube getragen und ein Lager bereitet ist worden, daß die Leutchen nicht in der Nacht zu ihren fernen Hütten wandern müssen, da ist der Rüpel hinausgegangen unter den freien Himmel und hat die Sterne gezählt und jedem einen Namen gegeben. Und der aufgehende Morgenstern hat den Namen »Vater Paul« erhalten.

Peter Rosegger

Ein neues Jahr hat angefangen

Am letzten Tage des Jahres (Silvester)

Das Jahr geht um,
Der Faden rollt sich sausend ab.
Ein Stündchen noch, das letzte heut,
Und stäubend rieselt in sein Grab
Was einstens war lebend'ge Zeit.
Ich harre stumm.

's ist tiefe Nacht!
Ob wohl ein Auge offen noch?
In diesen Mauern rüttelt dein
Verrinnen, Zeit! Mir schaudert, doch
Es will die letzte Stunde sein
Einsam durchwacht.

Gesehen all,
Was ich begangen und gedacht,
Was mir aus Haupt und Herzen stieg:
Das steht nun eine ernste Wacht
Am Himmelstor. O halber Sieg,
O schwerer Fall!

Wie reißt der Wind
Am Fensterkreuze, ja es will
Auf Sturmesfittigen das Jahr
Zerstäuben, nicht ein Schatten still

Verhauchen unterm Sternenklar.
Du Sündenkind!

War nicht ein hohl
Und heimlich Sausen jeder Tag
In deiner wüsten Brust Verlies,
Wo langsam Stein an Stein zerbrach,
Wenn es den kalten Odem stieß
Vom starren Pol?

Mein Lämpchen will
Verlöschen, und begierig saugt
Der Docht den letzten Tropfen Öl.
Ist so mein Leben auch verraucht,
Eröffnet sich des Grabes Höhl'
Mir schwarz und still?

Wohl in dem Kreis,
Den dieses Jahres Lauf umzieht,
Mein Leben bricht: Ich wußt' es lang!
Und dennoch hat dies Herz geglüht
In eitler Leidenschaften Drang.
Mir brüht der Schweiß

Der tiefsten Angst
Auf Stirn und Hand! – Wie, dämmert feucht
Ein Stern dort durch die Wolken nicht?
Wär's es der Liebe Stern vielleicht,
Dir zürnend mit dem trüben Licht,
Daß du so bangst?

Horch, welch Gesumm?
Und wieder? Sterbemelodie!
Die Glocke regt den ehrnen Mund.
O Herr! Ich falle auf das Knie:
Sei gnädig meiner letzten Stund!
Das Jahr ist um!

Annette von Droste-Hülshoff

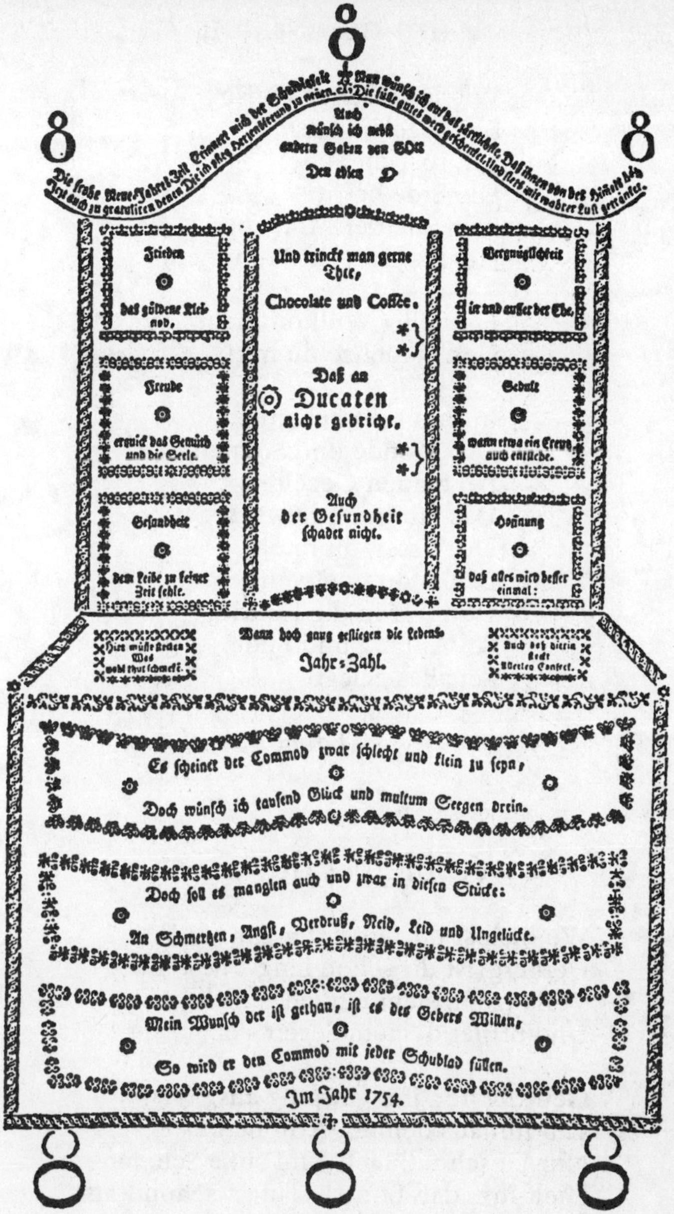

Neujahrsgruß aus dem Jahre 1754

Zum neuen Jahr

Wie heimlicher Weise
Ein Engelein leise
Mit rosigen Füßen
Die Erde betritt,
So nahte der Morgen.
Jauchzt ihm, ihr Frommen,

Ein heilig Willkommen!
Herz, jauchze du mit!

In Ihm sei's begonnen,
Der Monde und Sonnen
An blauen Gezelten
Des Himmels bewegt.
Du, Vater, du rate!
Lenke du und wende!
Herr, dir in die Hände
Sei Anfang und Ende,
Sei alles gelegt!

Eduard Mörike

Wo bleibst du, Trost

Wo bleibst du, Trost der ganzen Welt?
Herberg' ist dir schon längst bestellt.
Verlangend sieht ein jedes dich
Und öffnet deinem Segen sich.

Geuß, Vater, ihn gewaltig aus,
Gib Ihn aus deinem Arm heraus.
Nur Unschuld, Lieb' und süße Scham
Hielt Ihn, daß Er nicht längst schon kam.

Treib Ihn von dir in unsern Arm,
Daß er von deinem Hauch noch warm;

In schweren Wolken sammle Ihn
Und laß Ihn so hernieder ziehn.

In kühlen Strömen send Ihn her,
In Feuerflammen lod'r Er,
In Luft und Öl, in Klang und Tau
Durchdring Er unsrer Erde Bau.

So wird der heil'ge Kampf gekämpft,
So wird der Hölle Grimm gedämpft,
Und ewig blühend geht allhier
Das alte Paradies herfür.

Die Erde regt sich, grünt und lebt,
Des Geistes voll ein jedes strebt
Den Heiland lieblich zu empfahn
Und beut die volle Brüst' Ihm an.

Der Winter weicht, ein neues Jahr
Steht an der Krippe Hochaltar.
Es ist das erste Jahr der Welt,
Die sich dies Kind erst selbst bestellt.

Die Augen sehn den Heiland wohl,
Und doch sind sie des Heilands voll,
Von Blumen wird sein Haupt geschmückt,
Aus denen Er selbst holdselig blickt.

Er ist der Stern, Er ist die Sonn',
Er ist des ew'gen Lebens Bronn,
Aus Kraut und Stein und Meer und Licht
Schimmert sein kindlich Angesicht.

In allen Dingen sein kindlich Tun.
Seine heiße Liebe wird nimmer ruhn,
Er schmiegt sich seiner unbewußt
Unendlich fest an jede Brust.

Ein Gott für uns, ein Kind für sich,
Liebt Er uns all herzinniglich,

Wird unser Speis und unser Trank,
Treusinn ist ihm der liebste Dank.

Das Elend wächst je mehr und mehr,
Ein düstrer Gram bedrückt uns sehr,
Laß, Vater den Geliebten gehn,
Mit uns wirst du Ihn wieder sehn.

Novalis

Neujahrslied

Des Jahres letzte Stunde
Ertönt mit ernstem Schlag;
Trinkt, Brüder, in die Runde
Und wünscht ihm Segen nach.
Zu jenen grauen Jahren
Entfliegt es, welche waren;
Es brachte Freud' und Kummer viel
Und führt' uns näher an das Ziel.
Ja, Freud' und Kummer bracht' es viel
Und führt' uns näher an das Ziel.

In stetem Wechsel kreiset
Die flügelschnelle Zeit;
Sie blühet, altert, greiset
Und wird Vergessenheit;
Kaum stammeln dunkle Schriften
Auf ihren morschen Grüften,
Und Schönheit, Reichtum, Ehr' und Macht
Sinkt mit der Zeit in öde Nacht.
Und Schönheit, Reichtum, Ehr' und Macht
Sinkt mit der Zeit in öde Nacht.

Sind wir noch alle lebend,
Wer heute vor dem Jahr,
In Lebensfülle strebend
Mit Freunden fröhlich war?

Ach, mancher ist geschieden
Und liegt und schläft in Frieden!
Klingt an und wünschet Ruh' hinab
In unsrer Freunde stilles Grab.
Klingt an und wünschet Ruh' hinab
In unsrer Freunde stilles Grab.

Wer weiß, wie mancher modert
Ums Jahr, versenkt ins Grab!
Unangemeldet fordert
Der Tod die Menschen ab.
Trotz lauem Frühlingswetter
Wehn oft verwelkte Blätter.
Wer von uns nachbleibt, wünscht dem Freund
Im stillen Grabe Ruh' und weint.
Wer nachbleibt, wünscht dem lieben Freund
Im stillen Grabe Ruh' und weint.

Der gute Mann nur schließet
Die Augen ruhig zu;
Mit frohem Traum versüßet
Ihm Gott des Grabes Ruh'.
Er schlummert kurzen Schlummer
Nach dieses Lebens Kummer;
Dann weckt ihn Gott, von Glanz erhellt,
Zur Wonne seiner bessern Welt.
Dann weckt uns Gott, von Glanz erhellt,
Zur Wonne seiner bessern Welt.

Auf, Brüder, frohen Mutes,
Auch wenn uns Trennung droht!
Wer gut ist, findet Gutes
Im Leben und im Tod!
Dort sammeln wir uns wieder
Und singen Wonnelieder!
Klingt an, und: Gut sein immerdar!
Sei unser Wunsch zum neuen Jahr!
Gut sein, ja gut sein immerdar!
Zum lieben, frohen neuen Jahr!

Johann Heinrich Voß

Neujahrswünsche

Herr! Schicke, was du willst,
Ein Liebes oder Leides;
Ich bin vergnügt, daß beides
Aus deinen Händen quillt.

Wollest mit Freuden
Und wollest mit Leiden
Mich nicht überschütten!
Doch in der Mitten
Liegt holdes Bescheiden.

Eduard Mörike

Ein guot selig ior!
Kupferstich, 15. Jahrhundert

Zu Neujahr

Will das Glück nach seinem Sinn
Dir was Gutes schenken,
Sage Dank und nimm es hin
Ohne viel Bedenken!

Jede Gabe sei begrüßt,
Doch vor allen Dingen:
Das, worum du dich bemühst,
Möge dir gelingen!

Wilhelm Busch

Neujahrslied

Mit der Freude zieht der Schmerz
Traulich durch die Zeiten.
Schwere Stürme, milde Weste,
Bange Sorgen, frohe Feste
Wandeln sich zur Seiten.

Und wo eine Träne fällt,
Blüht auch eine Rose.
Schon gemischt, noch eh wir's bitten,
Ist für Thronen und für Hütten
Schmerz und Lust im Lose.

War's nicht so im alten Jahr?
Wirds im neuen enden?
Sonnen wallen auf und nieder,
Wolken gehn und kommen wieder,
Und kein Wunsch wirds wenden.

Gebe denn, der über uns
Wägt mit rechter Waage,
Jedem Sinn für seine Freuden,
Jedem Mut für seine Leiden
In die neuen Tage,

Jedem auf des Lebens Pfad
Einen Freund zur Scite,
Ein zufriedenes Gemüte
Und zu stiller Herzensgüte
Hoffnung ins Geleite!

Johann Peter Hebel

Neujahr

1.

Ein neues Jahr hat angefangen;
Der liebe Gott hat's uns geschenkt.
Viel hundert Jahr' sind hingegangen,
Seit er an seine Menschen denkt,
Und hört nicht auf, für uns zu sorgen,
Und wird nicht müde, was er tut,
Und weckt und stärkt uns alle Morgen
Und gibt so viel und ist so gut.

Und sieht auch heut vom Himmel nieder
Auf mich und jedes kleine Kind
Und hilft auch dieses Jahr uns wieder,
Solang wir gut und folgsam sind.
Du, lieber Gott, kannst alles machen;

Willst du mich machen treu und gut,
Willst du mich dieses Jahr bewachen,
Daß nie dein Kind was Böses tut?

2.

Zeit vergeht und Jahr um Jahr;
Gottes Huld bleibt immerdar;
Sein getreues Auge wacht
Über mir in jeder Nacht;
Seine Liebe gehet auf
Neu mit jedes Morgens Lauf;

Seine Vaterhand erhält
Sonn' und Mond und alle Welt;
Sieht, bewahrt, erhält auch mich,
Liebet mich so väterlich.

Johann W. Hey

Zum neuen Jahr

Ein kleines Büblein bin ich;
Drum wünsch' ich kurz, doch innig,
Ein glückliches Neujahr.
Und was euch freut, das weiß ich:
Wenn brav ich bin und fleißig,

Mehr, als ich sonst es war.
Gesundheit, Freude, Frieden
Sei euch von Gott beschieden,
Wie heut, so immerdar!

Friedrich W. Güll

Neujahrgesang

Nun laßt uns gehn und treten
Mit Singen und mit Beten
Zum Herrn, der unserm Leben
Bis hierher Kraft gegeben.

Wir gehn dahin und wandern
Von einem Jahr zum andern,
Wir leben und gedeihen
Vom alten bis zum neuen.

Durch so viel Angst und Plagen,
Durch Zittern und durch Zagen,

Durch Krieg und große Schrecken,
Die alle Welt bedecken.

Ach Hüter unsers Lebens,
fürwahr, es ist vergebens
Mit unserm Tun und Machen,
Wo nicht dein' Augen wachen.

Schleuß zu die Jammerpforten
Und laß an allen Orten,
Wo Krieg und Blutvergießen,
Die Freudenströme fließen.

Hilf gnädig allen Kranken,
Gib fröhliche Gedanken
Den hochbetrübten Seelen,
Die sich mit Schwermut quälen!

Und endlich, was das meiste,
Füll uns mit deinem Geiste,
Der uns hier herrlich ziere
Und dort zum Himmel führe.

Das alles wollst du geben,
O meines Lebens Leben
Mir und der Christenschare
Zum sel'gen neuen Jahre!

Paul Gerhardt

Die Heiligen Drei Könige mit ihrem Stern

Albrecht Dürer
»Die Anbetung der Könige«

Da nun JHESUS geboren
ward zu Bethleem Jude in den
tagen des Kuenigs Herodis: sihe
da kamen die Weysen von dem Auffgang
gen Hierusalem / sprechende: wo ist der / der ge=
born ist ain Künig der Juden? Dann wir
haben gesehen sein stern im auffgang unnd
seind kummen jhn anzubetten.

Da aber das hoeret der Künig Herodes /
war er betrübt / unnd mit jhm das gantz
Hierusalem: unnd versamlet alle hohe Prie=
ster unnd schrifftgelerten under dem volck /
unnd erforscht von jhn: wo Christus solt ge=
born werden. Unnd sie sageten jhm / zu Beth=
leem Jude / dann also ist geschriben durch
den Prophete: unnd du Bethleem / du land Ju=
da / bist mir nicht die wenigst under den Für=
sten Juda: dann von dir wirdt außgeen
der Hertzog / der regiere mein volck Israel.

Da forderte Herodes die Weysen
haimlich unnd erkundet fleissig von jhn die

Zeit des sterns/der jhm erschienen waer/ unnd weiset sie gen Bethleem/unnd sprach Ziehet hin/unnd forschet fleissig nach dem kindlen/unnd so jhr das findet/so saget mir das wider/auff das ich auch kumme unnd es anebette.

Als sie nun den Kuenig gehoert/zogen sie hin: unnd sihe/der sterne/den sie im morgenland gesehen heten/gieng vor jhn/biß das er kam unnd stund oben ůber/da das kind war. Da sie den stern sahen/wurden sie hoch erfrewt/unnd giengen in das hauß unnd funden das kind mit Maria sein muetter: fielen nider/unnd betten das an: unnd theten jhr schaetz auff/unnd gaben jhm Geschenk fuer gold/weyrach unnd myrrhen Unnd nach dem sie antwurt im schlaff empfangen hetten/das sie nicht solten wider zu Herodes kommen/zogen sie durch ain andern weg wider haim in jhr land.

Matth. 2, 1-13.

Am Feste der Heiligen Drei Könige

Durch die Nacht drei Wandrer ziehn,
Um die Stirne Purpurbinden,
Tiefgebräunt von heißen Winden
Und der langen Reise Mühn;
Durch der Palmen säuselnd Grün
Folgt der Diener Schar von weiten;
Von der Dromedare Seiten
Goldene Kleinode glühn.
Wie sie klirrend vorwärts schreiten,
Süße Wohlgerüche fliehn.

Finsternis hüllt schwarz und dicht
Was die Gegend mag enthalten;
Riesig drohen die Gestalten:
Wandrer fürchtet ihr euch nicht?
Doch ob tausend Schleier flicht
Los' und leicht die Wolkenaue:
Siegreich durch das zarte Graue
Sich ein funkelnd Sternlein bricht,
Langsam wallt es durch das Blaue,
Und der Zug folgt seinem Licht.

Horch, die Diener flüstern leis:
Will noch nicht die Stadt erscheinen,
Mit den Tempeln und den Hainen,
Sie, der schweren Mühe Preis?
Ob die Wüste brannte heiß,
Ob die Nattern uns umschlangen,
Uns die Tiger nachgegangen,
Ob der Glutwind dörrt' den Schweiß;
Augen an den Gaben hangen
Für den König stark und weis'.

Sonder Sorge, sonder Acht,
Wie drei stille Monde ziehen
Um des Sonnensternes Glühen,
Ziehn die dreie durch die Nacht.
Wenn die Staublawine kracht,

Wenn mit grausig schönen Flecken
Sich der Wüste Blumen strecken:
Schaun sie still auf jene Macht,
Die sie sicher wird bedecken,
Die den Stern hat angefacht.

O ihr hohen heil'gen Drei!
In der Finsternis geboren,
Hat euch kaum ein Strahl erkoren,
Und ihr folgt so fromm und treu!
Und du meine Seele, frei
Schwelgend in der Gnade Wogen,
Mit Gewalt ans Licht gezogen,
Suchst du Finsternis aufs neu!
O' wie hast du dich betrogen;
Tränen blieben dir und Reu.

Dennoch, Seele, fasse Mut!
Magst du nimmer gleich ergründen,
Wie du kannst Vergebung finden;
Gott ist über alles gut!
Hast du in der Reue Flut
Dich gerettet aus der Menge,
Ob sie dir das Mark versenge
Siedend in geheimer Glut:
Läßt dich nimmer dem Gedränge
Der dich warb mit seinem Blut.

Einen Strahl bin ich nicht wert,
Nicht den kleinsten Schein von oben.
Herr, ich will dich freudig loben,
Was dein Wille mir beschert.
Sei es Gram, der mich verzehrt,
Soll mein Liebstes ich verlieren,
Soll ich keine Tröstung spüren,
Sei mir kein Gebet erhört:
Kann es nur zu dir mich führen,
Dann willkommen Flamm' und Schwert!

Annette von Droste-Hülshoff

Die Heiligen Drei Könige

Wir kommen daher ohn' allen Spott,
Ein schön' guten Abend geb' euch Gott.

Ein' schön' guten Abend, eine fröhliche Zeit,
Die uns der Herr Christus hat bereit'.

Wir kommen hierher von Gott gesandt
Mit diesem Stern aus Morgenland.

Wir zogen daher in schneller Eil',
In dreißig Tagen vierhundert Meil'.

Wir kamen vor Herodes' Haus,
Herodes schaut zum Fenster heraus:

»Ihr lieben drei Weisen, wo wollt ihr hin?«
»Nach Bethlehem steht unser Sinn;

Nach Bethlehem, in Davids Stadt,
Allwo der Herr Christ geboren ward.«

»Ihr lieben Weisen, bleibt heute bei mir,
Ich will euch geben gut Quartier;

Ich will euch geben Heu und Streu,
Und will euch halten in Zehrung frei.«

»Ach lieber Herodes, das kann nicht geschehn,
Wir müssen den Tag noch weiter gehn.«

Wir zogen miteinander den Berg hinaus,
Wir sahen, der Stern stand über dem Haus.

Wir zogen miteinander das Tal hinein
Und fanden das Kind im Krippelein.

Wir fanden das Kind, war nackend und bloß,
Maria nahm's auf ihren Schoß.

Und Joseph zog sein Hemdlein aus,
Gab's Maria, die macht Windeln d'raus.

Wir taten unsre Schätze auf
Und schenkten dem Kinde Gold, Weiherauch.

Gold, Weiherauch und Myrrhen fein:
Das soll unser König sein!

(Nach empfangener Gabe:)

Ihr habt uns eine Verehrung geb'n,
Der liebe Gott laß euch in Frieden leb'n!

Wir können hier nicht länger bleiben,
Der Stern soll uns noch weiter leuchten.

Volkstümlich

Die Könige

Drei Könige wandern aus Morgenland,
Ein Sternlein führte sie zum Jordanstrand,
In Juda fragen und forschen die drei,
Wo der neugeborene König sei.
Sie wollen Weihrauch, Myrrhen und Gold
Zum Opfer weihen dem Kindlein hold.

Und hell erglänzt des Sternes Schein,
Zum Stalle gehen die Könige ein,
Das Knäblein schauen sie wonniglich,
Anbetend neigen die Könige sich,
Sie bringen Weihrauch, Myrrhen und Gold
Zum Opfer dar dem Knäblein hold.

O Menschenkind, halt treulich Schritt,
Die Könige wandern, o wandre mit!
Der Stern des Friedens, der Gnade Stern

Erhelle dein Ziel, wenn du suchest den Herrn.
Und fehlen dir Weihrauch, Myrrhen und Gold,
Schenke dein Herz dem Knäblein hold.

Peter Cornelius

Die Heil'gen Drei Könige

Die Heil'gen Drei Könige aus Morgenland,
Sie frugen in jedem Städtchen:
»Wo geht der Weg nach Bethlehem,
Ihr lieben Buben und Mädchen?«

Die Jungen und Alten, sie wußten es nicht,
Die Könige zogen weiter;
Sie folgten einem goldenen Stern,
Der leuchtete lieblich und heiter.

Der Stern blieb stehn über Josephs Haus,
Da sind sie hineingegangen;
Das Öchslein brüllte; das Kindlein schrie,
Die Heil'gen Drei Könige sangen.

Heinrich Heine

Dreikönigslied

Gott so wollen wir loben und ehren,
Die Heiligen Drei König' mit ihrem Stern.
Sie reiten daher in aller Eil'.
In dreißig Tagen vierhundert Meil',
Sie kamen in Herodis Haus,
Herodes sah zum Fenster 'raus:
Ihr meine lieben Herrn, wo wollt ihr hin?
Nach Bethlehem steht unser Sinn.
Da ist geboren ohn alles Leid
Ein Kindlein von einer reinen Maid.
Ei warum ist der hinten so schwarz?
O lieber Herr, er ist uns wohlbekannt,
Er ist ein König im Mohrenland,
Und wöllend Ihr uns recht erkennen,
Wir dörffend uns gar wohl nennen.
Wir seind die König' vom finstern Stern
Und brächten dem Kindlein ein Opfer gern,

Myrrhen, Weihrauch und rotes Gold,
Wir seind dem Kindlein ins Herz 'nein hold.
Herodes sprach aus Übermut:
Bleibend bei mir, und nehmt für gut,
Ich will euch geben Heu und Streu.
Ich will euch halten Zehrung frei.
Die Heiligen Drei König' täten sich besinnen:
Fürwahr, wir wollen jetzt von hinnen.
Herodes sprach aus trutzigem Sinn:
Wollt ihr nicht bleiben, so fahret hin.
Sie zogen über den Berg hinaus,
Sie funden den Stern ob dem Haus,
Sie traten in das Haus hinein,
Sie funden Jesum in dem Krippelein.
Sie gaben ihm ein reichen Sold,
Myrrhen, Weihrauch und rotes Gold.
Joseph bei dem Kripplein saß,
Bis daß er schier erfroren was.
Joseph nahm ein Pfännelein
Und macht dem Kind ein Müselein.
Joseph, der zog seine Höslein aus
Und macht' dem Kindlein zwei Windelein draus.
Joseph, lieber Joseph mein,
Hilf mir wiegen mein Kindelein.
Es waren da zwei unvernünftige Tier'.
Sie fielen nieder auf ihre Knie.
Das Öchslein und das Eselein.
Die kannten Gott den Herren rein.
Amen.

aus: »Des Knaben Wunderhorn«

Epiphanias

Die heil'gen drei König' mit ihrem Stern,
Sie essen, sie trinken, und bezahlen nicht gern;
Sie essen gern, sie trinken gern,
Sie essen, trinken, und bezahlen nicht gern.

Die heil'gen drei König' sind kommen allhier,
Es sind ihrer drei und sind nicht ihrer vier;
Und wenn zu dreien der vierte wär',
So wär' ein heil'ger drei König mehr.

Ich erster bin der weiß' und auch der schön',
Bei Tage solltet ihr erst mich sehn!
Doch ach, mit allen Spezerein
Werd' ich sein Tag kein Mädchen mir erfrein.

Ich aber bin der braun' und bin der lang',
Bekannt bei Weibern wohl und bei Gesang.
Ich bringe Gold statt Spezerein,
Da werd' ich überall willkommen sein.

Ich endlich bin der schwarz' und bin der klein'
Und mag auch wohl einmal recht lustig sein.
Ich esse gern, ich trinke gern,
Ich esse, trinke und bedanke mich gern.

Die heil'gen drei König' sind wohlgesinnt,
Sie suchen die Mutter und das Kind;
Der Joseph fromm sitzt auch dabei,
Der Ochs und Esel liegen auf der Streu.

Wir bringen Myrrhen, wir bringen Gold,
Dem Weihrauch sind die Damen hold;
Und haben wir Wein von gutem Gewächs,
So trinken wir drei so gut als ihrer sechs.

Da wir nun hier schöne Herrn und Fraun,
Aber keine Ochsen und Esel schaun,
So sind wir nicht am rechten Ort
Und ziehen unser Weges weiter fort.

Johann Wolfgang von Goethe

Die heilgen 3 König' mit ihrem Stern,
Sie essen, sie trinken, u bezahlen nicht gern.
L.R.
ALLANSON

Die Heiligen Drei Könige

Hier hebt sich an ein Buch, gesetzt zu Ehren unsers Herrn Jesu Christi und seiner Mutter Marien, von der Heiligen Drei Könige Würdigkeit, wie sie in die Lande kamen, was sie begangen und vollbracht haben bis an ihr Ende, danach wie sie nach ihrem Sterben zerstreut und voneinander gekommen und von Helena wieder zusammengebracht worden sind, und zuletzt, wie sie Bischof Reinold in deutsche Lande gen Köln geführt hat, wo sie noch heutzutage rasten.

Das erste Kapitel
Von den Heiligen Drei Königen in Aufgang und Niedergang

Lob, Ehre und Würdigkeit der Heiligen Drei Könige habe die Christenheit erfüllt vom Aufgang der Sonne bis da sie niedergeht: Die Kirche im Orient ist davon geziert, daß sie die ersten waren, die aus der Heidenschaft unserm Herrn Jesu Christo ihr Opfer brachten und ihn als Gott und Mensch erkannten; die Kirche des Okzidents haben sie geziert und zieren sie noch heute mit ihrem heiligen Leibe, indem sie zu Köln leibhaftig begraben liegen. Wie sie aber dahin gekommen sind, welche Werke sie begangen haben, und welches Ende sie nahmen, das ist hierzulande nicht allgemein bekannt; darum ist dieses Buch geschrieben, zu Ehren unsers Herrn Jesu Christi und seiner lieben Mutter Maria.

Das zweite Kapitel
Von Balaams Weissagung

Zuvörderst ist zu wissen, daß Balaam, der medianitische Priester, der ein Prophet der Heiden war, also weissagte: »Es geht ein Stern auf von Jakob, und wird ein Mensch geboren von Israel, der soll herrschen über alle Heiden.« Weil nun Balaam ein Heide war, so hielten die Heiden viel von ihm und glaubten an seine Prophezeiung. Nun wird euch wundern, daß dieser Heide die Wahrheit gesagt haben soll von Christo. Das geschah aber darum, weil Gott Zeugen haben wollte von allem Volk, also daß seine Feinde Wahrheit von ihm sprechen müssen. So wollte er auch Zeugnis haben von Kaiphas, dem Bischof der Juden, da er sprach: »Es ist besser, daß ein Mensch sterbe, als daß alle Welt verderbe.« Kaiphas sprach die Wahrheit und erkannte sie nicht, Balaam weissagte sie und war ihr Feind.

Das dritte Kapitel
Von dem Berge Vaus

Als die Juden von Ägypten durch das Rote Meer in das Gelobte Land gekommen waren und Jerusalem bezwungen hatten, da lag ein hoher Berg in Indien, der hieß Vaus: Auf diesem Berg gründeten die von Indien ihre Warte, damit sie gewarnt wären, wenn die Juden oder die Römer oder andere Völker mit Gewalt in ihr Land kämen. Wenn nun die Wächter auf dem Berg von ferne Heeresmacht anrücken sahen, so zündeten sie Feuer an, damit das Land des Nachts durch das Feuer, am Tage durch den Rauch gewarnt sei. Als nun Balaams Prophezeiung bekannt wurde, gingen die Fürsten des Landes zu Rat und kamen zu den Wächtern, die auf dem Berg des Landes hüteten, und gaben ihnen Lohnes genug, daß sie sich befohlen sein ließen, wenn sie je eines neuen Lichtes oder eines neuen Sternes am Himmel gewahr würden, ihnen den alsbald zu verkünden, denn sie hofften die Zeit noch zu erleben, da Balaams Prophezeiung erfüllt würde.

Das vierte Kapitel
Von der hochgelobten Stadt Ackers

Darnach als man zählte nach Christi Geburt 1200 Jahr, da stand die gewaltige reiche Stadt Ackers (Accon) in großen Ehren, so daß mancher reiche Fürst, Herr, Bürger und Kaufmann sich da niederließ und ihr Ruhm bis ans Ende der Welt erscholl. Da kamen die Edelsten und Gewaltigsten aus Indien in die Stadt Ackers und sahen, daß alle Dinge da köstlicher und herrlicher waren, als in ihrem Land. Da ließen sie sich nieder und bauten eine Feste und eine königliche Wohnung, und brachten mit sich dahin Goldes und edeln Gesteins genug und darunter eine Krone gar köstlich gemacht von Gold, Perlen und Edelsteinen, und oben in der Krone stand ein Stern und in dem Stern ein Kreuz und der Stern war dem Sterne gleich, der den Drei Königen erschien, da sie unseren Herrn Jesum suchten. Diese Krone, meinte man, sei dem König Melchior gewesen, der unserem Herrn Gold opferte. Sie hatte durch Gottes Gnade und der Drei Könige Verdienste die Tugend, daß sie die Teufel austrieb, die fallende Sucht und mancherlei Krankheit heilte, denn dem sie aufgesetzt ward, der war genesen. Diese Krone mit anderer Gezierde brachten die Tempelherrn um große Schätze an sich und hatten großen Nutzen davon. Als aber der Orden aufgehoben und die Templer vertrieben wurden, so alsdann die Krone und andere Kostbarkeiten hinkamen, das konnte nie ein Mensch erfahren, bis an den heutigen Tag: Darüber war großer Jammer überall in dem Lande und in der Stadt.

Die besagten Fürsten brachten auch Bücher mit sich von India in die Stadt Ackers: Darin stand in chaldäischer Zunge das Leben und die Werke der Heiligen Drei Könige geschrieben. Aus diesen und anderen Büchern und aus dem Munde glaubwürdiger Augenzeugen ist dieses Buch zusammengebracht worden.

Das fünfte Kapitel
Von den zwölf Sternsehern

In den Zeiten also, da die von Indien je länger je mehr auf die Erfüllung der Weissagung Balaams hofften und harrten, da gingen sie zu Rat und suchten in allen Landen zwölf Sternseher und weise Meister und gaben ihnen großes Gut, daß sie auf dem Berge Vaus wachten und wartete, bis der Stern aufginge, damit sie gewahr würden, wo Der geboren werde, dem der Stern diente und der über alles Volk herrschen sollte. Auch war es so bestellt, wenn der Zwölfe einer von Todes wegen abginge, daß man zur Stunde einen anderen an die Stelle setzte. Auch sagt man viel Wunder von dem Berge Vaus, wie gar hoch er sei und wie den Wartturm, der auf dem Berge steht, überall Stauden und edle Kräuter umgeben; auf der Warte aber steht eine hohe steinerne Säule und auf der Säule ein hoher vergoldeter Stern, der sich nach dem Winde dreht, und wenn die Sonne des Tages darauf scheint und der Mond des Nachts, so sieht man ihn gar fern in dem Lande.

Das sechste Kapitel
Vor dem Stall zu Bethlehem

Da nun die Zeit gekommen war, daß sich Gott erbarmen wollte über den Menschen und über den Sünder und daß sein eingeborener Sohn sollte Mensch geboren werden von Marien, der reinen Magd, da war ein Kaiser, der hieß Oktavianus, der war so gewaltig, daß ihm die ganze Welt gehorsam war. Und in dem zweiundzwanzigsten Jahr seines Reiches gebot er über die ganze Welt, daß jedermann dahin gehen sollte, wo er geboren wäre, um dem Kaiser seinen Zins zu bringen: das war ein Pfennig, und nach der Zahl der Pfennige rechnete man und ermaß die Zahl der Leute auf dem Erdreich. Nun wohnte Joseph mit unserer lieben Frauen in der Stadt Nazareth; er war aber in Bethlehem, der Stadt Davids, geboren, wo seine Voreltern von alters her gesessen hatten. Da wollten sie dem Kaiser gehorsam sein und ihren Pfennig bringen. Und als sie gen Bethlehem kamen, da war es auch der Zeit nahe, daß Maria ihr Kind gebären sollte, unseren lieben Herrn. Nun waren aber zur selben Stunde und aus gleicher Ursache gar viel Leute gen Bethlehem gekommen und waren alle Herbergen voll; Maria und Joseph aber kamen zu spät und konnten nirgends unterkommen, zumal die Leute wohl sahen, daß sie arm waren: Darum kehrte sich niemand an sie. Und da Joseph alle Gassen durchfuhr, kam er zuletzt an einen Schuppen, der hing an einer Mauer, und war vor alten Zeiten eine Hofstätte gewesen Jesses, des Vaters Davids. Durch die Mauer ging ein Loch wie eine Tür in eine wüste Wohnung, die in langen Jahren kein Mensch betreten hatte. Da stand an der Mauer eine kleine steinerne Krippe: Da ließen sich Joseph und Maria nieder, und Joseph band sein Eselein an die Krippe. Vor dem Schuppen aber war Wochenmarkt, wo man Brot, Holz, alte Kleider und allerlei feil hielt, und die Leute, die von den Dörfern kamen, stellten ihre Esel und Rinder unter den Schuppen. Joseph fand nun schon ein Rind unter dem Schuppen an der Krippe stehen. Einige Schriftsteller meinen, das Rind wäre Josephs gewesen, und er hätte es mitgebracht, um es zu verkaufen, wenn er in Not käme: das spricht aber dieses Buch nicht, vielmehr sagt es, das Rind wär' eines armen Manes gewesen, der auch diese Nacht nirgends unterkommen konnte. In diesem armen, wüsten, engen Hüttlein wurde geboren der zarte Gottessohn, Jesus Christus, von Marien, der reinen Magd, der da ist ein Trost aller Welt. Maria fand aber keine Stätte, wo sie ihr Kind hinlegen möchte: da legte sie es in die Krippe vor dem Esel und das Rind. In der Krippe war ein wenig Heu: darauf lag Christus in Tüchlein gewickelt, so gut sie Maria eben haben mochte, denn sie hatte nicht gedacht, daß ihre Zeit so nahe wäre. In solcher Armut wurde das Heil der Welt geboren ohne alle Schmerzen und ohne alles Weh.

Das siebente Kapitel
Von den Hirten auf dem Felde

In der Nacht waren viel Hirten auf dem Felde, wo sie ihr Vieh bewachten; denen erschien der Engel Gottes und blendendes Licht umgab sie. Die Hirten erschraken gar sehr; der Engel aber sprach: Erschrecket nicht, ich verkünde euch große Freude: Heut ist Christus, der Heiland der Welt, geboren in König Davids Stadt, und dessen zum Zeichen werdet ihr ein Kind finden in eine Krippe gelegt und in ein Tüchlein gewunden. Und zur Stunde hörten sie lauten Gesang der Engel und himmlischen Heerscharen: *Gloria in excelsis Deo*, Ehre sei Gott in der Höhe und Friede den Menschen auf Erden. Bethlehem, wo dieses geschah, liegt zwei Meilen von Jerusalem und ist von alters her weder eine große noch eine namhafte Stadt gewesen; doch hieß sie Davids Stadt, weil König David da geboren worden. Und gerade in Davids Hause war Christus geboren; und die Stelle, wo die Hirten ihres Viehes hüteten, liegt eine halbe Meile von Bethlehem, und an derselben Stelle hatte David seiner Herde gehütet und sie dem Rachen es Bären und Löwen entrissen.

Und weil um die Zeit, da Christus geboren wurde, in der ganzen Welt dieser Frieden war, so konnten die Hirten mit ihren Herden alle Nächte des Jahres im Freien zubringen. Um Weihnachten aber ist im gelobten Lande das Feld grün, und wer viel Vieh hat, der kauft eine Weide und treibt es darauf und hütet es Tag und Nacht. So kam es, daß auch dazumal die Hirten dort wachten, und dieselbige Gewohnheit ist da zu Landes noch heutigen Tages.

Das achte Kapitel

Wie der Stern erschien und in dem Stern eines Kindes Gestalt

Als nun, wie zuvor gesagt ist, die zwölf Sternseher von Indien allezeit wachten, wo der Stern aufging, von dem Balaam gesprochen hatte, da tat Gott sein Wunder und ließ einen Stern aufgehen, so klar wie die Sonne. Der stand in den Lüften und erleuchtete alle Lande und schwebte wie ein Adler über dem Berge und blieb still stehen die Nacht und den Tag und die Sonne konnte ihn nicht vertreiben. Dazu hatte der Stern in sich die Gestalt eines Kindleins und das Zeichen des heiligen Kreuzes, und eine Stimme wurde gehört aus dem Stern, die sprach: Heute ist geboren ein König der Juden, die Erwartung der Völker, dereinst ihr Beherrscher.

Das neunte Kapitel

Von den drei Indien

Dieser Stern wurde in ganz Indien gesehen und alles Volk freute sich und zweifelte nicht, daß es der Stern wäre, von welchem Balaam geweissagt hatte. Nun ist aber Indien nicht ein einziges Land, sondern man muß wissen, daß es dreierlei Indien gibt, die durch hohe Berge voneinander geschieden sind, so daß es gar mühsam und gefährlich ist, aus einem Lande in das andere zu kommen. Jeder der drei Könige war eines der drei Indien Herr, und als der Stern erschien, weilten sie nicht beieinander, sondern so fern geschieden, daß keiner von dem anderen wußte. Als sie nun den Stern erblickten und die Stimme vernahmen, die aus dem Stern sprach, alsbald machten sie sich auf, jeglicher in seine Heimat, und bereiteten sich so köstlich sie mochten mit königlicher Herrlichkeit und reichen Gaben und teuerem Gewand, mit viel Gesindes, mit Kamelen, Pferden und Mäulern und beeilten sich, den neuen König und das neugeborene Kind anzubeten und zu ehren, nicht als einen Menschen, sondern als einen Gott. Auch sorgten sie für Bett, Hausrat und Speise, denn sie versahen sich, lang unterwegs zu sein, ehe sie den neugeborenen König fänden.

Das zehnte Kapitel
Von dem Königreich Nubien

Das erste Indien war das Königreich Nubien, welches zu den Zeiten, da Christus geboren wurde, König Melchior besaß, der unserem Herrn Jesu Christo opferte. Zu Nubien gehört Arabien, worin der Berg Sinai liegt; auch grenzt es an das Rote Meer. Von Syrien und Ägypten schifft man leicht nach Indien durch das Rote Meer, aber christlichen Kaufleuten gestattet es der Sultan nicht, damit dem Priester Johann, der ein Herr ist über Indien, von den Christenkönigen Briefe und Botschaft nicht überbracht werden können, sich wider ihn zu verbinden und seine Macht zu brechen. Geistliche Leute, Pilger und Mönche, die gen Indien wollen, müssen einen gar langen, verdrießlichen Weg durch das Königreich Persien fahren. Das Landvolk aber, dem man gestattet, über das Rote Meer aus einem Land ins andere zu fahren, die sprechen, das Rote Meer sei auf seinem Grund so rot, daß es wie roter Wein scheine; doch sei das Wasser an sich selbst wie anderes Wasser, obwohl gesalzen; dabei sei es so lauter und klar, daß man Steine und Fische auf dem Grund sehe. Es ist wohl vier Meilen breit, gleichwohl kamen die Juden hinüber trockenen Fußes, als ihnen König Pharao nachfolgte und sie erschlagen wollte.

Aus dem Roten Meer kommt ein Wasser, das heißt Nilus und fließt durch Ägyptenland gen Babylon und Alexandria; auf diesem Fluß bringt man reichen Kaufmannsschatz aus Indien nach dem Abendland. In Arabien ist alles Erdreich durchaus rot, und was in dem Lande wächst, Stein und Holz, das ist alles rot, und das Gold, das man da gräbt, das ist rötlicher Farbe. Auf dem Berg Sinai ist eine Ader, daraus man Smaragden gewinnt, aber des Sultans Diener hüten sein wohl. Das Land war vor Zeiten Priester Johannes, nun hat es meistens der Sultan, doch ist es dem Priester Johannes zinsbar.

Das elfte Kapitel

Von Balthasars Königreich

Das andere Indien heißt Gobolia, darin zu jenen Zeiten König Balthasar herrschte, der unserem Herrn Weihrauch opferte. In diesem Königreich liegt ein Land mit Namen Saba, darin mancherlei Würze wächst, mehr denn in anderen Landen, und besonders wächst dort der allerbeste Weihrauch und läuft aus den Bäumen.

Das zwölfte Kapitel

Von Kaspars Königreich

Im dritten Indien liegt das Königreich Tharsis, welches zu den Zeiten dem König Kaspar diente, der unserem Herrn Myrrhe opferte. In diesem Land liegt die berühmte Insel Cyrisculla, da ist der Zwölfbote St. Thomas begraben. Auf dieser Insel wächst Myrrhe, mehr als in anderen Landen. Sie wächst aber in Gestalt verbrannter Ähren, und wenn sie zeitig wird, so ist sie weich, und wer dann durch das Feld geht, dem hängt sie sich an die Kleider. Alsdann zieht man Seile und Schnüre durch das Kraut, denen hängt sie sich an und wird dann wie weiches Wachs davon abgezogen.

Wiewohl nun die Heiligen Drei Könige größere Lande hatten, so wollte es doch Gott fügen, daß sie von den Landen benannt wurden, wo das Opfer wuchs, das ein jeglicher unserem Herrn brachte. Daher spricht der Prophet in dem Psalter: *Reges Tharsis et insulae munera offerent, Reges Arabum et Sabae donna adducent.* Also geschweigt man der großen Reiche, die sie hatten, und nennt sie nach den kleinen.

Das dreizehnte Kapitel

Wie die drei Könige in dreizehn Tagen das Ziel erreichten

Wie also die Heiligen Drei Könige sich mit großer Herrlichkeit bereitet hatten, wie zuvor geschrieben steht, und jeglicher aus seiner Gegend zog, da wußte keiner von dem anderen, und der Stern ging vor ihnen her allen dreien, vor dem einen wie vor dem anderen, und wenn sie stillhielten, so hielt auch der Stern still. In der Nacht schien er nicht wie der Mond, sondern wie die Sonne, und weil zu der Zeit in aller Welt Friede war, so standen in der Nacht alle Städte offen, und wo die Könige nachts hinkamen, da wähnten die Leute, es wäre Tag, liefen aus den Städten und sahen das Wunder und wußten nicht, wer sie wären, wohin sie wollten oder von woher sie kämen; und wenn es dann rechter Tag wurde, so lief das Volk zu Felde und sah die Fußstapfen und die Hufschläge und sprachen und frugen einander, was das bedeute. Und ob auch in den Landen viel Sümpfe und Wildnisse sind, so daß es schwer ist, aus einem Land ins andere zu kommen, so fügte es doch der allmächtige Gott, daß sie das alles nicht irrte und die Wege trocken und gangbar waren. Sie ruhten nicht, sie schliefen nicht, sie aßen nicht, sie tranken nicht, sie kamen auch in keine Herberge, sie selbst noch all ihr Gesinde, ihr Vieh, Mäuler und Pferde, so lang bis sie kamen gen Bethlehem und ihr Opfer, ihren Dienst, ihr Gebet vollbrachten; da tranken, aßen und schliefen sie erst, wie hernach geschrieben steht. Dabei bedeuchte sie, es wäre alles nur ein Tag, und also führte sie der Stern durch göttliche Kraft in dreizehn Tagen gar nahe ans Ziel. Eines Morgens, früh bei Sonnenaufgang, kamen sie zusammen und fanden Marie noch in dem armen Häuslein und Jesum in der Krippe. Wem dies unmöglich dünkt, der lese Daniel den Propheten, in dem geschrieben steht, wie der Engel Gottes den Propheten Habakuk in der Juden Land nahm, als er den Schnittern auf dem Feld das Essen tragen sollte, und führte ihn in einer Stunde gen Babylonia zu Daniel, der da gefangen lag, und gab ihm die Kost zu essen, die die Schnitter sollten gegessen haben, und nahm dann Habakuk wieder bei den Haaren und brachte ihn auf die Stätte, wo er ihn gefunden hatte. Das geschah in einer kleinen Stunde, und sind doch zwischen Judäa und Baylonien mehr denn hundert Meilen, zu Wasser und zu Land. Der allmächtige Gott, der das im alten Bunde tat, mochte wohl auch im neuen Bunde die drei Könige von Indien nach Judäa ohne Hindernis in dreizehn Tagen führen.

Das vierzehnte Kapitel

Wie die drei Könige zu Herodes kamen

Als nun die drei Könige jeglicher seinen Weg daher zog bis auf zwei Meilen vor Jerusalem, da kam ein starker dichter Nebel und überfiel sie und bedeckte sie und alles Land umher, und in dem Nebel verloren sie den Stern. Nun trug es sich zu, daß König Melchior an den Berg Kalvariä kam, wo nachmals unser Herr Jesus Christus gemartert wurde, und dazumal wurden dort die Missetäter gerichtet. Da blieb König Melchior mit den Seinen und zog nicht fürbaß, denn der Nebel wurde immer dichter und dichter. Zur selben Stunde kam auch König Balthasar von Saba und Gobolia mit seinem Heergesinde eines anderen Wegs und lagerte sich am Ölberg bei dem Dörflein Galiläa, das oft im Evangelio genannt wird, weil da unser Herr seinen Jüngern nach dem Tode mehrmals erschien. Noch wird eines anderen Galiläa gedacht, das ist ein Land und liegt drei Tagereisen von Jerusalem. Als nun die zwei Könige vor den besagten Bergen standen, da hob sich der Nebel gemach empor; aber der Stern erschien nicht. Und als der Nebel schwand, da zogen sie beide fürbaß und noch wußte keiner von dem anderen. Indem kam auch König Kaspar von Tharsis mit seinem Volk auf der dritten Straße und stieß an den Berg Kalvariä, und als der Nebel vollends verschwunden war, da kamen die drei Herren dicht vor Jerusalem zusammen und ein Heergesinde fing an mit dem anderen zu sprechen und zu fragen, was sie suchten. Und als sie gewahr wurden, daß sie alle drei aus gleicher Ursache gekommen waren, da wurden sie gar froh und ritten zusammen und umhalsten und küßten einander und wurden noch eifriger und heißer zu suchen als zuvor, und ritten also zusammen gen Jerusalem. Und als sie der Stadt nahe waren, da freuten sie sich und hofften, sie sollten den neuen König in der Hauptstadt finden. Ihres Gesindes war aber so viel, daß ein Teil vor der Stadt bleiben mußte und vor ihr hielt, als ob sie Jerusalem zu belagern gedächten. Da erschrak König Herodes und alle, die zu Jerusalem waren. Als sie nun fragten, wo ihr Herr der König des Landes wäre, da erschraken sie noch mehr, denn sie fürchteten Krieg und Zerstörung im Lande. Darum spricht das Evangelium gar deutlich: Als Jesus geboren wurde zu Bethlehem in König Herodes' Zeiten, da kamen die Könige des Orients gen Jerusalem und fragten, wo des Landes König wäre. Darüber erschrak König Herodes und die von Jerusalem. Die Könige sprachen: Wir haben gesehen seinen Stern im Orient, und sind gekommen mit unseren Gaben und wollen ihn anbeten. König Herodes sandte in die Stadt nach den Ältesten und Weisesten und fragte sie, wo Christus sollte geboren werden. Da sprachen sie: zu Bethlehem in Juda, denn also spricht der Prophet: Du bist nicht die mindeste unter den Fürsten Judä, denn in dir wird geboren werden der Herzog, der mein Volk regieren soll. Da rief Herodes die Könige heimlich beiseite und erkundete von ihnen die Zeit, da der Stern erschienen war, und wies sie darauf gen Bethlehem. Der Stern aber, den sie im Orient gesehen hatten, der ging wieder vor ihnen her, bis er an die Stätte kam, wo das Kind war: Da stand er still in den Lüften.

Das fünfzehnte Kapitel
Wie der Stern über der Hütte stille stand

Als die Heiligen Drei Könige von den Juden unterwiesen wurden, wo ihr König sollte geboren werden, und darauf mit ihrem Gesind' gen Bethlehem zogen und der Stern wieder vor ihnen herging, da kamen sie an die Stätte, wo der Engel den Hirten in der Christnacht erschienen war. Da fanden sie die Hirten, und die Hirten sagten ihnen, wie die Engel Gottes zu ihnen gesprochen hätten in der Christnacht, und von dem Licht, das sie umschien, und wie sie das Kind gesehen hätten. Das hörten die Herren gar gern und behielten auch die Worte wohl, beschenkten auch die Hirten reichlich und ritten fröhlich weiter und kamen gen Bethlehem. Da hielten sie, legten ihr stattlich Gewand um und bereiteten sich, daß sie Königen gleich sahen. Als sie nun an die Straße kamen, an deren Ende dic geringe Hütte lag, da blieb der Stern stehen und ging nicht weiter, sondern senkte sich herab mit solchem Glanz, daß die Hütte und alle, die darinnen waren, von dem Schein erleuchtet wurden. Dann stieg er wieder in die Höhe, stand unbeweglich, und sein strahlender Glanz verblieb in der Hütte.

Das sechzehnte Kapitel
Wie die drei Könige opferten

An dem Tage, da die drei Könige dem Kind das Opfer brachten, da war Jesus ein Kind von dreizehn Tagen und lag in der Krippe in geringe Tücher gewunden. Maria, seine Mutter, war voll von Gestalt und bräunlich von Angesicht und mit einem schlechten blauen Mantel bekleidet. Die drei Könige aber waren herrlich gekleidet; Melchior, der König von Nubien und Arabien, der dem Kind Gold opferte, war der mittelste, Kaspar, der König von Tharsis, der ihm

Myrrhen darbrachte, war der größte von Gestalt und war ein Mohr. Dies nehmt nicht wunder, denn es ist geweissagt durch den Propheten in dem Psalter: *Coram illo procedunt Aethiopes.* Auch soll man wissen, je näher die Leute dem Aufgang der Sonne wohnen, je kleiner sind sie; aber Kräuter, Würmer und Tiere sind viel hitziger und stärker als hierzulande; dasselbe gilt auch von dem Gevögel, es sei wild oder zahm.

Das siebzehnte Kapitel
Wie sie ihrer Schätze vergaßen

Auch ist zu wissen, daß die drei Könige große Schätze und köstliche Kleider mit sich führten aus ihren Landen, denn alle Gezierde, die der große Alexander nach seinem Tode hinterließ, und was die Königin von Saba dem König Salomon brachte, und alles was König Salomon Gott zu Ehren machen ließ, das war alles den drei Königen heimgefallen, denn ihre Voreltern hatten den Tempel zu Jerusalem zerstört, und nun führten es die drei Könige bei sich und meinten, sie wollten es dem neuen König verehren. Als sie aber in das arme Hüttlein kamen, da Jesus lag, da war darin so unaussprechlich große Klarheit, daß sie standen wie in einer Glut, und wußten nicht vor Schrecken woran sie waren. Also griffen sie geschwind in ihre Säcke, und was jeglichem zuerst in die Hände kam, das opferten sie und vergaßen aller Herrlichkeit, die sie mit sich brachten. Melchior opferte dreißig goldene Pfennige und einen goldenen Apfel, wie es ihm in die Hände fiel; Balthasar opferte Weihrauch, Kaspar Myrrhen, und was die liebe Maria zu ihnen sprach, das vergaßen sie allzumal, daß sie nichts behielten, als daß sie jeglichem König gar demütlich neigte und sprach: Gedanket sei Gott.

Der goldene Apfel, den König Melchior opferte mit den dreißig goldenen Pfennigen, war des großen Königs Alexander gewesen, und er hatte ihn so gefüge machen lassen, daß er ihn mit einer Hand umgreifen konnte. Denn Alexander hatte die ganze Welt bezwungen und hielt sie in seiner Hand, und dessen zur Urkunde hatte er den Apfel machen lassen, weil die Welt rund ist, und meinte, daß er der Welt so gewaltig wäre als des Apfels. Und da der Apfel dem Kind in die Hand gegeben ward, da wurde er zu Asche, zum Zeichen, daß alle irdische Gewalt vor Gott eitel ist und in Staub zerfällt.

Das achtzehnte Kapitel

Wie die drei Könige heimkehrten

Als nun die Herren ihr Opfer löblich vollbracht hatten, da bereitete man die Kost für sie und ihr Gesinde, und als sie gegessen hatten, da legten sie sich nieder mit ihren Dienern und schliefen den Tag und die Nacht, und in der Nacht erschien ihnen der Engel Gottes im Schlaf und warnte sie, daß sie nicht zurückzögen zu Herodes. Das beschlossen sie gemeinsam zu tun und fuhren einen anderen Weg heim in ihr Land, und auf dem Weg brachten sie zwei Jahre zu, ehe sie nach Hause kamen; auch mußten sie unterwegs in Herbergen einkehren, essen, trinken und schlafen, alles nach menschlicher Weise, denn der Stern schien ihnen nicht mehr. Wo sie aber Nachtruhe hielten, da sagten sie dem Volk des Landes, wie alles mit ihnen ergangen wäre, und also wurde ihre Ausfahrt und Widerkunft bekannt und offenbar durch alle Lande, daß es nie konnte vergessen noch vertilgt werden, obwohl es dem König Herodes und den Juden sehr zuwider war. Und obwohl sie zwei Jahre unterwegs waren, ehe sie die Heimat erreichten, doch gebrach ihnen nichts von alledem, was sie unterwegs bedurften, denn sie hatten große Vorräte mit sich von Haus geführt und kamen gesund miteinander zu dem Berge Vaus, wo der Stern zuerst erschienen war.

Das neunzehnte Kapitel

Wie sie Herodes verfolgte und ihre Schiffe verbrannte

Da nun Herodes vernahm, daß die Könige heimgezogen wären, da wurde er gar zornig und bereitete sich mit großer Macht und jagte ihnen nach, und wo sie hinkamen, da sagte das Landvolk Gutes von den Königen und ihrem Gesinde und wie reich sie gewesen: Das betrübte Herodes und die Seinen gar sehr. Da kam er an eine Stadt, wo die Könige über das Wasser geschifft waren; da rächte sich Herodes an den Einwohnern und verbrannte ihre Schiffe und zerstörte das Land. Und als Herodes mit den Seinen heimkam und die rechte Mär erst erfuhr, wie die Heiden in dreizehn Tagen gegen den natürlichen Lauf der Dinge die Reise vollbracht, das konnte ihn nicht genug verwundern und ward nun noch zorniger über sie denn zuvor. Da sprachen die Juden, die drei Könige wären Zauberer gewesen, sie hätten solches durch die schwarze Kunst zuwege gebracht; andere nannten sie Sternseher, weil es durch die Kraft des Sternes geschehen war, und so kam die Gewohnheit auf, daß man sie Magos nannte, das bedeutet Zauberer und Sternseher.

Das zwanzigste Kapitel

Wie sie die Kapelle bauten auf dem Bege Vaus

Als nun die Herrn nach zweijähriger Reise nach dem Berge Vaus kamen, ließen sie sich da nieder mit ihrem Volk und bauten eine herrliche Kapelle auf dem Gipfel des Bergs, zu Lob und Ehren des jungen Königs, den sie gesucht und gefunden hatten. Und in der Stadt Stulla, die am Fuße des Berges lag, ruhten sie aus von den Beschwerden der Reise und wählten ein gemeinsam Begräbnis, wenn sie stürben, daß sie alle drei beieinander lägen. Auch gelobten sie, alle Jahr einmal dahin zu kommen mit großem Gefolge, und wenn das geschah, empfingen sie die Vornehmsten des Landes mit großer Pracht, ritten ihnen entgegen und lobten Gott, daß er so großes Wunder mit ihnen gewirkt hatte. Das predigten auch die Könige in allen Landen, wohin sie kamen, und so geschah es, daß viele Heiden in ihren Tempeln einen Stern aufrichteten, darin das Bild eines Kindes stand; auch gingen sie alle Jahr zu der Kapelle auf dem Berg Vaus und brachten ihr Opfer. Den Stern mit des Kindes Gestalt richteten auch die drei Könige auf in allen ihren Landen, und taten sich der Welt immer mehr ab, und wurden demütig und lebten gar göttlich bis auf die Zeit, daß Christus wieder gen Himmel fuhr.

Das einundzwanzigste Kapitel

Wie Maria in eine andere Hütte floh

Als die drei Könige zu Bethlehem unserem Herrn ihr Opfer gebracht hatten, da entstand bald nachher zu Jerusalem großer Lärm von der Geburt des Kindes und den drei Königen und den Hirten auf dem Feld, und Herodes und die Juden verdroß es gar sehr. Maria und Joseph wurden es wohl inne und standen auf und flohen aus ihrer armseligen Hütte in eine andere Armut: Da blieben sie, bis Maria das Kind in den Tempel trug, und wurden geliebt von Mann und Weib und mit allem, was sie hatten, gepflegt, und wohl verhohlen, daß die Gewaltigen sie nicht fänden. In der Eile aber und dem

Schrecken, womit Maria ihre erste Hütte verließ, vergaß sie der Tüchlein, darein das Kind zuerst gewunden war; auch vergaß Maria ihr Hemd: Dies blieb also liegen in der Krippen und in dem Heu bis auf die Zeit, da die ehrwürdige Frau Helena, Kaiser Konstantins Mutter, darin kam und es so frisch und ganz da fand wie des ersten Tages; denn die Juden hatten die Hütte, darin Christus geboren wurde, aus Haß verrufen und also stand sie mehr den zweihundert Jahr wüst und verfallen. Das Hemd und die Tücher aber fand Helena unversehrt, wie es wohl billig ist, daß es nicht faulte, der Würdigkeit des reinen Leibes willen, den es berührt hatte. Wo aber unsere liebe Frau zuletzt verblieb, bis sie ihr Kind in den Tempel brachte, da baute die ehrwürdige Frau Helena hernach, als der Christen Glaube aufging und zunahm, eine schöne Kapelle zu Ehren der Heiligen Drei Könige und St. Nikolaus. Durch diese Kapelle ging lange Zeit eine öffentliche Straße, denn sie hatte zwei Türen, davon nun eine zugemauert ist. Da sieht man noch den Stein, darauf Unsere Liebe Frau saß und ihr Kind säugte. Und eines Tages geschah es von ungefähr, daß dem Kind ihre Brust entschlüpfte und ein Tropfen Milch auf den Stein fiel. Der Milch Farbe sieht man noch heute auf dem Stein und niemand kann sie abschaben.

Das zweiundzwanzigste Kapitel
Wie Maria und Joseph nach Ägypten flohen

Da nun die Zeit gekommen war, daß man das Kind am vierzigsten Tage zur Kirche tragen sollte, da nahmen es Maria und Joseph, gingen gen Jerusalem, opferten und waren dem Gebot Mosis gehorsam. Simeon, der alte Prophet, nahm das Kind auf seinen Arm und sprach: *Nunc dimittas servum tuum domine.* Nun laß, o Herr, deinen Knecht in Frieden fahren. Der alte Simeon war manches Jahr blind gewesen und wurde zur Stunde sehend. Auch war da eine alte ehrbare Witwe, die hieß Anna, die verkündete viel Seligkeit von dem Kind. Nun waren die ältesten und weisesten Juden gegenwärtig, als diese Prophezeiungen von Simeon und Anna geschahen. Also wurde es in Jerusalem ruchbar und kam vor Herodes. Da konnte sich Maria mit ihrem Kind nicht länger verbergen. Eines Nachts erschien der Engel des Herrn dem hl. Joseph im Schlaf und sprach: Steh auf und nimm das Kind und die Mutter, und flieh gen Ägypten: Da bleibe, bis ich dich anderes bescheide; denn Herodes wird das Kind suchen lassen, um es zu töten. Da stand Joseph auf in der Nacht, nahm das Kind und die liebe Mutter mit sich und floh gen Ägypten. Also mußte Maria bei Nacht aus dem Land. Wie es nun unserer Frau unterwegs ergangen, das steht geschrieben in einem Büchlein, das heißt: Unseres Herren Kindheit.

Das dreiundzwanzigste Kapitel

Von den Rosen von Jericho

Von Jerusalem bis an den Ort in Ägyptenland, wo sich Maria niederließ, sind zwölf Tagreisen, und an der Straße, die Maria fuhr von Bethlehem bis nach Ägypten und wieder zurück, da wachsen jetzt eitel dürre Rosen, die heißen die Rosen von Jericho, und anders findet man sie nirgendwo. Diese Rosen gebrauchen die Frauen der Sarazenen gern, wenn sie in Kindesnöten sind. Die Hirten, die nachts auf dem Felde ihr Vieh hüten, brechen die Rosen ab und geben sie den Pilgern und Kaufleuten, und also kommen sie weit und breit in die Welt und stiften das Gedächtnis dieser Flucht nach Ägypten.

Das vierundzwanzigste Kapitel

Wie der Balsam gewonnen wird

Dort blieb nun Maria sieben Jahre lang und wohnte bei den Städten Neubabylon und Kairo, wo nun des Sultans Wohnung ist. Diese Städte liegen dicht beieinander und sind siebenmal so groß als Paris. An der Stätte aber, wo Maria wohnte, da ist jetzt ein Balsamgarten. Der Garten ist nicht groß, doch sind sieben Brunnen darin, in welchen Maria dem Kind seine Windeln wusch. Der Balsam wächst auf Stengeln, nicht höher als eine Elle, die Stauden sind wie Rosenbüsche, die Blätter wie Klee, und jegliche Staude hat ihren Hüter, der muß ein Christ sein, und muß sie bewahren und hüten wie seinen eigenen Leib, und rein halten und begießen. Im März kommt dann der Sultan selber und wartet des Gartens, und schneidet das Holz, wie man die Reben schneidet. Die Schnitte werden mit Seide bewickelt und ein silbernes Fläschchen daran gehängt: darein träuft der Balsam durch die Seide. Wenn es dann aufhört zu triefen, so nimmt der Sultan den Balsam und bewahrt ihn, und wenn die Könige und Fürsten zu dem Sultan senden um Balsam, so gibt er ihnen ein Gläschen von Fingersgröße. Wenn aber der Sultan hinweggeht, so nimmt der Hüter das abgeschnittene Holz der Staude, die ihm befohlen ist, und siedet es in einem reinen Geschirr ab, und was dann aus dem Holz kommt, das schwimmt oben wie ein Öl. Und dieser Balsam ist dick und sieht aus wie junger Most. Und wo ein Mensch gequetscht und gefallen ist, oder sonst verletzt, und man brächte dieses Balsams an die Stelle, sogleich wäre er heil und gesund, denn jede Wunde, die damit bestrichen wird, schließt sich sogleich und vergeht. Diesen Balsam verkaufen die Hüter der Stauden an die Pilger, welche ihn dann in alle Welt verbreiten. Er ist aber dem ersten nicht zu vergleichen, der von selber aus dem Stauden läuft, denn wenn man dessen ein Tröpflein in die Hand läßt fallen, so dringt es durch die Hand und schwitzt auf der anderen Seite wieder heraus; und die Stelle, durch die der Balsam gegangen ist, fault nimmermehr. Dieser Balsam heißt der rohe, der andere wird der gesottene genannt. Es ist aber der gemeine Glaube des Morgenlands, daß der Balsam dadurch entstanden sei, daß in diesem Garten Marie ihrem Kind die Tüchlein gewaschen und an den Stauden zum Trocknen aufgehängt habe, und dessen zum Wahrzeichen dürfen nur Christenleute des Gartens hüten – und hat man es oft versucht, wenn man anderen Leuten den Garten empfahl zu bauen und zu warten, daß die Stauden verdorrten und verdarben, und erst als man die Christen zurückrief, wieder ausschlugen.

Das fünfundzwanzigste Kapitel

Von den dreißig Pfennigen, die König Melchior opferte

Von den dreißig Gulden, die der König Melchior unserem Herrn opferte, findet man seltsame Dinge geschrieben. Diese Pfennige waren aus Gold, und ließ sie schlagen Nimis, ein König von Mesopotamien, und der sie schlug, war Than, Abrahams Vater. Sie wurden Abraham zuteil; wie aber, das ist nicht bekannt. Als nun Abraham aus seiner Heimat ging, wie ihm Gott gebot, da brachte er die dreißig Pfennige mit sich gen Ebron und kaufte damit einen Acker zu einem Begräbnis für sich und seine Hausfrau Sara und ihre Kinder. Mit denselben Pfennigen kaufte Potiphar, König Pharaos Kämmerer, den Joseph, Jakobs Sohn, von Josephs Brüdern, die auch Jakobs Söhne waren. Dieselben dreißig Pfennige führten dann die Brüder wieder nach Ägypten und kauften dafür Getreide.

Als aber Jakob, der Vater der zwölf Brüder, starb, da sandte sie Joseph gen Saba, um Salbe zu kaufen, womit sie den Leichnam ihres Vaters salbten und begruben. Danach nahm die Königin von Saba die dreißig Pfennige mit anderer köstlicher Gezierde und schenkte sie dem König Salomon. Als aber Salomon starb und Jerusalem zerstört wurde, da wurden sie dem König von Arabien zuteil, der ein Bundesgenosse des Königs war, und der legte sie in den königlichen Schatz. Nun war König Melchior der Erbe des Königs von Arabien, und so kamen sie von einem an den anderen, und zuletzt opferte sie König Melchior unserem Herrn Jesu Christo, wie zuvor geschrieben steht.

Das sechsundzwanzigste Kapitel

Was mit den dreißig Pfennigen weiter geschah

Als nun Maria mit ihrem Kind nach Ägypten fliehen mußte, da knüpfte sie die dreißig Pfennige mit dem Weihrauch und den Myrrhen in ein Tüchlein und verlor es in der Wüste; und ein Hirte, der in der Wüste sein Vieh hütete, fand den Schatz und behielt ihn bis auf die Zeit, da unser Herr in Judäa predigte und Wunder tat. Nun geschah es, daß einst dieser Hirt krank ward und der Krankheit nicht loszuwerden wußte, da hörte er sagen, daß ein Mann wäre in der Juden Land, der heilte die Siechen ohne alle Arznei: Da machte sich der Hirte auf und gedachte an seinen Schatz, den er vor langer Zeit gefunden. Den nahm er mit und kam nach Judäa und fand unseren Herrn Jesum Christum und bat ihn um seine Gnade und seine Hilfe. Unser lieber Herr Jesus, der nie eine Bitte versagte, half dem armen Mann und machte ihn gesund. Als er sich genesen fühlte, da zog er die dreißig Pfennige mit dem Weihrauch und den Myrrhen hervor und bot sie unserem Herrn zum Dank seiner Gnade. Unser Herr Jesus wußte wohl, wo der Schatz war, und gebot dem Hirten, was er in den Händen hätte, auf dem Altar im Tempel zu opfern. Der Priester nahm die dreißig Pfennige und warf sie in den Stock; den Weihrauch brannte er, wenn man sein bedurfte, und die Myrrhen behielt er auch. Von diesen Myrrhen wurde ein bitterer Trank gemacht, den man Christo unserem Herrn zu trinken bot, als er am Kreuz hing und sprach: Mich dürstet; den übrigen Teil der Myrrhen nahm Nikodemus und gab ihn zu Jesu Begräbnis. Die dreißig Pfennige aber wurden Judas gegeben, daß er

Christum verriet: Hernach aber gereute ihn seines Verrats, da warf er sie in den Tempel, den Juden zu Füßen und erhing sich. Die Pfennige wurden aufgehoben und zur Hälfte den Kriegsmännern gegeben, die das Grab Jesu bewachten; mit den anderen fünfzehn wurde ein Acker zum Begräbnis der armen Pilger gekauft. Dieser Acker liegt nahe bei Jerusalem und ist nicht länger noch breiter als ein Steinwurf. Das aber soll niemand wundernehmen noch irren, daß diese Pfennige im Evangelium Silberlinge heißen, denn sie waren vom reinsten arabischen Gold; aber die Schrift nennt alle Münzen Silberlinge. Diese Pfennige wurden nie geschieden bis auf das letzte, was sich mit ihnen begeben sollte. Da wurden sie geschieden und zerstreut. Und jeder dieser Pfennige gilt drei Gulden an Wert und Gewicht, und auf der einen Seite stand eines Königs Haupt mit Lorbeeren gekränzt, auf der anderen chaldäische Buchstaben, die jetzt niemand lesen könnte.

Das siebenundzwanzigste Kapitel

Als Maria und Joseph nach Nazareth zogen

Als nun unsere Frau sieben Jahre in Ägypten gewesen und Herodes gestorben war, da sprach der Engel zu Joseph: Steh auf, nimm das Kind und seine Mutter und fahr aus Ägypten wieder in der Juden Land, denn die das Kind suchten, um es zu martern, sind tot. Joseph tat, wie ihm der Engel gebot, und kam in der Juden Land. Als er aber hörte, daß des Herodes Sohn an seines Vaters Statt herrsche, da fürchtete er sich, gen Jerusalem zu gehen, und zog in eine kleine Stadt mit Namen Nazareth. Da wurde Jesus vollends erzogen von seiner Mutter. Wie es hernach erging, bis er zu Himmel fuhr, das sagen die Evangelien.

Das achtundzwanzigste Kapitel

Vom dem heiligen Thomas dem Zwölfboten

Als nun die Heiligen zwölf Boten ausgesandt wurden, von Christo zu predigen in aller Welt, da mußte St. Thomas gen Indien, wiewohl ihm das schwer fiel. Nun hatten die Inder zu jener Zeit schon gute Lehren empfangen: Die Heiligen Drei Könige, die unseres Herrn Kindheit gesehen hatten, predigten und verkündigten seine

Geburt in allen Landen und Städten; auch waren die Apostel Bartholomäus, Simon und Judas dahin gesandt worden. Das soll niemand wundern, daß diese alle in Indien das Evangelium predigten, denn wie vorher gesagt ist, der Indien sind drei, eins größer und breiter als das andere und das kleinste größer als die ganze Welt dieseits des Meeres. Also kam der heilige Thomas in der drei Könige Land und predigte da den heiligen Christenglauben, heilte die Kranken, erweckte die Toten, trieb Teufel aus und belehrte die Heiden und zerstörte die Tempel der Abgötter. Nun geschah es aber, daß er in den heidnischen Kirchen einen Stein aufgerichtet sah mit einem Stern darauf, und in den Stern war ein Kind und darüber ein Kreuz gehauen, wie es die Heiligen Drei Könige gesehen hatten und in der ganzen Heidenschaft aufrichten ließen. Da fragte St. Thomas die heidnischen Priester, was für ein Zeichen das sei und was es bedeute? Da sagten ihm die Priester von den drei Königen, und wie es von Anfang bis zu Ende mit ihnen ergangen sei, wie ihnen der Stern erschienen auf dem Berg Vaus, und wie sie in dreizehn Tagen gen Bethlehem kamen und das Kind fanden, und kaum in zwei Jahren wieder heimkommen konnten und was sie mehr von den Heiligen Drei Königen gehört hatten. Als das St. Thomas vernahm, da war er unmaßen froh und hernach inbrünstiger zu predigen denn zuvor, und hub nun an und sagte den Priestern von unseres Herrn Empfängnis, Geburt, Kindheit, Wandel, Marter, Tod, Auferstehung und Himmelfahrt, und wie er ihm in seine Wunde gegriffen hatte; und die Gaben der Heiligen Drei Könige legte er aus in geistlichem Sinn und alle Tempel der Heiden, die dem Teufel gebaut waren, weihte er zu Ehren des Kindes, das ihre Könige gesucht und angebetet hatten. Also erscholl der Ruf von St. Thomas, seiner Lehre und den großen Wundern, die er mit göttlicher Kraft wirkte, weit und breit in den Landen, bis er vor die drei Könige kam.

Das neunundzwanzigste Kapitel

Wie St. Thomas die Heiligen Drei Könige fand

Da nun St. Thomas von den drei Königen vernommen hatte, und sie auch von ihm, da begehrte er von Herzen, daß er die drei Könige lebendig fände; desgleichen wünschten auch sie, den heiligen Thomas zu sehen, daß er ihnen sagte, wie es nun um das Kind stünde, das sie so ferne gesucht hatten. Darum bereitete sich jeglicher der drei Könige in seinem Land, den heiligen Thomas zu sehen, und obwohl sie nun alt und gebrechlich waren, doch machten sie sich auf mit großem Gefolge von Fürsten und Herren, zogen dem heiligen Thomas entgegen und empfingen ihn mit großer Würde. St. Thomas empfing auch sie wiederum feierlich und demütig. Danach predigte und sagte ihnen St. Thomas, wie alle Dinge mit unserem Herrn Christo ergangen wären von Anfang bis zu Ende und taufte sie mit allem ihrem Volke. Da wurden sie mit den Gnaden des heiligen Geistes erfüllt und halfen nun St. Thomas, das göttliche Wort verkündigen, und predigten Christenglauben so eifrig und würdig wie der heilige Thomas selbst. Und was die Könige predigten, das erläuterte St. Thomas aus der Heiligen Schrift und den Propheten; und was Thomas von des Herrn Leben, Auferstehung und Marter verkündigte, das bestätigten und erhärteten sie mit seiner heiligen Kindheit, die sie mit eigenen Augen gesehen hatten.

Darauf fuhren die drei Könige mit dem heiligen Thomas und mit allem Volk nach dem Berg Vaus, und die Kapelle, die auf dem Berge stand, weihte St. Thomas zur Ehre unseres Herrn Jesu Christi, zu großer Freude des Volks. Von da an pilgerten die Leute von nah und fern nach dem Berge Vaus, und der Zulauf wuchs von Jahr zu Jahr, und die Stadt, die unter dem Berge lag, nahm so zu, daß nun in ganz Indien keine vornehmere Stadt gefunden wird. Und in dieser Stadt war die Wohnung des Priesters Johannes, der nun Herr ist in Indien, und des heiligen Thomas, des Patriarchen von Indien.

Das dreißigste Kapitel
Wie St. Thomas gemartert ward

Als nun der heilige Thomas alles Volk zu Gott bekehrt und die drei Könige getauft hatte, da machte er sie auch zu Priestern. Denn sie hatten keine Frauen, und die Sage meldet, daß sie alle drei reine Jünglinge waren und blieben bis an ihren Tod. Sie waren auch die ersten von den Heiden, die den Glauben empfingen und dem wahren Gott opferten. Auch weihte St. Thomas in allen Landen Priester und Bischöfe und lehrte sie, wie sie Messe halten sollten, taufen und das Paternoster und den Glauben sprechen; auch gab er den Priestern mit Hilfe der drei Könige Land und Güter, weihte den Tempel der Abgötter zur christlichen Kirche, zerstörte die Götzenaltäre und tat viele Wunder durch den Glauben an Christum. Darum empfing er auch bald darauf die Märtyrerkrone. Und in dem Land, wo er gemartert wurde, da haben die Leute Häupter wie die Hunde, nur daß sie nicht rauh und behaart sind, denn in Indien sind mancherlei wunderliche Menschen.

Das einunddreißigste Kapitel
Von Thomas dem Patriarchen von Indien

Als nun St. Thomas gestorben war, da beschickten die drei Könige alle Priester und Bischöfe, die St. Thomas mit ihrem Rat geweiht hatte, und dazu alle Fürsten und Herren in ihrem Land, und gingen mit ihnen einhellig zu Rat, wie sie für sich und ihre Nachkommen einen würdigen Mann wählen möchten, der in geistlichen Sachen ihr Herr und Vater wäre. Dieser sollte Thomas heißen nach dem heiligen Zwölfboten, und wenn er stürbe, sollten sie einen anderen wählen mit gleichem Namen. Und die Gewohnheit sollte bleiben bis ans Ende der Welt. Nun war da ein ehrwürdiger Mann mit dem Namen Jakobus Antiochus, der war dem heiligen Thomas nachgezogen in das Land Indien: Den erwählten sie gemeinsam und setzten ihn zum Patriarchen an St. Thomas Statt, verwandelten ihm den Namen und hießen ihn auch Thomas, wie sie noch heutigen Tages alle heißen, die in Indien Patriarchen sind. Also gehorchen die von Indien dem Thomas in geistlichen Sachen, wie wir hierzulande dem Papst zu Rom.

Das zweiunddreißigste Kapitel
Vom Priester Johannes

Als das vollbracht war, da gingen die Heiligen Drei Könige, da keiner Kinder noch Erben hatte, zu Rat mit allen Fürsten und Herrn und erwählten aus ihrer Mitte einen edlen und festen Mann, der nach ihrem Tode in allen ihren Landen und Reichen ein Herr sein sollte in weltlichen Dingen ewiglich; und wenn jemand Mutwillen üben wollte und unrechte Bischöfe und Priester einsetzen und den Glauben Christi, der neulich aufgekommen, stören und zu unterdrücken versuchte, dem sollte dieser Herr wehren und all ihre Herrschaften erben. Und dieser Beschirmer in geistlichen Dingen sollte nicht König oder Kaiser heißen, sondern aus rechter Demut Priester Johannes genannt werden. Denn unter der Sonne ist nichts Würdigeres als die Priester: Gott hat ihnen Gewalt gegeben zu binden und zu lösen und seinen heiligen Leichnam zu weihen und emporzuheben. Das Amt befahl Christus seiner Mutter nie, noch einem Engel: darum wohl Könige und Kaiser ihnen neigen. Johannes aber sollte er heißen, denn Johannes der Zwölfbote war unserem Herrn der liebste Jünger und war auch Priester, und Johannes der Täufer taufte unseren Herrn, und nach unserer lieben Frau war nie ein Mensch geboren über Johannes. Und all dieser Würdigkeit des Namens Johannes wegen sollte er Priester Johannes heißen und sollte auch dem Namen gleich leben in Tugend, Heiligkeit und Würdigkeit, und die von Indien sollten ihm gehorsam sein in allen weltlichen Sachen.

Das dreiunddreißigste Kapitel

Wie die Heiligen Drei Könige starben

Als nun die Heiligen Drei Könige alle Dinge wohl bestellt und Land und Leute versorgt hatten, da blieben sie beieinander in der Stadt Stulla, die unter dem Berge Vaus liegt, und lebten danach nicht mehr zwei Jahre. Eines Tages, nicht lange vor Weihnachten, erschien über der Stadt ein schöner Stern, der nie zuvor gesehen worden. Die drei Könige verstanden wohl, daß ihr Ende nahte und Gott sie zu sich heben wollte in das ewige Leben, und ließen ein schönes Grab machen, wie sie des wohl würdig waren. Und als sie das Weihnachtsfest schön und löblich begangen, danach auf den achten Tag, da König Melchior Messe gehalten, da starb er und war hundertundsechzehn Jahre alt. Da nahmen die zwei anderen Könige seinen Leichnam und bestatteten ihn mit großen Ehren zur Erde. Danach, am fünften Tage, am Erscheinungsfest des Herrn, als Balthasar, der König von Saba, Messe gehalten, da starb er am zwölften Tag und war hundertundzwölf Jahre alt. Da wurde er von dem überlebenden König neben Melchior in dasselbe Grab bestattet. Sieben Tage nachher starb auch Kaspar, der dritte König, nachdem er Messe gehalten, und war hundertundneun Jahr alt. Da wurde auch er vom Volk mit großen Ehren bestattet, und als man ihn ins Grab senkte, da rückten die beiden ersten voneinander und ließen ihren Gesellen zwischen sich liegen. Da sahen alle, die gegenwärtig waren, wie die Herren einander liebgehabt im Leben, so sollten sie nun auch im Tod nicht geschieden werden. Der Stern aber, der vor ihrem Tode erschienen war, blieb unbeweglich über der Stelle stehen, bis sie hinweggeführt wurden, wie hernach gesagt wird.

Das vierunddreißigste Kapitel

Wie sie nach dem Tode Wunder wirkten

Als die Heiligen Drei Könige aus diesem Elend zu Gott gefahren waren, da hatte Gott, der sie hienieden liebgehabt, sie im ewigen Leben noch lieber, und ehrte sie nach ihrem Tode damit, daß alt und jung, Männer und Frauen, mit welcherlei Sucht sie behaftet waren, und wo sie auch weilten, fern oder nah, zu Wasser oder zu Lande, wenn sie die Heiligen Drei Könige anriefen, Gott ihnen half, zu Ehren der Könige. Also kam es, daß man sie besuchte von fernen Landen, und immer bestätigten sie den Christenglauben, den sie im Leben gelehrt hatten, nach dem Tode durch Zeichen und Wunder. So blieb auch ihr Leib und das priesterliche Gewand, darin sie begraben lagen, so frisch, als ob sie lebten und schliefen, nicht als ob sie tot wären.

Das fünfunddreißigste Kapitel

Wie die drei Könige geschieden waren

Danach über lange Zeit, da säte der böse Geist seinen Samen unter die von Indien, daß sie an dem christlichen Glauben irr und unter sich mißhellig wurden, und mancherlei Spaltungen und Ketzereien entstanden. Da minderte sich auch der Zulauf des Volkes zu der drei Könige Grab, und die Stadt Stulla nahm gar sehr ab, und der drei Könige Leichen wurden bleich und aschgrau wie andere Toten, ihr priesterlich Gewand zerfiel und wurde zu Staub. Die Fürsten und Herren von der drei Könige Geschlecht, die sich in der Stadt Stulla niedergelassen hatten, wurden auch unter sich uneins im Glauben: Da ging ein jeglich Geschlecht und nahm seinen König und führte ihn heim in sein Land. Da begrub jegliches Volk seinen Herrn mit großen Ehren in der vornehmsten Stadt des Königreichs. Also waren sie lange geschieden.

Das sechsunddreißigste Kapitel
Wie die heilige Helena Kirchen baute

Als aber die Zeit kam, daß der allmächtige Gott das Böse scheiden wollte von dem Guten, wie die Spreu von dem Weizen, um die Zeit da man zählte von Gottes Geburt mehr denn dreihundert Jahr, als der gewaltige Kaiser Konstantin durch Papst St. Silvester aus heidnischem Glauben zu christlichem Glauben bekehrt und zugleich durch die Taufe von seinem unreinen Aussatz geheilt wurde, durch welche Taufe der christliche Glaube sehr gestärkt wurde: Zur selben Zeit wohnte die ehrwürdige Frau Helena, des Kaisers Mutter, in dem Land Judäa jenseits des Meeres. Die hielt viel von der Juden Glauben und wenig von den Schriften: Darum war ihr nicht lieb, daß der Kaiser Christ geworden war. Sie schrieb ihm einen Brief und schalt ihn darin. Und der Sohn schrieb wieder und rechtfertigte sich, und also fügte es Gott, daß die ehrwürdige Helena auch Christin ward. Sosehr sie nun die Juden zuvor gelobt hatte, so sehr begann sie nun sie zu tadeln und fing nun an, die Stätten aufzusuchen, wo unser Herr Jesus gewesen war, wo er geboren und gemartert wurde, und sosehr sie diese Stätten mit den Juden früher gehaßt hatte, so sehr begann sie nun sie zu ehren mit den Christen. Zu dieser Zeit hub sie an gar eifrig zu fragen nach dem heiligen Kreuz und den Nägeln unseres Herrn Jesu Christi und zwang die Juden, daß sie es weisen mußten, und als sie es fand und auch die Nägel, da baute sie eine schöne große Kirche über der Stätte, wo Christus den Tod litt, wo er begraben lag, und wo er Maria Magdalenen erschien. Diese Kirche begriff jene Stätten all unter einem Dach. So tät sie auch an anderen Stätten, wo unser Herr Christus gewandelt war, da baute sie auch Kirchen, Klöster und Kapellen und gab ihnen Gutes genug, und bestellte sie mit Mönchen, Pfaffen und Bischöfen. In der Stätte aber, wo der Engel den Hirten erschien, wie zuvor beschrieben steht, da baute sie eine schöne Kirche, die heißt *Gloria in excelsis,* und wie man hier die sieben Zeiten anhebt mit *Deum adjutorium meum intende,* so hebt man dort noch heutigentags die Zeiten an mit *Gloria in excelsis.*

Das siebenunddreißigste Kapitel
Wie St. Helena das Hemd und die Tücher fand

Da nun die Sachen vollbracht waren, da kam die ehrwürdige Helena gen Bethlehem in das arme Hüttlein, darin unser lieber Herr das Licht der Welt erblickte. Das war lange so wüst gewesen, daß weder Mensch noch Vieh hineingedurft hatte. Da kam sie an die Krippe, darin der zumal Gott und Mensch gelegen, und fand das Heu und die Tücher und unserer Frauen Hemd, das sie vergessen hatte, als sie vor Furcht eilends aus dem Hüttlein geflohen war. Das brachte sie mit sich gen Konstantinopel und alles war noch so frisch und ganz als des ersten Tages. Da verwahrte sie es alles mit großer Würdigkeit in der St.-Sophien-Kirche, und da blieb es liegen bis zu König Karls Zeiten, als er nach Griechenland kam und den Christen half, daß ihnen Land und Städte wieder zu eigen wurden. Da gaben sie ihm das Hemd und die Tüchlein; die brachte derselbe Christenmann König Karolus mit sich gen Aachen, wo man es noch heutzutage vorweist in unserer Frauen Münster, das derselbe Karl gestiftet.

Das achtunddreißigste Kapitel
Vor Unseres Herrn Stallfrau

Die ehrwürdige Frau Helena baute auch ein herrliches Münster an die Stelle, wo Christus geboren wurde, nur daß es nicht gewölbt ist, sondern mit Balken und Blei gedeckt. Und von dem Chor geht man gerade hinab in einen schlechten Keller, wo Christus, unser Herr und Gott, geboren wurde. Bei dem Altar steht noch die steinerne Krippe, darin Christus lag vor dem Esel und dem Rind, und die drei Könige ihn anbeteten. In diesem Keller wohnten auch St. Hieronymus und die edle römische Witwe Paula mit ihrer Tochter Eustachia und sind da begraben. In der Kirche stehen siebzig marmorne Säulen, die das Gebäude tragen, auch ist sie inwendig und auswendig außermaßen reich geschmückt. Und in die Kirche setzte Helena einen Erzbischof und viele Domherrn, die bei allen Messen, auch bei Seelmessen, das *Gloria in excelsis* sangen: Die Juden aber hießen aus Haß die ehrwürdige Helena eine Stallfrau, weil sie eine solche herrliche Kirche über dem Stall, wo Christus geboren wurde, gegründet hatte. Darum zeigt man in der Kirche noch jetzt in der

Christnacht eine Tafel, worauf der heilige Hieronymus, der in der Kirche begraben liegt, aus eigener Hand geschrieben hat: Die ehrwürdige Helena ist eine gute Stallfrau gewesen, welche die Krippe unseres Herrn so getreulich aufgesucht und herrlich geschmückt hat. An der Stelle aber, wo die Heiligen Drei Könige vor dem Kind Jesu knieten und es anbeteten, da steht an dem Tage der Erscheinung des Herrn, dem Tag der Heiligen Drei Könige, ein großer vergoldeter Stern und wird mit Schnüren von einem Ort der Kirche zum anderen geleitet, zum Gedächtnis, wie dieser Stern die Heiligen Drei Könige geführt und gewiesen hat.

Das neununddreißigste Kapitel
Vom Berge Tabor

Da nun die ehrwürdige Frau Helena die Kirche vollbracht hatte, da kam sie gen Nazareth, wo Christus erzogen wurde. Diese Stadt ist sehr lustig gelegen in einem grünen Wiesental, und ist nicht ummauert, weil ihre Häuser zerstreut umherliegen. In dieser Stadt baute die ehrwürdige Helena eine Kirche und stiftete ein Bistum dabei mit Domherren. In dieser Kirche ist die Kammer begriffen, darin Unsere Liebe Frau betete, als ihr Gabriel die Botschaft verkündete, wie sie den Gottessohn empfangen sollte. In der Kammer steht eine Säule, an der der Engel stand, als er zu der Magd sprach und sich vor ihr neigte. Des Engels Bild ist in die Säule gedrückt, wie ein Siegel aus Wachs. Und wenn abends die Sonne zur Rüste geht und das Bild erglänzt, so ist es um die Zeit, da Gabriel unserer Frauen die Botschaft verkündete. Als die Christen das Gelobte Land besaßen, stellten sie Diener an, die mußten, wenn die Sonne das Bild berührte, ein Glöcklein läuten, das an der Säule hing, und wer den Schall hörte, der kniete nieder und sprach drei *Ave Maria,* und davon ist die Sitte gekommen, daß man des Abends *Ave Maria* läutet zu Ehren der Jungfrau. Und vor der Tür der Kammer ist ein fließender Brunnen, daraus die Jungfrau öfters Wasser schöpfte, und bei dem Brunnen sprach ihr der Engel zu und tröstete sie. Aus diesem Brunnen füllten die Pilger ihre Flaschen und trugen sie mit sich nach Hause, und macher steifer und gebrechlicher Mensch ist davon genesen. Die Sarazenen wollten den Brunnen zuwerfen; aber je mehr sie ihn zuwarfen, je stärker quoll und floß er. Unweit Nazareth liegt ein hoher Berg, der heißt Tabor: Dahin führte unser

Herr die Zwölfboten Petrus, Jakob und Johannes, als er ihnen seine göttliche Klarheit zeigte. Auf diesen Berg baute die ehrwürdige Helena ein schönes Kloster mit Mauern und Türmen wie eine Burg, darin sind Mönche des Ordens St. Benedikti; auf St. Sixtustag feiert man mit neuem Wein das Fest der Verklärung, und alle Kirchen des Orients begehen diesen Tag als ihre Kirchweih und stecken Fahnen aus und schmücken sich mit großer Zierde. Dieser Berg Tabor liegt vier Tagreisen von Jerusalem, und zwischen dem Berg und der Stadt wandelte unser Herr mit seinen Jüngern lehrend, predigend und heilend auf und ab.

Das vierzigste Kapitel

Wie St. Helena die Gebeine zweier Könige gewann

Als nun die ehrwürdige Kaiserin Helena dies alles vollbracht und so manche schöne Kirche gebaut und mit Priestern und Bischöfen bestellt, auch das heilige Kreuz gefunden hatte, da begann sie gar inbrünstig zu denken an die Heiligen Drei Könige und fuhr hin und wieder, auf und ab durch die Lande, wie denn all die Welt zu den Zeiten dem römischen Reich untertan war. Also kamen sie mit großem Gefolge gen India, und da sie fand, daß die Völker von dem Glauben gefallen waren, den St. Thomas und die Heiligen Drei Könige gelehrt hatten, da warf sie die Abgötter nieder und richtete ein Zeichen des Heiligen Geistes auf, stiftete Klöster, Bistümer und Pfarren und stärkte in allen Landen die Christen gar sehr. Darüber war das Volk sehr froh, und die Herren des Landes kamen zu der Frauen und freuten sich mit ihr, daß sie das heilige Kreuz gefunden und alle die Stätten, die unser Herr gewandelt, mit köstlichen Gebäuden geziert hatte. Dies war den Heiden und einem Teil der Juden sehr zuwider; jedoch wurde sie von dem Volk gemeinlich beschieden, wo die drei Könige begraben lägen, wie sie gelebt hätten und gestorben wären, und von all den Dingen, von denen dies Büchlein bisher gesagt hat. Da wurde die ehrwürdige Frau Helena noch ernster und eifriger als zuvor; und Gott sah ihre Begierde an und tat ihr Gnade, daß sie die Heiligen Drei Könige fand. Da alle Lande dem römischen Reich untertan waren, so erwarb sie es bei den Landesherren, und sonderlich bei dem Priester Johannes, daß ihr zu Ehren und ihrem Sohne Konstantin zuliebe, der ein römischer Kaiser war, die Leichname der beiden Könige, Melchior und

Balthasar, ihr ausgehändigt wurden. Aber den dritten König Kaspar hatten die Nestoriner, das waren irrgläubige Ketzer, auf die Insel Egrysculla geführt, und hielten ihn in einem festen Schloß, das auf der Insel lag, wohl bewahrt, so daß ihn niemand weder mit Bitten noch Drohen gewinnen konnte, denn sie sprachen, sie wollten eher sterben, als sich ihren Herrn nehmen lassen.

Das einundvierzigste Kapitel

Wie St. Helena den Leichnam des heiligen Thomas für den des dritten Königs hingab

Die ehrwürdige Helena mochte nicht dulden, daß die Könige geschieden waren, und sandte edle Fürsten und Herrn zu den Gewaltigen des Landes, daß ihr der dritte König auch zuteil würde. Auch brachte sie es endlich dahin, daß sie den Leichnam des heiligen Thomas, des Zwölfboten, erwarb, und zwar gab sie den Nestorinern den Leichnam des heiligen Thomas für den des Königs Kaspar, daß sie die Könige doch zusammenbrächte. Und der Leichnam des heiligen Thomas war den Nestorinern schon zweimal genommen worden und wurde ihnen jetzt aus rechter Ursachc wiedergegeben. Es ist auch eine gemeine Sage in der Insel und in dem Lande, daß auch der Leichnam des heiligen Thomas den Nestorinern noch dereinst zum drittenmal genommen und nach Köln gebracht werden solle, wo er dann bei den Heiligen Drei Königen ruhen werde bis an den Jüngsten Tag.

Das zweiundvierzigste Kapitel

Wie die Heiligen Drei Könige nach Konstantinopel kamen

Als nun die ehrwürdige Helena den dritten König Kaspar zu den beiden anderen brachte, war die ganze Gegend erfüllt mit einem so unaussprechlich edlen Geruch, daß es niemand sattsam bewundern konnte. Darauf nahm die edle Kaiserin Helena die drei Könige und fuhr mit ihnen in die edle Hauptstadt Griechenlands, die da Konstantin crbaut hatte, dessen Mutter die ehrwürdige Helena war. Und als sie mit den Heiligen Drei Königen dahin kam, da wurde sie von allem Volk schön und ehrenvoll empfangen. In der Stadt steht ein schönes Münster, das zu St. Sophien heißt und so groß sein soll, als auf der Welt eins stehen möge, so daß der größten Schiffe eins, die auf dem Meere gehen, sich darin mit allen Segeln und Mastbäumen um und um kehren und wenden möge. In der Kirche steht manche marmorne Säule, die der Kaiser allein emporgerichtet mit einem kleinen Kind und der Hilfe Gottes. In der Kirche ist unseres Herrn ungenähter Rock und der drei Nägel einer, womit Christus ans Kreuz genagelt ward, und viel anderes ehrwürdiges Heiligtum, worauf die Griechen nicht viel halten. Darin war auch die Dornenkrone, mit der Christus gekrönt ward: die ist jetzt zu Paris in der Kapelle des Königs von Frankreich. Es geschah auf eine Zeit, daß der Kaiser der Griechen große Not und viel Schaden litt von Tataren und Sarazenen. Da bat er den heiligen Ludwig, den König von Frankreich, daß er ihm zu Hilfe käme. König Ludwig half ihm also, daß ihm Land und Leute wieder wurden: Da gab der Kaiser dem König Ludwig die Krone für seine Hilfe. Also wurde sie am nächsten Tag nach St. Laurentii gen Paris geführt. Des wurden die Franzosen sehr froh und die Griechen traurig; und noch hoffen die Griechen, die Krone solle ihnen eines Tages wieder zuteil werden. Im St.-Sophien-Münster zu Konstantinopel steht des Kaisers Bild auf einem ehernen Roß wohl vergoldet. Und neben der Säule begrub die ehrwürdige Helena die drei Könige mit großer Pracht und Schönheit. Da strömte alles Volk von nah und fern herzu und es geschahen große Wunder und Zeichen, nicht allein an denen, die dahin kamen, auch an denen, die sie daheim anriefen. Also blieb dies manches Jahr. Als danach Kaiser Konstantin und seine werte Mutter starben, da ging das Unkraut wieder auf und es wurde die Heidenschaft wieder grün und viele der Christen erschlagen und gemartert. Da war ein Kaiser, der hieß Julianus, der war ein Christ; als er aber gewaltig ward, wandte er sich von dem Glauben und tat den Christen mehr Böses, als wär' er nie Christ gewesen. In dieser Betrübnis lagen die Heiligen Drei Könige ohne alle Ehre, so daß niemand acht auf sie hatte. Darum gewannen die Sarazenen und Türken die Oberhand und bedrohten Griechenland.

Das dreiundvierzigste Kapitel

Wie die Heiligen Drei Könige nach Mailand kamen

In dieser Zeit war ein Kaiser zu Rom, der hieß Mauritius: der half denen von Konstaninopel mit Hilfe derer von Mailand. Nun findet man geschrieben, daß der Kaiser einen gelehrten Mann, namens Eustorgius, mit einer Botschaft gen Mailand sendete. Der war ein weiser Mann und von Griechenland geboren, dem Kaiser gar heimlich und sein gar gewaltig. Diesen Eustorgius koren die von Mailand zum Bischof. Da erwarb er bei dem Kaiser durch seinen weisen Rat und nützlichen Dienst, daß er ihm die drei Könige gab. Also brachte der vorgenannte Bischof Eustorgius die drei Könige gen Mailand in eine Kirche, wo auch Gott viel Wunder und Zeichen tat um ihretwillen.

Das vierundvierzigste Kapitel

Wie die Heiligen Drei Könige gen Köln gebracht wurden

Darauf im Jahre, da man zählte tausendeinhundertunddreiundsechzig, da setzten sich die von Mailand wider Kaiser Friedrich den Rotbart. Da ging der Kaiser zu Rat und legte sich vor die Stadt Mailand mit manchem stolzen Ritter, und meinte, er wollte die Stadt brechen. Da nahmen die Vornehmsten der Stadt die Leichname der drei Könige und verbargen sie an einer heimlichen Stätte. Nun war ein Bischof von Köln, der hieß Reinold, der war des Kaisers getreuer Diener. Gott fügte es, daß die Stadt gewonnen wurde. Da legte sich der Bischof von Köln vor einen Palast, der gehörte einem Herrn, dem der Kaiser vor allen gram war. Der Bischof gewann den Palast und zog hinein: Da kam der Herr des Palastes heimlich zu dem Bischof und bat ihn, daß er ihm, wenn es sein möchte, eine Sühne machte gegen den Kaiser, und ihm seine Gnade wieder erwürbe; dafür wollte er ihm helfen, daß er die Heiligen Drei Könige gewänne. Der Bischof versprach, das zu tun, und hielt es ihm auch, brachte den Herrn also wieder in des Kaisers Gnade. Da zeigte der Herr dem Bischof von Köln, wo die drei Könige lagen. Der hub sie auf mit seinen getreuen Dienern und führte sie gen Köln. Als das geschehen war, bat erst der Bischof den Kaiser um die drei Könige. Das gewährte ihm der Kaiser und gab sie ihm. Und als der Bischof heimkam, ließ er die drei Könige mit großen Ehren in seinen Dom legen: Da liegen sie noch heutigentags beisammen, denn da sie sich im Leben geliebt hatten, so wollte Gott nicht, daß sie sich schieden, oder sollten geschieden werden weder im Leben noch im Tod.

Der Dom freilich, in dem Bischof Philipp von Heinsberg die Gebeine der Heiligen Drei Könige niederlegte, war der alte zu Karls des Großen und Bischof Hildebolds Zeiten erbaute, der um die Mitte des dreizehnten Jahrhunderts verbrannte. Die von Köln freuten sich höchlich der Überkunft der Heiligen Drei Könige, betrachteten sie fortan als Hort ihrer Stadt und setzten die drei Kronen in ihr Wappen. Auch wirkte der allgewaltige Gott viel Zeichen und Wunder um ihretwillen bis auf den heutigen Tag, und es wurde aus fernen Landen zu ihnen gewallfahrtet von Fürsten und Edeln und von allem Volk und so überschwenglich große Opfer gegeben, daß es kein Maß noch Ziel hatte. Von allen Landen kam großmächtig Gut, daß die Kirche von Köln dadurch bereichert wurde zu ewigen Tagen. Und als der alte Dom verbrannte, da vermeinte Bischof Konrad, sein Schatz wär' unerschöpflich und begann den Bau des neuen Doms, in dem nun die Heiligen Drei Könige rasten und ruhen sollen bis an den Jüngsten Tag. Und an diesem Dom wird jetzt, nach sechshundert Jahren, mit neuem Eifer fortgebaut.

Das fünfundvierzigste Kapitel

Was die Inder von Köln und den Heiligen Drei Königen zu erzählen wissen

Im Land Indien und im ganzen Orient findet man geschrieben in Büchern und hört sagen viel wunderliche Dinge von den drei Königen in Köln, davon man hierzulande nicht weiß. So heißt es, daß der Stern, der vor dem Tode der Heiligen Drei Könige über die Stadt Stulla stand, die unter dem Berge Vaus liegt, noch heutigentags unbeweglich über Köln stehe. So liest man auch, daß zu Köln vor dem Sarg der Heiligen Drei Könige ein schöner goldener Stern stehe, jenem Stern gleich, der den Heiligen Drei Königen in der Christnacht erschien und sie geleitete, und der überleuchte alle Lichter, die in der Kirche brennen möchten. Auch sprechen sie, daß die rechten Arme der Heiligen Drei Könige zu Köln mit kostbaren Steinen reichlich besetzt seien, und in des einen Königs Hand sei Gold, in des anderen Weihrauch, in des dritten Myrrhe, und wenn man diese Arme bei hohen Festen Pilgrimen zeige, so reibe man die heiligen Gebeine mit Gold oder mit Silber, und davon spüre man köstlichen Geruch über alle Würzen. Auch steht geschrieben, wenn die Stadt Köln eine Betrübnis bedrohte, so nähme ein Priester unseres Herrn Fronleichnam, und drei andere Priester, mit goldenen Kronen auf dem Haupt, jeder einen Arm der Heiligen Drei Könige, und ließen einen goldenen Stern, der dazu gemacht wäre, vor sich hertragen, und so machten sie eine Prozession um die Stadt, mit Gesang und großer Schönheit, bis sie in eine Kirche kämen, die dazu erwählt wäre: Alsdann setzten sie das Sakrament mit der drei Könige Arm auf den Altar, und so es dann Zeit würde, gingen die drei gekrönten Priester an den Altar, und nähme jeglicher einen Arm und opferte dem Sakrament einer nach dem anderen, in des einen Hand Gold, in des anderen Weihrauch, in des dritten Myrrhen, und so vergäße unser Herr seines Zorns und löste die Stadt Köln aus ihrer Betrübnis. Ferner sagen die von Indien, sie hätten in ihrer Stadt noch die Reliquien von Barlaam und Josaphat und anderen Heiligen königlichen Stammes; auch wär' das Grab der Heiligen Drei Könige, darin sie zuerst geruht, daselbst noch unversehrt und würde aus fernen Landen von Pilgrimen besucht und verehrt. Auch findet man, daß die Inder, die gen Jerusalem kommen, des Handels wegen oder zum Heiligen Grab, von den Pilgern aus unserem Land Fingerringe kaufen, welche die Gebeine der Heiligen Drei Könige berührt haben. Diese Ringe halten die Inder gar hoch und küssen sie oft gar andächtig und sagen, daß viele Kranke schon davon gesund wurden. Auch trifft man in Jerusalem zuweilen Pilger aus unseren Landen, die Kleinode und mancherlei Geräte bei sich führen, Ringe, Spiegel, Rosenkränze und Säckel, und sagen, sie hätten sie aus Köln mitgebracht; auch zeigen sie Erde vom Kirchhof der elftausend Jungfrauen zu Köln: Dies Gerät und auch die Erde kaufen die Inder und andere Morgenländer gar eifrig auf und sprechen, sie müßten an etlichen Enden viel leiden vom Geschrei der Frösche und von anderen Würmern: Wenn aber die Erde in den Sumpf geworfen würde, da ließen sich die Frösche hernach nicht mehr hören. Auch begehren viele Inder, die gen Jerusalem kommen, daß man sie hinüberfahre gen Köln; nur fürchten sie die Kälte; gleichwohl machen sich doch viele auf den Weg, müssen aber unterwegs sterben oder umkehren, denn die Inder sind daheim keine Kälte gewohnt: Sobald sie nur aus ihrem Lande kommen, klagen sie schon über Frost und ziehen Pelze an aus den Fellen der edelsten Tiere;

die reichen ihnen bis über die Knöchel. Die Inder sind kleine Leute und braun von Gesicht, aber klug und sinnig in vielen Dingen. Wenn sie zu Jerusalem sind und etwas Hörensagen von Köln und von den Heiligen Drei Königen, das schreiben sie sogleich nieder unter ihres Herrn Insiegel, daß sie es dem Priester Johannes können sagen, wenn sie heimkommen. Danach scheint es wohl, daß die drei Könige in großen Ehren gehalten werden im ganzen Orient.

Das sechsundvierzigste Kapitel
Schluß

Darum freue dich, Köln, ehrenreiche Stadt! Gott hat dir seinen großen Schatz gesandt, mit dem er so manches Wunder begangen hat: Freue dich, daß er dich vor allen Städten der Welt zum Sarge der Heiligen Drei Könige bestimmt und auserwählt hat. Darum sollst du nicht aufhören, Gott zu danken und die Heiligen Drei Könige zu ehren und zu loben, daß du würdig gefunden bist so großer Wohltat.

aus: »Deutsche Volksbücher«

Die Heiligen Drei Könige

Aus fernen Landen kommen wir gezogen,
Nach Weisheit strebten wir seit langen Jahren.
Doch wandern wir in unsern Silberhaaren,
Ein schöner Stern ist vor uns hergeflogen.

Nun steht er winkend still am Himmelsbogen:
Den Fürsten Judas muß dies Haus bewahren.
Was hast du, kleines Bethlehem, erfahren?
Dir ist der Herr vor allem hoch gewogen.

Holdselig Kind, laß auf den Knien Dich grüßen!
Damit die Sonne unsre Heimat segnet,
Das bringen wir, obschon geringe Gaben.

Gold, Weihrauch, Myrrhen liegen Dir zu Füßen.
Die Weisheit ist uns sichtbarlich begegnet,
Willst Du uns nur mit einem Blicke laben.

August Wilhelm Schlegel

Erscheinung des Herrn

Ein Stern ist aufgegangen,
Ein Stern aus Jakobs Haus;
Drei Weise sahn ihn prangen;
Drei Kön'ge zogen aus.

Zu schauen sie begehrten
Das Kindlein wert und hold,
Und Weihrauch sie bescherten
Und Myrrhe ihm und Gold.

Weihrauch dem Gotteserben,
Dem Königskinde Gold,
Die Myrrhe ihm, der sterben
Für uns am Kreuze wollt.

Dank, daß du uns berufen
Aus tiefer, tiefer Nacht
Zu deines Thrones Stufen,
Zu deines Lichtes Pracht!

Laßt alle Völker sehen
Hell leuchtend deinen Stern
Ihn sehen und verstehen
Und finden ihren Herrn!

Guido Maria Dreves

Der Wunderstern

Hätte einer auch mehr Verstand
Als wie die drei Weisen aus dem Morgenland

Und ließe sich dünken, er wäre wohl nie
Dem Sternlein nachgereist wie sie;

Dennoch, wenn nun das Weihnachtsfest
Seine Lichtlein wonniglich scheinen läßt,

Fällt auch auf sein verständig Gesicht,
Er mag es merken oder nicht,

Ein freundlicher Strahl
Des Wundersternes von dazumal.

Wilhelm Busch

Jugenderinnerungen

Weniger nachteilig als die lebendigen Schauspieler wirkte für die Besucher ein großes Marionetten-Theater. Etwas Vollkommeneres war noch nicht gesehen worden, und jedermann, der Zeit und Muße fand, ergötzte sich daran.

Wir Kinder hatten noch niemals ein Theater gesehen; aber obgleich wir nicht recht wußten, was da vorgehen würde, erwarteten wir doch immer etwas recht Erkleckliches, dem vielen Geld entsprechend, das man für uns an der Kasse gezahlt hatte. Auch sprachen uns der dekorierte Saal, der Kronleuchter, die vielen Menschen und der schön bemalte Vorhang, den wir für eine Wand hielten, schon recht an. Ich nahm die Vereinigung dieser Dinge für die Komödie selbst und saß in der behaglichsten Stimmung auf meiner Bank. Beim Beginn der Ouvertüre sahen mein Bruder und ich uns bedeutungsvoll an. Wir fanden, daß eine Komödie ein Staatsvergnügen sei.

Wer aber beschreibt unsere Überraschung, als es nun klingelte, die bunte Rückwand vor unseren Augen aufrollte und dem Blick freie Aussicht auf die herrlichsten Paläste gestattete. Wir sahen abwechselnd Jerusalem und Bethlehem, denn das Stück stellte den bethlehemitischen Kindermord dar. Ich war ganz wie bezaubert. Das Unnatürliche und Steife in den Bewegungen der Puppen störte mich nicht. Vielmehr war es mir ausgemacht, daß diese Würde und Einfalt der Manieren vor zweitausend Jahren wirklich gang und gäbe gewesen sei. Auch ist es nicht zu leugnen, daß die Volkspoesie der Puppenspiele wegen ihres fürchterlichen Ernstes und ihres

Mangels an spielender Reflexion sich der Großartigkeit des alten Heldenliedes nähert. Wie prächtig war dieser dunkelrote König Herodes! Wie zermalmend sein Grimm, als er sich vom Thron erhob und zornig mit seinem Reichsapfel Fangeball spielte. Und wie rührend sah es aus, als die beklagenswerten, in tiefe Trauer gehüllten Mütter ihre Kinder zur Schlachtbank führten. Es war ein langer Zug, den das Orchester mit einem sanften Trauermarsch begleitete. Ohne Aufhören und Ende zogen sie vorüber, während man hinter der Szene das gräßlichste Massaker hörte.

Zu Hause hatte ich nichts Eiligeres zu tun, als alles nachzumachen. Es wurde ein Theater konstruiert, gepappt, gekleistert und angestrichen. Auf Notenpapier malte ich den König Herodes und die übrigen, wie sie mir im Gedächtnis waren, und schnitt sie sauber aus. Dann wurde mit der Aufführung des Kindermordes vorgegangen. Die Geschwister gaben Publikum und Orchester zugleich ab. Mein Bruder trompetete schmetternd mit dem Mund und schlug die Pauken auf seinem eigenen Leibe, und auch die kleine Schwester machte tapfere Musik, bis ich klingelte und die Vorstellung ihren Anfang nahm.

Inzwischen wurden wir des einfachen Bildes halb überdrüssig. Ich fing an, mich in eigenen Ideen zu ergehen, und nun erst gewann die Sache rechten Reiz für mich. Ich wurde ein berühmter Puppenspieler unter meinesgleichen, ja selbst meine große Schwester verfehlte nicht, mir zuzusehen. Und da ich alles selbst machen mußte, Text, Malereien und Aufführung, so hatte ich immerhin auch meinen Nutzen von diesen Spielereien.

Wilhelm von Kügelgen

Sterndreherlied

Wir reisen auf das Feld in eine Sonne,
Des freuet sich die englische Schar,
Wir wünschen euch allen ein glückselig Neujahr.

Wir wünschen dem Herrn einen goldnen Hut,
Er trinkt keinen Wein, denn er sei gut,
Des freuet sich ...

Wir wünschen dem Herrn einen tiefen Bronnen,
So ist ihm niemals sein Glück zerronnen,
Des freuet sich ...

Wir wünschen dem Herrn einen goldnen Mutzen,
Er läßt sich auch von keinem trutzen,
Des freuet sich ...

Wir wünschen dem Herrn einen goldnen Tisch,
Auf jeder Eck' einen gebacknen Fisch,
Des freuet sich ...

Wir wünschen der Frau einen goldnen Rock,
Sie geht daher als wie eine Dock',
Des freuet sich ...

Wir wünschen dem Sohn eine Feder in die Hand,
Damit soll er schreiben durchs ganze Land,
Des freuet sich ...

Wir wünschen der Tochter ein Rädelein,
Damit soll sie spinnen ein Fädelein,
Des freuet sich ...

Wir wünschen der Magd einen Besen in die Hand,
Damit soll sie kehren die Spinnen von der Wand,
Des freuet sich ...

Wir wünschen dem Knecht eine Peitsch' in die Hand,
Damit soll er fahren durchs ganze Land,
Des freuet sich ...

Volkstümlich

Sterndreherlied

Die vier Heilige Drei König mit ihrem Steara,
Der Kasper, der Melchar, der Baltes, der Beara,
Sie seaga de' nagelnuia Steara,
Potz Blitz! 's wird g'wiß was Nuis draus weara.
Sie stiefla, sie waidle, sie fülla de Bauch
Und springa, wie d' Schelma, zum Städtle hinaus.
Und so sie sain kuma fürs Herodes sei Tür,
Herodes der König trat selbsta herfür.
»Ei, wo kömmt ihr her in so schneller Uil?
Sitzt ani aufs Bänkli und g'ruhet a Wuil.«–
»Mie könna nit g' ruahga, mie han nit de Wuil,
Mie müasse hünt noch fünfhalba Müil.« –
»Ei, woruma könnt ihr nit g'ruahga, es tut jo nit Naut,
I will üch vor gea a Käs' und a Brout.« –
»Mer möaga kui Käs', mer möaga kui Brout,
Mer müssa gau gea, 's tut werli gau Naut.« –
»Ei, möagat er kui Käs', so frässet e Dreck
Un schärt i ins Teufels paar Daza a weg.«

Und do mer sin kömme übers Städtle hinaus,
Denka mer: Bloß es der Herodes da Hobel fein aus.
Und do mer sin komma ge Bethlahai,
So find a mir 's Kindli ä muetersallai.
Und do mer im han brunge Butter, Nuß und a Milach,
Hat's Kindli klo bizli druf aini gschilacht.
Sankt Joseph nahm waidli die Wiegeschnuar
Und macht go dem Kindli a Gugelfuar.
Do stundes en Engeln hinter der Tür
Und bot es a Mümseli Brout herfür. –
Jetz sin mehr halt gestorben und leabe nimmai,
Und liega zua Kölla am Bodasai.

aus: »Des Knaben Wunderhorn«

Sternsingerdank

Weil ihr uns eine Gab' gegeben,
So laß euch das Kindlein lange leben,
In Fried' und Freuden immerdar,
Das wünschen wir euch zum neuen Jahr.
Wir schreiben euch auf ein Lilienzweig,
Der liebe Gott geb euch das Himmelreich.
Wir haben gesungen in eurem Haus,

All Unglücke fahr' daraus.
Wir schreiben's auf ein Lilienblatt,
Gott geb' euch all eine gute Nacht.

Volkstümlich

Könige und Hirten

Im finstern Stall,
Auf Stroh, das welk,
Unterm Wagen
Schläft das Kind.

Stimmen singen im Gebälk
Mit süßem Schall.
So süßen Schall singt nicht der Wind.

Kühe mit den
Schwänzen schlagen
Muhen brusttief lind.

Eilig reiten,
Lang schon ritten,
Feine Leute,
Ungeduldig, heilig zornig,
Mit Gesinde
Hinter sich und
Goldbehängten
Sattels, silberspornig,
Im gedrängten
Truppe zu dem Kind.

Hirten gingen
Nicht von ihrem Platze vorn
Beim bleichen Klingen
Von dem Silbersporn.
Und die Feinen
Leiden es,
Daß die Gemeinen
Schulterbreit vor ihnen sind.

Heben sich nur auf den Zehen,
Sagen ein Bescheidenes,
Daß ihre Gastgeschenke gehen
Still von Hand zu Hand nach vorn,
Zu dem Kind,
Das sie nicht sehen.

So die dunklen Hirten hoben
Königsgold und fremd Gewürz,
Gelber Schalen Lichtgestürz
Vor den weißen Schläfer hin.

Einstimmig loben
Ritter und
Gesind
Und Hirtenmund
Das Kind,
Süß singt's mit vom Balken oben.

Georg Britting

Albrecht Dürer
»Die Flucht nach Ägypten«

Albrecht Dürer
»Ruhe auf der Flucht nach Ägypten«

Wie Josef mit der Jungfrau und dem Kinde floh

Es ging der Kön'ge Zug hinaus,
Und manche Nacht kam ohne Stern,
Und öde war's im dunklen Haus:
Da trat der Engel ein des Herrn.
Sein Auge, schauend in der Nacht,
Ruht auf der Jungfrau, auf dem Sohn,
Den selig schlummernden, und sacht
Berührt des Vaters Ohr sein Ton:

»Fleuch nach Ägypten, Mann, geschwind;
Harr aus bis ich dich rufe dort:
Herodes Mordstahl sucht das Kind;
Mit ihm und mit der Mutter fort!«
In Josefs Traume spiegelt sich
Des Boten selige Gestalt,
Der Schlaf entfloh, der Engel wich,
Auf steht er mit Marien bald.

Das Eslein aus dem Stall er führt,
Er löst es mit dem Opfergold.

Und sorgsam dann, wie sich's gebührt,
Hebt er hinauf die Jungfrau hold;
Das Knäblein schläft an ihrer Brust,
Er wandelt, an dem Zaum die Hand,
Und mit der Morgensonne Lust
Sind sie schon weit im offnen Land.

Der Inderschätze reiches Gut,
Es hat sich wunderlich geschmiegt,
In einem Bündelein es ruht,
Das auf des Tieres Rücken liegt.
Und leicht und fröhlich geht die Fahrt,
Und überall auf ihrer Spur
Die Menschen werden bessrer Art,
Und freundlicher wird die Natur.

Die Lüfte bleiben warm und rein,
Der Berg wird eben ihrem Schritt,
Und in den öden Wüstenein
Entsprossen Rosen ihrem Tritt.
Und stehen wo im Heidenland
Die Götzenbilder riesig, stumm:
Wo nur ihr Pfad sich hingewandt,
Da wanken sie und stürzen um.

Und nach der zwölften Tagfahrt schon
Winkt aus Ägyptens heißem Sand
Und beut den kühlen Blumenthron
Ein selig blühend Inselland.
Dort ist der Himmel ewig hell,
Dort atmen sie das Balsams Duft,
Dort ruhen sie am schattgen Quell
Und harren, bis der Engel ruft.

Gustav Schwab

Weihnachtslieder

Laßt uns froh und munter sein

2. Dann stell' ich den Teller auf,
Niklaus legt gewiß was drauf.

3. Wenn ich schlaf', dann träume ich:
Jetzt bringt Niklaus was für mich.

4. Wenn ich aufgestanden bin,
Lauf' ich schnell zum Teller hin.

5. Niklaus ist ein guter Mann,
Dem man nicht g'nug danken kann.

(M und T: Volksgut, schon vor 1870 bekannt)

Es ist für uns eine Zeit angekommen

2. Es schlafen Bächlein und See unterm Eise, es träumt
Der Wald einen tiefen Traum:
Durch den Schnee, der leise fällt, wandern wir, wandern
Wir durch die weite, weiße Welt.

3. Vom hohen Himmel ein leuchtendes Schweigen erfüllt
Die Herzen mit Seligkeit:
Unterm sternbeglänzten Zelt wandern wir, wandern wir
Durch die weite, weiße Welt.

(M: Volksweise, T: P. Hermann)

Auf dem Berge, da geht der Wind

(M und T: Volksgut)

Leise rieselt der Schnee

2. In den Herzen wird's warm,
Still schweigt Kummer und Harm,
Sorge des Lebens verhallt,
Freue dich, Christkind kommt bald!

3. Bald ist Heilige Nacht,
Chor der Engel erwacht,
Hört nur, wie lieblich es schallt:
Freue dich, Christkind kommt bald.

(M: Volksweise, T: Eduard Ebel)

Maria durch ein' Dornwald ging

2. Was trug Maria unterm Herzen?
Kyrie eleison.
Ein kleines Kindlein ohne Schmerzen,
Das trug Maria unter ihrem Herzen.
Jesus und Maria.

3. Da haben die Dornen Rosen getrag'n;
Kyrie eleison.
Als das Kindlein durch den Wald getragen,
Da haben die Dornen Rosen getrag'n;
Jesus und Maria.

(M und T: aufgezeichnet von A. von Haxthausen, Paderborn 1856)

Wach Nachtigall, wach auf

(M und T: Volksgut aus Franken)

2. Flieg her zum Krippelein,
Flieg her, gefiedert Schwesterlein,
Blas an den feinen Psalterlein,
Sing, Nachtigall, gar fein!
Dem Kindelein
Musiziere, koloriere, jubiliere,
Sing, sing, sing dem süßen Jesulein!

3. Stimm, Nachtigall, stimm an!
Den Takt gib mit dem Federlein,
Auch freudig schwing die Flügelein,
Erstreck dein Hälselein!
Der Schöpfer dein
Mensch will werden mit Gebärden heut auf Erden:
Sing, sing, sing dem werten Jesulein!

Es ist ein Ros entsprungen

(Das Reis aus der Wurzel Jesse)

2. Das Röslein, das ich meine,
Davon Jesaja sagt,
Hat uns gebracht alleine
Marie, die reine Magd;
Aus Gottes ew'gem Rat
Hat sie ein Kind geboren
Wohl zu der halben Nacht.

3. Das Blümelein so kleine,
Das duftet uns so süß;
Mit seinem hellen Scheine
Vertreibt's die Finsternis.
Wahr'r Mensch und wahrer Gott,
Hilft uns aus allem Leide,
Rettet von Sünd' und Tod.

4. O Jesu, bis zum Scheiden
Aus diesem Jammertal
Laß dein Hilf' uns geleiten
Hin in den Freudensaal,
In deines Vaters Reich,
Da wir dich ewig loben;
O Gott, uns das verleih'!

(M: nach Michael Praetorius, T: Volksgut aus dem 15. Jahrhundert, 3. Strophe 1853)

Morgen, Kinder, wird's was geben

2. Wie wird dann die Stube glänzen
Von der großen Lichterzahl!
Schöner als bei frohen Tänzen
Ein geputzter Kronensaal.
Wißt ihr noch, wie vor'ges Jahr
Es am Heil'gen Abend war?

3. Wißt ihr noch die Spiele, Bücher
Und das schöne Hottepferd,
Schöne Kleider, wollne Tücher,
Puppenstube, Puppenherd?
Morgen strahlt der Kerzen Schein,
Morgen werden wir uns freun!

(M: C. G. Hering, T: Hoffmann von Fallersleben)

Vom Himmel hoch, da komm' ich her

2. Euch ist ein Kindlein heut geborn
Von einer Jungfrau auserkorn,
Ein Kindelein so zart und fein,
Das soll euer Freud' und Wonne sein.

3. Es ist der Herr Christ, unser Gott,
Der will euch führn aus aller Not,
Er will euer Heiland selber sein,
Von allen Sünden machen rein.

4. Er bringt euch alle Seligkeit,
Die Gott der Vater hat bereit',
Daß ihr mit uns im Himmelreich
Sollt leben nun und ewiglich.

5. So merket nun das Zeichen recht:
Die Krippe, Windelein so schlecht,
Da findet ihr das Kind gelegt,
Das alle Welt erhält und trägt.

6. Des laßt uns alle fröhlich sein
Und mit den Hirten gehn hinein,
Zu sehn, was Gott uns hat beschert,
Mit seinem lieben Sohn verehrt.

7. Lob, Ehr' sei Gott im höchsten Thron,
Der uns schenkt seinen ein'gen Sohn.
Des freuen sich der Engel Schar'
Und singen uns solch neues Jahr.

(M: nach einem alten Volkslied, von Martin Luther übernommen; T: Martin Luther)

Alle Jahre wieder

(M: E. Anschütz, T: W. Hey)

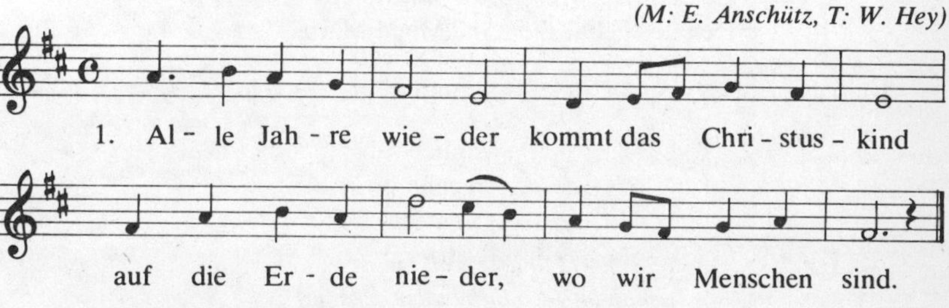

2. Kehrt mit seinem Segen
Ein in jedes Haus,
Geht auf allen Wegen
Mit uns ein und aus.

3. Ist auch mir zur Seite
Still und unerkannt,
Daß es treu mich leite
An der lieben Hand.

Joseph, lieber Joseph mein

2. Gerne, liebe Maria mein,
Helf' ich wieg'n dein Kindelein,
Gott, der wird mein Lohner sein
Im Himmelreich, der Jungfrau Sohn Maria.

3. Heut soll alle Welt fürwahr
Voller Freude kommen dar
Zu dem, der vor Abrah'm war,
Den uns gebar die reine Magd Maria.

(M und T: Volksgut,
schon im 14. Jahrhundert bekannt)

Am Weihnachtsbaum

2. Die Kinder stehn mit hellen Blicken,
Das Auge lacht, es lacht das Herz;
O fröhlich seliges Entzücken!
Die Alten schauen himmelwärts.

3. Zwei Engel sind hercingetreten,
Kein Auge hat sie kommen sehn;
Sie gehn zum Weihnachtstisch und beten
Und wenden wieder sich und gehn.

4. „Gesegnet seid, ihr alten Leute,
Gesegnet sei, du kleine Schar!
Wir bringen Gottes Segen heute
Dem braunen wie dem weißen Haar.

5. Zu guten Menschen, die sich lieben,
Schickt uns der Herr als Boten aus,
Und seid ihr treu und fromm geblieben,
Wir treten wieder in dies Haus.“

6. Kein Ohr hat ihren Spruch vernommen;
Unsichtbar jedes Menschen Blick
Sind sie gegangen wie gekommen;
Doch Gottes Segen blieb zurück!

(M: Volksweise, T: Hermann Kletke)

O Tannenbaum, o Tannenbaum

2. O Mägdelein, o Mägdelein,
Wie falsch ist dein Gemüte!
Du schwurst mir Treu' in meinem Glück,
Nun arm ich bin, gehst du zurück.
O Mägdelein, o Mägdelein,
Wie falsch ist dein Gemüte!

3. Die Nachtigall, die Nachtigall
Nahmst du dir zum Exempel!
Sie bleibt, so lang der Sommer lacht,
Im Herbst sie sich von dannen macht:
Die Nachtigall, die Nachtigall
Nahmst du dir zum Exempel!

4. Der Bach im Tal, der Bach im Tal
Ist deiner Falschheit Spiegel!
Er strömt allein, wenn Regen fließt,
Bei Dürr' er bald den Quell verschließt;
Der Bach im Tal, der Bach im Tal
Ist deiner Falschheit Spiegel!

(M: Ernst Anschütz, T: J. August Chr. Zarnack)

Süßer die Glocken nie klingen

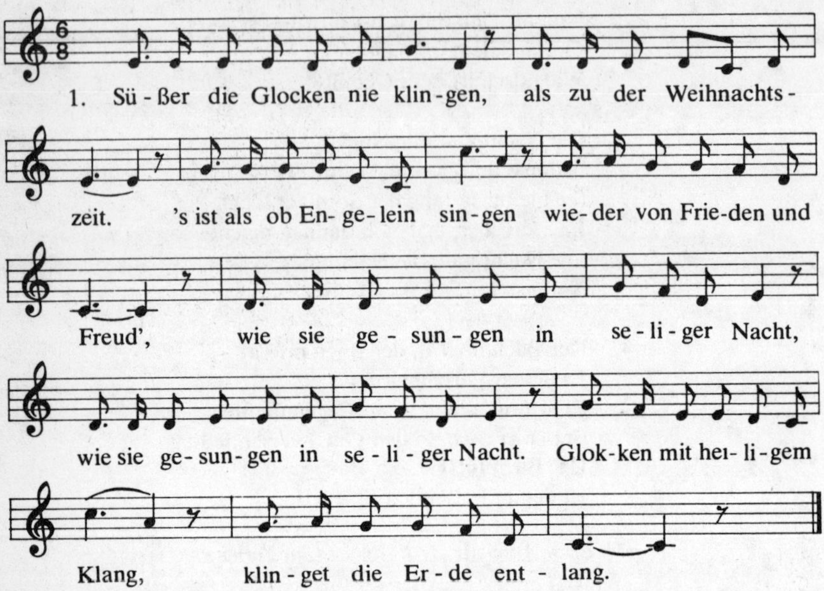

2. Und wenn die Glocken dann klingen,
Gleich sie das Christkindlein hört,
Tut sich vom Himmel dann schwingen,
Eilet hernieder zur Erd',
Segnet den Vater, die Mutter, das Kind!
Glocken mit heiligem Klang,
Klinget die Erde entlang!

3. Klinget mit lieblichem Schalle
Über die Meere noch weit,
Daß sich erfreuen doch alle
Seliger Weihnachtszeit!
Alle dann jauchzen mit frohem Gesang:
Glocken mit heiligem Klang,
Klinget die Erde entlang!

(M: Volksweise aus Thüringen, T: Friedrich Wilhelm Kritzinger)

Kommet, ihr Hirten

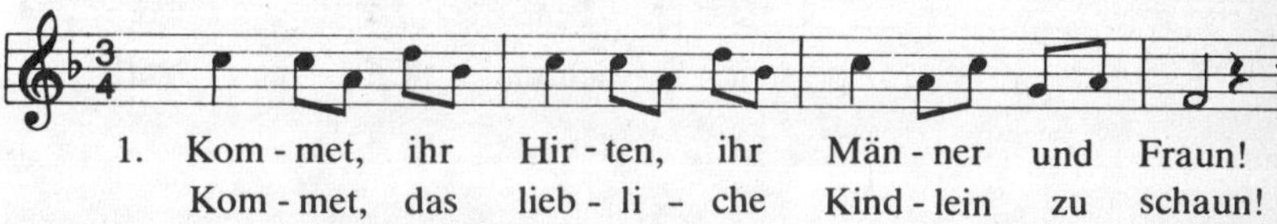

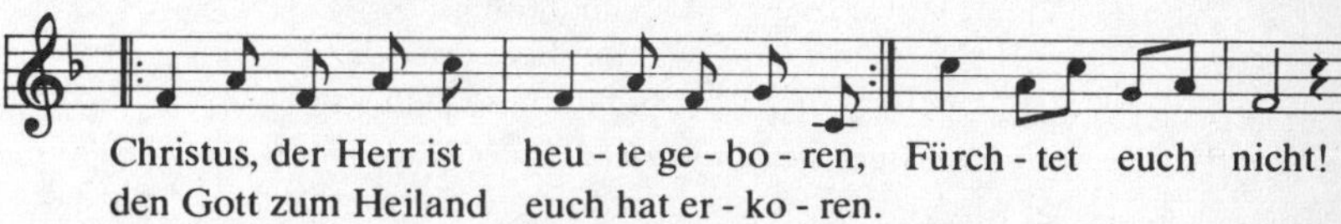

2. Lasset uns sehen in Bethlehems Stall,
Was uns verheißen der himmlische Schall!
Was wir dort finden, lasset uns künden,
Lasset uns preisen in frommen Weisen!
Halleluja!

3. Wahrlich, die Engel verkündigen heut
Bethlehems Hirtenvolk gar große Freud'.
Nun soll es werden Friede auf Erden,
Den Menschen allen ein Wohlgefallen.
Ehre sei Gott!

(M und T: Volksgut aus Böhmen)

O du fröhliche, o du selige

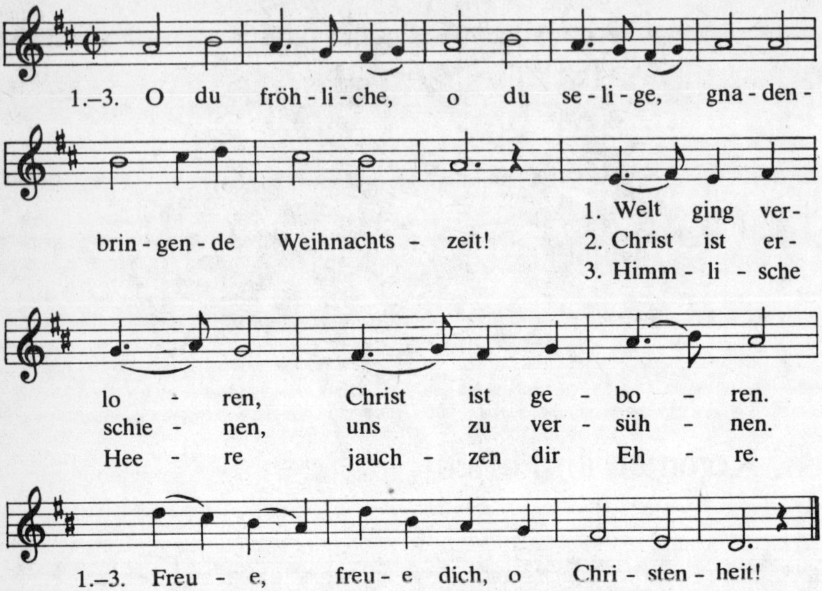

(M: Volksgut – nach einem alten sizilianischen Volkslied, T: Johannes Daniel Falk)

GLORIA IN EXCELS

Stille Nacht, heilige Nacht

2. Stille Nacht, heilige Nacht,
Hirten erst kundgemacht!
Durch der Engel Halleluja
Tönt es laut von fern und nah:
Christ, der Retter ist da!

3. Stille Nacht, heilige Nacht!
Gottes Sohn, o wie lacht
Lieb' aus deinem göttlichen Mund,
Da uns schlägt die rettende Stund',
Christ, in deiner Geburt!

(M: Franz Gruber, T: Joseph Mohr)

Still, still, still, weil's Kindlein schlafen will

2. Schlaf, schlaf, schlaf,
Mein liebes Kindlein, schlaf!
Maria will dich niedersingen,
Ihre keusche Brust darbringen.
Schlaf, schlaf, schlaf,
Mein liebes Kindlein, schlaf!

3. Groß, groß, groß, die Lieb' ist übergroß.
Gott hat den Himmelsthron verlassen
Und muß reisen auf der Straßen.
Groß, groß, groß,
Die Lieb' ist übergroß.

(M und T: Volksgut, wohl aus Salzburg)

Ihr Kinderlein, kommet

2. Da liegt es, das Kindlein, auf Heu und auf Stroh,
Maria und Joseph betrachten es froh.
Die redlichen Hirten knien betend davor;
Hoch oben schwebt jubelnd der Engelein Chor.

3. O beugt wie die Hirten anbetend die Knie,
Erhebet die Hände und danket wie sie!
Stimmt freudig, ihr Kinder, wer wollt sich nicht freun?
Stimmt freudig zum Jubel der Engel mit ein!

(M: Johann Abraham Peter Schulz, T: Christoph von Schmid)

Der Christbaum ist der schönste Baum

2. Denn sieh, in dieser Wundernacht
Ist einst der Herr geboren,
Der Heiland, der uns selig macht.
Hätt' er den Himmel nicht gebracht,
Wär' alle Welt verloren.

3. Doch nun ist Freud' und Seligkeit,
Ist jede Nacht voll Kerzen,
Auch dir, mein Kind, ist das bereit't,
Dein Jesus schenkt dir alles heut,
Gern wohnt er dir im Herzen.

4. O laß ihn ein! Es ist kein Traum.
Er wählt dein Herz zum Garten,
Will pflanzen in den engen Raum
Den allerschönsten Wunderbaum
Und seiner treulich warten.

(M: Georg Eisenbach, 1812, T: Joh. Karl)

Der Weihnachtsbaum
GABER

Kling Glöckchen, klingelingeling

2. Kling, Glöckchen, klingelingeling,
Kling, Glöckchen, kling!
Mädchen, hört, und Bübchen,
Macht mir auf das Stübchen,
Bring' euch viele Gaben,
Sollt euch dran erlaben.
Kling, Glöckchen, klingelingeling,
Kling, Glöckchen, kling!

3. Kling, Glöckchen, klingelingeling,
Kling, Glöckchen, kling!
Hell erglühn die Kerzen,
Öffnet mir die Herzen,
Will drin wohnen fröhlich,
Frommes Kind, wie selig.
Kling, Glöckchen, klingelingeling,
Kling, Glöckchen, kling!

(M: Volksweise, T: Theodor Enslin)

In dulci jubilo

2. O Jesu parvule,
Nach dir ist mir so weh.
Tröst mir mein Gemüte,
O puer optime,
Durch alle deine Güte,
O princeps gloriae.
Trahe me post te.

3. Ubi sunt gaudia?
Nirgend mehr denn da,
Da die Engel singen
Nova cantica,
Und die Schellen klingen
In regis curia.
Eia, wär'n wir da!

(M und T: Volksgut, schon im 14. Jahrhundert bekannt)

Die Heiligen Drei Könige

(Sternsingen)

2. Die Heil'gen Drei König' mit ihrigem Stern,
Sie bringen dem Kindlein das Opfer so gern.
Sie reisen in schneller Eil',
In dreizehn Tag vierhundert Meil'.

3. Die Heil'gen Drei König' mit ihrigem Stern
Knien nieder und ehren das Kindlein, den Herrn.
Ein selige, fröhliche Zeit
Verleih uns Gott im Himmelreich!

(M und T: Volksgut aus Oberbayern)

W. WERTHMANN. SC
Die heiligen drei Könige mit ihrem Stern,
sie essen, sie trinken und zahlen nicht gern.

Nachwort

Weihnachten – Fest der wiederaufstehenden Sonne zur Zeit der alten Germanen, Sieg des Lichts über die Finsternis – erinnert an das Mittwinter-Julfest unserer heidnischen Vorfahren. Rom feierte vom 17.–25. Dezember die Saturnalien. Im Mittelpunkt der Verehrung stand in dieser Wintersonnwendzeit Saturn als Gott der Saat und des Reichtums. Aber auch das »Lichtfest« wurde in Jerusalem von Judas Makkabäus 165 v. Chr. auf den 25. Dezember festgelegt. Das Fest der Geburt Christi wurde damals noch gar nicht gefeiert, sondern der 6. Januar, der Tag der Epiphanie mit der Erscheinung und Erleuchtung des Herrn.

Erste Versuche zu einer Feier gehen etwa auf das Jahr 200 zurück. Aber erst im Jahre 381 wurde auf dem Konzil von Konstantinopel die Wesensgleichheit des Gottessohnes mit dem Vater zum Dogma erhoben und die Geburt Christi zu Bethlehem auf die Nacht vom 24. zum 25. Dezember festgelegt. In Mitteleuropa bestimmt im Jahre 1310 die Synode von Köln den 25. Dezember als Jahresanfang. Erst 1691 unter Papst Innozenz XII. (1691–1700) wurde der Beginn des neuen Jahres auf den ersten Januar verlegt. Die uns bekannte festliche Feier der Christgeburt begann ab dem 14. und 15. Jahrhundert Gestalt anzunehmen. Verbürgte Mitteilungen über den Christbaum im eigentlichen, uns bekannten Sinne existieren nicht vor dem Anfang des 17. Jahrhunderts. Der uns heute vertraute Brauch, das Fest im Kerzenlicht des geschmückten Christbaumes, der aufgestellten Krippen, Lichterkronen und Pyramiden zu begehen, Bescherung zu halten, geht auf die Mitte des 18. Jahrhunderts zurück. Der Christbaum in seiner jetzigen Gestalt fand erst Anfang des 19. Jahrhunderts rasche Verbreitung.

Der Tag des heiligen Nikolaus, der volkstümlichsten Gestalt der Vorweihnachtszeit, ist wohl auf die Vermischung des im 4. Jahrhundert in Myra in Kleinasien lebenden Bischofs gleichen Namens und des im Jahre 564 verstorbenen Abtes Nikolaus von Sion und Bischofs von Pinara zurückzuführen. Beide Männer waren beliebt, galten als äußerst hilfsbereit und hatten ein Herz vor allem für Kinder, wovon zahlreiche Legenden zeugen. Am bekanntesten ist jene von den drei fahrenden Schülern, die vom Wirt eines Gasthofes umgebracht und zerstückelt worden waren und die der Heilige wieder zum Leben erweckte. Der Nikolaus wurde und wird als Gabenbringer der Kinder verstanden. Es begleiten ihn, je nach Land und Brauch, entweder Knecht Ruprecht, Krampus oder Pelzmärtel, der Schwarze Peter, Hans Muff oder der Schmutzli.

Der letzte Tag des Jahres – Silvester – verdankt seinen Namen Papst Silvester I. (314–335), der Kaiser Konstantin den Großen vom Aussatz heilte. Vielfältig ist das Brauchtum in der Silvesternacht; es reicht von der Befragung der Zukunft über das Orakeln in Form von Bleigießen bis hin zur Erstellung von Horoskopen und dergleichen mehr. Heiter-besinnlich gestalten sich die Feierlichkeiten, in Dankbarkeit, das vergangene Jahr einigermaßen gut überstanden zu haben, und in Erwartung des neuen.

Der Abschluß der Weihnachtszeit im engeren Sinne ist der 6. Januar. Gewidmet ist er den Heiligen Drei Königen Caspar, Melchior und Balthasar, die dem Stern von Bethlehem gefolgt waren, um die Geburtsstätte des Kindes aufzusuchen, das die Menschen durch seinen Tod am Kreuz von allen Sünden erlösen sollte. Ein Mysterium von beträchtlicher Symbolkraft. Nicht umsonst werden die drei Weisen als Reisepatrone verehrt, ebenso wie man in katholischen Gegenden ihren Schutz für Haus und Hof erbittet und dazu das Dreikönigszeichen C + M + B mit der dazugehörigen Jahreszahl auf den Türrahmen zeichnet. Erhalten geblieben ist auch der Brauch der Sternsinger-Kinder – wie einst die Magier aus dem Morgenlande –, die am Dreikönigstag von Haus zu Haus ziehen und vor den Türen das gabenheischende Dreikönigslied singen.

1163 nahm Kaiser Friedrich Barbarossa die Reliquien der drei Könige an sich und ließ sie nach Deutschland bringen, wo sie zur öffentlichen Verehrung im Kölner Dom aufgestellt sind.

So ist die gesamte Weihnachtszeit geprägt von alten, festgefügten Traditionen, die nicht verbergen können, daß hinter den

verschiedensten Bräuchen und Arten des Feierns des Festes geheime Sehnsüchte der Menschen mitschwingen, das Wollen und Bemühen um das Gute, das Licht, die Hoffnung und die Liebe, die Zuversicht, daß ein besseres Leben kommen – es ein besseres geben wird.

Roland W. Pinson

Alphabetisches Inhaltsverzeichnis

Quellenverzeichnis

Binding, Rudolf G.: Das Peitschchen. Aus: Das große Rudolf G. Binding Buch. © 1979 by C. Bertelsmann Verlag GmbH, München

Borchert, Wolfgang: Die drei dunklen Könige. Aus: ders., Das Gesamtwerk. © 1949 by Rowohlt Verlag GmbH, Hamburg

Brecht, Bertolt: Die gute Nacht. Aus: ders., Gesammelte Werke, Bd. 8. © 1967 by Suhrkamp Verlag, Frankfurt/Main

Britting, Georg: Könige und Hirten. Aus: Das große Georg Britting Buch. Ausgewählt und herausgegeben von Ingeborg Schuldt-Britting. © 1977 by Nymphenburger Verlagshandlung, München

Dehmel, Paula: Knecht Ruprecht. Der Abdruck erfolgt mit freundlicher Genehmigung der Erbengemeinschaft Dehmel, Hamburg

Dehmel, Paula: St. Niklas' Auszug. Der Abdruck erfolgt mit freundlicher Genehmigung der Erbengemeinschaft Dehmel, Hamburg

Dehmel, Paula: Wie der alte Christian Weihnachten feierte. Der Abdruck erfolgt mit freundlicher Genehmigung der Erbengemeinschaft Dehmel, Hamburg

Dehmel, Richard: Weihnachtsglocken. Der Abdruck erfolgt mit freundlicher Genehmigung der Erbengemeinschaft Dehmel, Hamburg

Ebner-Eschenbach, Marie von: Das Weihnachtsfest war nahe. Aus: dies., Erzählungen – Autobiographische Schriften. Der Abdruck erfolgt mit freundlicher Genehmigung des Winkler Verlages, München

Graf, Oskar Maria: Die Weihnachtsgans. © Süddeutscher Verlag, München

Grass, Günter: Advent. Aus: ders., Gesammelte Gedichte. © 1971 by Luchterhand Verlag, Darmstadt/Neuwied

Huchel, Peter: Die Hirtenstrophe. Aus: ders., Die Sternenreuse. Gedichte 1925–1947. © 1967 by Piper Verlag, München
Kaschnitz, Marie Luise: Das Wunder. Aus: dies., Lange Schatten. Erzählungen. © 1960 by Claassen Verlag, Düsseldorf
Lenz, Siegfried: Fröhliche Weihnachten oder Das Wunder von Striegeldorf. © 1957 by Siegfried Lenz, Hamburg
Rilke, Rainer Maria: Geburt Christi. Aus: ders., Gesammelte Werke in drei Bänden, Bd. 1. © 1966 by Insel Verlag, Frankfurt/Main
Ringelnatz, Joachim: Die Weihnachtsfeier des Seemanns Kuttel Daddeldu. Aus: ders., Kuttel Daddeldu. © 1974 by Henssel Verlag, Berlin
Rosegger, Peter: Als ich Christtagsfreude holen ging. Aus: ders., Waldheimat. © L. Staackmann Verlag KG, München
Rosegger, Peter: Unser erster Christbaum. Aus: ders., Waldheimat. © L. Staackmann Verlag KG, München
Rosegger, Peter: Der Bartl und der Niklo. Aus: ders., Gesamtausgabe. © L. Staackmann Verlag KG, München
Rosegger, Peter: Heiligabend in der Dorfkirche. Aus: ders., Gesamtausgabe. © L. Staackmann Verlag KG, München
Tucholsky, Kurt: Groß-Stadt-Weihnachten. Aus: ders., Gesammelte Werke Bd. I, S. 113. © 1960 by Rowohlt Verlag GmbH, Reinbek bei Hamburg

Der Gondrom Verlag dankt den obengenannten Personen und Verlagen für die freundlicherweise erteilten Abdruckgenehmigungen.